Joachim Kannicht (Hrsg.)

# Alte Kameraden

## Berichte über Kampf, Begegnungen, Opfer, Gefangenschaft, Danach

DÖRFLER
ZEITGESCHICHTE

Zusammengestellt im Auftrag der Arbeitsgemeinschaft für Kameradenwerke und Traditionsverbände e. V., Stuttgart, zum Erscheinen der Zeitschrift „Alte Kameraden" im 40. Jahrgang, 1991

Genehmigte Lizenzausgabe für Edition DÖRFLER im NEBEL VERLAG GmbH, Eggolsheim



Im Internet finden Sie unser Verlagsprogramm unter:
www.edition-doerfler.de

# Inhalt

# Vorwort

**Zur Geschichte von „Alte Kameraden“**

Als in den Jahren nach 1945 die deutschen Soldaten des Zweiten Weltkrieges aus Gefangenenlagern und Lazaretten in die Heimat zurückkehrten, war jeder Zusammenschluß ehemaliger Soldaten durch die Besatzungsmächte streng verboten. Erst ab 1949 — mit der Gründung der Bundesrepublik Deutschland — konnten sich Vereinigungen bilden, z. B. der „VDS“ (Verband Deutscher Soldaten), der Heimkehrerverband, der Kyffhäuserbund, der VDK (Verband der Kriegsopfer) sowie die Traditionsverbände großer und kleinerer Truppenteile, wie der „Bund deutscher Fallschirmjäger“, der Marine-Bund, der Verband der Afrika-Kämpfer und die Verbände zahlreicher Divisionen des ehemaligen Heeres.

Im Bereich des früheren Wehrkreises V (dem späteren Bundesland Baden-Württemberg) wurde 1952/53 versucht, diese Vereinigungen durch die Gründung eines „Landesverbandes deutscher Soldaten“ unter einem gemeinsamen Dach zusammenzufassen. Als Mitteilungsorgan dieses Landesverbandes wurde die Zeitschrift „Alte Kameraden“ gegründet. Chefredakteur von der ersten Stunde an war Karl Krafft, ein Berufsjournalist, ehemals Leutnant in der 260.Infanterie-Division.

Dem Landesverband war aber nur ein kurzes Leben beschieden, da die großen Verbände sich stärker auf ihre Bundesorganisationen und deren Zeitschriften hin entwickelten. Es war die Idee von Hans-Jörg Kimmich (Hauptmann a.D. der 25.Inf.u.Pz.Gren.Division), die Zeitschrift vom „Landesverband“ als gemeinsames Mitteilungsblatt für die Traditionsverbände ehemaliger Heeresdivisionen zu übernehmen. Zusammen mit Dr. Hans Mehrle (Hauptmann a.D. der 215.I.D) und dem Verleger Dr. Eberhard Knittel (ehem. Oblt. d.R. im Stab der 35.I.D.), Inhaber des G. Braun Verlages in Karlsruhe, wurde diese Idee in die Tat umgesetzt. Die Ausgabe 9/1954 erschien als gemeinsames Blatt der 25., 35. und 215.Division im Verlag Braun, tatkräftig gefördert vom Verleger Dr. Knittel.

Die „Gründer- Divisionen“ wollten aber von Anfang an die Zeitschrift für möglichst viele Traditionsverbände offen halten. Als rechtlicher Träger für die Herausgeberschaft und die Redaktion wurde die „Arbeitsgemeinschaft für Kameradenwerke und Traditionsverbände e. V.“ mit dem Sitz in Stuttgart gegründet.

Die Mitgliederzahl beschränkt sich auf Personen, die mit der Aufgabe des Vereins besonders verbunden sind. Die Divisions- Traditionsverbände (alle auch „eingetragene Vereine“) sind nicht Mitglieder der Arbeitsgemeinschaft, sondern haben mit ihr Verträge. Danach können die Traditionsverbände in den „Alten Kameraden“ ihre Verbandsnachrichten und Erlebnisberichte veröffentlichen. Die Arbeitsgemeinschaft erhebt vom Leser mit der Abonnementsgebühr einen „Bezieheranteil“ für den Traditionsverband. Die Arbeitsgemeinschaft veranstaltet auch Arbeitstagungen für die Traditionsverbände, bei denen Erfahrungen über die Verbandsarbeit ausgetauscht werden.

Die Arbeitsgemeinschaft mit ihrer Zeitschrift wuchs schnell, da immer mehr Divisions-Traditionsverbände Verträge abschlossen. Die Geschäftsführung hatte bis 1956 Frhr. v. Brand (später Oberstleutnant der Bundeswehr und erster Leiter des Wehrgeschichtlichen Museums in Rastatt). Sein Nachfolger wurde Oberst a.D. Rudolf Böhmler (ehem. Rgt.-Kdr. der Fallschirmjäger, Verteidiger von Monte Cassino); nach seinem Tode 1968 der Oberstleutnant der Bundeswehr und Bundestagsabgeordnete a.D. Wilhelm Probst; nach dessen Ableben im Jahr 1979 Dr. Dieter Keller, Oberst d.R. der Bundeswehr, der das Amt des Geschäftsführers altershalber 1988 an Heinz Berner übergab.

1954/1955 unterhielt die Arbeitsgemeinschaft in Hannover eine Geschäftsstelle für Norddeutschland, wo Horst Voigt (ehem. Oberleutnant in der 96.I.D.) mit großem Erfolg Traditionsverbände norddeutscher und ostdeutscher Divisionen zur Mitarbeit mit den „Alten Kameraden" herangeführt hat. Mehrere Jahre gestaltete die Redaktion die Zeitschrift „Der Fallschirmjäger" für den „Bund deutscher Fallschirmjäger" und „Die neue Feuerwehr" für das Panzerkorps Großdeutschland. Von 1957 bis 1989 war Claus Berwald (ehem. 23.Pz.-Div.) als hauptamtlich angestellter Redakteur für die Zeitschrift tätig. Als der Chefredakteur Karl Krafft 1988 mit Erreichung des 70. Lebensjahres ausschied, folgte ihm für ein Jahr Reinhold Appel; seither leitet Joachim S. Kannicht die Redaktion.

Über 60 Verbände veröffentlichen in den „Alten Kameraden" ihre „Verbandsnachrichten" über alle Aktivitäten, berichten über Geburtstage und Todesfälle. Der 2. Teil der Zeitschrift gehört Autoren aus den Verbänden für ihre Berichte über ihre Erlebnisse im Zweiten Weltkrieg. Eine Auswahl hieraus ist der Inhalt dieses Buches.

Die „Alten Kameraden" wollten sich aber nicht nur auf Verbandsnachrichten und Berichte von „damals" beschränken, sondern sie verstanden sich von Anfang an als Stimme der Kriegsgeneration zu den jeweiligen aktuellen Fragen. So ergab sich eine Dreiteilung der Zeitschrift (wehrpolitischer, aktueller Teil — Erlebnisberichte — Verbandsnachrichten) wie von selbst.

Der Vorstand der Arbeitsgemeinschaft gibt in kameradschaftlichem Einvernehmen die Linie der Zeitschrift vor. Vorstandsvorsitzende waren seit der Gründung Dr. Adolf Karch, Herbert Köstlin und Dr. Hans Mehrle.

Die Zeitschrift „Alte Kameraden" hat nie von irgendeiner Seite Subventionen erhalten; sie war und ist in ihrer politischen Haltung unabhängig, auch wenn ihre Autoren zu verschiedenen politischen Parteien tendieren.

Unverrückbares gemeinsames Fundament ist nach wie vor:

— das Bestreben, ein unverzerrtes, wahrhaftiges Bild vom deutschen Soldaten des Zweiten Weltkrieges zu zeichnen, ohne „Hurra- Patriotismus", aber als Gegengewicht gegen die ständige Diffamierung in vielen Medien;

— die Achtung vor den in gutem Glauben gebrachten Opfern, auch wenn diese Opfer mißbraucht und vergeblich waren;

— die Aussöhnung der ehemaligen Kriegsgegner im Westen und im Osten;

— die kritische, aber wohlwollende Begleitung der Bundeswehr im Sinne einer wehrhaften Demokratie.

Wenn die Zeitschrift „Alte Kameraden" und die „Arbeitsgemeinschaft für Kameradenwerke und Traditionsverbände" hierzu beigetragen hat, war die Arbeit nicht umsonst. Dieser Arbeit soll mit diesem Buche eine längere Erinnerung geschaffen werden.

Für alle, die als Herausgeber, Redakteure, Autoren und Leser mit den „Alten Kameraden" verbunden sind, gilt das Wort, das der eines jeden Militarismus unverdächtige große Philosoph Karl Jaspers kurz nach Kriegsende geschrieben hat: „Das Bewußtsein soldatischer Ehre bleibt unbetroffen von allen Schulderörterungen. Wer in Kameradschaftlichkeit treu, in Gefahr unbeirrbar durch Mut und Sachlichkeit sich bewährt hat, der darf Unantastbares in seinem Selbstbewußtsein bewahren. Dies rein Soldatische und zugleich Menschliche ist allen Völkern gemeinsam. Hier ist Bewährung ein Fundament des Lebenssinnes."

Dr. Hans Mehrle

# Vorwort zur Auflage 2006

Das Vorwort zu diesem Buch – Zur Geschichte von „Alte Kameraden“ – wurde im Jahre 1991 geschrieben, als die Zeitschrift im 40. Jahr erschienen war. Das Buch, wie auch ein Nachdruck durch den Verlag G. Braun, war bald vergriffen. Es ist erfreulich, dass die Edition Dörfler im Nebel Verlag GmbH nunmehr im Jahre 2006 eine Neuauflage des Buches herausbringt.

Von 1991 bis heute besteht die „Arbeitsgemeinschaft für Kameradenwerke und Traditionsverbände“ weiter. Die Zeitschrift „Alte Kameraden“ wurde in „Kameraden“ umbenannt und ist nunmehr im 53. Jahrgang die unabhängige Zeitschrift für alte und junge Soldaten. Sie erscheint nicht mehr im Verlag G. Braun, Karlsruhe, sondern im Eigenverlag der Arbeitsgemeinschaft und wird im Druckhaus Waiblingen hergestellt. Ende Mai 2005 wurde zum 60. Jahrestag des Kriegsendes eine viel beachtete Sonderausgabe herausgebracht.

In den 14 Jahren, die seit dem Erscheinen des vorliegenden Buches von Joachim Kannicht vergangen sind, waren die inzwischen Verstorbenen Hans-Jörg Kümmich und Fritz Scheunemann Vorsitzende. Seit 2004 leitet Oberst a.D. der Bundeswehr Hammel den Verband, Geschäftsführer ist Klaus Bittner, Chefredakteur ist Götz Eberbach. Der Verfasser dieses Vorworts, Dr. Hans Mehrle ist innerhalb des Vorstandes der Redaktion und der Geschäftsführung der einzige Kriegsteilnehmer des Zweiten Weltkriegs.

Wenn sich auch bei den Lesern der Zeitschrift der Generationenwechsel bermerkbar macht, so ist sich die Zeitschrift dennoch in ihrem Inhalt und Geist treu geblieben.

Der Sammelband aus den besten Beiträgen der ersten 40 Jahre, der nunmehr erneut aufgelegt wird, hat nichts an seiner Bedeutung verloren. Im Gegenteil, gerade die junge Generation sucht nach wahrheitsgemäßen Schilderungen, was die Generation des Zweiten Weltkriegs im Kampf, in der Gefangenschaft und daheim in der Nachkriegszeit erlebt hat.

So möge die Neuauflage des Buches 2006 wiederum für alte und junge Leser eine wichtige Quelle ihres Geschichtsverständnisses sein.

Stuttgart, Januar 2006
Dr. Hans Mehrle

# Geleitwort

Die in diesem Buch veröffentlichten Erlebnis- und Kampfberichte aus vielen Verbänden der Wehrmacht werden die Kriegsteilnehmer und ihre Angehörigen an die schwerste Zeit ihres Lebens erinnern. Sie zeigen, daß die Soldaten der Wehrmacht in gutem Glauben ihre Pflicht erfüllten und für ihr Vaterland ihr Leben einsetzten. Der Mißbrauch ihrer Pflichttreue und ihrer Opferbereitschaft durch die politische Führung wurde den Soldaten der Kampfverbände meist erst im nachhinein klar.

Den Soldaten der Bundeswehr sowie den Söhnen und Enkeln der Kriegsgeneration sei dieses Buch zum Lesen und Nachdenken empfohlen. Sie können aus diesen Berichten erkennen, was ihre Väter und Großväter gedacht, geleistet und erlitten haben und daß sie ehrenhaft kämpften.

Alle ehemaligen Gegner sind sich darüber einig, daß die Wehrmacht militärisch Außergewöhnliches leistete.

Die Bundeswehr wurde von den Offizieren und Unteroffizieren der Wehrmacht aufgebaut. Diese brachten ihre Kriegserfahrung in die Ausbildung, Erziehung, Bewaffnung, Ausrüstung und Organisation der Streitkräfte ein.

Ich selbst habe als Soldat der Wehrmacht in Frankreich und Rußland gekämpft. Mir ist kein Fall bekannt, daß in meiner Division oder in den Nachbarverbänden die Haager Landkriegsordnung von unserer Seite verletzt wurde. Ich bin heute noch stolz darauf, mit welch vorbildlicher Tapferkeit, Kameradschaft und Pflichttreue sowie mit welchem Korpsgeist meine Division während dieses langen Krieges bis zum Schluß ihren Mann stand. Das gilt gleicherweise für viele andere Divisionen.

Mit gutem Gewissen kann ich daher feststellen, daß die Kampfverbände der Wehrmacht sehr wohl für die Bundeswehr traditionswürdig sind.

Die in diesem Buch enthaltenen Erlebnisberichte können diese Feststellung nur unterstreichen. Ich wünsche ihm eine weite Verbreitung und viele alte und junge Leser.

Albert Schnez, Generalleutnant a.D. u. ehem. Insp. des Heeres

*Von einem sowjetischen Gegenstoß überrascht, befiehlt der soeben verwundete Kompaniechef seinen Männern, sich einzuigeln. Nach einer Geheimstatistik des OKW (1941) betrug die Lebenserwartung des Führers einer Infanteriekompanie an der Ostfront vom Eintreffen an der Front bis zum Ausfall durch Tod oder schwere Verwundung genau 17 Tage.*

*Niemand kann mehr den Krieg hassen,*
*als ehemalige Soldaten!*
*Niemand kann mehr die Freiheit lieben,*
*als ehemalige versklavte Gefangene!*
*Niemand kann sich menschlich näher stehen,*
*als ehemalige Kameraden!*

*Martin Henneberger*

*Aus der Sondermeldung vom 10. 5. 1940:*
*„Angesichts der unmittelbar bevorstehenden feindlichen Kriegsausweitung auf belgisches und holländisches Gebiet und der damit verbundenen Bedrohung des Ruhrgebiets ist das deutsche Westheer am 10. Mai bei Morgengrauen zum Angriff über die deutsche Westgrenze auf breitester Front angetreten . . . Um die Gesamtoperation zu leiten, hat sich der Führer und Oberste Befehlshaber an die Front begeben."*

# Im englischen Feuerhagel getroffen

**Übergang über den Scarpe-Kanal und Gefecht am Bahndamm**

Nachdem wir im Mai 1940 die Bunker genommen hatten, befand sich der Franzose auf der Flucht, so daß wir ihn kaum einholen konnten. Nach vier Tagen ununterbrochenen Marsches hieß es: Einen Tag Ruhe in Monohy. Wir waren in Scheunen untergebracht und richteten uns häuslich ein und reinigten uns und unsere Wäsche. Doch die Ruhe sollte nicht lange dauern, da kam ein Melder vom Bataillon. Er brachte den Befehl: „Kompanie sofort fertigmachen, Abmarsch um 2 Uhr!"

Als wir etwa sechs Kilometer marschiert waren, sagte unser Kompanieführer, Leutnant Steglich: „Wir machen einen Angriff über den Scarpe-Kanal." Die Kompanie stellte sich in einem hohen Kleefeld bereit, vorne links II.Zug und rechts der III.Zug. Unser Zugführer, Leutnant Rinner, befahl, vorne rechts die 9. Gruppe und links unsere Gruppe, die 11. Wir nahmen unsere angewiesenen Plätze ein und warteten auf den Angriffsbefehl.

Unsere Artillerie schickte schon ihre eisernen Grüße nach vorne. Da kam der Befehl „Auf marsch, marsch!" Unsere Fahrräder schauten wir noch einmal an. Wir mußten sie liegen lassen und die Munition schleppen. Dann ging es durch den vor uns liegenden Wald, hinter dem kam aber der Befehl „Halt! Eingraben!".

Beim eifrigen Arbeiten hörten wir mit einem Mal ein Gebrumm über uns, unsere Stukas waren im Anflug! Sie kamen ganz niedrig und luden ihre Bomben hinter dem vor uns liegenden Dorf ab. Nach dem Stukaangriff hieß es „Auf marsch, marsch!" Unser Zugführer ging dem Zug ein ganzes Ende voraus, neben ihm der Melder Breu. Bis zum Dorf waren es ungefähr 1000 Meter. Da, der Leutnant fängt an zu laufen, wir hinter ihm her, können aber nicht so schnell mit unserer Munition. Leutnant Rinner und Breu sind schon im Dorf. Schwitzend und prustend erreichen wir es ebenfalls.

Ein ganzes Stück vor uns sehen wir eine Leuchtkugel hochgehen. Wir rennen in dieser Richtung weiter. Plötzlich liegt der Kanal vor uns. Wir werden stark beschossen, haben aber noch gute Deckung, so daß wir ohne zu schießen weiter vorgehen.

Rechts von uns in der Wiese schießt das MG der Nachbargruppe. Ich sehe plötzlich am anderen Ufer Bewegung und einzelne Engländer. Das rufe ich Lauffert zu, der auch sofort schießt. Hinter mir höre ich Motorengeräusch, Schweda kommt mit dem Schlauchboot auf einem erbeuteten LKW. Klunder und ich nehmen ein Boot, schieben es in den Kanal. Lauffert, Klunder und ich steigen ein, da kommt unser Zugführer, Leutnant Rinner, mit Unteroffizier Schafers und Gruppenführer Schubert, die auch mit einsteigen. Drüben angekommen, muß Klunder das Boot zurückbringen.

Inzwischen ist das andere Boot mit dem Rest unserer Gruppe auch angekommen. Schafers übernimmt die Führung und geht rechts am Kanal entlang, da er dort noch Tommies vermutet. Wir merken gar nicht, daß uns das Wasser in die Stiefel läuft; die Engländer hatten den Kanal gestaut, so daß alles überschwemmt ist.

Wie wir 100 Meter gegangen sind, sehen wir plötzlich vor uns drei Tommies am MG. Wir eröffnen sofort das Feuer, aber im Schutze der Büsche entkommen sie doch.

Wir gehen weiter, da rufe ich: „100 Meter links von uns 15 bis 20 Engländer, die auf ein Haus zulaufen!“ Ich nehme das MG auf die Schulter, da Lauffert von der Erde nicht schießen kann, des hohen Grases wegen. Wir sehen einige fallen, die anderen verschwinden hinter dem Haus.

Während wir geschossen hatten, wurde Kitta durch einen Beckenschuß verwundet. Nachdem die Engländer ausgerückt waren, trugen wir ihn zum Sani, wo Leutnant Rinner sich von ihm verabschiedete: „Mach es gut, Jung’, beiße die Zähne zusammen, dann bist du bald wieder bei uns.“

Die Kompanie wurde neu geordnet und es ging weiter. Wir mußten über einen großen Kreidefelsen. Oben wurden wir wieder stark beschossen, konnten aber wegen der einbrechenden Dunkelheit nicht weiter angreifen. Es kam der Befehl: „Einrichten zur Verteidigung!“ Wir fingen an, uns einzugraben, was aber nicht ging, weil der Boden zu hart und steinig war. Hochkommen durften wir auch nicht, denn der Tommy schoß ununterbrochen trotz der Dunkelheit.

Nach zwei Stunden haben wir das Graben aufgegeben. Wir hatten kaum Deckung, aber sie mußte genügen. In der Nacht war es sehr kalt, wir haben gefroren wie die Schneider. Dazu noch die nassen Klamotten! Leutnant Rinner kam zu jedem einzelnen und hatte für jeden ein aufmunterndes Wort.

Gegen 10 Uhr abends schoß die feindliche Artillerie über uns hinweg zum Kanal. Am nächsten Morgen kurz nach 6 Uhr kam der Befehl: „Fertigmachen, wir greifen an in derselben Richtung!“ Wir freuten uns alle, uns etwas bewegen zu können. Kurz darauf kam der Befehl „Marsch!“ Noch nie habe ich mich bei diesem Befehl so gefreut wie an jenem Morgen. Die Glieder waren so steif und kalt, daß man sie kaum fühlte. Der Engländer hatte sich verdrückt, man sah zunächst nichts mehr von ihm.

Wir sollten aber bald feststellen, daß er doch noch da war. Leutnant Rinner war, wie immer, dem Zug um 50 bis 100 Meter voraus. Er hatte den Bahndamm fast erreicht und wir waren ungefähr noch 100 Meter entfernt, da wurden wir plötzlich beschossen, daß es nur so peitschte und pfiff. Der Leutnant war jenseits der Böschung herunter gesprungen und kam an der anderen Seite wieder hoch. Wir hatten die Böschung diesseits erreicht, gingen in Stellung und beschossen das vor uns liegende Wäldchen.

Ich sah zu unserem Zugführer, er sprang auf, um weiter nach vorn zu kommen, drehte sich halb um und rief uns etwas zu, was wir nicht verstanden. In diesem Moment fiel Leutnant Rinner getroffen um. Unteroffizier Fiebig sprang zu ihm, wurde aber auch getroffen und sank hin.

Lauffert schoß, was aus seiner Spritze hinaus wollte. Die Engländer mußten uns erkannt haben, denn sie beschossen uns beide wie wild. Heinz sagte: „Müssen wir fort?“ Ich antwortete: „Von da drüben haben wir kein Schußfeld, laß mich mal schießen“. Da sprang Lauffert getroffen auf, fiel aber gleich wieder um und schrie „Werner helf’, ich bin getroffen!“ Ich stieß ihn die Böschung hinunter, schnappte mir das MG und schoß.

Auf einmal hört ich den Gruppenführer rufen: „Kommen Sie runter, Stegemann, sie werden beschossen, daß es nur so um Sie staubt.“ Das hatte ich in meiner Aufregung nicht bemerkt.

Ich entlud das MG und warf die Munition hinunter, wobei ich noch ein paarmal in Deckung ging. Der Feind mußte mich genau beobachtet haben und wartete nur darauf, daß ich mich bewegte. Ich nahm mein MG und setzte zum Sprung an.

Da fällt mir das MG aus der Hand, ich bin an der Hand getroffen. Es blutet und schmerzt sehr, ist aber nicht so schlimm, denn ich kann die Finger noch bewegen. Ich versuche noch einmal mit der Spritze die Böschung herunterzukommen, was endlich gelingt. Hier ist der Sani dabei und verbindet Lauffert, er nimmt mich auch gleich vor und schickt mich zum Verbandsplatz. Hier bekomme ich eine Spritze und darf zur Kompanie zurückkehren.

Als ich zur Kompanie komme, ist sie beim Essenempfang. Die Engländer sind in die Flucht geschlagen.

Nach zwei Stunden ging es weiter, zuvor nahmen wir Abschied von unseren Gefallenen, die inzwischen begraben waren. Jeder denkt an unseren vorbildlichen Zugführer, Leutnant Rinner, der dem Zug in jeder Lage voranging, der uns auf den großen Märschen durch Belgien aufmunterte und Mut zusprach, der den Kameraden das Gewehr abgenommen hatte, wenn sie nicht mehr konnten, und für jeden einsprang, wenn es sein mußte. Jeder denkt an die Korporale Fiebig und Schröder. Der Tommy hat unserem Zug drei vorbildliche Führer bei diesem Angriff weggerissen.

(Nach einem Gefechtsbericht des Gefreiten Stegmann der 5.(27), 12.ID)

# Die Einnahme von Thielt

**Wir erleben die Kapitulation Belgiens**

Nachdem das II.Bataillon des Infanterieregiments 398 an der Schelde am 19. Mai 1940 die Feuertaufe erhalten hatte, überschritt es am 21. Mai morgens um 9 Uhr die Schelde. Die große, herrliche Brücke lag zertrümmert im Fluß; riesige Eisenteile ragten aus dem Wasser. Hier waren unsere Pioniere tüchtig bei der Arbeit. In kürzester Zeit hatten sie eine Notbrücke errichtet, so daß wir mit Roß und Wagen hinüberfahren konnten. Beim Morgengrauen wurden die Pioniere von englischen Flugzeugen angegriffen, zwei Kameraden mußten ihr Leben lassen.

An diesem Tag war der Kriegsgott sehr gnädig mit uns; er ließ uns „nur" 35 Kilometer marschieren. Am Abend legten wir uns am Eingang eines kleinen Dorfes in Bereitstellung, nachmittags war es noch von Belgiern und Franzosen besetzt gewesen. Wider Erwarten hatten wir Ruhe. Die feindliche Infanterie hatte sich rechtzeitig abgesetzt.

Am 22. Mai ging es morgens um 8 Uhr weiter. Wir marschierten auf Hofstade zu, das wir etwa zwei Stunden später erreichten. Hier mußte die Kompanie zugweise von verschiedenen Seiten her anrücken, da sich der Feind noch am Ausgang der Stadt kämpfend zurückzog. Ohne Verluste überließ er sie uns.

Wir kamen nicht weiter, weil in Aalst unsere Panzer auf zähen Widerstand gestoßen waren. Auch feindliche Flieger griffen in den Erdkampf ein. Jeder Straßenzug wurde hartnäckig verteidigt. Unsere Alarmquartiere verließen wir erst am 23. Mai um 13 Uhr. Wir stießen gegen Aalst vor, das an allen Ecken brannte. Durch Volltreffer vernichtet, lagen belgische Kanonen und Protzen mit ihren Gespannen zerschlagen in den Straßen. Ein deutscher Panzerspähwagen stand an einer Straßenecke und brannte lichterloh. Alle Brücken, die über den durch Aalst führenden Kanal gingen, waren gesprengt. Frachtkähne und Schiffe lagen mit Schlagseite unter Eisentrümmern.

Am Ausgang der Stadt hämmerten noch unsere Maschinengewehre, und die Pak schoß noch auf hartnäckige MG-Nester. Es dauerte nicht lange, und wir stießen durch Aalst hindurch und verfolgten den Feind. Um 19 Uhr erreichten wir den Ort Eyne, etwa 20 Kilometer von Hofstade entfernt. Die Verfolgten waren doch schneller als wir. Wir bezogen unsere Notquartiere und blieben alarmbereit bis zum anderen Morgen. Schon um 5 Uhr waren wir auf den Beinen.

Am Spätnachmittag erreichten wir Huise Lozern. Der recht schmutzige Ort wimmelte von feindlicher Infanterie. Starke Straßenpatrouillen wurden eingesetzt und schwere Granatwerfer und Pak an gefährliche Ecken und unübersichtliche Straßenkreuzungen vorgezogen. Gegen Abend ging ein Geschütz in Stellung, um einen feindbesetzten Häuserblock unschädlich zu machen. In der Nacht gab es noch einige Schießereien, die uns zum Glück aber keine Verluste brachten. Lange Zeit blieben wir in Alarmbereitschaft in unseren Quartieren.

Trotzdem alles griffbereit lag, empfanden wir es als eine Wohltat, uns den ganzen Tag ausruhen zu können. Erst am 26. Mai zogen wir weiter. Gewitter und Regen begleiteten uns. Am Nachmittag begann feindliche Artillerie, uns zu beschießen. Belgische Flieger erschwerten uns den Übergang über die Lys. Den Spätnachmittag und Abend hindurch waren wir gezwungen, in den Gräben zu hocken. Erst gegen 20 Uhr brachen wir auf, um den Übergang über die Lys zu erzwingen. Dort stand der Feind am jenseitigen Ufer und erwartete uns mit schweren Waffen.

Das Regiment 396 versuchte mit allen Mitteln, den Fluß zu überqueren, mußte aber mit schweren Verlusten das gesteckte Ziel aufgeben. Mit Unterstützung des II.Bataillons IR.398 begann erneut der Angriff. Die eigene Artillerie überschoß uns. Unsere Krankenwagen brachten laufend Verwundete zurück, und oft mußten wir an gefallenen Kameraden vorbei. In einem Hohlweg lag eine deutsche Pak-Bedienung, die durch feindliche Artillerie einen Volltreffer erhalten hatte.

Bis in den Morgen hinein dauerte der Übergang über die Lys. Nach nur ganz kurzer Rast marschierten wir in den frühen Morgenstunden in Richtung Dentyghem Thielt. Vom Feind war nichts zu sehen. Er hatte sich bis Thielt zurückgezogen, um uns von dort aus zu fassen. Es ging über Wiesen und Felder; überall lagen die Habseligkeiten der Gegner. So arbeiteten wir uns in zwei Stunden ein recht gutes Stück vorwärts.

Vor uns lag nun Thielt mit seinem herrlichen Kloster und den Kirchen. Die schöne Stadt war nach dem Ersten Weltkrieg, der sie in Schutt und Asche legte, neu aufgebaut worden. Freundlich grüßten die roten Dächer Es war ein wunderbares Bild, die Stadt von weitem zu erblicken. Hier also hatte sich der Feind festgesetzt.

Plötzlich erhielten wir Feuer; die Kompanien gingen ausgeschwärmt vor und erreichten ohne Verluste einen Hügel, etwa zwei Kilometer vor Thielt. Nun lagen wir auf dem Präsentierteller. Vor uns eine langgezogene Mulde und dann die Stadt. Das war eine Gelegenheit für den Feind, uns mit Artillerie, Minen und Granatwerfern zu beharken, auch MG-Feuer gab es mehr, als uns lieb war. Die meisten Gehöfte und Häuser schoß der Feind zusammen. Noch keine zwei Minuten hatten wir einen Hof verlassen, als er von einer schweren Granate zerstört wurde. Mit fast übermenschlichen Kräften schleppten die Bedienungen ihre Infanteriegeschütze, ihre panzerbrechenden Waffen in Stellung. Geschickt getarnt, hatten sie ein gutes Schußfeld.

Auch unsre Artillerie blieb nicht müßig. Ihre Granaten überflogen uns pfeifend in Richtung Stadt. Es dauerte nicht lange, und die schöne Stadt begann zu brennen; schwarze Rauchfahnen und Qualm stiegen an verschiedenen Stellen auf. Es war für uns schwer, vom Hügel aus über die Mulde an die Stadt heranzukommen. Infanterie-, MG- und Artilleriefeuer brachte uns Verluste bei. Leutnant Willi Burgsmüller, der an der Spitze seines Zuges war und versuchte, möglichst ohne eigene Verluste voranzukommen, erhielt zwei Lungenschüsse. Er wurde verbunden und mit dem Sanka zurückgeschafft.

Unsere Pak- und Infanteriegeschützbedienungen kamen teilweise mit zwei oder drei Männern weniger an. Sie unterstützten uns vorbildlich. Die 6.Kompanie, die rechts von uns lag, hatte schon mehrere Gefallene zu beklagen. Die Kameraden Schumann und Beltau aus der 5.Kompanie erhielten tödliche Kopfschüsse durch Baumschützen.

Mühsam erkämpften wir uns die ersten Häuser der Stadt. Als wir dicht herangekommen waren, verstummte das feindliche Feuer, und weiße Tücher erschienen in Fenstern und Kellerluken. Mit erhobenen Armen kamen uns die Belgier entgegen. MG-Trupps drangen in die Stadt ein, während das II. Bataillon von links und rechts die Stadt angriff.

Als wir die Stadt eingenommen hatten, bot sich uns ein grausiges Bild. Munitionswagen waren explodiert, die Pferde lagen mit aufgerissenen Bäuchen in den Deichseln. Kampfwagen standen, vom Druck unserer Granaten dorthin geworfen, quer auf den Bürgersteigen. Verwundete Belgier näherten sich uns. Man sah ihnen deutlich nicht nur die Angst der letzten Stunden an, schlimmer noch war ihre Furcht, den „boches" lebend in die Hände zu fallen. Pferde und Kühe liefen wild und vor Angst schnaubend, kreuz und quer durch die Straßen und vergrößerten das Chaos. Beißender Qualm reizte die Atemwege, unsere Augen schmerzten. Zerschossen und ausgebrannt lagen ganze Straßenzüge, und mit ihnen auch das schöne Kloster. Von der herrlichen Stadt, die sie am frühen Morgen noch war, hatte der grausame Krieg nur Trümmer und bitteres Elend zurückgelassen.

Erst am späten Abend, um 22 Uhr, gelang es, das gesamte Bataillon hinter der Stadt zu sammeln. Wir legten uns in Kornfelder in Alarmbereitschaft. Kaum vier Stunden geschlafen, geschweige denn ausgeruht, brachen wir auf, um den Feind, der aus Thielt geflohen war, zu verfolgen. Beim ersten Morgengrauen marschierten wir auf einem Waldweg. Halb im Schlaf ging die Kompanie auf Befehl „Kompanie nach links, Panzer von hinten" nach links herüber. Wir hielten den Kampfwagen für einen deutschen, die Insassen, Belgier, nahmen uns für belgische Infanterie. Hundert Meter weiter, an einer Straßenkreuzung machte er kehrt und schoß auf uns. Hinter Hecken und Zäunen nahmen wir schnell Deckung.

Aus dem nächstliegenden Haus kam nun MG-Feuer. Feldwebel Wilhelm Mendau schlich sich an, warf einige Handgranaten in das Haus und setzte zwei belgische Maschinengewehrbedienungen außer Gefecht. Der Belgier nahm an, wir würden angreifen. Er ließ alles im Stich, selbst der Panzer nahm reißaus. Verpflegung, Waffen und Munition fielen uns in die Hände. Bespannte belgische Geschütze standen herrenlos am Waldweg.

Wir verfolgten den Feind in einen Wald hinein, ohne zu ahnen, daß sich dort belgische Elitetruppen, Ardennenjäger und Panzer befanden. Schnell verbreitete sich die Parole: „Les Allemands attaquent" (Die Deutschen greifen an). Mut und Schneid der Belgier waren dahin. Mit erhobenen Armen kamen sie uns entgegen. Ihre Panzerwagen hatten sie in den Chausseegraben gefahren, Geschütze umgeworfen, Karabiner wurden an den Bäumen zerschlagen, Helme und Gasmasken hingen in den Sträuchern.

Eine unbändige Freude überkam uns, als es hieß: „Belgien hat kapituliert!" Hunderte von Gefangenen übergaben wir den nachfolgenden Truppen. Wir kämmten den ganzen Wald und die Umgebung durch. Zum Teil wußten die Belgier nicht, daß das belgische Heer die Waffen gestreckt hatte, oder sie konnten es nicht fassen. Bei der Säuberung fielen noch Unteroffizier Kurt Hoffmann und Schütze Blümel. J. Veuhoff (272.ID)

# Als VB beim Angriff über die Aisne

**In der Siegfriedlinie Gedenken an den Kampf im Ersten Weltkrieg**

Ein Erlebnis ohnegleichen ist der unaufhaltsame Vormarsch der deutschen Divisionen durch Feindesland. In endlosen Kolonnen ziehen wir über die waldreichen Höhen der Ardennen, ständig überholt von motorisierten Einheiten und mehrfach aufgehalten an den Kreuzungen wichtiger Nachschubstraßen, auf denen Tag und Nacht unermeßliche Mengen an Material und Munition nach vorne rollen.

In den späten Abendstunden des 1. Juni 1940 überschreiten wir die französische Grenze. Die Straße senkt sich ins Maastal, das im nächtlichen Dunkel ungeheuer tief und weiträumig erscheint. Den ersten stärkeren Eindruck von den verheerenden Wirkungen des Krieges vermittelt uns Montherme, in dem scharfer Brandgeruch durch die toten Straßen ausgebrannter Häuserviertel zieht und hinter den leeren Fensterhöhlen zerschossener Mauern der düstere Nachthimmel steht.

Nach einem Tagesbiwak und einem weiteren Nachtmarsch gelangen wir in die Wälder südlich Signy l'Abbaye, wo wir auf einem reizvollen Biwakplatz in strahlender Frühlingssonne mit verhaltener Spannung auf den Einsatzbefehl warten.

In einer sternklaren Nacht marschieren wir nach Süden an die Front, die nicht mehr allzuweit sein kann, denn wir hören ihr ständiges dumpfes Grollen. Zuweilen zuckt da und dort am Horizont ein greller Schein auf, und irgendwo im Gelände zerreißen kurz darauf schmetternde Einschläge die nächtliche Stille. Bei der Thorin Ferme wird der Platz für die Feuerstellung bestimmt. Wir reiten mit dem Batterietrupp durch das zerschossene Ecly nach vorne und sitzen jenseits des Dorfes in einem Hohlweg ab, der uns auf einen flachen Höhenrücken führt. Vor uns liegt in fahler Morgendämmerung das Tal der Aisne. Auf dieser kahlen Kuppe ohne Baum und Strauch sollen wir beobachten. Der Boden besteht aus reiner Kreide. In einem Erdloch, in dem die Infanteristen hausen, ist zur Not noch Platz für 2 Beobachter. Nach dem Aufbau des Scherenfernrohrs kriechen wir auf dem Kreideboden zurück und werden davon weiß wie die Müllergesellen.

Befehlsgemäß schießen wir uns auf das jenseitige Ufer der Aisne ein. Nachts verbessern wir unseren Beobachtungsstand und entdecken dabei eine leichtgewölbte Betonfläche, in deren Mitte eine schwere Stahlplatte eingelassen ist. Zu unserer größten Verblüffung stellen wir fest, daß es sich um einen deutschen Bunker aus dem 1. Weltkrieg handelt. Wir legen die beiden Eingänge frei und stoßen auf einen zweckmäßig angelegten und schußsicheren Betonbunker.

Eine scheue Ehrfurcht überkommt uns bei dem Gedanken, daß wir in einen Bunker der Siegfried-Linie unserer Väter einziehen. Die Batterien schießen sich einzeln ein, während der Gegner Störfeuer gibt und kurze Feuerüberfälle mit ihren Einschlägen in unsere unmittelbare Nähe kommen. Der Franzose schießt uns dauernd unsere Leitungen zusammen, so daß unsere Fernsprecher Tag und Nacht auf Störungssuche unterwegs sein müssen. Der Großangriff über die Aisne zwischen Rethel und Chateau Porcien soll am 9. Juni 1940 beginnen.

Stundenlang liegen wir im taufeuchten Gras am Rande eines Waldstücks im Aisne-Grund. Langsam weicht die fahle Dämmerung hellem Morgenlicht. Über die schlafenden Männer der Kompanie hinweg blicke ich zum jenseitigen Ufergebiet. Ob der Feind wohl etwas gemerkt hat von dem Aufmarsch unserer Bataillone während der Nacht?

Ich schaue auf die Uhr und sehe den Kompanieführer an, der sich neben mich ins Gras gelegt hat. Durch ein kurzes Nicken bestätigt er mir, daß es gleich soweit ist.

Irgendwo im Hintergelände bricht ein dumpfes Grollen los, es steigert sich zu einem einzigen ungeheuren Aufbrüllen. Gleichzeitig erhebt sich über uns in der Luft ein nie gehörter Orkan von hundertfachem Rauschen, Schwirren und Pfeifen und im nächsten Augenblick steht drüben über den Fluß eine flammende Wand von zuckenden Blitzen, Rauchsäulen und prasselnden Splittern. Als der Sturm über uns zu brausen anfing, richteten wir uns wie gebannt auf; als aber die ersten Einschläge uns schrill in den Ohren gellen, drücken wir uns unwillkürlich platt auf den Boden. Wenige Minuten später erheben sich die Kompanien und stürmen in breiten Wellen durch das taufrische Gras an das Aisne-Ufer.

In dichten Haufen werfen wir uns ins Ufergebüsch. Unsere Artillerie springt ein Stück weiter seitwärts, doch immer noch ist es drüben über der Aisne lebendig. Maschinengewehre rattern, von allen Seiten zwitschern Kugeln über uns hinweg. Trotzdem gleiten die Schlauchboote ins Wasser und paddeln mit lautem „Zu-gleich" über den Fluß. Die Infanteristen klettern die steile Uferböschung hinauf, zwängeln sich durch dichtes Unterholz und stolpern über Granattrichter oder zersplitterte Baumstämme. Ringsherum knallt es — verflucht nochmal, die Franzosen schießen von den Bäumen herab. Aber wir haben keine Zeit, uns darum zu kümmern. Nur „vorwärts" ist die Parole.

Am Bahndamm sammelt sich die Kompanie und vor uns liegt der Aisne-Kanal, der parallel zur Aisne verläuft. Zuerst müssen die Schlauchboote zum Übersetzen herbeigeschafft werden. Es schießt ständig, niemand weiß woher. Mit häßlichem schrillem Ton surren die Querschläger über die Schienen. Der VB befielt seinen Funkern, die Funkgeräte aufzubauen und Verbindung mit der Abteilung aufzunehmen. Aber die Gegenstelle versteht uns nicht, ein anderer Sender funkt auf der gleichen Welle dazwischen. Das kann heiter werden. Zwei kleine Schlauchboote werden an den Kanal gebracht, und in raschem Pendelverkehr befördern sie die ganze Kompanie und unseren Funktrupp ans andere Ufer. Unser Artilleriefeuer liegt jetzt auf den rückwärtigen Stellungen des Feindes. Im Aisne-Grund hat sich der Qualm und Pulverdampf der Detonationen zu einem undurchdringlichen Nebel verdichtet, so daß man die eigene Hand nicht mehr vor dem Auge sieht. Als wir aus dem Gehölz auf das freie Feld treten, empfängt uns ein strahlender Morgen. Ein Sonntag, der unvergeßliche 9. Juni 1940.

Es geht weiter über Böschungen und flache Hänge. Aus der Flanke und sogar von rückwärts bekommen wir Feuer aus Gebüsch und Waldstücken, die der Feind immer noch zäh verteidigt. Mancher Soldat stürzt blutend vornüber, aber unser Angriff wird unaufhaltsam weiter vorgetragen, um auftragsgemäß die Höhen jenseits der Aisne zu nehmen.

150 m vor dem nächsten Wald lasse ich an einer mit Gestrüpp bewachsenen Böschung mein Funkgerät aufbauen. Endlich klappt die Verbindung. Ich bin jetzt in der Lage, unterstützend einzugreifen und gebe meine Feuerkommandos durch.

Der Kompanieführer liegt ebenfalls in unserer Hecke; seine Schützengruppe rechts und links von ihm. Plötzlich ertönt ein gellender Ruf: „Panzer von vorn!" Mit knirschenden Ketten und aufheulenden Motoren fahren sie auf uns zu. Eines der feuerspeienden Ungetüme fährt auf 3 Meter Entfernung an unserer Hecke entlang. Wir haben keine Waffen, um gegen die Panzer vorzugehen. Wir ducken uns in die Vertiefung des Bodens, während peitschende Geschosse über uns die Zweige zerfetzen.

Bei dem Feuerkommando an die Batterie behalten meine Funker die Nerven und arbeiten einwandfrei, obwohl die Panzer durch unsere Reihen fahren. Aber was ist das dort unten? Da geht einer in Flammen auf, dort drüben auch! Da ist wahrhaftig im letzten Augenblick unsere Pak aufgefahren und leistete ganze Arbeit. Auch das Feuer unserer Artillerie liegt jetzt am Waldrand auf den Anmarschwegen der Panzer, die beschleunigt den Angriff einstellen und wieder verschwinden, soweit sie nicht brennen oder bewegungsunfähig liegen bleiben.

Wortlos schauen wir uns an, wir sind alle bleich. Der Kompanieführer nimmt seinen Stahlhelm ab und will von mir wissen, ob seine Haare in diesen Minuten nicht grau geworden sind.

Da, unerhört! Ein Rauschen, ein schmetternder Schlag, noch einer, unaufhörlich! Artilleriefeuer schlägt haarscharf bei uns ein, Pulverqualm, sausende Splitter. Wieder dukken wir uns tief in den Boden, überschüttet mit Erde und Steinen. Wir hören die heranbrausenden Geschosse, warten in atemloser Beklemmung, wo der nächste Einschlag erfolgt. Peng — der hat gesessen, wenige Schritte vor uns. Die Zweige unserer Hecke wirbeln durcheinander, eine Ladung Sand fliegt uns ins Genick, deckt unser Funkgerät zu.

Endlich ist der Feuerschlag vorüber, wir klopfen uns den Schutt von den Kleidern und wundern uns nur, daß wir noch leben. Aber unsere Sanitäter haben reichlich zu tun. Immer wieder erscheinen die Melder der Zugführer und melden neue Ausfälle.

Allmählich geht dieser Sonntag zu Ende. Die Nacht wird ruhig, der Feind scheint die Wälder vor uns zu räumen. In der Frühe des kommenden Tages ist die von den Pionieren im feindlichen Feuer erbaute Brücke über die Aisne in Betrieb, unsere Panzer stehen bereit, um auftragsgemäß aus unserem Brückenkopf heraus den Durchbruch durch die feindlichen Linien zu erzwingen. Zwischen Rethel und Chateau Porcien hat sich das Schicksal der französischen Armee erfüllt; die letzte Verteidigungsstellung, die Weygandlinie, wurde am 10. Juni 1940 durchbrochen.

(nach Aufzeichnungen von Walter Schmid , Leutnant I./AR.260)

# Dieser Schuß ist nicht gefallen

**Beim III./183 im Angriff am 5. Juni 1940 bei Ham**

Nach Besetzung der Stadt Ham durch das III./164 am 24. Mai 1940 und einer Art „Stellungskrieg an der Somme“ erhielt die Führungsabteilung der 62.Division Ende Mai die ersten Weisungen für weitere Angriffsabsichten des V. Korps. Der Angriff über Somme und Sommekanal wurde auf den 5. Juni um 5.30 Uhr festgesetzt. Westlich Ham hatten das I. und II.Bataillon der 183er anzugreifen, während das III./183 als Reserve in einem Waldstück blieb.

Nach einem halbstündigen Artilleriefeuer begann der Angriff, der aber auf harten Widerstand des Gegners stieß. Nur ein kleiner Teil des II./183 gelangte über die Somme, mußte sich aber wegen des starken Feindfeuers wieder bis an das Ufer zurückziehen.

Da tritt mittags das III.Bataillon zum Angriff an, gewinnt Sommekanal und Somme und stößt gegen 13 Uhr westlich der Zuckerfabrik durch Eppeville vor. Ein Panzerangriff der Franzosen und starkes Flankenfeuer stoppen auch diesen Angriff.

Dicht am Ufer der Somme sitzen noch feindliche Maschinengewehr-Nester. Zahlreiche Gefangene werden eingesammelt, viele Gefallene des Gegners liegen im Kampfgelände. Da das III.Bataillon in einer Breite von etwa 500 Metern südlich Eppeville ohne Anlehnung nach links oder rechts sich nicht halten kann, befiehlt das V.Korps, alle Teile der Division auf das Nordufer der Somme zurückzunehmen.

Damals war ich als Gruppenführer bei der 12./183 an diesem Angriff beteiligt. Als wir uns abends vom Feind lösten, ging ich als letzter hinter meiner Gruppe in Richtung zur Somme, die Bodenplatte des Granatwerfers auf dem Rücken, den Karabiner im Arm. Am Rande eines Schlammteiches sah ich die in Gamaschen steckenden Füße eines französischen Soldaten aus dem Gebüsch hervorragen.

Mir fiel auf, daß der Mann die Beine gestreckt hatte, was bei einem Toten sehr selten ist. Ich stieß mit meinem Stiefel etwas an seinen Fuß. In diesem Augenblick sprang der Franzose auf, sein Gewehr in der Hand. Im ersten Schreck stieß ich dem Franzosen laut brüllend den Gewehrlauf in den Bauch und drückte ab.

Doch es fiel kein Schuß! Das Gewehr war geladen gewesen, aber gesichert. Da ließ der Franzose seine Waffen fallen und hob die Hände. Ich löste bei mir die Gurte der Bodenplatte und machte dem Gefangenen durch Gebärden klar, daß er dies Gerät aufnehmen und tragen solle, was er auch bereitwillig tat. Ich ließ ihn vor mir hergehen und folgte nun mit entsichertem Gewehr.

Am letzten Damm kurz vor dem Sommekanal traf ich die Kameraden meiner Gruppe, die sich gerade anschickten, auf das nördliche Ufer überzusetzen. Es lagen auch noch mehrere deutsche Verwundete am Damm, die versorgt werden sollten. Da griff mein Gefangener zu und half beim Verbinden unserer Kameraden so fachgerecht, daß wir ihn gewähren ließen. Er half auch, die Verwundeten in das Schlauchboot zu tragen.

Er war ein großer, starker, etwa 25 Jahre alter Soldat, der wahrscheinlich dem Sanitätspersonal angehörte, aber keine Armbinde trug. Der Franzose war sichtlich glücklich, daß er am Leben geblieben war. Ich selbst fühlte mich ebenfalls erleichtert, daß mein Schuß nicht losgegangen war!

Mit den anderen Gefangenen lieferte ich dann „meinen" Franzosen in der Sammelstelle beim Friedhof in Ham ab. B. Gellrich (62.ID)

*Aus dem Wehrmachtbericht vom 1. 6. 1940:*
*„Der Widerstand der letzten in Nordostfrankreich eingeschlossenen Teile des französischen Heeres wurde gebrochen . . . Der Angriff auf die Reste des britischen Expeditionsheeres beiderseits DÜNKIRCHEN ist gegenüber zähem Feindwiderstand in dem sehr schwierigen Gelände in gutem Fortschreiten . . .*

## Keine „kleinen Fische"

**Am Morgen noch voller Zuversicht — am Abend tot**

Am Fuße einer dichtbewaldeten Anhöhe lagen, gut getarnt im Unterholz, zwei Feldposten. Sie waren kurz vor Morgengrauen eingewiesen worden, hatten ihre Waffen griffbereit neben sich gelegt und dann eine geraume Zeit in das Dunkel der Nacht gelauscht, das nun dem Licht des aufkommenden Tages wich. Willi wandte sich an seinen Kameraden: „Sieh mal, Alois, da drüben der Buckel soll mit Maschinengewehren gespickt sein wie ein Igel!" Alois winkte geringschätzig ab: „Kleine Fische, ein paar schwere Brocken, ein schneidiger Angriff und der Franzmann geht baden!" Willi schüttelte den Kopf und deutete mit dem Kinn zur Anhöhe: „Schau dir mal die Steigung an und das dichte Gehölz." Willis Einwand blieb nicht ohne Wirkung, Alois rieb sein Kinn: „Ich wäre froh, wir hätten die Sache schon hinter uns . . ." —

In den Morgenstunden des 9. Juni 1940 stiegen die Kompanien aus Gräben und Unterständen der Waldstellung. Zahlreiche deutsche Batterien trommelten auf die Höhe und die dahinter liegenden Artilleriestellungen. Die schwierigen Geländeverhältnisse hemmten das Vorwärtsdrängen, nur eine fast verwachsene Schneise ermöglichte zeitsparendes Vordringen, bis dicht vor die vorderste Stellung des Gegners. Dort verhielten wir, um Reserven nachzuziehen.

Noch hielt schweres Feuer den Gegner nieder, noch kostete es nur Schweiß. Dort lag auch die Gruppe Querbach, bei ihr Willi und Alois. Bis zum Graben des Gegners gab es keine Bäume mehr, das Unterholz war entfernt worden: Dreißig Meter nackter, kahler

Boden! Dreißig Meter freies Schußfeld für den Verteidiger! Dahinter ein gut getarntes, kaum erkennbares Netz, hochgespannt: Handgranatenfalle! Dort lagen im Augenblick noch die letzten Einschläge der deutschen Artillerie.

Ausgesuchte Werfer des Zuges warfen Stielhandgranaten in Richtung der vermuteten oder erkannten Schützennester der Franzosen. — „Mit der Detonation am Feind sein“, diesem Leitsatz härtester Infanterieausbildung folgend, erhoben sich die Männer und stürzten über die Kahlschlagfläche dem Waldrand zu. Doch die eigenen Handgranaten flogen, vom federnden Maschendraht zurückgeworfen, zwischen die eigenen Reihen: Detonation auf Detonation!

Darauf hatte der Gegner gewartet: Aus dem Wirrwarr von Stacheldraht, Unterholz und aufgerissener Erde tauchten plötzlich braune Gesichter unter flachen Stahlhelmen auf. Dann blitzte es auf, pfiff heran und zischte in die Gruppen der Stürmer. Die Detonation der eigenen Handgranaten warf einige Kameraden zurück, riß entsetzliche Wunden. Aus dem mit Elan vorgetragenen Einbruchsversuch war ein erbittertes Gefecht geworden, langsam wichen die Angreifer in das wenigstens vor Sicht schützende Gehölz am unteren Rand des Kahlschlags.

Unter unsäglichen Mühen hatten inzwischen Kameraden der schweren Kompanie ihre Infanteriegeschütze über die Schneise vorgebracht, die nun auch unter feindlichem Feuer lag. Doch die erste Lage der deutschen Geschütze stoppte den Gegenstoß, die Franzosen blieben in ihren Stellungen, die nun wieder unter den Feuerschlägen schwerer deutscher Waffen lagen. Die Angreifer schoben sich wieder an die Höhenstellung heran, Pioniere waren zur Verstärkung gekommen.

Diesmal gelang der Einbruch: Wieder barsten Handgranaten, dann brach die feldgraue Welle in die französischen Gräben ein und überflutete das Stellungssystem. Arme streckten sich empor, erdbraune Gestalten verschwanden zwischen den Bäumen.

Noch einmal setzte der Gegner Feuer schwerer Waffen auf seine aufgegebene Stellung, doch ein Versuch, die Höhe zurückzugewinnen, erfolgte nicht.

Der Lärm des Kampfes war erstorben, zerfetzte Bäume, Granattrichter und Tote zeugten von dem erbitterten Kampf. Ein deutscher Soldat ging von einem Toten zum anderen, sah ihn kurz an und ging suchend weiter: Alois. Nun stutzte er, kniete nieder. Er beugte sich über einen Gefallenen: „Willi!“ Er dachte an seine Worte am Morgen: „Kleine Fische . . .“ Er klaubte die Zeltplane des Toten vom Sturmgepäck, entfaltete sie und schlug sie über den toten Kameraden . . .

K. H. Franke (111.ID.)

# Einer blieb übrig von Sieben

**Kradschützen des IR.93 bei Troyes**

Unser Regiment 93 ist vor Troyes, einer Stadt von 60 000 Einwohnern, an der Seine angekommen. Nachtruhe. Alles liegt noch im wohlverdienten tiefen Schlaf; nur die festen, gleichmäßigen Schritte des Postens hallen durch die Stille. Plötzlich kommt ein Melder vom Regiment angerast und ruft nach unserem Zugführer. Blitzschnell hat der Stabsfeldwebel umgeschnallt und den Stahlhelm aufgestülpt. Gleich darauf weckt uns der Posten, denn jeder einzelne im Kradschützenzug weiß, wenn „Männe“ zum Regiment muß, dann ist vorne wieder dicke Luft, und wir müssen aufklären, was dahintersteckt. Die Fahrer stürzen an die Maschinen und lassen sie anlaufen. Die Beifahrer streichen unterdessen schnell noch einige Brote, die so nebenbei heruntergewürgt werden.

Leise klicken wieder die MG-Schlösser ein, denn die Schützen haben das Maschinengewehr nochmals tüchtig eingeölt, damit unsere beste Waffe nicht ausfällt.

Nun stehen wir gruppenweise beisammen und rauchen schnell noch eine Zigarette. Da hören wir auch schon von weitem die Stimme unseres Zugführers: „1., 2., 3. Gruppe fertigmachen, Gruppenführer zu mir!" Schnell sind die Gruppenführer bei ihm, zeichnen nach seinen Angaben den Weg in ihre Karte ein und empfangen ihren Auftrag. Endlich kommen sie zurück. Den Meldefahrern wird die Feindlage bekanntgegeben, denn sie fahren ja Spitze. Die Motoren heulen auf und fort geht es in rascher Fahrt.

Wir sollen nach links die Verbindung mit einer Aufklärungs-Abteilung aufnehmen. Das Gelände ist für uns außerordentlich ungünstig. Links der Straße fällt es steil ab und ist über und über mit undurchdringlichem Gestrüpp bewachsen. Rechts dagegen befindet sich ein mit Kusseln und großen Felsblöcken bedeckter Höhenzug. Wir sind wieder in unserem Element, die beiden Solomaschinen an der Spitze und mit 100 Meter Abstand die drei Beiwagenmaschinen.

Die Nerven sind zum Zerreißen gespannt. Kann nicht hinter jedem Felsblock oder Strauch der Feind lauern, um uns dicht herankommen zu lassen und dann mit seinen tödlichen Garben zu empfangen? Noch rührt sich nichts. Wir finden die Aufklärungs-Abteilung und kehren mit Meldungen zum Regiments-Gefechtsstand zurück. Gleich darauf trudelt auch die dritte Gruppe ein und bringt 15 gefangene Kavalleristen mit, die sie nach kurzem, heftigen Gefecht einkassiert hat. Es fehlt nur noch die erste Gruppe, die gegen den Stadtrand von Troyes aufklären soll.

Wir haben unsere Maschinen gerade wieder aufgetankt, als der Befehl durchgerufen wird: „Kradschützenzug fertigmachen!" Wir ahnen, daß uns ein schweres Stück Arbeit bevorsteht, denn auf dem Regiments-Gefechtsstand befindet sich der Divisions-Kommandeur. Wenig später eilt unser Regiments-Kommandeur zu seinem Wagen und braust ab in Richtung Troyes. Einige Offiziere des Stabes folgen ihm. Jetzt setzt sich auch unser Hauptmann an die Spitze.

In einem wahren Höllentempo folgen wir unserem Kommandeur nach der Stadt. Links und rechts der Straße stehen unsere leichten Batterien in Stellung. Sie feuern lebhaft. Wir haben sie aber kaum passiert, da setzt mit einem Schlage ihr Feuer aus. Angestrengt späht alles nach vorn durch den dicken, mehligen Kalkstaub. Endlich taucht der Stadtrand von Troyes auf. Ein lautes Geheule und Geknatter entsteht, als wir in die leeren, ausgestorbenen Straßen hineinfegen.

Unser Ziel ist vorerst das Zentrum. Einzelne Schüsse fallen. Von unserem Vorhaben können sie uns jedoch nicht abbringen. In der Stadtmitte angekommen, wird scharf rechts herangefahren und abgesessen. Die Gruppenführermaschinen brausen vor zum Hauptmann, der schon weiter vorn ist, um ihre Aufträge abzuholen. Wir können uns unterdessen die abzweigenden Straßen ansehen. Plötzlich entdecken wir etwa 100 Meter vor uns unsere erste Gruppe bereits in Stellung liegen. Da sehen wir auch schon in größerer Entfernung einzelne Franzosen über die Straße huschen. Die Stadt ist also noch vom Feind besetzt, und wir befinden uns mitten unter ihm.

Wir brennen darauf, näher heranzukommen. Unsere Geduld wird auf keine harte Probe gestellt. Schon von weitem ruft der Gruppenführer: „Zwote fertigmachen, aufsitzen!" Wir sollen soweit wie möglich in der Hauptstraße vorfahren, bei Widerstand sofort in Stellung gehen und versuchen, ihn zu brechen. Also aufgesessen, los! Wir kommen aber nur bis an die erste Gruppe heran, da kommt uns schon eine feindliche Radfahrerpatrouille entgegen. Schnell sind wir von den Krädern herunter und nehmen das Feuer auf. Nun geht es, noch verstärkt durch einen Offizier, unseren Zugführer und unsere dritte Gruppe, auf den Feind.

Wir biegen jetzt nach links in eine Hauptstraße ein. Hier bietet sich uns ein herrliches Bild, eine sehr breite Straße, in der Mitte durch eine schöne Kastanienallee aufgeteilt. Unter den Bäumen sieht man ein gut vorbereitetes und ausgebautes Grabensystem. Dazwischen wimmelt es nur so von Franzosen. Die wissen anscheinend noch gar nicht, daß wir ihnen schon so dicht auf dem Pelz sitzen. Die Lage wird ihnen erst klar, als unsere Maschinengewehrgarben in sie hineinfunken. Einen Augenblick stehen sie wie vom Donner gerührt, dann aber sind sie plötzlich in den Gräben verschwunden.

Erst nach geraumer Zeit haben sie sich soweit wiedergefunden, daß sie das Feuer auf uns eröffnen. Aber ihre Garben liegen nicht gut. Sie können uns auch sowieso nicht viel anhaben, da wir gute Deckung hinter den Kastanien finden. Mit kurzen, schnellen Sprüngen geht es nun von Baum zu Baum, immer näher an den feindlichen Graben heran. Da sind schon die ersten von uns angelangt. Handgranaten lassen die Unterstände erzittern und treiben dicken Staub und Qualm aus den Eingängen.

Bis zum jenseitigen Stadtrand sind wir vorgedrungen. Unser Hauptmann stößt wieder zu uns. Er überschaut sofort die Lage, und stellt an Hand der Karte fest, daß sich in geringer Entfernung eine Kanalbrücke befinden muß. Um dem Feinde den Rückzug abzuschneiden und eine Sprengung zu vermeiden, faßt er den Entschluß, mit uns bis zum Kanal vorzustoßen.

Mit anderthalb Gruppen gehen wir weiter vor. Wir haben kaum die Straße verlassen und freies Feld überquert, da stoßen wir in einem Waldabschnitt wieder auf Feind. Diesmal sind es Kolonialtruppen, die sich hier eingerichtet haben. Sie können schnell entwaffnet und auf den Weg in die Gefangenschaft geschickt werden. Hier stellen wir die beiden ersten Maschinengewehre zur Flankensicherung auf.

Endlich können wir die Kanalböschung sehen. Unser Zugführer biegt mit einem Maschinengewehr nach rechts ab und durchquert den Kanal, um die Brücke vom jenseitigen Ufer her anzugreifen. Wir gehen links ab, um von vorne an die Brücke heranzukommen. Nach wenigen Schritten schon empfängt uns rasendes MG-Feuer. Es darf aber unser Vordringen nicht aufhalten! An der Brücke entfalten wir uns, um gegen Angriffe von allen Seiten gesichert zu sein.

Mit meinem Maschinengewehr gehe ich am Deich in Stellung. Der Feind schießt noch immer wie irrsinnig. Um festzustellen, wo er liegt, müssen wir eine List gebrauchen. Ich nehme meinen Helm ab und schiebe ihn soweit auf die Deckung, daß er ein wenig in der Sonne blinkt. Gleich darauf sitzen die Garben dicht davor. Der MG-Schütze ist unterdessen etwas nach links gekrochen und kann nun ungehindert feststellen, woher das Feuer kommt.

In guter Deckung macht er schnell eine Zielansprache. Wie in der Friedensausbildung so oft geübt, sehen wir schnell über die Deckung und geben ein Hilfsziel an. Nun erlebt der Gegner ein Feuerwerk. Die Maschinenpistole unseres Hauptmanns und unser Maschinengewehr funken gut liegende Garben hinüber. Der Feldwebel und ich schleudern eine Handgranate nach der anderen.

Dann rührt sich nichts mehr. Jetzt hören wir auch von drüben, wo der Zugführer vorgeht, heftiges Feuer und die dumpfen Detonationen von Handgranaten. Leider können wir uns bei dem Lärm nicht verständigen. Um die Verbindung mit dem jenseits des Kanals befindlichen Zugführer aufzunehmen, will der Hauptmann mit dem Feldwebel zum jenseitigen Kanalufer vordringen. Wir bleiben mit sieben Mann zurück, um hier die Stellung zu halten.

Bei uns ist es verhältnismäßig ruhig, aber das soll nicht lange dauern. Nach etwa einer halben Stunde geht der Feind dazu über, uns zu beschießen. Plötzlich hören wir auch in unserem Rücken in dem dichten Gebüsch lautes Rascheln und französische Befehle.

Schon springen die ersten Franzosen aus dem Gestrüpp heraus, aber wir sind auf der Hut. Sie brechen in unserem zusammengefaßten Feuer zusammen.

Unsere Stellung ist jedoch nicht zu halten. Wir haben eine Übermacht von etwa 55 Mann in dichtem Gebüsch in unserem Rücken. Es scheint, als sei auf einmal die Hölle auf uns losgelassen. Hinter jedem Baum und Strauch zucken helle Blitze auf. Am linken Flügel schreit der erste Getroffene auf. Ich springe zu ihm hin, um einen Verband anzulegen, aber es ist schon zu spät. Ich rufe dem MG-Schützen zu: „Hierher zu mir, hier ist das beste Schußfeld!“ Im nächsten Augenblick ist er bei mir, bringt das Gewehr in Stellung und schon schießt er knieend in die feindlichen Linien.

Plötzlich bemerke ich durch Einschläge in den Bäumen, daß wir auch vom jenseitigen Ufer eingesehen werden und Feuer bekommen. Ich rufe es sofort dem Schützen zu. Im gleichen Augenblick schreit sein rechter Nebenmann auf und fällt der Länge nach hin. Der MG-Schütze dreht sich nach halbrechts um, um festzustellen, wo hinter uns der Feind sitzt. Aber da wird auch er getroffen. Auch hier kommt meine Hilfe zu spät.

Ich schieße noch schnell die letzten Gurte leer, denn es wird mir klar, daß wir uns nicht halten können. Noch zwei Kameraden liegen am rechten Flügel. Ich sehe wie sie aufspringen und versuchen, am linken Flügel des Feindes durchzubrechen.

Ich schreie wie toll: „Geht in Deckung; legt Euch hin!“ Aber es ist schon zu spät. Ich sehe nur noch, wie der erste die Arme in die Luft wirft, stürzt und liegenbleibt. Auf den anderen prasseln etwa 15 bis 16 Schuß nieder. Ich weiß nicht, was mit ihm ist. Nun stehe ich noch als einziger einer Übermacht gegenüber. Blitzschnell geht mir der Gedanke durch den Kopf, wenn Du denen jetzt einige Handgranaten entgegenwirfst, müssen sie in Deckung gehen. Gedacht — getan, gleich zwei Handgranaten auf einmal abgezogen und weggeworfen.

Aber der Feind hat sie kommen sehen und liegt gleich in voller Deckung. Ich springe hoch und laufe rückwärts. Im Augenblick können sie nicht nach mir schießen, denn mit dumpfem Krach detoniert die erste Handgranate und als sie sich aufrichten wollen, krepiert schon die zweite und zwingt sie wieder in Deckung. So habe ich einen geringen Vorsprung.

Um die Straße zu überqueren, muß ich einen Damm von etwa zwei Meter Höhe erklimmen. Hierbei habe ich zum ersten Mal unseren großen Gummimantel verflucht. Andauernd tritt man auf die langen Zipfel und fällt auf die Nase. Trotzdem erreiche ich die mit Fahrzeugen verstopfte Straße.

Nun springe ich, um von der Straße fortzukommen, von Granattrichter zu Granattrichter. Plötzlich hat mich der Gegner wieder bemerkt und funkt mit einem MG hinter mir her, jedoch ohne zu treffen.

Eine neue List wird nötig. Ich werfe meinen Karabiner nach vorn, laufe noch einige Schritte und lasse mich dann mit hochgeworfenen Armen zu meinem Karabiner fallen. Die Täuschung ist gelungen, der Feind stellt das Feuer ein.

Meine Lungen keuchen und schmerzen von dem schnellen Lauf, der Schweiß dringt mir aus allen Poren, so daß ich am ganzen Körper bald klitschnaß bin. Nun liege ich als einziger Überlebender von sieben Mann hier und darf kein Glied rühren. An Verbindungsaufnahme mit meinem Zugführer ist nicht zu denken.

Meine Lage erscheint mir als verloren, denn auf der Straße ziehen dauernd feindliche Trupps zurück. Meine Geduld wird auf eine harte Probe gestellt. Wenn nur die Kameraden kämen.! Endlich, die Dunkelheit will sich schon herabsenken, kommt unsere 5.Kompanie und nimmt nach kurzem, dafür aber um so heftigerem Gefecht die Brücke.

Jetzt kann ich mich wieder aufrichten und zur Straße zurückkehren. Da treffe ich meinen Hauptmann, den Zugführer und Feldwebel wieder. Als einzige Überlebende der hier am Kanal eingesetzten Kradschützen stehen wir bei unseren gefallenen Kameraden, den ersten Toten unseres Zuges im Westen. In der Nacht um drei Uhr holen wir sie noch im Pfeifen der feindlichen Kugeln zurück und tragen sie durch das brennende Troyes. Um halb fünf Uhr im Morgengrauen betten wir sie im Park zur letzten Ruhe.

Nach einem Bericht des Gefreiten Walter Geffers (13.PD.)

*Aus dem Wehrmachtbericht vom 25. 6. 1940:*
*„Der Feldzug in Frankreich hat nach einer Dauer von nur sechs Wochen mit einem unvergleichlichen Siege der deutschen Waffen geendet. Seit heute 1.35 Uhr herrscht Waffenruhe . . .“*

*Aus dem Wehrmachtbericht vom 22. 6. 1941:*
*„An der sowjetrussischen Grenze ist es seit den frühen Morgenstunden des heutigen Tages zu Kampfhandlungen gekommen . .“*

# Ein beinahe tödlicher Zweikampf

**Erste Begegnung mit russischen Panzern im Sommer 1941**

Zu Beginn des Rußlandkrieges war die 258.Infanterie-Division Reserve des VII.Korps. Ihre Aufgabe war, mit den anderen Divisionen der Heeresgruppe Mitte den deutschen Panzerkeilen, die auf Minsk und später auf Smolensk vorgestoßen waren, schnellstens zu folgen, die Einschließungsringe zu verdichten und die Kessel auszuräumen, damit die Panzer erneut vorgehen konnten.

Was an Truppen bei diesen Divisionen schneller beweglich als der „Fußfanterist“ war, wurde zur Vorausabteilung zusammengefaßt und vorgeworfen, um Panzerverbände zu verstärken oder freizumachen. Dazu gehörte auch die Aufklärungs-Abteilung 258, mit zwei Radfahrer- und einer schweren motorisierten Schwadron. Diese bestand aus einem schweren MG-Zug auf Krafträdern mit Beiwagen, einem Kavallerie-Geschütz- sowie einem Pak-Zug, meist nur mit handelsüblichen Kraftfahrzeugen ausgestattet.

Auf den schlechten Wegen im Osten zogen sich die Marschkolonnen weit auseinander, weil tiefe Fahrspuren oder Sand das Durchkommen erschwerten. Bei dem schnellen Vormarsch mischte sich Freund und Feind. Überraschende Begegnungen waren an der Tagesordnung. MG-Schütze Kalina von der schweren Schwadron berichtet, wie er erstmals russische Panzer kennen lernte:

„Der größte Teil unserer Einheit hatte bei schönstem Sonnenschein sein Vormarschziel erreicht. Mein Kamerad Hermann, ein aktiver Soldat der ehemaligen Reichswehr, fuhr eine ‚Zündapp 500‘ mit Beiwagen, Maschinengewehr aufmontiert, ich war sein Beifahrer. Wir patroullierten neben unseren Fahrzeugen hin und her, damit nicht etwa, wenn jemand ausfiel, er allein zurückblieb.

Unser Chef, Oberleutnant von Stülpnagel, stand mit seinem Kübel am Waldrand und beobachtete die kleine Kolonne, die verspätet nachrückte. Wir hielten bei ihm: ‚Kalina, steigen Sie ab und weisen Sie die restlichen Fahrzeuge in das Dorf dahinten ein!‘

Der Ort liegt etwa 600 Meter entfernt, zwischen Acker und Wiese. Der Chef bleibt stehen, während Hermann in das Dorf entlassen wird. Als er auf halbem Weg ist, hören wir vom Walde links Motorengeräusch und Kettengerassel. Das stammt von zwei Panzern, wir wir zu unserem Erstaunen bald spitz kriegen.

Schon rollen sie auf Hermann und sein Krad zu. Ein Panzer versperrt ihm sofort den Fluchtweg ins Dorf. Wir können nicht helfen. Pak- und IG-Zug sind schon im Dorf. Der Chef hat keine Funkverbindung oder sonst etwas an Meldeorganen. Wir alle, die wir am Waldrand stehen, können mit Ängsten nur zusehen, wie Hermann blitzschnell vom Krad springt, um die Panzer im toten Winkel herumläuft und um sein Leben kämpft. Er versucht immer wieder, mit dem Karabiner in die Sehschlitze zu schießen.

Zum Glück war der Posten beim Dorf ‚auf Draht' und alarmierte unsere Panzerjäger, die schnellstens zwei Kanonen am Dorfrand in Stellung brachten. Beide feuerten jeweils dann, wenn Hermann so günstig stand, daß er nicht gefährdet wurde.

Jede Kanone nahm sich einen Panzer vor. Ein Treffer verklemmte den Drehkranz des Geschützturms. Es dauerte keine fünf Minuten und beide Panzer waren kampfunfähig geschossen, einer brannte aus. Die Überlebenden wurden von den heraneilenden Kameraden gefangen genommen.

Hermann lief völlig abgekämpft zu Fuß ins Dorf. Seine Maschine hatten die Russen gleich zu Anfang kaputt gewalzt, nach der bekannten Art, auch unseren Soldaten im Schützenloch das Leben auszulöschen. Hermann war von nun an der Held der Schwadron."

Pfl./Archiv (258.ID.)

# Scheintote mit Handgranaten

**Jenseits des Pruth kämpfen wir um die feindlichen Stellungen**

In den frühen Morgenstunden des 1. Juli 1941 haben uns die Pioniere mit ihren Schlauchbooten über den Pruth gesetzt, nun sind wir auf uns selbst gestellt. Bald ist die Kompanie beisammen. Die Männer packen ihre Maschinengewehre auf die Schultern, heben die Munitionskästen hoch: Vorwärts, durch Dickicht und Schlamm! Einige hundert Meter landeinwärts liegt ein toter sowjetischer Vorposten, sonst zeigt sich der Feind nirgends. Über ein wahres Wellenmeer von immer höheren, grasbewachsenen Hügeln erklimmen wir nach einer Stunde angestrengten Marsches die Höhe 176. Sollte der Feind geflohen sein? Frische Fahrspuren und ein verlassener gepanzerter Raupenschlepper, im Dreck steckengeblieben, lassen darauf schließen.

Leichter scheint nun der Marsch, denn das Land wird jetzt flach, Mais- und Kornfelder wechseln ab mit Wiesen. Viele Kilometer rechts voraus zeigt sich ein Dorf, dahinter eine Talsenke. Da, was ist das? Feldstecher her: Eine Kolonne feindlicher Artillerie, bespannt! Ein schweres Maschinengewehr geht in Stellung, Sekunden später zischen die Garben hinüber. Dort bäumen sich Pferde auf, dunkle Punkte flüchten aus hellen Geländeflecken — die sind bedient.

Doch wo kommt das her? Krachend schlägt eine Granate links vor uns in die Erde und wieder pfeift es heran, kracht fünfzig Meter vor uns, zwanzig, zehn . . . Hochauf steigen die Erdfontänen, surrend zischen die Splitter. „Gleich ist ihre Munition zu Ende" ruft ein Kamerad, und wir müssen lachen, obwohl uns durchaus nicht zum Lachen ist. „Ich glaube, es kommt von vorn", meint Leutnant Winter, der neben mir kauert. Scheint so, aber schwer zu sagen: Unsere Artillerie, feindliche Artillerie, dazu das Maschinengewehr des Feindes links und die Abschüsse der feindlichen Pak aus dem Tal. Egal: „Sprung auf, marsch, marsch!" — Wie gut es sich läuft, wenn es kracht, trotz der lehmbeschmierten

Stiefel, die wie Bleigewichte lasten! Bald liegt das feindliche Artilleriefeuer weiter ab. Allerdings schießt nun auch eine andere feindliche Batterie über den rückwärtigen Hang des Tales hinter uns. Aber nur wenige Granaten verlassen ihre Rohre, eine wohlgezielte Salve der eigenen Geschütze von jenseits des Pruth läßt die Störenfriede verstummen.

Einige hundert Meter voraus taucht eine lange Hecke auf: Plötzlich zuckendes Mündungsfeuer zwischen den Zweigen, feindliche Maschinengewehre, langsam feuernd. Doppelt schnell fliegen die deutschen Garben zurück. Dann ein dumpfer Abschuß, blitzende Feuer: Geschütze! Wenn die uns jetzt genau unter Feuer nehmen ... Da kommen die Brocken schon. Leutnant Winter hat seinen Entschluß gefaßt: „Seitengewehr pflanzt auf! In die Stellung hinein!"

Karabiner in der Faust, rennen wir wie besessen auf die feuerspeiende Hecke zu. Niemand denkt daran, daß dort vielfach stärkerer Feind sich verbergen kann. Niemand zögert, weil unsere schweren Waffen noch fehlen, vielleicht gerade erst über den Fluß gesetzt werden.

Als wir über die Hecke springen, beginnt ein Nahkampf auf Leben und Tod: Bajonette blitzen, Pistolen bellen, Maschinenpistolen knattern; Handgranaten detonieren. In Sekunden sind die russischen Kanoniere erledigt, brechen neben ihren stummen Geschützen zusammen. Ein Blick ringsum, welche Feuerkraft besaß diese Batterie: Ein schwerer Mörser, eine großkalibrige Pak, drei Feldkanonen, zahlreiche Kästen Munition und ausgezeichnet hergerichtete Unterstände, so gut ausgebaut, daß sie schon lange vor Kriegsbeginn angelegt sein müssen.

Dann räumen wir mit Handgranaten und Pistolen die Löcher, in denen sich noch viele Gegner versteckt halten. Manche kommen auf unsere Aufforderung heraus, einige schießen als Antwort in Richtung der Bunkereingänge. Handgranaten besiegeln ihr Schicksal. Sorgsam wird die ganze Stellung durchgekämmt. An einem Geschütz liegen drei Tote, aber merkwürdig, zwei haben eine ausnehmend gesunde Gesichtsfarbe.

Ein Gefallener, der mit den Augenlidern zuckt? Da stimmt doch was nicht! Zwei, drei Kolbenstöße, doch sie rühren sich nicht. Ich ziehe wieder die Pistole und feuere neben den „Leichen" in den Sand. Nun wacht einer auf, hebt die Hände, gleich darauf auch sein Genosse. Die beiden werden durchsucht, sie haben wurfbereite Handgranaten in den Taschen. Dann entdecken wir zwei weitere Scheintote, auch sie ergeben sich.

Leutnant Winter ruft zum Sammeln und schickt einen Gefreiten zum Bataillon zurück: „Feindliche Batterie nach Einbruch ausgehoben, gehe weiter in Richtung Wald vor." — Währenddessen sind auch die übrigen Teile des Regiments vorgekommen. Das III. Bataillon hat nach hartem Kampf ein Dorf genommen und ist nun auch die Höhen emporgestiegen.

An den Übersetzstellen herrscht noch immer Hochbetrieb: Die inzwischen gebauten Fähren laufen hin und her, schwere Waffen und Gefechtsfahrzeuge müssen hinüber. Die Pferde werden, soweit es geht, neben den Floßsäcken schwimmend hinübergeschafft. Schon kommen mit den leeren Booten die ersten Gefangenen zurück.

Die Pioniere paddeln nun schon seit sechs Stunden ununterbrochen: Das Zeug zerrissen, die Hände blutig, todmüde von den Anstrengungen der vergangenen Nächte. Endlich können auch die Infanteriegeschütze übersetzen. In sengender Sonnenglut müssen Pferde und Mannschaften den steilen Hang am anderen Ufer überwinden. Es wird trotz der fehlenden Wege geschafft.

Nun gilt es, den Regimentsgefechtsstand zu suchen. Zwischen den Hügeln mühen sich noch die Panzerjäger mit ihren Kanonen ab, denn die Fahrzeuge sind noch nicht auf der Feindseite. Einzelne Bedienungen haben sich schon einen Panjegaul gegriffen und vorgespannt, der Landser ist eben erfinderisch. Wir reiten durch das hart umkämpfte Dorf, das noch an vielen Ecken brennt, die Kirschen an den Bäumen sind gerade reif.

Am Pruth arbeiten derweil die Korpspioniere an der Fertigstellung der Brücke, immer wieder von Luftangriffen gestört, die Opfer kosten. Doch am Abend rollen die ersten Panzer und Sturmgeschütze über die Brücke.

In den Dörfern an unserem Weg, die ineinander übergehen, sind kaum Menschen. Es ist fast sonntäglich still, der Kampf hat sich weit nach vorn geschoben. Wir können schon die große Straße benutzen, die für unsere Kameraden noch unpassierbar war. Nun sind wir fast die einzigen Soldaten zwischen Front und Fluß.

Die Fernsprecher bauen eine Stammleitung nach vorn und berichten, daß aus den weiten Getreidefeldern immer noch auf sie geschossen wird. Erst bei Einbruch der Dunkelheit gelingt es dann einer Kompanie mit schweren Waffen, die feindlichen Schützen zu erledigen. Ein abgeschossenes und brennendes Flugzeug der Sowjets leuchtet dazu.

Dann erreichen wir den uns beschriebenen Ort des Gefechtsstandes. Der Regimentskommandeur aber ist schon vorausgeeilt. Kameraden des Reiterzuges weisen uns den Weg zum neuen Regimentsgefechtsstand. Etwas abseits der großen Straße hat sich das Regiment in einem Dorf gesammelt und die umliegenden Höhen besetzt.

Kurze Meldung beim Kommandeur, der Stab ist gerade dabei, sich den Dreck des Tages abzuwaschen. Für uns gilt es jetzt, die Fahrzeuge heranzuholen, damit es beim Morgengrauen wieder vorwärtsgehen kann. Fi. (IR.65)

# Bei Kutschino

**Lehr-Brigade 900 im Sommer 1941**

Auch am 29. Juli 1941 war die Lehr-Brigade 900 mit der Panzergruppe Hoth unaufhaltsam gen Osten in Richtung Smolensk gestoßen. Wir sollten nun die Vormarschstraße bis zum Herankommen der Infanterie-Divisionen in der rechten Flanke sichern. — Eben sind wir beim Kaffee, als der Russe mit seinem Morgengruß kommt. Er feuert schließlich aus allen Rohren ohne Unterlaß auf unsere vorderste Linie.

Mit besonderer Sorgfalt beharkt er unseren Abschnitt, links von uns auf das Kusselwäldchen, aus dem wir gekommen sind, dann die Schlucht vor uns, in der die Infanterie liegt und die sich rechts zum Dorf Kutschino hinzieht. Schließlich kracht es auch auf dem „Löffelberg“ bei Kutschino.

Das Feuer steigert sich zu einem wahren Orkan, im Dorf und in der Schlucht mit Bataillons-Gefechtsstand und Vorgeschobenem Beobachter ist die Hölle los. Ein Haus nach dem anderen wird von den schweren Granaten auseinandergerissen, daß die Stücke nur so durch die Luft wirbeln.

Holz und Stroh sind von der Sonne so ausgetrocknet, daß sie sofort Feuer fangen, steil schießen Flammen hoch, vor uns ist alles in Staub und Rauch gehüllt. Das Artilleriefeuer des Gegners dauert mit unverminderter Heftigkeit an, Einschlag auf Einschlag liegt nun auch näher bei uns. Bald fauchen die Granaten verschiedener Kaliber zischend über uns hinweg, krachen mal links, mal rechts, dann kurz, dann wieder weit.

In unsere kleine Mulde finden sie zum Glück nicht herein. Wir haben die Köpfe eingezogen und machen uns klein und häßlich in den Löchern, da und dort fliegt noch ein Spatenwurf Erde auf den Boden ringsum: Hinein in diesen zähen Lehm, dann ist man etwas sicherer!

Zwischen dem Krachen, Fauchen, Zischen und Bersten der Granaten und dem Summen der gezackten Splitter hören wir bald die Abschüsse heraus und können ausmachen, was auf uns zukommt und was vorübergeht. Nach drei Stunden, die der Russe ununterbrochen auf uns trommelt, flaut das Feuer etwas ab und gegen neun Uhr jetzt es ganz aus. Dafür wird es vorn lebhaft: Der Russe greift in hellen Scharen an!

Von vorn wird Sperrfeuer angefordert. Wir sind gut eingeschossen gewesen, und unsere Gruppen haben eine verheerende Wirkung.

Aber immer neue sowjetische Massen kommen aus dem Waldstück heraus. Noch einmal greift der Russe in dichten Haufen an, aber wieder kommen sie nur bis an unseren Feuerriegel heran, wo sie dann liegenbleiben.

Unser VB meldet uns: „Granatwerferstellung erkannt!" Obwohl wir heute schon eine Menge Munition verschossen hatten, gibt der Chef das Feuer frei. Nach zehn Schuß ist der Werfer, der in einem gedeckten Haus stand, erledigt.

Dann greift wieder die Infanterie des Gegners an; es ist nicht zu glauben, mit welchen Massen er uns gegenüberliegen muß. Wir schießen mit der ganzen Abteilung, die Gruppen liegen sehr gut. Der Angriff bricht erneut zusammen.

Archiv — Aus einer Berichtsammlung der Artillerieschule Jüterbog vom September 1942 (PLD, Lehrbrigade 900)

## Panzer gehen auf Menschenjagd

**Beim AR.292 im Ostfeldzug von 1941**

Der Vormarsch des Sommers 1941 hatte uns Ende Juli in den Raum Roslawl geführt. Der Gegner versuchte, in heftigen Angriffen in den Rücken jener deutschen Divisionen zu stoßen, die im Jelna-Bogen standen. Unsere Division sollte nun am 2. August so schnell wie möglich im Angriff nach Süden die Rollbahn von Roslawl nach Nordosten erreichen, während der linke Nachbar, die 137.ID., gegen zu erwartende russische Angriffe nach Osten abschirmen sollte. Vor unserem Angriff hatten Stuka, Zerstörer und Nebelwerfer einen tollen Feuerwirbel auf die feindlichen Stellungen gelegt, bei dem die Artillerie kräftig „mitmischte".

Weiter ging unser Marsch, vorbei an vielen ausgebrannten oder lahmgeschossenen russischen Panzern. Schon glaubten wir, ohne Kampf bis zur Rollbahn zu gelangen, denn schon am 3. August begann sich der Ring zu schließen, da wurde starker Feind bei Jermolino gemeldet, von wo aus er den deutschen Einschließungsring nach Osten zu durchbrechen suchte. Sofort wurden zwei Bataillone des Regiments 509 und unsere I.Abteilung nach dort in Marsch gesetzt.

Am späten Nachmittag hatte die Infanterie eine Abwehrstellung im Halbkreis um Jermolino besetzt und konnte sofort einsetzende russische Angriffe abwehren. Unsere Batterie erreichte erst im Morgengrauen des 4. August den Einsatzraum.

Kaum war die Feuerstellung angewiesen, zog der Chef mit seiner „gewaltigen Streitmacht" auf B-Stelle. Schon war vorne prasselndes Gewehr- und MG-Feuer zu hören, da fanden wir einen geeigneten Platz auf einer Anhöhe, 150 Meter hinter der vordersten Infanterie-Linie. Dort nisteten wir uns in einer alten russischen Stellung ein, brauchten also nicht erst Löcher zu buddeln. Der Fernsprecher, der beim Vorgehen die Leitung gestreckt hatte, warf sich erst einmal verpustend hin, denn immerhin wog die Kabeltrommel „einige" Kilo.

Leider erhielten wir die traurige Nachricht, daß unser verehrter Abteilungskommandeur, Major d. R. Barth, am frühen Morgen gefallen war. Er wollte mit seinem Adjutanten und einem Pferdehalter geeignete B-Stellen für die drei Batterien aussuchen und ritt bis in die vorderste Linie und, nicht genug damit, über sie hinaus, bis plötzlich eine Anzahl Russen sich vor ihm erhob und die Hände hochstreckte. Schon wollte er sie gefangennehmen, da knallte es von weiter hinten aus der zweiten russischen Linie. Unser Major stürzte sofort tödlich getroffen vom Pferd, der Adjutant wurde schwer verwundet, nur der Pferdehalter blieb wie durch ein Wunder unversehrt.

Doch zurück zu unserer B-Stelle. Links von uns erstreckte sich ein Waldstück zum Feind hin, an seinem vorderen Rand verlief die eigene Stellung. Rechts rückwärts war ein sumpfiger Bachgrund, sehr zu unserem Glück, wie wir bald erfahren sollten. Das Gelände auf der Feindseite war sehr unübersichtlich und bot dem Gegner ausgezeichnete Aufmarschmöglichkeiten.

Seltsam, seit wir uns hier häuslich eingerichtet hatten, war es ganz ruhig geworden — die „Ruhe vor dem Sturm“? Wir lagen in einem Rapsfeld, aus dem sich ab und an eine Lerche trillernd erhob, als ginge sie das große Unglück in der Welt nichts an.

So mochte vielleicht eine Stunde vergangen sein. Wir wünschten, daß der Russe abgezogen war. — Plötzlich aber wird es drüben lebendig. Wie aus dem Erdboden gestampft, erheben sich unzählige braune Gestalten: Der Russe greift an! Hinter einer Baumgruppe schiebt sich ein Panzer hervor und da und da noch einer, da und da! Sieben Panzer, darunter zwei ganz schwere, rollen gegen uns heran!

„Feuerkommando!“ Unmerklich für den Gegner hatten wir uns sofort nach Besetzen der B-Stellen eingeschossen und verschiedene Sperrfeuer- und Zielräume festgelegt. Nun brauchen wir nicht erst lange auf der Karte zu messen und die Feuerkommandos auszurechnen. Unser Feuer liegt gleich gut und Granate um Granate rauscht hinüber zum Feind, dem auch unsere MG ordentlich einheizen.

Im Kampflärm haben wir gar nicht gemerkt, daß auch die russische Artillerie sich zu melden begonnen hat, zumal in unserer Nähe kein Schuß niedergeht. Demnach sind wir selbst noch nicht erkannt worden. Nur vereinzelt springen noch Iwans auf und versuchen anzugreifen, aber unsere Kameraden der Infanterie sind auf der Hut, kein Iwan kommt bis zur eigenen Linie, bald wagt auch keiner mehr, die Nase hochzuheben.

Anders die Panzer! Langsam und schwerfällig, aber unaufhaltsam rollen sie vorwärts, ihre Ketten knirschen und poltern. Was nützt es, daß wir Gruppe auf Gruppe und Salve auf Salve zwischen sie setzen, sie scheinen unverwundbar. Nun sind sie noch 100 Meter von unserer Infanterielinie entfernt, nun noch 80, nun 50 Meter!. „Liebe Landser, bleibt in euren Löchern, denn wenn ihr türmt, greift auch die russische Infanterie an und dann ist die Schweinerei da!“ So habe ich sicher nicht allein gedacht. Gebannt starren wir nach vorne, immer darauf bedacht, unsere rapsgetarnten Stahlhelme nicht zu hoch zu heben, denn verraten dürfen wir unsere Stellung auf keinen Fall.

Durch Scherenfernrohr und Doppelglas sehen wir die Panzer greifbar vor uns. Aber von unserer Infanterie können wir keinen Kopf erblicken, so gut hat sie sich zu tarnen gewußt. Doch, da lugt ein Stahlhelm hinter einem Busch hervor, dort bewegt sich der Lauf eines Maschinengewehrs. Wir glauben förmlich, die angespannte, verkrampfte Haltung unserer braven Infanteristen beobachten zu können, wie sie mit zusammengepreßten Lippen zu ihren ärgsten Feinden starren und den Abstand zu ihnen schätzen. Aber keiner, nicht ein einziger Landser, gibt nach. Eisern bleibt jeder an dem ihm zugewiesenen Platz. „Heute greift ihr an, morgen sind wir wieder an der Reihe, und dann wehe dir, Iwan “, so denken wohl die meisten von ihnen und auch von uns. Und die Panzer rollen!

Wenige Meter hinter der vordersten Linie sind zwei Pak eingebaut. „Ja, wollen die denn gar nicht schießen?“ Nein, sie warten ab. Das sind ganz kaltblütige Burschen, die erst darauf lauern, bis ein Panzer in sicherer Schußentfernung und guter Position ist. — Über uns trillert die Lerche.

Der Kampflärm ist fast verstummt. Nur die Panzer rollen und klappern. Dumpf blubbern die Auspuffgase. Nun schieben sie sich bis auf wenige Meter an unsere Landser heran.

Da zuckt ein Feuerstrahl aus einem Panzerrohr, da noch einer und da einer! Klirrend und reißend fährt der Schuß weit hinter die Infanterie, die auf so kurze Entfernung von der Panzerkanone nicht erreicht werden kann.

Wir beobachten nur die Stellung der Rohre. Zeigt eins gerade auf uns, dann Nase weg! Doch wir sind durch die Panzerkanone fast nicht erreichbar, zu rasant ist die Flugbahn ihrer Granaten. So fühlen wir uns recht sicher. Wehe aber, wenn den Panzern ein Durchbruch gelingt und sie uns entdecken! In dem losen Sand unseres Hügels sind wir dann verloren.

Wir können nun die Panzer nicht mehr mit unserem Artilleriefeuer bekämpfen, wollen wir nicht die eigenen Kameraden gefährden; denn gerade in diesem Augenblick überrollen sie die vordersten Schützenlöcher. Sie halten. Was werden sie tun? Die Spannung steigt!

Fieberhaft spähen wir — da geschieht es! Unsere beiden Pak feuern! Zwei leichte Pak gegen sieben starkgepanzerte Ungetüme! Schuß auf Schuß hagelt gegen die Stahlwände — Abpraller, Abpraller, nur Abpraller können wir sehen! Das ist ein ungleicher Kampf. Aber unablässig, mit dem Todesmut der Verzweiflung, fetzen die Pak-Schützen drauf los. Die Panzer? Der vorderste scheint sich nur zu schütteln, dann dreht er den Turm, um den lästigen Gegner auszumachen. Nun, nun zeigt sein Rohr auf ihn. Vorne öffnen sich zwei giftige Augen: Mit den beiden überschweren MG sucht er die Pak zu fassen. Die Bedienung liegt lang ausgestreckt hinter dem Schutzschild. Ein Aufheulen, der Panzer setzt sich in Bewegung! Wir erleben in ohnmächtiger Wut dasselbe Bild wie bei Dudarewka. Der Panzer setzt zum letzten Vorstoß an — war da ein Schrei in der Luft? — zermalmt, niedergewalzt, eben noch auf fünf Meter schießend, bleibt die Pak hinter dem Ungetüm liegen, nein, eine Raupenkette faßt noch den einen Holm und ein zerstampftes Eisenknäuel liegt auf dem Heck des Panzers!

Nicht weit von der eben zerfetzten Pak ist die zweite eingebaut. Unbeirrt vom Schicksal der ersten knallt sie drauf los, was das Rohr hergibt! Doch jeder Treffer kann die Stahlwände nur ankratzen, aber nicht durchschlagen. Es ist zum Heulen! Jetzt erleben wir die Wiederholung des eben Geschehenen: Auch die zweite Pak hat ein Panzer entdeckt. Nach seinem Anlauf ist auch dieses Geschütz nur noch Schrott!

Beide Bedienungen konnten sich rechtzeitig zur Seite rollen, aber ihrem Schicksal entgehen sie doch nicht. Was sich nun vor unseren Augen abspielt, werden wir unser Leben lang nicht vergessen. Wer Ähnliches erlebt hat, der wird nichts sehnlicher wünschen, als daß es nie, nie mehr zu einem Krieg kommen möge! Nie!

Die Panzer rollen und stampfen weiter, man spürt förmlich, wie sie nach weiteren Opfern lechzen, gerade jetzt, nachdem sie ihre damals einzigen Feinde erledigt haben. Mit Artilleriefeuer können wir nicht mehr zwischen sie halten, wollen wir nicht das Leben unserer Kameraden gefährden, denn nun sind sie schon mitten zwischen den Infanteristen.

Sie verhalten. Die Türme drehen sich. Jetzt hat einer der Kommandanten ein Dekkungsloch ausmachen können. Laut heult der Motor auf, auf einer Kette dreht er sich zu seinem sicheren Opfer und rollt auf das Loch zu. Wir möchten die Augen schließen — wir können es nicht. Wie gebannt müssen wir dorthin starren, wo sich das furchtbare

Schicksal des Kameraden im Deckungsloch vollendet; denn jetzt steht der Panzer über ihm. Der Boden ist sandig — wenn sich viele Tonnen Stahl über einem in Sand gegrabenen Loch drehen, dann wird aus diesem ein Grab!

Alle sieben Panzer haben sich nun auf die Jagd gemacht. Allenthalben sehen wir die Kampfwagen sich drehen und wissen, wieder ist ein hilfloses Menschenleben ausgelöscht, erdrückt, erstickt! Dabei feuern sie wie wild mit den MG, denn einige Landser versuchen, seitwärts auszuweichen. Nur wenigen gelingt es, die anderen werden von den zuckenden Feuerstrahlen der Maschinenwaffen gefaßt, die entsetzliche Verwundungen reißen, da die in den Panzerrumpf eingebauten MG gerade in Bauchhöhe eines Menschen angebracht sind.

Nun kommen zwei T 34 auf uns zugerollt! Haben sie uns entdeckt? Auf der kleinen, in dem ebenen Gelände jedoch markanten Anhöhe müßten sie eigentlich eine Beobachtungs- oder Befehlsstelle vermuten. Schnell ziehen wir das Scherenfernrohr ein und machen uns so klein wie möglich.

„Wir müssen türmen" stößt unser B-Offizier hervor. „Wir bleiben" hören wir den Chef zischen. Er trägt die Verantwortung, wir haben zu gehorchen und ergeben uns in unser Schicksal. Deutlich, greifbar nahe sehen wir durch die Doppelgläser die beiden Panzer heranrollen. Gleich sind sie am Fuß des Hügels angelangt.

Nun brechen sie in das Gestrüpp ein. Die dünnen Bäumchen knicken sie wie Streichhölzer. Die Panzer sind unseren Augen entschwunden. Wir wünschen, daß sie im Moor, dort wo es am tiefsten ist, versaufen möchten!

Aber auf einmal hören wir es im Erlenwäldchen unheimlich stark brummen, an und ab schwillt der Motorenlärm, als wenn sich die Panzer von irgendetwas lösen wollten. Da taucht das Heck eines Panzers auf, der rückwärts fährt, und da das des anderen. „Die haben die Nase voll", denken wir, und „hoffentlich fahren sie gleich wieder ganz zurück!" So wird es denn auch. Möglicherweise ist ihnen der Sprit ausgegangen oder sie bilden sich ein, alle bösen Deutschen vernichtet und damit den Krieg gewonnen zu haben. Ihnen schließen sich auch die anderen Panzer an, mit bösem Aufbrummen rollen sie zurück. Bald sehen wir sie „drüben" verschwinden.

Einen weiteren Angriff unternahm der Russe an diesem Tag nicht mehr, wenigstens nicht bei Jermolino. Dafür aber holte er nördlich aus und brach auf Pastarok durch, wobei es zu einem wilden Massaker beim Troß kam. Einem Teil der Russen gelang es, aus dem Kessel zu entkommen, aber Tausende mußten den Weg in die Gefangenschaft antreten.

Günther Nitz (292.ID.)

*Aus der Sondermeldung vom 6. August 1941*

*„Wie aus zahlreichen Nachrichten hervorgeht, besitzt die sowjetische Führung kein zuverlässiges Bild von der Lage ihrer eigenen Front. Beim Festhalten des Grundsatzes der unbedingten Wahrheit war für die deutsche Berichterstattung daher größte Zurückhaltung geboten, wenn sie dem Gegner nicht wertvolle Aufschlüsse geben wollte. Der berechtigte Wunsch des deutschen Volkes, täglich über den Verlauf der Operationen unterrichtet zu werden, mußte demgegenüber zurücktreten... Nunmehr ist der Zeitpunkt gekommen, der ... es ermöglicht, Aufschluß über den Ablauf und das Ergebnis des gewaltigen Ringens zu geben, das mit dem Durchbruch durch die STALIN-LINIE begonnen hat. Zwischen SCHWARZEM MEER und FINNISCHEM MEERBUSEN ergeben das Gelände und die eigene Zielsetzung, daß dieser Durchbruch an drei entscheidenden Stellen erzwungen wurde: südlich der PRIPET-SÜMPFE, in der Richtung auf SMOLENSK und südlich des PEIPUS-SEES ..."*

# Da traf es unseren Kompaniechef . . .

**Gefallen bei Straina**

Bei der 3.Kompanie/Gren.-Rgt.468 war immer etwas los. Gegenüber der Kornfeldstellung bei Ljapi (Jelnia-Bogen 1941) lag ein freier Kleeacker, dahinter in Kusseln der Iwan. In diesem Kusselgelände machten sich einige feindliche Panzer bemerkbar, und eines Tages stand so ein Ungeheuer ganz frech am diesseitigen Rande der Kusseln. Oberleutnant Hagl beschloß, den Panzer zu zerstören. Freiwillige fanden sich schnell; als 41jähriger Oberfeldwebel wurde ich zunächst zurückgestellt, doch wollte ich unbedingt mitmachen . . . als Fotograf.

Mit großer Spannung arbeitete sich der Trupp an den Panzer heran, Handgranaten und Benzinflaschen flogen, und im gleichen Moment fing der Panzer mit Kanone und MG zu feuern an.

Im Nu war alles in den Granattrichtern verschwunden, und der Iwanpanzer haute ab. Lachend kehrte der Stoßtrupp in seine Ausgangsstellung zurück, wo Oberleutnant Hagl dann fragte: „Nu, Koeller, hast uns fotografiert?" „Ja, du lieber Himmel, wie ich gesehen hab', daß alles volle Deckung nahm, bin ich auch in einen Trichter gehüpft." Hagl sagte lachend: „O, du Feigling!" . . . Die Folge war, daß ich später in Straina den Mund nicht aufmachte, auch wenn die Iwans uns mit der Ari vor die Zehen geschossen hätten.

Als wir Mitte August 1941 Straina verteidigten, hatten wir Ausfälle durch russische Scharfschützen. Das war unserem Chef schon lange ein Dorn im Auge. Fernrohrgewehr und Scherenfernrohr wurden organisiert. Ich saß mit dem Scherenfernrohr in einem Trichter, den „Dez" schön in voller Deckung und harrte der Dinge. Nebenan saß der Chef auf Anstand. Es dauerte nicht lange — und ich hatte so einen Schützen entdeckt. Es folgte meine Zielansprache, schön nach HDV. Von nebenan wurde das Erkanntsein bestätigt. Ich beobachtete meinen Iwan, der ganz ahnungslos war . . . und da fiel schon ein Schuß, aber nicht vom Chef, sondern von einem zweiten russischen Scharfschützen, den ich nicht gesehen hatte.

Als Oberleutnant Hagl nach seiner Zielbestätigung anlegte, mußte ihn der andere russische Schütze erkannt haben. Gott sei Dank traf er nur seine rechte Stahlhelmseite, wo das Geschoß abglitt. Allerdings verschob es den Helm unseres guten Chefs auf die linke Seite. So tauchte er vor mir auf und mit dem Zitat aus dem Götz von Berlichingen beendete er unseren „Vergeltungsschlag". Es war das erstemal, daß ich unseren Chef etwas bleich fand.

Und dann kam der 26. August 1941: Wir richteten gerade für den unvergessenen Chef der Inf.-Gesch.-Kp. Oberleutnant Schön (später gefallen) ein Hühnchen her, als feindliches Störungsfeuer in Straina einschlug. Der Chef schaute mich an: „Meinst der ‚Rambo' meint, wir sollen in Deckung gehen?" Ich: „Herr Oberleutnant, wenn ich jetzt etwas sage, von in Deckung gehen, dann lachen Sie und sagen: ‚Der Bruder hat Angst.'" Einen Einschlag warteten wir noch ab — und dann verschwanden wir um ein Hauseck. Im gleichen Augenblick ging das Telefon im Kompanie-Gefechtsstand. Ich sprang in den Graben, hob den Hörer ab — und da krachte es schon wieder in unmittelbarer Nähe. Ich ließ den Hörer fallen, sprang aus dem Graben heraus und schon fiel mir mein Chef in die Arme. Der Einschlag lag 15 Meter vor dem Unterstand. Ein Splitter hatte ihm die ganze Brust von links nach rechts durchschlagen. Wir brachten ihn schnell zum Bataillonsarzt. Ich legte ihm seine Habe auf die Bahre. Dabei auch seine geliebte Leica. Ich wünschte ihm, er möge bald wieder zur Kompanie kommen. Was sagte er zu mir? „Koeller, haben Sie mich fotografiert, als es mich zusammenschlug?" „Ja, mein lieber Herr Oberleutnant, ich hatte doch den Foto nicht bei der Hand.“ Hagl: „Das macht nichts, Koeller, dann fotografieren Sie mich jetzt.“ Worauf ich drei Aufnahmen mit seiner Leica machte.

„Nun Koeller, leben Sie wohl und gehen Sie abends die Stellungen ab und sagen Sie den Männern, ich war stolz auf meine 3.Kompanie. Außerdem sagen Sie jedem Einzelnen, er möge vorsichtiger sein, als ich es war.“

Im Soldatenfriedhof bei Jelnia liegt unser Oberleutnant mit einigen seiner Kameraden begraben.

Beim Vormarsch war es einmal über einen Kleeacker gegangen. Da bückte sich unser Chef und reichte mir ein vierblätteriges Kleeblatt: „Koeller, es soll Ihnen Glück bringen.“

Es brachte mir Glück und ist heute noch meinem Besitz. Koeller (Gren.-Rgt.468)

# Erfolgreiche Landserlist

**Zwei Deutsche „kassieren“ 60 Russen**

Unsere 2.Schwadron der AA. 175 lag im August/September 1941 vor der Einnahme von Kiew im Dorf Bobriczy und befand sich in hartem Stellungskampf.

Die Aufklärungs-Abteilung selbst war an der Einnahme der Stadt nicht beteiligt. Als sie gefallen war, wurde eine Ruhepause von acht Tagen eingelegt. Dann ging der Vormarsch weiter. Der Dnjepr wurde überquert, und in einem Ort etwa 80 Kilometer ostwärts von Kiew bezog die Schwadron erneut Quartier. Von hier aus wurden, um die Fühlung mit dem Gegner wieder zu gewinnen, mehrere Spähtruppunternehmen durchgeführt.

Anfang Oktober 1941 erreichte die Abteilung den Raum Ssumy. Unsere Schwadron war am 7. Oktober an den Kämpfen bei Wassiljewka beteiligt.

Dort stießen bei der Durchsuchung des Geländes einer Zuckerfabrik die Obergefreiten Herla und Müller auf eine Gruppe von etwa 60 Iwans. Herla, der etwas russisch sprechen konnte, machte den feindlichen Soldaten klar, daß sie von starken deutschen Kräften eingeschlossen seien. Er konnte sie dazu überreden, die Waffen niederzulegen und sich zu ergeben.

Die Russen mußten jedoch erst ihre beiden Vorgesetzten und einen Kommissar einsperren, bevor sie sich gefangen geben konnten. Zu spät erkannten sie dann, daß sie auf die List von nur zwei deutschen Soldaten hereingefallen waren.

Die drei zurückgebliebenen ranghöheren Russen flohen auf den Dachboden der Fabrik, von wo aus sie weiter feuerten. Unteroffizier Schubert, von der inzwischen eingetroffenen Verstärkung, versuchte, über eine Leiter an die Gruppe heranzukommen, um sie gefangen zu nehmen. Er ist dabei gefallen.

Als es für die Eingeschlossenen kein Entrinnen mehr gab, erschossen sich zwei von ihnen. Dem Kommissar gelang die Flucht. Er sprang in die Detonation einer von ihm selbst geworfenen Handgranate, durchquerte einen Fluß und verschwand am anderen Ufer im Gestrüpp. Alfred Völz (75.ID.)

# Als Einzige eingebrochen

**Ein Zugführer der 1./87 vor Leningrad 1941**

Am 9. September 1941 beginnen wir den Sturm gegen den Befestigungsring vor Leningrad. Trotz heftigsten Abwehrfeuers kommen wir bis in den großen Panzergraben. Wo ist Mahr geblieben? Da sehe ich ihn mit seinen langen Beinen durch den Talgrund wetzen und springe gleich hinter ihm her. Von allen Seiten pfeifen die Geschosse um meine Ohren. Hinter einem langen, dicken Stein finde ich Deckung. Ich springe wieder und erreiche völlig ausgepumpt das jenseitige Haus.

Gleich geht es weiter. Ich muß rechts vom Weg bleiben, links soll der I.Zug vor. Wir klettern den Hang hoch. Da: Ein Schuß von halblinks rückwärts, hinlegen! Die Schüsse gehen über uns hinweg. Mit dem nächsten Sprung müssen wir den Graben erreichen. Wir schaffen es. Sofort nach allen Seiten gesichert! Hier ist kein Russe mehr im Graben, aber hinter der Biegung werden es immer mehr.

Der I.Zug ist dort in die Stellung eingebrochen, die Russen versuchen, sich zurückzuziehen, knallen wahllos in der Gegend herum. Ich lasse ein MG in Stellung bringen: Bald ist dort Ruhe.

Es ist 13.30 Uhr. Ich schicke die Meldung zum Chef, daß ich im Graben sitze. Der Melder kommt gut durch und bringt noch drei Mann mit. Nun sind wir insgesamt elf. Mit ihnen will ich den Einbruch erweitern. Mit MG und Gewehr läßt sich nicht mehr viel machen. Gut, daß wir uns mit genügend Handgranaten versorgt haben. An der Einbruchstelle setze ich ein MG als Sicherung ein.

Dann bekommt jeder seine Rolle zugeteilt. Wir treten an. Hinter der ersten Grabenbiegung schlägt uns Gewehrfeuer entgegen, auch von rechts, wo wir es nicht erwartet hatten. Das war die Nachbarkompanie, die in uns Russen vermutete! Bald sind wir erkannt und das Feuer hört auf. Wir sind jetzt im Rücken der Scheune. Dort sind drei Russen: Einige Handgranaten reichen, mit erhobenen Händen ergeben sie sich. Die Scheune, ein gut getarnter Bunker, wird genommen.

Der Graben ist eng, man kommt schlecht vorwärts. Ich laufe schon lange auf dem Grabenrand, habe so einen besseren Überblick. Stellung reiht sich an Stellung, wo Widerstand auftritt, schaffen Handgranaten Luft. Nach und nach kommen wir gut vorwärts.

Abseits liegt noch ein Bunker: Ein Gruppenführer und ein Mann arbeiten sich vor, Handgranaten werden in die Schießscharte gesteckt! Ebenso schnell fliegen sie wieder zurück. Mit großer Geschicklichkeit können die Kameraden gerade noch Deckung nehmen. Der Schütze springt an den Eingang und feuert mit der Pistole hinein, es gibt Ruhe.

Eine Stellung nach der anderen wird genommen, ein Geschützbunker gestürmt. Bis hierher haben wir vierhundert Meter Graben aufgerollt. Über fünfzig Stellungen sind genommen, darunter zwei Geschütz- und sechs MG-Bunker.

Eine Atempause ist wohl verdient. Ich sitze in dem zuletzt genommenen Bunker: Das neue Geschütz ist unversehrt, Munition liegt herum. Ich bin dabei, Sand aus meinen Stiefeln zu entfernen, als draußen Handgranaten detonieren. Ich eile hinaus: Keine 30 Meter vor mir gewahre ich einen Bunker, aus dem noch heftig geschossen wird.

Zunächst mal volle Deckung! Ich selbst habe keine Handgranaten mehr und lasse mir welche geben. Der Wurf ist kurz. Da kriecht doch einer im Graben entlang, das Gesäß mit zugewandt. Ich rufe ihm ein „Stoi" hinterher. Da ist er aber schon hinter der nächsten Deckung verschwunden.

An derselben Stelle taucht ein Bajonett und dann das Gewehr auf, für einen kurzen Moment ist das Gesicht zu sehen, im gleichen Moment ein Knall: Dicht an meinem

Kopf vorbei pfeift das Geschoß. Ich bleibe stehen, mein Gewehr schußbereit, wieder das Bajonett, das Gewehr: Zwei Schüsse hallen durch den Graben, einer weit an mir vorbei. Die Kameraden liegen auf dem Bauch und beobachten das Duell. Es wiederholt sich dreimal, dann bleibt der Iwan verschwunden.

Bei uns trifft ein Stoßtrupp der Nachbarkompanie ein. Ihm sind die Pioniere zugeteilt. Sie hatten unseren Einbruch und Kampf beobachtet und sind nun voll des Lobes über unsere Leistungen. Ich richte mich in dem eroberten Graben zur Abwehr ein. Der Stoßtrupp greift weiter an.

Vom Geschützbunker aus werde ich gerufen: Der Bunker ist zweistöckig, aus ihm kommen 25 Russen zum Vorschein! Unterdessen hat der Stoßtrupp den nächsten Bunker genommen, Gefangene kommen zurück, dabei auch ein Russe mit einem Streifschuß am Kopf.

Zunächst sagt er nichts, als er aber sieht, daß ihm nichts passiert, rückt er mit der Sprache heraus. Er war mein Duellant, ein Schuß hatte seine Mütze vom Kopf gerissen. Er zeigt sie mir. Ein anderes Geschoß hatte ihm den Streifschuß beigebracht. Ich achte ihn als tapferen Kämpfer.

Mein Zug ist soweit wieder zusammen und liegt im Graben in Deckung, eine Sicherung vorgeschoben. Ich selbst nehme Verbindung mit dem Chef auf. Auf dem Weg nach dort stoße ich auf den Kommandeur. Von überall wird uns Anerkennung gezollt. Wir waren die einzigen, denen der Einbruch gelungen war.

In unserem Abschnitt gibt es jetzt reges Leben. An einer Stelle der Wand des Panzergrabens wird eine Abfahrt geschaffen. Die Gefangenen stellen sich ohne Aufforderung zur Verfügung. Bald rollt der erste Panzer zu uns nach vorn. Wir liegen im Laufgraben, um uns von den Strapazen zu erholen.

Doch die Ruhe dauert nicht lange. Schon wieder muß der Zug einen Spähtrupp stellen. Diesmal ist Mahr namentlich befohlen, die Führung zu übernehmen. Doch er ist niedergedrückt, spricht kaum ein Wort. Ahnt er etwas? Ich stelle den Spähtrupp zusammen, bespreche die Durchführung.

Peng: ein Schuß. Ein Obergefreiter, schon in Frankreich dabei, ist getroffen und stürzt vom Grabenrand: wieder ein guter Kamerad weniger! Inzwischen ist Mahr mit dem Spähtrupp aufgebrochen. Unsere schweren Waffen sind nun auch nachgekommen, der Angriff kann weitergehen.

Mein Zug bleibt in zweiter Linie. Die beiden vorderen Züge liegen bald im Feuerkampf. Unsere Panzer werden von starkem Pak-Feuer empfangen: der Russe muß in den Wald vor uns Reserven herangeführt haben, auch Panzer sind dort. Den Abschüssen nach muß es eine große Zahl sein.

Das Gefecht nimmt an Heftigkeit zu, der Angriff stockt. Ein einzelner russischer Granatwerfer schießt einen Feuerüberfall nach dem anderen. In einem Kornhaufen habe ich Deckung gefunden und mit Händen und Füßen eine kleine Mulde geschaffen. Durch diese Anstrengung bin ich völlig durchnäßt. Aber der Selbsterhaltungstrieb treibt zu solcher Tätigkeit . . .

Erich Vielwerth (36.PGD.)

# „Weitermarsch bis Wassadais“

**. . . aber den Ort gab es nicht auf der Landkarte!**

Im ersten Morgengrauen, als im Osten über den flachen Hügeln ein zartes Karmin und das schüchtern erwachende Zwitschern der Vögel den neuen Tag erahnen ließ, waren wir von der Waldlichtung, auf der wir erschöpft gezeltet hatten, zum Weitermarsch angetreten.

Nun stand die Sonne schon hoch im Zenit und immer noch wälzte sich der ungeheure, graue Heerbann weiter in das endlos erscheinende Land. Die Mitte der Rollbahn, wie man die ausgefahrene Unzahl von Spuren, Nebenspuren und ausholenden Bögen nannte, gehörte den motorisierten Truppen. Der von ihnen aufgewirbelte Staub legte sich alles durchdringend auf Mann, Roß, Wagen, Panzer und Geschütz und schuf eine Tarnung, die die Vielfalt verwischte und das nunmehrige bestaubte Einerlei nahezu als Geschöpf der aus ihrer Einsamkeit aufgeschreckten Straße erscheinen ließ. An der ungeheuren Staubfahne, die sich hoch droben mit dem satten Blau des russischen Sommerhimmels vermählte, konnte man die Windungen des Vormarsches im Gelände verfolgen. Zur Linken im Norden und zur Rechten im Süden verschleierten die gleichen Staubfahnen den das Land begrenzenden Horizont und zeigten an, daß sich auch dort Kameraden unter Aufbietung der letzten Kraft mühten, den weit vorne hartnäckig eingeigelt kämpfenden und vom Feind eingeschlossenen Panzerspitzen Entsatz zu bringen.

Beiderseits der Straße, sozusagen im nichtvorhandenen Straßengraben, marschierte in Reihe, Mann hinter Mann, die Infanterie. Nur wer selbst in einer Spitzenkompanie mit freigemachtem Gerät die Ungeheuerlichkeit jener Gewaltmärsche mitgemacht hat, kann ermessen, was es heißt, zur gewohnten Ausrüstung noch die schwere Bodenplatte eines Granatwerfers, ein Maschinengewehr oder die zusätzlichen Kästen gegurteter Munition durch haltlosen Sand, mahlenden Staub, glühenden Sonnenbrand bei quälendem Durst in die endlose Weite des russischen Landes zu schleppen.

Schwer und schwitzend hingen die Pferde in den Sielen der gummibereiften eisernen Gefechtsfahrzeuge, schnell flogen die eingefallenen Flanken, und tief lagen die müden Köpfe mit der herauslechzenden Zunge, die fast den Boden berührte.

Genauso müde und dürstend schleppten sich die Soldaten immer weiter und weiter. Zerzaust und naß klebten an Schläfen und Stirne die Haare. In schneller Folge lösten sich aus ihrer Wirrnis salzige Tropfen, die ihr eiliges Rinnen nur in den Stoppeln der tagealten Bärte hemmten, um sich dann jäh herabfallend im tiefen Sand zu begraben. Ihr Weg hinterließ für Augenblicke in den schwarzen Einheitsgesichtern hellere Spuren, die ahnen ließen, daß unter dieser Schwärze junge, blutvolle Antlitze sich verbergen mußten.

Als die Grenze menschlichen Vermögens, sogar dieser eisenhart geschulten Truppen, bald erreicht zu sein schien, lag plötzlich, die strohgedeckten Dächer hell umglänzt von den letzten Strahlen der nun schon tief im Westen stehenden Sonne, in einer flachen Mulde das Tagesziel, ein weit ausgedehntes russisches Dorf, dessen weiträumige Mitte uns für die kommende Nacht verdienter Rastplatz sein sollte.

Meine Kompanie hatte sich unter der zermürbenden Gewalt des Marsches weit auseinandergezogen. Die befohlenen Abstände von Männern, Gruppen, Zügen und Fahrzeugen waren nicht mehr einzuhalten. Deswegen ritt ich am Ende des Trosses, hinter dem letzten Fahrzeug, der Feldküche, um sofort Maßnahmen ergreifen zu können, falls erschöpfte Männer oder Pferde zusammenbrechen sollten. Der Anblick des ersehnten Tageszieles hatte auch mir den belebenden Auftrieb gegeben, der durch all die Reihen spürbar wurde, und ließ mich für Augenblicke die Sorge um die Kompanie und die bange Frage vergessen, werden wir die zweihundert Kilometer zu den Eingeschlossenen noch rechtzeitig schaffen?

Da tuckerte aus dem Nichts der Staubwolken kommend ein Kradmelder neben mir her. Mit den Beinen sich abstoßend, versuchte er sein in den Radspuren und Rinnen schlingerndes Fahrzeug in der Gewalt zu behalten und rief mir zu: „Meldung vom Bataillon! — Marsch geht weiter bis Wassadais!“ Dann strampelte er entlang der Marschkolonne, um seine Meldung weiter nach vorne zu bringen.

„Marsch geht weiter bis Wassadais!“ wiederholte ich entsetzt. Schnell riß ich die Kartentasche auf und fuhr mit dem Finger auf dem Kartenblatt die Vormarschstraße entlang. Mein Suchen wurde schnell und immer schneller, ich suchte nördlich und südlich der Rollbahn, ich beschrieb Kreise, aber Wassadais fand ich nicht! „Mein Gott!“, dachte ich, „sind denn die verrückt geworden!“, wobei „die“ immer die anonyme Umschreibung all derer war, die mehr zu sagen hatten als man selbst.

Obwohl es noch dreißig Kilometer waren bis zum ostwärtigen Kartenrand, so riß ich dann doch wütend das Anschlußblatt heraus und suchte weiter. Endlos, entlang, links und rechts der Vormarschstraße. „Wassadais“ fand ich trotzdem nicht.

Da kam der Chef der ersten Kompanie angeritten, die vor meiner dritten marschierte. Schon von weitem rief er: „Mensch, hast du Wassadais schon gefunden?“

Nun suchten wir gemeinsam, nebeneinander reitend und tief über meine Karte gebeugt. Unsere unglaublich schmutzigen Finger, an welchen nur als rosa Tupfer die hellen Fingernägel leuchteten, fuhren nun gemeinsam die Vormarschstraße entlang, suchten ebenfalls nördlich und südlich. Vergebens! Im Eifer des wütenden Suchens krachten mitunter unsere stahlhelmbewehrten Köpfe gegeneinander, daß selbst unsere müden Streitrösser, jäh erschreckt, noch einmal nervös ins Zuckeln kamen.

Gerade schimpften und fluchten wir die fürchterlichsten Dinge zusammen über alles, was eben mit „die“ zu verstehen war, da kam der Melder von vorne zurückgetuckert. Ich hielt an.

„Wiederholen Sie! Was sollten Sie melden?“

Er treu und brav: „Meldung vom Bataillon! Marsch geht nicht nach Prystan, Marsch geht weiter bis Wassadais!“

Da schlug es bei mir ein! „Mann, sind Sie ein Rindvieh!“ entfuhr es meinen Lippen. — „Bis Wasser da ist — sollten Sie doch wohl sicherlich melden!“ Und so war es auch gewesen. Man hatte einen Radfahrspähtrupp vorausgeschickt und der hatte festgestellt, daß alle Brunnen verschüttet waren. So mußte halt weitermarschiert werden, bis man Wasser gefunden hatte, was zum Glück bald der Fall war.

Das „Rindvieh“ hat mir der Kradmelder nicht übelgenommen, obwohl es sein gutes Recht gewesen wäre, solches zu tun. Im Gegenteil, wir lachten alle drei befreit und froh, denn immerhin: „Wassadais“ klingt russisch! Otto Roth (35.ID.)

# Haubitzen in vorderster Linie

**Bei der 3./AR.25 im Ostfeldzug von 1941 bei Kiew**

Dieser 19. September 1941 bringt einen sonnigen, aber kalten Nachmittag. Nach vollzogenem Stellungswechsel steht die Batterie ostwärts Kiew in einem breiten Hohlweg zu neuem Einsatz bereit. Schon kurz darauf heißt es: „Batterie marsch!“ Wir rollen feindwärts die gerade Straße entlang durch das Ssula-Tal. Der aufwirbelnde dichte Staub wird durch starken Seitenwind nach rechts abgetrieben. Nach wenigen Kilometern geht es scharf nach Westen ab, talaufwärts. Zur Rechten heben sich mit rotschimmerndem Kraut bewachsene Hügel, weit entfernt sind die ersten Häuser von Melechi sichtbar, links sehen wir waldige Höhen. Brennende Hütten zeigen an, daß der Kampf schon im Gange ist.

Bei den Fahrzeugen eines Infanterie-Bataillons halten wir. Dieses ist mit Unterstützung unserer 2.Batterie bereits zum Angriff auf die Ortschaft angetreten. Weiße Leuchtzeichen zeigen an, daß die ersten Häuserreihen schon im eigenen Besitz sind. Die 2.Batterie steht rechts der Straße in Stellung und feuert lebhaft. Die Fahrzeuge der Infanterie sind am Fuß des Hügels in Bereitschaft. Mit dem Doppelglas versuchen wir den Angriff zu verfolgen. Fiebernd warten wir auf unseren Einsatz. — So vergeht eine Stunde.

Plötzlich kracht es mehrmals, Leuchtspur blitzt von links auf, und fast zu gleicher Zeit schlagen kläffend Granaten ein: Feindliche Pak! Wo steht der Gegner? Da erscheint unser Abteilungs-Kommandeur: „Dritte geht sofort in Stellung, der Russe versucht, die Ortschaft links zu umgehen und hier durchzubrechen!“

Nach wenigen Minuten stehen unsere vier Haubitzen auf freiem Feld, der Chef ist mit dem Batterie-Trupp rechts seitwärts der Feuerstellung auf die Höhe vorgegangen. Schon kommt das erste Feuerkommando durch den rasch gelegten Draht: „Zweite Ladung, Aufschlag, erste allein, Grundrichtung, achthundert Meter!“

Sekunden später verläßt die Granate das Rohr, um gleich darauf im Ziel zu zerbersten. „Der sitzt“, hört man den Chef durch den Fernsprecher. — „Ganze Batterie, dieselbe Entfernung, drei Gruppen!“ Blitzschnell arbeiten die Kanoniere, und eine Gruppe nach der andern verläßt donnernd die Rohre.

Dann hat der Gegner unsere Stellung entdeckt und belegt die Stellung mit heftigem MG- und Gewehrfeuer. Da ist unser Troß fehl am Platz, schon bewegen sich die ersten Fahrzeuge unter Führung des Hauptwachtmeisters in die weiter hinten gelegene Ortschaft. Die Wagen des Bataillons schließen sich an. —

Leichte und schwere Infanterie-Geschütze haben sich inzwischen links und rechts um unsere Haubitzen bereitgestellt. Der Fernsprecher meldet: „Die Russen sind jetzt in großer Zahl bis zu den etwa fünfhundert Meter von den Geschützstellungen entfernten Buschhecken vorgedrungen.“

Gleich darauf wieder ein Feuerkommando: „Ganze Batterie, mit Verzögerung fünfhundert Meter, zwei Salven!“ Wieder rumm-rumm, und schon beobachten wir über den Büschen die Sprengwolken der krepierenden Granaten, die grell aufblitzen. Dann sehen wir den Angreifer mit dem bloßen Auge. Unsere MG feuern mit den schweren der Infanterie um die Wette, von den klatschenden Abschüssen der leichten IG. begleitet, und auch die schweren gesellen sich dazu; nach dumpfem Schlag ziehen die gewichtigen Brocken ihre Bahn.

Nun antworten die Russen mit stärkstem Gegenfeuer, es pfeift und zischt uns nur so um die Ohren. Über uns zerspringen Geschosse einer Flak, und wütend schießt auch die Pak auf uns und unsere Fahrzeuge.

In dieses Krachen und Knattern mischt sich plötzlich das Brummen und Heulen der Zugmaschinen und Fahrzeuge der 2.Batterie. Sie hat ihre Munition verschossen und kann sich nur durch raschen Stellungswechsel den scharenweise herandrängenden Iwans entziehen. Während der Erste Zug auf den links und rechts angreifenden Feind direkt feuert, bekämpft der Chef mit dem Zweiten Zug Panzer und Fahrzeuge, die zu den vorderen Teilen ihrer Infanterie gelangen wollen. Einige gut hingelegte Gruppen lassen sie umdrehen.

„Munitionsmeldung!“ — Die Geschützführer geben dem Batterie-Offizier die Zahl der noch vorhandenen Geschosse an, nur wenige sind es. Bange Minuten vergehen, die kostbaren Granaten werden nur einzeln abgeschossen, um den Gegner wenigstens im Schach zu halten. Da holpern zwei Munitions-Wagen trotz des Infanteriefeuers, das ihnen entgegen pfeift, querfeldein heran, denn sie können auf der verstopften Straße nicht durch. Schon heißt es wieder: „Feuerkommando!“ Abschüsse und Einschläge krachen, die lodernden Flammen der in der Ferne brennenden Häuser bieten einen schaurigschönen Anblick. Inzwischen ist es dunkel geworden, und bald bricht das Feuer auf beiden Seiten ab. Der Feind muß schwere Verluste erlitten haben, trotz seiner Überzahl aber haben wir nur einige Verwundete zu beklagen.

Erwin Bühler — im Einsatz geschrieben (25.PGD)

*Aus dem Wehrmachtbericht vom 12. 10. 1941:*
*„... Die Schlachtfelder von BRJANSK und WJASMA liegen bereits weiter hinter der Front...“*

## Als Zielscheibe im freien Gelände

**Der Angriff des I./470 im Oktober 1941 auf Aleksin**

Nach der Einnahme von Kaluga am 11./12. Oktober 1941 folgte der weitere Vorstoß der 260.Division in Richtung Moskau. Unsere Division drehte nach den Kämpfen bei Petritschowa etwas nach Südosten ab in Richtung der Stadt Aleksin, an der Oka.

Unser I./470 (Hauptmann Krämer) hatte zuvor bei den Kämpfen um Petritschowa große Verluste erlitten, mußte aber trotzdem erneut zum Angriff antreten. In der Nacht vom 21./22. Oktober hatten wir eine Sicherungslinie vor dem tags zuvor gestürmten Dorf in ziemlich offenem Gelände aufgebaut. Durch den anhaltenden Regen war der Boden in einen morastigen Schlamm verwandelt worden, eingraben war unmöglich; so standen wir in der regennassen, kalten Nacht jeweils vier Stunden lang auf Posten, denn durch die großen Ausfälle war es nicht mehr möglich, mit einer zweistündigen Ablösung durchzukommen, die Kompaniestärke betrug noch etwa 35—50 Mann.

Am regenverhangenen Morgen des 22. 10. ging eine Reiterpatrouille des IR.470 (Major Strohm) auf Spähtrupp. Vor dem Wald, ungefähr 2 Kilometer von unserem Dorfrand, wir konnten die Patrouille noch ohne Glas sehen, erhielten sie auch schon Feuer.

Das I./470 trat nun gegen 8 Uhr zum Angriff an, rechts 1., Mitte 3., links 2. Die ersten 500 bis 800 Meter wurde der Angriff „zügig“ vorgetragen, wenn man dies noch so nennen kann in dem knietiefen Dreck, bis uns plötzlich heftiges Feuer entgegenschlug. Rinn in den Dreck! Beim nächsten Sprung waren wir mehr Schlammigel als Krieger. Auch Werfergranaten und „Ratsch-Bumm“ jagte der Iwan herüber. In diesem offenen Gelände sind wir eine gute Zielscheibe.

Schon treten die ersten Verluste ein. Der Laubwald wird durchstoßen. Vor uns liegt eine 80 Meter tiefe freie Wiesenfläche, am Ende der Grünfläche ziehen sich Kusseln entlang. Der obere Rand der anschließenden Geländesenke ist das Ziel unseres nächsten Sprungs. Kurze Schnaufpause, in Stellung gehen, „Feuer frei“!

Nun aber runter in die Senke. Weiter, was die Füße leisten, den Hang hinauf, in Stellung gehen, beobachten und dann wieder hineinknallen. Der Befehl zum Sturm kommt durch. Ein schwerer Kampf Mann gegen Mann entbrennt.

Handgranaten detonieren. Schreien und Stöhnen begleiten unseren Angriff. Die ersten feindlichen Schützennester werden überrannt.

Vom Dorfausgang ballert ein Pakgeschütz noch zwischen uns und dem Iwan. Dies rennt unser Kamerad Hengel allein über den Haufen, die nachfolgenden Kameraden nehmen die Bedienung mit Geschütz samt Panjepferd in Besitz. Hengel zwingt sogar die Geschützbedienung, nach einer Kehrtwendung auf ihre eigenen zurückweichenden Soldaten zu schießen. Eine Bravourleistung unseres Kam. Hengel (Später stellte sich heraus, daß das Gewehr von Hengel weder geladen, noch seine Handgranate scharf war. Oftmals hat Hengel „für sich selbst" Krieg geführt. Zwei Jahre später ist er in Stalingrad gefallen.)

Aus dem Strohhaufen kommen die Iwans mit erhobenen Armen heraus und geben sich gefangen. Weiter führt der Angriff auf das Dorf. Der Feind weicht zurück. Seine Nachhut leistet hartnäckigen Widerstand. Nach kurzem, aber heftig geführtem Kampf stoßen wir durch und besetzen den südöstlichen Dorfausgang ohne Verluste.

Dort sammeln wir und richten uns notdürftig zur Verteidigung ein. Nachdem das Bataillon neu geordnet ist, treten wir auf das zweite Angriffsziel an: Ein Dorf im Talgrund liegend, Entfernung 2 Kilometer. Über einen kleinen Hang durch freies Ackerfeld gehen wir gegen das noch nicht sichtbare Dorf vor.

Wir kommen glücklich auf der Höhe des Talgrundes an. Jetzt erst sehen wir den tieferliegenden Ort im Grund, der sich von Osten nach Westen hinzieht. Kein Schuß fällt mehr. Die Hälfte des grasbewachsenen Hanges haben wir schon hinter uns gebracht, — plötzlich ein dumpfer Abschuß aus Richtung Aleksin.

Die Granate wühlt sich aus der Ferne durch die Luftstille der russischen Landschaft. Über das Dorf hinweg, hinter der Anhöhe steigt eine riesige Qualmwand haushoch auf; nein, es war kein einzelner Schuß. Es war der Signalschuß zu einem Hexenkessel, der über uns hereinbrach. Wir stürmen weiter den Hang hinunter, das Dorf zu erreichen, um an den Panjehütten eine schützende Deckung zu suchen.

Es wurlt, schlurft, gurgelt, grunzt aus allen Ecken heran, stürzt sich mit greifendem, mahlenden Krachen auf das Dorf, in dem wir Deckung suchen. Granate um Granate kracht in unseren Abschnitt. Viele der Panjehütten mit ihren Strohdächern stehen in Flammen.

Längst schon hat unsere eigene Artillerie wirkungsvoll eingegriffen, aber immer noch geht das rasende Feuer weiter, dazwischen der gräßliche Schrei — „Sanitäääter". Die Hitze wird unerträglich.

Da ergreift unser Kompaniechef, Oberleutnant Kurt Raff (3./470) aus Göppingen die Initiative: „Weiter vor auf die Anhöhe"! Von Feuersbrunst und Granatenkrach aufgescheucht, erreichen wir einzeln und atemlos die Höhe und besetzen sie.

Hier sieht man nichts als Russen, die sich eben sammeln und gruppenweise zu Gegenstößen ansetzen. Unser Chef gibt in aller Ruhe seine Anweisungen. Schon peitscht unser MG-Feuer in die Anstürmenden hinein. Die Stellung muß gehalten werden.

Inzwischen hat das Arifeuer nachgelassen. Das ganze Dorf ist dem Erdboden gleichgemacht. Schwarzer, beißender Qualm und stinkender Pulverdampf liegt über dem Talgrund. Am linken Flügel ist noch heftiger Gefechtslärm zu hören. Ein Melder, dem der Schweiß von der Stirne rinnt, kommt keuchend angerannt: „Zwei Gruppen des Ersten Zuges an den linken Flügel, der Dritte Zug ist eingeschlossen".

Nach heftigem Nahkampf wird der Zug herausgehauen. Bei der links angrenzenden 2.Kompanie (Oberfeldwebel Schweizer, Kornwestheim), greift der Russe noch heftig an und versucht, einen Einbruch zu erzwingen.

Die Kompanie befindet sich in einem harten Abwehrkampf. Da greift die nachgezogene Pak (14.Kp.) mit in den Kampf ein. Auch ein rasch herbeigezogener Zug s.MG. der 4. ist zur Unterstützung in Stellung gegangen. Unser soeben herausgeholter III.Zug packt den Iwan von der Seite. Mit vereinten Kräften gelingt es, den Gegner zu überwältigen.

Das I./470 hat seine Tagesaufgabe erfüllt und die Stellung gegen eine Überzahl behaupten können. Aber noch gibt sich der Russe nicht zufrieden. Als der Tag schon langsam zur Neige geht, dröhnt plötzlich aus Richtung Aleskin dumpfes Abschußgetöse.

Bald sind wir im Bilde über das geheimnisvolle Grollen. Da zischen sie heran, die 48 Geschosse der „Stalinorgel". Uns stockt der Atem! Zweite Salve! Dritte Lage!

Zehn Minuten mögen es gewesen sein, aber wir glaubten, es seien Stunden vergangen. Es war das letzte Aufbäumen des harten Tages.

Das I./470 hat an diesem schweren Tag große Verluste erlitten. Die Kompanien sind bis auf 20 bis 30 Mann zusammengeschmolzen. Kurt Breuning (260.ID.)

# Unerkannt hinter der Feindfront

**Beim II./228 im Oktober 1941 vor Charkow**

Es goß in Strömen als das Bataillon in langer Reihe nachts mit Waffen, Gerät und Munition am Mann über verschlammte Wege, durch endlose Wälder und Dörfer mitten durch die Russen zog, die uns wohl für Genossen hielten. Absolute Ruhe war befohlen, niemand durfte sprechen oder Geräusch durch das Gerät erzeugen. Auftrag: Eine Brücke über einen kleinen Fluß nehmen und sichern! Als es dämmerte, kamen wir aus einem Wald durch eine Mulde, vor uns lag eine Häusergruppe, wohl ein Kolchosbetrieb. Links an einem Hang kamen drei sowjetische Offiziere herunter, auch sie winkten uns zu.

Ich war mit meinem Zug an der Spitze und rief ihnen auf etwa hundert Meter ein „ruki wjerch" hinüber. Überraschtes Staunen und Zögern, als sie aber unsere erhobenen Gewehre sahen, merkten sie, daß es ernst war und tatsächlich deutsche Soldaten so weit hinter ihrer Front aufgetaucht waren. Jetzt ergaben sie sich. Etwa hundert Meter weiter kam aus der Häusergruppe ein älterer Russe mit einem Gewehr auf uns zu, ebenfalls völlig überrascht, als er uns erkannte. Auch er wurde ohne Gegenwehr vereinnahmt.

Jetzt kam Leben in die Häusergruppe, die Russen mußten uns erkannt haben: Überall quollen Soldaten heraus! Da gab es nur noch eines — drauf! Nach allen Seiten schießend, rannten wir durch die Gebäudegruppe. Bis zur Brücke, die folgenden Kompanien würden schon aufräumen! Wir kamen auch durch und sahen schon von weitem die Brücke. Wir erreichten diese, da kam von der Feindseite ein Panzerspähwagen auf uns zu. Wir bargen uns schnellstens rechts und links am Ufer des Flüßchens.

Das war unser Glück: Unter der Brücke konnten wir drei Russen kassieren, die den Übergang sprengen wollten. Das Panzerfahrzeug machte kehrt, und wir hatten die Brücke fest in der Hand. Ein Kamerad war durch das Flüßchen gewatet, sein Gewehr hoch über dem Kopf, daß es nicht naß wurde. Er selbst war natürlich von Kopf bis Fuß total durchnäßt. Als wir dann die Brücke im Sturmlauf erreichten, tauchte wenige hundert Meter rechts eine große Troßkolonne auf, sie wurde von den folgenden Kompanien kassiert. Unser Auftrag war jedenfalls erfüllt, bald ging es weiter in die Vororte von Charkow zum Angriff auf die Stadt. Mathias Steinert (101.ID.)

*Aus dem Wehrmachtbericht vom 23. Oktober 1941:*
*„Trotz schwieriger Witterungsverhältnisse wurde die äußere Verteidigungsstellung der sowjetischen Hauptstadt in den letzten Tagen von Südwesten und Westen her in breiter Front durchbrochen. Unsere Angriffsspitzen haben sich stellenweise bis auf sechzig Kilometer an Moskau herangekämpft . . .“*

# Als Infanterist am Wolchow

**Der Sicherer des Spähtrupps ging als lebendige Zielscheibe voran**

Im November 1941 lag ich als Soldat der niedersächsischen 269.Infanterie-Division am Wolchow. Unser Regiment unter Oberst Wagner hatte seit drei Wochen in täglichen Angriffen von Dorf zu Dorf, immer direkt am linken Wolchow-Ufer und der daneben laufenden Eisenbahnstrecke, sich etwa 50 km nach Norden vorgekämpft. Es herrschte schon strenge Kälte. Wir froren in unserer Sommerbekleidung unbeschreiblich, besonders beim Gefechtsvorposten- und Wachestehen. Die eisenbeschlagenen, im Winter zu engen Stiefel und die Socken waren seit der Regenzeit im Herbst die meiste Zeit naß; wegen der geschwollenen Füße kriegten wir sie nicht mehr runter oder wieder rauf.

So standen wir als Rest des Bataillons, jeder verbliebene Mann überbeansprucht und erschöpft, einige Kilometer vor unserem Ziel, dem Leningrader Elektrizitätswerk Wolchowstroy südöstlich des Ladoga-Sees. Gleich gesagt: es wurde nicht mehr erreicht, denn wir waren am Ende unserer Kampfkraft.

In den ersten Stunden des klaren, sonnigen Wintertages am 16. November, — es war ein Sonntag, aber das registrierten wir damals nicht mehr, — hatten wir es mit letzter Kraft gerade noch geschafft, das vorletzte Dorf vor unserem Angriffsziel — es hieß Bor = Wald — nach verhältnismäßig kurzem Kampf zu nehmen.

Hundemüde warf ich mich — es war wohl 10 Uhr vormittags — in einem Russenhaus auf die Holzdielen.

Kaum war ich eingeschlafen, wurde ich schon hochgerissen: „Turner, los! Mit auf Spähtrupp!“

Wir sollten feststellen, wo der Russe sich wieder festgesetzt hat, erläuterte uns der Spähtruppführer, Feldwebel K., seinen Auftrag. Ich wurde als „Sicherer“ des Trupps eingesetzt, ich ging ihm etwa 150 Meter voraus. Wir Landser nannten das „lebende Zielscheibe“! Dieser Mann sollte das feindliche Feuer herauslocken, dann war der Auftrag des Spähtrupps erfüllt; für den Sicherer jedoch kein sehr behagliches Gefühl. Da der Russe ein Meister in der Tarnung war und uns oft absichtlich vorbeigehen ließ, wollte man vermeiden, daß der ganze Trupp vom Russen durchgelassen und dann von „rückwärts kassiert“ oder zusammengeschossen würde.

Weshalb gerade ich dazu ausersehen wurde, weiß ich nicht: Vielleicht war es mein äußerlich etwas „intellektuell“ erscheinender Typ als brillentragender Abiturient. Oder war es mein weißer Stahlhelm? Als erster, aber vorerst einziger der Kompanie hatte ich mir diesen nach den ersten Schnellfällen mit meiner jetzt unnützen Zahnpasta angestrichen. Zähneputzen und Waschen war ohne Wasser seit Wochen nicht mehr möglich. Der Wolchow und andere Gewässer waren längst zugefroren; an offene Dorfbrunnen kamen wir kaum heran.

Nachdem ich etwa einen Kilometer vorangegangen war, gelangte ich an eine leichte Biegung der Bahnlinie nach rechts. Vorsichtig guckte ich um diese Kurve und sah auf etwa 200 Meter einen Russen ahnungslos mir entgegenkommen, das Gewehr umgehängt auf der Schulter. Ein Satz von mir zur Seite nach rechts und ich stand verdeckt hinter dem nächsten Tannenbaum. Das war mein erster entscheidender „Glückzufall". Ich ließ den Russen auf etwa zehn Meter herankommen. Mit angeschlagenem Gewehr sprang ich hervor und rief: „Ruki werch!" — Hände hoch! — die einzigen russischen Wörter, die ich gelernt hatte. Dieser riß erschreckt sein Gewehr von der Schulter und sprang seitwärts nach links über den Bahndamm rüber.

Nachdem er meiner Aufforderung nicht nachgekommen war, mußte ich schießen: Auf der Höhe des Bahngleises traf ihn mein Schuß. Ich sah ihn die andere Seite hinunterstürzen. Jetzt galt: Du oder ich!

Nach einer Weile spähte ich zu ihm hinüber: Da lag er auf dem Rücken, das Gewehr neben sich und versuchte, sich zu verbinden. Nun sprang ich zu ihm über den Bahndamm. Er hatte sich den Bauch freigemacht, und ich sah den dicht beieinander liegenden Ein- und Ausschuß am Vorderbauch, mehr ein Streifschuß.

Ich sah, daß es ein Offizier war, auf den roten Kragenspiegeln hatte er drei goldene Sterne; er trug einen pelzgefütterten Ledermantel und hatte ein gut geschnittenes Gesicht, das nicht typisch russisch-slawisch war, sondern eher auf finnisch-schwedische Herkunft schließen ließ.

Ich übernahm sein Verbandszeug und klebte das, so gut es ging, um seinen Leib. Staunend bemerkte ich, daß darin Leukoplast-Klebestreifen hafteten, womit sich schnell und einfach der Verband am Körper festlegen ließ, ganz im Gegensatz zu den unsrigen; das wurde ich zehn Minuten später gewahr.

Nachdem ich das erledigt hatte, besah ich mir seine Waffen, ein leichtes Schnellfeuergewehr, sowie eine am Riemen umgehängte Pistole, beides funkelnagelneu. Dann kamen kantige Päckchen mit russischer Beschriftung hervor. Heißhungrig riß ich eins auf und biß hinein. Es waren in Fett gepreßte Hirsekörner, die furchtbar salzig schmeckten, wahrscheinlich das russische Gegenstück zu unserer üblichen Erbsbrühwürfelsuppe, unserem meist kalten Mittagessen in der Nacht. Unten in seinem Rucksack lagen schwere klitschige Schwarzbrote, solche kannte ich bereits.

Der Feldwebel rief: „Los Turner, vorwärts, weitergehen, das Gewehr will ich haben!". Das schöne Gewehr mit Zielfernrohr überließ ich ihm gerne, da ich es nicht zu handhaben wußte, und ohne etwas gegessen zu haben, warf ich mir den Rucksack über die Schulter zu dem, was ich bereits auf dem Buckel trug. Und das war nicht wenig! Neben zwei Decken und der Zeltplane hatte ich mir bereits zwei zusätzliche Pferde-Woilachs — doppelte Decken — „besorgt", als die Pferde unserer 14.Panzer-Jäger-Kompanie Anfang November auf der Straße vor Andrejewo bei einem russischen Feuerüberfall zusammengeschossen worden waren. Nun mußte noch der schwere Rucksack hinauf. Ebenso hängte ich mir seine Nagant-Pistole um den Hals. Bepackt wie ein Lastesel stapfte ich weiter durch den Schnee.

Nach etwa 1,5 Kilometern erreichte ich einen querfließenden, kleineren Nebenfluß zum Wolchow. Eine Bahnbrücke aus starken Holzstämmen führte darüber hinweg. Vorsichtig kroch ich bis an den oberen Rand der Uferböschung, hob den Kopf — weißer Stahlhelm — und sah hinunter in das verhältnismäßig tief ins Gelände eingeschnittene Flußbett. Zwischen den beiden steilen Uferböschungen war etwa 10 Meter tief ein schätzungsweise 15 Meter breiter Flußlauf; am gegenseitigen Ufer sah ich einen Russen mit umgehängtem Gewehr dösend vor einem dunklen, hochkantigen Erdeingang stehen, gleich daneben weitere solcher Eingänge, jedoch ohne Posten.

Ich konnte den ahnungslos stehenden Posten — mir war es ein Rätsel, daß die Russen noch nicht wußten, daß wir bereits das vor ihnen liegende Dorf durchstoßen hatten —

nicht anrufen und gefangennehmen. Dazu war er von mir zu weit weg und zu nahe am Bunkereingang; mit einem Sprung wäre er drin gewesen.

Nach den Gesetzen des Infanterie-Kampfes handelnd streckte ich ihn mit einem Schuß nieder und schoß noch weitere vier Schuß auf die Bunkereingänge, um die feindliche Gegenwehr herauszufordern, damit ich näheres über die Stärke der russischen Truppe feststellen konnte. Doch nichts geschah, und ich blieb weiterhin abwartend liegen.

Nach einer Weile schrie hinter mir mein Feldwebel: „Turner, was ist los? Warum gehen Sie nicht weiter vor?“ Ich rief zurück: „Hier sind Russen!“

Nun kam er selber nachgegangen. Ich zeigte ihm den vor dem Bunkereingang liegenden Russen und die weiteren Unterstände. Da befahl er mir: „Gehen Sie runter, über das Eis, und sehen Sie nach, was in den Bunkern steckt. Ich gebe mit mer MPi ein Feuerschutz!“

Als ich den Steilhang fast hinunter war, sah ich, daß auf meiner Seite Bunkereingänge waren, die wir von oben nicht hatten einsehen können. Also ging ich zum nächsten und stand vor dem dunklen Loch. Ich wußte, wenn Russen da drin sind und ich hineinsteige, brauchen sie mich nur am „Schlips“ zu fassen und ich bin „kassiert“!

Doch nun half nichts: Hinein! Ich tapste die Erdstufen ins Dunkle hinunter, da ich selbst im schmalen Bunkereingang das einzige Licht verstellte. Doch nichts passierte. Es dauerte eine Weile, bis sich meine Augen aus der sonnigen Schneehelle an die Dunkelheit gewöhnt hatten. Ich erkannte nur Russenmäntel und Stroh am Boden. Aus Erfahrung bereits klug geworden, ging ich aber im Bunker umher und stieß mit dem Fuß gegen die Mäntel: Nichts war drunter! — Als wir am 3. November in die zweite russische Bunkerstellung vor Andrejewo eingebrochen waren, sollte ich auch einen Bunker in der neu genommenen russischen Verteidigungslinie durchsuchen: Ich sah darin nur tote Russen in Mänteln engumschlungen liegen. Das kam mir komisch vor. Der Bunker hatte doch keinen Volltreffer, er war unbeschädigt. Ich ging hinaus und meldete dies meinem Gruppenführer. Der sah nun selbst nach und zog mit seiner MPi. über die „Toten“ hinweg: Wie der Blitz sprangen diese heulend und verwundet in die Höhe!

Nun stieg ich wieder hinauf. Auf der obersten Stufe gerade wieder ins Freie tretend — ein starker Knall, ein heftiger Schlag gegen das rechte Bein wie von einem Knüppel, und ich ließ mich instinktiv rückwärts die Treppe runterfallen. Da sah ich es: Meine Oberschenkel waren nackt und bloß und von ihrer sowieso dürftigen Kleidung frei; im rechten klaffte auf der Hälfte der Innenseite ein faustgroßes blutiges Loch; links war die untere vordere Mantelhälfte weggerissen, auf der linken Patronentasche lag ein daumengroßes Stück Muskelfleisch, vor mir auf den Treppenstufen einige gewölbte Blechstücke wie Eierschalen. Die stammten von meinen zwei Eierhandgranaten, die ich in der linken Manteltasche getragen hatte.

Ich hatte den Schuß von rechts seitlich, wohl vom diesseitigen Nachbarkunker bekommen. Das kleine Einschußloch an der rechten Außenseite des Oberschenkels wies darauf hin. Da ich das rechte Bein gerade vorgesetzt hatte, war das Explosivgeschoß — deshalb der handtellergroße Ausschuß — auch in die Handgranaten gegangen, hatte diese aufgerissen, so daß das Füllpulver zerstäubte. Nur die Sprengkapseln waren losgegangen und hatten mir die Kleidung vorne zerfetzt, die Splitter des Geschosses allein hätten nicht so viel zerrissen.

Mit diesem ersten russischen Schuß ging aber nun ein heftiges Geknatter los. MPi- und Gewehrfeuer vor mir und das MPi-Feuer meines Feldwebels hinter mir. Ich schrie: „Sanitäter, ich bin verwundet!“ Doch ich hörte den Feldwebel rufen: „Turner, zurückkommen! Wir gehen zurück, der Russe greift an!“

Bei dem Geschieße vor mir konnte ich meine Deckung nicht verlassen und begann nun, mich selbst zu verbinden. Das Verbandspäckchen steckte noch in meinem rechten Rockzipfel. Dies riß ich auf und las erst einmal „in aller Ruhe" die Gebrauchsanweisung durch: „Gelbes Mullkissen nicht anfassen" und so weiter ...

Aus der vorgeschriebenen Wickelei um den Oberschenkel wurde nichts, der Verband saß nicht fest. Mir fielen die Klebestreifen „meines" Russen ein, die hätte ich jetzt gebrauchen können. So knüllte ich das ganze Verbandszeug zu einem Knäuel zusammen und drückte es mit der linken Hand auf das Wundloch.

Die Schießerei hatte bald aufgehört. Ich hob mich etwas hoch, um zu sehen, was draußen vor sich ging. Ich konnte gerade über die oberste Stufe hinweggucken. Da sehe ich vor mir am gegenüberliegenden Bunker einen Haufen Russen herumstehen; ich traute meinen Augen nicht!

Sie legten den von mir verwundeten Posten auf eine Trage; andere standen herum und steckten sich eine Papyrossi — Zigarette an.

Kaum vermochte ich es zu fassen: die „Kameraden von der anderen Feldpostnummer" so friedlich rauchend 20 Meter vor mir! Sie trugen Stahlhelme, „mein" verwundeter Offizier von vorhin dagegen hatte eine Pelzmütze. Also waren es doch Kampfsoldaten, kein Stab oder Troß.

Ein Wunder, daß noch keiner von ihnen zu mir reingeschaut hatte. Sie hielten mich wohl für erledigt.

Aber schon beim ersten Heben zum Hinaussehen hatte ich gemerkt, daß ich ziemlich festsaß. Bei meinem Hinunterfallen nach rückwärts hatte sich mein dickes Deckenbündel quer auf dem Rücken wie ein Anker zwischen die Seitenwände des schmalen Bunkereinganges gepreßt, dazu zog der schwere Russen-Rucksack nach unten. Außerdem saß ich mit dem Hintern tief, mit den Beinen hoch und verkehrt auf der Treppe. So sehr ich mich auch bemühte, ich kam nicht hoch, saß absolut fest!

Doch da besann ich mich auf mein starkes Feldmesser. Es steckte noch in der rechten Manteltasche, in der linken wäre es weg gewesen.

Mit ihm schnitt ich mir alle Lederriemen und Gurte von der Brust; Koppel aufgehakt, beide Ellenbogen in die Seitenwände gestemmt und mit einem Ruck und Schwung fuhr ich in die Höhe und kam aus dem Bunker raus! Vor allem meinem Gepäck befreit — alle meine persönlich Habe, desgleichen Gewehr und Beute-Rucksack überließ ich den Russen, nur die Russen-Pistole baumelte noch am Riemen um den Hals, — kroch ich wie ein angeschossener Hase auf zweieinhalb Läufen den Steilhang hinauf. Gottseidank konnte ich das verwundete Bein zum Abstützen nach unten gebrauchen. Der Knochen war nicht kaputt, wegen der durchtrennten oberen Muskeln hatte ich aber keine rechte Gewalt mehr darüber. Mit der rechten Hand stütze ich mich auf den schräg noch oben gehenden Erdboden, die linke Hand mit dem Verbandszeug auf die Wunde gepreßt.

Wie ich diese kurze, aber höchst gefährliche Strecke geschafft habe, weiß ich nicht.

Zing, Zing! fuhren mir auf halber Strecke rechts und links dicht an den Armen vorbei zwei russische Kugeln in den Steilhang, mir Erde und Schnee ins Gesicht spritzend.

Die von meinem Davonmachen überraschten Russen schossen wohl übereilt und schlecht; auf 25 Meter kaum zu glauben!

Ich erreichte ungetroffen den oberen Rand der Böschung, über diesen hinweg konnten mich die Russen unten nicht mehr sehen, doch ich war noch nicht gerettet. Ich sah, daß die Kameraden bereits etwa 400—500 Meter zurückgegangen waren und schrie ihnen zu:„He, so wartet doch!" und lief, stolpernd und stürzend, so gut ich es vermochte, ihnen nach.

Sie stutzten, wendeten sich um, warfen sich hin — und begannen zu schießen. Ihre MG- und Gewehrkugeln zwangen mich zu Boden, knallten mir dicht am Kopf vorbei, stäubten neben mir in den Schnee. Äste des nahen Weidengestrüpps knickten ab.

Was ist denn los, dachte ich, mich so flach wie möglich am Fuße des Bahndamms andrückend. Da sehe ich über meine linke Schulter hinweg auf etwa fünfzehn Schritt einen Russen hinter mir herlaufen!

Auf ihn also schossen die Kameraden! (Was ich nicht sehen konnte und erst nachher erfuhr: zu der Zeit befanden sich etwa zehn Russen auf der anderen Seite des Bahndamms in gleicher Höhe.) Doch auch nur dieser eine Russe hätte gereicht, mir das Lebenslicht auszublasen, wenn mein Schutzengel mich nicht begleitet hätte.

Der russische Soldat sprang sofort, durch das Feuer meiner Kameraden gezwungen, über den Bahndamm auf die andere Seite. Sogleich taucht, aber hinter den Schienen langsam seine Pelzmütze mit dem roten Sowjetstern auf, dann sein Gesicht, ein rundes, gutgenährtes, dann sein Gewehr: Er bringt es in Anschlag auf mich, zielt . . . da fliegt sein Kopf ruckartig zur Seite und er ist weg!

Eine Kugel der Kameraden hatte ihn getroffen, in der allerletzten, mir verbleibenden Zehntelsekunde!

Nun kroch ich weiter zurück, obwohl mein Trupp weiterfeuerte. Doch merkte ich, daß ihre Geschosse mir jetzt nicht mehr „ins Gesicht“, sondern auf den Bahndamm entlanggingen, oft auf die Eisenbahnschienen treffend und schrill aufgellend. Damit hielten sie die Russen auf der anderen Seite nieder. Völlig erschöpft mußte ich nach etwa 50 Meter meine Kriecherei aufgeben, die linke Hand mit dem Verbandsknäuel noch immer auf die Wunde gepreßt. Da sah ich, wie aus meinem Trupp zwei Mann aufsprangen und mir tief gebückt entgegenliefen. Ich erkannte August Gloddek, den Sanitäts-Obergefreiten, und Georg Liepelt, einen Schlesier aus Hirschberg, meinen einzigen verbliebenen, damals näher bekannten Kameraden. Ebenfalls ganz außer Puste erreichten sie mich: „Mensch, wo kommst Du denn noch her?“ keuchten sie, packten mich rechts und links unter die Arme und rissen mich mit sich fort! Nun platzten auch noch einige russische Handgranaten hinter uns her, aber wir gelangten laufend und springend wieder zum Trupp und mit diesem alsbald wieder zum Dorf zurück.

Dort gab es endlich ein Aufatmen. Die einhellige Meinung der Kameraden: „Junge, Junge, was hast Du für ein ‚Schwein‘ gehabt. Wir hatten Dich schon aufgegeben. Und das ist ein prima ‚Heimatschuß‘.“ Nachdem mich der Sanitäts-Unteroffizier Nettelstrodt verbunden hatte und mir eine Tetanus-Spritze gegeben hatte, wurde ich auf eine Trage gelegt und darauf festgeschnallt.

Vier soeben bei der Einnahme des Dorfes gefangene Russen hoben mich auf ihre Schultern; dasselbe geschah mit einem weiteren Verwundeten. Die Russen kriegten in Zeichensprache eine Marschanweisung, die sie auch verstanden, und ab ging es nach rückwärts, immer den Bahndamm entlang, dem Vormarschweg vom Morgen und dreier Wochen.

Somit befand ich mich mit dem anderen verwundeten Kameraden unter lauter Russen. Eine Bewachung ging nicht mit, jeder eigene Mann wurde vorne gebraucht. Doch auch mit den Gefangenen gab es eine echte Frontkameradschaft: Wegen des besseren Gehens zogen sie mit uns beiden hoch oben auf dem Bahngeleise entlang. Seitlich unten war im Weiden- und Birkengestrüpp nur ein schmaler Trampelpfad des Friedens-Streckenwärters. Nachdem wir etwa einen Kilometer auf dem Marsch waren, haute es plötzlich „ratschbum!“ vor uns gegen den Bahndamm. Auf der anderen Seite des Wolchow waren die ebenfalls angreifenden Kameraden von der 21.Division noch nicht so weit wie wir, und ein dortiges sowjetisches Flachbahngeschütz hatte uns entdeckt und schoß über den

Fluß hinweg. „Ratsch-bum“, der nächste Schuß ging über den Bahndamm hinüber, knallte uns aber kräftig in den Ohren, wieder einer in den Bahndamm, daß Erde und Steine hochflogen.

Ich schrie meine Russen an: „Runter von hier, auf die andere Seite!“ Doch sie verstanden kein Deutsch, das Feuer ihrer eigenen Kameraden ließ sie kalt. In wahrhafter Todesverachtung marschierten sie völlig unbeeindruckt — oder genau so „abgesturt“ wie wir — oben auf den Bahnschwellen im Gleichschritt weiter, den Kameraden und mich nun wirklich als lebende Zielscheibe tragend, und sich selbst ebenfalls darbietend!

Gottergeben und meinen jetzigen, neuen „Kameraden“ völlig ausgeliefert, ließ ich auch dieses „Fegefeuer“ über mich ergehen. Nach etwa zehn Schüssen hörte der — schlechte — Richtschütze jenseits des Wolchow auf, wir hatten wohl Sichtdeckung durch Buschwerk bekommen. Doch meine ich mich entsinnen zu können: Bei einem Einschlag schrie der vor mir getragene verwundete deutsche Kamerad auf, jammerte fortan, und als wir am Truppen-Verbandsplatz ankamen, war er tot. Gerhard Turner (269.ID.)

# Da kamen ihm die Tränen

**Der gute Kamerad im Artillerie-Regiment**

Wir lagen drei Wochen als Reserve in Ruhe im November des Kriegsjahres 1941 in einem Tal unweit des Donez. Es lag Schnee, und es war kalt. Sollte es unser Winterquartier werden, dieses ukrainische Nest? Da stand Ende des Monats am Scheunentor, das als „schwarzes Brett“ diente: „Abmarsch der Batterie um 16 Uhr.“ „Nun geht es doch wieder in den Schlamassel“, brummte Lehnhard. Rambacher sagte so etwas wie „Blödsinn, im November eine Offensive zu machen!“

Im beginnenden Abend zog die Batterie in die kalte Nacht hinein. Vorn der Batterietrupp, Fernsprechwagen, Geschützstaffel und Troß. Nach Stunden war Rast in einem Dorf. Es gab Kaffee, die Pferde wurden gefüttert. Das Stangensattelpferd fraß nicht. Schneidend kalt war es, dazu fiel ein feiner Nieselregen. Der Boden war glatt. Wir hockten in einer Scheune oder standen schwatzend oder rauchend bei den Pferden.

Um Mitternacht ging es weiter den Uferweg schrägab zum Donez. „Alles absitzen, Bremser achtgeben“, hieß der Befehl. „Als wenn bei dieser Hundekälte sich einer auf den Klepper oder auf die Protze setzte“, maulte Lehnhard. Alle gingen, glitten, rutschten linksseitig der Pferde und Geschütze, bis — wie von Geisterhand geschoben — unser Geschütz ausschwenkte, sich rechts überschlug und festlag. Flüche, Rufe, Kommandos erschollen durch die diesige Nacht. Taschenlampen blitzten, Stroh wurde auf den glatten Weg gelegt, und mit „zugleich!“ wurde durch die Kanoniere mit Zugtauen das Geschütz hochgezogen, angespannt, aufgeprotzt, und weiter rollte und glitt die Batterie talwärts.

Träge und dunkel zogen die Fluten des Flusses. Pioniere am Ufer und in Pontons stehend, in schwimmenden Pfeilern der Brücke. Hufe klapperten auf den Bohlen, dumpf rollten die Fahrzeuge nach. Schicksalsfluß für Tausende! Unendlich schienen die Wälder im anbrechenden Tag.

Müde ging Udo, das kranke Stangenpferd. Stundenlang schon währte der Marsch. Nachmittags wurde Feuerstellung am Waldrand bezogen. In der Nähe lag ein verlassener Feldflugplatz der Russen. Einige Hütten boten Unterkunft. 30 Grad Kälte, darum brannten die Kiefernfeuer Tag und Nacht. Von weither rollten Abschüsse, in der fernen Stadt Isjum nach geraumer Zeit das dumpfe Grollen der Einschläge!

Stellungswechsel am Abend, Nachtmarsch durch den verschneiten Kiefernwald, bis zu einem Forsthaus, wo Infanteristen einquartiert waren. Wir dazwischen, liegend, hockend oder stehend, überwältigt von Schlaf. Die Wachen wärmten die Hände an den Hälsen der Pferde. In der Frühe polterte Hein Lübert, unser Spieß, in die Stube, wo einem der Mief den Atem verschlug: „Kaffeekochen, Tränken, Füttern — Fertigmachen, in einer Stunde Abmarsch!"

Schweigend zog die Batterie auf gefrorenen und verschneiten Wegen durch den Wald. Die Fahrer hatten die Trense eingehängt und gingen neben den Pferden. Die Köpfe nickten, Hufe schlugen unregelmäßigen Takt. Geschützräder quietschten, holperten über gefrorenen Schnee.

Nur die Stränge von Udo waren nicht gespannt. Schlaff hingen sie in den Halteriemen. Mit gesenktem Kopf, mit Schaum vor dem Maul und verschwitztem Fell schleppte sich mühsam das Tier. Stangenfahrer Preuß sprach ihm zu und klopfte ihm den Hals. Kilometer um Kilometer ließen wir hinter uns. Endlich, in der beginnenden Dämmerung, von ferne die ersten Häuser eines Dorfes. Da war es mit Udo zu Ende. Unser Geschütz hielt an, und die Batterie zog vorbei. Udo stand und keuchte, knickte mit der Hinterhand ein, dann vorne nach. Kanoniere und die Fahrer halfen abschirren, als er in der Deichsel lag. Ein letztes Aufbäumen, und der Kopf fiel in den frischgefallenen Schnee. Preuß hielt Kopf und Hals seines Pferdes umschlungen und weinte. Er weinte um sein totes Pferd.

Erwin Krämer (AR 9 und 129)

*Aus dem Wehrmachtbericht vom 29. 11. 1941:*
*„Im Angriff auf MOSKAU wurden weitere Fortschritte erzielt. Bei ROSTOW und im DONEZ-BOGEN erlitt der Feind . . . schwere blutige Verluste. Die Besatzungstruppe von ROSTOW räumt befehlsgemäß das engere Stadtgebiet, um die erforderlichen Vergeltungsmaßnahmen gegen die Bevölkerung nunmehr rücksichtslos in die Wege zu leiten, die sich völkerrechtswidrig im Rücken der deutschen Truppen am Kampf beteiligt hat . . ."*

# Sie wurden einfach erschossen

**Furchtbare Stunden in sowjetischer Gefangenschaft**

Es ist der 8. Dezember 1941 im Südabschnitt der Ostfront nördlich Debalzewo. Seit einigen Tagen formiert sich unsere Division hier zur Abwehr. Offenbar ist das letzte Angriffsziel der Offensive 1941 für unser Regiment 50 erreicht. Die grimmige Kälte läßt keine zusammenhängende Front zu; Feind und Freund halten sich an die Ortschaften, Verbindungsspähtrupps patroullieren. Mehrfach täglich greift der Russe in kleineren Unternehmungen an, zahlenmäßig uns mehrfach überlegen, aber immer wird er abgewiesen. Wie gepfercht kauern wir in den miefigen Panjehütten, weil es dort warm ist.

Mein Aufenthalt in diesen Tagen ist entweder bei meinen Infanterie-Pionieren in den Randhütten von Jekaterinowka oder beim Regiments-Gefechtsstand in den Einzelhäusern weiter nordwestlich.

Am frühen Morgen des 8. Dezember bin ich zu den Bataillonen unterwegs. Es herrscht Krisenstimmung, das spürt man. Ich eile zu Fuß zum Gefechtsstand. „Eile tut not", beschwört mich Oberstleutnant Lambrecht, „der Russe ist in das bisher feindfreie Werchme eingedrungen und kann jeden Augenblick weiter nach hier vordringen. Sie müssen unverzüglich gegenstoßen. Holen Sie sich Leute, wo Sie sie finden. An schweren Waffen kann ich Ihnen lediglich eine leichte Pak mit Bedienung geben."

Keine Stunde später sind 36 Männer bei den Häusern des Gefechtsstandes versammelt. Es ist etwa 11 Uhr, diesige Luft, leichte Schneedecke bei wenigen Graden unter Null, nur wenig Gefechtslärm ist hörbar. Die Pak weise ich mit dem größeren Teil unseres Häufleins unter einem Feldwebel halbrechts in Richtung eines Strohhaufens. Der lange Hügel vor uns deckt unseren Anmarsch auf Werchme.

Die 20 Mann mit der Pak und zwei leichten MG ziehen in langer Schützenreihe nach halbrechts ab und haben Auftrag, sich möglichst nah an den Westausgang des Ortes heranzuarbeiten. Ich selber habe den Geländebuckel erreicht und kann hinüberschauen, da sind plötzlich sieben „Rata" über uns und stürzen über die Pak, aber auch auf das Dorf, unser Angriffsziel, dessen erste Hütten nur 700 bis 900 Meter vor mit liegen. Rufend, winkend und schießend springe ich vor, kein Feuer von vorn. Nur zögernd folgen mir die Leute, die Flugzeuge über ihnen nageln sie offenbar fest. So erreiche ich die erste Panjehütte und gehe mit meinem Karabiner an der linken Hausecke vorsichtig in Stellung.

Ein glühender Schreck durchfährt mich: Auf weniger als 50 Meter Russen, Russen in hellen Scharen! Etwa 15 bis 20 Iwans machen sich unmittelbar vor mir an einem schweren MG zu schaffen.

Plötzlich ist Unteroffizier Körner bei mir: „Herr Leutnant, was machen wir?" „Das MG, Körner, hol' es her!" hauche ich ihm zu, dann robbe ich zur anderen Hausecke, richte mich noch in Deckung des Hauses auf, um meinen Trommelrevolver aus der Seitentasche des dicken Fahrermantels herauszunesteln.

Aber dazu komme ich nicht mehr, ein Schlag auf den Stahlhelm raubt mir für Augenblicke das Bewußtsein. Ich finde mich sitzend wieder, mit dem Rücken an den Giebel des Hauses gelehnt, etwa 30 Russen um mich, wild gestikulierend und schimpfend, Körner hockt neben mir. Ich erwarte jeden Augenblick den Fangschuß.

Ein betrunkener Iwan will mir sein langes Seitengewehr, aufgepflanzt, ins Gesicht rammen. Ich weiche aus und das Ding sitzt hinter mir im Holzbalken fest. Schon haut mir ein zweiter mit einer Eierhandgranate auf den Kopf. Warmes Blut rinnt mir über das Gesicht. Sie schlagen und treten mich und fluchen fürchterlich.

Aber auch dies muß gesagt sein: Einer aus der wilden Gruppe tritt an mich heran und reicht mir wortlos meine gelbe Meerschaumpfeife zurück. Wie kommt er dazu? Also hatten sie mich wohl schon gefilzt, während ich bewußtlos war?

Dann reißt mir einer die Schulterstücke vom Übermantel und unter Schlagen und Stoßen wird uns beiden in Richtung Südost gedeutet. Alle Russen — jetzt etwa 40 — setzen sich mit uns in Bewegung.

Wir sind etwa 200 Schritte gelaufen, da stößt auch Unteroffizier Deutsch mit großer Bewachung zu uns. Wenig später höre ich von links: „Herr Leutnant!" Es ist der Gefreite Kobiolke mit schwerem Schulterschuß. Allein und hilfesuchend kommt er gelaufen und wird von den Sowjets natürlich mit Faustschlägen und Fußtritten empfangen.

Wir halten, werden von weiteren hinzukommenden Russen bestaunt, doch habe ich Gelegenheit bei diesem kurzen Halt, mich im Gelände etwas umzusehen. Fluchtgedanken werden wach. Noch sind wir im Dorf, noch fände man Deckung. Dort ein herrenloses Pferd ohne Sattel und da zwei deutsche Protzenfahrzeuge!

Eben an der langen weißen Wand des Stalles werden wir vier dicht nebeneinander aufgestellt. Kobiolke jammert vor Schmerzen, wir stützen ihn. Ein Kommissar tritt dicht vor mich hin, junges Gesicht, er versucht ein Verhör. Sein Deutsch ist schlecht. Ich kann mich verbergen hinter „nix verstehen". Er wird wütend, stößt erst mich, dann die anderen zurück an die Wand. „Erschießen!“ sagt er auf deutsch. „Theater“, denke und spüre ich recht genau. —

Der Marsch in die Gefangenschaft geht weiter, hinaus aus dem Ort zu einem kleineren, dessen erste Häuser bald erreicht sind. Wieder ein Halt vor einem Häuschen, offenbar einem Gefechtsstand. Völlig undiszipliniert sind die vielen Russen in der Dorfstraße. Sie grölen, schießen wie wild in die Gegend und trinken. Wir vier werden auf den Dunghaufen vor dem Hause gestellt.

Viele neugierige Russen stehen um uns herum. Ein Offizier kommt aus der Hütte. Wieder wendet er sich nur an mich. „Vorsicht“, denke ich, „betrunken!“ Ich rede, erzähle den größten Blödsinn und sehe an seinem Gesicht deutlich: Er versteht kein Wort. Doch gibt er sich plötzlich zufrieden und verschwindet wieder im Haus. Einzelne Soldaten schießen auf uns, so aus der Hüfte. Doch als sie dabei auch die eigenen Kameraden gefährden, wird ein Chargierter sehr drastisch. Wir müssen ins Haus!

Der kleine Raum ist angefüllt mit essenden und schwatzenden Soldaten. Uns wird bedeutet, uns auf das einzige Möbel, ein eisernes Bettgestell hinten rechts, zu setzen, kaum einer kümmert sich mehr um uns. Als erstes schiebe ich mein Soldbuch ganz vorsichtig unter die Bettmatratze. Der Posten, der direkt bei uns steht, erlaubt Körner, mich zu verbinden. Der benutzt dazu einen weißen Schal, den er sich abbindet.

Ich flüstere: „Wir hauen ab, Körner!“ — „Aber wie?“ — „Beine anziehen, Hacken hinter die Bettkante, mit Kreuz Fenster hinter Dir rausdrücken, ich schieße mit MPi da am Nagel, draußen gleich verstecken!“

Noch hat uns kein Russe bislang durchsucht. Ich habe noch meine Walther-Pistole unter dem Übermantel im Etui, habe meine Auszeichnungen noch am Rock. Da gibt es plötzlich Bewegung im Raum, nicht unseretwegen, offenbar kam ein alle betreffender Befehl. Alles drängt zum Ausgang, wir als letzte. Draußen sehe ich sehr viele Soldaten in Bewegung auf den Ortsausgang zu, Richtung Osten. Befehle werden gerufen und auch wir Gefangenen werden in die Bewegung aufgenommen. Das deutlich geringere Interesse an uns als anfangs kommt mir verdächtig vor.

Immer noch schießen einzelne Russen, wie es ihnen Spaß macht und gerade einfällt, in die Gegend. Schon verlassen wir den Ort in Richtung auf eine hohe Strohmiete in etwa 300 bis 400 Meter Entfernung. Vor uns laufen lockere Trupps von Russen, deren vorderste schon etwa bei der Miete sind, ich schaue mich um, hinter uns das gleiche Bild. Es sieht fast wie Rückzug aus. Wir erreichen die Strohmiete.

Etwa drei bis vier Schritte von mir hält ein Kommissar zur Pferde und deutet den umstehenden Soldaten wie ganz nebenbei etwas an. Die Russen, die uns am nächsten stehen, nehmen nacheinander ihr Gewehr mit dem aufgepflanzten Bajonett von der Schulter, treten in für mich sehr verdächtiger Manier etwas zurück und blitzartig wird mit klar, was passieren soll.

Da fällt der erste Schuß, aber auch ich bin schon im Sprunge auf den Kommissar, der, gerade beim Absitzen, mit einem Bein noch im Steigbügel steckt. Mein Faustschlag trifft ihn am Ohr. Im Sprunge brülle ich: „Deutsch, komm mit!“ Dann laufe ich, nicht in der eingeschlagenen Richtung, sondern zurück in die Russen hinein. Meine drei Kameraden liegen reglos im Schnee.

Tretend, schlagend und stoßend laufe ich, laufe mitten durch die mir entgegenkommenden Russen hindurch. Mein wehender, offener Mantel wird von Bajonetten zerfetzt, natürlich schießt man nach mir wie nach einem Hasen. Aber ich laufe noch, laufe immer noch und habe nur noch knappe 100 Meter bis zu den ersten Häusern des Ortes. Raus jetzt aus den Russen, denke ich, nach halblinks weg. Ich steuere das erste Haus an. Da falle ich über eine kleine Schneewehe, erwarte nun bestimmt den Fangschuß und liege ganz still, der Schnee spritzt von den Geschossen.

Instinktiv laufe ich weiter, falle nochmals, laufe weiter und erreiche tatsächlich das erste Haus und die erste Deckung. Fünf bis sechs Hütten stehen da in einer Reihe, sehe ich im Anlauf, sehe aber auch, daß man mir von der Dorfstraße her den Weg abschneiden will. An der zweiten Hausecke müßte ich mit dem ersten Iwan zusammenstoßen.

Tatsächlich, genau an der Ecke renne ich mit voller Wucht in ihn hinein. Er strauchelt rückwärts. Ich greife nach seinem Gewehr und habe es! Beim dritten Haus nach rechts weg und Stellung hinter einer niedrigen Steinmauer. Sechs bis acht Schuß schieße ich in rascher Folge auf die nächsten Verfolger, einer fällt. Ich lasse das Gewehr liegen und renne weiter.

Schwäche und Übelkeit überkommen mich. Da sehe ich einen Maisstrohhaufen beim nächsten Haus, eine Höhlung ist herausgezupft. Ich erreiche dieses Loch, werfe mich rückwärts hinein und raffe in aller Eile Strohhalme über mich. Dabei sehe ich, etwa 20 Schritte genau vor mir, hinter dem Fensterchen der Hütte, wie eine alte Frau mein Tun gelassen beobachtet! Nun hätte ich sofort weiter müssen, aber meine Kräfte versagen und ich muß mich übergeben.

Suchende und rufende Russen sind ganz in der Nähe. Ich erwarte jeden Augenblick, daß sie in mein Versteck hineinschießen. Die Dämmerung bricht herein, ich schöpfe wieder Hoffnung. Es wird ganz still um mich her. Als ich mein Versteck vorsichtig verlasse, schneit es. So hatte mich die Russin doch nicht verraten!

Durch meinen Dienst als Ordonnanzoffizier einigermaßen ortskundig, pirsche ich mich unter äußerster Vorsicht von Deckung zu Deckung aus der unmittelbaren Gefahrenzone. Vor Überwinden eines Fahrweges stolpere ich fast über eine Blechkiste mit Eierhandgranaten. Drei nehme ich an mich, für alle Fälle.

Durch die Fronten zu kommen, bereitete keinerlei Schwierigkeiten und gegen Mitternacht erreiche ich total zerschlagen den Gefechtsstand meines Regiments. Dort herrscht ein derart hektischer Betrieb wegen eines Angriffs der Russen auf die Troßeinheiten des IR.50 in Wergelevka, daß kaum einer Notiz von mir nimmt.

„Ist das Russendorf frei?“ werde ich gefragt und bin erstaunt, daß ich der erste Überbringer dieser Nachricht bin. „Ja, es ist frei“, ich berichte kurz. Unser Ia von der Division ist auch zugegen. Baumgärtel gibt mir einen Kognak, und ich berichte ihm von den gebliebenen Kameraden, beschreibe genau den Ort, wo sie liegen. Dann versagen mir die Nerven.

Deutsch und Kobiolke werden beim folgenden Angriff auf die Bahn gefunden, erschossen. Nicht gefunden wird Körner. — Von ihm erhielt ich etwa vier Monate später einen Brief. Darin bewunderte er meinen Sprung auf den Kommissar, wundert sich noch mehr darüber, daß ich noch lebe, und schilderte mir sein Schicksal.

Bei der dramatischen Aktion am Strohschober erhielt er einen Knieschuß und einen Kopfstreifschuß und fiel hin mit dem Gesicht zur Erde. Einen weiteren Schuß und einen Bajonettstich in den Rücken ertrug er regungslos. Bewußtlos habe man ihn zum Verbandplatz geschafft. Bis auf das Knie sei er wieder hergestellt!

Ich selbst hatte eine Gehirnerschütterung mit teilweiser Lähmung der linken Körperhälfte erlitten. Ein Blutgerinsel im Großhirn macht mir heute noch gewisse Schwierigkeiten, aber bis Kriegsende tat ich Dienst an der Front und geriet am 28. April 1945 erneut in sowjetische Gefangenschaft.

Gerhard Pritsching (†) (111.ID.)

# Dem Genickschuß entkommen

**Im Anschluß an das Verhör wurde einer nach dem anderen erschossen**

Am 13. Dezember 1941 drangen in das vom II./111 verteidigte Dorf Gorki vor Moskau vier T-34 ein. Ein direkter Beschuß mit leichten Feldhaubitzen blieb ohne Wirkung, unsere todesmutigen Artilleristen mußten sich in konzentriertem MG-Feuer unter erheblichen Verlusten mit dem Bataillon zurückziehen. Die sowjetischen Panzerbesatzungen versuchten, mit den in ihren Häusern verbliebenen Russen in Verbindung zu kommen. Zwei Kameraden und ich vereitelten dies, indem wir von einem günstig gelegenen Haus in der Dorfmitte die Panzerleute, deren Wagen am Ortseingang standen, am Aussteigen hinderten.

Kurz vor Einbruch der Dunkelheit hörten wir dann in der Nähe lautes „Urräh", sowjetische Infanterie stürmte in dichten Massen durch die Häuserreihe gegenüber der Dorfstraße entlang. Blitzschnell verließen wir das Haus und kletterten auf einen Schafstall in der Scheune, der nur mit Stangen in weiten Zwischenräumen abgedeckt war.

Ein Kamerad lag unmittelbar neben mir und wir sprachen flüsternd über eine Möglichkeit zur Flucht. Gewehr und Handgranate hatten wir bei uns. Eigene Granateinschläge in unmittelbarer Nähe schienen unser Vorhaben zu begünstigen. Inzwischen war es Nacht geworden. Es herrschte grimmige Kälte, und wir fürchteten, in kürzester Zeit erfrorene Füße zu haben. Nach etwa zweieinhalb Stunden erschien ein sowjetischer Offizier mit einer alten Russin. Mit seiner Taschenlampe leuchtete er zu uns hoch und erfaßte den neben mir liegenden Kameraden am Fuß, der zwischen den Stangen durchhing: Wir waren entdeckt!

Als ich über den Balken vor mir, hinter dem wir etwas der Sicht entzogen waren, hinwegsah, mußte ich zu meinem großen Schrecken feststellen, daß sich in der Scheune an die fündundzwangzig Sowjets an zwei abgedunkelten Feuerstellen wärmten. Unsere Lage war aussichtslos! Unser Entdecker versuchte, uns mit einem Gewehr, das er am Scheunentor aufstützte, auf zwei Meter Entfernung zu erledigen. Der Schuß drang nach meiner instinktiven Seitenbewegung durch den Balken, wo sich eben mein Kopf befunden hatte. Als der Offizier wieder in Anschlag ging, ergaben wir uns, wurden entwaffnet und zum Gefechtsstand geführt. Dort wurden uns Uhren, Soldbuch, Erkennungsmarke und sogar Taschentücher abgenommen.

Nach kurzem Verhör wurden wir ins Freie geführt und zwischen zwei Häusern zum Erschießen aufgestellt. Wenige Schritte hinter mir stand eine Gruppe Russen mit Gewehr, um mich herum drei Schützen mit Pistolen, drei bis vier Schritte vor mir ein Kamerad, bei ihm ebenfalls drei Schützen mit Pistolen, drei Schritte weiter vor diesem der andere Kamerad mit drei Pistolenschützen. Einer von ihnen feuerte auf etwa einen halben Meter seinen Genickschuß ab, unser Kamerad taumelte, erst ein zweiter Schuß, die Pistolenmündung direkt am Genick angesetzt, wirkte tödlich. Ein dritter Schuß ging in den Rücken. Dann war der andere Kamerad an der Reihe: Nach einem Schuß in den Hinterkopf sank er ebenfalls tödlich getroffen zu Boden, auch ihn traf ein weiterer Schuß in den Rücken. Ich selbst hatte mit meinem Leben abgeschlossen und erwartete das gleiche Schicksal.

Schon hatte ein Russe seine Pistole dicht an meine Schläfe herangeführt, als ich die Waffe blitzschnell erfaßte und ihm zu entwinden suchte. In diesem Augenblick krachte hinter mir ein Schuß und ich spürte einen heftigen Schlag an der rechten Kopfseite, durch den ich vornüberstürzte. Fast gleichzeitig traf mich ein weiterer Schuß durch die rechte Hand. Ich rappelte mich auf und lief davon. Nun blitzte an mehreren Pistolen in nächster Nähe Mündungsfeuer auf, jede Sekunde erwartete ich die tödliche Kugel. Nach etwa zehn Metern, an der Hausecke angekommen, traf mich ein harter Schlag im rechten Hüftgelenk, so daß ich zu Boden stürzte. Ich sprang noch einmal auf und verschwand um die Hausecke. Schon stand ich wieder in greifbarer Nähe vor zwei Maschinengewehrschützen, die mich verblüfft ansahen. Doch ich lief in die Nacht hinaus!

Nach etwa hundert Metern knallten aus dem Maschinengewehr einzelne Schüsse, vermutlich hatte es wegen der klirrenden Kälte eine Hemmung. Plötzlich sah ich vor mir Gestalten im Schnee, etwa drei Gruppen stark! Zwei Sowjets kamen auf mich zu. Ich lief wieder eine kurze Strecke zurück, bis ich außer Sicht war. Seitlich ausholend erreichte ich endlich auf Rufweite eine etwa anderthalb Kilometer entfernt liegende Ortschaft, um die heftig gekämpft wurde. Dort blieb ich kurze Zeit im Schnee liegen, um etwas auszuruhen und zu beobachten.

Freund und Feind konnte ich zunächst nicht unterscheiden. Nachdem eine weiße Leuchtpatrone am Ortsrand hochgegangen war, wurde ich von eigenen Kameraden — wie es sich später herausstellte — unter heftiges Feuer genommen. Erst nach verzweifeltem, kräftigem Rufen bekam ich Antwort und konnte in die eigene Linie gelangen. In Sichtweite rechts vor mir lag eine sowjetische Einheit vor unserer Linie in schwerem Feuerkampf. Mit letzter Kraft erreichte ich endlich das Feldersatzbataillon 35.

Mit einigen anderen verwundeten Kameraden wurde ich in einen bereitstehenden Sanka verladen. Als der Fahrer starten wollte, brachen die Sowjets auch hier durch. Der Wagen blieb im Schnee stecken. Der Fahrer konnte gerade noch die Türe öffnen, und mir gelang es zunächst mit eigener Kraft und dann mit Unterstützung zweier Kameraden der Pioniere in letzter Minute zu entkommen. Endlich wurde ich mit noch weiteren Verwundeten auf einen mit Tellerminen beladenen Lastwagen verladen, mit dem wir um Mitternacht den Hauptverbandplatz der 2.Sanitätskompanie erreichten.

Franz Geray (111.ID.)

# Die Kerzen waren abgebrannt ...

**Weihnachten 1941 bei Rshew: Minus 49 Grad!**

Wir schufteten wie die Wilden. Einige Kilometer entfernt lag an der Wolga eine Sperrholzfabrik. „Specker" Mauritz hatte sie entdeckt. Die Fernsprechbautruppwagen fuhren mit geklautem Benzin hin und her. Am Morgen des Heiligen Abends sahen die Unterkünfte in den verwanzten Russenbuden wie Schmuckkästen aus. Getäfelte Wände, getäfelte Decken! Und in der Ecke stand ein Christbaum mit roten Kerzen, glitzernden Lamettafäden und bunten Kugeln.

Den Panjepferden vor den Schlitten gefror der Atem. Die Barthaare umstanden wie weiße Stacheln die Nüstern. Der Wettertrupp meldete minus 49 Grad Celsius ...

Nachmittags kamen die Lastwagen aus Lemgo mit den Weihnachtspaketen an. Der Chef hielt in der Schule neben der halbzerfallenen Kirche eine Ansprache und wünschte frohe Weihnachten.

Dann brannten die Kerzen. In dem kleinen Vorraum hatte die Matka einen Tannenzweig in eine alte Flasche gesteckt, Lichter angezündet, die Lamettafäden vom Boden aufgesucht und damit den Zweig geputzt. „Woskresenja" , sagte sie und gab uns die Hand. Immer wieder „Woskresenja", und dabei liefen ihr die Tränen über das runzlige Gesicht.

Wir lasen die Briefe von unseren Frauen, unseren Müttern. Das „Stille Nacht" klang leicht angerostet. Wir konnten nicht singen, bis Hans seine Mundharmonika hervorholte. Helmuth aus Solingen las still für sich in einer Ecke in der Bibel die Weihnachtsgeschichte, dann kroch er in die Koje. Walter und Paul machten sich über den Schnaps her.

Die Sterne glitzerten, und der Sturm peitschte den knisternden Schnee gegen die Scheiben. Für die „Besonderen und Witterungseinflüsse" wurden Windstärke 13 bis 14 eingetragen.

Um 23 Uhr kam der Alarm. „Fahrzeuge bleiben in der Protze. Nur die wichtigsten Bekleidungsstücke mitnehmen. Infanterieeinsatz. Der Russe ist durchgebrochen. Fußmarsch über Rshew nach Stariza."

Um 2 Uhr stand die Batterie. Die Kraftfahrer blieben, auch Helmuth. Wir marschierten. Wir versuchten es wenigstens, aber die Rollbahn war eine spiegelblanke Eisfläche, über die uns der Orkan wie Papierschnitzel trieb. Wir robbten stellenweise und fluchten über diesen verdammten Krieg, diese Sauerei und Gemeinheit der Russen, die ausgerechnet Heiligabend . . .

Die Marschkolonne riß auseinander, verlor sich in der weißtobenden Hölle. Als der Morgen graute, waren Walter, Paul und ich allein. Rechts, von der Straße abgesetzt, standen einige Häuser. Steif gefroren wankten wir auf sie zu, fielen in die erste Tür hinein und schliefen. Am Mittag wurden wir wach. Wir lagen auf dem Pitschko, dem riesigen, fast die Hälfte des Raumes einnehmenden Kamin. Die ganze Familie war um uns bemüht. Man gab uns „Borscht" und „Tschai" und sagte „Woskresenja".

Der Pan fuhr uns mit dem Schlitten nach Rshew. 40 Kilometer. Am Nachmittag waren wir dort. Das Panjepferd zuckelte den Weg zurück. Der Pan winkte uns zu.

Wir fanden Reste der Batterie in der Kraftfahrzeugwerkstatt. Die meisten waren schon im Lazarett. Erfrorene Füße, erfrorene Hände! Die Jus flogen pausenlos Lazaretteinsatz.

Nach Stariza war kein Durchkommen. Die Rollbahn war stellenweise vier Meter hoch zugeweht. Zugmaschinen und Panzer blieben stecken.

Am ersten Weihnachtsabend kam einer der Kraftfahrer aus unserem Dorf Timotewa. Ausgepumpt. Die Sowjets waren über die zugefrorene Wolga geschlichen und hatten das Dorf überfallen. Dann liefen die Sturmgeschütze und Zugmaschinen doch. Kurz vor dem Dorf die ersten Fahrzeuge, zerschossen, zerschlagen. Ganz vorn lag Helmuth aus Solingen, Kopfschuß. In seiner rechten Brusttasche steckte das Neue Testament. Beim Weihnachtsevangelium lag ein kleiner Tannenzweig als Lesezeichen . . . Wir fanden noch 15 Mann der Batterie, tot, steif gefroren.

Die Zivilbevölkerung war erschlagen. Auch die alte Matka, auch das kleine Mädchen, vier oder fünf Jahre alt. — In der Ecke unseres Quartiers stand noch der Christbaum. Die Kerzen waren abgebrannt . . .

W. v. d. Felden

(Aus „Beobachtungsabteilung 6", A. Laumann Verlag, Dülmen/Westf., 1965.)

# Ein schlimmer „Ausklang"

**Das Jahr 1941 endete mit einem der schwärzesten Tage der Kompanie**

**24. Dezember:** Dritte Weihnacht im Krieg. Wir freuten uns schon auf eine kleine Feier, aber daraus sollte nicht viel werden. Die Front wurde ausgerechnet am Vorabend zurückgenommen, da der Gegner mit starken Kräften rechts von uns durchgebrochen war. Wir marschierten nach Makarowa zurück, wo wir abends ankamen. Von dort aus mußten wir Pendelposten als Nachhutsicherung stellen. Die restliche Kompanie einschließlich Gefechtstroß mußte in einem einzigen Holzhaus untergebracht werden, so daß nicht einmal alle Kameraden sitzend oder liegend Platz fanden.

Oberleutnant Kurt Schönherr, unser Chef, hielt eine kurze, aber zu Herzen gehende Ansprache. Als Geschenk gab es aus vom Rechnungsführer gehorteten Beständen pro Mann eine Tafel Schokolade und zehn Zigaretten.

Im Laufe der Nacht wurden die beim Durchbruch schwerverwundeten Kameraden der 52.ID. in unser Dorf gebracht. Die meisten starben, bevor ihnen ärztliche Hilfe zuteil werden konnte, infolge des Blutverlustes an Erfrierungen. Das Thermometer war weit unter 40 Grad minus gesunken.

**25. Dezember:** Unsere Kompanie hatte Sicherung zu stellen. Wegen der starken Kälte lösten sie sich alle zwei Stunden ab. Unser Spieß, Hauptfeld Franz Aerzbäck, brachte beim Rundgang durch unsere Postenkette noch eine weitere kleine Weihnachtsgabe in Form von zehn Zigaretten und fünf Zigarren mit. Als Festtagsessen gab es aus der Feldküche Nudelsuppe mit sogar etwas Fleisch darin. Die Russen drängten schon sehr stark nach; deshalb mußten wir abends in die nächste Ortschaft zurückgehen, wo wir eine Aufklärungsabteilung ablösten und die Sicherung der Rollbahn übernahmen.

**26. Dezember:** Wir hatten tagsüber Sicherungen zu stellen. Unterstände waren nicht vorhanden, deshalb mußten die Posten alle im Freien stehen. Um 23 Uhr war Alarm. Der Russe griff mit zwei Kompanien an, es gab eine wilde Schießerei. Das Gefecht dauerte die ganze Nacht hindurch. Am frühen Morgen des 27. Dezember kamen zwei Kompanien des Regiments 488, die vom Russen eingeschlossen waren und sich bis zu uns durchgeschlagen hatten. Abends griff der Russe wieder an. Um Mitternacht lösten wir uns vom Feind und rückten nach Gornewo ab. Der Chef meinte: „Morgen werden wir ein starkes Feuer bekommen, denn wir liegen hier wie auf dem Präsentierteller“. Leider hatte er nur allzu recht.

**28. Dezember:** Es wurde einer der schwärzesten Tage unserer Kompanie. Als wir aufwachten, war es bereits hell. Der Russe schoß mit Pak und Granatwerfern in unser Dorf hinein. Als unser Küchenfahrzeug kam, zerschmetterte ein Volltreffer Pferde und Wagen. Der Fahrer, Gefreiter Heinrich Schneider, kam zum Glück mit einigen kleinen Splittern und dem Schrecken davon.

Als Küchenunteroffizier Schreiber eben von rückwärts her in das von uns besetzte Haus wollte, ging ihm der Chef entgegen, um die Tür zu öffnen. Da krachte der Einschlag einer schweren Granate, alles ringsum war in Dreck und Staub gehüllt, Volltreffer! Wir hörten ein Wimmern und einen dumpfen Fall. Schreiber tauchte mit schmerzverzerrtem Gesicht aus dem Pulverqualm und rief nach dem Sani, Obergefreiter Sepp Fränzl brachte ihn zum Truppenarzt. Oberleutnant Schönherr aber war tot.

Aus dem Kriegstagebuch der 11./468 von 1941

*Aus dem Wehrmachtbericht vom 24. 12. 1941:*
*„Im OSTEN hat der Gegner seine unter hohem Bluteinsatz geführten Angriffe auch gestern fortgesetzt. Einzelne örtliche Einbrüche wurden im Gegenstoß beseitigt. An anderen Stellen wurden feindliche Bereitstellungen durch eigenen Vorstoß zerschlagen . . .“*

## „Wer hat noch eine Handgranate?“

**Das I./254 sucht einen Wolgaübergang südlich Starizza**

Am 31. Dezember 1941 lösen wir uns ostwärts der Wolga, südwestlich Kalinin, abends im Dämmerlicht vom Feind und sammeln uns am Dorfausgang. Unser kleiner Gefechtstroß ist schon am frühen Nachmittag nach rückwärts auf die Reise geschickt. Alles läuft anfangs reibungslos, wir werden nicht bedrängt und können uns in Ruhe absetzen. Die Nachhut stellt die 3./254. Bald treffen wir auf ein Nachbarbataillon und gemeinsam geht es weiter. Nach einiger Zeit erreichen wir die Rollbahn nach Starizza und marschieren auf ihr weiter.

Bald kommen wir in das nächste Dorf. Die Kolonne hält.

Etwas weiter im Dorf ist der Regiments-Gefechtsstand. Melder kommen und gehen. Unser ehemaliger Kommandeur vom I./254, Major Dr. Neese, führt das Regiment. Dies ist für uns eine Beruhigung. Unerschrocken und umsichtig setzt er sich ein, das wissen wir.

Die Kolonne setzt sich nun in Bewegung und wir folgen, aber wo geht die Reise hin? Auf 300 Meter biegt sie von der Rollbahn ab und marschiert querbeet auf den nahen Wald zu. Wir machten uns Gedanken. Ist Starizza von feindlichen Truppen besetzt?

Denn ein sowjetischer Lautsprecher hatte im Wald von Krasnowo (noch nördlich von Kalinin) uns schon am 15. Dezember 1941 aufgefordert: „Deutsche Truppen, ergebt Euch, russische Truppen sind bis Starizza durchgestoßen.“ Sollte der Iwan mit der Durchsage die Wahrheit berichtet haben? Oder ist Starizza erst kurz in russischer Hand? Wir brauchen die Wolgabrücken in Starizza, um mit unseren kleinen Gefechtsfahrzeugen und den Geschützen sowie Munitionsfahrzeugen der Artillerie das Westufer der Wolga zu erreichen. Sonst war keine Brücke vorhanden. Können wir über das Eis der Wolga gehen? Vieles geht einem durch den Kopf.

Jetzt marschieren wir durch den Wald, auf den vor einigen Stunden die Artillerie geschossen und die Partisanen verscheucht hat. Es war zwar am anderen Ende, aber konnten sie nicht leicht hierher ziehen? Wir nehmen unsere Handfeuerwaffen schußbereit in den Arm, um einen Angriff sofort aus allen Rohren zu erwidern. Nichts geschieht, wir stapfen durch den winterlichen Wald und kommen nach einer Weile aus ihm heraus.

Wir kommen in ein nahes Dorf, hier schneidet der Wind nicht so stark. In der Hosentasche habe ich einen trockenen Brotkanten und biete ihn zum Essen an, keiner will etwas essen. Haben meine Kameraden schon eine Vorahnung? Vor einem Angriff ißt man nicht viel. Ich habe Hunger und verzehre ihn.

Noch immer steht die Kolonne, nichts rührt sich. Die Füße, Finger, Ohren und Nase werden kalt. Jetzt heißt es, die Füße stampfen, die Hände um die Rippen hauen, Ohren und Nase warm reiben, damit der Kreislauf bestehen bleibt und keine Glieder absterben. Die armen Pferde stehen geduldig auf der Straße. Wo eine Decke vorhanden ist, wird sie ihnen übergelegt.

Mit einem Zugführer gehe ich nun an der Kolonne vorbei zu der Marschspitze. Unterwegs treffen wir unsere Feldküche. Wir fragen: „Was gibt es, warum seid ihr noch nicht weiter?“ „An der Marschspitze fallen hin und wieder Schüsse,“ sagt der Feldküchenfahrer. Seine Angaben scheinen zu stimmen.

Da kommt von der Spitze unser Bataillonsführer, Oberleutnant Müller-Blank. „Was ist los?“ fragen wir. „Im nächsten Dorf ist ein russischer Spähtrupp. Der hat unsere Spitze (Artillerie und Pioniere) angeschossen und hält sie auf. I./254 macht Gerät frei, zieht an der Kolonne vorbei, Kompanieführer am Dorfeingang zu mir!“ sagt er.

Die 1./254 und 2./254 ziehen in Reihe nach vorne, die 4./254 folgt mit den Granatwerferkarren. Die 3./254 ist noch als Nachhut eingesetzt. Die Kampfstärke der Kompanien beträgt etwa 30 Mann, nur die 4.MG Kp., die ich als Hauptfeldwebel zur Zeit führe, hat noch etwa 40 Mann. Wie wir nach vorne ziehen, schießt hin und wieder ein feindliches MG über die Kolonne. Ohne Behinderung erreichen wir den Dorfrand. Der Bataillonsführer will nur mit der 1./254 und 2./254 angreifen. Die 4./254 setzt einen sMG-Halbzug zur Sicherung ein.

Nach einiger Zeit kommt ein Melder gerannt, im Sprung geht er über die Straße. „Die 4./254 soll eingesetzt werden", sagt er. Sofort machen wir uns fertig. Die Züge werden den Schützenkompanien unterstellt. Leutnant Wüst, Führer der 1./254, kommt und holt den MG-Zug selbst ab. Seine Kompanie ist links der Dorfstraße eingesetzt. Der III.sMG-Zug und die Granatwerfer gehen rechts der Dorfstraße bei 2./254 mit vor. Der II.sMG-Zug ist zur Rückensicherung zurückgehalten. Im Sprung geht es über die Dorfstraße. Der Bataillonsführer kommt uns entgegen. Wir gehen hinter ein Steinhaus. Auf der anderen Seite der Straße geht Leutnant Wüst 1./254 mit dem sMG-Zug vor.

Da schießt ein feindliches MG in die Schützen. Die Leute werfen sich aus der Schußbahn und robben hinter die Hütten.

„Russe im Haus!" ruft ein etwas abseits stehender Soldat. Ein Gewehrkolben zertrümmert die Fensterscheibe, eine Handgranate fliegt hinterher, ein dumpfer Knall, hinter diesem Haus Bewegung, einige Handgranaten fliegen von uns um die Hausecken und über das Dach. Nach den Detonationen saust eine Garbe hinten durch den Gartenzaun beim Kornspeicher.

Mit einigen Karabinerschützen springe ich an den Kornspeicher und robbe an die Ecke. Auf 30 Schritt hebt sich von einem anderen Speicher eine Gestalt ab. Sofort gebe ich einen Feuerstoß aus meiner MPi ab. Jetzt ist die Gestalt weg, doch nach einem Augenblick ist sie wieder da. Sofort ein Feuerstoß und wieder ist sie weg! Munition wird für die MPi knapp. Ein halbes Magazin muß für ärgste Bedrängnis in Reserve bleiben. Daher hole ich zwei Eierhandgranaten aus meinem Brotbeutel. Die erste werfe ich. Nach der Detonation rührt sich nichts. Zum Teufel nochmal, die nächste auch fertig gemacht und geworfen! Der Einschlag liegt gut, aber nichts rührt sich. Die Eierhandgranaten fallen in den 30 bis 40 cm hohen Schnee und dieser mindert die Sprengkraft und Splitterwirkung erheblich.

„Hat noch einer eine Stielhandgranate?" frage ich. „Ja", sagt Unteroffizier Meinke von meiner Kompanie. „Gib her!" sage ich. „Die werfe ich selbst", antwortet er. Wir robben beide an die Kornspeicherecke, ich zeige ihm wo die Russen sitzen. Er macht die Handgranate fertig, zieht sie ab und wirft sie. Im selben Augenblick rauscht eine MG-Garbe bei uns durch den Speicher. Meinke wird getroffen, sackt mir in die Arme. Ich lasse ihn sofort zum Verbandsplatz bringen.

Danach sehe ich, der Iwan haut ab. Mit einem hoch beladenen Panjeschlitten ziehen zwei Russen auf eine rückwärts liegende Scheune zu. Karabinerschützen schießen hinterher.

Wir gehen jetzt vor, von Haus zu Haus. Hinter dem Speicher lag nichts mehr, alles hatten sie auf den Schlitten geworfen. Unser Durchsuchen der Häuser geht nicht so schnell, leicht kann sich noch ein Iwan in einer dunklen Ecke versteckt halten.

Wir erreichen die letzten Häuser auf der rechten Straßenseite. „Russe!" ruft jemand. Links rückwärts läuft einer über den Dorfplatz. Schüsse fallen, der Russe bricht zusammen. Wo wollte der noch hin? Durch das Glas sehe ich jetzt vor der entfernteren großen Kolchosscheune eine Russenkolonne, etwa 150 Meter lang. Mit einem Melder gehe ich zum Verbandsplatz. In einer Holzhütte liegen die Verwundeten und die Toten. Leutnant

Wüst kämpft seinen Todeskampf. Meinke und Friedrichs von meiner 4./254 sind gefallen, und von der Schützenkompanie kommt noch eine Anzahl dazu.

Stabsarzt Dr. Ritterhoff versieht hier sein schweres Amt. Notdürftig ist der Raum mit Hindenburglichtern ausgeleuchtet. Die Sanitäter sind ihm behilflich. Hier werden Erkennungsmarken durchgebrochen, dort werden Verwundetenzettel ausgefüllt und an der Uniform des Verwundeten befestigt, da gibt es schmerzstillende Mittel, alle Hände haben zu tun. Nur raus an die Luft, aus diesem Raum des Grauens!

Auf der Dorfstraße ist es kalt. Da kommt ein Melder angaloppiert mit einer Meldung, die er dem Bataillonsführer persönlich zu übergeben hat. „I./254 sofort vom Feind lösen und dem Gros als Nachhut folgen", sagt die Meldung.

Martin Drews (ehem. Hauptfeldw. 4/254, 110.ID.)

## Neujahrsmorgen 1942 vor Suchomlow

**Bis auf 20 Schritte hatten sich die Russen im tiefen Schnee herangearbeitet**

Die Luft erstarrte im Frost. Bis zu 48 Grad unter Null waren bei der Artillerie gemessen worden, hatten die Essenholer uns berichtet. Eine ungeheure Belastung für uns, die wir noch mit der Sommerbekleidung herumliefen.

Bis zum 31. Dezember 41 vergingen die Tage im gleichen Trott. Auch die Silvesternacht begann ohne besondere Vorkommnisse. Stündlich machte ich meinen Rundgang, unterhielt mich mit den Posten und horchte selbst ins Niemandsland hinaus. Dunkel und geisterhaft still lag die weite Schneefläche vor uns. Dichter Nebel war über Nacht aufgekommen. Die Sicht war etwa fünf Meter, darüber hinaus war alles nur schemenhaft zu erkennen. Meinen Männern hatte ich besondere Aufmerksamkeit befohlen.

Meinen Vieruhrrundgang hatte ich soeben beendet. Ich ging nicht gleich in die Unterkunft, sondern nochmals um das Haus herum. Nach wenigen Schritten befand ich mich mitten auf der Dorfstraße. Eine Weile blieb ich auf der Straße stehen und horchte ins Dorf hinein. Kein Laut war zu hören. Die Kälte schien alles Leben zu ersticken.

In diese Stille begann plötzlich ein wildes Getöse von Gewehr und MG-Feuer, dazwischen das Platschen von Granatwerfern. Wenn auch der Nebel die Lautstärke stark minderte, war mir sofort bewußt, daß hier ein Angriff auf unser Dorf stattfand.

Mir war bekannt, daß etwa 200 Meter weiter, am Südwestrand des Dorfes sich noch ein Stützpunkt befand. Gesehen hatte ich ihn zwar noch nicht, aber ohne Zweifel griff der Russe dort an.

Der Stützpunkt am anderen Ortsrand lag höher als der unsrige. Die Dorfstraße führte einen Hang hinauf. Immerhin war es von größter Wichtigkeit für uns, zu erfahren, was sich dort abspielte.

Sofort lief ich ins Quartier, ernannte Gustav zu meinem Stellvertreter, nahm mein Gewehr und eilte hinaus. Das Feuer wurde mal stärker, mal ließ es wieder nach. Durch den dichten Nebel stark behindert, begab ich mich so schnell es ging zum Nachbarstützpunkt.

Dort angekommen, befand sich die ganze Besatzung, etwa 15—20 Männer, in maßloser Aufregung. An der dem Dorfe zugewendeten Seite drängten sie sich dicht an der Hauswand. Mittendrin stand wie eine Henne zwischen den Küken ein großer Sanitäts-Stabsfeldwebel mit einem braunen Stutzbart. Herumschreiend fuchtelte er mit den Armen in der Luft herum. Ich fragte ihn: „Was ist denn los?" Er zeigte westlich in den Nebel: „Dort, auf der anderen Straßenseite hinter dem Haus, rückt der Russe vor!" —

„Sind von Dir noch Leute drüben?“ wollte ich wissen.

„Nein, der Posten ist hergelaufen, um Meldung zu machen,“ antwortete er.

„Gut, ich werde versuchen, hinüber zu kommen und erkunden!“ rief ich. Dabei sprang ich in den Nebel. Die Geschosse peitschten mir um die Ohren. Mich hinwerfend, robbte ich in die mir angegebene Richtung. Bald sah ich die dunklen Umrisse der Hütte wie ein Ungeheuer im Nebel vor mir auftauchen. An der Hauswand angekommen, blieb ich erschöpft liegen. Der Beschuß kam von links, von Süden. Ich robbte an der nördlichen Hauswand entlang bis hinters Haus, wo ein Schneewall mir die Sicht nahm. Ich raffte mich hoch, schob mein Gewehr auf die Deckung und horchte gespannt in den Nebel vor mir.

Plötzlich sah ich wenige Meter voraus dunkle Schatten auftauchen und wieder in Nebelschwaden verschwinden. Hatten die aufgeregten Sinne mich getäuscht? Nein, in den Nebel starrend, sah ich sie wieder. Sie schienen jetzt größer als zuvor und direkt auf mich zuzukommen.

„Wer da!“ rief ich hinüber. Keine Antwort. Geisterhafte Stille trat ein. Von links kamen nur noch einzelne Gewehrschüsse. Da man nicht auf alles schießen soll, was auf Posten vor einem auftaucht — es könnten ja Spähtruppkameraden von einer anderen Einheit sein —, rief ich nochmals laut in den Nebel hinein: „Wer da, gebt Antwort!“ Nichts rührte sich. Um ganz sicher zu gehen, ob Freund oder Feind, zog ich mit klammen Fingern die Leuchtpistole hervor und schoß eine Patrone hoch. Das gleißende Licht, das sich zischend durch den Nebel bohrte, ließ nichts in der milchigen Flut erkennen.

Das Schießen von links hatte aufgehört. Nur einzelne russische Kommandolaute hallten von weit her durch den Nebel. Auch im Stützpunkt auf der anderen Straßenseite blieb alles ruhig. Gebückt sprang ich zur Hausecke und rief laut hinüber: „Sofort zwei Mann mit MG hierher!“ Als wenn er darauf gewartet hätte, kaum lag ich wieder hinter der Deckung, warf sich ein Kamerad mit einem MG.42 neben mich und fragte heiser, nach Luft schnappend vom schnellen Lauf:

„Was ist denn los, wo sind die Russen?“ —

„Siehst Du die Schatten da vorn?“ —

„Ich sehe nichts!“ flüsterte er aufgeregt zurück.

„Sieh mal scharf hin, dann wirst Du sie sehen!“ —

„Jetzt sehe ich sie, soll ich hineinhalten?“ —

„Halte hinein!“ flüsterte ich aufgeregt meinem Kameraden zu. Der schob das MG über die Deckung und zielte. Ein Knacken, aus! Verklemmt! Er riß die Patrone heraus, wiederholte den Vorgang, nichts!

„Verdammt! Der Lauf ist eingefroren. Ich hole ein anderes MG.“ Schon verschwand er um die Ecke, um kurz darauf mit einem anderen MG zu erscheinen. Auch hier waren Schloß und Lauf eingefroren. Mit einem Fluch warf er es zur Seite und lief schon wieder zur Hausecke. „Hole Dir ein Gewehr und bringe noch ein paar Männer mit!“ rief ich noch nach. Mein Gewehr über die Deckung schiebend, visierte ich einen der ganz links wahrnehmbaren Schatten an. Schon lag der Kamerad wieder neben mir. Er war allein zurückgekommen. —

„Du nimmst die dunklen Flächen von rechts nach links aufs Korn, und ich schieße von links nach rechts,“ rief ich ihm zu.

Der ganze Vorgang, von meinem Eintreffen hinter der Hütte angefangen bis zum Zeitpunkt, wo wir anfingen zu schießen, hatte sich blitzschnell abgespielt.

Die aufgehende Sonne, noch hinterm Horizont verborgen, verwandelte die dunklen Nebelfetzen in ein hellgraues, durchsichtiges Gewebe, in dem die Schatten sich unheimlich langsam auf uns zu bewegten. Wir zielten und schossen und zielten und schossen!

Lautlos fiel ein dunkler Fleck nach dem anderen in sich zusammen. Kein Laut kam zu uns herüber. Es war unheimlich! Wenn es Lebewesen waren, so hätten sie doch Schmerzensschreie ausstoßen müssen, oder wir hätten Befehle oder Verständigungsrufe hören müssen. Aber nichts dergleichen!

Plötzlich, wie durch Zauberhand verschwand der Nebel. Kalkig weiß stand die Sonnenscheibe im Osten und ließ ringsum die Gefahr erkennen, die sich im Schutze des Nebels zu einer Katastrophe für uns hätte auswirken können!

Noch nicht zwanzig Schritte vor uns, in kurzen Abständen nebeneinander, lagen Russen im tiefen Schnee. Keine Bewegung war zu erkennen. Halbrechts, etwa 100 Meter weiter, robbten einige Russen längs eines Kusselstreifens dem weiter hinten liegenden Wald zu. Im tiefen Schnee waren sie schlecht auszumachen. Wir schossen einige Male hinüber, gaben es dann aber auf, weil plötzlich von links starkes MP- und Gewehrfeuer einsetzte. Hinter uns im Dorf vernahmen wir die Einschläge leichter Granatwerfer. Um sicher zu gehen, schossen wir noch einige Salven auf die vor uns liegenden Russen ab. Dann sprangen wir zur linken Hauswand, von wo wir die weite Schneefläche bis zu dem von uns geräumten Dorf Suchomlow übersehen konnten. Die Schneefläche war übersät mit einzelnen dunklen Punkten, die mal größer wurden und dann wieder, kaum sichtbar, in sich zusammenfielen. Im Glase war eindeutig zu erkennen, daß es russische Soldaten waren, die im „Sprung auf, marsch, marsch!“ sich auf unser Dorf zubewegten. Westlich vom Wald her war kein Angriff mehr zu erwarten. So robbten wir uns denn über die Straße zurück zum Stützpunkt des bärtigen Stabsfeldwebels. Keiner der Stützpunktbesatzung war mehr zu sehen. Mein Kamerad rannte in die Hütte und kam bald darauf mit einigen Munitionskästen voll Patronen wieder heraus. Wir liefen hinters Haus in eine ausgebaute Schneestellung. Von hier aus hatten wir gutes Schußfeld nach allen Richtungen.

Nacheinander nahmen wir den Feldstecher zur Hand und peilten die Lage. Bald waren wir im Bilde: Die Russen griffen mit mindestens 200 Mann an. Sie kamen aber nicht gut voran; vielmehr sah es aus, als ob sie sich nur mühsam fortbewegten. Auseinandergezogen, in Gefechtsformation gingen sie vor. Der Schnee, der uns seit einigen Tagen so furchtbar zu schaffen machte, erwies sich jetzt als unser Freund und Retter. Die Schneehöhe von fast 70 cm behinderte den Feind so sehr, daß er nur langsam vorankam.

Vor dem Dorf Suchomlow, am gegenüberliegenden Ende der weißen Ebene, stand unter schneebehangenen Bäumen eine Gruppe Russensoldaten, im Glase gut zu erkennen.

Unsere Aufmerksamkeit richtete sich auf die vordersten Angreifer. Wir mußten sie unschädlich machen, bevor sie uns unter Feuer nahmen. Wir verstanden es beide gut, mit der Waffe umzugehen. Die Gegner, ungetarnt und schwerfällig in ihren Bewegungen, boten sich uns geradezu als Zielscheiben an. Von den am nächsten liegenden erhob sich bald keiner mehr. Jedoch kamen von hinten immer wieder andere, die in den Fußstapfen ihrer Vordermänner schneller vorwärtskamen und sich hinter ihre toten Kameraden in Deckung warfen. Noch hatten sie uns nicht entdeckt. Ungezielt klatschten ihre Geschoßgarben in die Hauswände hinter uns.

Stunden vergingen. Die Sonne hatte den höchsten Punkt schon überschritten. Ohne Unterlaß schrieen die Russen aus dem Baumbestand am gegenüberliegenden Dorfrand ihre Befehle den vorgehenden Iwans in die Ohren. Aber immer weniger wagten sich aus der Deckung hervor.

Den Waldrand rechts von uns mit dem Glase absuchend, entdeckte ich vor ihm im Schnee schwarze Punkte. Von uns aus gesehen hätten es Dohlen sein können, die sich um etwas balgten. Plötzlich kam aber ein Russe aus dem Wald und ging auf die sich bewegenden Punkte zu. Dort angekommen, bückte er sich, während aus dem Schnee ein zweiter Russe zum Vorschein kam. Sie gingen zusammen in den Wald, kamen aber wenig später mit einem Schlitten wieder heraus. Sie luden ihn ab, nahmen sich etwas auf die Schulter und begaben sich dorthin, von wo aus sie vorher in den Wald gingen.

Meinem Kameraden das Glas reichend, forderte ich ihn auf, sich den Vorgang doch mal genau anzusehen! Meine Vermutung bestätigte sich. Nach kurzem Durchblick sagte er: „Die heben eine Granatwerferstellung aus und schleppen Munition hinein!“ Wir waren uns einig: Wenn die zum schießen kommen, dann kann es für uns gefährlich werden. Wir schätzten die Entfernung auf 400 Meter und richteten die Visiere danach ein. Die Sicht war klar, so daß wir sie gut anvisieren konnten. Noch einmal sah ich durchs Glas, sah das Pferdchen vor den Schlitten und nahebei einen Russen an einen Baum gelehnt, eine Papyrossi rauchend. Den hatten wir bisher noch nicht bemerkt, er mußte inzwischen aus dem Wald gekommen sein. Wie konnte dieser Mensch sich nur so sorglos hinstellen? Auch als wir mehrere gezielte Schüsse abgaben, blieb er stur stehen. Das Pferd bäumte sich einigemale hoch auf. Dann hatte es den Iwan erwischt. „Das Pferd muß weg, damit sie keine Muni’ mehr fahren können!“ rief mir mein Kamerad zu. Zu zweit schossen wir solange, bis es sich mehrere Male aufbäumte und dann liegen blieb.

Wir beobachteten die Werferstellung und hatten richtig vermutet. Die zwei Russen kamen wieder heraus und gingen zum Waldrand. Über soviel Unverstand, sich ungeniert auf der hellen Schneefläche zu bewegen, wie diese beiden Männer es taten, konnten wir nur den Kopf schütteln. Es dauerte auch nicht lange und sie mußten ihren Leichtsinn büßen.

Der Angriff von vorn war ins Stocken geraten. Viele dunkle Punkte bewegten sich nicht mehr. Wer noch lebte, zog sich zurück.

Die Sonne hatte das letzte Viertel ihrer Umlaufbahn erreicht. Aufkommender Nebel ließ uns kein Ziel mehr erkennen. Der Hunger brachte uns auf andere Gedanken.

Ringsum war es im wahrsten Sinne totenstill geworden. Jetzt, nachdem alles vorüber war, machten wir uns erst Gedanken darüber, wo die Stützpunktbesatzung sich aufhalten mochte. Während des Angriffs der Russen, der sich den ganzen Tag über hinzog, konnten wir uns nicht erinnern, außer unseren auch noch andere Abschüsse aus deutschen Gewehren gehört zu haben. Es wurde Zeit, daß ich zu meinem Stützpunkt zurück ging, den ich am Morgen unter Gustavs Befehl verlassen hatte.

Der tapfere Obergefreite, dessen Namen ich ebensowenig kannte wie er den meinigen, schüttelte mir die Hand. Müde und abgespannt begab ich mich zu meinen Männern am anderen Ende des Dorfes.

Für die Nacht ordnete ich erhöhte Alarmbereitschaft an. Der erste Tag des neuen Jahres ging zu Ende.

Der Feind verhielt sich ruhig. Auch die darauffolgende Nacht verging, ohne daß ein Schuß die eisige Stille störte. Das Thermometer sank auf über 40 Grad unter Null.

Tagsüber bauten wir unsere Stellung aus. Die Schützenstände wurden immer mehr verstärkt. Dazu holten wir die Balken des Hauses heran. Wir holten uns unzählige Eimer mit Wasser heran und gossen diese über die Schneemassen vor den Schützenständen. Schnee und Wasser froren zu einem Eisblock zusammen.

Am 2. Januar hatte ich mir vorgenommen, das „Schlachtfeld“ zu besichtigen. Der Feind schien endgültig das gegenüberliegende Dorf verlassen zu haben. Es herrschte winterliche Stille. Die matte Sonnenscheibe ließ keinen Nebel aufkommen. Das Gelände war weithin gut einzusehen.

Die Kate auf der jenseitigen Dorfstraße, hinter der wir unser Silvesterfeuer erlebten, war inzwischen voll mit Männern belegt. Alle von einer anderen Einheit. Ein Posten hielt Wache hinter dem Schneewall, von wo wir vor zwei Tagen den Feind abwehrten.

„Ich gehe hier an der Baumreihe entlang bis zum Waldrand und werde mich nach links bis etwa dorthin begeben“, so beschrieb ich ihnen mein Vorgehen. Bis weit über die Knie watete ich durch den Schnee. Jetzt konnte ich genau sehen, was sich in der Neujahrsnacht vor uns abgespielt hatte.

Etwa zehn Meter von der Hütte entfernt und in einer Breite von ungefähr 20 Metern lagen die feindlichen Soldaten, die am Neujahrsmorgen ihr Leben ließen. Dicke wattierte Winterbekleidung, Filzstiefel und Pelzmützen hatten sie an. Dreizehn Männer zählte ich. Sie lagen dort, wo die Kugeln sie trafen. Ich stapfte der Baumreihe zu, zu der sich einzelne Russen im Schutze des Nebels am Neujahrsmorgen zurückgezogen hatten. Es war noch kein Neuschnee gefallen, so konnte ich in einer Russenspur weitergehen. Am Ende der Buschgruppe lagen noch zwei Russen im Schnee. Es waren Mongolen oder Kirgisen, schlitzäugig, mit runden Gesichtern und platten, stumpfen Nasen.

Bevor ich mich weiter begab, suchte ich mit dem Glase eingehend den Waldrand ab, fand aber nichts, was mich hätte beunruhigen können. Am Wald angekommen, begab ich mich am Rande entlang nach Süden. Nach einiger Zeit erreichte ich den Schlittenplatz. Der Russe, auch einer aus dem Fernen Osten, lehnte wie schlafend an einen Baum. Auf dem Schlitten standen noch Munitionskästen. Den Trampelpfad entlang laufend, der vom Wald ins freie Feld führte, befand ich mich nach wenigen Schritten vor einer muldenartigen Vertiefung. Zwischen Waldrand und Mulde lagen die zwei letzten Männer der Werferbesatzung. Wieder waren es Männer in sibirischer Winterbekleidung. Der Granatwerfer stand abschußbereit in einer natürlichen Bodenvertiefung, wo sie nur den Schnee wegzuschippen brauchten. Das, was vom Dorf aus wie sich balgende Dohlen ausgesehen hatte, waren die Spaten gewesen, die beim Schippen immer wieder hochkamen. Sie steckten seitlich im Schnee. Der Granatwerfer, mittelschwer, war eingerichtet und zeigte eine leichte Neigung in Richtung unsere Dorfes. Einige Munitionskästen waren gestapelt, an der Schneewand lehnten zwei Gewehre. Ein leichtes Maschinengewehr fand meine besondere Aufmerksamkeit. Die Gewehre zerschlug ich, dann nahm ich das MG auf die Schulter und trat den Rückweg an. Den Werfer mit Munition wollte ich später abholen lassen.

Ernst Effert (263.ID.)

# Koschnjaki — der schwerste Einsatz

**Der Schicksalstag des IR.485 im Kampf gegen russisch-sibirische Truppen vor Moskau**

Karten, Bilder und Berichte liegen auf meinem Tisch und reihen sich mehr und mehr zu einem lückenlosen Weg unserer Inf.-Div. Gefechtseinsätze werden wieder lebendig und mit ihnen die Namen so vieler Kameraden, die draußen im Felde ihr Leben gelassen haben. Es jährt sich am 22. Januar zum 19. Male der schwerste Einsatz des IR.485 und jeder, der daran beteiligt war, wird stille, wenn er den Namen hört: Koschnjaki

Am 23. Oktober 1941 hatten die Kampfeinheiten unserer Division im schnellen Stoß die Nara 60 km vor Moskau erreicht. Ein Brückenkopf über den Fluß bei Gorki wurde von einem Bataillon 485, unterstützt von Divisions- und Regiments-Einheiten gebildet. Anfang Dezember begann der große Gegenangriff der russisch-sibirischen Divisionen und brach tief in die Flanken der Heeresgruppe Mitte ein.

Zur Abriegelung gegen den Durchbruch bei Sserpuchow wurde die Division herausgenommen und etwa 25 km weiter südlich im Raume Marino — Burinowo mit dem Gefechtsstand in Pokrow eingesetzt. Hier erhielt sie am 24. Dezember den Absetzbefehl in der allgemeinen Linie: südlich Malojaroslawecz — Medyn — Mjatlewo. Anfang Januar 1942 überschritten die Einheiten die Rollbahn und erreichten den Raum Alexejewka — Durowa — Damanowo. 10 km nördlich davon waren größere russische Verbände auf der Naht zur linken Nachbardivision durchgebrochen und bedrohten die gesamte Absetzbewegung. In aller Eile wurden die im gleichen Raume befindlichen Verwundeten des HVP auf alle verfügbaren Fahrzeuge verladen, und die einigermaßen Gehfähigen mußten den Weg zurück durch den meterhohen Schnee bei 30 bis 40 Grad Kälte auf gut Glück antreten.

In dieser verzweifelten Lage wurde dem I./IR.485 unter Führung von Ritterkreuzträger Major Wack der Befehl erteilt, nach Norden anzugreifen, die vom Russen besetzte Ortschaft Koschnjaki und die dahinter befindliche Bahnlinie zu nehmen, um im weiteren Vorgehen die Verbindung mit einer gleichzeitig angetretenen Angriffsgruppe der linken Nachbar-Division wiederherzustellen. Wenn die Bataillone mit ihren ungefähr 350 Mann auch nicht mehr als kriegsstark bezeichnet werden konnten (beim Bugübergang betrug die Gefechtsstärke etwa 800 Mann je Bataillon), so handelte es sich doch zu dieser Zeit um den verbliebenen kampferprobten Stamm.

Der Regiments-Führer, ein bewährter Truppen-Offizier, erwiderte dem Divisionskommandeur, General Haeckel, unmißverständlich, daß es unverantwortlich sei, einen Angriff bei diesen Schneeverhältnissen über deckungsloses Gelände gegen eine auf einer Anhöhe liegende, vom Feinde besetzte Ortschaft anzusetzen. Doch dieser Einsatz war von höchster Stelle gefordert und befohlen.

In der Nacht vom 21. zum 22. Januar 1942 ging das Regiment mit den beiden verbliebenen Bataillonen etwa einen Kilometer vor dem Ort in Bereitstellung. Es sollte noch vor Tagesanbruch den Ortsrand erreichen und diesen dann im Angriff nehmen. Der Schnee lag ungefähr einen Meter hoch. Pioniere hatten den Auftrag, während der Nacht einen Schneepfad zu bahnen, der ein leichteres Vorgehen ermöglichen sollte. Aber es war unmöglich, diese Arbeitsleistung in einer Nacht zu vollbringen, und so wurde nur die Hälfte des Annäherungsweges fertiggestellt. Der Tag graute bereits, als sich die Masse des Regiments auf freier Fläche und z. T. auf dem freigeschaufelten Weg, vom Feind völlig eingesehen, vorwärtsbewegte. Das letzte Stück bis zum besetzten Dorf Koschnjaki mußte unter großen Schwierigkeiten durch den hohen Schnee bezwungen werden. In diesem Augenblick eröffneten die Russen das Feuer mit Granatwerfern aller Kaliber, Gewehren und MG. Die Angreifer bildeten gut erkennbare Ziele in der weißen Schneefläche, da kaum jemand ein Tarnhemd besaß.

Das I. Bataillon lag völlig deckungslos. Ein Bewegen vom einen zum andern oder das Zurückbringen von Verwundeten war ausgeschlossen. Aus den Häusern und von den Dächern wurde sofort geschossen. Daher war auch ein Instellunggehen der MG nicht möglich, abgesehen davon, daß die steifgefrorenen Hände kaum in der Lage waren, die Gewehrschlösser aufzureißen. Wer verwundet wurde, mußte erfrieren. Das III. Bataillon war bis zum Rande eines kleinen Wäldchens vorgedrungen und hatte so unter Tag wenigstens etwas Schutz.

Als die Dämmerung hereinbrach, setzten unsere Artillerie- und Infanterie-Geschütze mehrere Feuerschläge auf Koschnjaki, und mit „Hurra“ stürmten die beiden Bataillone unter Major Wack mit noch verhältnismäßig großem Schwung gegen das Dorf. Der Einbruch in die Häusergruppen gelang, und in heftigen Nahkämpfen zogen sich die Russen an den Nord-West-Rand des Dorfes zurück. Nach diesem entbehrungsreichen Tag ohne

Verpflegung und in der bitteren Kälte war die Truppe am Ende ihrer Kraft. Sie suchte Schutz und Wärme in den genommenen Häusern und richtete sich zur Verteidigung ein.

Aber der Russe gönnte ihnen keine Atempause. Er setzte zum sofortigen Gegenangriff an, schoß mit Leuchtspurmunition die strohgedeckten Häuser in Brand und trieb die Erschöpften erbarmungslos wieder in die Kälte. Im Feuerschein bildeten sie gut erkennbare Ziele für die von allen Seiten aus der Dunkelheit vordringenden Russen. Der Regiments-Führer und sein Adjutant, die Bataillons-Führer mit ihren Adjutanten und sämtliche Kompanie-Führer fielen mit ihren Männern oder wurden verwundet. Melder des III. Bataillons zum Beispiel, die ihrem verwundeten Hauptmann Kraut beispringen wollten, fielen an seiner Seite. Es war ein grausamer Kampf gegen eine erdrückende Übermacht. Die Truppenführer und ihre Soldaten, die bereits am Anfang die Aussichtslosigkeit ihres Auftrages erkannt hatten, mußten ihren soldatischen Gehorsam mit dem Leben bezahlen. Die Überlebenden zogen sich, körperlich und moralisch zusammengebrochen, in ihre Ausgangsstellungen zurück und suchten Schutz in den von anderen Divisions-Teilen besetzten Ortschaften.

In den nächsten Tagen wurden die Reste zusammengezogen, kaum mehr als eine Kompanie stark. Der Führer der 14. Kompanie, Leutnant Weygand, der den ersten Angriff nicht mitgemacht hatte, erhielt am 25. Januar den erneuten Befehl, mit diesem Rest des Regiments Koschnjaki im Morgengrauen des 26. anzugreifen. In der freien Schneefläche blieb auch dieser Angriff liegen. Der in der Nacht darauf zurückgekehrte Führer des Reiterzuges berichtete als einer der wenigen Überlebenden, daß die Russen aus ihren Stellungen herausgekommen seien, um unsere Infanteristen in ihren Schneelöchern mit Gewehrkolben zu erschlagen. Er selbst entging dem gleichen Schicksal nur dadurch, daß er vom Blut eines Kameraden überströmt war, der über ihm liegend verwundet erfroren war. So galt er für die Russen ebenfalls als tot. Auch Leutnant Weygand war gefallen.

So endete der letzte Angriff des IR.485, das sich in den Einsätzen bei Noyon 1940, auf dem Vormarsch 1941, bei Motschuly, an der Ugra und an der Nara so tapfer geschlagen hatte. Ritterkreuzträger Major Koetz übernahm am 27. Januar 1942 die Führung des Regiments. Leutnant Stoewesandt war sein Adjutant. Ganze 60 Mann betrug die Gefechtsstärke einschließlich der Soldaten mit Erfrierungen 1. Grades.

Die Division setzte sich in den folgenden Nächten weiter nach Westen ab. Der feindliche Druck in der offenen Flanke ließ vorübergehend nach, da russische Angriffsgruppen nach Koschnjaki zur Verteidigung abgezogen worden waren. Das schwere Opfer des IR.485 hat die Absetzbewegung und die Errichtung einer neuen Abwehrlinie nördlich Juchnow ermöglicht.

(Dieser Bericht wurde nach einer 1942 gemachten Niederschrift d. Fhj.-Fw. Christmann und nach heutigen Berichten der ehemaligen Leutnante Thomae und Schwaeble aufgestellt.)

Heinz Krüger (IR.485/263.ID.)

## Absprung — ohne Fallschirm!

**Am nächsten Morgen ließen sich die Russen „einsammeln“**

Es ist tiefer Winter und meterhoch liegt der Schnee in dieser russischen Ebene im Mittelabschnitt. Der Rauch aus unseren Kaminen steigt senkrecht in den Himmel, der Schnee glänzt wie tausend Kristalle.

Eines Abends — bei Einbruch der Dunkelheit — flogen schwere russische Transportmaschinen hinter dem Dorf am dortigen Waldrand entlang; die Motoren waren gedrosselt, als wollten sie landen, doch dann zogen sie mit aufheulenden Motoren wieder ab. Hatten sie sich verflogen, oder was war los?

Die Infanterie gab schon Alarm, um am Wald nachzusehen. Bei uns war es die Neugierde, die uns durch den Schnee stapfen ließ. Wir hatten keine Schneehemden zur Tarnung wie die Infanterie. Es war wie im Großangriff — aber noch schwiegen die Waffen! Was sahen wir! Der Russe hatte seine schwer bewaffneten Soldaten ohne Fallschirme aus den Maschinen in den Schnee geworfen, um uns von hinten aufzurollen! Wir fanden einige Schwerverletzte. Doch wie viele waren schon im nahen Wald untergetaucht? Mir war klar, es war vom Russen ein verzweifelter, rücksichtsloser Versuch. Aber konnten Männer mit Waffen dies unverletzt überstehen — auch der tiefe Schnee hat einen Widerstand? Ich überlegte, ob der Russe die Fallgeschwindigkeit der Körper errechnet hatte, — oder hatte er sie auf Leben und Tod einfach abgeworfen?

Ließen die Russen — falls ihr Gros den „Absprung" überstanden hatte — uns im Wald herankommen, um dann loszuballern?

Wir hatten Glück! Es sprach sich schnell herum, daß sich die Russen am Waldrand gerne einsammeln ließen. Alle hatten schwerste innere Verletzungen und mehrfache Knochenbrüche erlitten. Viele würden nicht überleben! Am frühen Morgen starkes Motorengeräusch, und schon rasten einige wild um sich schießende russische Panzer durchs Dorf in Richtung Wald. Sie brachen bei der Infanterie durch. Danach wurde es etwas ruhiger, unsere Aufregung legte sich.

Später hörten wir hinter dem Waldstück mehrere schwere Detonationen. Unsere Artillerie hatte die Panzer mit Panzergranaten in Empfang genommen. Die Panzer sollten die am späten Abend abgeworfene russische Infanterie unterstützen. — Sie kamen zu spät.

Ewald Sauter (78.ID.)

# In Stücke gerissen

**Sowjets banden Gefangenen Handgranaten auf den Rücken oder vor den Bauch**

Am 31. Januar 1942 hatten wir uns — arg „gebeutelt" — in einer kleinen Kampfgruppe unter dem Kommandeur eines Baubataillons wieder zusammengefunden, nachdem uns der Gegner am Morgen überraschend aus Petropawlowka herausgeworfen hatte. Verstärkung durch einige Panzer aus Pawlograd war zugesichert worden. Es dauerte nicht lange, bis sie eintrafen, vier fabrikneue P-IV, davon zwei mit 5-cm- und zwei mit 7,5-cm-Kanonen (kurz). Nach kurzer Besprechung zwischen dem Kommandeur, dem Zugführer der Panzer, einem Leutnant, und unserem Zugführer, hieß es „Aufsitzen" zum Gegenangriff auf Petropawlowka. Die beiden Baukompanien folgten mit ihren Schlittengespannen in einigem Abstand, der sich noch erheblich vergrößerte. Sie sollten die nördliche und nordostwärtige Flanke sichern und nach unserem Durchstoß durch den Ort diesen hinter uns von Feindresten säubern.

Etwa eine Stunde vor Sonnenuntergang erreichten wir Petropawlowka. Nach der Fahrt auf den Panzern waren wir wieder völlig durchgefroren. Der Befehl „Absitzen" leitete den Angriff ein. Wir hatten nun entlang der Straße bis zur Kreuzung im Zentrum des Ortes vorzugehen. Dabei stießen wir zunächst auf starke Gegenwehr.

Als wir die Ortsmitte mit der ehemaligen als Lagerhaus benutzten Kirche, der Kreuzung und dem alten Gefechtsstand des Baubataillons erreicht hatten, bot sich uns ein grauenhaftes Bild: Überall lagen verstümmelte Kameraden, sogar einzelne Körperteile von ihnen. Es waren jene Männer des Baubataillons, die beim morgendlichen Feindangriff nicht mehr rechtzeitig entkommen und sich gegen die gewaltige Übermacht auch nicht zur Wehr setzen konnten. Nach Gefangenenaussagen hatten zwei Schützenbataillone mit an die tausend Mann uns am Morgen aus Petropawlowka gejagt. Einer dieser Baupioniere konnte sich noch rechtzeitig im Turm der Kirche verstecken und wurde von den Russen nicht entdeckt. Von dort mußte er mitansehen, wie die Russen seine sich ergebenden Kameraden teils sofort erschossen oder Handgranaten auf den Rücken oder vor den Bauch banden und diese dann abzogen. Daher stammten die zerrissenen Leiber.

Nun mußten wir erst die Straßenkreuzung von den Körperteilen der toten Kameraden frei machen, damit unsere Panzer weiterfahren konnten. Bei der Säuberung des Restteiles der Ortschaft gabe es noch erbitterten Widerstand, den wir nach diesem Erlebnis aber mit nachhaltiger Erbitterung brachen. Dennoch war es bereits dunkel, als wir die letzten Häuser wieder in Besitz nehmen konnten. Dabei hatten wir auch eine größere Anzahl Gefangene gemacht, die meisten waren betrunken und stanken nach Wodka.

Dieser Tag sollte noch mit einem weiteren, die ganze Grausamkeit des Krieges unterstreichenden Erlebnis aufwarten: Am späten Abend, es war eine klare Vollmondnacht, mußten aus dem ganzen Ort unsere Toten zusammengetragen werden. Die toten Russen hingegen sollten von den Bewohnern des Ortes beerdigt werden. Aber weder das eine noch das andere war möglich. Um Gräber zu schaffen, brauchte man Bohrgerät und Sprengstoff, beides war nicht vorhanden. Unter dem bis zu zwei Meter hohen gefrorenen Schnee lag noch eine tief gefrorene Erdschicht. So beschloß man, die Kameraden am folgenden Tag zurückzubringen, um sie auf einem bereits bestehenden Friedhof beizusetzen. Sie wurden, steif gefroren, Arme und Beine ausgestreckt, auf Schlitten verladen, zwei oder drei Schichten übereinander, eine Lage längs, die nächste quer und wieder eine längs. Die steifen Glieder ragten unregelmäßig hervor, ein schauerlicher Anblick, der mich lange und nachhaltig bewegte.

A. Isenmann (101.ID.)

# Mord in Petropawlowka

Ende März 1942 war ich mit Fleckfieberverdacht auf dem Hauptverbandplatz Petropawlowka eingeliefert worden. Als es mir wieder etwas besser ging, suchte ich dort die Zahnstation auf, zu der ich durch den Ort an der Kirche vorüber mußte. Auf dem großen Platz vor ihr war in der Mitte eine lange Grube ausgehoben, an einem Ende noch offen, sonst bereits mit Erde und Schnee zugedeckt. Überall sah man noch Spuren harter Kämpfe. Ich erkundigte mich später, was dort geschehen sei. Dabei erfuhr ich von den Sanitätern und einigen Russenmädchen, die dort arbeiteten, von der grauenvollen Ermordung wehrloser deutscher Gefangener eines Baubataillons, das von den Russen überrannt worden war.

G. Handelmann, damals I./GJR.98 (1.Geb.Div.)

*Aus dem Wehrmachtbericht vom 8. 2. 1942:*
*„Im OSTEN dauern die schweren Abwehrkämpfe an. . . Im Kampf gegen vielfache feindliche Überlegenheit hat sich die nordwestdeutsche 269.Infanteriedivision besonders bewährt. Innerhalb von vier Wochen hat sie mehr als 120 feindliche Angriffe abgewiesen und in zahlreichen Gegenangriffen starke feindliche Kräfte vernichtet . . .“,*

*— vom 10. 2.:*

*„. . Bei der erfolgreichen Abwehr schwerster Massenangriffe des Gegners zeichneten sich die württembergische 25.motorisierte Infanteriedivision und die SS-Legion Flandern besonders aus . . .".*

# Alarmbefehl aus erster Hand

**Der Oberbefehlshaber weist die letzte Reserve ein**

Wir hatten am 11. Februar 1942 auf dem Bahnhof in Krassny Bor mit dem Ausladen des II./358 noch nicht begonnen, als der Ruf „Transportführer" von Wagen zu Wagen weitergegeben wurde. Das galt also mir.

Ich setzte meinen Eisenhut auf und meldete mich bei einem Offizier in dickem Pelz. „Sie müssen sofort mitkommen ins Hauptquartier, der Herr Generalfeldmarschall will Sie persönlich sprechen". Um jedes weitere Wort abzuschneiden, fügte er hinzu: „Hier, der Hauptmann wird Ihren Stab und die MGK in ihre Aufgabe einweisen. Führer in die neue Stellung werden mitgegeben."

Wir stiegen also in den wartenden Wagen und fuhren in raschem Tempo durch das ausgebrannte Smolensk zu einem Gutshof. Auf der ganzen Fahrt zergrübelte ich mir den Kopf: Was kann da passiert sein? Eine Panne bei den vorausgefahrenen Kompanien? — Oder noch Schlimmeres, daß ich persönlich beim Generalfeldmarschall vorreiten muß? Zu weiteren Überlegungen blieb keine Zeit.

Über eine Freitreppe und einen langen Gang wurde ich in ein Zimmer gewiesen. Es war mehr ein langer Saal mit einem vielleicht zehn Meter langen Tisch in der Mitte.

In der Mitte des Tisches, an seiner Langseite, saß Generalfeldmarschall von Kluge. Nach meiner Meldung deutete er auf einen Stuhl neben der Eingangstür. Ich durfte mich also setzen.

Lange Pause! — Wir sahen uns auf eine Entfernung von sechs bis acht Meter in die Augen. Er fixierte mich unablässig. Die Spannung wurde unerträglich.

Nach einigen Minuten stieß er die Worte hervor: „Wie lange sind Sie schon Soldat?" „Nanu, jetzt bist also doch du das Opfer!" schoß es mir durch den Sinn. Diese Frage habe ich zuletzt erwartet. Ich antwortete kurz mit zwei Sätzen: „Im Ersten Weltkrieg war ich Kompanieführer, und in diesem Krieg führe ich seit Anfang ein Bataillon." Pause. — — Darauf er: „Na, dann kennen Sie ja den Salat." Wieder längere Pause. Dann erhob er sich und winkte mich zu sich heran: „Was ich Ihnen jetzt sage, ist strengstes Geheimnis. Sie dürfen zu niemand, auch zu Ihren Offizieren, kein Wort verlauten lassen."

Dann ging er auf eine gegenüberliegende Tür zu, verhielt einen Augenblick, wie wenn er es sich noch einmal überlegt hätte und sagte: „Eigentlich dürfte ich es Ihnen nicht zeigen, aber damit Sie sich keiner Illusion hingeben und Ihre Verantwortung erkennen, kommen Sie!"

Dann öffnete er die Tür zum Kartenzimmer. Eine ganze Wand war mit einer großen Karte bedeckt. Wo ich hinsah, waren dicke rote Linien. Er deutete mit dem Stock: „Hier Smolensk, hier Moskau, hier ist der Russe, hier ist der Russe, da ist der Russe, dort ist der Russe. Vor uns im Osten ist ein Loch in der Front von vierhundert Kilometern, in dem kein deutscher Soldat mehr steht. Der Russe steht fünf Kilometer vor Smolensk, und in 120 Kilometer Entfernung steht er neun Kilometer vor Witebsk, fast schon in unserem Rücken!

Sie sind meine letzte Reserve. Alle Truppen in und um Smolensk, das sind ein Polizei-Bataillon, zwei Kompanien des Regiments 689, dazu die Instandsetzungskompanie, die

Bäckerei- und die Schlächtereikompanie; ferner steht zu Ihrer Verfügung eine Abteilung Pak und eine Abteilung leichte Feldhaubitzen 18. Aufgabe: Verteidigung. Nähere Befehle erhalten Sie vom Kommandeur der Sicherungsabteilung, General Denike, zu dem Sie anschließend hingefahren werden. Übermorgen 14 Uhr komme ich zu Ihnen auf Ihren Gefechtsstand und möchte mich über Ihre Maßnahmen unterrichten."

Ich kam gar nicht erst zur Besinnung, um mir der ungeheuerlichen Lage bewußt zu werden, da saß ich schon wieder im Auto und kurz darauf vor General Denike, der mich in meinen Verteidigungs-Abschnitt mit einer Breite von 25 Kilometern einwies. Es kam besonders darauf an, die in diesem Halbkreis liegenden Dörfer so schnell wie möglich in Verteidigungszustand zu versetzen.

Auf dem Bahnhof Krassny Bor hatte ein Fahrer mit einem kleinen Panjeschlitten auf mich gewartet. Star Batecki, fünf Kilometer außerhalb von Smolensk, war das Ziel.

Den ganzen nächsten Tag fuhr ich im Gelände herum, von einer Kompanie zur anderen und zu den Stäben der Artillerie und Pak. Ihre Geschütze wurden an Brennpunkten auf die Dörfer verteilt, und alle Häuser am Dorfrand mit MG besetzt und durch starke Schneewälle schußsicher gemacht.

Am Tag darauf kam Generalfeldmarschall von Kluge nach Star Batecki heraus, wobei ich ihm den fertigen Verteidigungsplan vorlegen konnte. Der Gegner verhielt sich ziemlich ruhig, so daß wir uns in den wenigen Tagen akklimatisieren und auf unsere Aufgabe vorbereiten konnten. Fritz Kammerer (205.ID.)

## Zwei Russen in die Freiheit gesandt

**80 Kilometer westlich von Moskau beim I.Zug der 3./Fla-Bataillon 611**

Bis zum Februar 1942 hatten wir uns von Narofominsk, 30 Kilometer vor Moskau, zurückgezogen. Wir bezogen am Dorfrand von Wielucki Stellung, 80 Kilometer westlich von Moskau. Hier wollten wir uns von den schweren Angriffen der Russen erholen. Gegenüber unserem Haus, in dem wir uns niedergelassen hatten, lag der Gefechtsstand einer Infanterie-Einheit. Da die Melder dem Kommandeur fortwährend irgendwelche Meldungen brachten, rechneten wir mit einem Angriff der Russen. Bei jedem der vier Geschütze, die wir besaßen, stand ein Posten; die anderen Soldaten hielten sich im Hause auf.

Vorläufig verhielt sich der Russe noch still. Wir sprachen kaum ein Wort, so daß das monotone Pfeifen des Windes deutlich zu vernehmen war. Wir rückten näher aneinander, denn es herrschte eine Temperatur von minus 42 °C. Jeder befürchtete, daß der Russe angreifen könnte. Und er ließ auch nicht lange auf sich warten.

Als wir die ersten Schüsse hörten, suchten wir Schutz unter dem Backofen, denn hier fühlten wir uns sicher. 1—2—3—4—5 Volltreffer in unserem Haus! Wir konnten fast nicht mehr atmen, da uns eine dicke Staubwolke umgab. Ein weiterer Treffer zerstörte den Kamin. Nun behinderte uns auch noch der Ruß die Sicht. Aber glücklicherweise blieb der Ofen heil.

Für uns war es wie ein Wunder, daß wir mit dem Leben davon gekommen waren. Zu diesem Zeitpunkt hatte das Feuer schon ziemlich nachgelassen. Als wir schließlich keinen Schuß mehr hörten, rappelten wir uns aus dem Trümmerhaufen heraus. Draußen schrien die Verwundeten. Wir brachten sie in Sicherheit und verbanden sie.

Am nächsten Tag erhielten wir den Befehl, eine Kompanie Infanterie in Schakoje abzulösen, 60 Kilometer von unserer Stellung entfernt. Auf dem Wege dorthin kamen wir durch eine Ortschaft, die gerade vom Russen angegriffen wurde. Ich wartete keine Befehle vom Kommandeur ab, sondern wies jeden Geschützführer an, Stellung und Ziele selbst auszusuchen. Der Russe hatte auch Pak eingesetzt.

Ein paar gezielte Feuerstöße — und die Pakstellungen waren vernichtet. Mit Sprenggranaten hielten wir in den Angriff der Russen hinein. Es dauerte nur eine Viertelstunde, und der Russe war in die Flucht geschlagen. Ein Oberstleutnant kam auf mich zu und wollte sich bedanken. Aber für viele Dankesworte war keine Zeit, denn wir mußten weiter nach Schakoje.

Der Russe begrüßte drei Stunden später uns sogleich mit einem Feuerzauber. Ich meldete mich beim Kompanieführer, einem Oberleutnant. Er saß in einem Granatloch und wies mich von dort aus in die neue Stellung ein. Er wünschte uns mehr Glück, als er es gehabt hatte, als er mit seiner Rest-Kompanie, etwa 15 Mann, abrückte.

Die Versorgung war in den letzten Tagen miserabel gewesen. Die Erwartung, hier noch einige Nahrungsmittel zu bekommen, zerschlug sich, denn die Kompanie hatte schon tagelang keine Lebensmittel mehr erhalten. Unsere Verpflegung bestand also aus einem Kommißbrot, das unter 15 Mann geteilt werden mußte, und aus einer Wassersuppe mit Erbsen, die ebenso gleichmäßig verteilt wurden. Da wir ein paar Tage vorher einen Sack mit Weizenkörner gefunden hatten, erhielt jeder noch ein paar Körner zum Kauen.

Die vor uns hier stationierten Infanteristen ließen uns zwei schwerverwundete Russen zurück, einen Major und einen Oberleutnant. Bei uns galt: Wenn ein Feind keine Waffe mehr besitzt, ist er kein Gegner mehr für uns. Die beiden sahen uns ängstlich an.

Erst einmal sorgte ich dafür, daß sie versorgt wurden. Da wir einen Sanitäter bei uns hatten, den Obergefreiten Bartelmes, gab ich diesem den Auftrag, die Wunden der Russen zu säubern und zu verbinden. Verbandszeug hatten wir sehr wenig, so opferten wir einige Hemden von uns. Dann kochte Obergefreiter Benner eine Suppe von Weizenkörnern, die er vorher in einer Kaffemühle gemahlen hatte. Die Suppe wurde den Russen mit einem Löffel eingeflößt, da sie ihre Hände nicht bewegen konnten und auch zu schwach waren, den Löffel zu halten; sie hatten schon tagelang nichts mehr zu essen bekommen.

Für uns war eben ein Russe auch ein Mensch. Wenn wir irgendwo in Stellung lagen und in der Feldküche noch etwas übriggeblieben war, wurde der Rest an die russischen Kinder verteilt.

An diesem Tage wurden wir durch Artillerie-Feuerüberfälle belästigt. — Aber das große Problem stand uns noch bevor. Was machen wir mit den Gefangenen? Bei uns konnten wir sie nicht lassen. Daher hatte ich mich mit Unteroffizier Becker, Gefreiter Schmidt und noch einigen Soldaten zusammengesetzt, um zu beraten, was zu tun sei. Wir kamen überein, von den wenigen Pferden, die wir uns vorher besorgt hatten, um die Geschütze auf einem Schlitten transportieren zu können, eines zu „opfern", die beiden Gefangenen in der Nacht auf einen Schlitten zu verladen und in Richtung russische Front abzuschieben.

Gesagt, getan. In der Nacht wurden sie auf einen Schlitten verladen. Nun dachten die Russen, wir wollten sie erschießen und baten: „Niet bumm bumm" — und zeigten auf ihr Herz. Wir beruhigten sie und zeigten ihnen, daß sie in Richtung russische Front abhauen sollten. Dann brachten wir sie noch bis zum Dorfrande, gaben dem Pferd einen Klaps aufs Hinterteil — und ab ging es.

Wir hofften alle, daß die Beiden durchkommen würden. Die russische Linie war etwa 500 Meter von uns entfernt. Es war sehr wahrscheinlich, daß sie es schaffen würden. So muß es auch geschehen sein, denn wir wurden nicht mehr von den Russen angegriffen, wahrscheinlich als Zeichen der Dankbarkeit dafür, daß sich trotz der Härte des Krieges deutsche Soldaten als Menschen gezeigt hatten. Josef Niemietz (3.Fla.-Btl.611)

## Mehr mitgemacht als im Ersten Weltkrieg

**Der Kampf bei der 268.ID war schwer und grausam — Ein Feldpostbrief**

Die 268. Division erhielt den Befehl, die Straße Juchnow in Richtung Gshatsk auf etwa 20 Kilometer Länge freizukämpfen. Es war da das SS-Rgt.4 eingesetzt gewesen, ohne allerdings seine Aufgabe lösen zu können. Die 268. ID. stellte sich etwa vier Kilometer nördlich Juchnow bereit, griff am 5. Februar 1942 früh an und stieß in eine Bereitstellung der Sowjets, die völlig überrascht waren. Die rote Division wurde zehn Kilometer nach Osten gejagt.

Die Division ging nun im Zuge der Straße Juchnow-Gshatsk, etwa 15 Kilometer nördlich Juchnow, mit einer Abschnittsbreite von etwa 15 Kilometer zur Verteidigung gegen Osten über. Rechts war Anschluß an eine andere Division. Links daneben verlängerte die 17.ID., die wieder Anschluß nach Norden hatte, mit Teilen, die von Gshatsk her heruntergestoßen waren. Die Front war wieder geschlossen.

Der Kampf in dieser Stellung war schwer und grausam. Wie es werden sollte, wenn das Frühjahr kam und der etwa drei Kilometer rückwärts der Stellung der Division parallel laufende Ugrafluß auftaute, war nicht abzusehen. Jeder Nachschub für die zwei bis drei Divisionen mußte dann entlang der langen Front, in Feindsicht, in wirksamster Entfernung der roten Artillerie erfolgen. Zudem traten bei der benachbarten Division immer wieder Krisen ein.

Es sah daher etwas mulmig aus im Rücken der 268.ID. Nach Wjasma war nur mit starker Panzerbegleitung und dann auch nur mit großen Verlusten durchzukommen. Als einzige Nachschubstrecke blieb die Rollbahn Roslawl-Juchnow (die war auch noch streckenweise deutsche HKL) und ein Querweg davon nach Norden, etwa sechs Kilometer parallel zur Ugra. Das war aber nur ein unbefestigter Weg, und in der Schlammperiode ersoffen dort den deutschen Nachschubkolonnen 300 Pferde bei ihrer schweren Pflichterfüllung, die Truppe zu versorgen.

Ein Stimmungsbild dieser Feldzugszeiten mag ein Feldpostbrief des Majors d. R. Dr. Paesler in die Heimat vermitteln, der sich durch Zufall im Original erhalten hat.

Im Felde, 19. 2. 1942

Mein lieber . . .!

Als ich das letzte Mal von Berlin Abschied nahm — Anfang Februar 1941 — ahnte ich ja schon, daß ich das Spreeathen für längere Zeit nicht mehr sehen würde. Daß ich aber länger als ein ganzes Jahr von Frau und Kindern fern bleiben müßte und auch jetzt noch für absehbare Zeit keine Möglichkeit für einen Urlaub besteht, das habe ich mir damals nicht träumen lassen.

Wir sind nun kommenden Sonntag 35 Wochen ununterbrochen im Ostfeldzug im Einsatz. An jenem strahlenden heißen Sonntag im Juni ging von Malkinia der frisch, fromm, fröhliche Bewegungskrieg los. Ich machte ihn als Verbindungsoffizier meines Art.-Regiments zur Division mit; nach der Einkesselungsschlacht bei Bialystock ging es flott gen Osten weiter, und Ende Juli waren wir trotz Hitze und unvorstellbaren Staubmassen schon soweit vorgerückt, daß ich hoffte, an meinem Geburtstag, Ende August, in Moskau ordentlich in Kaviar schlemmen zu können. Bei den Preußen kommt es aber bekanntlich immer anders als man denkt. Der August und die erste Woche des September brachten uns schwere Abwehrkämpfe im J.-Bogen. Ich war zu der Zeit Regiments-Adjutant. Unser Regiment hat in fünf Wochen über 42 000 (!!!) Schuß verpulvert, der Rote das 6—8fache. Er griff mehr als 100mal an, ohne einen Meter vorzukommen. Es war da so allerhand los! Bis zur zweiten Offensive lagen wir in einem etwas ruhigeren Abschnitt. Mit dem 2. 10. ging dann der Vormarsch erneut los. Wir machten die Kesselschlacht bei Wjasma mit. Hatte schon der Sommerfeldzug bei den tiefen Sandwegen, dem entsetzlichen Staub und der Sonnenglut sehr große Anforderungen an Mann und Pferd gestellt, so steigerten sich diese noch, als jetzt die Schlammperiode, Nässe und Kälte einsetzten, so daß unsere schweren Geschütze in dem knietiefen Morast oft nur wenige Kilometer am Tage vorankommen konnten.

Ich habe doch nun auch den Ersten Weltkrieg von A bis Z durchgemacht, war damals bei der 6.Preuß.ID., die bei jeder Schweinerei eingesetzt war, ich entsinne mich aber nicht, jemals so lange unmittelbar an der Front (35 Wochen hintereinander!) gestanden, so „eigenartige“ Situationen erlebt und solche Strapazen durchgemacht zu haben. „Zensur“-gemäß dürfte ich Euch ja nur folgendes sagen:

Von hier gibts wenig nur zu schreiben
Wir müssen uns die Zeit vertreiben:
Die Läuse, Wanzen und die Roten
Befördern in das Reich der Toten.
Dies ist ein wahrer „Hochgenuß“
Bei minus 40 Celsius!

In der Tat ist der Kampf mit dem „Resthaufen“ und Partisanen dem Krieg mit den Läusen nicht unähnlich. Läuse sind zwar nicht unbedingt lebensgefährlich, aber sehr lästig und auf die Dauer zermürbend. Sorgsam und mit „Liebe“ werden sie morgens aus den Hemden und Unterbuxen herausgelesen und zwischen den Daumen zerknackt. Du untersuchst alles mit der Lupe, glaubst, alle vertilgt zu haben und kaum legst Du Dich abends schlafen, schon geht die Schweinerei mit der Krabbelei erneut los. Übertrage dieses Läuse-PP. auf den Kampf hier, so bekommst Du vielleicht ein zutreffendes Bild. Dabei ist vorn hinten und hinten vorn, rechts ist links und links ist rechts. Überall treten die Biester auf und man hat seine liebe Not, sie zu vertilgen. Du wirst nun vielleicht verstehen können, warum Eure sicherlich rechtzeitig abgesandte Weihnachtsgabe mich erst in der zweiten Hälfte dieses Monats erreicht hat. Bei den riesigen Entfernungen, den Schneeverwehungen, die immer wieder erst mal zum Bahnen von Wegen zwingen, führt besonders der Nachschub jeglicher Art einen besonders harten Kampf mit dem „Herrn General Winter“. Das Schlimmste scheinen wir aber jetzt überwunden zu haben. Wir haben jetzt schon Frühlingstemperaturen von minus 10 Grad Kälte. Jawohl, Frühlingstemperaturen! Denn wir waren an Temperaturen bis minus 46 Grad Celsius gewöhnt! Was es heißt, dann bei einer solchen Temperatur nachts Stellungswechsel machen und sich 20 Kilometer durch Schneemassen hindurchkämpfen zu müssen, zu Fuß, Meter um Meter. . .

Dr. Paesler (268.ID)

# Zwei gute alte Kameraden . . .

**Im zermürbenden Ringen um Juchnow bei der 14./463**

Für unsere 14./463 hatte der letzte Kampf um die „Baumschule" bei Juchnow begonnen. Am Abend des 27. Februar 1942 kam unser Verpflegungswagen mit Essen und Post, die uns so lieb war wie die Verpflegung. Daß ich mit einigen Wochen Verspätung noch ein Weihnachtspäckchen von meiner Frau erhalten sollte, mit guten, farbig eingepackten Plätzchen, daran hatte ich nicht mehr geglaubt! Verteilt unter den Kameraden, waren diese Grüße aus der Heimat die letzten.

Links der „Baumschule" stand ich abwechselnd mit dem Gefreiten Rothermel die Nacht über auf Posten. Trotz grimmiger Kälte kamen wir gut durch. Der Morgen war bedrückend: Wieder einmal, wie so oft in den vorangegangenen Tagen, — die Stille vor dem Sturm! Tatsächlich, bald waren wir mitten in der Endphase des Kampfes um die „Baumschule".

Die letzte Drei-Sieben-Pak wurde gefechtsbereit gemacht. Unteroffizier Heinz übernahm den Schützen Eins und befahl: „Rohr voraus, Feuer zum Waldrand und in die vor uns liegende Schneise! Abwechselnd Panzergranaten und Sprenggranaten, Feuer frei!" Doch der Russe erkannte unsere feuernde Kanone und konzentrierte das Feuer seiner Maschinengewehre auf uns.

Schmidt und Krüger wurden verwundet, wenige Meter rechts von uns fiel Hauptmann Schmidt, der Bataillonsführer, zuvor Chef der 13.Kompanie. Uns vier Übriggebliebenen konnte auch bald die Schicksalsstunde schlagen. Der Feind traf seine Vorbereitung zum Direktbeschuß: Ratsch-Bum-, Ratsch-Bum . . .

Volltreffer! Wen hatte es erwischt? Heinz tot, Rothermel tot — ich konnte es nicht glauben, zwei gute, alte Kameraden! Es half nichts mehr, kein Rufen, kein Schütteln, tot, aus . . . Diehl und mir war aber noch eine Frist gesetzt, aber wir blieben unverletzt. Nach Anbruch der Dunkelheit konnten wir unsere toten Kameraden und die Kanone aus der Kampflinie zurückholen. Bis zur Ablösung in den ersten Märztagen mußte auch Dreß noch sein Leben lassen. Dann setzten wir uns, ein kleines Häuflein noch, hinter die Ugra ab, mit schweren Gedanken . . . Albert Kehrwecker (263.ID.)

*Aus dem Wehrmachtbericht vom 11. 3. 1942:*
*„Im SÜDLICHEN ABSCHNITT DER OSTFRONT wurden feindliche Massenangriffe unter hohen blutigen Verlusten für den Gegner abgeschlagen . . . In unausgesetzten schweren Abwehrkämpfen hat sich die brandenburgische 76.Infanteriedivision besonders bewährt . . .",*
*— vom 13. 3.:*
*„. . . In den Kämpfen der letzten Woche hat sich die württembergisch-badische 35.Infanteriedivision bei der Abwehr zahlreicher Angriffe weit überlegener Kräfte des Gegners besonders ausgezeichnet . . .",*
*— vom 14. 5.:*
*„Auf der Halbinsel KERTSCH wird die Verfolgung des geschlagenen Feindes unermüdlich fortgesetzt. . . An mehreren Stellen der DONEZ-FRONT befinden sich unsere Truppen in der Abwehr gegenüber dem Angriff starker, von Panzern unterstützter Kräfte des Gegners. Im NÖRDLICHEN FRONTABSCHNITT brachten eigene Angriffsunternehmungen örtliche Erfolge. . . Hauptmann Marienfeld, Bataillonskommandeur in einem Infanterieregiment, und Leutnant Reimann, Kompanieführer im gleichen Regiment, ha-*

*ben sich bei den Durchbruchskämpfen auf der Halbinsel KERTSCH durch besondere Tapferkeit ausgezeichnet. Bei den gleichen Kämpfen hat das Pionierbataillon 173 allein am 8. Mai trotz stärksten feindlichen Feuers über 10 000 feindliche Minen beseitigt. Die 5.Kompanie des Infanterieregiments 436 und ein Zug des 2.Kompanie des Pionierbataillons 46 haben mit Teilen des Sturmbootkommandos 902 trotz schweren Seeganges im feindlichen Feuer die Landung im Rücken der feindlichen Stellung erzwungen ...“*

*Aus der Sondermeldung vom 30. Mai 1942:*
*„... Wie bereits durch Sondermeldung bekanntgegeben, ist die große Schlacht um CHARKOW beendet. Im Frontabschnitt des Generalfeldmarschalls von Bock haben die Armeen des Generalobersten von Kleist und des Generals der Panzertruppen Paulus die Abwehr schwerster feindlicher Großangriffe in einen stolzen Vernichtungssieg verwandelt...“*

# Eine Gruppe hat ihre Pflicht getan

**So fiel eine MG-Bedienung des Schützen-Regiments 66**

„So ein verfluchter Dreck!“ — Rums, ein bekannter, kaum wiederzugebender Krach, eine Dreckfontaine spritzt auseinander, dazwischen ein schwarzer, sich allmählich auflösender Pulverdampf. „Na, die schießen ja verdammt nahe heute Abend“, so hört man den Schützen Eins einer sMG-Bedienung fluchen.

Er liegt oben im flachen Loch, leicht fröstelnd, an seinem MG, während unten im Graben der Rest der Bedienung mit ihrem jungen Gewehrführer ihren wohlverdienten Schlaf hält.

Seit Tagen schon schießt der Russe, in der Junimitte des Jahres 1942, mit allen Waffen und Kalibern auf diese Stellungen. Aber heute muß etwas besonderes los sein. Drüben hört man mehr Bewegungen als sonst. Es werden mehr Leuchtkugeln abgeschossen als an anderen Tagen. Auch läßt das Artillerie-Feuer nicht nach. Ob der Russe wieder einen Angriff vorhat? Alle diese Sachen läßt der MG-Mann sich durch den Kopf gehen.

Da, wieder eine weiße Leuchtkugel! Gespenstisch schimmert das Vorfeld. Die Bomben- und Granattrichter scheinen unendlich tief zu sein. Ist das dort drüben nicht eine Bewegung? — Ja, richtig, da kriecht doch jemand!

Der Schütze sieht es. Er bleibt aber ruhig liegen. So war es schon öfters. Laß ihn nur erst ganz dicht herankommen, diesen kleinen Spähtrupp, dann — ja dann, mein MG wird schon das Weitere tun! — Noch einmal geht ihm die kurze Anweisung des jungen Schützenzugführers durch den Kopf, mit dem die sMG-Gruppe auf Zusammenarbeit angewiesen ist: „Diese Stellung zu halten gegen jeden russischen Angriff, nur das ist unsere Aufgabe!“

Die sMG-Gruppe liegt auf einer Hügelnase und hat eine wichtige Schlucht zu sichern. Weit vorn am wichtigsten Punkt der Hügelnase ist die Gruppe eingesetzt. Was ist denn da rechts los? — er kann aber seine Gedanken nicht mehr fortsetzen. Das „Urräh!“ sagt ihm alles. Der Russe hat sich an die Stellungen der rechts rückwärts liegenden Schützengruppe herangeschlichen. Einen kurzen, noch einmal einen kurzen Feuerstoß aus seinem MG richtet er auf diese Schreier, aber da kommen sie auch frontal an. Jetzt schießt alles.

Der erfahrene MG-Mann reißt sein Gewehr herum, nicht zu hastig, genau so wie er es als Rekrut im Sommer 1938 gelernt hat — „Verdammt“ — hört man ihn rufen, dann ist es still. Stumm, leblos fällt er seinem Gewehrführer in die Arme, der genau wie alle Kameraden durch das plötzlich einsetzende MG- und Gewehrfeuer wach geworden ist. Ein Kopfschuß hat das junge Leben des Obergefreiten ausgelöscht.

Es gilt aber keine Zeit zu verlieren. Behutsam läßt der Unteroffizier den leblosen Körper in das Loch zu den wartenden Kameraden gleiten. Dann springt er an das MG, einen Feuerstoß noch hören die restlichen Kameraden. Der MG-Schütze 2 will dem Mann am Gewehr einen neuen Kasten mit MG-Gurten reichen. Aber der Schütze rührt sich nicht mehr.

Jetzt sieht er, daß auch ihrem Gewehrführer eine feindliche Kugel das Leben ausgelöscht hat. Schnell, aber doch behutsam schiebt er den toten Unteroffizier zur Seite.

Nun ist er am MG. Ein neuer Gurt wird eingezogen. Laufwechsel ist die Tat weniger Sekunden. Dann wieder das beruhigende, schnelle Tacken unseres Gewehres. Der Russe ist schon wieder näher herangekommen. Man kann deutlich die schmutzigen, lehmbraunen Uniformen erkennen. Immer weiter rattert das MG. Vorn schafft es Luft. Ein Russe nach dem anderen verschwindet wieder in dem Grau der Erde.

„Los, gib mir einen neuen Kasten mit Munition!“ ruft der Gewehrschütze. Was ist denn das für ein Schrei? Ganz schrecklich durchdringend gellt es dem sich umdrehenden Schützen 3 in den Ohren. Ein Bild sieht er, mit Worten kaum wiederzugeben.

Ein großer, dreckig-brauner, stämmiger Kerl hat sein Bajonett in den Rücken des liegenden, nach vorn feuernden MG-Schützen gestoßen. Aber schon ein kurzer, scharfer Schuß aus der Pistole des am weitesten zurückliegenden Schützen 4 hat den Gegner erledigt.

Nun ist der Schütze 3, ein junger, eben erst eingetroffener Ersatzmann am MG. Was sein Vorgänger nicht vollenden konnte, übernimmt er. Ein Gurt nach dem anderen reicht ihm sein Kamerad griffbereit zu. Noch zwei Kästen liegen im Loch, aber immer noch greift der Russe mal hier mal dort an. Der Druck läßt nicht nach, aber die beiden MG-Schützen können nicht nach rechts oder links sehen. Für sie gilt nur eines, die Hügelnase zu halten, laß kommen, was da will.

Jetzt kommt der vorletzte Munitionskasten an die Reihe, da ist das MG still. — „Was ist denn los?“ fragt der Schütze 4; aber er bekommt keine Antwort mehr. Ein Querschläger hat auch diesem jungen Leben ein Ende bereitet. Nun ist er, der Schütze 4, der letzte der Gewehrbedienung, an der Reihe. Verbittert, an nichts mehr denkend, übernimmt er das MG. Wieder reißen einige kurze Feuerstöße Lücken in die russische Reihen. Die Russen versuchen, sich auf halber Hanghöhe einzugraben.

Aber was ist denn mit dem MG? Es will nicht mehr. Es schießt nicht mehr Dauerfeuer. Nur Einzelfeuer kann der einsame Schütze abgeben. Rings um ihn wird es stiller. Das heftige Feuer läßt nach. Der Iwan hat es nicht geschafft. Sein Angriff ist stecken geblieben.

Noch immer feuert der Schütze seine Einzelschüsse heraus, sobald er eine Bewegung dort drüben ausmachen kann. Aber dann ist auch dieses MG still geworden. Es war der letzte Schuß an diesem Abend im Kampfabschnitt. Nur hier und dort eine Leuchtkugel. Dann tritt Stille ein, beängstigende Stille.

Blutrot geht die Sonne am anderen Morgen tief im Osten auf. Aber die Kameraden am MG auf der Hügelnase kann sie nicht mehr wecken. Die haben den Eid des Soldaten gehalten — die Gewehrführer und die Schützen 1, 2, 3 und 4 einer sMG-Gruppe.

Grunow, ehem. Hauptfeldwebel (13.PD.)

*Aus dem Wehrmachtbericht vom 2. 7. 1942:*
*„...Nach einem Jahr harten aber siegreichen Kampfes gegen die Sowjet-Union gibt das Oberkommando der Wehrmacht... bekannt: In der Zeit vom 22. Juni 1941 bis 21. Juni 1942 sind an der Ostfront 271 612 Offiziere, Unteroffiziere und Mannschaften der Gesamtwehrmacht in treuer Pflichterfüllung den Heldentod gestorben. Die Zahl der Vermißten beträgt in der gleichen Zeit 65 730...“*
*— vom 7. 7.:*
*„Bei den Angriffsoperationen an der OSTFRONT wurde der DON überschritten und die bedeutende Industriestadt WORONESCH genommen... Im Raum nördlich OREL wiederholte der Feind seine erfolglosen Angriffe... Im Raum von RSCHEW wurde der Feind in einem in breiter Front geführten Angriff aus seinen Stellungen geworfen...“*
*— vom 19. 7.:*
*„Im SÜDABSCHNITT DER OSTFRONT geht die Verfolgung des geschlagenen Feindes... weiter... Südlich des ILMEN-SEES setzten die Sowjets ihre erfolglosen Angriffe fort...“*

## Für ihn war alles nur Nervensache

**Ein Obergefreiter im Stellungskrieg des Nordabschnittes 1942**

Der Obergefreite Bormann im Grenadier-Regiment 46 (30.ID) war ein „im Pulverdampf ergrauter Krieger“ und in den Augen seines Kompaniechefs „ein ganz müder Braten“. Dabei war er mit allen Attributen seines Dienstranges ausgestattet, als da waren: Dickfelligkeit, die sich oft bis zur Sturheit steigerte, und ein stets wacher Erfindergeist, der sich mit einem ausgeprägten Hang zu überraschenden Improvisationen paarte.

Er war zwar nicht das sagenumwobene „Rückgrat der Armee“, doch er stärkte den Rücken einer ganzen Kompanie recht erheblich. Dies aber nicht nur, weil sein Wahlspruch „Alles nur Nervensache“ zum geflügelten Wort der Kameraden wurde. Er handelte nämlich auch selbst buchstabengetreu danach und stellte dies bei jeder sich bietenden Gelegenheit in zumeist sehr eindrucksvoller Form unter Beweis, obgleich er nicht mehr der Jüngste war und in der Heimat Frau und Kind hatte.

Sein Wahlspruch prädestinierte ihn geradezu zum Einzelkämpfer. Das hatte auch der Kompaniechef rasch erkannt und ihn darum mit seinem MG an einem besonders neuralgischen Punkt des unübersichtlichen Kompanieabschnittes eingesetzt. Dort war es dann auch, wo unser Kamerad seine umstrittenen Eigenschaften in reichem Maße entfaltete.

An einem Sommertag, als er, nichts Böses ahnend, vor dem Bunker saß und seinen nackten Oberkörper der Sonne darbot, brach jäh und buchstäblich aus heiterem Himmel ein infernalischer Feuerschlag der sowjetischen Artillerie über den Abschnitt herein. Unter dieser Feuerglocke gelang es einem starken feindlichen Stoßtrupp, den zerfetzten Drahtverhau zu überwinden. Durch eine ausgetrocknete und unübersichtliche Bachmulde gedeckt, näherten sich die Sowjets bedrohlich seinem MG.

Indes sie aber noch im Vorgelände rumorten, machte B. nach einigen Gurten vorsorglich, wie er später sagte, Laufwechsel. Die Kameraden neben ihm erstarrten und erklärten ihn für wahnsinnig. Doch er ließ sich nicht von seinem Vorhaben abhalten, wechselte fast exerziermäßig rasch den Lauf, jagte dann ein paar beachtliche Feuerstöße ins Gebüsch und... hielt mit ihnen die Gegner in Schach. Eine halbe Stunde darauf war der Spuk verschwunden. Da endlich wandte der MG-Schütze sich um und grinste: „Alles nur Nervensache!“ —

Genau vierzehn Tage später, während eines massiven Feindangriffes, hatte sein MG plötzlich Ladehemmung — und dies zu einem denkbar ungünstigen Zeitpunkt. Die Sowjets waren bereits auf Handgranatenwurfweite heran. Er überlegte jedoch nicht lange, ließ die Spritze liegen und griff zu Handgranaten. Als er die letzte über die Deckung geworfen hatte, tat er etwas, was seinem Improvisionstalent alle Ehre machte: Er füllte herumliegende Konservendosen mit original russischen Lehmklumpen und schleuderte sie den Angreifern entgegen.

Die Kameraden folgten verwundert seinem Beispiel. Und siehe da: Die Iwans bremsten und gingen eilig in sichere Deckung. Offenbar erwarteten sie von den ihnen unbekannten Wurfgeschossen eine fürchterliche Teufelei, denn sie blieben eine ganze Weile liegen und rührten sich nicht. Ja, sie gingen sogar wieder etwas zurück, als unser Kamerad drei Feldflaschen hinterherpfefferte.

Diese kleine Kampfpause genügte ihm zur Beseitigung der Ladehemmung. Als schließlich der erste Russe vorsichtig wieder den Kopf hob, da konnte er einen neuen Triumph seines Wahlspruches verbuchen. —

Sein Meisterstück lieferte er jedoch, als zwei Stunden darauf ein sowjetischer Flammenwerfertrupp vor dem MG aufkreuzte. Die Lage wurde ausgesprochen „brenzlig", zumal sich dieser gefährliche Apparat in einer tiefen Mulde bis auf etwa dreißig Meter dem Graben genähert hatte. Doch auch dieses Mal verließen den Obergefreiten seine guten Nerven und sein erfinderischer Geist nicht.

Er robbte, eine T-Mine mit Abreißzünder und fünfundzwanzig Meter Bindfaden im Arm, den Iwans entgegen, wobei auch er die unkrautüberwucherte Mulde benutzte. So gelang es ihm, unbemerkt bis auf fünf Meter an die Feinde heranzukommen. Unter einem Distelstrauch deponierte er die Mine und kroch dann rasch zurück. Dabei ließ er die Reißleine vorsichtig und sehr geschickt durch seine Finger gleiten. Ungeschoren erreichte er wieder sein MG.

Als der Flammenwerfertrupp ungefähr in gleicher Höhe mit der Mine war, zog er ab. Eine gewaltige Detonation folgte und blies den gefährlichen Flammenwerfer fort. Der Obergefreite aber stand, als wäre nichts geschehen, an seiner Spritze und streute das Vorfeld ab.

Am Abend des gleichen Tages kam der Bataillons-Kommandeur und heftete ihm das EK. I an die Brust. Dies machte jedoch keinen überwältigenden Eindruck auf unseren Kameraden, auch nicht die Flasche echten „Eau de vie", die der Kompaniechef als Beigabe stiftete. Es war eben „alles nur Nervensache", und dieser Obergefreite hatte Nerven wie Eisenbahnschienen.

Spät in der Nacht kam dann der Hauptfeldwebel mit der Küche nach vorn. B. saß im Bunker bei seinen Kameraden und war gerade dabei, der Flasche Kognak den Hals zu brechen, als der Spieß hereinpolterte. Jeden Landser hätten beim Anblick der „Kompaniemutter" unangenehme Gefühle beschlichen, die zumeist durch peinliche Erinnerungen an zahlreiche Appelle vergangener Ruhezeiten genährt wurden. Nicht so B. Der unerwartete Besuch erschütterte ihn in keiner Weise. Im Gegenteil, er lud den Spieß zu einem Kognak ein und füllte seinen Trinkbecher randvoll.

Der Spieß leerte den Becher mit einem Zug und quittierte ihn mit einem . . . Urlaubsschein! „Sie können morgen fahren", sagte er beiläufig dazu, „packen Sie gleich Ihre Klamotten und kommen Sie mit mir zurück!"

Da fuhr unser Kamerad hoch, daß die leere Munitionskiste, auf der er gesessen hatte, polternd umkippte. „Herr Hauptfeld, ist . . . das wahr?" stotterte er fassungslos, wobei er abwechselnd den Spieß und seinen Urlaubsschein anstarrte.

Vermutlich hätte er noch eine Weile gebraucht, um seine Fassung wiederzugewinnen, wenn der Hauptfeldwebel dies nicht beschleunigt hätte, indem er sagte: „Na klar, Mensch!“ Und dann schmunzelnd hinzufügte: „Tja, mein Lieber, es ist wirklich alles nur Nervensache!“

Fritz Weidt (30.ID.)

*Aus dem Wehrmachtbericht vom 20. 7. 1942:*
*„Im SÜDEN DER OSTFRONT sind, nachdem die Regenfälle beendet sind, die Verfolgungskämpfe in südlicher und ostwärtiger Richtung wieder in vollem Gange . . .“*
*— vom 27. 7.:*
*„. . . Bei der Erstürmung der Stadt BATAISK haben sich der Kommandierende General eines Armeekorps, General der Gebirgstruppen Konrad, und der Kommandeur einer Infanteriedivision, Generalleutnant Schneckenburger, besonders ausgezeichnet. Sie haben unter persönlichem Einsatz an der Spitze der angreifenden Truppen am 26. Juli die Stadt gestürmt . . .“*
*— vom 29. 7.:*
*„Südlich des UNTEREN DON warfen die deutschen Truppen den zum Teil zäh kämpfenden Feind nach Süden und erzwangen. . . den Übergang über den MANYTSCH und SAL. Nordwestlich KALATSCH wurde. . . der Feind zum Rückzug gezwungen . . .“*
*— vom 10. 8.:*
*„Wie durch Sondermeldung am 9. August bekanntgegeben, durchbrachen deutsche Infanteriedivisionen, hervorragend unterstützt durch Verbände der Luftwaffe, nach außergewöhnlichen Marschleistungen und in harten Kämpfen bei tropischer Hitze stark ausgebaute Stellungen nördlich des KUBAN und nahmen die für die feindliche Rüstungsindustrie wichtige Hauptstadt des Kuban-Gebietes, KRASNODAR. Die Stadt MAIKOP, das Zentrum des bedeutenden Ölgebietes am Nordrand des KAUKASUS, wurde von Schnellen Verbänden im Sturm genommen. Im raschen Vorstoß nach Südosten nahmen Schnelle Truppen die Stadt PJATIGORSK. Im GROSSEN DONBOGEN wurde eine starke feindliche Armee westlich KALATSCH eingeschlossen . . .“*

# Mit der 125.ID. zum Kuban

**Kommandeur mit „Hurra!“ auf den Lippen beim Angriff gefallen**

Wenn ein Ausschnitt aus den Kämpfen der 125.ID. beschrieben wird, so geschieht es aus der Sicht des Kompaniechefs einer schweren Kompanie, der hier im Rahmen eines Infanteriebataillons die Kämpfe um den Kuban miterlebt hat und nicht die Möglichkeit hatte, im Rahmen der gesamten Division zu denken. Es wird deshalb bewußt auf die Nummern der Einheiten und auf die Namen ihrer Führer verzichtet, denn alle anderen Angehörigen der Division haben sich genau so tapfer und bewunderungswürdig geschlagen in jenen Augusttagen des Jahres 1942. Panzerjäger und Pioniere, Männer der Aufklärungs- und der Nachrichtenabteilung, Artilleristen und Sturmgeschützbesatzungen, Stäbe und Nachschubdienste, alle gaben sie ihr Letztes her, um zu zeigen, daß die 125.Infanterie-Division den Ruf der württembergisch-badischen Truppenteile aus dem Ersten Weltkrieg, nämlich zu den Besten zu gehören, stets gewahrt hat.

Ein neuer Morgen dämmerte an jenem 11. August 1942 herauf. Verschlafen und ein wenig steif stiegen wir aus unseren „Löchern“, die wir uns in einem Kornfeld gegraben hatten. Heiße Tage lagen schon hinter uns. Der Festungsgürtel um Rostow war durchbrochen worden, Rostow und Bataiska wurden erstürmt, und in raschem Vormarsch, kämpfend und marschierend, waren wir bis wenige Kilometer von Krasnodar entfernt gekommen. Vor uns blauten in der Ferne die Vorberge des Kaukasus, jenes sagenhaften Gebirges, in dem noch wilde Stämme hausen sollten, geheimnisumwittert und unbekannt. Szenen aus Herbert Volcks „Wölfen", in denen das Leben der Inguschen, eines kaukasischen Volksstammes, geschildert wird, tauchen plötzlich vor mir auf. Kaukasus! Wir alle sind auf diesen Landstrich und seine Bewohner gespannt. Ein Merkblatt über den Umgang mit den Völkern des Kaukasus war vor einigen Tagen bei uns verteilt worden, in dem stand, daß die kaukasischen Stämme uns freundlich gesinnt seien und daß man es nicht als Feindseligkeit auslegen sollte, wenn Kaukasier bei unserem Einmarsch schießen, das sei dort Sitte! Waffen seien peinlichst zu bewahren, denn die Kaukasier hätten dafür eine Vorliebe. Dies alles trug dazu bei, daß bei uns die Stimmung vor Beginn des Angriffes an jenem 11. August irgendwie anders war als sonst. Denn vor uns lag die Aufgabe, den Kuban zu erreichen und wenn möglich einen Brückenkopf auf dem jenseitigen Ufer zu bilden. Hinter diesem Kuban aber lag der sagenumwitterte Kaukasus!

„X-10". Ununterbrochene Abschüsse hinter uns. Die schweren Koffer orgeln hinüber nach Paschkowskaja, der Vorstadt von Krasnodar, und hinüber zu dem dahinterliegenden Ufer des Kuban. Die Erde schüttert unter den schweren Einschlägen, Rauch und Staub steigen beim Gegner drüben auf. Der „Iwan" rührt sich nicht. Wir treten an. Weit auseinandergezogen setzt sich unser Bataillon in Bewegung, zwei Kompanien in der vorderen Linie, bei jeder ein sMG-Zug und eine sGrW-Gruppe unterstellt, hinter der rechten Kompanie die Reservekompanie. Durch Getreide- und Maisfelder geht es vorwärts auf den vor uns liegenden Ortsrand zu. Vereinzelt pfeifen Gewehrschüsse über uns hinweg, auch leichtes Granatwerferfeuer setzt ein. Aber der Widerstand ist gering. Eine Viertelstunde nach Angriffsbeginn sind wir in Paschkowskaja drin. Hier und da sich zeigender Widerstand wird rasch gebrochen, und die ersten gefangenen Russen ziehen nach hinten. Haus für Haus wird durchsucht, aber wir dürfen uns nicht lange aufhalten, wir müssen den Kuban erreichen! Gleich hinter dieser Ortschaft muß er der Karte nach liegen, gleich, das heißt 1 bis 2 km, und was heißt das schon für einen alten Infanteristen der 125.!

Die Ortschaft ist in unserer Hand, und wir sind bereits am jenseitigen Ortsrand angelangt. Unsere Artillerie, die nach dem Feuerüberfall zu Angriffsbeginn eine Zeit lang schwieg, macht sich wieder bemerkbar. Etwas kurz, stellen wir fest, aber Gott sei Dank nicht zu kurz! Trotzdem: Befehl vom Bataillon: „Eine alte Hütte anzünden, damit die Ari unseren Standort weiß." Einige Schuppen gehen in Flammen auf, und weiße Leuchtkugeln zischen nach oben. Prompt verlegt die Artillerie nach vorne, es hat prima geklappt; nach einem Jahr Rußland ist man aufeinander eingespielt. So, und nun weiter im Angriff, dort vorne ist der Kuban!

Am Rand der Ortschaft, quer zu unserer Angriffsrichtung, verläuft ein breiter Weg, und hinter diesem beginnt ein breites, ausgedehntes Obstbaumgut. Immer wieder pfeifen, während wir noch auf dem Bauch liegen, von diesen Bäumen einzelne Schüsse, sobald sich einer am Ortsrand zeigt. Also hinüber über diesen Weg, hinein in dieses Obstbaumgut! Warum warten wir eigentlich? Aha, es sollen noch Sturmgeschütze kommen! Plötzlich, Befehl vom Bataillon: „Angreifen! Marsch!" Mit einem Sprung sind wir über den Weg hinweg und im Obstbaumgut drin. Aber da ist auch schon die Hölle los. Infanteriefeuer jeder Art zischt und prasselt uns entgegen, Granatwerferfeuer setzt ein, es ist ein toller Zauber. Die ersten Ausfälle treten ein, 4 Mann neben mir hat es gleich erwischt, ich will einen davon verbinden, „ratsch" reißt auch mir ein Schuß den Ärmel auf, machts nichts, leichter Streifschuß! Aber so geht's nicht! Eng an den Boden gepreßt, dicht hinter den Bäumen liegen wir und kommen nicht weiter. Ich hole meine sGrW-Gruppe, die nicht unterstellt ist, und die von der linken Kompanie heran und mache mehrere Feuerüberfälle auf das Obstbaumgut. Leider ist praktisch nichts zu sehen. Der Bataillonskommandeur befiehlt: „Nach dem nächsten Feuerschlag der Granatwerfer vorwärts!" Der Feuerschlag kommt und wir stürzen vor. Aber nur 20 Meter, dann ist es wieder aus! Und in diesen verfluchten Bäumen sieht man nichts! „Einzeln vorarbeiten!" Sobald aber nur einer aufsteht, geht die verdammte Schießerei wieder an! Meine schweren Maschinengewehre können hier leider nichts ausrichten, denn es ist überhaupt kein Schußfeld da. Entgegen jeder Vorschrift ziehe ich aber doch einen Zug heran und jage Feuerstoß auf Feuerstoß in die Bäume; auch meine Werfer schießen wieder. Und nun scheint es wirklich Luft zu geben! Hundert Meter kommen wir vorwärts, springen, jagen mit klopfenden Pulsen und pfeifenden Lungen. Und dann setzt wieder das zermürbende Geknatter ein! Die Verluste werden immer mehr! So geht's einfach nicht mehr!

Aber da, hinter uns Kettengerassel, Raupen knirschen! Die Sturmgeschütze sind da! Aber sie stehen noch am Ortsrand, dicht an den Hauswänden. Der Ordonnanzoffizier des Bataillons springt zurück und holt sie heran. Das eine Geschütz hält gerade auf uns zu, ich befehle dem Geschützführer, einem Wachtmeister, vor uns herzufahren, um so bei den Russen den Eindruck von Panzern zu erwecken. Aber das will er nicht, sie seien keine Panzer und er hat ja auch recht, aber in dieser verzweifelten Lage muß man eben so handeln, wie es die Lage erfordert. Denn mit Pak-Abwehr ist hier zwischen den Bäumen nicht zu rechnen. Komisch, kaum sind die drei Sturmgeschütze da, schon sind wir wieder hoffnungsvoller. Also, auf! Mit den Sturmgeschützen vorwärts! Und siehe da, nun wird der Iwan weich! Er wehrt sich zwar noch, immer zäh und verbissen, aber es geht wenigstens vorwärts. Und nun sehen wir auch die russischen Stellungen, ganz schmale, tiefe Löcher hinter den Bäumen, ohne jeden Erdaufwurf und daneben große Haufen von Gewehrmunitions-Hülsen. Auch von den Bäumen werden Russen heruntergeholt, die sich, gut getarnt, richtige Ansitze dort angelegt hatten. Doch nun macht sich die russische Artillerie wieder bemerkbar, aber es geht alles über uns hinweg. Immer rascher kommen wir nun vorwärts, der Widerstand läßt merklich nach. Die Sturmgeschütze sind gerade im richtigen Augenblick gekommen und halten wacker mit uns mit. Schuß auf Schuß verläßt ihre Rohre — es gibt Luft!

Von der linken Kompanie kommt die Meldung, daß sie das Kubanufer erreicht habe, daß sie aber vom jenseitigen Ufer so heftiges Feuer erhalte, daß sie sich an der Uferböschung eingrabe, der Fluß sei zu breit, an ein Übersetzen mit Behelfsmitteln in diesem Beschuß nicht zu denken. Und da kommt auch schon von unserer rechten Kompanie eine unerfreuliche Meldung: Nach rechts ist kein Anschluß vorhanden! Die rechte Grenze des Bataillons ist die zum Kuban führende Straße. Also: „Reservekompanie an den rechten Flügel des Bataillons ansetzen, Sicherung nach rechts und Unterstützung der bisherigen rechten Kompanie!" Der Bataillons-Kommandeur holt selbst die Reservekompanie heran und setzt sie ein. Ich gehe mit ihm, um meinen sMG-Zug auch dort einzuweisen. Entlang der Straße rennen wir gebückt vor, als uns plötzlich sehr starkes MG-Feuer entgegenschlägt. Wir hauen uns in den Straßengraben, springen wieder auf und arbeiten uns vor. Ungefähr 30 m vor uns, dicht an der Straße, die leicht ansteigt, steht ein kleines Haus, dort muß das MG sitzen! „Los, heben wir den Laden aus!" Ich schnappe mir einen Unteroffizier und zwei Männer, wir legen uns Handgranaten zurecht, arbeiten uns noch etwas vor auf Wurfweite und dann: „Wurf!" Jeder wirft drei Handgranaten und: Hurra! Wir rasen auf das Haus zu, im Lauf aus den MPi's feuernd, stoßen die Türe ein: drei Russen heben die Hände. So, das wäre geschafft.

Wo ist denn der Bataillonskommandeur? „Haben Sie Hauptmann S. gesehen?" „Der ist doch gefallen!" „?" „Ja, er sprang mit Ihnen auf, um das Haus zu stürmen und bekam einen Schuß in den Mund. Er war sofort tot." Unfaßlich ist mir diese Nachricht. Eben noch habe ich mit meinem Kommandeur, diesem Draufgänger und beliebten Führer, gesprochen und nun ist er neben mir gefallen und ich habe es nicht einmal gemerkt! Und wie sagten mir seine Angehörigen, die ich dann ein Vierteljahr später besuchte? „Im Angriff mit einem Hurra auf den Lippen, so möchte ich einmal sterben", schrieb er in einem Brief. Sein Wunsch wurde ihm erfüllt.

Aber es muß weitergehen. Fast ohne daß es mir bisher zum Bewußtsein kam, stelle ich nun fest, daß das russische Artilleriefeuer immer stärker wurde und nun liegt es nicht mehr hinter, sondern direkt bei und unter uns. Auch mit dem rechten Flügel sind wir nun am Kuban. Leider ging die Brücke, einige Sekunden ehe ein junger Leutnant mit einigen beherzten Männern sie nehmen konnte, in die Luft, die Russen, die sich auf ihr befanden, mit ihr!

Und immer stärker wird das feindliche Artilleriefeuer, auch eine „Stalinorgel" wirkt mit. Daher: „Eingraben!" Kaum ist der Befehl gegeben, da kracht auch schon eine Granate berstend ein, mitten in den Bataillons-Gefechtsstand, der sich in einem Strohhaufen befindet, und dieser brennt auch sofort. Der gesamte Bataillonsstab ist außer Gefecht. Der Adjutant, Oberleutnant Th., der schon ein Auge in Rußland verloren hat, ist schwerverwundet, der Ordonnanzoffizier desgleichen, ebenso drei Melder und ein Fernsprecher! „Eingraben!" Und nochmals „Eingraben!" Inzwischen ist nach rechts der Anschluß hergestellt. Gott sei Dank! Aber nun Meldung an Regiment. Funkverbindung, keine Fernsprechverbindung: im feindlichen Artilleriefeuer alle Strippen zerfetzt. Also: Melder! Meldung an das Regiment: „Bataillon hat Kuban erreicht und gräbt sich ein. Bildung eines Brückenkopfes unter den gegenwärtigen Umständen nicht möglich. Anschluß nach rechts und links vorhanden!"

Am späten Nachmittag läßt das feindliche Feuer nach, es wird ruhiger. Als es dann Abend wird, ziehen wir Bilanz: Bataillonskommandeur gefallen, im ganzen Bataillon noch 4 Offiziere! Allein meine MG-Kompanie hatte 5 Tote und 27 Verwundete! Fürwahr ein harter Tag, den die Angehörigen des Bataillons, die den Krieg überlebt haben, nie vergessen werden:

11. August 1942, Paschkowskaja am Kuban! Justus Faber (†), (125.ID.)

# Roter Burgunder

**Probe, ob vergiftet oder nicht**

Das II./Infanterie-Regiment 254 hatte im Sommer 1942 in Rußland anstrengende, schwere Kämpfe hinter sich und sollte eine neue Hauptkampflinie in einem anderen Ort beziehen. Abgekämpft, struppig, verschwitzt, hungrig, aber vor allem durstig erreichte die zusammengeschrumpfte Truppe ihr Ziel und fand dort einen Stapel voller Rotweinflaschen vor. Ein Schild ragte aus dem Flaschenberg mit der Warnung „Vergiftet!" Oberzahlmeister Max Möller trat heran, den Karabiner noch in der Hand, und forderte: „Gebt mir mal ein Kochgeschirr und schenkt mir mal eine Flasche ein." — Befohlen und ausgeführt —! „So", erklärte Max, „wenn ich in einer halben Stunde tot bin, dann ist der Wein vergiftet. Sonst könnt ihr ihn trinken!" Er setzte das Kochgeschirr an den Mund und trank es mit vollen Zügen halb leer. — Der Wein war gut: Der Oberzahlmeister hatte einen Schwips, und die Truppe genoß den roten Burgunder . . . M. D.(110.ID)

*Aus dem Wehrmachtbericht vom 13. 8. 1942:*
*„. . . Nördlich des MANYTSCH nahmen bewegliche Kräfte der Infanterie in raschem Vorstoß nach Osten die Hauptstadt des Kalmückengebietes ELISTA . . . Im Raum von WORONESCH nehmen die Kämpfe an Heftigkeit zu . . . Südostwärts und nördlich RSCHEW stehen Infanterie- und Panzerdivisionen weiterhin in schwerem Abwehrkampf . . . Südostwärts des ILMEN-SEES setzten die Sowjets ihre vergeblichen Angriffe fort . . .“*
*— vom 17. 8.:*
*„Ostwärts WJASMA und bei RSCHEW stehen Truppen aller Waffen in anhaltenden schweren Abwehrkämpfen . . .“*

# Verteidigung von Upolosy

**Russische Panzerangriffe bleiben im Artilleriefeuer liegen**

Nach Beendigung des Rückzuges von der Nara im Januar/Februar 1942 hielt die 292.ID. seit dem 7. Februar die neue und recht günstige Hauptkampflinie an der Istra im Raum um Dubna, etwa 40 Kilometer südlich Gshatsk, besetzt.

Am 13. August 1942 begann die für die 292.ID. bisher größte Abwehrschlacht, in deren Verlauf die Division etwa 12 Kilometer bis auf das Höhengelände von Skugorewo zurückgedrückt wurde.

Die neue HKL war schon in der Nacht zum 17. August erreicht worden, doch sollte um sie noch wochenlang gekämpft werden, wobei der Schwerpunkt der feindlichen Angriffe sich meistens gegen die TP-Höhe 261,3 bei Skugorewo richtete.

An der Rollbahn Juchnow—Gshatsk liegt am Südufer der Worja das kleine Dorf Upolosy. Die operative Bedeutung der Worja-Brücke bei Upolosy ergab sich erstens aus der Lage der Rollbahn nach Gshatsk, zweitens aus der anfänglich noch bestehenden Absicht, den Russen durch einen großangelegten Gegenangriff soweit nach Südosten zurückzuwerfen, daß der Frontbogen um Dubna begradigt werden konnte. Daher war um Upolosy ein etwa ein Kilometer tiefer Brückenkopf gebildet worden, der dem Russen natürlich wie ein Dorn ins Auge stach, und den er daher mit allen Kräften zu beseitigen suchte. Von einem Studienurlaub kommend, brachte mich am späten Abend des 30. August 1942 ein Güterzug mit mehreren Fronturlaubern nach Gshatsk.

Gegen Morgen marschierten wir ab. Einerseits freuten wir uns, wieder unter uns liebgewordenen Kameraden weilen zu können, andererseits aber hatten wir nicht besondere Eile, in den uns angekündigten „Schlamassel“ der russischen Offensive zu kommen.

In der Protzenstellung meiner 2.Batterie wurde ich mit großem Hallo wie der „verlorene Sohn“ begrüßt. Gegen Abend ging ich mit der Feldküche vor in die Feuerstellung, die in der Nähe von Tupitschino in einer Talmulde zwischen einem kleinen Wäldchen und der Rollbahn Juchnow—Gshatsk lag, wegen des fast völlig ebenen Geländes über 6 Kilometer hinter der HKL.

Der Morgen des 1. September begann für uns erfreulich. Kaum war die Sonne aufgegangen, brauste es tief und gewaltig von Norden heran. Stukas! Wir sprangen auf die Deckung. Da kippte vor uns schon die erste Ju 87 ab, gleich darauf die zweite, so das ganze Geschwader. In wiederholten Anflügen griffen sie, wie der VB meldete, Panzeransammlungen in zwei Waldstücken an, die wir als Sperrfeuerräume unter „Südwald" und „Ostwald" kannten. Gewaltige Bombendetonationen und die schwarze Wolkenwand des hochschießenden Qualmes ließen uns hoffen, daß dem Russen für diesen Tag die Angriffslust vergangen sei.

Kaum aber verschwanden die letzten Stukas, da kam auch schon die Vergeltung. Zuerst wurde die HKL mit dem „Morgensegen" bedacht. Sodann wurde das Wäldchen links von uns mit schweren Koffern eingedeckt. Hundert Meter vor uns pflügten Siebzehner den Acker um.

Der VB meldete Infanterie-Angriffe auf den Brückenkopf Upolosy.

Die russische Artillerie schoß stur immer in die gleichen Löcher im Wäldchen und im Acker vor uns. Wenn es dem Russen einfiel, sein Artilleriefeuer vom Wäldchen um zehn Strich weiter nach links zu verlegen, würde unsere Batterie haargenau mitten im Feuer liegen. Uns kam die sprichwörtliche russische Sturheit sehr zugute: er tat es nicht!

Plötzlich meldete die weiter westlich liegende B-Stelle Angriffe von Westen! Dort mußte der Russe also über die Worja herübergekommen sein! Zehn Gruppen dorthin! Die Kanoniere arbeiteten in Hemdsärmeln.

Von vorne drang trotz der großen Entfernung ein prasselndes Gewehr- und MG-Feuer herüber. Gegen 15 Uhr mischte sich unverkennbar Panzerfeuer in den Feuerzauber rechts vor uns. Unsere Kanoniere arbeiteten auf Hochtouren. Trotzdem meldete die B-Stelle nach einer Stunde, daß sie abbauen müsse.

Ich wurde zum Batteriechef, Oberleutnant Roos, gerufen. Er befahl: „Nah-B-Stelle einrichten!" Als der Russe gegen Abend seine Angriffe einstellte, auch als Folge eines weiteren massierten Stuka-Angriffes, wurde die Nah-B-Stelle wieder eingezogen.

An diesem Tag hatte allein unsere Batterie über 1500 Schuß verschossen! In der Feuerstellung kam mir Leutnant Brohn entgegen: „Sofort wieder fertigmachen! Wir müssen auf VB nach Upolosy!" Nach Eintritt der Dunkelheit zittern wir mit zwei Funkern los. Bald überschreiten wir die Worja und kommen in das eigenartigerweise noch heile Upolosy.

Beim Iwan ist es sehr unruhig. Am meisten stört uns das Gerassel der Panzer, die zum Teufel fahren mögen! Ein Bataillon des IR.289 der 98.ID. hält den Brückenkopf besetzt. Wir melden uns bei seinem Kommandeur, wo wir auch unseren VB finden, der sichtlich froh ist, diesen unwirtlichen Ort verlassen zu können. Nach kurzem, unruhigem Schlaf müssen wir schon gegen 3 Uhr morgens unsere Löcher beziehen; denn wenn es hell ist, darf sich bei uns nichts mehr bewegen. Der besagte etwa ein Kilometer tiefe Brückenkopf kann vom Iwan eingesehen werden.

Es ist noch dämmrig. Dichter Morgennebel läßt nur die nächste Umgebung schemenhaft auftauchen. Mein Loch ist unter einer gewaltigen Linde, drei Meter von mir das von Leutnant Brohm, und rechts hinter mir das größere der beiden Funker mit ihrem Gerät. Alle Löcher sind mit dünnen Ästen abgedeckt und mit hohen Heuhaufen getarnt.

Noch ist es ruhig. Wir sitzen auf dem Rand des Einganges zu unsern Löchern und frühstücken. Der Iwan kann uns noch nicht sehen. Die Funker drehen an ihrem Gerät herum. Ab 3.30 Uhr ist die Batterie auf Dauerempfang. Ich schiele zum dichten Geäst über mir. Die gute alte Dorflinde spendet zwar Schatten, aber ein Baumkrepierer könnte unbequem werden. Außerdem ist der Baum auf der Anhöhe der markanteste Richtpunkt für die feindliche Artillerie.

Der Nebel hat sich etwas gelichtet. Links sehe ich die Baumwipfel des „Ostwaldes". Die HKL vor diesem etwa 400 Meter breiten Waldstück kann ich nicht erkennen, da sie in einer Senke liegt.

200 Meter vor uns, im Süden, aber sehe ich die HKL, vielmehr die Erdaufwürfe der Deckungslöcher, die durch keinen Laufgraben miteinander verbunden sind. Unsere Infanterie hat ein denkbar schlechtes Beobachtungs- und Schußfeld; denn gleich vor der HKL steigt das Gelände etwas an bis zum „Südwald“, der etwa 400 Meter vor uns beiderseits der Rollbahn liegt.

Wir vom VB sind also die einzigen, die einen russischen Angriff entlang der Rollbahn schon in der Entwicklung beobachten können, aber auch erst, wenn die Russen ihren idealen Bereitstellungsraum im „Südwald“ verlassen haben.

Rechts von uns liegt Upolosy, ein Straßendorf mit etwa zehn Häusern. Es ist immer noch ganz ruhig. Der Nebel hat sich völlig verzogen. Aus dem nahen Wald hinter uns hören wir Vogelgezwitscher, uns daran erinnernd, daß es noch etwas anderes gibt als Krieg.

Da wird die Stille durchbrochen von dem Gebrumm heranbrausender Stukas. Wieder ist es, wie am Vortag, ein ganzes Geschwader. Wieder kippen sie über den beiden Waldstücken ab. Haargenau liegen die Bomben. Sollten wieder Panzeransammlungen gemeldet sein? Eine halbe Stunde vergeht, ohne daß sich etwas rührt.

Es ist fast wieder kirchenstill. Die genaue Uhrzeit wird durch Funk durchgegeben. Der Uhrzeiger rückt auf 8 Uhr. Die übliche Zeit des russischen Angriffsbeginns ist eigentlich schon vorüber. Sollte er . . ?

Es ist 8 Uhr! — Ein Schlag zerreißt die Stille! Hart pfeift es über uns weg! Das ist das Signal zum Angriff! Wir ducken uns unwillkürlich in unseren Deckungslöchern. Doch beobachten müssen wir! Also heraus mit dem Kopf! Die Doppelgläser sind an die Augen gepreßt. Wir starren zur russischen Linie hinüber.

Da bricht die Hölle los! Aus unzähligen Rohren springt uns das feindliche Feuer an. Die HKL bleibt fast feuerfrei, so daß wir nach vorne beobachten können. Bei uns dagegen prasselte es nur so hernieder! Der reißende Knall der „Ratsch-bum“ mischt sich mit dem hohlen Blubbern der Granatwerfer und dem dumpfen Wummern der schweren Geschütze, deren Granaten weit über uns ins Hinterland ziehen.

Wir krallen die Fäuste um die Gläser, pressen uns dicht an die Erde, sind fast unfähig, ein Glied zu rühren oder einen klaren Gedanken zu fassen. In den Ohren dröhnt es, wir sind nicht mehr in der Lage, einzelne Laute voneinander zu unterscheiden. Auf der Feindseite ist immer noch nichts zu beobachten. Ein Wunder, daß bei der Dichte des Feuers kein einziger Einschlag in unmittelbarer Nähe liegt! — Ein Haus in Upolosy brennt.

Es ist 8.30 Uhr. In dem Feuerorkan haben wir nichts mehr hören können. Aber ja, nun sehen wir etwas, was unsern Atem im ersten Augenblick doch stocken läßt: Fünf Panzer kriechen aus der Lücke zwischen „Ost-“ und „Südwald“ heraus, langsam, schwerfällig. Infanterie ist nicht dabei. Die Panzer zögern, bleiben stehen. Alles T 34! Sie schwenken ihre ekelhaften langen Rohre zu uns herüber, drehen sie aber gleich weiter. Anscheinend haben sie nichts gesehen.

„Hermann, Verbindung?“ Der Funker nickt. „Feuerkommando!“ — Leutnant Brohm gibt das Kommando, das ich bei dem Feuerlärm nicht verstehen kann; darum muß ich es selbst nach eigenem Gutdünken geben: „Ganze Batterie! Aufschlag! Von Südwald 20 mehr, 200 Meter abbrechen!“

Das ist eine Schußentfernung von 7200 Meter! Hat das Schießen auf Panzer mit unseren l.F.H. auf diese Entfernung überhaupt Zweck? Die Aussicht, auf einem Panzer einen Volltreffer zu erzielen, ist verschwindend gering, abgesehen davon, daß selbst ein Volltreffer mit unserer leichten Granate und Aufschlagzünder auf dem schwergepanzerten Eisenkasten kaum eine Wirkung erzielen kann. Aber wir müssen es versuchen, zum mindesten unsere Infanterie aufmerksam machen, die in ihrer Hinterhangstellung mit dem begrenzten Sicht- und Schußfeld sicher noch nichts von den Panzern hat beobachten können, sie bei dem Artilleriezauber wohl auch noch gar nicht gehört hat. Auf jeden Fall aber müssen wir versuchen, Verwirrung zu stiften und das dichte Rudel auseinanderzutreiben.

„Achtung, Aufschlag!“ Vier Rauchpilze verwehen dicht vor dem Waldrand. — „200 Meter abbrechen!“ Die Einschläge liegen wunderbar zwischen den Panzern! „Dieselbe Entfernung! Drei Gruppen!“

Die Panzer ziehen sich auseinander, fahren mal nach rechts, mal nach links, kommen aber offensichtlich nicht näher. Ohne Infanterie fühlen sie sich wohl auch zu gefährdet. Drei Panzer fahren nach rechts.

„10 weniger, dieselbe Entfernung!“ Tadellos klappt die Funkverbindung, eine Seltenheit bei den launischen Tornisterfunkgeräten. Die Einschläge liegen wieder bildschön! Ein wahres Jagdfieber hat uns gepackt!

Das mit unverminderter Heftigkeit anhaltende Artilleriefeuer des Russen dringt in diesem Augenblick gar nicht in unser Bewußtsein.

Drei weitere Gruppen lassen die Panzer in ihrem Entschluß, die „bösen Germanskijs“ zu vertreiben, wankend werden. Sie drehen tatsächlich ab! Drei Gruppen werden hinterhergejagt. Dann sind die Ungetüme im „Südwald“ verschwunden.

So, das wäre geschafft! Archiv 292.ID.

# Die 7./119 an der „Seufzerecke“

**Der sonderbarste „Angriff“ des Rußlandfeldzuges**

14 Tage hatten wir als Reserve die schönste Ruhe genossen. Nachts 1.30 Uhr wurde die Kompanie in ihren Zelten geweckt, und um 3 Uhr rollte das ganze Bataillon unbekannten Zielen zu. Es war der 14. August 1942. Noch gingen wir nicht in Stellung. 5 Tage lebten wir in einem kleinen, jämmerlichen Dorf in unseren Zelten. Trübe und regnerisch waren die Tage. Als wir am 18. August 1942 wieder auf unseren Lkws saßen, schien endlich die Sonne. Wir wollten es als günstiges Vorzeichen ansehen, daß es der Wettergott gut mit uns meinte.

Am Abend erfuhren wir die Lage. Vor uns liegende eigene Truppen sollten sich vom Feinde lösen. In der Nacht vom 18. zum 19. August sollten wir uns hinter der eigenen vorderen Linie Feldstellungen bauen. Ab 20. waren dann wir die Vordersten. Alles war klar, bloß unsere Gesichter waren etwas dumm, als unser Zugführer, Leutnant Rehm, uns in einem Kornfeld stehen ließ und erklärte, dies hier sei unser Gruppenbereich. Der 1. Zug sei auf dieser Höhe linker Flügel der Kompanie. Anschluß rechts und links wurde bekanntgegeben, und weg war er wieder. Wir hörten ihn noch, wie er auch den anderen Gruppen die Plätze anwies. „Er verteilt den Roggen als Verpflegung“ behaupteten die Landser, denn Roggen, nichts als Roggen war zu sehen.

Indessen rauschten und surrten immer wieder Querschläger durch die Halme. Unverdrossen gruben sich unsere Spaten in die Erde. Kaum war eine dürftige Deckung vorhanden, dachten wir an unser Schußfeld, aber wie? Von Sensen war noch nichts zu sehen. Einer der ersten Gruppe hatte die Idee: „Gruppe Vogel in Linie zu einem Glied, Front zum Feinde mit zwei Schritten Zwischenraum angetreten! Nach links umfallen!“ Fuß und Kopf der Nachbarmänner berührten sich, und nun rollte sich der rechte Flügelmann wie eine Walze nach vorne, ihm folgte mit einem Meter Abstand der Zweite und so fort. Es war wohl der sonderbarste „Angriff“, der jemals im Osten gegen den Feind „rollte“.

„Jetzt brauche mer nur no Prost zu sage, besoffe bin i scho“ schnaufte mein Nebenmann, als wir 30 Meter fertig hatten. Auch sind nicht alle Schwaben seefest, und Vorzeichen der Seekrankheit machten sich bemerkbar. Da wurden von Kameraden einige Balken vorgeschleppt, beide Enden mit Stricken versehen, so bauten wir uns Schleifen und waren auf den kommenden Tag einigermaßen vorbereitet.

Leider hatten wir einen tüchtigen Schützen 1 durch Beinschuß als Ausfall. Die Kompanien vor uns hatten sich vom Feinde gelöst und unsere Sicherung hatte gleich den nachstoßenden Roten ein energisches Halt mit rasendem MG- und Gewehrfeuer geboten. Handgranatengekrach und Geschrei veranlaßten uns, in unsere neuen Stellungen zu springen, um den ersten Angriff abzufangen. Aber die Sicherungen hatten es allein geschafft. Leider hatten wir schon die ersten Verluste, ehe der große Kampf begann.

Der 21. August 1942 brachte eine Art Generalprobe für das, was uns am kommenden Tag blühen sollte. Die rote Artillerie schoß mit allen Kalibern auf unsere noch dürftigen Erdlöcher. Wir verbesserten unsere MG-Stellungen und Schützenlöcher und gruben uns Mulden in die Wand, um einen provisorischen Splitterschutz zu haben. Dafür durften wir keine Sekunde das 50 Meter vor uns beginnende hohe Korn aus den Augen lassen. Überläufer hatten einen großangelegten Angriff verraten. Wir glaubten, das schwere Artilleriefeuer sei bereits die Einleitung. Aber der Tag verging, ohne daß die Sowjets zum Sturm antraten.

Im Morgengrauen des nächsten Tages lagen alle Männer, die nicht gerade als Beobachtungsposten nach vorne spähten, wie Igel zusammengerollt im ersten tiefen Schlaf. Da begann um 4 Uhr ein unheimliches Rauschen und gleich, Sekunden später, ein trommelfellschmerzendes Dröhnen, Krachen und Bersten. Es trommelte nicht Einschläge, es war wie Regen, wie gewaltiger, detonierender Hagel. Der Luftdruck preßte beklemmend die Lungen. Ganze Wände von Staub und Dreck senkten sich auf die Schützen und bedeckten Männer und Waffen. Vier Stalinorgeln, die in Sekunden bis zu 40 Granaten ausspeien, waren es, die das große Wecken zu der nun beginnenden Offensive einleiteten. Pausenlos zitterte und bebte die Erde. Pausenlos surrten die Splitter und heulte und krachte das nun anschließende Trommelfeuer aller Kaliber auf die Stellungen. Wer mag das überstehen? dachte jeder.

Wenn einige Sekunden die Möglichkeit war, die Schützen, die 10 bis 15 Meter im Nachbarloch zusammengekauert hockten, mit der Stimme zu erreichen, schrie unser Gruppenführer, Unteroffizier Vogel: „Alles beisammen?“, und sein Gesicht entspannte sich jedesmal. Fast glücklich sah er aus, wenn links und rechts bejahend die Antwort kam. Auch das muß einmal aufhören, dachte jeder, als eine Stunde vergangen war. Aber wie hatten wir uns getäuscht! Es wurde langsam 5 Uhr, 6 Uhr, 7, 8, 9 Uhr, — da drang durch das Lärmen und Krachen Motorengeräusch in der Luft. „Endlich unsere Bomber!“ meinte jeder in seinem Loch. Aber „unsere“ Bomber?, 12 an der Zahl, hatten rote Sowjetsterne —! Auch das noch! Gleich danach kurvten Ratas über uns und griffen uns mit Bordwaffen an. Bomben krachten um uns. „Ja, wenn schon, das kommt nun schon nicht mehr darauf an“, brummte der Gruppenführer. Er hatte recht. Die Lungen hatten sich an den Luftdruck, an Staub und Dreck gewöhnt. Dabei sah immer einer blitzschnell über den Rand der Deckung, ob sich der Russe schon unter dem Schutz dieser Feuerwand, die über unserer „Siebten“ lag, heranschleiche. Nichts war zu sehen. Ihm grauste wohl selber vor der ungeheuren Vernichtung, die um uns niederging.

Plötzlich wurde das Motorengeräusch in der Luft lauter als das Krachen der Granaten und wenige Meter rasten die roten Flieger über unsere Stellungen. Einer streifte dicht über das Schützenloch des Gefreiten Hieber, unseres MG-Schützen 1. Als Unteroffizier Vogel wieder herüberief, ob es etwas getan hätte, rief der Gefreite Hieber, ein echter Bauernsohn aus der Heilbronner Gegend, zurück: „Ja, der hat mir von meinem MG s'Korn umgelegt, der hat denkt, i merk's net, hab's aber gschwind wieder aufgricht!" Da mußten wir im tollsten Trommelfeuer laut lachen. Ein echter Schwob ist eben nicht tot zu kriegen!

Zehn Stunden hielten wir das Feuer aus. Um 14 Uhr verebbte der Feuerorkan. Wen mochte es alles erwischt haben? Wie kam es, daß wir noch lebten? Doch blieb uns keine Zeit zum besinnen. Unsere 1. Gruppe, die mit der Front nach Norden an einem Weg lag, der von Süd nach Nord direkt zum Feinde führte, hatte die ersten Russen vor die Läufe bekommen. Aber da kamen sie an die falsche Adresse! Der erste Russe sprang auf, warf auf 30 Meter eine Handgranate gegen das IMG. Zu kurz! Unser Schütze 1 duckte sich nur etwas. Kaum daß der Dreck der Granate wieder freie Sicht gab, rasselte ein kurzer Feuerstoß — und mit der zweiten Granate in der Hand brach der erste Angreifer, zum Wurf ausholend, zusammen. Nun schoben sich die Roten flach auf dem Boden aus dem Kornfeld heraus. Da aber wirkte sich die Anwesenheit des Scharfschützen aus, der stehend freihändig ruhig Schuß auf Schuß in die Köpfe der Angreifer setzte. Sprangen mehrere zugleich, warf sie ein Feuerstoß des MG über den Haufen. Bald zogen sie sich hinter den Hang, der ungefähr 100 Meter vor der vordersten Stellung in eine Mulde herabführte, zurück.

Die erste Welle der angreifenden Kompanie war vernichtet, weitere stark geschwächt. Tote lagen neben laut stöhnenden und klagenden Verwundeten. An diesem Abend gaben die Landser dieser Ecke unseres Abschnittes ihren Namen: „Die Seufzerecke". Handgranaten, Gewehr-, MG- und gut geleitetes leichtes und schweres Granatwerferfeuer schlug jeden Angriff mitunter in den letzten 20 Metern vor den ersten Schützenlöchern zusammen. Die eigene Artillerie fetzte haargenau in die Mulde, wo die Russen sich zum Angriff bereitstellten. Manchmal auch reichlich kurz, aber wir nahmen das gerne in Kauf, was war das gegen das vorher ausgestandene Feuer der Roten, und es hatte vor allem einen sichtbaren Erfolg! Schreie und Flüche waren die deutliche Bestätigung, daß da ganze Arbeit geleistet wurde.

So kam die Dämmerung. Durst und Hunger spürten wir erst jetzt. Die letzten Tropfen aus der Feldflasche wurden förmlich herausgepreßt, aber es war viel zu wenig! Die Gesichter waren verdreckt, von der Hitze aufgedunsen und rot vor Anstrengung. Die Zunge lag wie ein schwerer Klumpen im Munde. Aber wachsam blieben die Männer der 7ten, das Auge zum Feinde gewandt, in den Löchern. Munition und Handgranaten wurden in anstrengenden Kriechtouren vorgeschleppt, aber es ging.

Wir wußten noch nicht, daß beim 1. Zug der Schwerpunkt der roten Angriffe liegen würde. Die Russen hatten nämlich rechts und links des Weges alles so stark vermint, daß sie sich an den Weg klammerten, der bei der 1. und 4. Gruppe mündete. In der Nacht kam von hinten Essen durch eine Schlucht, in die der Russe ununterbrochen mit Gewehr- und Artilleriefeuer schoß. Aber auch der zähe Russe selbst kam wieder. Da schlug ihm ein Feuerzauber entgegen, daß ihm Hören und Sehen verging. Unsere Leuchtspurgeschosse entzündeten ein Strohdach auf der uns gegenüberliegenden Höhe, und nun konnten wir Leuchtkugeln sparen. Die Angreifer hoben sich als Silhouetten ab. Da gab er es in dieser Nacht auf. Die vordersten schreienden Verwundeten ließ unser Hauptmann hereinholen. Ein starker Wodka-Geruch verriet den reichlichen Konsum von Alkohol.

Als am Sonntag am wolkenlosen Himmel der Sonnenball aufstieg, waren wir uns bewußt, daß auch dieser Tag in jeder Beziehung ein heißer werden würde. Aber jeder Mann kannte die Worte, die unser Bataillons-Kommandeur, Major Luick, gesagt hatte; sie waren klar und kurz: „Die Stellung wird gehalten!"

Hans Neumann (25.ID. und Panzergrenadier-Division)

## Russen-Spähtrupp wird vernichtet

**Bei der 323. Division am Standtrand von Woronesh**

Die 7. Kompanie des Regiments 593 lag im Sommer 1942 beiderseits des Straßenbahndamms in Woronesh in Stellung. Meine Gruppe, die 9., befand sich unmittelbar rechts vom Damm. Vor uns dehnte sich eine mit hohem Gras bewachsene Fläche bis zum etwa 800 Meter entfernten Woronesh-Fluß aus. Tagsüber hielten wir uns in einem Häuschen hinter dem Laufgraben auf. Von dort konnten wir den vor uns liegenden Abschnitt gut beobachten. Wegen des oftmaligen Beschusses unseres Abschnitts durch „Ratsch-bum" bauten wir uns an der feindabgewandten Seite einen kleinen Unterstand, den wir mit einer einen Meter dicken Decke versahen.

Gruppenführer war zu dieser Zeit Unteroffizier Schlötterer aus der Pfalz, ich war MG-Schütze 1. Die Gruppe mußte ziemlich auseinandergezogene Stellungen besetzt halten. Von dem oben erwähnten Häuschen führte zu unserem MG-Stand ein zehn Meter langer Laufgraben.

Die Nacht zum 1. September war unfreundlich, regnerisch und kühl. Beim MG, wir hatten uns eine kleine Höhle daneben in den Laufgraben gewühlt und den Eingang mit einer Zeltplane abgedeckt, sicherten der Schütze 2 und ich abwechselnd gegenüber dem Feind. Schlötterer hielt sich im Haus auf. Gegen Mitternacht kam er zu mir und blieb eine Zeitlang.

Kaum hatte er sich wieder in Richtung Häuschen aufgemacht, als ich hörte, wie er das Magazin seiner Maschinenpistole leerschoß und gleich darauf um Hilfe rief, dann aber hörte sein Rufen plötzlich auf. Der MG-Schütze 2 sprang sofort aus der Höhle, ich rief ihm noch zu: „Bleib beim MG!", schnappte die Pistole 08 und lief die kurze Strecke im Graben zurück. Dort sah ich, wie ein baumlanger Russe den kleinen stämmigen Schlötterer bei der Gurgel gepackt hielt und würgte. Ich trat dem Gegner mit dem Stiefel in den Unterleib und schoß ihn, als er sich daraufhin mir zuwandte, mit der Pistole nieder.

Schlötterer, der sich rasch erholte, rief mir zu: „Achtung! Es sind mehr Russen hier!" Tatsächlich hatte ein feindlicher Spähtrupp in Stärke von 18 Mann sich bis hinter unsere Linien geschlichen und wollte gegen Mitternacht zu seinen Stellungen zurückkehren. Mit Ausnahme des Spähtruppführers handelte es sich um etwa achtzehnjährige Kadetten ohne Kampferfahrung. Als diese Mannschaft unsere Linien passieren wollte — es regnete und war finster, die Sowjets dürften sich verirrt haben —, liefen sie Schlötterer direkt in die Hände.

Dieser schoß sofort; als er aber ein frisches Magazin einführen wollte, sprang ihn der Spähtruppführer an und packte ihn am Hals. Die übrigen Russen, alle mit MPi ausgerüstet, gingen sofort in Deckung und versuchten erst nach einigen Minuten, teils gruppenweise, teils einzeln in unseren Graben einzubrechen.

Unterdessen hatte ich bereits das MG geholt und war am Grabenrand in Stellung gegangen. Die Gegner versuchten nun, aus dem Obstgarten heraus, der unser Häuschen umgab, unsere Stellung zu durchbrechen. Mit MG und Handgranaten sowie mit Hilfe des MPi-Feuers unseres Unteroffiziers konnten wir sie immer wieder niederzwingen. Allerdings gelang es sechs von ihnen dennoch, in den Graben zu gelangen. Schlötterer und ich konnten sie jedoch im Nahkampf unschädlich machen.

80 Meter von diesem Geschehen entfernt stand eine eigene 3,7-cm-Pak in Stellung. Der Geschützführer, ein Unteroffizier aus dem Rheinland, und ein Gefreiter aus Hainburg (den Namen habe ich leider nicht behalten), wollten uns zu Hilfe kommen. Der Geschützführer fiel hierbei; der Gefreite erhielt drei Streifschüsse in den Rücken.

Beim Morgengrauen trat der II. Zug unserer Kompanie an, um den Graben zurückzuerobern. Nach Verstummen des Gefechtslärms hatte man angenommen, die Russen hielten ihn besetzt. Groß war das Erstaunen, als wir dort unversehrt angetroffen wurden, in unserer unmittelbaren Nähe aber zwölf tote und sechs schwerverletzte Russen lagen. — Schlötterer und ich wurden mit dem EK. II ausgezeichnet. Josef Krenn (323.ID.)

# Auf Partisanenjagd

**Ruhe- und Einsatztage südlich Cholm**

Ab 24. August 1942 werden die im „Schlauch", d. h. in dem schmalen Zugangsstreifen zum „Kessel von Demjansk" südlich des Ilmensees, eingesetzten Verbände der Division abgelöst. Sie marschieren wieder auf das Westufer des Lowath zurück. Es liegt ein Abschnitt unerhörter Anspannung und hoher blutiger Verluste hinter uns.

Auf dem Rückmarsch der Jäger-Regimenter aus dem „Kessel" brechen unterwegs Männer wegen völliger Erschöpfung auf der Straße zusammen. Bis Ende des Monats wird die gesamte Division (außer der III./AR 5 mit Wirkungsbereich gegenüber Ramuschewo) aus den Stellungen herausgezogen und in einem Bereitstellungsraum an der Straße von Staraja Russa nach Cholm um die Dörfer Ssakowo und Mawrino herum (15 bis 20 Kilometer südlich Staraja Russa) versammelt. Endlich einige Tage der Erholung bei schönem Spätsommerwetter in trockenen Zelten und idyllischen Birkenwäldern! Oberleutnant Leiber, Chef 16. (Pz.Jg.)/Jg.Rgt. 75, berichtete hiervon in Aufzeichnungen vom 24. bis 28. August 1942:

„. . . Was die Zukunft bringen wird, weiß ich noch nicht. Die Gegenwart wird aber eifrig dazu verwendet, um unsere Waffen, Fahrzeuge, Geräte, Bekleidung und nicht zuletzt den Mann selbst wieder in Ordnung zu bringen. Erleichtert wird das durch das prächtige Wetter. Ein völlig wolkenloser Sommerhimmel steht hier über dem friedlichen Land, in dem die Bauern gerade mit dem Einbringen der Roggenernte beschäftigt sind.

Gedroschen wird gleich auf dem Feld, indem die ganzen Garben einfach auf einen Holzklotz, der am Boden liegt, solange geschlagen werden, bis keine Körner mehr in den Ähren sind. Der Wind besorgt das Trennen von Korn und Spreu, wenn man den ganzen Drusch etwa aus Mannshöhe auf ein ausgelegtes Tuch rieseln läßt. Das leere Stroh ist zum Teil in unsere Zelte, in denen wir hier wohnen, hineingewandert. Wir schlafen gut darauf.

. . . Meine Leute haben auch alle gebadet, nachdem sie heute vormittag richtig Dienst gemacht haben. Nachmittags ist dann nur noch Waffenreinigung, Baden und heute zur Abwechslung auch noch ein wenig Singen. Morgen wollen wir das erste Mal nach sehr, sehr langer Zeit mal wieder richtigen Sonntag machen. Sonst vergessen mir die Männer ganz und gar, was überhaupt ein Sonntag ist . . ."

Aber dann kommt ein neues Thema auf: Partisanenjagd! Am 31. August Divisionsbefehl: III./Jg.Rgt. 75, verstärkt durch II./AR 5 und 3./Pi 5, werden mit sofortiger Wirkung der Luftwaffenfelddivision Meindl für ein Unternehmen gegen teilweise schon eingeschlossene größere Partisanengruppen im Raum Minzewa etwa 70 Kilometer südlich des jetzigen Bereitstellungsraumes unterstellt. Am Tage darauf marschieren die Verbände ab, zum Teil auf LKW verladen. Am 4. September abends wird auch das II./Jg.Rgt. 75 mit der 2./AR 5 zur Partisanenbekämpfung (unter Führung des Kommandeurs des rückwärtigen Gebiets, des „Korück“) auf Lkw verladen und weit im Süden eingesetzt. Auch hierüber ein Bericht von Oberleutnant Leiber:

„5. September 1942 ... Die ganze Nacht sind wir unterwegs gewesen, allgemeine Marschrichtung Süden. Die Spannung war wohl groß, doch geschah absolut nichts. Es fiel kein einziger Schuß. Und es ging auch keine Mine mit einem Fahrzeug in die Luft.

Gegen Morgen — es lag ein gespenstischer Nebel über dem Land — kamen wir in eine anscheinend recht reiche und fruchtbare Gegend. Die Äcker waren wohlbestellt, und die Häuser zeigten eine recht ordentliche Bauweise. Holzbau mit großen und vielen Fenstern, Schnitzereien als Verzierung an Tür- und Fensterstützen und an Dachgesimsen. Es ist, als ab man plötzlich auf eine abgelegene Insel mit eigener Wohnkultur gekommen wäre.

Gelegentlich waren die Dörfer auch völlig abgebrannt. Dies hatten die „Roten“ getan, bevor sie dieses Gebiet in diesem Frühsommer räumen mußten. Sie haben hier das Prinzip der „verbrannten Erde“ in die Wirklichkeit umgesetzt. Besonders an der großen Straße nach Cholm gab es kein einziges Haus mehr von den zahlreichen Dörfern, die dort einmal gestanden haben. Heute sieht man von den Dörfern nur noch die meist verbrannten großen kahlen Bäume gespenstisch in die Luft ragen. Gelegentlich sieht man eine ganz primitive Erd-Strohhütte. Hier wohnen die dagebliebenen oder wieder zurückgekehrten Bewohner des Ortes in erstaunlicher Bedürfnislosigkeit ...

Hier in unserer Gegend bilden die Partisanen ganze Kampfgruppen, die richtige Gefechte mit den deutschen Soldaten führen. Ihre Versorgung wird zum großen Teil aus dem Lande selbst, zum Teil aber auch auf dem Luftwege durchgeführt. Außerdem ist die Front hier ostwärts von uns wegen des außerordentlich unwegsamen und unübersichtlichen Geländes nur dünn besetzt, so daß bei Nacht auch einzelne Partisanengruppen durch die Linie hindurchgelangen können.

Der Kampf wird im allgemeinen mit MG und Gewehr geführt. Die Stärke der Partisanen ist, daß sie gute Verbindungen zu der hiesigen Bevölkerung haben, und daß sie Weg und Steg aufs genaueste kennen, so daß sie nachts ihre Unternehmungen machen können, um dann tagsüber irgendwo in diesem Wald-, Busch- und Moorgelände — auch große Seen gibt es hier — versteckt zu liegen. Diese Partisanen tragen zum Teil Uniform und zum Teil Zivilkleidung.

Ja, dieses Land! Im Grunde genommen ist es ein riesiges Moor- und Seengebiet, nur hin und wieder ziehen sich richtige Landbrücken hindurch mit der allgemeinen Richtung von Nordost nach Südwest. Auf diesen Landbrücken sind die Dörfer mit ihren Äckern und die Wege.

Es ist das einzige Gelände, das offen und gangbar ist. Die Moore sind mit Buschwald bestanden. Dort sitzen die Partisanen. Oft haben sie kleine Inseln zu Stützpunkten ausgebaut. Von dort unternehmen sie ihre Züge in das Land, oft irgendwelche uns unbekannte Pfade dieses Moores benutzend.

Heute, am 5. September 1942, sind schon zwei Züge meiner Panzerjäger-Kompanie eingesetzt ...

8. September 1942: Zwei Bataillone unseres Regiments und mit ihnen je einer meiner leichten Züge führen gegen die Partisanen den hier üblichen Kleinkrieg. Gestern habe ich

meinen Regimentskommandeur zu einer größeren Unternehmung begleitet, die eine verstärkte Kompanie (des Bataillons von Hauptmann Keller) durchführte.

Mitten im riesigen Sumpf liegt auf einer Art Insel ein Dorf. Dort hatten die Partisanen einen ihrer Stützpunkte, von wo aus sie ihre Züge in die Gegend unternahmen. Dieses Dorf sollte genommen werden. Der Karte nach führte nur ein einziger Weg auf einem Damm dorthin. Aufklärung und Erkundung hatten aber ergeben, daß auch das Sumpfgelände stellenweise gangbar war.

So haben wir uns in dem Busch an das Dorf herangearbeitet, es von zwei Seiten her in die Zange genommen. Wir überwanden die vier Kilometer Sumpf, ohne daß dabei auch nur ein Schuß fiel. Durch Funk wurde der Befehl zum Heraustreten aus dem Busch an die beiden Stoßgruppen durchgegeben. Ein kurzer Artillerie- und Granatwerfer-Feuerüberfall wurde in das Dorf gelegt. Dort rührte sich nichts. Der Ort lag wie ausgestorben. Durch die Einschläge fingen einige Häuser an zu brennen.

Im Dorf gab es dann eine kurze Schießerei mit MG und Gewehr auf den in den Sumpf flüchtenden Gegner, und dann gehörte das Dorf uns. In einigen Häusern mußten die Russen Munitionslager gehabt haben, die durch den Brand mit lautem Geprassel explodierten. Das ganze Unternehmen war ohne einen einzigen Verwundeten abgelaufen. Am gleichen Tage wurden dann noch zwei weitere Orte in der gleichen Weise genommen.

Gestern nachmittag und heute früh hatte ich schon wieder eine andere Beschäftigung. Es galt, hier in der Gegend, wo ja die Bevölkerung evakuiert ist, die Einbringung der Ernte zu organisieren.

Auf den Feldern steht noch die gesamte Getreideernte, zum Teil schon gemäht, in Garben oder noch auf dem Halm. Es gibt hier viel Roggen und Hafer, aber auch Gerste und dann einen prächtigen Rotklee. Die Kartoffeln sind noch nicht so weit. Diese Arbeit ist hier für uns besonders wichtig, weil für die Pferde kein Futter nachgeschoben wird und wir daher alles aus dem Lande beschaffen müssen.

Ich habe für jedes Dorf 20 bis 40 Einwohner zurückholen lassen und für jedes Dorf einen Truppenteil verantwortlich gemacht. Der jeweilige Ortskommandant bekommt also jetzt die Arbeitskräfte von mir zugeführt und hat mit diesen Kräften die Ernte einzubringen. Zwei Drittel der Ernte sind Heereseigentum, ein Drittel bekommen die Leute für ihren Eigenbedarf. Das ist noch mehr als sie bei der Kolchoswirtschaft erhielten, wo sie nur ein Viertel bis ein Sechstel des Ertrages bekamen.

Durch all diese Maßnahmen erreichen wir, daß nichts von den wertvollen Erträgen verkommt — daß unser Nachschub entlastet wird — daß die Ernährung der Bevölkerung sichergestellt ist — daß die Partisanen ihre Versorgungsgrundlage weitgehend verlieren — sie holen sich ja alles aus dem Lande — und daß die Bevölkerung weiß, daß man ihr nichts tut, sondern ihr helfen will . . .

12. September 1942: Mein Kompaniegefechtsstand ist noch am alten Platz. Wir haben ihn mittlerweile recht gemütlich eingerichtet. Inzwischen sind wir auch unter die Viehzüchter gegangen. Fünf Milchkühe und ein Schwein mit acht rosigen kleinen Ferkeln ist unser Viehbestand. Futter liefert das Land ringsum in überreichlicher Menge, Kartoffeln, Getreide, Heu, Grünfutter. Die Tiere haben wir im Buschwald aufgestöbert und hierher getrieben. Beim Brand der Ortschaften war das Vieh einfach in die Gegend gelaufen.

Militärisch ist nichts Besonderes los, nachdem wir den Partisanen ihre Hauptstützpunkte weggenommen haben. Ein weiteres Inseldorf wurde genommen. Dort mußten sie fast ihr gesamtes Gerät, zwei Pakgeschütze, einige Granatwerfer, Gewehre, 50 Pferde, viel Munition, Handgranaten, Spreng- und Zündmittel zurücklassen und selber in das Moor abhauen. Die Burschen hatten dort ordentliche Bunker und Kampfstände gebaut, die alle auf den einzigen Damm, der durchs Moor zu der Dorfinsel hindurchführte,

Schußfeld hatten. Nun kamen wir aber ausnahmsweise nicht auf dem Damm, sondern mitten über das Moor. Die Überraschung und der Schrecken waren groß. Seiher ist nun Ruhe in unserem Gebiet . . ." (berichtet von A. Reinicke, 5. Jäger-Division)

*Aus dem Wehrmachtbericht vom 5. 9. 1942:*
*„. . . Im NÖRDLICHEN ABSCHNITT DER OSTFRONT haben sich bei den harten und erfolgreichen Abwehrkämpfen der letzten Monate die 11. und 21. ostpreußische Infanteriedivision ganz besonders ausgezeichnet . . ."*
*vom 14. 9.:*
*„. . . Am TEREK durchstießen deutsche Truppen weite zäh verteidigte Stellungen . . . Im Festungskampffeld von STALINGRAD drangen die Angriffstruppen des Heeres gegen besonders harten, von starker Artillerie unterstützen Widerstand in die Befestigungen am Stadtrand ein und erstürmten beherrschende Höhen nordwestlich des mittleren Stadtgebietes . . ."*

# Opfergang einer Kompanie

**Im Gegenstoß sollte ein Graben entlang der Newa aufgerollt werden**

Im Morgengrauen des 28. September 1942, begünstigt durch dichten Nebel, war es den Sowjets gelungen, im Abschnitt der 7.Kompanie in Stärke von etwa zwei Bataillonen über die Newa zu setzen. Infolge Ausfalls der MG nach den ersten Feuerstößen wegen Versandung, des Fehlens jeglicher Unterstützung durch schwere Waffen und nachdem auch noch die Handgranaten ausgegangen waren, fand sich die Kompanie in der zweiten Linie, etwa im Verlaufe der „Elektroschneise", wieder. Glücklich war niemand von uns über den geglückten Rückzug, denn jedem war klar, daß die Uferstellung im Gegenstoß wieder genommen werden mußte: Bei der Ungunst des Geländes ein „totsicheres" Unterfangen!

Wie zu erwarten, erhielt die Kompanie Befehl, ihre verlorene Stellung zurückzugewinnen: Eine Kompanie gegen zwei Bataillone also! Damit einigermaßen Aussicht auf Erfolg bestand, sollte der Gegenstoß nicht frontal, sondern von der linken Flanke geführt werden, mit dem Ziel, den Graben entlang der Newa aufzurollen. Nach Versorgung mit dem Nötigen und Zuteilung eines Flammenwerfertrupps der Pioniere, schritt die Kompanie — in Wirklichkeit wenig mehr als eine halbe — einem neuen Abenteuer entgegen: Graben aufrollen mit Flammenwerfern, wirklich sehr abenteuerlich!

Ohne Schaden erreichte unser Heerwurm den Laufgraben. Am Anfang noch flach, gewann er in gleichem Maße mit dem Anstieg des Geländes an Tiefe. Nach ein- oder zweihundert Metern lief der Graben wieder in einem Bachgrund aus.

Damit war die Ausgangsstellung erreicht. Auf der anderen Seite des Grundes, der den auf fünfzehn und mehr Meter ansteigenden Ufersaum durchschnitt, saßen die Sowjets. Eine klare Grenze also.

Es war so weit. Die Gruppen sprangen auf und jagten im Laufschritt über den Bachgrund. Abwehrfeuer setzte ein, der Gefreite Erdmann blieb mit Lungenschuß genau auf dem schmalen Brückensteg liegen, Sache des Sani. Der Angriff ging über ihn hinweg: Vorwärts! Drüben an der Böschung winkte — trügerische — Sicherheit. Handgranaten krachten: Unsere oben, russische unten. Die ersten Ausfälle, doch weiter!

Die Spitzengruppe war schon im Graben, der nicht dem Auslauf gegenüber, sondern an die dreißig Meter zum Fluß hin versetzt wieder begann. Bersten, Pulverqualm, plötzlich hieß es von vorn: Zurück! — Warum? Egal, zurück! Die Verwundeten, darunter Feldwebel Grond, wurden mitgeschleppt. Was war los? Die Flammenwerfer, auf deren Mitwirkung das Unternehmen aufgebaut war, funktionierten nicht!

Dennoch: Erneuter Vorstoß, nun ohne jegliche Unterstützung. Der Grenadier hat eben immer zu funktionieren! Diesmal war meine Gruppe Spitze. Unteroffizier Zeinert (?) stürmte voran über den Grund, von mir trotz der Handgranatenlast auf dem Fuße gefolgt. Bevor das Abwehrfeuer einsetzte, waren wir drüben, erreichten im gestreckten Galopp den Graben, tief fast wie eine Schlucht mit steil aufragenden Wänden und Bunkern mit schmalen, mannshohen Türen. Handgranaten hinein, Handgranaten voraus um die Grabenknicke, Detonation — weiter! Links wieder eine hohe Tür, offen, Bunker leer, Iwan türmt, das gibt Mut! Da, vor uns Iwans: Ein Ei hinüber! Die Kerle liefen aber nicht im Graben zurück, sondern krabbelten an einer eingestürzten Wand empor.

Dessen ungeachtet weiter: Vor uns auftauchenden Rotarmisten machte der Unteroffizier Beine. Nach der Detonation weiter, über Leichen. Krachen überall, auch hinter mir im Graben. Als ich mich umblickte, war nur noch ein Mann hinter mir, ansonsten wallender Pulverqualm, dessen Ursprung von oben kam. Gewitzte Burschen, die wußten, wie sie uns kriegen! Wir begriffen: Die von uns aus dem Graben gescheuchten Russen lagen nun auf dessen Rand und brauchten ihre Eier nur fallen zu lassen. Unsere gingen zur Neige, auch die Verbindung war abgerissen.

Hinter uns wurde es verdächtig ruhiger. Der Gruppenführer machte uns klar, nach oben zu werfen und im Detonationsknall zurückzuspringen. Das war möglich, weil mein Hintermann glücklicherweise noch über Werfbares verfügte. Wir warfen und hasteten den Weg zurück, den wir gekommen, hinweg über tote Kameraden. Lebende waren nirgends zu sehen.

Mit viel Glück erreichten wir den Ausgang am Bachgrund. Von der Kompanie sahen wir lediglich einige Verwundete, die über den Bach getragen wurden, seitwärts deckten einige Unentwegte den Rückzug. Von ihnen erfuhren wir, daß der Chef und die Masse der Kameraden ausgefallen seien. Im selben Augenblick rauschte es von drüben heran: Vier Granaten schlugen jenseits des Grundes ein, eine vor dem Graben unserer Bereitstellung, der nun zur Verwundeten-Sammelstelle geworden war, drei haargenau hinein! — Das war nicht nur das Ende des fragwürdigen Unternehmens, es war das Ende der 7. Kompanie überhaupt. Übrig blieben nur die Träger der Verwundeten, die schon unterwegs waren, sowie wenige der Nachhut.

Egon Kopiske (12. Pz.-Div.)

## Die Höhe 126 wird gehalten

**Das Panzer-Regiment 2 im Ringen um Stalingrad**

Die Höhe 126 zu halten, lautet der Auftrag für unser Panzerregiment 2. Schon auf dem Anmarsch haben wir Ausfälle. Ein Wagen der 4. Kompanie bekommt Treffer: Fahrer tot, Richtschütze schwer verwundet. Auch der Panzer von Feldwebel Wrage, von unserer Ersten, wird getroffen. Die Kameraden bleiben unversehrt. Wieder zwei Wagen weniger, wo jeder so dringend gebraucht wird.

Jetzt sind wir heran. Am Hinterhang der Höhe 126 gehen wir in Stellung. Die Waffen werden nachgesehen, die Wagen schnellstens eingegraben. Jeder greift zum Spaten, ob

Hauptmann oder Schütze. „Hier kommen sie nicht durch," sagt mein Fahrer, da hören wir auch schon den bekannten Ruf: „Feindpanzer von vorne!" Unsere tapferen Infanteristen haben sie erkannt. Die Richtschützen greifen zum Schwenkwerk, die Augen suchen die Höhe ab.

Da der erste, grün wie ein Frosch, ein T 70, von uns „Besenstielpanzer" genannt, ein Kleinkampfwagen. Ein Schuß, Treffer, vorn rein, hinten raus, er steht. Da ein KW I und ein T 34. Sie sind sehr schnell heran. Der KW I wird getroffen und brennt, fährt aber weiter. Der T 34 ist erst nach dem neunten Treffer erledigt, viele Geschosse prallen an seiner dicken Haut ab.

Wir schwenken den Turm und knallen dem KW I eins ins Laufwerk. Hundert Meter hinter uns bleibt er endlich liegen. Kampfpause, alle Besatzungen springen aus den Wagen, da hagelt ein Feuerüberfall feindlicher Granatwerfer herunter, genau zwischen uns. Schon sitzen oder liegen wir im Panzer.

Hilferufe! In eine unserer Besatzungen ist ein Volltreffer gegangen, Unteroffizier Lippold ist tot, vier Kameraden sind verwundet. Ein Arzt versorgt sie. Dann bringt die Küche warmes Essen. Aber mitten in die Mahlzeit platzt der Ruf: „Feindpanzer von vorne!" Mit einem Sprung sind wir bereit. Die Munition ist sehr knapp geworden.

Wieder greifen sie an, wieder stehen vier brennende Fackeln vor uns. Der Tag neigt sich, die Nacht verbringen wir im Panzer. Schlafen ist unmöglich. Jeder muß gut aufpassen. Mit Überraschungen ist immer zu rechnen. In unserem Rücken brennt Stalingrad. Wir erfahren, daß der Gegner den Bahnhof genommen und die Stadtmitte erreicht hat. Deutlich hören wir wieder Panzergeräusche.

Ein Oberstleutnant der Infanterie, mit dem EK.I ausgezeichnet, berichtet verstört unserem Chef, Hauptmann Reichard: „Ich bin gewiß kein Feigling, aber ich mußte raus aus der Stellung." Sowjetpanzer waren im Dunkeln dicht an die Löcher herangefahren, Begleitinfanterie hatte die paar deutschen Landser im Handgemenge überwältigt. Reichard bittet den Offizier, mit dem Rest seiner Leute die Lücke sofort wieder zu schließen.

Ein Oberfeldwebel, mit einer gefährlichen Splitterwunde am Hals, sammelt das Häuflein. Dicht vor unseren Wagen beziehen sie wieder Stellung. Durch die Einbruchsstelle scheint der Russe einzudringen. Die Lage wird kritisch. Nun setzen sowjetische Bomber auch noch Leuchtfallschirme in den Nachthimmel und schaufeln ihre Bomben über Bord. Verluste haben wir nicht. Unser Chef nimmt über die Abteilung Funkverbindung zur Division auf, ersucht um Fliegerunterstützung.

Mit dem ersehnten Sonnenlicht tauchen deutsche Flugzeuge auf. Diesmal wird der Iwan früh geweckt. Den ganzen Vormittag fliegt Welle auf Welle heran und wir bekommen Luft. Die Infanteristen fassen wieder Mut. Der Gegner weicht. Unsere Panzer schließen die Lücke, zusammen mit einer Kampfgruppe unter Hauptmann Graf Brühl, die uns zugleich die Ablösung für den Abend ankündigt.

In vier Tagen hat unsere I. Abteilung mit nur 31 eigenen Wagen 105 Feindpanzer abgeschossen, die 1.Kompanie, bei der ich stand, mit sieben Wagen in zwei Tagen 39 Panzer. Unser Kommandeur, Major Graf Strachwitz, erhielt das Eichenlaub zum Ritterkreuz.

Thomas Wolf, damals Obergefreiter 1./Pz.Rgt.2 (16.Pz.-Div.)

*Aus dem Wehrmachtbericht vom 27. 9. 1942:*
*„Im Nordwestteil des KAUKASUS und am TEREK wurde der Feind trotz zähen Widerstandes aus tiefgegliederten Stellungen geworfen . . . Im Stadtkern von STALINGRAD stürmte Infanterie mehrere Bunkeranlagen und Häuserblocks und stieß, von Sturzkampfflugzeugen unterstützt, an weitere Stellen bis zur WOLGA vor . . ."*

*— vom 24. 10.:*
*„In STALINGRAD traten Infanterie- und Panzerverbände erneut zum Angriff an, warfen den Feind in hartem Häuserkampf aus verschiedenen Straßenzügen zurück, nahmen den größten Teil des Werkes „ROTER OKTOBER“ und stießen bis zur Wolga durch . . .“*
*— vom 2. 12.:*
*„. . . Im MITTLEREN FRONTABSCHNITT und am ILMEN-SEE sind weiterhin erbitterte und heftige Kämpfe im Gange . . .“*
*— vom 5. 12.:*
*„. . . Starke Angriffe der Sowjets im OSTKAUKASUS scheiterten wieder unter schweren Verlusten an dem hartnäckigen Widerstand deutscher und rumänischer Truppen . . . Zwischen WOLGA und DON griffen die Sowjets auch am 4. Dezember unter starkem Einsatz von Panzern vergeblich an . . . Im Raum zwischen KALININ und ILMEN-SEE brachen auch gestern starke, zum Teil durch besonders heftiges Artilleriefeuer, Panzer und Schlachtflieger unterstützte Angriffe des Feindes zusammen . . . Bei den Abwehrkämpfen der letzten zehn Tage vernichtete die 78.Infanteriedivision allein 169 Panzerkampfwagen . . .“*

# Nachtangriff auf Sherebzowo

**Alarm für Eingreifgruppe Kohler in der Winterschlacht um den Rshew-Bogen 1942**

Nach jedem Kampfeinsatz wird die Eingreifgruppe herausgelöst und als Reserve der Division nach Lopotok verlegt. Der Wind hat am 11. Dezember 1942 nach Osten gedreht, und es ist kälter geworden. In unseren weißen Tarnanzügen frieren wir wenig. Oftmals gehen die Gedanken zurück an den vergangenen Winter. Es war der erste im Kampf gegen die Sowjetunion. Damals trugen wir noch die Uniformen und Mäntel des Sommerkrieges. Wer dachte schon an Winterbekleidung, nachdem großsprecherische Worte nach der Kesselschlacht Wjasma-Brjansk das nahe Ende des Feldzuges verkündet hatten.

Als Reserve der 78.ID. hatten wir noch mehrfach Kampfaufträge wie gegen Mal. Kropotowo am 30. November 1942 erhalten. Die Eingreifgruppe war bekannt geworden. Wenn sie angriff, wurde der Feind geworfen. Wir alle waren stolz auf unseren Ruf. Wir wurden „Die Feuerwehr“ genannt.

Am 11. Dezember nimmt der Feind Sherebzowo. In Podossinowka, 2 km nordwestlich davon, stehen die Verteidiger mitten im Ort in hartem Abwehrkampf. Sherebzowo ist als Stützpunkt ausgebaut, der Ort liegt auf einer beherrschenden Erhebung und hat in den letzten Tagen schon mehrfach den Besitzer gewechselt. Von dort ist weit in unser Hinterland zu sehen; von hier kann die dünne Front, die nur noch aus Stützpunkten besteht, aufgerollt werden. So tritt das Pionier-Bataillon 178 auf Befehl der Division zum Gegenangriff an, während sich die Eingreifgruppe auf den Einsatz von Podossinowka bereit hält.

Während der Wind in hellen, klagenden Tönen heult, während tausend harte Eiskristalle schräg mit dem Wind über das Land irren, bricht der Angriff im Abwehrfeuer des Feindes zusammen. 400 Pioniere haben angegriffen, nur ein kleines Häuflein erreicht den Südrand der völlig zerstörten Ortschaft. Dort vereinigen sie sich mit den letzten Resten der S.A.178. Die Masse des Pionierbataillons war „verheizt“, wie wir uns in der Landsersprache ausdrückten.

Nun wird die Eingreifgruppe alarmiert. Die neue Befehl lautet schlicht und einfach:

„Wegnahme und Halten von Sherebzowo“. Wir haben den hart umkämpften Ort schon zweimal der russischen Infanterie entrissen und der im Gefechtsstreifen kämpfenden Einheit zurückgegeben. Es war am 2. und 6. Dezember. Heute nun zum dritten Mal! Doch bevor wir zum Kampfe gegliedert antreten, trifft der Befehl ein, den Verteidigern von Podossinowka zu Hilfe zu kommen. So wird die Wegnahme Sherebzowos auf den kommenden Tag verschoben.

Als alte Rußlandkämpfer haben wir aber eine gewisse Nase für den Eisengehalt der Luft. Ein Tagesangriff über die Pläne von Sherebzowo, gegen den Wind und gegen den Schnee, der wie mit feinen Nadeln sticht, und gegen einen abwehrbereiten Feind ist schwer. Die Eingreifgruppe meldet, daß sie diesen Angriff nicht verantworten kann. Sie ist zudem zu schwach geworden. Gerade noch die Hälfte der Unterführer, etwa 100 Mann waren übrig geblieben. Fünf Panzer und 2 Sturmgeschütze und eine Handvoll Männer der SPW-Kompanie zählen dazu. Als uns die Zuführung des noch etwa 90 Mann starken I./IR.215 zugesagt wird, erklärt sich die Eingreifgruppe bereit, den Ort in der Nacht vom 12. zum 13. wieder in eigene Hand zu bringen.

Gegen 02.00 Uhr treten wir aus Lopotok an, nachdem wir vor wenigen Stunden aus Podossinowka zurückgekehrt waren. Wohl kennen die meisten Sherebzowo, doch für den Nachtangriff ist vieles wichtig, was sich am Tage von selbst ergibt. Jeder Führer und Unterführer ist persönlich in seinen Auftrag und sein Ziel eingewiesen. In den Erdlöchern, unter zerfallenen Häusern, prägt sich jeder beim Schein eines Hindenburglichtes die Stellungen, die Lage der zerschossenen Häuser und seinen Weg ein. Dazu hatte jeder eine Skizze zu fertigen. Das unterstellte Bataillon hat den Auftrag, als zweite Welle zu folgen und mit dem Morgengrauen feindlichen Widerstand im Ort zu brechen, der in der Nacht von den Unterführern und der SPW-Kompanie beim Durchstoßen liegen bleibt. Es kommt also wieder einmal darauf an, den Feind zu überraschen und vor allem ohne einen Laut an die Ortschaft heranzukommen. Ohne Artillerieunterstützung, ohne Panzerschutz, nur auf uns allein gestellt, wollen wir die Aufgabe lösen. Dieser Angriff wäre nichts für den jungen Ersatz, den wir schon während des ganzen Jahres bekommen. Diese Soldaten haben immer die meisten Ausfälle. Ihnen fehlt eben unsere Erfahrung, sie kennen den Russen nicht und wissen sich oft nicht zu schützen.

Wir alten Hasen haben gesehen, daß auch der Sowjetsoldat kein Übermensch ist. Er ist uns im Ertragen von Strapazen und vielleicht in der Genügsamkeit überlegen. Er ist aber kein ausgesprochener Einzelkämpfer. Ihm fehlt die Initiative, wenn nicht der Kommmissar oder sein Vorgesetzter dahintersteht.

In dunkler Nacht erreichen wir in knapp 1½ Stunden in einer langen Schlange, Mann hinter Mann, den Ortsrand bis auf Rufweite. Die Züge und Gruppen gehen von hier auseinander. Von der Mitte nach links und nach rechts verteilen sich die Einheiten. Erst wenn eine Gruppe ihre Ausgangsposition bezogen hat, kann die nächste an ihr vorbei die ihrige suchen. Schleichend und kriechend wollen wir im Schnee auf gleicher Höhe vorgehend den Feind in seinen Stellungen und Bunkern wecken. Um 3.50 Uhr bewegt sich die Kette lautlos und in breiter Front nach vorne. Es ist ein kühnes Unterfangen. Die ersten matten Umrisse von Sherebzowo zeichnen sich ab. Es mögen noch 15 m bis zum vordersten feindlichen Posten sein, als uns ein Feind-MG sein Feuer entgegensprüht. Der erste Verwundete schreit auf, und die erste Leuchtkugel steigt zitternd aus dem Ort empor. Wie die Katzen springen wir an. Eine neue Art des so gewohnten Nahkampfes entwickelt sich. Es ist das Ringen Mann gegen Mann.

Wir springen die Posten an, wir reißen sie nieder, und jetzt ist das Messer Trumpf. Die Russen schießen wie wild, und nur so wissen wir, wo sie liegen. Im Schein der Leuchtkugeln fressen wir uns nach Norden durch. Die alten deutschen Stellungen am Nordrand sind das Ziel. Der Nachtkampf zermürbt, wir sehen nicht einmal die Nachbargruppe. Wir müssen rufen und verraten uns so. Im ersten Morgengrauen nimmt die zweite Welle die noch verbliebenen Widerstandsnester. Unsere Panzer und Sturmgeschütze fahren nach. Wir stellen aber fest, daß sie nicht mehr alle an den Ort herankommen. Der Feind schießt auf den Ort und um den Ort eine Feuerglocke. Zwei eigene Panzer fahren über den Ortsrand hinaus, anscheinend gerade in eine sowjetische Bereitstellung und werden abgeschossen. Wir beobachten noch, wie unsere Kameraden aussteigen und abgeführt werden. Unter den Rollsalven der Stalinorgeln und dem Beschuß aus allen Kalibern, selbst durch direkten Beschuß von „Ratsch-bumm“ und Panzern können wir kaum den Kopf über die Deckung heben. Das grelle Mündungsfeuer und die Wolken, die den Abschuß einer neuen Rollsalve aus Richtung Arestowo verraten, ist entlang der russischen Front zu beobachten. Das Trommelfeuer reißt nicht ab. Keiner weiß vom anderen, ob er wirklich seinen befohlenen Platz gefunden hat. Wir haben keine Funkverbindung, und für jeden Melder endet der Weg mit einem Treffer.

Im Dunst hören wir Panzer rollen. Man hört sie deutlich, sieht förmlich, wie sich die T 34 vorwärtswalzen und kann fast auf die Sekunde sagen, wann sie auf unsere Linie stoßen und anfangen werden zu bellen. Infanterie folgt oder ist aufgesessen. Nun geht es ums Ganze. Unsere MGs rasen dazwischen und dadurch fühlt jeder, unsere Front steht. Die Feindpanzer fahren auf. Unsere Panzerabwehr waren in allen bisherigen Einsätzen Panzer und Sturmgeschütze. Sie liegen abgeschossen vor dem Ort oder nehmen den Kampf mit den uns umfahrenden T 34 auf. Die Übermacht ist so groß, daß sich an diesem Tag der Feind langsam durch die Ortschaft schiebt. Zeitweise sind wir eingeschlossen. Der Kampf ist erbittert, erbarmungslos von beiden Seiten. Verstehen kann das nur, wer dabei war. Eigene Artillerie und der Angriff von Stukas bringt uns Luft. Die Staffeln von Freund und Feind kreuzen über uns. Ein sowjetischer Bomber löst sich in einer jähen Explosion auf. Es regnet Bomben auf den Feind. Panzer brennen. Gegen Mittag wird uns die S.A.129 als Verstärkung zugeführt. Doch schon im Vorgehen auf Sherebzowo verliert sie über die Hälfte ihrer Männer. Trotz der 40 bis 50 Mann, die unsere Reihen verstärken, bröckelt der Zusammenhang bei uns langsam und sicher ab. Für jeden gefallenen Russen treten drei an seine Stelle. An den letzten zerfallenen Häusern mit ihren Erdbunkern klammern sich noch wenige, als die Dunkelheit wieder einmal einbricht. Sie sind es, die den Südrand verzweifelt halten.

Ein eigener Panzer ist noch bei uns. Er hat den Kampf überstanden und fährt bei Dunkelheit zu uns vor.

Mit diesem Gegenangriff hat die Eingreifgruppe Kohler aufgehört zu existieren. Sie hat auch dieses Mal die Front zusammengehalten. Drei Wochen war sie Feuerwehr südostwärts von Rshew. Ihr Opfer und ihr Sterben ging aber unter. Wer spricht heute noch davon? Wer nennt die vielen Einzelschicksale der Kameraden, die im Kampf Mann gegen Mann fielen? Das Gelände hat bereits die Witterung des Niemandslandes, als der Panzer mit einigen Verwundeten der Eingreifgruppe nach rückwärts fährt. Auf einem Schlitten wird der Führer der Eingreifgruppe zurückgefahren. Ihm hat ein Feindpanzer den rechten Unterschenkel abgeschossen. Einer der sechs Unterführer, die den Kampf unverwundet überstanden, zieht ihn. Wir atmen auf dem Wege nach Lopotok noch diese seltsam erregende, gefährliche Luft, in der sich einzelne Kämpfer wie streifende Wölfe bewegen. Doch der Feind folgt nicht. Auch er hat sich verblutet.

Dies war der letzte Großkampftag der Winterschlacht in unserem Gefechtsstreifen. Die Kameraden der Eingreifgruppe erleben nicht mehr das Herauslösen der letzten hundert Soldaten der 78.ID. Kein Grab erinnert an sie. Wilhelm Kohler (78.ID.)

# Panzerattacken am Ilmensee

**Infanterie und Artillerie halten gemeinsam die HKL**

Die Schwadron Hellemann der Aufklärungsabteilung 126 hat Anfang Dezember 1942 südostwärts des Ilmensees einen Brückenkopf erkämpft und liegt hier in Verteidigung. Gegen Mittag des 8. Dezember setzt hier der Sowjet zum Gegenschlag an.

„Alarm! Sperrfeuer auslösen!" — Die ganze Front brummt von Panzern im Angriff! Schon rollen sie heran, die dunklen Kolosse. Alle Kampfstände sind besetzt.

Ruhig und entschlossen, wie schon in so manchen harten Kämpfen, schaut auch der Gefreite Rabis der Gefahr entgegen.

„Panzer fahren lassen, Infanterie bekämpfen!" Der Befehl ist klar. Was sollen wir auch schon mit unseren Gewehren und 1.MG gegen die T 34 unternehmen, die direkt auf uns zu rollen?

Mit seinen Kameraden schießt der Gefreite Rabis unaufhörlich in die feindlichen Massen. Schon fahren die ersten Panzer da und dort durch die eigene Linie, die aufgesessene Infanterie aber purzelt. Von Kampfstand zu Kampfstand walzen die feuerspeienden Ungetüme alles nieder. Immer größer werden die Lücken und immer wieder wird die HKL im Gegenstoß besetzt.

„Na, was ist denn Rabis?" — „Da, Herr Unteroffizier, zwei Panzer drehen direkt auf uns zu!" Jetzt kann nur noch das Soldatenglück helfen, ausweichen wäre der sichere Tod. Rabis duckt sich und schießt weiter, bis er noch allein lebend in seinem Stand steht. Kein Iwan kommt durch. Beide Panzer bleiben stehen. Alles kriecht nach rechts durch den niedrigen Sumpfgraben, der ständig unter Panzerbeschuß liegt.

Da, eine gewaltige Detonation! Einer der beiden Panzer ist auf eine Mine gefahren, doch er bleibt eine Gefahr. Soeben ist der zweite Panzer am linken Postenstand vorbeigerollt und bleibt stehen. Er feuert nach allen Seiten. Da, jetzt dreht er sein Rohr auf uns! So kann niemand an ihn heran.

Mit unverminderter Heftigkeit währt der Kampf bis zur Dämmerung. Mit Hilfe unseres linken Nachbarn wird der zweite Panzer geknackt. Die Stellungen werden wieder zurückgewonnen und die Verwundeten nach rückwärts geschafft.

Wo aber ist Rabis? Wir finden ihn tot neben dem Panzer liegen. Getreu hat er ausgehalten bis zum letzten Atemzuge und keinen Meter Boden freigegeben. Wir suchen nach seinen Nachlaßsachen und finden ein Bild seiner Frau mit einem Brief von ihr. Wo sind seine Papiere, sein Soldbuch? Hat ein Mann der Panzerbesatzung, den man im Graben sah, sie mitgenommen? Schon glauben wir daran, bis jemand weiter sucht und unter dem Schnee ein kleines Bündel hervorholt, die gesuchten Privatsachen und Papiere von Rabis.

Stumm schauen sich die umstehenden Kameraden an. Sie verstehen sich und sind ergriffen von dem stillen Heldentum des gefallenen Kameraden. Sie schätzten schon immer seine Tapferkeit. Jetzt, da sich ihnen seine vorbildliche Haltung offenbart, wissen sie auch um die ganze Größe ihres Kameraden Rabis. Angesichts des Todes nahm er noch einmal alle Kraft zusammen, verbarg seine militärischen Papiere, damit sie nicht in die Hand des Feindes fallen und ihm dienlich sein konnten. „Tapferer Gefreiter Rabis! Solange wir Männer Deines Schlages unter uns haben, kann uns nicht bange sein."

Etwas seitab gelingt es mehreren T 34 über die HKL bis zum Stützpunkt in der Bereitschaftsstellung durchzupreschen, wo sich auch die B-Stelle der 10./AR.126 mit Leutnant Fehre befindet.

Angesichts der schweren Gefahr der Abschnürung der HKL entschließt sich dieser Führer der schweren Batterie, von der ihm zur Verfügung stehenden schweren Waffe bis zuletzt Gebrauch zu machen. Er lenkt das Feuer seiner schweren Haubitzen auf seine eigene B-Stelle und achtet nicht der Gefahr, die damit verbunden ist. Seine Männer schickt er vorher noch in Deckung. Er selbst bleibt ungedeckt am Funkgerät, gibt kaltblütig der Batterie das Feuerkommando für seinen eigenen Standort und löst den Feuerschlag aus. Krachend schlägt die erste Salve kaum zehn Meter von ihm entfernt inmitten der feindlichen Panzer und Infanterie ein. Die hier noch aufgesessenen Rotarmisten werden fast ausnahmslos von den Panzern geschleudert und ziehen sich zurück. Granate auf Granate schlägt in die Gegner und fügt Panzern und Infanterie schwerste Verluste zu. Ungeheure Verwirrung ist die Folge.

Dann plötzlich schweigt die Batterie; die Grenadiere treten zum Gegenstoß an, vertreiben die feindliche Infanterie und vernichten die teilweise im Artilleriefeuer bewegungsunfähig geschossenen Panzer. Die Angriffskraft des Feindes war gebrochen, die HKL bleibt auch hier fest in eigener Hand.

Leutnant Fehre wird für seine unerschrockene entscheidende Handlung, auf eigenen Entschluß durchgeführt und zum Erfolg gebracht, mit dem Ritterkreuz des Eisernen Kreuzes ausgezeichnet. Archiv 126.ID.

## Schneesturm über der Schiwkaja

**Kampfgruppe Illig entkam durch die Schlucht an das Südufer des Aksaij**

In der Weihnachtszeit 1942 war der Entsatzversuch für die Stalingrad-Armee endgültig gescheitert, auch unsere 23.Panzer-Division mußte umkehren, nachdem sie bis auf 48 Kilometer an die Kesselfront herangekommen war.

Abteilungskommandeur Major Illig war noch in der Nacht vorgefahren, seine Kampfgruppe sollte die inzwischen abgezogene kampfstarke 6.Panzerdivision „ersetzen".

Bei hereinbrechender Dunkelheit (damals und dort gegen 14 Uhr) igelte die Kampfgruppe unter leichtem Beschuß durch Infanteriewaffen und Artillerie. Schneefall behinderte die Sicht.

Während einer kurzen Wetterberuhigung sah ich ostwärts in wenigen hundert Metern Entfernung eine dunkle „Wand". Durch Feldstecher erkannten wir, daß sich aus Richtung Bahnlinie und Birsowoj ein „schwarzer Koloß" auf uns zuschob: Eine mit starken Panzerkräften durchsetzte Menge Mensch walzte heran! Ich forderte über Funk Unterstützung an.

Bald darauf reichte mir der Funker zwei Sprüche. Der eine bestätigt mich rückwirkend zum Adjutanten, womit man mir wohl eine Freude machen wollte, obwohl ich diese Stelle schon seit Monaten bekleidete. Der andere Spruch aber besagte, daß zwölf Panzer in die Schiwkaja-Schlucht in Marsch gesetzt würden, dahin, wo diese an den Aksaij stößt.

Mit diesem Spruch lief ich zum Major, für den inzwischen feststand, daß wir bereits überrannt sein würden, bevor das Dutzend Panzer vorgeholt sein konnte, denn die Gruppe Illig kämpfte am Ende eines schmalen Schlauchs, bedrängt von starken feindlichen Kräften, die sich anschickten, den Sack zuzubinden. Durch aufkommenden Sturm begünstigt, brach dann die Dunkelheit über uns herein: Weder Mond noch Stern, auch kein Geländepunkt wiesen den Weg! Der Sturm fegte von Osten her die Steppe blank und zerfetzte uns jämmerlich. Doch ratlos war er nie, der Major; unser Vertrauen hatte er auch an diesem Abend. Als er mich über Funk dann zu sich rief, nahm ich gleich Kartenbrett, Kompaß und Taschenlampe mit, erwartete ich doch, wieder als „Pfadfinder“ eingesetzt zu werden.

Der Major stand schon im Turm und besprach die Lage mit Hauptmann Hesse, dem Kommandeur der Panzerpioniere 51, als ich, unter dem Piff-Paff der sowjetischen Schrapnellkugeln den Kopf einziehend, zu ihm hinübereilte. Ich kletterte steif gefroren auf den Panzer. — „Wir müssen durch die Schiwakaja-Schlucht“, sagte der Major, eigentlich mehr zu sich selbst.

Er kannte den „Führer-Befehl“, nach dem die Brücken von Krugljakoff unbedingt zu halten waren, und die Folgen einer Befehlsverweigerung auch. Aber er konnte so widersinnig gar nicht denken, um anders als entsprechend der Lage entscheiden zu können. Deshalb befahl er die Rückführung der Kampfgruppe über den Aksaij, einschließlich der zwölf Panzer, die auf uns warteten. Die einzige Möglichkeit dafür bot sich nur diese Nacht an, ausgeschlossen war es, den Aksaij bei Tageshelle, etwa noch am Ersten Weihnachtstag, unter dem starken feindlichen Druck passieren zu können.

Mir war dabei klar: Auch die kleinste Abweichung nach Osten hätte uns in die Arme der sowjetischen Offensiv-Armee getrieben. Ich mußte die Schiwkaja-Schlucht treffen, nur durch diese war der Rückzug möglich.

Major Illig stand im Turm und ich neben ihm auf seinem Panzer. Dichtauf folgte die gesamte Kampftruppe, als Nachhut die verläßlichen Pioniere. Welche Richtung nun? Wo war mein Großer Wagen, wo mein Kleiner, wo mein Polarstern? Nichts war zu sehen, auch kein Geländepunkt als Orientierungshilfe, statt dessen nur ein dichtverhangener Himmel und Schnee, der mir wie Kochsalz um die Ohren schlug.

Vorauslaufend mußte ich Ziel und Tempo bestimmen. Ich rannte etwas von den Stahlmassen weg, die meinen Kompaß verwirrten, und führte dreißig Meter vor den Panzern die Gruppe, die in Reihe folgte. Den Zeiger am Kompaß stellte ich unter Berücksichtigung der Nadelabweichung auf die Marschrichtung, die ich der Karte entnommen hatte, so daß ich während des Laufens nur die Nordnadel einspielen lassen mußte. Da es aber keinen Richtpunkt im Gelände gab, mußte ich den Kompaß immer vor Augen halten, was die Fährtensuche sehr erschwerte.

Die Höhe 157 konnte ich noch erahnen, das war wenigstens ein Anhalt. Die Nacht brach an, ich ging und lief so schnell ich konnte. Meine schwarze Uniform hob sich ab vom Schnee, so daß der Major mich sah und folgen konnte. Tief gebeugt mußte ich gehen, Gesicht und Kompaß schützend, um nicht im feuchten Strudel zu ersticken. Schneestaub peitschte durch die Luft in meine Augen, das langgezogene Heulen des Sturms überlagerte das Zischen des Schnees. Plötzlich war mir der Spitzenpanzer entschwunden.

So ging es also nicht! Ich lief zurück zum Panzer und ging dann wieder vor ihm her in denselben Fußstapfen, die ich schon zweimal in den Schnee gedrückt hatte, bis an meinen letzten Standort. Die Panzer hielten dort. Ich lief wieder dreißig Meter voraus unter genauer Beachtung des Marschrichtungsanzeigers, den ich durch genau senkrechtes Laufen vor den Panzern in der Waage halten konnte. Dann lief ich wieder zurück zum Spitzenpanzer und holte ihn wieder in meinen Fußstapfen an den letzten Standort. Und das immer wieder, und die Panzer folgten. Ich durfte nicht nach Westen in die Neklinsklaja, da war der Russe, und nicht nach Osten auf das freie Feld, da war er auch. Ich mußte in die Schiwkaja, sonst nirgends hin!

Weiter rannte und stolperte ich durch die Schneelöcher, bis der Sturm mir keine Sicht mehr ließ, das Wasser von der Stirne rann und sich der Schweiß aus allen Poren preßte. Ich lief wohl eine halbe Nacht, und das tosende Unwetter schluckte das Heulen der Motoren! — Ich war allein, allein in dieser von Soldaten und Waffen erfüllten und doch sehr einsamen Kalmükensteppe, in der Freund und Feind im Toben des Schneesturms eins waren. —

Schließlich warf der Orkan mich in eine Furche, und als ich mich auf eine Hand stützen wollte, da — zog ich etwas aus dem Schnee: Ich sprang auf, zog vor und dann zurück, die Strippe hielt! Es mußte eine Fernsprechleitung zur Mischkowa sein! In den Weiten dieser Steppe hatte ich diese eine Strippe gefunden bei Nacht und Schnee und Sturm: Ich ließ die Litze des Kabels durch die Finger gleiten, bis sich rechts und links Böschungen wölbten: Die Schiwkaja!

Dann zog ich mich an einem Panzer hoch. Wir fuhren zügig und standen bald an der Furt. Das ganz plötzlich stille Wetter und der klare Sternenhimmel schienen so unbegreiflich! Doch nach und nach erloschen auch die Sterne, bis es noch einmal ganz finster wurde. Und bevor die Nacht dann ganz zusammenschrumpfte, wurde es noch finsterer. Dann aber brach der Himmel auf, die Sonne schien vorsichtig über die schlanken Steppengräser, die Ebene lag friedlich ausgebreitet vor uns in der Sonne und tat so harmlos. Kalt war es, doch lag nicht so viel Schnee wie wir vermutet hatten. — Als die sowjetischen Verbände den Sack am Aksaij zuzubinden sich anschickten, war er leer, die Kampfgruppe Illig stand nach fünfzehn Stunden Nacht am Südufer des Flusses.

A. Westerheide (23.Pz.-Div.)

# Im Wagenschuppen

**Soldaten-Weihnacht 1942**

Mitte Dezember 1942 kam wieder Ersatz aus der Heimat, auch zu unserer 14./421. Unter den „Neuen“ war ein Sanitätsunteroffizier, von Beruf katholischer Kaplan. Kurz vor Weihnachten kam er zu mir und bat, mit uns doch die Christmette feiern zu dürfen. Selbstverständlich erklärte ich ihm, dagegen sei nichts einzuwenden. Ich mußte jedoch zu bedenken geben, daß unsere Bunker für eine solche Feier viel zu klein seien. Er aber meinte, daß er schon eine Möglichkeit gefunden habe: Nicht weit von uns stünde ein zerschossener, halb zerfallener Wagenschuppen, dort könnten wir uns versammeln.

In diesem Schuppen fand sich sogar ein nicht mehr fahrbarer Pferdewagen, auf dessen Brettern der Kaplan nun seinen Feldaltar aufbauen konnte, den er in einem Koffer mit zu uns gebracht hatte. Am Weihnachtsabend fanden sich dann an die achtzehn Kameraden ein, alle eben, die nicht auf Wache stehen mußten. Einige hielten ein Hindenburglicht in der Hand, um den erbärmlichen Unterschlupf etwas zu erhellen. Unsere Gedanken waren nicht mehr im Kaukasus, sondern gingen nach Hause zu den Angehörigen. Als wir dann zusammen die „Stille Nacht“ singen wollten, erstickten manche Stimmen in der Kehle. Anschließend erteilte der Kaplan die „Generalabsolution“ und reichte als Hostie einen Würfel Kommißbrot. Die Worte seiner Ansprache aber sind mir noch heute unvergeßlich und ich bleibe dankbar für jene Frontweihnacht! Alois Metzler (125.ID.)

# Es war der Weihnachtsstern

**Soldatenschicksal an der Karelienfront**

Um die Weihnachtszeit 1942 war ich als VB nördlich Kiestinki in Karelien eingesetzt. Ich fand Platz in einem stabil gebauten Bunker, neben einem jungen Soldaten aus dem Schwarzwald. Der Bunker selbst war etwa anderthalb Meter hoch, man konnte sich nur in der Hocke bewegen. Er hatte jedoch Platz für vielleicht dreißig Personen, sofern sich diese wie die Heringe aneinander schichteten.

Ein von irgendwoher beschaffter eisener Füllofen stand in der Nähe des Schlupfloches zum Bunker. Als Ofenrohr dienten aufeinander gesteckte Konservendosen, deren Dekkel und Böden ausgeschnitten waren. Es war eine recht wackelige Angelegenheit und fast jedesmal, wenn in der Nähe eine schwere Granate oder eine Fliegerbombe einschlug, löste sich dieser Schornstein in seine Einzelteile auf. Im Nu war dann der Raum so durchräuchert, daß man kaum noch etwas sehen konnte. Unter Spucken und Husten versuchte jeder, so schnell wie möglich den Ausgang zu erreichen, wobei der heiße Ofen noch als Hindernis im Wege stand. Diese Fluchtbewegung vollzog sich in der Hocke, im Krabbeln oder Kriechen. Alles schnappte nach frischer Luft.

Solange man das Freie nicht erreicht hatte, herrschte auch Ungewißheit darüber, ob es nun doch ein Volltreffer auf den Bunker oder vor dem Eingang war. Es gab jedesmal ein befreiendes Lachen, wenn zu sehen war, daß nur der Schornstein nicht standgehalten hatte. Eiligst wurden dessen Bestandteile wieder zusammengesucht; bei tiefem Schnee und klirrender Kälte keine leichte Aufgabe. Spezialisten fügten die Blechbüchsen zusammen, der Schornstein qualmte wieder, Zufriedenheit breitete sich aus, denn es war ja nichts passiert.

Die Bunkerbesatzung bestand fast durchweg aus jungen Soldaten, vermischt mit erfahrenen Rottenführern (Obergefreiten), die durchweg und überall das Rückgrat einer so jungen Truppe darstellten. Diese Jungen kamen aus allen Ecken des damaligen Reichsgebietes, zum Teil waren es auch Freiwillige aus angrenzenden Ländern. Außer ihrer Heimat hatten sie noch nichts gesehen, vom Leben außerhalb kannten sie nichts. Die Einbindung in die Truppe und und ihre Kameradschaft gaben ihnen Rückhalt und das Gefühl, wieder ein Zuhause zu haben.

Sie brachten die Lieder ihrer Heimat mit und fast immer war einer dabei, der Mundharmonika spielen konnte. Wenn diese Lieder im Bunker erklangen, inmitten der eisigen Welt des karelischen Urwalds, konnte man den Krieg vergessen und sich dem Kreis einer großen Gemeinschaft, die weit über das eigene Vaterland reichte, zugehörig fühlen. Einige kamen auch von irgendwoher aus dem Baltikum oder den Grenzgebieten zum Osten. Manchmal tanzten sie in der Hocke einen vollendeten Kosakentanz.

Es war also Weihnachtszeit. Aus der Heimat kamen Grüße und für viele von uns Päckchen mit Gebäck. Doch es gab Kameraden, die keine Post erhielten, vor allem jene, deren Heimat jenseits der Reichsgrenzen lag und zum Teil Kampfgebiet war. Selbstverständlich wurden sie an den Weihnachtsgaben von zu Hause voll mitbeteiligt.

Der Junge neben mir im Bunker hatte Post von seiner Mutter erhalten. Ich sah, wie er andächtig das Paket aufschnürte, Süßigkeiten und andere Kleinigkeiten kamen zum Vorschein. Obenauf lag ein Brief und dazu ein zusammengefalteter, golden glitzernder Weihnachtsstern. Er faltete ihn auf und legte ihn vor sich hin: „So einen schönen Stern hatten wir immer auf unserem Weihnachtsbaum hängen“, sagte er leise zu mir. Gedankenversunken betrachtete er den Stern lange. Dann las er den Brief der Mutter. Er las so, wie es viele junge Menschen tun, denen das Lesen noch nicht Routine geworden ist. Er bewegte die Lippen und las den Brief halblaut vor, so daß ich jedes Wort verstehen konnte. Es war ein Brief, wie ihn Millionen von Müttern geschrieben haben und immer schreiben werden: Passe auf Dich auf, mein Bub, und komme gesund heim.

Er bot mir dann vom Inhalt seines Päckchens an und kostete von meinem Päckchen. Auf meine Fragen begann er von seinem Dorf im Schwarzwald zu erzählen, von seinen kleinen Geschwistern und von der Arbeit des Vaters in der Uhrenindustrie.

Schließlich mußte er einen Kameraden im Graben ablösen. In seiner Manteltasche verstaute er noch einige Plätzchen, und ich sah ihn auch den Weihnachtsstern zusammenfalten. Im Gehen sagte er noch: „Jetzt brauchen Sie beim Schlafen nicht mehr so eng liegen. Machen Sie es sich solange bequem, bis ich wieder da bin."

Wenig später hörte ich, schon im Halbschlaf, einen einzigen Schuß aus der Stellung vor uns. Weiter rührte sich nichts, ich schlief ein. Einige Stunden später erfuhr ich, daß der Junge durch Kopfschuß gefallen war. Bereits in eine Zeltplane eingewickelt, lag er nun vor dem Bunker im Schnee, bereit für den Transport zum Gräberfeld. — Er hatte seinen Kameraden abgelöst. Als er dann den Weihnachtsstern auf einen erhöhten Ast hängen wollte, streckte er sich unvorsichtig über die Brüstung . . .

Sepp Groß (6.GD.Nord)

*Aus dem Wehrmachtbericht vom 18. 1. 1943:*
*„Im Süden der Ostfront hält die seit zwei Monaten andauernde erbitterte Winterschlacht mit unverminderter Heftigkeit an. Die unter erneutem Kräfteeinsatz vorgetragenen Angriffe des Feindes wurden in schweren Kämpfen im wesentlichen abgeschlagen oder in beweglicher Kampfführung durch Gegenangriffe und hartnäckig verteidigte Stützpunkte aufgefangen. Die unter schwierigsten Bedingungen kämpfenden deutschen Truppen im Raum von Stalingrad hielten in zäher Ausdauer und verbissenem Kampfwillen weiteren Angriffen stand . . ."*

## Neues Gren.Rgt.122 am Kuban

**Abtransport in der Ju anstatt im Segelschlepper**

Nach dem überhasteten Absetzen aus dem Kaukasus wurde im Januar 1943 unser gutes altes Grenadier-Regiment 122, das zweite der Division, aufgelöst.

Müde, furchtbar müde, hockten wir im erbeuteten russischen „Ford". Meine Stabskompanie Gren.Rgt. 122 war „vom Winde verweht". Den Rest hatte das Nachbarregiment übernommen. Unser Regiment war „laut Führerbefehl" aufgelöst worden.

Der Rest der Stabskompanie saß verdrossen und müde im asthmatischen, rumpelnden „Ford, — der Schreiber Unteroffizier Plewe, der Rechnungsführer Unteroffizier Jahnke, der Fahrer Obergefreiter Neese, der dank seiner fünf Kinder als Ordonnanz kommandierte Obergefreite Grabasch und ich, der unvermeidliche „Spieß".

Der Befehl lautete, diesen Rest nach Timoschewskaja zu führen. Auf dem dortigen Flugplatz sollte er unter der Bezeichnung „Schattenstab" zwecks Abwicklung in die Krim geflogen werden.

Wir hatten die allgemeine, stets verstopfte Rückzugsstraße verlassen, um in nördlicher Richtung Timoschewskaja direkt zu erreichen. Nach langer Zeit endlich wieder eine freie Straße. Sie freute uns nicht sonderlich, diese leere Straße. Eine oft gemachte Erfahrung sagte uns, je leerer die Gegend, desto näher der Russe.

Die letzten Büchsen Fleisch waren längst in den Besitz eines Luftwaffenfeldwebels übergegangen, im Austausch gegen das nötige Benzin. Die Müdigkeit war stärker als der Hunger, — alles döste vor sich hin.

Als wir an dem einen Ende in Timoschewskaja einfuhren, hörten wir es am anderen Ende bereits schießen. Iwan war also schon da. Der Flugplatz lag unter Artilleriefeuer, obwohl weit und breit weder Landser noch Flugzeuge zu sehen waren. Wie üblich war die weibliche Bevölkerung bestens im Bilde. „Nemjezki samlot Slawinskaja", deutsche Flugzeuge in Slawinskaja hieß dies.

Karte raus, — es könnte stimmen, zumal Slawinskaja in westlicher Richtung lag. Die Richtung war feindabwärts, daher doppelt sympathisch, — also auf nach Slawinskaja. Hoffentlich reicht der Sprit? Er reichte mit Mühe.

Auf dem Flugplatz in Slawinskaja waren nicht nur Flugzeuge, sondern auch Soldaten. Der Kommandeur war sogar über den „Schattenstab" orientiert. „Schattenstab sammelt in Boxe 2, laufen Sie nicht weg, Sie fliegen bald ab!"

Mit großem Hallo wurden wir in Boxe 2 empfangen. Sämtliche Hauptfeldwebel unseres Regiments mit ihren Rechnungsführern waren vertreten. Uns hatte man bereits abgeschrieben, „wird wohl Iwan geschnappt haben". Wir erfuhren, daß unser Hauptmann Hempel versetzt war, daß die Führer des Schattenstabes, die Hauptleute Lindemann und Jäger, bereits „drüben" auf der Krim waren mit den Regimentsschreibern. Dann ließen wir uns auf die Erde nieder, um endlich einmal wieder einen langen Schlaf zu tun.

Kaum eingeschlafen, weckte der Ruf: „Schattenstab zu Boxe 11, schnell, schnell!". Ein Riesenvogel stand da. Zwar war ich von keiner Sachkenntnis getrübt, aber wenn mich nicht alles täuschte, schien dies ein riesiges Segelflugzeug zu sein. Schnell krochen die Kameraden ins Innere, froh diese ungastliche Gegend Rußlands verlassen zu können.

Mißtrauisch gingen der dicke Oberfeldwebel Otto und ich zur Führerkanzel, aus der hoch oben ein neugieriger Kopf heraussah. Außer Sturzhelm und Brille war nichts zu erkennen. „Wohin fliegst du?" — „Nach Kretsch III", kam die Antwort von oben. „Was machst du denn, wenn uns Ratas angreifen?". „Na, dann klinke ich aus, darf die Kampfmaschine nicht behindern". Eine mehrmotorige Kampfmaschine lag in einiger Entfernung. Sie sollte dieses Segel-Ungeheuer schleppen. „Wenn wir aber beim Ausklinken über dem Wasser sind", ließ Otto nicht locker. „Dann versaufen wir eben!" kam es fröhlich von oben.

Die Antworten hatten uns nicht wesentlich berührt. Aber die Stimmlage des Piloten schien mir eigenartig hoch. „Wie alt bis du eigentlich?", fragte ich. „Siebzehn", schmetterte es herunter, „Segelflieger-HJ", kam hinterher.

Otto sah mich, — ich Otto an. „Ohne mich", sagten unsere Blicke. Wortlos marschierten wir zum Major, dem Kommandeur, zurück. Otto legte eine einzigartige Friedens-Ehrenbezeigung hin: „Melde Herrn Major, daß wir nicht mehr in dem befohlenen Flugzeug unterkommen können". „Es muß gehen." „Haben alles versucht", konterte Otto. „Vielleicht erreichen Sie die Ju in der Boxe 8 noch, sie fliegt aber gleich ab."

Wir rannten nicht, — wir rasten über den Flugplatz. Der Dicke konnte, wenn er mußte. Bereits hoch in der Luft sahen wir, wie der Riesenvogel angezogen wurde. Wie wenig störte uns, daß die Ju nicht nach Kertsch, sondern Sarabus flog. Wir waren dem Riesenvogel und der „HJ" entwischt.

Inmitten der „Abwicklungsarbeiten" erreichte uns ein neuer Führerbefehl. „Infolge seiner Verdienste wird das Gren.Rgt. 122 wieder aufgestellt." Überall im „Schattenstab" sah man plötzlich freudige Gesichter. So schnell war selten eine Truppe marschbereit.

Zum dritten Male wurde von uns die Meerenge von Kertsch überquert. Wir kamen nach Temrjuk, nach russischen Begriffen eine Stadt. Sie liegt am Asowschen Meer. Es gab hier beachtliche Betriebe für die Fischverarbeitung. Der hiesige Kaviar war weltberühmt. An einigen zum Meer hin abfallenden Hängen, wurde Wein angebaut.

Laut Divisionsbefehl hatten sich alle 122er, die inzwischen bei 121 und 123 gelandet waren, wieder bei ihrem alten Regiment zu melden. So mancher sollte „unterschlagen" werden. Aber sie kamen heimlich, bei Nacht und Nebel. Alle zog es wieder zum alten Haufen. Pferde und Gerät waren schon wesentlich schwieriger zurückzubekommen. Es dauerte wochenlang, bis sich das letzte Pferd „zum Dienst zurückmeldete".

Der junge, neue Leutnant Huke hatte den Pi.-Zug übernommen und führte gleichzeitig die verwaiste Stabskompanie. Abgesehen von Forderungen für seinen Pi.-Zug habe ich nicht viel von ihm bemerkt. Wohl selten ist ein Zugführer von seinen Männern so geliebt worden wie Leutnant Huke von seinen Rauhbeinen.

Das Regiment 122 wurde zunächst von Major Marienfeld geführt, uns allen als früherer Kompaniechef bekannt. Oberst Ritter Viebahn v. d. Borne hat ihm, nach seinem späteren Heldentod, im damaligen „Berliner Lokal-Anzeiger" ein ehrendes Denkmal gesetzt, das aussprach, was alle Soldaten bewegte.

Unsere 50.Division hatte den nördlichen Abschnitt dieser Front, die als Kuban-Brükkenkopf bekannt wurde. Den linken Flügel der Division hatte unser Regiment und somit den „Vorteil", teilweise im Wasser des Lagunengebietes zu liegen.

Kilometergroße Flächen des Meeres waren mit mehr als drei Meter hohem Schilf bedeckt. In diesem Dschungel gab es Wasserstraßen, kleine Inseln und Seen und kaum zu glauben . . . . eine Front. Wo und wie sie eigentlich verlief, wußte in diesem Lagunengebiet wohl niemand.

Unserem Pi.-Zug fiel eine der Hauptaufgaben zu. Er baute Stützpunkte, Flöße mit Holzturm für das MG. Der Schützte beobachtete das sich im Winde wiegende unübersehbare Schilfmeer. Gab es eine naturwidrige Bewegung im Schilf, wurde geschossen, — weh getan wurde hierbei wohl kaum jemand.

Die Verpflegung des Pi.-Zuges mußte auf dem Land- und Seeweg vorgenommen werden. Als wir eines Nachts im Schlauchboot einen Schilfsee überquerten, hatten wir ein Erlebnis, über das wir erst wesentlich später lachten.

Aus dem Dunkel tauchte, lautlos wie wir, ein Ruderboot auf, quer zu unserer Fahrtrichtung. Wir starrten uns gegenseitig an. Den Kübeln nach zu urteilen, war Iwan ebenfalls bei dem Verpflegungsnachschub. Kein Wort, kein Schuß fiel, — die Überraschung war auf beiden Seiten gleich groß. Stumm kreuzte das Boot Iwans unseren Bug, — stumm fuhren wir in Fahrtrichtung weiter. Jeder der Beteiligten hat wohl nur einen schüchternen Blick in das Feindboot geworfen.

Die Hitze und Trockenheit spielte Major Marienfeld einen üblen Streich. Der vorgeschobene Gefechtsstand bestand zunächst nur aus zwei Zelten. Major Marienfeld wurde von dem Gefreiten Richard betreut, ein „fauler" Bursche, an den sich aber der Major bereits seit Griechenland gewöhnt hatte. An jenem Morgen rasierte sich Major Marienfeld seelenruhig im Schlafanzug, während Richard den Benzinkocher für den Morgenkaffee in Betrieb setzte. Wahrscheinlich ließ er hierbei Benzin überlaufen. In Blitzesschnelle stand das Zelt in hellen Flammen, — gerettet wurde nichts, nur das instinktiv gegriffene Ritterkreuz! Das nächste war ein Anruf bei mir. „Sitze hier im Schlafanzug, kann so unmöglich ein Regiment führen, besorgen Sie mir etwas zum Anziehen, Waschzeug, — wenn Sie einen Kradmantel haben, bringen Sie ihn mit."

Kann man mir verdenken, daß ich nachher Richard einen bitterbösen Blick zuwarf. Aber selbst dieser war Major Marienfeld zuviel. „Schimpfen Sie jetzt nicht, der arme Kerl ist doch völlig zerknirscht." So kam der Übeltäter sogar ohne das „Spieß-Donnerwetter" davon.

Dafür brachte mir der Kradmantel ein „Donnerwetter“ vom Regiments-Zahlmeister ein. Einen Bezugsschein für Selbsteinkleider müßte ich haben, . . . ansonsten . . . Nun, die Angelegenheit wurde gütlich beigelegt, aber ich lernte ihn hierbei näher kennen, unseren neuen Regiments-Zahlmeister.

Das erste Mal in einem Frontregiment, den Kopf voll mit Verfügungen und Anordnungen, sah er sich plötzlich Soldaten gegenüber, die mit allen erlaubten und unerlaubten Mitteln versuchten, für die Truppe etwas „herauszuholen“. Er war ein überaus pflichtbewußter Beamter, Heimat und Front standen sich hier verständnislos gegenüber.

Seine Rechtlichkeit und Sparsamkeit ließ ihn einsam werden. Darum lud er mich eines Abends zum Skat ein. „Bringen Sie mit, wen Sie wollen.“ Meine Wahl fiel auf den zweiten Schreiber, Obergefreiter Kunze, einen Berliner.

Wir spielten und spielten, erwartend, daß der Gastgeber uns irgendwie bewirten würde. Nichts geschah in dieser Richtung. Kunze knurrte vernehmlich: „Hier muß man sogar seine eigenen Zigaretten rauchen“. Etwas verlegen erklärte der Gastgeber, daß er Nichtraucher sei. „Sie haben doch Marketender-Zigaretten“, ließ Kunze nicht locker. „Meinen Anteil schicke ich in die Heimat“, kam die Antwort. Irgendwie zauberte er eine zerdrückte angerissene Schachtel hervor.

Kunze hatte sich von dem Abend bei dem Regiments-Zahlmeister etwas versprochen, so stänkerte er weiter. „Einen Brand habe ich! Gibt’s hier nichts zu trinken?“ Das übliche, „ich trinke nicht“, ließ Kunze leutselig erwidern, „na, irgend etwas wird sich schon finden“. Und es fand sich eine Flasche mit einem kleinen Rest, — die Besucherflasche. „Für drei Personen“, mißtraute Kunze. „Ich trinke ja nicht“, beeilte sich der Zahlmeister zu erklären.

Etliche Monate später setzte ein tragisches Unglück auf einem Kommando in Deutschland dem Leben dieses Zahlmeisters ein Ende. Seine unbestechliche Gerechtigkeit und Anspruchslosigkeit kam uns nun erst voll zum Bewußtsein. Alle betrauerten ihn.

R. Obermeyer (50.ID)

*Aus dem Wehrmachtbericht vom 1. 2. 1943:*
*„In STALINGRAD ist die Südgruppe der 6.Armee unter Führung des Generalfeldmarschalls Paulus nach mehr als zwei Monaten heldenhafter Verteidigung von der Übermacht des Feindes im Kampf überwältigt worden. Die Nordgruppe unter Führung des Generals der Infanterie Strecker behauptet sich noch immer . . . An den übrigen Brennpunkten der großen Abwehrschlacht im Osten dauern die Kämpfe mit unverminderter Heftigkeit an . . .“*
*— vom 3. 2.:*
*„Der Kampf um STALINGRAD ist zu Ende. Ihrem Fahneneid bis zum letzten Atemzug getreu ist die 6.Armee unter der vorbildlichen Führung des Generalfeldmarschalls Paulus der Übermacht des Feindes und der Ungunst der Verhältnisse erlegen . . . Die zweimal vom Gegner verlangte Übergabe fand stolze Ablehnung. Unter der Hakenkreuzfahne, die auf der höchsten Ruine von Stalingrad weithin sichtbar gehißt wurde, vollzog sich der letzte Kampf . . .“*

# Der Bunkerteufel

**Eine deutsche „Wunderwaffe“**

Die hier geschilderten Ereignisse haben sich zwar nicht bei unserer Division, aber doch im Nordabschnitt, und zwar bei der 10. Luftwaffen-Feld-Division Anfang 1943 zugetragen. Uns scheint dieser Beitrag durchaus in die Reihe unserer eigenen Berichte zu passen, zumal es sich ja auch um Kameraden unseres Wehrmachtteils handelt. — Das Bataillon lag schon über drei Monate am Finnischen Meerbusen. Seine Stellungen waren winterfest ausgebaut und verbunkert. Ausgedehnte Birkenwälder lieferten das nötige Baumaterial. Wieder brach eine Winternacht herein, die Nachtposten bezogen ihre MG-Stände. Seit vielen Stunden schneite es wieder ununterbrochen, angestrengt lauschten die Männer in die weiße Nacht.

Eine unerklärliche Spannung lag über der Stellung, keiner der wachfreien Kameraden wollte oder konnte schlafen . . . Da schepperte plötzlich laut und entnervend die „Alarmschiene“ vor dem Kompaniegefechtsstand. Obergefreiter Linck stürzte mit „Der Iwan ist im Graben“ in den Bunker. Blitzschnell war er wieder fort, um die anderen Bunkerbesatzungen zu alarmieren.

Innerhalb weniger Sekunden waren die Soldaten auf den Beinen, schnappten sich ihre Gewehre, Stahlhelme und Handgranaten und stürzten in den Graben, die Waffen schußbereit in das schier undurchdringliche Schneegestöber gerichtet. Schemenhaft lösten sich weiße Gestalten und bewegten sich schwerfällig auf die Stellung zu.

Links und rechts hallten bereits die ersten Schüsse durch die Nacht. Ein Maschinengewehr begann zu rattern, dazwischen belferten russische Maschinenpistolen und, an der langsameren Schußfolge erkennbar, auch russische MG mischten mit. Noch war allerdings nicht zu erkennen, wie stark der Gegner war und ob es sich um einen größeren Angriff oder nur ein Stoßtruppunternehmen handelte.

Leutnant Siebert eilte sofort zum MG-Stand I, während Feldwebel Bordasch sich zum Stand II am anderen Ende der Stellung durchwühlte, hier und da in den Kampf eingreifend. Einen Melder hatte der Leutnant sofort zur Nachbarkompanie losgeschickt, weil er wissen wollte, wie es dort aussah, nachdem der Kampflärm sich immer mehr in diese Richtung verlagerte.

Plötzlich fiel ihm siedendheiß ein, daß er in der Eile seine Magazintasche für die MPi im Bunker vergessen hatte. Da kam ihm der Gefreite Lander entgegen und meldete, daß die beiden MG-Posten Schmidt und Bajukat von einem Trupp Russen stark bedrängt seien und sich den Iwan nur noch mit Handgranaten vom Leibe halten könnten, denn die Munition für das MG war ausgegangen. Auch die Reservemunition wurde von einer russischen Handgranate getroffen und fiel aus. Hierbei wurde Obergefreiter Schmidt verwundet.

Der Leutnant beauftragte den Gefreiten, ihm sofort einige Männer in den MG-Stand zu schicken, vorher aber die MPi-Magazintaschen aus dem Bunker zu holen. Lander sauste sofort los und dirigierte die ihm begegnenden Kameraden zum Stand I. Er selbst rannte in den Bunker, schnappte sich die Magazintaschen des Leutnants und wollte gerade den Bunker wieder verlassen, als er zwei Russen auf den Eingang zukommen sah. Zu spät war es nun für ihn, um noch ungesehen aus dem Bunker zu kommen, die Russen hatten ihn schon bemerkt und rannten nun schnurstracks auf die Tür zu, die ihnen Lander blitzschnell vor der Nase zuschlug.

Nun saß er aber in der Falle! Kein Kamerad konnte ihm helfen, denn niemand hatte den Vorfall bemerkt und im übrigen hatten alle mit sich selbst und der Abwehr des Angriffs zu tun. Das alles ging dem Gefreiten durch den Kopf. Er wußte, daß die Iwans kurzen Prozeß machen könnten, indem sie nur eine, zwei Handgranaten in den Bunker werfen müßten. Als sich Lander nach einem geeigneten Versteck im Bunker umsah, um die Russen mit seiner Pistole zu empfangen, bemerkte er eine Leuchtpistole an der Wand, ahnte aber noch nicht, daß nur dieses sonst nur vom Zugführer bediente Gerät sein und der Kameraden Leben retten sollte.

Schnell nahm er die Leuchtpistole an sich, löschte die noch brennenden Kerzen im Bunker und verzog sich unter eine der Pritschen. Die beiden Russen schienen sich ihrer Sache ziemlich sicher, einer blieb mit angeschlagener MPi. vor der Bunkertür, während der zweite ein Streichholz anzündete und eine Kerze entflammte. Beide waren nun im Bunker und leuchteten alle Ecken aus, um den Germanski zu fangen.

Doch Toni wollte sich so teuer wie möglich verkaufen und überlegte krampfhaft, wie er die Brüder wohl überlisten könnte. Ohne sich der Wirkung einer in geschlossenen Raum abgefeuerten Leuchtpistole bewußt zu sein, löste er den Schuß, unter dem Bett hervor, mitten in den Raum aus. Die Leuchtkugel sauste wie ein geölter Blitz an die gegenüberliegende Wand, von dort senkrecht an die Decke und so weiter, hin und her, rauf und runter, den beiden Iwans zwischen den Beinen durch an ihren Köpfen vorüber, nur mit Mühe konnten sie dem Feuerwerk ausweichen!

Schreiend und wild gestikulierend rasten sie aus dem Bunker, angesengt und kaum fähig, etwas zu sehen, wälzten sie sich im Schnee, warfen alles von sich, um dann ihren Genossen entgegenzulaufen, wild um sich schlagend mit Gebärden, als säße der Leibhaftige ihnen im Genick. Als die Iwans sahen, wie die beiden aussahen mit ihren schreckgeweiteten Augen, in der Helle des inzwischen angebrochenen Tages, ließen auch sie sofort vom Kampf ab und wandten sich zur Flucht!

Die deutschen Soldaten waren so verblüfft, daß sie sogar vergaßen, den Flüchtenden nachzufeuern. Aber als Feldwebel Bordasch plötzlich schrie: „Die haben ja drei von uns als Gefangene mitgenommen!“ wurde ihnen erst wieder bewußt, daß sie im letzten Augenblick einer fast aussichtslosen Situation entronnen waren.

Leutnant Siebert und Gefreiter Schmidt waren beim Ringen um das MG verwundet worden, zwei andere lagen schwerverwundet im Schnee, und von einigen abgedrängten Kameraden wußte man noch nichts über deren Verbleib. Erst als es heller geworden war und Bordasch das Kommando übernommen hatte, faßten die Männer alle Energien zusammen, um den Russen endgültig aus dem Graben zu werfen.

Noch hatten sie nicht begriffen, was den Iwan zum plötzlichen Rückzug bewogen hatte. Doch das war ja auch nicht so wichtig. Sie mußten erst ihre drei Kameraden heraushauen und zurückholen. Ludwig Bajukat hatte inzwischen ein Gewehr mit Granatgerät in Stellung gebracht und feuerte eine Gewehrgranate nach der anderen den flüchtenden Russen vor die Füße, sie so in Deckung zwingend.

Die drei Deutschen nutzten sofort ihre Chance und sprangen seitwärts aus dem Wirkungsbereich heraus. Als das die Russen bemerkten, setzten sie ihnen nach, um sie doch noch zu schnappen. Doch eine MG-Garbe riß die Iwans von den Beinen. So gelang es den Kameraden endgültig, ihre Bewacher abzuschütteln.

Sie hetzten auf die deutsche Stellung zu und wurden dort mit Freudenrufen empfangen. Alle gingen nun sofort an die Versorgung der Verwundeten. Nicht alle Verletzungen waren schwerer Natur, auch nicht die des Leutnants. Als dieser nach Toni Lander fragte, merkten alle erst, daß er fehlte.

Niemand hatte ihn während des Kampfes gesehen, nun machte man sich Sorgen. Das Gelände wurde abgesucht, vielleicht lag er verwundet irgendwo — oder gar tot? Da torkelte plötzlich ein Landser aus dem Bunker des Leutnants heraus, hustete, rieb sich die

Augen und näherte sich. Schnell war Tonis Abenteuer erzählt, und jetzt erst begriffen die Kameraden, warum der Iwan so schnell seinen Angriff abgebrochen hatte.

Bajukat, der etwas russisch konnte, erinnerte sich, daß die beiden Russen, die aus dem Bunker rasten, von einem Teufel geschrien und ihre Kameraden geradezu angefleht hatten, schleunigst zu verschwinden: Die Deutschen hätten eine neue, teuflische Waffe im Bunker eingesetzt. Die einfältigen Burschen waren diesem „Spuk" nicht gewachsen und hatten einen regelrechten Schock erlitten. So brachen sie lieber den Kampf ab, denn wer konnte den Deutschen schon trauen? W. Maxeiner/E. De. (21.Lw.-Felddivision)

# Der „Tiger"

**Ein junger Leutnant wehrte überlegene Sowjet-Panzer ab**

17. Januar 1943: Die sowjetische Winteroffensive hat begonnen, seit dem Vortag sind wir auf der Arbeitersiedlung P-5 mit dem Regimentsgefechtsstand eingeschlossen. Die Division hat einen Gegenstoß mit „Tigern" angekündigt, doch die erhoffte Befreiung war ausgeblieben. Fast apathisch hockten wir in unserem Keller, insgeheim hatte wohl jeder mit seinem Leben abgeschlossen.

In dieser Lethargie platzte der Ruf: „Alles raus, Panzer!" Die 16. sowjetische Panzerbrigade war gegen unseren einzigen Tiger angetreten. Wir verteilten uns zwischen die Sanitätsbunker des HVP und schrien: „Hurra, Hurra!" Auf alles, was sich vom östlichen Ortseingang her bewegte, wurde geschossen. Der „Tiger" hinter uns konnte sich zwar wegen Spritmangels nicht vom Fleck bewegen, aber der Brennstoff reichte noch aus, den Panzerturm in die richtige Stellung zu drehen:

Mit den wenigen noch vorhandenen Panzergranaten eröffnete die Besatzung das Feuer auf einen der vielen Panzer, die den Ortseingang schon passiert hatten. Ein Schuß — ein Iwan brannte; der zweite Schuß — wieder einer erledigt. Doch nun hatten auch die Russen unseren „Tiger" ausgemacht — und trafen. Meterlange Funkenbündel sprühten vom Stahl der Panzerkuppel ab, aber kein Treffer schlug durch.

Frei und kerzengerade stand ein junger Panzerleutnant auf einem Bunker und dirigierte das Feuer seines „Tigers": Jeder Schuß ein Russenpanzer! In kürzester Zeit hatten die Sowjets sieben der acht Wagen verloren, sie brachen den Angriff ab und zogen sich zurück. Unser „Hurra!" kam aus geschwächten Körpern aber begeisterten Herzen, wenn wir auch wußten, daß uns dieser Abwehrerfolg nicht helfen konnte. Die ausgehungerten, ausgefrorenen Schützen schirmten den Ortseingang wieder ab, mehr konnten sie nicht tun.

Im „Großen vaterländischen Krieg" heißt es hierzu auf Seite 165: „Einzelne Einheiten der 18.Schützendivision kamen bis auf fünfzehn, zwanzig Meter an die Feldbefestigung heran, mußten aber immer wieder zurück. Der Gegner schlug sich mit dem Mut der Verzweiflung; seine Lage wurde aber immer aussichtsloser. Am Abend des nächsten Tages erreichten die Truppenteile der 18.Schützendivision mit Unterstützung der 16.Panzerbrigade den Ortsrand der Siedlung und rangen dann um jedes einzelne Haus." Daß ein einziger „Tiger" — noch dazu nicht voll manövrierfähig — die Panzerbrigade zurückgeschlagen hatte, davon steht dort nichts . . . Erhard Steiniger (61.ID.)

# „Heimliches Rufen“

**Deutsche und Russen sangen denselben Schlager**

Als Chirurg beim Feldlazarett 162, 62.I.D., wurde ich oft bei den Sanitätskompanien „mot und hot“ eingesetzt. So mußte ich im Frühjahr 1943 einen vorgeschobenen Chirurgenstützpunkt in Proletarsk am Donez einrichten: Am Abhang des Steilufers, wo sich einige gut erhaltene Steinhäuser befanden, nicht einsehbar, nur etwa 800 Meter Luftlinie vom Gegner entfernt. Die HKL verlief unten am Flußufer.

Eines Tages erhielt ich die Einladung eines befreundeten Kompaniechefs zu dessen Geburtstag, der in seinem Bunker gefeiert werden sollte. Auf dem anderen Ufer des Flusses saßen die Russen. Der Bunker war nur gegen Abend robbend und kriechend zu erreichen, etwas beschwerlich und gefährlich.

Doch wir feierten unbeschwert, dabei erklang von einer Schallplatte auf einem alten Grammophon unaufhörlich und laut das Lied „Hörst Du mein heimliches Rufen“, ein damals beliebter und bekannter Schlager. Als ich gegen Mitternacht einmal den Bunker verließ und in die tiefschwarze Nacht blickte, hörte ich „drüben“ die Russen ebenfalls das Lied vom „heimlichen Rufen“ singen und summen: In dem grausamen Kriegsgeschehen ein wohl einmaliges Erlebnis. — Leider ist mein Freund einige Tage später durch Kopfschuß gefallen; ich konnte ihm nicht mehr helfen . . .

Dr. W. Krejci, Stabsarzt a.D. (62.ID.)

*Aus dem Wehrmachtbericht vom 10. 5. 1943:*
*„Am KUBANBRÜCKENKOPF scheiterten auch gestern mit starken Kräften unter heftiger Artillerievorbereitung sowie mit starker Panzer- und Fliegerunterstützung unternommene Durchbruchsversuche der Sowjets unter schweren Verlusten . . .*
*Im RAUM VON BISERTE setzte der Feind neue weit überlegene Panzerkräfte, unterstützt durch starke Luftwaffenverbände, gegen unsere dort bis zur letzten Patrone kämpfenden Truppen ein. Nach Verschuß der letzten Munition kam der heldenhafte Widerstand unserer tapferen Soldaten zum Erliegen. Im Raum südöstlich TUNIS und am Südabschnitt der Front gehen die erbitterten Abwehrkämpfe weiter . . .“*
*— vom 13. 5.:*
*„Im TUNESISCHEN BRÜCKENKOPF kämpften die deutsch-italienischen Truppen auch gestern mit äußerster Erbitterung gegen den in überlegener Stärke von Front und Rücken angreifenden Gegner. Nach Erschöpfung der letzten Munition und Vernichtung des gesamten Kriegsgeräts wurde auch an größeren Abschnitten der Südfront der Widerstand eingestellt. Dagegen setzten im tunesischen Küstengebirge einzelne Kampfgruppen, soweit sie noch über Munition verfügen, in vorbildlicher soldatischer Pflichterfüllung ihren Widerstand fort . . .“*
*Der Heldenkampf der deutschen und italienischen Afrika-Verbände hat heute sein ehrenvolles Ende gefunden. Die letzten in der Umgebung von Tunis fechtenden Widerstandsgruppen, seit Tagen ohne Wasser und Verpflegung, mußten nach Verschuß ihrer gesamten Munition den Kampf einstellen . . .“*

# Die Heuernte

**Der Iwan war nicht erfreut**

Unser Waldlager bei Opuchliki war im Laufe des Jahres 1943 recht komfortabel geworden. Die Unterkünfte wurden nach und nach in die Erde getrieben oder erhielten hohe Splitterschutzwälle. Es gab Kantinen mit Wirtschaftsräumen und auch kleine Viehställe ebenso wie Werkstätten. Mit dem Viehbestand war unsere Radfahr-Schwadron 183 am besten dran, hatte sie doch bei ihren stetigen Sicherungseinsätzen Möglichkeiten, sich hin und wieder mit etwas mageren Milchkühen zu versorgen. Die Kameraden hatten sich auch einige kleine Panjepferde eingefangen, sogar mit Schlitten oder Wagen. Da ich „amtliche Rationszuweisungen" hierfür nicht bekam, organisierte die Schwadron auf ihre Weise auch die notwendigen Futtermittel, was nicht immer ganz einfach war.

Eines Tages meldete eine Pak-Bedienung der 1.Panzerjäger-Kompanie, die zur Sicherung einer Wegkreuzung eingesetzt war, daß der Iwan im Vorfeld dabei sei, eine Wiese zu mähen und Heu zu machen, natürlich bei Nacht! Um die Geschützstellung nicht zu verraten, funkte unsere Pak nicht dazwischen.

Die Radfahrschwadron erfuhr davon, und ein ausgesandter Späher meldete dem Spieß, daß das Heu wohl noch nicht ganz reif sei, aber doch in der kommenden Nacht geholt werden könne. Zwei Versorgungsfahrzeuge wurden mit einigen Männern besetzt, die zusammengeknüpfte Zeltbahnen mit sich führten. Gegen Abend fuhren sie los, „um zu ernten".

Die Lastwagen blieben in der etwas zurückliegenden Protzenstellung der Pak in Dekkung stehen. Dann wurde von den Männern bei völliger Dunkelheit das Heu eingesammelt. Nicht einen Haufen sollen die Schwadroner dem Iwan gegönnt haben! Die Pak-Bedienung meldete am nächsten Tag, daß sie mit sichtlichem Ergötzen die Heuhaufen-Suchaktion der Russen beobachtet habe.

Kurt Lahne, ehem. Oberzahlmeister P.183 (83.ID.)

# „Sie sollen längst tot sein!"

**Als VB der 2./AR.292 beim Unternehmen „Zitadelle"**

In seinem zweiten Dokumentarbericht „Verbrannte Erde" hält Paul Carell das „Unternehmen Zitadelle", den Zangenangriff gegen den sowjetischen Frontbogen um Kursk im Juli 1943, für den Wendepunkt des Zweiten Weltkrieges.

Als die 292.ID., nach Abschluß der „Büffelbewegung" aus dem Raum Jelnja kommend, in den Tagen um Himmelfahrt 1943 in Orel ausgeladen wurde, hat die Divisionsführung über die strategischen Ziele der nahen Zukunft sicherlich sehr viel weniger gewußt als unsere Gegner in Ost und West.

Die 2./AR.292, der ich als VB angehörte, zog gleich in den vorläufigen Unterkunftsort Michailowka südlich Orel.

Wochen intensiver Ausbildung standen uns bevor. Zahlreiche Geländeübungen, häufig im Zusammenwirken mit anderen Waffengattungen, bei denen wir uns an das neuartige tischebene Gelände mit seinen tief eingeschnittenen Schluchten und Balkas gewöhnten, Scharfschießen und Abstellen von Arbeitskommandos an die etwa 15 Kilometer weiter südlich verlaufende HKL, Beobachtung des vom Feind besetzten Geländes und dessen Auswertung machten uns klar, daß ein deutscher Angriff größeren Ausmaßes bevorstand.

Die russischen Flieger waren außerordentlich rege. Tag und Nacht gab es Fliegeralarm. Aber auch unsere Luftwaffe war in diesem Raum sehr stark. In unserer Nähe lag das Jagdgeschwader Mölders. In den täglichen Luftkämpfen waren unsere Jäger fast durchweg erfolgreich. Große Heiterkeit rief einmal der Abschuß einer „Nähmaschine" durch einen — Scheinwerfer hervor: Einer dieser Pappkästen war in den Lichtkegel eines Scheinwerfers geraten und versuchte, durch wildes Kurven aus dem Licht herauszukommen. Dabei verlor er wohl die Höhenorientierung und knallte mit der Schnauze in die Erde.

Etappenweise rückten wir nach vorn und bezogen am Abend des 30. Juni unsere Ausgangs-Feuerstellung nördlich Archangelskoje.

Die 292.ID. gehörte neben der 86.ID., der 18.Pz.Div. und der 10.Pz.Gr.Div. dem XLI.Pz.Korps an. Der Schwerpunkt des Angriffs lag bei dem LXVII.Pz.Korps, das westlich an das XLI.Pz.Korps anschloß.

Bei einbrechender Dunkelheit zog ich am Abend des 4. Juli mit meinen beiden Funkern nach vorne zum Gefechtsstand des Bataillons des IR.507, dem unsere Batterie zugewiesen war. Die russischen Flugzeuge waren lebhafter als je zuvor. Ein besonders unangenehmes Gefühl rief es hervor, wenn sie die Kästen mit einer Unzahl kleiner Splitterbomben abwarfen, die sich mit magnesiumhellem Licht in der Luft öffneten und die Bomben in weitem Umkreis verstreuten.

Rings um uns war Bewegung. Mit uns zog die Infanterie in die Bereitstellungsräume und klapperte derart mit Kochgeschirren, Spaten und dem ganzen Plunder, daß das einen toten Iwan hätte aufwecken können.

Zur Aufnahme der Angriffstruppen waren kurz hinter der HKL seichte Gräben mit einigen Schlupflöchern angelegt worden. Obwohl wir in einem Waldstück lagen, hatten meine Funker bald Verbindung zur Feuerstellung.

Trotz der erklärlichen Aufregung vor dem bevorstehenden Angriff versuchten wir zu schlafen, aber die russische Artillerie weckte uns gegen 2 Uhr mit einem einstündigen Feuerzauber, der unsere Stellungen hageldicht eindeckte. Wie durch ein Wunder blieben wir in unseren nur schwach abgedeckten Deckungslöchern ungeschoren, obwohl die Baumkronen reihenweise abrasiert wurden.

Um 3.30 Uhr soll das Vorbereitungsfeuer einsetzen. Unserer Division sind neben den zwölf Batterien der Divisions-Artillerie weitere zwölf Batterien und ein Bataillon schwere Granatwerfer unterstellt.

Es ist 3.25 Uhr. — Wir machen uns fertig! — Vor uns liegt ein großer Obstgarten, in dem wir in der beginnenden Morgendämmerung zahlreiche russische Deckungslöcher und Erdbunker erkennen können.

Dann beginnen unsere Batterien zu trommeln. Die Abschüsse vereinigen sich zu einem rasenden Feuerwirbel, in dem einzelne Laute untergehen, nur das klingende Schmettern der Langrohre vermag durchzudringen. Hart pfeift es über uns weg: das Feuer liegt geschlossen auf der feindlichen HKL.

Nun mischt sich auch das aufreizende Heulen der Nebelwerfer in den Artillerielärm. Die Batterien schießen ohne Satzvorlage, hinter uns blitzt es ununterbrochen auf wie bei einem schweren Gewitter.

Vor uns kocht und brodelt und tobt es! Eine dichte Wand von Pulvergasen nimmt uns jegliche Sicht; nur ab und zu leuchtet ein naher Einschlag fahl durch den grauschwarzen Qualm. Wie von unsichtbarer Hand vorgeschoben springt das Feuer weiter nach Süden, es liegt nun auf Nikolskoje und Sokolniki.

Rechts und links springen unsere Landser aus dem Graben und werden vom Nebel verschluckt. Mit meinen Funkern laufe, nein, taumle ich vorwärts. An vielen Löchern und Bunkern kommen wir vorbei. Aber seltsamerweise sehen wir keinen einzigen toten Russen. Heute wissen wir, daß der genaue Angriffsbeginn den Sowjets seit langem bekannt war. Sie hatten die vorderen Stellungen geräumt, und unser ganzes Feuer war nutzlos verpufft!

Wir kommen aus dem Obstgarten heraus. Vor uns liegt ein angestauter Bach, die Otschka, wie hier die Oka zunächst heißt. Weiter rechts soll ein Staudamm hinüberführen. Dorthin drängt sich alles. Es ist vielleicht doch ganz gut, daß noch immer dichter Pulverqualm über der Bachniederung liegt und dem Iwan die Sicht nimmt.

Vereinzelt hauen schwere Einschläge in unserer Nähe ein. Plötzlich sind wir zwischen den ersten Häusern von Sokolniki. Hinter dem Nest, das an vielen Stellen brennt, zieht sich ein tiefer Graben mit einer Anzahl gut ausgebauter Bunker auf halbem Hang längs. In diesem Graben liegen unsere Landser und warten auf weitere Befehle.

Wenn das so weitergeht, ohne daß ein einziger russischer Schuß fällt, sind wir bald am Ural! Als ich mich aber umdrehe, sehe ich hinter mir auf der Grabensohle den Korporal des IR.507 liegen, mit dem ich im Winter zuvor manche Partie Schach gespielt habe. Tot! Also hat der Iwan doch wohl geschossen, ohne daß wir es gemerkt haben.

Inzwischen ist die Sonne aufgegangen. Da hören wir vor uns das bekannte Blubbern. Leichte Granatwerfer! Die Burschen meinen uns. Nicht weit vor uns müssen sie stehen. Funkgerät aufbauen! Tausendmal sind die Griffe geübt; aber so sehr die Funker auch herumdrehen, es will keine Verbindung zustandekommen. Am liebsten würden wir die launischen Kästen zerschlagen. Hier im Freien will es nicht klappen, und im Wald hatten wir die schönste Verbindung. Ungestört können uns die Spucker beharken.

Da poltert es hinter uns. Zwei Sturmgeschütze schieben sich heran und stehen bald vor unserem Graben. Mit der Infanterie springen wir aus dem Graben. Die Landser drängen sich um die Sturmgeschütze, auch meine Funker. Gerade rufe ich ihnen noch zu: „Kommt weg von den Sturmgeschützen!“ da haut es auch schon um sie ein, und mit vielen Landsern liegen auch die Funker auf der Erde.

Ich springe hinüber. Der eine Funker hat eine bös aussehende Kopfverletzung, dem andern ist ein Splitter ins Bein gefahren. Gehen können beide nicht. Nacheinander schleife ich die beiden Funker in Deckung und verbinde sie, dann hole ich die Funkgeräte.

Nun sitze ich hier tatenlos. Was ist zu tun? Bis zur Feuerstellung bekomme ich die beiden Verwundeten nicht geschleppt, Funkverbindung ist auch nicht zu bekommen, zumal der eine Kasten auch beschädigt worden ist. So bleibt mir nur der Weg nach vorn, um über das A.V.Kdo. unsere Batterie zu verständigen.

Unsere angreifende Infanterie kann noch nicht allzu weit vor uns sein! Angriffsziel des ersten Tages war der „Kastenwald“, den ich vor mir erkennen kann.

In Richtung auf dieses Waldstück läuft ein gut zwei Meter tiefer Graben. Bald komme ich an mehreren Seitengräben vorbei und erkenne, wie stark der Russe seine Stellungen ausgebaut hat. Gerade komme ich um eine Grabenecke und — pralle zurück.

Vor mir sitzen mindestens 25 Russen mit dem Gewehr im Arm. Zum Glück sahen sie gerade nach der entgegengesetzten Seite. Ich überlege. Eine Handgranate habe ich nicht. Mit der Pistole allein gegen 25 Russen? Lieber überlasse ich sie den später kommenden Truppen.

Wie ich über die Deckung sehe, stelle ich fest, daß ich zu weit nach rechts abgekommen bin. Nun wird mir auch klar, weshalb im Graben noch Russen sitzen, die nicht auf dem Weg in die Gefangenschaft sind. Etwa ein Kilometer rechts von meinem jetzigen Standort liegt der „Schwarzwald“, der als sehr stark befestigt gemeldet wurde und zunächst ausgespart worden ist. (Am Abend wurde er durch starke Fliegerverbände sturmreif gebombt.)

Um schneller vorwärts zu kommen, steige ich aus dem Graben und laufe über das freie Feld zum „Kastenwald" hinüber. Am Waldrand sehe ich dann die ersten toten Russen. Gespenstisch ruhig ist es um mich, der Wald verschluckt alle Kampfgeräusche vor mir. Als ich am südlichen Waldrand angelangt bin, sehe ich weiter vor mir eine Reihe brennender T 34. Im Halbkreis, etwa 300 Meter vor dem „Kastenwald", stehen unsere Sturmgeschütze aufgefahren.

Ich frage mich zum A.V.Kdo. durch. Dessen Führer, ein Leutnant der Abteilung, macht große Augen, als er mich sieht: „Nanu, Sie sollten doch längst tot sein?!" Ihm war gemeldet worden, daß meine beiden Funker und ich gefallen seien und am „Obstgarten" lägen. — Nachdem ich darum gebeten habe, die Batterie zu benachrichtigen, damit die verwundeten Funker abgeholt würden, mache ich mich auf den Rückweg.

Ich schlendere gerade durch den „Kastenwald", da sehe ich fünf Landser meiner Batterie entgegenkommen. Weil sie die „toten Funker" und den „toten VB" nicht im Obstgarten gefunden hatten, waren sie aufs Geratewohl weitergegangen. Für die „Auferstehung von den Toten" gab es natürlich eine laute Begrüßung. Ich erfuhr, daß die Batterie gerade Stellungswechsel mache und durch Sokolniki komme, wo die beiden Funker lagen.

— tz (292.ID.)

# Handgranatenduell im Graben

**Das III./505 im heftigen Ringen um die Ptachino-Höhe**

Am frühen Morgen des 3. Juli 1943 bricht das III./505, unser „Sturmbataillon 291", auf dem „Douaumont", der Ptachino-Höhe, ein. Der Angriff scheint fast planmäßig zu gelingen. — Im Tagebuch der Division ist darüber verzeichnet:

„Am 2. 7. marschiert das III./GR.505 planmäßig nach 22 Uhr aus der Ausgangsstellung bei Krestowo durch das Sumpfgelände südlich des Ptachinoblocks in den Bereitstellungsraum hart südlich des Höhenblocks.

Die Bewegungen werden, vom Gegner unbemerkt, durchgeführt. Um 1.40 Uhr erfolgt der Einbruch und wird der Feuerschlag der eigenen Artillerie auf Stichwort „Adolf" ausgelöst.

Der Einbruch gelingt überraschend am Graben 14. Gleichzeitig brechen Stoßtrupps im Graben 15 ein, während die nördliche Stoßgruppe nicht zum Einsatz gelangt.

In der ersten Stunde des Angriffs kommt das Bataillon gut voran. Der Feind hat die Lage noch nicht voll erfaßt.

Um 2.10 Uhr meldet der VB der Artillerie: „Graben 15 durchschritten, Graben 16 erreicht; 22 und 23 umkämpft."

Jetzt sollen die Kameraden Böger und Huth zu Wort kommen, die zur zweiten Welle gehören und über den Angriff des Bataillons berichten: „Die erste Sturmreihe soll den vordersten feindlichen Graben überspringen und den zweiten nehmen. Auch Hauptmann Weber mit seinem Stab ist dabei, vorn und mittendrin. Meine s.MG-Gruppe gehört zur zweiten Linie.

Noch ist unsere erste Reihe vor dem Vordergraben, da gehen die Minen hoch. Wir sind in eine Minensperre mit Stolperdrähten geraten. Der Iwan ist gewarnt. Gewehr- und MG-Feuer rast uns entgegen. Die Hölle bricht los. Unseren Hauptmann trifft ein Geschoß am Stahlhelm, der ihm vom Kopf fliegt. Aufrecht weiterstürmend, ruft er uns zu: „Vorwärts!“ Da erwischt es ihn am Bein. Getroffen sackt er zusammen.

Trotzdem wird der erste Graben im Nahkampf genommen. Die Reste der ersten Welle stürmen auf den zweiten Befestigungsgraben zu. Was von den mit Flammenwerfern zugeteilten Pionieren noch übrig ist, greift in die erbitterten Nahkämpfe ein. Ihr Einsatz wirkt verheerend, der erste Graben ist in unserer Hand.

Ein Teilerfolg, denn den zweiten Graben erreichte die erste Welle nicht. Sie bleibt im schweren Abwehrfeuer des Feindes vor ihm liegen und verblutet.

Nach zwei heiß durchkämpften Stunden sind von fünfhundert Kameraden noch hundert geblieben. Nun heißt es, wenigstens das gewonnene Grabensystem bei den nun anrollenden russischen Gegenangriffen zu halten. Wieder erbitterter Nahkampf in den Gräben, mit Handgranaten und Maschinenpistolen. Unsere sMG nützen dabei wenig.

Bald werden Munition für unsere Handfeuerwaffen und vor allem Handgranaten Mangelware. Zum Glück, dem Iwan geht es nicht anders. Der Nachschub bleibt mehr als spärlich. Sperrfeuer hinter uns riegelte fast alles ab. Unsere Artillerie tut bei den Russen desgleichen. Von beiden Seiten kommen nur einzelne Soldaten durch.

Wenn wir zwischendurch wieder eine Kiste Handgranaten ergattert haben, versuchen wir sofort, den Graben weiter aufzurollen. Nur stückweise kommen wir voran, müssen auch wieder zurück. Wir liefern einander regelrechte Handgranatenduelle, sobald es der Nachschub erlaubt.

Jeder Zweikampf fordert neue Opfer. Oberleutnant Hoffmann fällt, der letzte Offizier bei uns. Blutjunge Leutnants, frisch von der Kriegsschule, sollen die Lücken füllen. Kaum haben sie ein Kommando übernommen, fallen sie durch Verwundung oder Tod wieder aus. Auf dieser Höhe kann nur der erfahrene Frontsoldat überleben — wenn er viel Glück hat.

Gegen Abend sind von der 11. Kompanie noch fünf Männer übriggeblieben und vier von der zugeteilten s.MG-Gruppe. Ich muß die Führung übernehmen. Wir neun Mann versuchen zu halten, was unsere verbrauchten Kräfte noch hergeben. Vor uns eine grauenvolle Nacht, nichts zu essen und nichts zu trinken.“

Im Divisionsstab reißen die Meldungen nicht ab: „3. 7. 43, 2.40 Uhr: Gruppe Stetter (Teile III./504, Teile I./505, Teile Aufkl.Abt.291) tritt von der Stellung im Westen des Ptachino-Blocks mit Unterstützung von vier Panzern zum Angriff an.

3.20 Uhr Meldung Kommandeur III./505: Südseite genommen. Im Norden gewinnt der Angriff der Gruppe Stetter in den Gräben 2, 4, 5 und 8 Boden. Absicht des Regiments, von Süden und Westen gegen die Höhe des Grabensystems 18 bis 21 anzutreten. Feuerschlag der Artillerie auf diese Geländestücke.

Gegen 3.40 Uhr Höhepunkt des eigenen Angriffs. Nahkampf in den Gräben 18 und 19 angeblich beobachtet (505). Artilleriefeuer soll auf Landbrücke nördlich der Höhe vorverlegt werden. Diese Beobachtung offenbar falsch. Tatsächlich erwies sich, daß die beiden Kompanien III./505 offensichtlich nicht die befohlene Angriffsrichtung des geraden Durchstoßes nach Norden einhielten, sondern sich in Grabenkämpfe bei 14 und 15 verwickeln ließen und dann die Stoßrichtung nach Nordosten (Graben 23) einschlugen. Dadurch der entscheidende Anfangserfolg nicht bis zum Ende durchgeführt.“

Die Gruppen des Stoßtrupps haben inzwischen den Feuerkampf aufgenommen. Rechts von uns geht ein s.MG in Stellung. Kamerad Huth ist dabei und erinnert sich: „Als die erste Welle die Höhe und den ersten Graben erreicht hatte, folgten wir mit unserem s.MG und gelangten ohne Verluste dorthin. Was wir oben zu sehen bekamen, war grauenhaft. Ungezählte Tote und Verwundete lagen herum. An die meisten Verwundeten kamen wir nicht heran; viele starben ohne Hilfe. Zerschossen und eingedrückt die

Gräben. Eine Kette von Löchern war geblieben, die man nur gebückt begehen konnte. Inzwischen hatte auch der Russe die Lage klar erkannt und beschoß uns mit allen Kalibern.

Das Angriffsziel, den zweiten, hinteren Graben zu nehmen, wurde nicht erreicht. Vorher hatte man uns gesagt, daß diese Aufgabe nicht schwer sein sollte. Die Stellung halten, das sei wirklich schwierig. Vorläufig kamen wir nicht in die Verlegenheit, die Sandkastentheorie mit der Praxis zu vergleichen, blieben vor dem zweiten Graben liegen. Wahrhaftig, unsere Lage war mehr als verzwickt."

Immer noch lagen wir rund vierzig Meter vor dem rechten Laufgraben, als plötzlich alles, was noch krauchen konnte, von vorn zurückkam. Machtvoll hatte das feindliche Infanterie-Abwehrfeuer eingesetzt; es traf die angreifenden Kompanien in vollem Lauf von vorn und in die Flanke. Der Zusammenhang zerriß. Einzelne Gruppen ließen sich in Grabenkämpfe verwickeln. Dem Angriff waren damit Schwung und Stoßkraft genommen.

Noch krallen wir uns vor dem zweiten Graben fest, da greift der Gegner vom Graben rechts hinter uns an. Frontwechsel nach Süden. Gnadenloser Nahkampf unter der infernalischen Feuerglocke des Abriegelungsfeuers von beiden Seiten. Keiner kann unterscheiden, woher die Granaten kommen. Gleichermaßen vernichten sie Freund und Feind.

Um aus der Feuerwalze herauszukommen, stürmen wir nochmals nach vorn in den freien Raum. Der Russe reagiert ebenso. Erstmals nach langen Monaten sehen wir wieder das Weiße im Auge des Gegners.

Für das s.MG des Kameraden Huth ist es schwierig, in diesem Trichterlabyrinth freies Schußfeld zu finden. Trotzdem tut er das Mögliche und gibt uns Feuerschutz. Er schildert die Eindrücke im Graben unterhalb seiner Stellung:

„Von der Angriffsseite aus gesehen rechts lagen wir mit unserem s.MG direkt im Graben an den Russen. Oberfeldwebel Golz und ein sehr tapferer Unteroffizier standen den Russen gegenüber. Handgranaten flogen hin und her. Der Unteroffizier war ein Draufgänger, wie ich noch keinen erlebt hatte. Gern möchte ich wissen, was aus ihm geworden ist. Auch wir taten, was wir konnten. Den ganzen Tag schlugen wir uns dort oben herum. Die Munition wurde knapp, die Waffen waren versandet."

Indessen meldete das Grenadierregiment 505 und seine Unterstützungseinheiten der Division: „3.27 Uhr Major Stetter schwer verwundet. 3.48 Uhr Hauptmann Weber verwundet; führt noch. Wenig später Ausfall aller Kompanieführer. Der Angriff der führerlosen Gruppe kommt zum Stehen.

4.30 Uhr, feindlicher Angriff mit vier Panzern wird abgeschlagen. Zwei feindliche Panzer bewegungsunfähig. Ein Panzer in Brand geschossen."

Der Rest der Stoßtruppe zieht sich in den Graben zurück. Gegen 4 Uhr wird etwa 80 Meter vor der Gruppe ein Geschütz des Russen in Stellung gebracht. Im Morgengrauen schiebt sich der gezackte Schild über den Rand der Höhe.

Von den dreißig freiwilligen Sturmsoldaten sind Unteroffizier Fuhlendorf, Kaißler und ich übriggeblieben. Mit Panzermunition aus dem Schießbecher wird das 5-Zentimeter-Geschütz außer Gefecht gesetzt. Dann verdämmen wir den Graben nach rechts mit einer geballten Ladung. Von dort aus griff der Russe mit Flammenwerfer an, vermutlich einem von uns erbeuteten.

Anschließlich geschieht das, was Kamerad Huth vorstehend geschildert hat: Unteroffizier Fuhlendorf, Kaißler und ich liefern den Russen ein zünftiges Handgranatenduell.

Während wir im Zickzack den Graben fegten, spielte sich — nach dem Tagebuch des Ia — am Nordhang des „Douaumont" folgendes ab:

„5.17 Uhr, die Division beantragt beim AK. neuen Panzereinsatz. Neuer Einsatz wird genehmigt und befohlen.

5.32 Uhr, entsprechender Befehl an Artilleriekommandeur. 6.30 Uhr Angriffsbeginn mit Feuerschlag der Artillerie und schweren Infanteriewaffen. Die Panzer treffen verspätet ein, weil eine schwere Pak im Knüppeldamm eingebrochen und daher die Zufahrt vorübergehend gesperrt war.

7 Uhr, die Panzer fahren vor. Meldung 505: Hauptmann Weber kann nicht mehr führen infolge seiner Verwundung. Hauptmann Andree unterwegs, um das Bataillon zu übernehmen. Der Feindwiderstand ist heftig. Infolge des starken Granatwerfer- und Artilleriefeuers drängt sich der Kampf wieder in den Gräben zusammen.

7.50 Uhr, Meldung GR.505: In eigener Hand Gräben 24, 22 halb, 15, 14, 12, 9, 8 halb, fünf fraglich. Sehr hohe beiderseitige Verluste. Auffällig die große Zahl eingesetzter Panzerbüchsen beim Gegner, von denen zwanzig zerstört sein sollen.

10.45 Uhr, erneutes Antreten auf das befohlene Ziel. Eigene vier Panzer und Infanterie gehen am Nordgraben vor. Alarmierende Funksprüche des Gegners: „Wir werden bis zum letzten Mann haltenl — „Haltet aus, ihr Helden!“ — „In 20 Minuten werden sie (die Panzer) bei euch sein!“

11 Uhr, der erste feindliche Panzer wird auf der Höhe gemeldet. Gegenstoß im Nordgraben, heftige Kämpfe in den Gräben 4 und 8. Die ersten Gefangenenvernehmungen ergeben, daß fast sämtliche Einheiten und Verbände der 46.Garde-Schützendivision auf der Ptachinohöhe eingesetzt waren. Eine neue Division, anscheinend 19.Garde-Schützendivision, soll zur Ablösung herankommen. Unsere Division hält ein volles Erreichen des Angriffsziels der ganzen Höhe im augenblicklichen Kräfteverhältnis für nicht mehr möglich.“

Wir drei von der Stoßgruppe bleiben zusammen. Weil der Graben nur noch andeutungsweise existiert, verschanzen wir uns in einem Loch. Die Handgranaten sind alle. Wir schießen nur noch auf sicher erkannte Ziele. Eine Handgranate schwirrt heran, krepiert. Ein Splitter durchschlägt mir den Backenknochen und bleibt stecken. Am Abend bringen mich die beiden Kameraden zum ersten Graben. Dort bettet man mich neben andere Verwundete in einen großen Trichter. Sehnsüchtig warten wir auf die Lotsen, die uns am anderen Morgen durch die eigenen Minenfelder bringen.

Fuhlendorf gilt seit dieser Nacht als vermißt. Kaißler wird ebenfalls verwundet. Später stößt er bei Korosten wieder zum Sturmbataillon und berichtet mir, daß die führerlosen Soldaten sich in der Nacht einrichteten, so gut es ging. Er selbst kam in einen Lazarettbunker, der in der Nacht mehrmals den Besitzer wechselte. Einmal kam ein russischer Hauptmann herunter, verteilte Papyrossi und meinte, die Deutschen würden bald zurückkommen. Im Laufe des 4. 7. konnte Kaißler dann zurückgebracht werden. Den „verlorenen Haufen“ gab es nicht mehr . . .

Erich Gliesche (291.ID.)

# Bis zur Höhe von Olchowatka

**Das IR.58 beim „Unternehmen Zitadelle“ 1943**

Nach drei Wochen harter Ausbildung südlich Orel rücken wir in der Nacht zum 3. Juli 1943 in die Ausgangsstellung des Unternehmens „Zitadelle“. Wir gehören zum 47.Panzerkorps und liegen genau in der Mitte des 30 Kilometer breiten Angriffsraumes zwischen Straße und Bahnlinie Orel — Kursk. Wie immer ist es verdreht: Zum Angriff kommen wir in eine ideale Verteidigungsstellung! Es ist freies, übersichtliches Gelände, 100 Meter hinter der hier noch schmalen Oka. Der Iwan ist auf Distanz. Unser Graben liegt etwas hoch, Bunker am Hinterhang, Bewegungsfreiheit für den sich sonst am Tage nur wie ein Maulwurf bewegenden Infanteristen, welche Wohltat!

Das kann nicht lange gutgehen. Außerdem haben wir, die sonst nur einsam, verlassen und weit auseinandergezogen in der Landschaft Stehenden, hier das seltene Gefühl von Sicherheit. Wir wissen von Panzer-Divisionen, Artillerie- und Nebelwerfer-Abteilungen hinter uns.

5. Juli, 3.30 Uhr. Unsere Bomber fliegen südwärts Richtung Kursk, die vielen Flakwölkchen lassen uns staunen, wo hat Iwan nur die Flakgeschütze her? Der Angriff des 41.Pz.Korps links beginnt. Unser Sturm ist auf 6.20 Uhr festgesetzt. Die Granaten und Raketen von Artillerie und Werfern heulen, orgeln und rauschen über uns hinweg. Genau auf den russischen Stellungen liegen die Einschläge. Wir sehen eine sich hochauftürmende dichte Feuer-, Rauch- und Staubwand. Das kann keiner überleben, das wird ein leichter Angriff, so denken wir.

Vor unserer 9.Kompanie liegt ein stark ausgebauter Stützpunkt, deshalb wurde unser Sturm später, auf 8 Uhr, festgesetzt.

„Auf marsch!“ Kaum aus dem Graben, fällt unser Zugführer, Feldwebel Freimuth, zwei MG-Schützen werden verwundet. Im Sprung erreichen wir die Oka, über Balken das andere Ufer. Starkes Abwehrfeuer zwingt uns rechts in ein spärliches Getreidefeld. Über unseren Köpfen jaulen Querschläger durch die Halme, kriechend und robbend erreichen wir den Kornfeldrand und liegen nun 50 Meter rechts vom Stützpunkt, vor uns freie Fläche. Stachel- und Stolperdrahtverhau und starkes MG- und Gewehrfeuer nageln uns am Boden fest.

Unser I.Zug kommt links besser voran, gelangt an dem Stützpunkt vorbei in einen nach rückwärts führenden Verbindungsgraben, kann von dort die feindliche Stellung aufrollen und 20 Gefangene machen.

Jetzt ist für uns der Weg frei, vorsichtig springen wir durch die Stolperdrahtverhaue. Die kleinen Holzkastenminen dazwischen können wir, obwohl im Boden versteckt, doch ausmachen. Hier sehen wir Musterbeispiele russischer Feldstellungen: Ein Laufgraben kreisförmig, sehr eng, über zwei Meter tief, keine Erdaufschüttungen, zu den MG- und Schützenständen führen Stufen hoch, die Unterstände liegen mehrere Stufen tiefer. Alles ist äußerst sauber. Ähnlich sind die Geschützstellungen weiter rückwärts ausgebaut: Ein Laufgraben um das Geschütz, an allen vier Seiten Unterstände, ein tiefer Munitionsgraben und 100 Meter vor der Stellung Stacheldrahtverhau.

Trotz der vielen Granateinschläge, die auf dieser Linie liegen, sehen wir keine eingefallenen Stellungen, keine Volltreffer in den Gräben, weder Tote noch Verwundete. Alle haben dieses Trommelfeuer fast spurlos überstanden, auf „moralische Wirkung“ war im dritten Rußlandjahr sowieso keine Hoffnung zu setzen.

Rechts läuft der Angriff zügiger, wir werden bis zum etwa zwei Kilometer vor uns liegenden Herzwäldchen nachgezogen und bleiben in Reserve. Heftig brodelt rechts und vor uns die Materialschlacht weiter. Im Blick zurück sehen wir in dem offenen Gelände die Massen unserer Panzer auffahren, die sprungbereit nur auf ein Loch zum weiteren Durchbruch warten.

Unser linker Nachbar hängt zurück, das Regiment wird am 2.Angriffstag zur Unterstützung links eingesetzt. Schweres Feuer schlägt uns entgegen, Flugzeuge greifen uns an, und von halbrechts kommen russische Panzer. Das sieht böse aus. Unsere vorgehenden Linien sind auf diesen freien Feldern ohne Deckung, und Panzerdeckungslöcher sind in den trocken-harten Boden so schnell nicht zu graben. Zum Glück kommen uns eigene Panzer zur Hilfe, die weiter in den Ort Butyrki nachstoßen. Wir erreichen das Tagesziel und finden Deckung in einer Geschützstellung. Uns fallen die vielen Brandflaschen zur Panzerbekämpfung auf, die hier lagern.

In der Nacht zum 7. Juli werden wir wieder rechts eingereiht. Nach einer Kornfelddurchkämmung rollen wir uns für eine kurze Zeit in unsere Zeltbahnen. Mit Tagesanbruch geht der Angriff auf den „Schmetterlingswald" weiter, mit starker Sturmgeschütz- und Stukaunterstützung. Diese wird nur durch die kurz vor uns mit ungeheuerer Wucht explodierenden Bomben unangenehm. Wir schießen pausenlos Leuchtzeichen, wenn sich die Stukas nähern.

Gegen Mittag ist der „Schmetterlingswald" in unserer Hand. Einzelne Gefangene werden gemacht, an verlassenen Geschützstellungen und stehengebliebenen Fahrzeugen vorüber rollt der Angriff durch das schmale Wäldchen weiter. Kaum aus der Deckung heraus, werden wir im freien Gelände von der russischen Artillerie eingedeckt. Von dem etwa zwei Kilometer vor uns liegenden Höhenzug haben sie ausgezeichnete Beobachtungsmöglichkeiten.

Pausenlos explodieren vor, hinter und zwischen uns die Granaten; ich habe das Gefühl, auf einer großen Eisenplatte zu liegen, auf die Schmiedehämmer niedersausen. Granatsplitter in jeder Menge surren über uns, jeder Körperteil ist flach an den Boden gepreßt.

Das Gesicht im Staub, kein Millimeter darf vergeben werden, versuche ich mit dem Spaten eine Mulde in diesen harten, trockenen Boden zu schaben, Wettlauf eines Gefesselten mit einem alles zerreißenden Ungeheuer. Dazu kommt die brennende Julisonne. Ich bin schweißgebadet, auf der Zunge liegt beißender Pulvergeschmack. Die Kehle ist ausgetrocknet.

Wie alles, hat auch dieses Trommelfeuer ein Ende. Ein neuer Antritt, rechts und links sehen wir die lange Linie unserer Schützen und die vielen auf gleicher Höhe mitfahrenden Sturmgeschütze. Das gibt uns neuen Mut und Sicherheit, es muß doch zu schaffen sein! Aber Iwan läßt nicht lange auf sich warten, wieder schlagen Granaten in unsere Reihen. Obwohl wir, bedingt durch den Gefechts- und Motorenlärm, kaum reagieren können, haben wir erstaunlich wenig Ausfälle.

Nachdem wir drei Höhenlinien überquert haben, schlägt uns starkes MG- und Granatfeuer aus einer Grabenstellung etwa 400 Meter halbrechts entgegen. Wir finden Deckung in einem verlassenen russischen Graben. Kompanieführer Leutnant Haverkamp wird hier verwundet.

Wir liegen fest, ein weiterer Angriff wäre aussichtslos. Jetzt schließen die Panzer auf, holen nach links aus und stehen nach etwa 1 000 Metern vor einer neuen Grabenstellung des Gegners. Wir werden nachgezogen. Als wir aber auf gleicher Höhe mit unseren Panzern sind, etwa 100 Meter vor dem Graben, legen diese den Rückwärtsgang ein und verschwinden in Deckung, angesichts der überaus starken russischen Panzerabwehr.

Ich finde hier eine russische Maschinenpistole mit vollem Magazin, gerade passend. Im heftigen Abwehrfeuer brechen wir in einem Sprung in den ersten Graben ein. Knapp 30 Meter weiter verläuft ein zweiter stark besetzter Graben, aus dem mehrere Kameraden Kopfschüsse erhalten, während wir den Graben aufrollen. Unser Zugführer, Feldwebel Pfeiffer, wird tödlich getroffen. Dazu schießt noch die eigene Artillerie genau auf dieses Grabenstück.

Die Nacht kommt. Die Feldküche bringt süße Nudeln. Es bleibt ruhig, alle Mann stehen im Graben auf Posten, die Unterstände hinter uns werden nicht einmal untersucht. So gibt es eine Überraschung am anderen Morgen: Jemand geht in einen Bunker und schon knallt ihm eine MPi-Garbe vor die Füße. Handgranaten werden hineingeworfen, als Antwort erfolgen weitere MPi-Schüsse. Noch mehr Handgranaten — erst als der Unterstand brennt, kommen zwei Iwans mit erhobenen Händen unverletzt heraus. In einem anderen Unterstand befanden sich ebenfalls zwei Russen.

Am nächsten Morgen rollt von hinten eine Panzerwelle heran, dazwischen angreifende Panzergrenadiere. Sie fahren und springen über unseren Graben. Jetzt werden wir es packen, jetzt wird es klappen, diese Welle hält Iwan nicht auf, jetzt können wir nur noch hinterher marschieren, so denken wir wieder.

In Höhe unseres Grabens bleiben schon die ersten Panzer liegen, und nach 300 Meter hat sich der Angriff festgefahren, immer mehr Panzer werden in Brand geschossen. Ich sehe drüben Trupps, die mit ihren langen Panzerbüchsen über die freie Pläne Stellungswechsel machen, um unsere Panzer von der Seite zu packen.

Wir werden nun etwas nach rechts verschoben und zum Angriff angesetzt. Mehrere Versuche am Tage scheitern, aber in der Dunkelheit überraschen wir die Russen und erreichen das Tagesziel, eine Hinterhangstellung, kurz vor der entscheidenden Höhe von Olchowatka. — Vier Angriffstage haben ihre Spuren an und in uns hinterlassen, der befürchtete Angriffsbefehl kommt nicht mehr: das „Unternehmen Zitadelle" bleibt erfolglos.

Fritz Belke (IR.58)

*Aus dem Wehrmachtbericht vom 8. 7. 1943:*
*„Im Raum von BJELGOROD und südlich OREL kam es gestern zu schweren Panzerschlachten, in deren Verlauf durch Truppen des Heeres, durch Flakartillerie, Kampf- und Nahkampfgeschwader der Luftwaffe mehr als 400 sowjetische Panzer vernichtet wurden. Das feindliche tiefgegliederte Stellungssystem wurde in zähen Wald- und Dorfkämpfen durchbrochen . . .*
*— vom 11. 7.: „An der SÜDOSTKÜSTE SIZILIENS sind heftige Kämpfe deutscher und italienischer Truppen mit gelandeten feindlichen Kräftegruppen im Gange . . ."*
*— vom 12. 7.: „In der Schlacht zwischen BJELGOROD und OREL gelang es unseren Truppen, eine größere feindliche Kräftegruppe einzuschließen und zu vernichten . . ."*
*— vom 13. 7.: „Auf SIZILIEN gehen die harten Kämpfe gegen den gelandeten Feind in erbitterten Gefechten weiter . . ."*
*— vom 14. 7.: „Starke Gegenangriffe der Sowjets im Raum von BJELGOROD brachen gestern unter schwersten Verlusten zusammen. . . Im Raum östlich und nördlich OREL führten die Sowjets wieder mit verstärkten Kräften heftige Angriffe durch. Die Kämpfe . . . halten zur Zeit, nachdem deutsche Reserven zum Gegenangriff angetreten sind, noch mit großer Heftigkeit an . . ."*

## Kein Delinquent — Ritterkreuzträger

**Mit neun Panzergranaten 23 Sowjet-Panzer abgewehrt**

Bei einer hastigen Truppenverschiebung im Sommer 1943, die wegen eines feindlichen Einbruchs in unsere Front erfolgen mußte, befand ich mich eines Tages — noch weit in der Ukraine — mit dem Volkswagen auf der Suche nach Stellungen für unsere Pak in der neuen Sicherungslinie, als an einem Dorfrand plötzlich jemand laut meinen Namen rief.

Als ich äußerst überrascht näher hinsah, entdeckte ich hinter einem Stacheldrahtzaun den zielsichersten Pakschützen unserer 14/442, der zusammen mit anderen von zwei Posten mit aufgepflanztem Seitengewehr bewacht wurde. Ganz verzweifelt winkte er mir zu, so daß ich ausstieg und an den Zaun ging.

Man hatte ihn als „Versprengten" vereinnahmt, ein MG in die Hand gedrückt und ihm mit noch zwei bis drei anderen eine Stellung in einer provisorischen Sicherungslinie angewiesen. Beim weiteren sowjetischen Angriff hatte er die Abwehr aufgenommen und war unter Granatwerferbeschuß schließlich als Einziger am MG übrig geblieben. Um das Granatwerferfeuer nicht weiter auf sich zu lenken, hatte er zu schießen aufgehört.

In voller Deckung fand ihn der führende Offizier des deutschen Gegenstoßes und ließ ihn wegen Feigheit vor dem Feinde festnehmen. So war er hinter Zaun und Posten gekommen.

Ich erklärte dem wachhabenden Unteroffizier wahrheitsgemäß, daß dies einer der besten Soldaten meiner Kompanie sei, daß ich mich dafür verbürgen könne: von Feigheit vor dem Feinde könne keine Rede sein. Zugleich forderte ich ihn auf, mir den inhaftierten Soldaten zu übergeben; ich würde für die weitere Erledigung der Angelegenheit sorgen. Um die letzten Bedenken zu zerstreuen, gab ich ihm meinen Namen und Einheit an.

Es ist nichts danach gekommen. Aber ein halbes Jahr später, im Januar 1944, war Manfred mit seinen 19 Jahren der jüngste Ritterkreuzträger des Heeres!

Seine Geschützbedienung hatte bedenkenlos und kaltblütig einen Angriff von 23 Sowjet-Panzern abgewehrt, obwohl ihr nur neun Panzergranaten zur Verfügung standen!

Pak-Müller (168.ID.)

## Der Gefreite und die Panzer

**Wer die Nerven behielt, kam davon**

26. Juli 1943, abends in der Stellung vor Krassny-Lutsch. Ruhig ist es im Vorgelände, und rotglühend verschwindet die Sonne am Horizont. Ab und an zischt eine Leuchtspur in den Himmel, sonst nichts als die drückende Schwüle einer heißen Sommernacht in der Ukraine.

Schwüle liegt auch sonst in der Luft, ein Landser spürt so etwas. In der fünften Morgenstunde wird die Vorahnung zur Gewißheit: Mit Sonnenaufgang, damit zugleich mit der Sonne schießend, beginnt ein zweistündiges Trommelfeuer des Gegners auf die Stellungen unseres Nachbarn, im Stopfen des Feuers kommen dann die Panzer mit aufgesessener Infanterie.

Gleichzeitig mit diesem Vorstoß wird die vor uns liegende Felskuppe mit Feindfeuer eingedeckt, meine Gruppe ebenfalls. Drei Fünfzehner auf unser Bunkerchen, wir ziehen die Köpfe ein und fühlen uns das Gegenteil von wohl. Mit der Feuereinstellung ist auch schon gegen uns der Panzerangriff im Gange. Präzise, gekonnt, auf dem Exerzierplatz hätte es auch nicht besser ablaufen können.

Für die rund 350 Meter Entfernung liegen wir so günstig, daß wir mit dem MG mitmischen können, dafür aber auch Ari und Granatwerfer auf uns ziehen. Kurze Zeit später wird auch mein kleines Häuflein für wert befunden, Panzer darauf anzusetzen. So wird es denn höchste Zeit für eine Meldung an die Kompanie.

Rasch war der VB unserer Ari da und nach einer halben Stunde kamen sogar zwei Sturmgeschütze. In meinem infanteristischen Unverstand betrachtete ich dies zuerst als Witz, aber bitte, binnen 15 Minuten hatten die braven Jungs nicht weniger denn 17 Panzer abgeschossen bzw. so krank, daß sie abdrehten.

Kaum waren die zwei Panzer verschwunden, kaum hatte der Kamerad von der anderen Feldpostnummer dies spitz, schon prellte er zwischen meine und die Nachbargruppe hinein. Abgesessene Infanterie versuchte, mit Spaten den Draht zu zerstören.

Etwas weniger fröhlich, als es in „Märchenbüchern" dargestellt wird, hielten wir mit all dem dazwischen, was so eine Gruppe an Feuerkraft hat, etat- und russisch-außerplanmäßig. Sie machten es uns nicht leicht, wir schossen und trafen, aber sie fielen nicht. Ihr Vortrupp muß Panzerwesten gehabt haben, verschwand dann aber ebenso wie unsere Sturmgeschütze.

Zu guter Letzt behielten wir aber doch die Oberhand, 1:5 gegen so an die 80 bis 100. Zweimal trugen sie den Angriff vor, zweimal schmierten wir sie ab, und wie durch ein Wunder wurde nicht einem Mann meiner Gruppe ein Haar gekrümmt.

Dann aber kamen die Panzer. Acht, neun marschierten vor unserer Nase vorbei, Entfernung 20 Meter. Ein Panzervernichtungstrupp wurde zu uns vorgeschoben. Viel Lust hatten die jungen Marschierer gerade nicht, wir konnten das verstehen. Uns war dies auch einmal so gegangen, und das Wort „Held" konnten wir in unserem Graben da vorne eh nicht hören. Also: Selbst ist der Mann!

Eine einzige Hafthohl hatte ich als kostbarsten Besitz, und als die dritte Gruppe vorbeirollte, griff ich mir das gute Stück und ran an den letzten, der gerade zehn Meter vor meinem Loch Verschnaufpause oder so was einlegte. Plötzlich er ab, ich hinterher, rauf und an die linke obere Turmhälfte. Fallenlassen, beten, daß er die drei Sekunden weiterrollt und dann Stichflamme und Schlag. Er blieb nicht stehen, sondern rollte weiter bergab; doch das hörte ich erst Tage später von meinem Nachbarn.

Von der Felskuppe kam dann ein Oberfeld mit dem Rest seiner Leute, dort war es aus. Ich bat ihn, halbwegs wieder zurück zu gehen, bei meinem Loch endete der Bataillons-Graben, und wenn es uns nicht gelang, hier Mäuschen zu spielen, dann könnten die anderen, so wie sie im Vorgehen sind, ganz schön aufrollen.

Er verstand und zog ab, am anderen Tag warf ein Stoßtrupp den Feind wieder von der Kuppe, der Chef fiel dabei, der Feldwebel bekam die Schulterstücke und das Ritterkreuz (Leutnant Luthard).

Doch das ist vorgegriffen, der Tag sollte für uns noch lang werden. Wie aus dem Boden gestampft, standen wieder acht solche ekligen Käfer vor uns. Bis ich mir von der Nachbargruppe zwei weitere Hafthohlladungen hatte holen lassen, waren es 17, darunter ein Koloß von 42 Tonnen (Mark II).

Das Rudel vorbei, der Spitzenpanzer bleibt genau vor meinem Loch stehen, Breitseite freundlicherweise zu uns. Während ich mich ranschleiche, geht das Luk auf, ein Mann richtet sich auf und schreit, nach der anderen Seite gewandt, die Infanterie hoch und vor. Aber die Jungens konnten ja nicht mehr, für die war der Krieg aus.

Ich klettere an den Raupen hoch bis zum Turm. Gespickt war der mit einer 8 cm-Kanone, zwei MG vorne, eines hinten. Der Gute merkt immer noch nicht, daß er seine Befehle an Tote hinbrüllt, bis ich einen halben Meter hinter ihm stehe.

Sein Gesicht, als er sich nun umdreht, werde ich mein Leben lang nicht vergessen. Er Deckel zu, ich Ladung drauf und runter wie ein Schwimmer vom Brett. Im Sprung kracht es und ich fliege, vom Luftdruck verweht, wie ein Stein durch die Luft.

Im Freudentanz meiner Gruppe rieb ich mir die schmerzenden Knochen. Nun, für uns war es eine Freude, aber im Panzer waren auch fünf Menschen. Drei sofort tot, zwei krochen unter dem brennenden Ungetüm herum und mußten, weil sie sich nicht ergeben wollten, erschossen werden. Unter den Toten der Kommandant, hoch dekoriert, darunter der Stalin-Orden.

Nach einer Stunde „harmlosen“ Infanterie-Schießens kam dann die nächste Panzerwelle auf uns zu. Vier davon genau auf unser Loch, der „Mark“ brannte ja deutlich genug. Dreimal 17, einmal 48 Tonnen, die Rohre genau auf meine beiden MG-Nester. Jetzt, dachte ich, jetzt sind wir dran.

Also rechts und links weggespritzt. Kaum getan, wirbelte meine schöne Stellung durch die Luft, und ein zugeteilter Pionier war unser erster Toter.

Die Panzer „planierten“ unsere Stellung vollends, rollten durch und feuerten dann in Richtung Bataillons-Gefechtsstand und Zufahrtswege, während der 48 Tonner verhielt und den anderen offenbar den Rücken decken sollte. Hätte er gewußt, was unmittelbar zu seinen Füßen Häschen spielte, er hätte uns plattgewalzt.

Als ich sah, daß er am Heck kein MG hatte, war das für mich das Signal. Mit der letzten HL rauf, einen Beobachter mit der Pistole weg und dann die HL genau zwischen seine beiden Optiken. Absprung, doch keine Explosion. Er hatte genau in dem Augenblick die Optik gedreht, die Ladung gesehen, den Rückwärtsgang eingeschaltet, aufgedreht und das schlecht sitzende Ding abgeschüttelt. Wie, ist mir heute noch ein Rätsel.

Er ballerte noch nach mir, aber ich war weg. Vielleicht schoß er auch nur deswegen, weil der Landser so frech war, ihm noch zuzuwinken.

Sie drehten dann ab, bis auf den letzten, der in einem Granatloch stecken blieb. Drei Mann waren es und hatten Mut bis zum letzten Augenblick. Besser wäre es gewesen, sie hätten sich ergeben, aber so war nun mal die Wirkung ihrer Propaganda.

Mit Einbruch der Dunkelheit wurden wir abgelöst, aber der Krieg ging weiter. — Das war mein 26. Juli 1943. (Der Gefreite W.W. im GR.572 erhielt für seine Tapferkeit an diesem Tag das EK.1.) W.W. (302.ID.)

# Heiteres vom Kuban-Einsatz

**Auch auf dem „Donnerbalken“ kann es einen erwischen**

Unser I.Bataillon des GR.212 lag im Sommer 1943 unmittelbar am Kubanfluß in recht gut ausgebauten Stellungen, die wir in den flachen Damm gegraben hatten. Die Gefechtsstände des Stabes und der 4.Kompanie lagen dicht nebeneinander in splittersicher ausgebauten Hauskellern. Der Damm schützte zwar gegen direkten Infanteriebeschuß, nicht aber gegen Granatwerfer und Pak. Im allgemeinen war es in der ersten Zeit recht ruhig, bis auf kleine Granatwerferduelle und dauernden Ärger mit Scharfschützen bei etwa 100 bis 120 Meter Schußentfernung.

Nun war der Besuch des Regimentskommandeurs angesagt. Oberst Ötgen war ein liebenswürdiger, menschlich gütiger Offizier, aber leider eine Art „Paragraphenhengst“, dem die HDV. über alles ging. Uns war eine „Visite“ sehr erwünscht, nicht aber eine „Visitation“.

Leutnant Heimes, Führer der Vierten, bekam daher eine kleine Geheimanweisung, die er grinsend entgegennahm. — Kaum war der hohe Besuch in den Bataillons-Gefechtsstand herabgestiegen, als ein gewaltiger Feuerzauber den „Bunker“ erschütterte, dumpfe Detonationen und MG-Garben, die in die Deckung klatschten, lösten einander ab.

Mit großer Gelassenheit nahmen wir diese Störung hin, dagegen war unser hoher Besuch nicht so begeistert. Nachher fragten wir nur lachend bei Leutnant Heimers an, wie hoch denn der Verbrauch an Handgranaten und MG-Munitionen gewesen sei. Jedenfalls blieben „Visitationen“ künftig aus.

Dort am Kubandamm waren wir geradezu luxuriös eingerichtet, mit einer splittersicheren Latrine und sogar einer Dusche, die aus einem durch Seilzug kippbaren Eimer bestand. Eines Tages saß ich, friedlichen Gedanken und Träumen nachhängend, auf dem „Balken", als mir plötzlich eine Ladung Dreck ins Gesicht fuhr und ein harter Knall folgte. Dann konnte ich unmittelbar hinter meiner Schulter ehrfürchtig den Einschlag einer 3,7 cm Pakgranate bewundern.

Ich sauste, so schnell es ging, in den Gefechtsstand und verkündete: „Jetzt wäre beinahe eine Zeitungsnotiz fällig gewesen. — An der Spitze seines Bataillons starb Major E. den Heldentod. In Wirklichkeit hätte es mich auf dem Balken erwischt." Diese Bemerkung machte natürlich die Runde im Bataillon und erheiterte unseren Kuban-Alltag.

Oberstleutnant a.D. Eitner, ehem.I./212 (79.ID.)

# Das war ein Partisanenmord

**Spähtrupp des II./504 im Raum Newel**

Nach den Kämpfen um und bei Welikije-Luki, an denen die „Elch"-Division in entscheidendem Maße teilgenommen hatte, bezog die Division feste Stellungen im Raum Nowo-Sokolniki, in denen sie in den folgenden Monaten bei im allgemeinen festen Fronten die Abwehrkämpfe führte. Im September 1943 wurde sie dann herausgezogen und für den Einsatz im Raum Kiew im Südabschnitt der Ostfront verladen. Teile wurden jedoch für eine kurze Zeit noch vorher zur Abwehr bei Smolensk eingesetzt.

Das II./504 unter Hauptmann von Massow wurde dabei im Rahmen der Umgruppierung für einen Einsatz südlich Newel vorgesehen. Für die Soldaten, die monatelang in Stellungen und Bunkern gewesen waren, bedeutete dies eine gewisse Abwechslung. Es sollte nämlich wieder eine Gelegenheit geben, sich „frei" zu bewegen, wir durften wieder in den „Russenkaten" wohnen. So friedlich aber die Gegend hinter der Front auch schien, so gefährlich war sie für uns, da dort Partisanen gegen militärische Einrichtungen und Nachschubwege eingesetzt waren.

Nach Erreichen des Versammlungsraumes wurden zur Sicherung des Bataillons sofort kampfkräftige Spähtrupps zur Aufklärung der näheren und weiteren Umgegend eingesetzt. Sie hatten den Auftrag, Partisanenschlupflöcher aufzuspüren und zu vernichten.

Zwei Gruppen zu jeweils acht bis zehn Mann wurden dafür eingeteilt, mit einer Einsatzentfernung von etwa acht bis zehn Kilometern über hügeliges Gelände und durch Waldgebiete. Die Gruppen marschierten ungefähr zur gleichen Zeit ab und erreichten befehlsgemäß zusammen den ersten Zielpunkt, von dem ab sie sich trennen und eigene Aufträge selbständig ausführen sollten.

So gefahrlos der Einsatz begann, so furchtbar sollte er enden. Meine Gruppe kehrte nach Auftragserfüllung noch am gleichen Abend zum Bataillon zurück, ohne Feindberührung und ohne Verluste. Anders lief es jedoch bei der Gruppe neben uns: Außer einem Überlebenden kehrte niemand zurück!

Nach Durchkämmen eines Waldgebietes, so berichtete dieser, legte die Gruppe an einer Straßengabel eine kurze Rast ein. Der Aufenthalt sollte auch der Orientierung dienen. Nach einiger Zeit näherte sich ein russischer Panjewagen auf der Straße, beladen mit Heu, auf ihm saß ein alter Mann.

Der Fahrer winkte den rastenden Kameraden zu, die sich nichts Böses dachten. Doch plötzlich wurde das Heu beiseite geschoben und ein Maschinengewehr eröffnete das

Feuer auf die am Grabenrand sitzenden Soldaten. Auf diese heimtückische Weise wurde die ganze Gruppe ausgeschaltet. Der zurückkehrende Kamerad hatte sich sofort wie leblos fest an den Boden gekrallt, so daß er den Eindruck eines bereits „Erledigten" bot.

Der Wagen war dann weiter gefahren. Kraftfahrzeug-Spähtrupps, die ihn stellen sollten, blieben erfolglos. Unsere toten Kameraden wurden geborgen.

Das Bataillon erhielt bald nach diesem Ereignis den Befehl zur Verladung und zum Einsatz bei Smolensk. Anschließend kamen auch wir in den Raum Kiew, wo es im Rahmen der Division neuen schweren Kämpfen entgegengehen sollte. Erich Link (291.ID.)

*Aus dem Wehrmachtbericht vom 8. 9. 1943:*
*„Die Schlacht im DONEZBECKEN dauert mit unverminderter Heftigkeit an. Im Laufe der beweglich geführten Kämpfe wurde zur Verkürzung der Front die Stadt Stalino nach Zerstörung aller kriegswichtigen Anlagen planmäßig geräumt . . ."*
*— vom 9. 9.:*
*„. . . In SÜDFRANKREICH, in ITALIEN und auf DEM BALKAN, wo deutsche und italienische Truppen bisher gemeinsam gekämpft haben, sind alle Maßnahmen im Gange, die durch den Verrat der Regierung Badoglio notwendig wurden . . ."*
*— vom 10. 9.:*
*„. . . Am frühen Morgen des 9. September landeten in der Bucht von Salerno starke englisch-nordamerikanische Kräfte . . ."*
*Aus dem Wehrmachtbericht vom 8. 10. 1943:*
*„Von der gesamten OSTFRONT wird lebhafte örtliche Kampftätigkeit gemeldet, die in einigen Abschnitten zu größerer Stärke anschwoll. Im Kampfraum südlich Welikije Luki wurde auch gestern erbittert gekämpft . . . Die 7.Panzerdivision unter dem Kommando des Generalmajors v. Manteuffel hat sich in den Kämpfen am mittleren Dnjepr in schneidigen Angriffen und zähem Aushalten ruhmvoll bewährt . . ."*
*— vom 9. 10.:*
*„. . . Im Zuge der Zurücknahme der OSTFRONT ist auch der vorgeschobene KUBAN-BRÜCKENKOPF geräumt worden . . ."*
*— vom 11. 10.:*
*„. . . Bei den schweren Abwehrkämpfen westlich SMOLENSK hat sich die hessisch-saarpfälzische 197.Infanteriedivision unter Führung des Generalleutnants Boege besonders ausgezeichnet . . ."*
*Aus dem Wehrmachtbericht vom 3. 10. 1943:*
*„. . . Bei den Abwehrkämpfen südostwärts SAPOROSHJE zeichneten sich das Jägerregiment 138 unter Führung des Oberstleutnants Graf von der Goltz, eine unter Führung von Major v. Gaza stehende Panzergruppe sowie die Sturmgeschützabteilung 243 und die Heeres-Panzerjägerabteilung 721 besonders aus . . ."*

## Sein „Siebenter Sinn"

**Ein Obergefreiter spürte den Bau eines Sprengstollens unter der deutschen Stellung**

Nach der 3.Ladoga-Schlacht im August 1943 traf das Regiment 422 als erstes der 126.Infanterie-Division mit der Eisenbahn von Mga her im neuen Kampfraum vor Leningrad ein.

Unsere 7.Kompanie erhielt einen Abschnitt, der im wesentlichen aus einem von den Sowjets im Herbst 1941 angelegten breiten Panzergraben bestand, aus dem heraus sappenähnlich Postenstände feindwärts vorgetrieben und ausgebaut worden waren. Während das Vorfeld meist eben war, führte lediglich eine einzige Senke direkt auf die feindlichen Stellungen zu. Sie war bei Freund und Feind mit Balken aus den zerstörten Häusern verbarrikadiert, womit uns der Einblick in den Panzergraben und das Stellungssystem des Gegners verwehrt wurde.

Die feindliche HKL verlief entlang einer Balka bis hinab zur Kronstädter Bucht. Sie war ein neuralgischer Punkt, da die Entfernung zwischen den beiderseitigen Barrikaden nur knapp über Handgranaten-Wurfweite lag. Sie war auch das ständige Ziel von Stoßtruppunternehmen. Selbst sowjetische Deserteure benutzten diesen „Paß". Daher erhielt eine in die Balka einmündende Schlucht die Bezeichnung „Überläufergraben". Zwischen diesem und der weiter rechts (südlich) gelegenen „Martinsschule" befand sich im Niemandsland, etwa siebzig Meter vor der eigenen HKL, ein riesengroßer Trichter, auf den wir bei der Ablösung aufmerksam gemacht wurden. Er sollte von einer früheren Sprengung durch die Sowjets herrühren und war dann von unseren Truppen verdrahtet und vermint worden.

Nach einigen Wochen der Eingewöhnung machte ein am „Überläufergraben" auf Posten stehender Obergefreiter dem Offizier vom Grabendienst bei dessen nächtlichem Kontrollgang die übliche Meldung „Ich habe den Auftrag . . ." und fügte dann hinzu, er sei von Beruf Bergmann und habe das Gefühl, daß unter ihm im Erdreich Bewegungen seien. Das habe er wiederholt gespürt und lasse sich, obwohl von den Kameraden verlacht, nicht davon abbringen.

Die Hartnäckigkeit dieses offenbar mit dem „Siebenten Sinn" ausgestatteten Mannes führt schließlich, gegen Ende September, zur Weitergabe der Meldung an das II.Bataillon.

Dessen Kommandeur, Hauptmann Hogrebe, maß der Beobachtung Bedeutung bei und informierte die vorgesetzten Stellen. So erschien eines Tages eine mit seltsamen Geräten ausgestattete Pioniergruppe, eine Sondereinheit der Armee, höchst geheimnisvoll mit Kisten, Draht und Kabeln hantierend und sich anscheinend auf ein nächtliches Unternehmen vorbereitend, das wir neugierigen Infanteristen nun sichern sollten. Alle Landser wurden zu höchster Aufmerksamkeit und Geheimhaltung verpflichtet!

Das Gerät der Pioniere bestand aus mehreren Kästen mit elektronischen „Eingeweiden". Man brachte alles in einem Wohnbunker der HKL unter. Von dort aus legten nachts die Pioniere drei dickere Kabel in den fraglichen Abschnitt des Vorfeldes. An deren Ende montierten sie torpedoförmige Sonden, in denen schallempfindliche Kristalle eingelagert sein sollten. Möglichst lautlos wurden sie eingegraben, und wir bewachten Nacht für Nacht, ebenfalls möglichst geräuschlos, den ausgelegten „Fächer". Bei der Nähe des Gegners war das keine leichte Aufgabe, führte sie doch auch zu einer zusätzlichen Belastung der ohnehin vom normalen Postendienst gestreßten Kompanie. Unser bergmännisch geschulter Kamerad mußte sich deshalb unangenehme Frotzeleien gefallen lassen. Horchergebnisse der Pionierspezialisten wurden von diesen zunächst als „Geheime Kommandosache" den höheren Stellen zugeleitet.

Eines Tages überflog im Tiefflug ein deutsches Flugzeug unseren Abschnitt Richtung Feind und kehrte nach kurzer Schleife unter heftigem Flakfeuer zurück. Dies wiederholte sich in Abständen von einigen Tagen. Schließlich holten wir die wertvollen Sonden in einer Nacht- und Nebelaktion aus dem Niemandsland zurück und verlegten sie im eigenen Stellungssystem zwischen dem ersten und zweiten Graben, also hinter dem Panzergraben.

Gespannt saß man dann wieder an den Geräten und horchte. Unser Obergefreiter, der Sticheleien der Kameraden überdrüssig, hatte sich schließlich bei den Pionieren Gewißheit verschafft, daß er nicht gesponnen hatte. Zunächst machte er sich hinter vorgehaltener Hand Luft. Doch bald — es war Anfang November — wurde es „offiziell“: Der Iwan baute einen Stollen, der schon über unseren Panzergraben hinaus war und sich dem zweiten Graben näherte. Die Angaben der Pioniere wurden durch die Luftwaffe bestätigt: Die Flugzeugbesatzung hatte wiederholt Aufnahmen gemacht, bei deren Auswertung und Vermessung wachsende Sandablagerungen in der Balka auf der sowjetischen Seite festgestellt worden waren. Solange in dem Minengang gearbeitet wurde, gab es keine unmittelbare Gefahr für uns. Als aber der Horchtrupp ermittelte, daß die georteten Kammern unter uns mit Sprengstoff gefüllt waren und endgültig absolute Ruhe einkehrte, meldeten sich die Pioniere ab. Wir aber räumten unter Belassung weniger Posten, die mit sehr zwiespältigen Gefühlen im „Pulverfaß“ ausharren mußten, den Panzergraben und bezogen die zweite Linie. Beidseitig der vermutlichen Gefahrenquelle knickten wir die HKL ab und stellten eine Verbindung jeweils zum zweiten Graben her, so daß ein nach eventueller Sprengung einbrechender Gegner in die Zange genommen werden konnte.

Man sollte meinen, das Warten auf den großen Knall wäre nervenaufreibend gewesen. Dem war nicht so; immer noch hörten wir von drüben Stimmen von Frauen, offenbar aus der belagerten Stadt zum Stellungsbau in vorderster Front eingesetzt. Zur Jahreswende verdichteten sich die Anzeichen einer sowjetischen Offensive. Als auch noch der obligatorische „Überläufer vom Dienst“ prompt erschien, wurde das Warten zur Qual.

Die Ereignisse überschlugen sich dann nach dem 15. Januar 1944, als der Großangriff rechts bei der 170.ID. losbrach und der Gegner einen tiefen Einbruch erzielte, der unsere noch in der von der Küste bis dorthin in Stellung befindlichen Division mit der Einkesselung bedrohte. Bataillonsweise links in Urizk beginnend wurde die Herauslösung befohlen, um beim rechten Nachbarn Löcher zu stopfen.

Zunächst übernahm das I.Bataillon den gesamten Regimentsabschnitt. Auch nach dessen Absetzen aber wurde nicht bekannt, ob es in der ehemaligen Stellung der 7.Kompanie zu der befürchteten Sprengung gekommen war. Auf jeden Fall aber hatte jener Obergefreite — ein „Rückenwirbel der Armee“ — den richtigen Riecher gehabt.

Günter Brache (126.ID.)

# Elf Mann nach fünf Tagen

**Eine „Kanonierkompanie“ des AR.18 im Einsatz**

Anfang August 1943 war die Division bei der Heeresgruppe Mitte ostwärts Jarzewo eingesetzt, die Lage war kritisch, acht Schützendivisionen und eine Panzerbrigade führten allein am 10. August sechzehn Angriffe gegen uns. Am rechten Flügel des Panzergrenadierregiments 51 wurde dessen II.Bataillon im Wald von Staroselje eingeschlossen, auf vierzig Mann zusammengeschmolzen. Da griff die Division zu einer schon zuvor (bei Tichwin 1941 und Staraja Russa 1942/43 etwa) unumgänglichen Notmaßnahme: Wieder einmal wurde aus Artilleristen eine „Kanonierkompanie“ gebildet, deren Angehörigen allerdings unzureichend bewaffnet und natürlich infanteristisch unerfahren waren. Manche von ihnen zählten außerdem zu kaum ersetzbaren Spezialisten ihres Regiments. Diese Alarmeinheit mit etwa 120 Mann übernahm Hauptmann Tiepolt (4.Batterie), der hier berichtet:

Gegen 8 Uhr marschierten wir in den Bereitstellungsraum, nachdem mich Oberst Kuhnert eingewiesen hatte: Wegnahme eines vor uns liegenden Waldstückes und der dahinter liegenden Höhe 204 ostwärts der „Feste Coburg". Dort waren am Vortag zwei vorgeschobene Beobachter unserer Abteilung gefallen. Im Bachgrund der Wodossa sammelte ich meine Männer an einem Steilhang, um den Feuerschlag unseres Regiments abzuwarten, ehe wir etwa 250 Meter bergauf durch ein Kornfeld den Wald angingen. Den mir fremden Kanonieren hatte ich befohlen, mit „Hurra!" im Sturmlauf das Kornfeld zu durchqueren und am Waldrand in Stellung zu gehen.

Kaum war die Mitte des Feldes erreicht, schlug von einem Höhenrücken links rückwärts heftiges MG- und Granatfeuer mitten in die Kompanie. Als die Detonationen gelblichen Pulverdampf zeigten, schrie jemand laut „Gas!" und die ersten Verwundeten riefen um Hilfe. Mit einigen Kanonieren erreichte ich zuvor noch den Waldrand, der größte Teil aber lag im Kornfeld in Deckung oder war mit den Verwundeten in die Bachmulde zurückgegangen.

Am Waldrand sammelte ich dann in mühevoller Suche zwölf Mann, den Rest der Kompanie. So war ich eigentlich nur noch ein Gruppenführer. Da der Feind weiter auf das Kornfeld schoß, pirschten wir uns quer durch Brombeer-Ranken und Unterholz zur hinteren Waldseite durch. Dort fanden wir eine sowjetische MG-Bedienung, die unser Feuerüberfall getroffen hatte, und erreichten einen von der 113.ID. verlassenen Kompanie-Bunker. Plötzlich stand ein Panzer dicht vor uns, dessen Besatzung erst aufmerksam wurde, als ich auf einen von ihnen schoß. Der Motor sprang an, das Rohr drehte sich gegen uns, doch der Schuß traf eine Tanne, die so niederfiel, daß wir gedeckt im Bunker verschwinden konnten. Nach fünf Schuß drehte der Gegner ab. Wir nahmen rechts an ihm vorbei über den Waldrand die befohlene Höhe, unser Angriffsziel. Nach 150 Metern freiem Feld fanden wir eine ausgebaute Stellung, die aber sofort unter so genauem Granatwerferfeuer lag, wie ich es noch nie erlebt hatte.

Die ersten Einschläge krachten auf den Unterstand, in dem die Kanoniere Deckung suchten. Einer lag schon dort mit einem Lungen-Durchschuß. Da das Feuer dem Bunker galt, teilte ich meine Mannen seitlich in die Gräben auf und zerrte den Verwundeten heraus, weil ich ein Durchschlagen der Deckung fürchtete. So harrten wir aus in der Hoffnung, daß der Feind nach Zerstörung des Bunkers sein Feuer einstellen würde. Wie lange wir im Feuer lagen, weiß ich nicht mehr. Den Verwundeten betteten wir auf eine Stangentrage, nachdem ich seine Wunden mit dem Verbandpäckchen abgedeckt und den Verband stramm angezogen hatte, weil ihm schon roter Schaum aus dem Mund trat. Gegen Mittag ermahnte ich meine Männer, nur ganz kurz über den Grabenrand zu beobachten, weil der Feind auf jede Bewegung sofort schoß.

Nach hinten hatten wir keine Verbindung und auch nicht zu den Nachbarn. Wir besaßen auch weder Funkgerät, noch Leuchtpistole. So konnten wir nur auf eine Verbindungsaufnahme von rückwärts nach vorn hoffen. Die erste Nacht schlief niemand, der Verwundete stöhnte nur. Als wir am dritten Tag früh wieder schweren Granatwerferbeschuß erhielten, bekam ein Kanonier, frisch vom Ersatz zum ersten Mal im Kampf, einen großen Splitter so durch das Schlüsselbein, daß er handlang über der Schulter aus der Feldbluse ragte. Da wir diese nicht ausziehen und auch nicht an die Wunde heran konnten, zog ich ihm langsam den Splitter aus der Schulter. — Später traf ich ihn wieder; er hatte alles gut überstanden. —

Mit Eintritt der Dunkelheit schickte ich zwei Mann mit dem gehfähigen Schulterverletzten zum Gefechtsstand des PGR.51 mit der Bitte um Verpflegung und Ablösung. Gegen Mitternacht erschienen sie wieder mit einer Leuchtpistole, aber ohne Verpflegung. Da sich die Masse unserer Kompanie beim Gefechtsstand befand, hatten wir als „vermißt" gegolten, ebenso die zwei oder drei Gefallenen, die erst später gefunden wurden. So war der Verpflegungswagen eben wieder abgefahren. Gleichzeitig erhielt ich den Befehl: „Bis morgen Stellung unbedingt halten. 2. und 3.Kompanie unter Oberleutnant Washausen und Prill lösen in der Nacht zum 15. August ab!" So geschah es dann auch: Nach fünf Tagen ohne Verpflegung wurden elf Artilleristen von zwei schwachen Kompanien abgelöst. Mit der Dritten kam auch der VB meiner Batterie, Wachtmeister Brendel (vorher Küchen-Unteroffizier). — Wir gingen zu unseren Batterien zurück, als wäre nichts gewesen. Nach der Regimentsgeschichte des AR18, Tiepollt (PGD18)

# Stille nach zwei Schüssen

**Einer unserer Posten wurde vom Gegner „kassiert"**

1943, 28. August: Nachts ein Uhr Alarm; wir greifen Eierhandgranaten und springen in die Gräben. Der Russe hat, während ich schlief, versucht, eine unserer Stellungen auszuheben. Er lief aber auf Minen und ließ zwei Mann liegen. Jetzt ist er nebenan, bei der 6.Kompanie eingebrochen. Die wirft ihn wieder aus dem Graben. Eine Weile Stille, dann probiert er es nochmal bei uns. Wir werfen Eierhandgranaten, ohne daß ich Genaues sehe. Er geht offenbar zurück, hat aber einen unserer Posten „kassiert", wir hören den Kameraden schreien, während er über das Vorfeld gezerrt wird. Dann knallt es zweimal, offenbar sträubte er sich allzu sehr. Jetzt ist Stille.

Dr. Johannes Hufschmid (78.St.Div.)

*Aus dem Wehrmachtbericht vom 3. September 1943:*
*„. . . In den Morgenstunden des heutigen Tages landeten englische Truppen an der Südwestspitze von KALABRIEN . . .*
*Zu den nach wochenlangen harten Kämpfen abgeschlossenen Schlacht im ORELBOGEN wird nach der Beendigung der planmäßigen Räumung dieses Gebietes nunmehr gemeldet: Unter dem Befehl des Generalfeldmarschalls v. Kluge und des Generalobersten Model haben Truppen des Heeres, wirksam unterstützt durch fliegende Verbände der Luftwaffe und Flakartillerie, die unter dem Befehl des Generalobersten Ritter v. Greim standen, im Orelbogen in einer Materialschlacht größten Ausmaßes einer konzentrischen sowjetischen Großoffensive von elf Armeen standgehalten . . . In dieser großen Abwehrschlacht haben sich die rheinisch-westfälische 6., die niedersächsische 31., die rheinisch-pfälzische 36.Infanteriedivision, die niederbayerisch-oberpfälzische 10.Panzergrenadierdivision, die mainfränkische 4.Panzerdivision und die württembergisch-badische 78. Sturmdivision besonders ausgezeichnet."*

# Auf Horchposten

**Angst und Feigheit sind nicht dasselbe**

Eben 19 Jahre alt, kam ich im September 1943 von Frankreich nach Rußland, als Infanterist und Melder ausgebildet. Die Kompanie bestand fast durchweg aus 18- bis 19jährigen, nur die Vorgesetzten waren älter. An einem Bahnhof im Südabschnitt wurden wir ausgeladen. In strömendem Regen ging es an die Front. In stockdunkler Nacht rückten wir Zug für Zug in Schützenreihe in die vorderste Stellung. Im Morgengrauen wurde jeder von uns in den Gräben eingewiesen, die sich in einem lichten Wald- und Buschgelände hinzogen.

In der Nacht darauf befahl mich unser Zugführer auf Horchposten. Als ich eingeteilt wurde, war mein erster Gedanke: „Das ist dein Todesurteil." Warum mußte ausgerechnet ich als Melder diese Aufgabe übernehmen, die ich noch nie zugewiesen bekommen hatte? Ich hatte Angst, Todesangst sogar, und widersprach: Die erste Nacht an der Front auf Horchposten, fünfzig Meter allein vor der eigenen Linie? Das konnte ich nicht!

Gewiß, der Feldwebel hatte recht, ich war schon neunzehn, die meisten anderen Kameraden erst achtzehn. Dennoch! Ich sagte: „Herr Feldwebel, das ist ein Todesbefehl!" Doch der ließ sich nicht beeindrucken: „Befehlsverweigerung wird mit Versetzung in eine Strafkompanie bestraft. Oder mit Kriegsgericht. Oder mit Erschießen. Also?" — Ich war bestimmt nicht feige, aber voller Angst. Angst und Feigheit sind nicht dasselbe . . .

Dann meldete ich mich ab auf Horchposten, bis zum Morgengrauen, allein. Ich werde jene Stunden nie vergessen. Von da an aber, in allen späteren Einsätzen, auch nach meiner Verwundung, wurde ich der „Horchpostenspezialist" meines Zuges. Ohne Angst!

Anton Thullen (389.ID.)

# Der „Agent" war der „Neue"

**Bei der 2./AR.165 auf Walcheren**

Im Spätherbst 1943 steht unsere Division als Sicherungstruppe in Holland — und zwar in einem Gebiet rund um die Schelde-Mündung. Der Hauptteil der Verbände liegt auf der Halbinsel Walcheren. Das Wetter ist noch recht günstig, was den einfliegenden Bomberverbänden leider sehr zustatten kommt. Wir selbst tun unseren Dienst bei der sogenannten „Bömers-Batterie", aus verschiedenen Einheiten unserer Division zusammengestellt, um vor allem den Hafen von Vlissingen gegen eine Feindlandung zu schützen. Die alten 10,5-cm-Haubitzen LFH 16 stehen direkt am Ende der Hafenbucht, die Beobachtungsstelle befindet sich unmittelbar hinter uns auf dem Dach des Schlachthofes neben einem von der Organisation Todt gebauten schweren Bunker.

Am 13. November — es sollte für uns wirklich ein „Dreizehnter" werden! — sind wir unter Leitung des Obergefreiten Haumeier in der Feuerstellung beim Arbeitsdienst. Plötzlich steht neben uns ein Hauptmann, seinen „Spiegeln" nach zu urteilen von der Flak. Da während des Arbeitsdienstes kein Posten aufgezogen ist, kann der Offizier ungestört bis zu uns gelangen. Er beobachtet interessiert unser Tun und Treiben und stellt auch einige Fragen militärischer Art. Ohne Bedenken antworten wir ihm, in der Annahme, daß er Chef eines hier stationierten Flak-Truppenteils sei.

Als der Hauptmann aber mit den Fragen nicht aufhört, kommt mir die Sache plötzlich etwas seltsam vor, zumal er über viele Einzelheiten, wie etwa über Munition, Truppenstärke, Einheiten und andere Dinge immer mehr wissen will. Wir antworten nicht mehr, doch es ist schon zu spät, denn der Offizier erklärt barsch: „Ihr seid mir schon naive Leutchen! Erzählt mir alles, was ich wissen will, ohne daran zu denken, wer ich wohl sein könnte. Sie lassen mich einfach in die Feuerstellung herein, mich hält kein Posten an und dabei könnte ich doch sehr leicht ein feindlicher Spion sein oder gar ein Agent!"

Auf diese Worte hin trete ich an den Hauptmann heran und bitte darum, daß er sich ausweisen möge. Darauf antwortet der Hauptmann ganz ruhig: „Ich weigere mich, denn

Sie können mich ja nicht zwingen, mich auszuweisen, da Sie nicht einmal eine Waffe besitzen!“ Mit diesen Worten dreht er sich rasch um, läuft davon und ruft uns noch zu: „Ich bin ein Agent, ihr werdet von mir hören!“

Sofort schicke ich einen Kanonier in unser Wachlokal, um einen Karabiner zu holen, doch ehe dieser zurück ist, ist vom „Agenten“ nichts mehr zu sehen. Wir stehen alle wie versteinert, und Haumeier überlegt, wer dieser Offizier wohl gewesen sein könnte. Irgendwie kommt ihm plötzlich der Gedanke an unseren neuen Kommandeur.

Dieser war es tatsächlich, denn abends kommt ein Befehl der Abteilung, daß wir uns am nächsten Tag zum Rapport melden sollen. —

Um zwölf Uhr melden wir uns unter Führung von Haumeier bei der Abteilung in Zoutelande. Dann steht plötzlich Hauptmann Dimpath, unser neuer Kommandeur, vor uns. Der „Agent“ vom Vortag belehrt uns nun über unser unvorsichtiges Verhalten und „verdonnert“ uns zu einem Fußmarsch zurück zur Batterie in Vlissingen. Zufrieden, mit einem „blauen Auge“ davongekommen zu sein, ziehen wir unseres Wegs, aber nicht weit, denn die Hitze ist groß, und so halten wir einen Lastwagen an, der uns nach Vlissingen fährt. Dort essen wir erst einmal gemütlich im Soldatenheim. Dann marschieren wir zur Batterie zurück, die natürlich meint, wir seien gelaufen. In diesem Glauben lassen wir sie auch . . .

H. Hackenbeck, ehem. 2./AR.165 (65.ID.)

*Aus dem Wehrmachtbericht vom 4. 11. 1943:*
*„. . . In den schweren Kämpfen im DNJEPRBOGEN hat sich die südwestdeutsche 23.Panzerdivision unter Generalleutnant v. Vormann durch besondere Tapferkeit hervorgetan . . .“*

# Der Strohschober brennt nieder

**Beim Grenadier-Regiment 683 im Brückenkopf Nikopol**

Im November 1943 liegen wir mit dem Pionier-Zug 683 in Selenaja. Unsere Gruppe soll in der kommenden Nacht die Gefechtsvorposten ablösen, die vor der HKL. eingerichtet sind. Wir richten unser Gepäck, die Geräte und die Waffen, so lange es noch hell ist. Ich frage den MG-Schützen der Gruppe, ob seine Waffe auch in Ordnung ist. Stolz zeigte er mir sein nagelneues MG 42 und bemerkt beiläufig, daß die Waffe noch nicht richtig eingeschossen sei.

Es ist dunkel, die Feldküche kommt — wir holen Verpflegung, und nach einer Pause läßt der Gruppenführer antreten, um auf Vorposten zu gehen. Wir gehen in Schützenreihe, die Waffen schußbereit. Am Schluß gehe ich selber, mit mir der VB der Artillerie und ein Funker mit seinem Gerät. Je weiter wir uns von der HKL. entfernen, um so vorsichtiger sind wir. Nach zwei Kilometern gehen wir nur noch sehr leise und bleiben ab und zu stehen, um zu horchen.

Dann ruft der Gruppenführer mit unterdrückter Stimme die Vorposten an. Wir sind telefonisch angemeldet, damit ist die Gefahr etwas geringer, daß der Russe darin sitzen könnte. Wir atmen auf, als die Vorposten antworten. Wir lösen ab, schweigend und sehr müde zieht die abgelöste Gruppe der HKL. zu.

Es ist sehr finster. Ich bin noch neu in dieser Stellung. Die Kameraden kennen sich hier aus. Ich erkenne zwei Strohschober und einen kleinen Unterstand sowie mehrere Deckungslöcher. Der Gruppenführer bildet drei Nester, und wir richten uns ein. Die Artilleristen beziehen über Nacht den kleinen Unterstand, weil sie dann am Tage wach sein wollen, um zu beobachten. Mir kommt das sehr gefährlich vor.

Am Telefon, das wir hier vorne haben, bleibt der Gruppenführer mit zwei Mann. An dem einen Strohschober wird das MG mit drei Mann in Stellung gebracht, während ich an dem zweiten Strohschober die rechte Flanke sichere. Bei mir ist Strelzyk, ein Oberschlesier, der ein etwas gebrochenes Deutsch spricht. Als Bergmann in den oberschlesischen Kohlengruben ist er seit früher Jugend an Entbehrungen gewöhnt. Ihm macht das alles nichts aus. Niemand kann ihn aus der Ruhe bringen.

Jeder von uns beobachtet einen bestimmten Abschnitt. Es geht auf Mitternacht zu, der Himmel ist heller geworden, und schließlich geht sogar der Mond auf und beleuchtet mit seinem schwachen Licht das Gelände. Es kommt jedoch Nebel auf, der die Sicht auf etwa 30 Meter begrenzt. Wir starren in die Nacht, denn der Nebel verschluckt die Geräusche und schafft eine unheimliche Atmosphäre. Für die Russen könnten keine besseren Bedingungen herrschen, um uns zu überraschen.

Der Gruppenführer kommt und geht die Nester ab. Es ist Mitternacht vorüber, und der Nebel wird immer dichter. Dabei ist es unheimlich ruhig. Es ist eine trügerische Stille. Mich erfaßt lähmende Müdigkeit, nur Strelzyk ist noch ziemlich munter. Ich gehe zum Nachbarnest, um mich etwas zu bewegen und munterer zu werden. Es ist nicht ungefährlich, und ich sage noch zu Strelzyk, er möge mich bei meiner Rückkehr nur nicht erschießen! Strelzyk lacht.

Am nächstgelegenen Strohschober bietet sich mir ein ungewöhnliches Bild. Die Schützen sitzen in Decken gehüllt im Stroh, das MG schußbereit vor sich und unterhalten sich leise. Ich sage noch: „Ihr seid wohl verrückt, wenn der Iwan kommt, kassiert er euch — ihr kommt gar nicht so schnell zum Schuß." „Ach was," meinen sie, „das haben wir bisher immer so gemacht. Außerdem kommt man aus den Löchern nicht rechtzeitig heraus." Ich probiere, es stimmt! Es dauert einige Zeit, bis ich mit meinen müden Knochen herauskomme. Das Loch ist einfach zu tief und hat keinen richtigen Ausstieg.

Ich beschließe, mein Schützenloch zu verbessern. Nun gehe ich zum Gruppenführer und sage ihm meine Bedenken. Danach gehe ich wieder zu meiner eigenen Stellung zurück. Vorsichtig rufe ich Strelzyk an, er ist noch wach. Ich aber bin von der Müdigkeit so übermannt, daß mir im Stehen die Füße einknicken. Ich setze mich und bitte Strelzyk, mich rücksichtslos zu wecken, wenn ich einschlafen sollte. Es ist „Russenzeit", und mancher Stützpunkt wurde um diese Zeit überrumpelt. Strelzyk erwidert, ich soll keine Sorge haben, er werde schon aufpassen.

Grelle Detonationen, MPi-Feuer, Gewehrschüsse — eine Hand rüttelt sehr energisch an mir. Ich bin sofort hellwach — es ist ein Überfall. Ich bin also doch kurze Zeit eingenickt, und Strelzyk ließ mich barmherzig schlafen. Er springt auf: „Pieronnje, denen geben wir aber Zunder!" Stehend freihändig jagt er Schuß auf Schuß aus der Hüfte auf den Iwan. Das eigene Mündungsfeuer blendet uns.

Da laufen schon die Kameraden an uns vorbei. Der Unteroffizier ruft: „Sofort alles zurück — die anderen sind alle tot!" Weiter laufen die Kameraden der HKL zu. Strelzyk aber macht gar keine Anstalten zurückzulaufen. Schuß auf Schuß peitscht den Russen entgegen. Das veranlaßt mich auch zum Bleiben.

Plötzlich erhalten wir einen fürchterlichen Kugelhagel der Russen. Es müssen etwa 15 bis 20 Mann sein, die auf uns feuern. Das ist mir zuviel und ich rufe: „Strelzyk, ab — die kassieren uns noch!" Schon geht eine russische Leuchtkugel hoch und beleuchtet uns hell. Jetzt müssen wir aber schleunigst zurück, die anderen sind schon weit voraus.

Ich lasse Decken und Zeltbahn liegen, nehme mein Gewehr und laufe zurück. Ich bin der Letzte, denn Strelzyk ist viel flinker als ich. Eine Unmenge von MPi-Geschossen pfeift an mir vorüber. Ich werfe mich hin, weil mich eine Leuchtkugel hell beleuchtet, springe aber sofort auf, da sich der Russe nähert. Ich darf nicht liegenbleiben. Ich verliere die Verbindung mit den Kameraden und laufe zu weit rechts in das Feld herein. Hoffentlich verlaufe ich mich nicht.

Vor der HKL werden die Männer vom Zugführer angerufen, und ich kann mich nun orientieren. Strelzyk humpelt heran, er hat einen Beindurchschuß. Wir verbinden ihn. Die Männer der Gruppe sind vollzählig, auch der VB der Artillerie ist da, aber der Funker fehlt. Der VB sagt uns, der Funker sei nicht mehr rechtzeitig aus dem Unterstand herausgekommen. Jetzt stellt sich heraus, daß das neue MG42 fehlt. Der Schütze erklärt, er habe nur einen Schuß herausbekommen, dann habe die Waffe Ladehemmung gehabt.

Der Unteroffizier meldet dem Zugführer. Es fehlt so ziemlich alles, bis auf die Handfeuerwaffen, die wir bei uns tragen. Der Zugführer sagt, er müsse den Vorfall melden, da sei nichts zu vertuschen! Der Gefechtslärm sei überall gehört worden. Die Männer der Gruppe stehen größtenteils noch unter dem Schock des Überfalls.

Der Zugführer alarmiert den Pi-Zug. Wir gehen alle vor, denn die Vorpostenstellung darf keinesfalls in der Hand des Gegners bleiben. In Schützenreihe sichern wir gegenseitig unsere offenen Flanken. Die Vorpostenstellung ist leer, der Nebel ist verschwunden! War es vielleicht künstlicher Nebel? Das bleibt ungeklärt.

Wir sind erleichtert. Unsere Sachen finden wir noch alle vor, sogar das Telefon steht unversehrt. Da liegen noch die Decken und Zeltbahnen, die Verpflegung, die Munition, die Kochgeschirre, nur das MG42 ist weg! Das ist ein schwerer Verlust. Der Russe muß selber sehr unsicher gewesen sein, weil er sonst nichts mitnahm oder zerstörte. Wir bedauern, daß wir nicht sofort einen Gegenstoß machten, vielleicht hätten wir ihm das MG wieder abjagen können. Nun aber ist die Gelegenheit verpaßt.

Die Männer, sonst sehr unerschrocken, mit Kampferfahrung, hatten früher viele Beweise persönlicher Tapferkeit vollbracht, aber diesmal war die Überraschung zu groß gewesen, und das Versagen der Waffe hatte den überstürzten Rückzug ausgelöst. Die andere Gruppe findet am Ausgang des Unterstandes den toten Funker. Das Gerät liegt noch im Unterstand. Auch er wurde nicht vom Russen angetastet. Sehr bedrückt und schweigend geht die Gruppe zurück. Vier Kameraden tragen den Toten. Die nächstfolgende Gruppe ist auf Vorposten geblieben. Sie werden sich nun vorsehen.

Mittlerweile sind die Vorpostenstellungen dem Russen gut bekannt. Er setzt Scharfschützen ein. Der Obergefreite Eisenhut fällt ihnen zum Opfer. In seinem Deckungsloch erhält er einen Kopfschuß. Jeder Versuch, zu helfen, wird mit sehr gut gezielten Schüssen vereitelt. Stundenlang röchelt der Kamerad in seinem Loch, aber niemand kann zu ihm, denn das Loch ist für zwei Mann zu eng. Erst am Abend können wir ihn tot bergen.

Wenige Tage später sind wir wieder dran, wir lösen jeden dritten Tag ab. Nun kenne ich die Stellung genau. Das Gelände ist zum Gegner hin flach abfallend, und die feindlichen Stellungen sind vom Strohschober aus sehr gut einzusehen. Die Sicht ist ausgezeichnet. Ich sehe die russischen Stützpunkte vor mir. Auch sie sind sehr gut getarnt. Wäre nicht der weiße Rauch, der aus den Bunkerschornsteinen steigt, man würde den Verlauf der Stützpunktlinie beim Russen kaum verfolgen können. Der VB, den ich darauf aufmerksam mache, sagt, er habe bereits verschiedene Pak- und MG-Stände ausgemacht, aber die Munitionslage verbiete eine Bekämpfung. Man dürfe nur mit besonderer Genehmigung schießen, vor allem bei einem feindlichen Angriff.

Auf der Höhe, die feindwärts vor mir liegt, sehe ich in etwa vier bis sechs Kilometer Entfernung ein recht reges Leben beim Gegner. Fahrzeuge rollen, lange Kolonnen ziehen daher, sie führen vermutlich Schanzarbeiten durch. Ich melde das dem VB. Er sagt, das wisse er bereits. Es seien Kriegsgefangene und Zivilbevölkerung, da könne man nicht hineinschießen und außerdem sei das für ihn zu weit. Ein anderer Mann löst mich ab.

Da beginnt der Russe, den Strohschober aus großer Entfernung mit Pak zu beschießen. Der VB kommt herauf und will beobachten, woher der Beschuß kommt. Zufällig muß ich jetzt als Posten auf den Strohschober. Eine Pakgranate schlägt daneben ein, die Splitter fliegen im Sprengkegel hoch, einer trifft den VB im Rücken.

Er fragt mich noch, ob das Loch groß sei. Ich antworte, er solle sich doch verbinden lassen, aber das Loch scheine nicht so groß zu sein, vielleicht Erbsengröße. Der VB geht vom Schober herunter, meldet sich ab und geht über das offene Gelände rückwärts zur HKL. Später erfahre ich, daß er inneren Verletzungen erlegen ist.

Nun schießt der Iwan den ganzen Tag auf den Schober. Alle fünf Minuten peitscht ein Schuß heran. Es ist unangenehm, weil erst der Aufschlag erfolgt, dann kommt aus der Ferne der Abschußknall. Der Schober ist eine gute Deckung, denn er verschluckt etliche Granaten, ihnen ihre Wirkung nehmend. Das Feuer ist aber doch sehr unangenehm.

Mit einiger Beklemmung krieche ich nach oben und vergrabe mich im Stroh. Mit oder ohne Angst, ein Posten muß oben sein. Aber was ist das nur? Brandgeruch? — Der Schober brennt. Irgend eine der Leuchtspurgranaten muß schließlich gezündet haben. Rauch steigt auf, der Iwan schießt weiter und verhindert Löschversuche. Wasser haben wir sowieso nicht hier. Der Russe muß, im Gegensatz zu uns, über viel Munition verfügen.

Schließlich steht der Schober so in Flammen, daß wir ihn aufgeben müssen. Er brennt bis in die Nacht hinein weiter. Wir räumen den Vorposten und gehen weiter zurück in eine Reservestellung. Die Flammen würden uns zu hell beleuchten. Der Russe aber unternimmt hier nichts mehr, er wartet ab.

Ab Mitte November werden die Vorposten ganz eingezogen. Die Stellungen in der HKL sind nun gut ausgebaut, und ein weiteres Halten würde nur unnötig hohe Verluste fordern. Am 22. November setzen wir uns von Selenaja ab und beziehen Stellungen weiter westwärts.

H., W. (335.ID.)

*Aus dem Wehrmachtbericht vom 19. 11. 1943:*
*„. . . An der erfolgreichen Abwehr des feindlichen Ansturms westlich und nordwestlich SMOLENSK haben das II.Bataillon des Grenadierregiments (mot.)119 unter Führung von Major Nagengast, die sächsische 14.Infanteriedivision unter Führung von Generalmajor Flörke und die ostpreußische 206.Infanteriedivision unter Führung von Generalleutnant Hitter hervorragenden Anteil . . .“*
*— vom 23. 11.:*
*„. . . Südwestlich GOMEL wurden unsere Truppen in einzelnen Abschnitten vor überlegenem feindlichen Druck auf rückwärtige Stellungen zurückgenommen. Westlich SMOLENSK haben die unter dem Oberbefehl des Generalobersten Heinrici und unter Führung des Generals der Infanterie Voelckers stehende schlesische 18.Panzergrenadierdivision, die württembergisch-badische 25.Panzergrenadierdivision, die württembergisch-badische 78.Sturmdivision, die 1.SS-Infanteriebrigade (mot.) und die im Erdkampf eingesetzten Teile der 18.Flakdivision in der siebentägigen 3. Schlacht an der Smolensker Rollbahn einen hervorragenden Abwehrerfolg errungen. 34 Schützendivisionen und 6 Panzerbrigaden der Sowjets rannten hier vergeblich gegen die deutschen Abwehrstellungen an und erlitten dabei beispiellose Verluste an Menschen und Material . . .“*

# Den eigenen Arm abgeschnitten

**Der Angriff des Grenadier-Regiments 67 über die Uschtscha**

In der Nacht zum 19. November 1943 wurde das Regiment 67 (Oberst Graf zu Eulenburg) kurzfristig durch das Regiment 49 der 28.Jägerdivision am oberen Wolchow herausgelöst und im Bahntransport in den Raum nordwestlich Newel verlegt. Die Ablösung war in dem wegearmen Gebiet nicht einfach. Doch die Trosse waren auf den schlechten Knüppeldämmen so rechtzeitig heran, daß die Verladung in der befohlenen kurzen Zeit durchgeführt werden konnte.

Nach knapp zweitägiger Bahnfahrt über Luga-Porchow-Ono wurde in Suschtschewo ausgeladen. Bis zum eigentlichen Ziel waren es noch einhundertvierzig Kilometer. Wohl jeder, der diesen Marsch bei oft strömenden Regen und aufgeweichten Wegen mitgemacht hat, wird ihn nicht vergessen!

Trotz großer Schwierigkeiten durch den unvorstellbaren Dreck und Schlamm erreichte das Regiment zur befohlenen Zeit an der Spitze der Division den Bereitstellungsraum Motowilicha — Borowucha. Nach kurzer Zeit war die Stellungstruppe abgelöst. Mit Ruhe wurden die letzten Vorbereitungen getroffen.

Die Beobachtung des Feindes ergab, daß er anscheinend von dem bevorstehenden Angriff noch nichts gemerkt hatte.

Noch während der Dunkelheit setzten am 1. Dezember gegen fünf Uhr die ersten Stoßtrupps mit Floßsäcken über den Fluß und schoben sich, unter Vermeidung jeglichen Geräuschs, an die Feindstellung heran: Ein kleiner Uferbrückenkopf konnte gebildet werden! Dann erfolgte der kurze Feuerschlag der schweren Infanterie-Waffen und der Artillerie auf die rückwärtigen Stellungen im feindlichen Hauptkampffeld auf besonders ausgebaute und erkannte Stützpunkte.

Die 5.Kompanie des vorn eingesetzten II.Bataillons stürmte gegen gut ausgebaute Stellungen nördlich des Kastenwaldes ostwärts Samoschiza, Hauptmann Nogge, der sich schon bei den schweren Kämpfen südlich des Ladogasees hervorragend bewährt hatte, an der Spitze.

Unter den vordersten Grenadieren fiel er im Nahkampf mit den Russen, gleich darauf der einzige Kompanieoffizier, Leutnant Rehberg. Dennoch hielt die Fünfte trotz stark flankierenden Feuers und wütender sowjetischer Gegenstöße die gewonnene Linie.

Die links eingesetzte 7.Kompanie unter Leutnant Ehrenberg gewann in zügigem Vorgehen gegen schwächeren Feind das erste Angriffsziel und stieß aus eigenem Entschluß weiter in den erreichten Wald hinein. Dort traf sie auf überlegenen, von Panzern unterstützten Gegner. Im zusammengefaßten Feuer der Grenadiere konnte die sowjetische Infanterie von den Panzern getrennt werden und blieb vor unseren Linien liegen, nur die Panzer rollten weiter.

Zwei Wagen wurden im Nahkampf durch Leutnant Neubauer vom Schallmeßtrupp, Unteroffizier Peter und den Gefreiten Hetlich von der 14.Kompanie vernichtet: Neubauer warf eine Eierhandgranate in das offene Turmluk eines T 34 und eine weitere Handgranate in den Panzer, nachdem er aufgesprungen war!

Als der Regimentskommandeur den fortschreitenden Angriff des II.Bataillons beobachtete, befahl er dem Dritten, ebenfalls überzusetzen. Ungeachtet der offenen Flanken — der rechte (GR.9) und der linke (GR.96) Nachbar konnte wegen starken Feindwiderstandes nicht Anschluß halten — setzte er den Angriff fort: An der Spitze des II.Bataillons wies er mit seinem Stock, ohne den ihn die Soldaten nicht kannten, den vordersten MG und Scharfschützen ihre Ziele. So wurde in unübersichtlichem Waldgelände ein Höhengelände erreicht, hinter dem ein wichtiger Versorgungsweg verlief. Dort stieß man nochmals auf hartnäckigen Widerstand.

Das Regiment mußte aufschließen und sich nach Instellunggehen der schweren Waffen neu gliedern. Die tiefen Flanken waren noch immer offen, und die Dämmerung des kurzen Wintertages brach herein: Man ging vorübergehend zur Verteidigung über. Immerhin waren die 67er am weitesten vorangekommen, hatten gute Voraussetzungen für die Fortführung des Angriffs gewonnen und schon jetzt einen bedeutenden Erfolg erzielt.

Auch am zweiten Tag hielt das Regiment die gewonnene Linie, obwohl die Nachbarn gegen starken, von Panzern unterstützten Feind, und noch immer ohne schwere Waffen, den Anschluß weiterhin nicht gewinnen konnten. Das Regiment 9 blieb nordostwärts Samoschiza stecken, die 68er-Füsiliere kämpften erbittert um die Höhe 161,3, und auch der wiederholte Angriff auf Kriwyje Oserki scheiterte.

Spähtrupps der dem Regiment unterstellten Divisionsfüsiliere erbeuteten Panje- und Lastkraftwagen und brachten Gefangene ein. Trotz weiterhin offener Flanken und Unterbrechungen des durch den Wald führenden Nachschubweges wurde am 3. Dezember vormittags nach sorgfältiger Erkundung der Feindlage und kurzem Vorbereitungsfeuer gegen gut ausgebaute Feldstellungen und zwei Bunkerdörfer angetreten.

In wendigen Feuerzusammenfassungen vernichteten die schweren Infanteriegeschütze feindliche Stellungsteile. Unter niederhaltendem Feuer der Steilfeuerwaffen fuhren Pak und Zwei-Zentimeter offen auf und zerschlugen erkannte MG-Nester auf den beherrschenden Höhen. Dann stürzten sich die Grenadiere mit „Hurra!“ auf den Gegner, um jeden Unterstand wurde erbittert gekämpft.

Im weiteren Verlauf des Angriffs traten einige Sowjetpanzer zum Gegenstoß an. Als sich ein Wagen bis auf wenige Meter der vorstürmenden 9.Kompanie (Oberleutnant Koob) genähert hatte, lief der Roß-Gefreite Galinski mit seinem Chef auf ihn zu und schoß, ungeachtet heftigen Gewehrfeuers, stehend freihändig seine Faustpatrone ab: Die Wirkung war vernichtend.

Schon nach wenigen Sekunden brannte der Panzer lichterloh. Durch den Feuerstrahl der Faustpatrone aber war Galinski am Oberarm schwer verletzt worden. Als er sah, daß der Arm verloren war, bat er einen Kameraden, ihm diesen mit einem Messer abzuschneiden. Als der zögerte, ergriff er selbst das Messer und schnitt den Arm ab!

Auch auf die 3.Schwadron der Divisionsfüsiliere traf ein feindlicher Gegenstoß, unterstützt von einem Panzer. Auch dieser Wagen wurde mit einer Faustpatrone durch einen Unteroffizier aus kurzer Entfernung vernichtet. Mit der Vernichtung der beiden Panzer brach der letzte Widerstand zusammen: Das III.Bataillon und die Füsiliere erreichten das Angriffsziel! Damit war dem Gegner ein wichtiger Nachschubweg in dem Nordraum des sowjetischen Kessels abgeschnitten. Archiv (23.ID)

*Aus dem Wehrmachtbericht vom 11. 12. 1943:*
*„. . . Die im MITTLEREN FRONTABSCHNITT eingesetzte pommerisch-mecklenburgische 292.Infanteriedivision unter Generalmajor John und die schlesische 5.Panzerdivision unter Generalmajor Decker haben hervorragenden Anteil an den in den letzten Wochen im mittleren Frontabschnitt erzielten Abwehrerfolgen . . .“*
*— vom 19. 12.*
*„. . . Südlich NEWEL scheitern in harten Kämpfen alle Durchbruchsversuche des Feindes. Nordwestlich der Stadt greift er, von starken Panzerverbänden unterstützt, mit zunehmender Heftigkeit an . . . In diesen Kämpfen haben sich die norddeutsche 290.Infanteriedivision unter Führung des Generalleutnants Heinrichs und die pommersche 122.Infante-*

*riedivision unter Führung des Generalleutnants Chill besonders bewährt ... Bei Angriffskämpfen nordöstlich SHITOMIR am 9. und 10. Dezember zeichnete sich Leutnant Schumacher, Kompanieführer in einem Grenadierregiment, durch ungewöhnliche Tapferkeit aus. Er fand, an der Spitze seiner Kompanie stürmend, den Heldentod ...“*

# Sprung auf marsch marsch, Herr Pfarrer!

**Der „Kasak“ und die „Liebesgrüße aus Moskau“**

Den 17. Dezember 1943 werden mein Küster, Obergefreiter Eugen Kopf, und ich in unserem Leben nicht vergessen können. An einem kalten Wintermorgen vom Obergefreiten Blessing (später gefallen) zum Tross des III./335 gefahren, hielt ich dort meinen ersten Weihnachtsgottesdienst jenes Jahres. Ehe wir dann zu Fuß zum Gefechtsstand des Bataillons marschierten, kredenzte uns zur Erwärmung Spieß Wäldele einen Mirabellenschnaps, den er am Tag zuvor aus Offenburg, vom Urlaub zurückkommend, mitgebracht hatte. Das war ein köstlicher Gruß aus unserer badischen Heimat!

Guten Mutes ging es dann über den harten Schnee nach vorn, an der „Barbarossa-Stellung“ vorüber, in der einige Soldaten schanzten. Doch plötzlich war die besinnliche Stille dieses Wintermorgens dahin, einige Schüsse zerstörten sie. Eugen Kopf mit seiner guten Beobachtungsgabe meinte, daß sie wohl uns gelten würden, denn sie lägen bedenklich nahe, offenbar habe der Russe uns entdeckt. Ich wollte das keineswegs wahrhaben, war ich doch tags zuvor den gleichen Weg geritten und auch früher schon, niemals war ein Schuß gefallen.

Aus unseren Überlegungen wurden wir schnell herausgerissen, der Beschuß wurde heftiger und intensiver. Es war nicht zu leugnen: Das galt uns, der Russe deckte uns mit seiner Ratsch-bumm ein! Keineswegs erheiternd: Den Abschluß hören und sofort den Einschlag erleben — wer hat das nicht noch in lebhafter Erinnerung?

Schnee und hartgefrorene Dreckbrocken prasselten bedrohlich auf uns, Splitter pfiffen und wirbelten. Was tun? Wir ließen uns fallen in den festgefrorenen Schnee. Der Russe war wieder ruhig. Doch sobald wir uns erhoben, kamen sofort wieder Abschuß und Einschlag, kein Zweifel, wir wurden eingesehen.

Wie gut, daß man einmal als Rekrut robben gelernt hat! Aber nur mühsam kamen wir vorwärts und wollten doch rechtzeitig beim III./335 sein, um die vereinbarten Gottesdienste zu halten. Unser Bemühen, schneller voranzukommen mit „Sprung auf, Marsch, Marsch!“ scheiterte. Iwan feuerte mit seiner Ratsch-bumm, er hatte keine Hemmungen. Dauernd lagen wir im Schnee und robbten über die weite, eingesehene Fläche, nicht gerade angenehm.

Kostbare Zeit war inzwischen verlorengegangen, es schien aussichtslos, rechtzeitig Bataillon und Kompanien zu erreichen. Nur gut, daß wir nicht verwundet wurden. Durch das lange Liegen im Schnee völlig durchfroren, wagten wir uns doch wieder in die Höhe, um im Laufschritt, so schnell es eben ging, vorwärts zu kommen. Es fiel kein Schuß mehr, offenbar war beim Russen Ablösung oder Verpflegungsausgabe! Wir waren heilfroh, aus der Schußlinie heraus zu sein; es waren immerhin über 30 Granaten gewesen.

Vor dem Gefechtsstand des III./335 war ein kleiner Bach mit einem Bunker der Pioniere, aus dem Unteroffizier Kohler (Durmersheim) herauskam, um sich mit uns zu freuen, daß wir gesund und unverletzt geblieben waren. Von seinem Bunker aus hatte er alles miterlebt.

Als er erkannte, daß dem katholischen Divisionspfarrer und seinem Küster diese „Grüße" galten, lachte er herzlich nach echter Landserart, weil der Russe ausgerechnet uns beide so über das Gelände jagte.

Beim III./35 (Major Karle) war natürlich die vereinbarte Zeit schon längst verstrichen. Einen Gottesdienst konnte ich aber an diesem erlebnisreichen Tag doch noch halten. Feldwebel Egenter von den Panzerjägern (bei Polozk vermißt) fuhr uns am Abend zu einer Geschützstellung zurück. Die Nacht verbrachten wir beim III./335.

Die Adjutanten und Einheitsführer hatten für die kommenden Tage alles gut vorbereitet, so daß ich dann bis Jahresende noch insgesamt 40 Gottesdienste halten konnte, in den Bunkern bei den Kompanien, in den Feuerstellungen oder bei den Gefechtsständen. Für viele Kameraden war das wohl der letzte Gottesdienst ihres Lebens, denn zu Beginn des neuen Jahres wurde unsere Division in schwere Abwehrkämpfe verwickelt.

Karl Schuh (205.ID)

# Unsere „Panzerschlacht" bei Uschomir

**Männer der 8./AR.291 erledigen vier T 34**

Am 23. Dezember 1943 trat die ganze Abteilung abends zum Vormarsch nach Osten an. In Vertretung von Major Carstens führte uns Hauptmann Scharffetter. Es war schon dunkel, und noch fehlte die 7.Batterie, die die Spitze bilden sollte. Da machte Adam den Vorschlag, mit der 8.Batterie die Spitze zu übernehmen. So marschierten wir dann auch los. Plötzlich bogen wir von der Hauptstraße auf einen holprigen Nebenweg ab. Wie ich mit der Taschenlampe die Abfahr ableuchtete, denn es war inzwischen stockdunkel geworden, fiel der Lichtstrahl auf ein großes Schild: „Vorsicht! Unpassierbar! Nicht entmint!" Ich ließ sofort halten, lief nach vorn, erreichte dort aber nichts, weil dieser Weg erheblich näher sei und außerdem sei ja alles gefroren!

Fünfzig Meter weiter vor uns ging die erste Mine hoch und zerstörte einen Nachrichtenwagen! Adam rief: „Alles 'ran zum Wegräumen!" Wie die halbe Batterie auf der Stelle herumstand, ging die nächste Mine hoch! Durch sie verloren wir unsere beiden MG-Schützen und dazuhin Hauptwachtmeister Jäger, Oberwachtmeister Sauer, die Unteroffiziere Albat und Hüning.

Am 24. Dezember gingen wir mitten im Wald vor einer Schonung in Stellung. Hier kamen wir nicht einmal dazu, uns Deckungslöcher zu graben, denn dort haben wir ununterbrochen feuern müssen. Alle Munistaffeln der Abteilung hatten bald vollauf damit zu tun, Munition für die 8.Batterie heranzufahren. Niemals vor- oder nachher haben wir so viel schießen müssen wie an diesem Heiligabend 1943! Hier wurde Unteroffizier Angermüller verwundet, und es fiel Obergefreiter Schönfeld!

Die Stabsbatterie wurde von Panzern überrollt, wobei auch Oberwachtmeister Wolff fiel. Wenn ich nicht irre, hieß das Dorf Stremingorod, das der Russe mit vielfach überlegenen Kräften, mit starken Panzerverbänden und allem Drum und Dran pausenlos angriff und uns dann bei einbrechender Nacht zum Rückzug zwang.

Wir selbst, die 8.Batterie, gingen etwa 2,5 Kilometer zurück in die Nähe von Uschomir. Dort, wo ich die Feuerstellung aussuchte, stand auf der Karte „Sowchose Gemüse". Von Gemüse oder auch nur Gemüseland war allerdings weit und breit nichts zu sehen. Ein kleines, einsames Haus, links neben der Stellung, gab notdürftig Wärme und Unterkunft. Vor uns eine freie, ebene Fläche, links und rechts spärliches Weidengestrüpp. Es war lange nach Mitternacht, als wir schließlich mit den Panzerdeckungslöchern fertig waren und die Nachrichtenkabel lagen. An Weihnachten dachten wir nur nebenbei. Das Deckungsloch von Anton Kuhl war nicht tief genug, darum mußte ich ihn zum Nachgraben veranlassen. Aber erst ein paar Stunden später, als ein T 34 über ihn in seinem Loch weggefahren war, dankte er es mir mit den Worten: „So ein Loch kann ja gar nicht tief genug sein" — und schüttelte sich dabei die Erde aus dem Kragen.

Am nächsten Morgen, in aller Frühe, weckte mich der Posten mit der Meldung: „Keine hundert Meter vor unseren Rohren geht eine I.G.K. in Stellung!" Ich ging sofort, um mit dem dortigen Feldwebel zu reden. Aber der weigerte sich, noch wo anders hinzuziehen. Es lohne nicht, hier blieben wir doch nicht lange!

Bald darauf kam schon unser Verpflegungswagen. Der Obergefreite Tacke brachte für jeden zu Weihnachten eine Feldflasche voll herrlichem Slibowitz! Auch zu rauchen, — aber keine Post! Wieder ein wenig später war unser Abteilungsadjutant, Leutnant Balzer, am Fernsprecher: „Sofort ein Geschütz zum Einschießen in eine neue Feuerstellung schicken, drei Kilometer rückwärts!" Der Zugführer eins, Wachtmeister Szimnau, zog mit dem 2.Geschütz los.

So gegen 11 Uhr, wir waren vor lauter Einschießen, Munimeldungen usw. noch nicht einmal dazu gekommen, einen Schluck Slibowitz zu nehmen, kommt Feuerbefehl für Sperrfeuer. Während wir noch schießen, verlangt mich der Adjutant am Telefon. „Vier Panzer im Anmarsch auf die Feuerstellung!" Wir sprechen noch, da rufen sie draußen schon: „Panzeralarm!" „Sind schon da, Herr Leutnant!" „Na, dann Hals- und Beinbruch!"

Ich raus! Und da kommen sie, einer hinter dem anderen, noch zögernd, sichernd und Gott sei Dank ohne Infanterie! Noch 400 Meter weg! Erwartungsvoll sehen mich die Kanoniere an! Die Bedienung der I.G.K. vor uns verläßt ihre Geschütze und geht durch unsere Feuerstellung zurück. Keiner von meinen Männern versucht, sich ihnen anzuschließen. Die Genugtuung darüber macht mich ruhig und kalt. „Wo bleibt Meldung, daß befohlenes Sperrfeuer abgefeuert?" Erstaunen, dann noch ein Dutzend Schüsse! „Abgefeuert!"

„So, und nun die da vor uns!" Ich gebe die Kommandos wie bei einer Übung! Dann fährt die erste Salve aus den Rohren. Ich stehe neben meinem Deckungsloch, hinter dem 1.Geschütz, das Glas an den Augen und sehe überhaupt keine Wirkung drüben! Doch da, bei der letzten Salve, dreht der letzte Panzer bei, er fängt an zu brennen! Auch der vorletzte schert aus, er hat eine Kette verloren und fährt jetzt langsam hinter einen kleinen Hügel, nur sein Turm bleibt noch sichtbar. Der erste kommt schnell näher, stößt auf die Infanterie-Geschütze, überfährt sie und ist mit ihnen beschäftigt. Der zweite überholt ihn, erhält 50 Meter vor unseren Geschützen drei Treffer auf einmal! Er bleibt stehen. Die Besatzung, drei Mann, kriechen heraus, kommen mit erhobenen Armen auf uns zu. Wie sie merken, daß wir anderweitig beschäftigt sind, versuchen sie, wieder zu türmen. Auf unsere Schüsse kommen sie wieder auf uns zu, um bei nächster Gelegenheit wieder zurückzulaufen, bis uns dann die Geduld reißt.

Panzer Nummer eins hat sich während der Zeit bei den Infanterie-Geschützen aufgehalten, kein Schuß konnte ihm etwas anhaben. Er kümmert sich gar nicht darum! Jetzt kommt er auf das Geschütz zu, hinter dem ich stehe! Anton Kuhl am Richtgerät! 20 Meter noch, 10 Meter! „Kuhl sind Sie bald fertig?" „Sofort, sofort!" Da endlich, der Schuß fällt, aber der Panzer fährt ruhig weiter! Wir werfen uns in die Löcher, er rollt gemächlich über den linken Holm des Geschützes, drückt ihn zusammen und in die Erde, fährt dann über unsere Löcher. Der Turmdeckel fliegt auf, ein Rotarmist mit Maschinenpistole schießt von oben in unsere Deckungen. Gott sei Dank sind sie tief genug, wir machen uns ganz klein. Aber als er nach der anderen Seite schießt, reiße ich meine MPi hoch, auf knapp 10 Meter reißt ihm meine Garbe die Mütze weg. Er bleibt über dem Lukenrand hängen und rutscht dann ins Innere.

Der Panzer fährt auf das Haus zu, schießt mit seiner Kanone in das Strohdach, daß die Fetzen fliegen! Es war der Augenblick, als auf der B-Stelle Wachtmeister Reiter zu Adam sagte: „Jetzt machen sie unsere Feuerstellung fertig! Von denen sehen wir keinen wieder!“ Im Haus saß am Fernsprecher ein Obergefreiter, ein kleines Kerlchen, gerade als Ersatz zu uns gekommen. Sein Name ist mir entfallen. Als die Schüsse auf das Haus fielen, und es zu brennen anfängt, stürzt er heraus und springt direkt vor den Panzer! Schnell wetzt er um die Ecke! Der Panzer hinterher! Plötzlich macht der T 34 kehrt! Schon stoßen sie an der nächsten Ecke zusammen! So spielen sie „Greifchen“! Wir sehen zu! Dann, als der T 34 wartend stehen bleibt, erhält er einen Treffer vom 3.Geschütz, die letzte Panzergranate,die wir noch hatten! Und er ist bewegungsunfähig! Das brennende Haus bringt ihn dann zur Explosion, während die Bedienung unter seinem Bauch daran arbeitet, ihn wieder in Gang zu bringen. Der Turm fliegt 10 bis 15 Meter hoch und bohrt sich dicht vor unseren Geschützen tief in die gefrorene Erde.

Kaum war es vorbei, erhielten wir Granatwerferfeuer, und gleichzeitig griff russische Infanterie an. Wir schlugen ihre sämtlichen wiederholten Angriffe ab, mit den beiden MG, den beiden Geschützen und Karabinern. Am Abend lagen 46 Tote vor unserer Stellung. Wir selbst hatten einen Leichtverwundeten, den Obergefreiten Schüring. Und wer lebt heute noch von denen, die damals mit mir in den Löchern saßen, schossen, sich wehrten und nicht wankten? Ich weiß es nur von einem, dem Wachtmeister Wischnewski.

Am Nachmittag existierte nur noch der Panzer, der hinter dem Hügel stand, mit verklemmtem Turm, bewegungsunfähig. Es gelang mir, eine Selbstfahrlafette aufzutreiben, mit der ich heranfuhr und die ihm dann den Fangschuß gab. Mit einbrechender Dunkelheit machten wir Stellungswechsel. Wir konnten alles bergen, sogar das überfahrene 1.Geschütz. Zurück blieben die Panzerwracks, die gefallenen Gegner und ein verbranntes Haus, in dessen Asche eine alte Frau nach Überbleibseln ihrer Habe suchte.

Im Morgengrauen wurde Leutnant Kleine-Benne mit fünf Mann als Spähtrupp in die Gegend unserer Feuerstellung geschickt. Alle sechs Kameraden sind seither vermißt.

Das war unsere Panzerschlacht bei Sowchose Gemüse, ostwärts Uschomir. Kuhl erhielt das EK.I und eine Uhr vom Korpskommandeur, General de la Chevallerie, mehrere Kanoniere das EK.II. Ich wurde zum „Deutschen Kreuz in Gold“ eingereicht und erhielt es dann etwas später.

Was mich aber noch mehr befriedigte: Ich war das erste Mal selbständiger Führer in einem Gefecht gewesen, allein mit einer Handvoll Männer, weit weg von jedem, der uns hätte helfen und beistehen können. Keiner hatte versagt, jeder bereit, mein Los zu dem seinen zu machen!

Und nun bleibt nur noch zu berichten, daß ich seit diesem Tag furchtbar gerne Slibowitz trinke!

Kahnert (290.ID)

*Aus dem Wehrmachtbericht vom 24. 12. 1943:*
*„In den Kämpfen südöstlich KIROWOGRAD haben sich die 11.schlesische Panzerdivision unter Führung des Generalmajors v. Wietersheim und die 13. altmärkische Panzerdivision unter Führung des Generalmajors Hauser hervorragend bewährt . . .*
*An der SÜDITALIENISCHEN FRONT herrschte gestern mit Ausnahme des Abschnitts von Ortona Ruhe. Südlich und südwestlich der Stadt Ortona scheiterten auch gestern alle feindlichen Angriffe, obwohl sie von starkem Artilleriefeuer, von Panzern und Schlachtflie-*

*gern unterstützt wurden. In diesem Kämpfen zeichnete sich die 1.Fallschirmjägerdivision unter Führung des Generalleutnants Heidrich durch beispielhafte Standhaftigkeit besonders aus . . .“*

## Er hielt seine Stellung

**„Bis auf weiteren Befehl“ den Gegner aufgehalten**

Im Zuge der Absetzbewegungen, die Anfang 1944 aus dem Raum Kriwoj Rog begannen, befand ich mich nach einem erneuten Stellungswechsel auf dem Wege zu einer der B-Stellen unserer 13./203. Über dem Gelände lag trügerische Ruhe, kein Gefechtslärm war vernehmbar, menschenleer die Gegend, soweit das Auge reichte. Plötzlich entdeckte ich in einem flachen Graben ein MG34 und dann auch den Schützen. Meine Frage nach weiteren Kameraden und dem Anschluß nach links und rechts konnte der junge, etwa zwanzigjährige Soldat nicht beantworten. Sein Zugführer, berichtete er, habe ihn allein mit dem MG auf diesen Platz gestellt, den er bis auf weiteren Befehl halten solle.

Der auf diesem verlorenen Posten stehende junge Soldat tat mir leid: Bei einem feindlichen Angriff würde er keine Chance haben! Mit Hilfe meines tragbaren Funkgerätes gelang es mir, Verbindung zu dem Schweren Zug meiner Kompanie herzustellen. Trotz des geringen Munitionsbestandes, der uns zur Verfügung stand, erschoß ich mit einer 15-cm-Granate vorsorglich die Grundrichtung. Danach besprachen wir, was zu tun sei, falls der Gegner angreifen würde. Kurz darauf passierte dann, was ich mir nicht gewünscht hatte: Hinter einer kleinen Bergkuppe hervor, an einem zu uns führenden Weg, erschienen auf etwa vierhundert Meter sowjetische Infanteristen in einem Pulk. Als sie, ohne uns wahrzunehmen, auf unserer Stellung vorgingen, wurden sie zunächst durch einen für sie überraschenden Feuerstoß aus dem MG des jungen Soldaten in Deckung gezwungen. Mein vorbereiteter Schwerer Zug schoß dann auf mein Feuerkommando hin erst einmal eine Granate „mit Verzögerung“, die fast genau beim Gegner aufschlug und als Abpraller in der Luft detonierte. Die folgenden kurzen MG-Feuerstöße im Wechsel mit meinen Fünfzehnern bereinigten schnell die Lage: Die Russen zogen sich eiligst zurück, und ich setzte meinen Weg fort. — Hätte jener einsam auf Posten ausharrende Soldat nicht pflichtbewußt seine Stellung gehalten, wäre dem Gegner sicher ein widerstandsloser Spaziergang bis hinter unsere Linien gelungen. Johannes Kujawski (76.ID.)

## Funkprobe am Sonntag

**Beim Wunschkonzert wurden alle weich**

Mittelabschnitt Januar 1944 nordwestlich von Witebsk. B-Stelle einer Batterie im Strohdach einer vom Dorf abgesetzten Scheune, besetzt mit einem Offizier und zwei Funkern. Der Offizier oben am Scherenfernrohr, die Funker samt Gerät in einem Dekkungsloch im weniger tief gefrorenen Lehmboden der Scheune. Zwei Minuten vor 14 Uhr gehen die Funker auf Empfang zur um 14 Uhr vereinbarten Verständigungsprobe wie schon seit Tagen. Aber keine Verbindung. 14.10 Uhr schon und noch immer keine Funkverbindung! Alle Bemühungen der erfahrenen Funker bleiben erfolglos. Die Kerle in der Feuerstellung pennen wohl! 14.15 Uhr gehen sie auf andere Frequenzen und bekommen alles mögliche herein. Ihr Gerät ist also in Ordnung. Da, auf einmal tönt Musik aus dem Gerät, dann eine bekannte Stimme! Das ist doch . . . tatsächlich: Wunschkonzert mit Heinz Gödecke! Richtig, heute ist ja Sonntag! Die Funker blicken sich sprachlos an, schauen fragend hinauf zum Offizier. Dieser gibt kopfnickend sein Einverständnis, drauf zu bleiben, steigt sogar herab. — Jetzt singt der damals so bekannte Tenor Fügel mit seiner samtweichen Stimme: „Ach wie ist's möglich dann, daß ich dich lassen kann, hab' dich von Herzen lieb, das glaube mir . . ." und dann die 2. Strophe: „Blau blüht ein Blümelein, daß heißt Vergißnichtmein: dies Blümlein leg ans Herz und denke mein! . . .

Jeder lauscht gerührt. Schließlich sagt der eine Funker: „Das hören die Meinen daheim jetzt bestimmt auch; vielleicht sogar bei Kaffee und Kuchen." Der andere Funker spricht nachdenklich, wie für sich selbst: „Meine können das nicht; die sind ausgebombt." Und der Offizier? Er wendet sich schweigend ab, steigt zu seinem Scherenfernrohr hinauf. Schließlich müssen die beiden Funker da unten ja nicht unbedingt seine feuchten Augen sehen!

Nach kurzer Zeit ruft er dann hinunter: „Gerät abschalten!" Die Batterien müssen geschont werden! Dann ist es ganz still in der Scheune, und alle drei hängen ihren Gedanken nach und denken dabei wohl an das Gleiche: an daheim, an die Heimat.

Hans-Erich Stilcke (14.ID.mot.)

*Aus dem Wehrmachtbericht vom 21. 1. 1943:*
*„. . . In der seit dem 13. Dezember 1943 andauernden großen Abwehrschlacht im Raum von WITEBSK haben unsere unter dem Oberbefehl des Generalobersten Reinhardt stehenden Truppen den von den Sowjets unter Einsatz von über 50 Schützendivisionen und zahlreichen Panzerverbänden angestrebten operativen Durchbruch durch unsere Front in harten Kämpfen vereitelt und dem Feind schwerste Verluste zugefügt. Bis zum 18. Januar 1944 verloren die Bolschewisten in diesem Frontabschnitt über 40 000 Tote. Die Zahl der Verwundeten beträgt ein Vielfaches . . ."*
*— vom 28. 1. 1944:*
*„. . . Nordwestlich des ILMENSEES und im Raum südlich LENINGRAD dauert die Abwehrschlacht mit zunehmender Stärke an. In diesen Kämpfen haben sich die ostpreußische 61.Infanteriedivision unter Führung des Generalleutnants Krappe und das estnische Freiwilligenbataillon unter Führung des Majors Rebane besonders bewährt . . ."*

# Wir sollten Ordnung schaffen

**Ein seltsamer Einsatz in Ostpreußen — 1944**

Die Beobachtungsabteilung 30, deren Kommandeur ich war, wurde nach dem Rückzug von Leningrad Ende Januar 1944 zu neuem Einsatz an den Peipussee verlegt. Dort erreichte mich ein Fernschreiben, ich sei zum „General der Artillerie" beim OKH versetzt worden, und zwar als Sachbearbeiter in das Referat III, das sich mit den Belangen der Aufklärenden Artillerie befaßte und dessen Leiter mein alter Friedenskommandeur Oberst Froben war. So mußte ich schweren Herzens die mir vertraute Truppe bereits nach einem halben Jahr verlassen und wieder einmal in den Stabsdienst überwechseln. Die gleichzeitige Beförderung zum Major war da nur ein Trostpflaster.

Der Chef des Generalstabes des Heeres lag damals im ostpreußischen Angerburg. Dort erlebte ich nun den seltsamsten Einsatz meiner militärischen Laufbahn: Ende Juni erging der Befehl, jeder Waffengeneral müsse einen Stabsoffizier als „Auffangkommissar“, so die amtliche Bezeichnung, abstellen. Für die Artillerie wurde ich hierzu befohlen. — Die Rote Armee drängte zu jener Zeit bereits auf Ostpreußen zu; im Grenzgebiet zeigten sich Auflösungserscheinungen. „Auffangkommissare“ sollten nun, jeder in einem der ostpreußischen Grenzkreise, „für Ordnung sorgen“.

Schon damals kam es mir seltsam vor: Wir erhielten unsere Einweisung vom Chef der Heerwesenabteilung des OKH, die sonst nur für „Fahne und Geistlichkeit“ verantwortlich war. Jetzt verlieh man uns die disziplinaren Befugnisse eines Regimentskommandeurs der Feldgendarmen, wir durften also „vom Fleck weg“ bestrafen. Zugeteilt wurden uns ein Hauptmann und ein weiterer Offizier der Feldgendarmerie sowie ein Kraftfahrer mit einem Kfz17, jedoch keinerlei Nachrichtenmittel. Was uns am eigenartigsten berührte: wir erhielten über unseren Auftrag keinerlei schriftlichen Befehl, auch keinen Ausweis für die doch weitgehende Tätigkeit.

Vorerst wurde ich auf den Kreis Goldap, dann nach etwa einer Woche auf den Kreis Rastenburg angesetzt, in dessen Bereich sich die „Wolfsschanze“ befand. Zunächst mußte ich weisungsgemäß die Tätigkeiten der Standortkommandanten übernehmen. Sowohl in Goldap wie später in Rastenburg meldete ich mich bei den Herren an und eröffnete ihnen, ich sei vom OKH als Auffangkommissar eingesetzt und habe ab sofort die Geschäfte zu übernehmen. Sie selbst hätten sich zu meiner Verfügung zu halten und als beurlaubt anzusehen. In beiden Fällen wurde ich nach Legitimation oder schriftlichem Befehl nicht gefragt. Offensichtlich verfehlte das Wunderwort „OKH“ nicht seine Wirkung. Als ich auf telefonische Anweisung aus dem Kreis Goldap nach Rastenburg überwechselte, setzte ich ohne weitere Erklärung den eigentlichen Stelleninhaber wieder in sein Amt ein, ebenso später in Rastenburg, als ich endgültig zurückgerufen wurde.

Das Personal der Standortkommandanturen, nur eine Handvoll Soldaten, folgte bereitwillig meinen Anordnungen, offensichtlich erfreut, daß es endlich mal etwas Abwechslung gab. Zu diesem Stamm gesellten sich von Fall zu Fall Portepeeträger, die sich auf der Kommandantur etwa als Rückkehrer vom Urlaub meldeten und die ich dann einige Tage verpflichtete. Außerdem gelang es, Kraftfahrzeuge zu vereinnahmen, ohne die es eben nicht ging. Nach einem durchdachten System wurden an den wichtigsten Straßen Kontrollstellen eingerichtet und zusätzlich mobile Streifen eingesetzt sowie in den Ortschaften Hotels und Gastwirtschaften durchgekämmt. Wieviele „Versprengte“ sich in diesem Netz fingen, kann ich nicht mehr angeben. Mangels Anweisung, wohin die Aufgegriffenen zu leiten wären, dirigierte ich sie kolonnenweise zu einer Frontleitstelle.

Mehr Sorge als diese Einzelgänger bereiteten Einheiten des Heeresgefolges, die von Einsätzen weiter vorn nach rückwärts genommen wurden und oft ohne entsprechende Betreuung blieben. So stieß ich bei einer Erkundungsfahrt in einer alten Ziegelei auf eine Einheit der Organisation Todt, die nicht wußte, wohin sie solle und bereits ohne Verpflegung war. Ich mußte also — via OKH, was seltsamerweise auch gelang — das Schicksal dieser OT-Einheit klären, sie aber auch verpflegen und mit Sprit versorgen. Erinnerlich ist mir noch, daß ich in Rastenburg die Bäckereien „beschlagnahmte“, um im Einvernehmen mit den zuständigen zivilen Dienststellen versprengte Einheiten versorgen zu können.

Nicht so einfach waren für mich und meine Offiziere die Kontrollen in den Gastwirtschaften, besonders unangenehm war es im Rastenburger Soldatenheim. Man merkte, daß die Disziplin bereits angenagt war. Jedoch brauchte ich von meinen erweiterten disziplinaren Befugnissen keinen Gebrauch zu machen.

In der Nähe von Rastenburg lag also die „Wolfsschanze“, das Führerhauptquartier. Hermetisch abgeschlossen, mußte es sich aber doch gewisser Dienstleistungen der

Standortkommandantur bedienen, so in der Annahme vielfacher Warenlieferungen. Selbstverständlich nahm ich mit dem für die Sicherheit des FHQ verantwortlichen Offizier telefonisch Verbindung auf, erstattete Bericht und blieb in laufendem Kontakt. Wieder wurde ich weder nach einer Legitimation noch sonstigen Unterlagen gefragt. Man war offensichtlich erfreut, daß sich irgendjemand von draußen um Sicherheitsfragen kümmerte.

Die Lage hatte sich verändert, absolute Luftherrschaft bestand nicht mehr. Zunehmend flogen sowjetische Flugzeuge bei Tag und Nacht ein. Bei jedem Luftalarm mußte dann das Führerbegleitbataillon, das den äußersten Ring der Sicherung bildete, mit seinen Panzern in die vorbereiteten Stellungen rücken. Meine Offiziere und ich begaben uns jeweils in den Keller des Offizierheims, in dem wir untergebracht waren.

Zur Erfüllung meiner Aufgaben waren mir also zwei Offiziere und ein Kraftfahrzeug zugewiesen worden, Nachrichtenmittel jedoch nicht. Ich sollte dennoch die Heerwesenabteilung ständig über meine Tätigkeit unterrichten und zwar über die Fernsprechleitung einer Luftwaffeneinheit, die in einer Kaserne in oder bei Lötzen untergebracht war. Das klappte reibungslos bis zum 20. Juli. Als ich an diesem Tag zum Telefonieren dort eintraf, standen Maschinengewehre vor dem Tor und man ließ mich nicht hinein. Der wachhabende Offizier meinte, er wisse auch nicht warum. Schon anderntags ging alles wieder seinen üblichen Gang.

Einige Tage darauf wurden alle Auffangkommissare zurückgerufen. Das OKH war bereits nach Wünsdorf in die Heeressportschule verlegt worden. — Über diesen seltsamsten Einsatz in meiner militärischen Laufbahn habe ich mir selbstverständlich Gedanken gemacht und versucht zu erfahren, was eigentlich dahinter gesteckt haben mag. Auch nach dem Krieg befragte ich viele Personen und Einrichtungen wie das Militärgeschichtliche Forschungsamt über den Einsatz der Auffangkommissare. Niemand aber konnte mir eine Antwort geben. . . Friedrich Wilhelm Schmidt (Beob.-Abt.30)

*Aus dem Wehrmachtbericht vom 30. 1. 1944:*
*„. . . Bei weiteren Vorstößen unserer Panzerverbände westlich POLONNOJE wurden mehrere Ortschaften zurückgewonnen. . . In diesen Kämpfen fand an der Spitze seiner Division der vor wenigen Tagen vom Führer mit der höchsten Tapferkeitsauszeichnung beliehene Kommandeur einer Panzerdivision Generalmajor Schulz den Heldentod . . .“*
*— vom 31. 1.:*
*„. . . Bei den Angriffskämpfen im Raum südlich POGREBISCHTSCHE vom 24. bis 30. Januar 1944 zerschlugen Truppen des Heeres und der Waffen-SS unter Führung des Generals der Panzertruppen Hube . . . über zehn sowjetische Schützendivisionen und mehrere Panzerkorps . . . Die westfälische 16.Panzerdivision unter Führung des Generalmajors Back und ein unter der Führung des Oberstleutnants Bäke stehendes schweres Panzerregiment haben sich hier besonders bewährt . . .*
*In SÜDITALIEN trat der Feind aus dem Landekopf Nettuno heraus mit starken Infanterie- und Panzerverbänden zum Angriff nach Norden und Nordosten an . . .“*
*— vom 6. 2.:*
*„. . . In den Kämpfen zwischen ILMENSEE UND LENINGRAD hat sich die württembergisch-badische 215.Infanteriedivision unter Führung des Generalleutnants Frankewitz mit dem unterstellten Bataillon des Grenadierregiments 32 unter Führung des Majors Schaarschmidt hervorragend bewährt . . .*
*An der SÜDFRONT stürmte der Feind auch gestern unaufhörlich . . . gegen das Bergmassiv von Cassino an, um den Durchbruch zu erzielen . . .“*

# Niemand weiß mehr wohin

**Mit dem II./571 auf dem Rückzug durch die Ukraine Anfang 1944**

Unser Bataillon greift am 8. (oder 9.?) Februar 1944 eine Höhe bei Marinkoje an und stürmt sie. Dort hat der Gegner versucht, die deutsche Front abzuschnüren. Sofort setzen nun die heftigsten Gegenstöße der Sowjets ein, die ziemliche Verluste fordern.

Niemand will dem Gegner verwundet in die Hände fallen, etliche Schwerverwundete, die nicht weggeschafft werden können, nehmen sich das Leben, so bei meiner MG-Gruppe der Gefreite Schuster mit einer Handgranate. An dieser Stelle der Front ist jede Bewegung am Tag unmöglich, wir sehnen uns nach Nacht und Dunkelheit, die Rettung versprechen.

Als Ju-52 anfliegen und Versorgungsbomben werfen, ist es mit der Stimmung ganz vorbei: „Wir sind eingeschlossen!" Auch den Gefechtslärm hören wir schon von allen Seiten. Ab 11. Februar wird das Bataillon bei der Wiedereinnahme von Bolschaja-Kostromka eingesetzt. Die Straßenkämpfe fordern erhebliche Verluste, jedes Haus ist eine kleine Festung und muß einzeln erobert werden. Bis auf den östlichsten Teil des Dorfes gelingt es, den Gegner zu werfen. Dadurch wird der Rückzugsweg für mehrere Divisionen frei gehalten.

Einer der schwersten Kampftage ist dann der 22. Februar: Oberst Bartelt fällt in vorderster Front, auch sonst sind hohe Ausfälle zu beklagen. Bei dem Durcheinander der vielen Truppenteile in diesem Ort weiß bald niemand mehr, wo er hingehört.

Am 25. Februar droht ein Hauptmann einer anderen Division mit dem Kriegsgericht, als wir uns im Schutz einer Hausruine sammeln und verschnaufen wollen. Er nimmt uns mit zu seinem Haufen, der kein Maschinengewehr mehr besitzt, und zeigt uns, wo wir in Stellung gehen sollen. Nachdem wir uns eingerichtet haben, versuche ich, zu den Nachbarn Verbindung aufzunehmen. Diese sind im Begriff, bei Eintritt der Dunkelheit zurückzugehen, für uns eine heikle Lage. Ich schicke den Obergefreiten Hell zum Kampfgruppengefechtsstand, um zu melden und neue Weisungen einzuholen.

Inzwischen ist es finster, unsere Nachbarn sind weg. Im Schein der brennenden Ruinen sehen wir Gestalten: Russen, die ohne Widerstand vorfühlen! Unser Kamerad ist noch nicht zurück. Was tun? Bleiben und auf ihn warten und dabei vielleicht in Gefangenschaft geraten — oder abhauen und ihn seinem Schicksal überlassen?

Doch es hilft nichts, wir müssen zurück. Die Lafette bleibt stehen, denn in unserer Lage ist es unmöglich, sie noch mitzuschleppen. Auch die Muni-Kästen bleiben, jeder hängt sich einen Gurt um und ab geht es. Nach einiger Zeit vernehmen wir einen russischen Anruf und erhalten sofort Feuer aus Maschinenpistolen. Ich erwische zwei Treffer im linken Arm, und der Kamerad, der das MG trägt, einen Rückenschuß.

Nun laufen wir, was die Beine und Lungen hergeben. Der mit dem Rückenschuß muß gestützt und später getragen werden. Endlich erreichen wir völlig ausgepumpt und mit trockener Kehle deutsche Soldaten, die sich zur Abwehr einrichten.

Da werden wir erstmals verbunden, auch treffen wir unseren Melder wieder. Er ist, als er auf dem Gefechtsstand niemand mehr angetroffen hat, weitergelaufen zu unserem eigenen Haufen. Man hat ihm gesagt, daß zurückgegangen wird. So ist er zurückgeeilt, um uns zu holen. Für mich aber ist der Krieg zunächst vorbei, die Heimat winkt . . .

Walter Höpfner (302.ID.)

*Aus dem Wehrmachtbericht vom 15. 2. 1944:*

*„... In den Abwehrkämpfen am UNTEREN DNJEPR hat sich die pommersch-mecklenburgische 258.Infanteriedivision mit unterstellten Truppen unter Führung des Generalmajors Bleyer hervorragend bewährt ..."*

*— vom 18. 2.:*

*„... Westlich des ILMENSEES und an der Front bis zum PEIPUSSEE sowie bei NARWA griffen die Sowjets an mehreren Stellen mit stärkeren Kräften und von Panzern unterstützt vergeblich an ... In diesem Raum hat sich die pommersche 12.Panzerdivision unter Führung des Generalleutnants Frhr. v. Bodenhausen besonders bewährt ..."*

*— vom 5. 3.:*

*„... Bei den schweren Abwehrkämpfen der letzten Tage zeichneten sich im NORDABSCHNITT DER OSTFRONT die 81.schlesische Infanteriedivision unter Führung des Generalleutnants Schoper und die pfälzisch-rheinische 263.Infanteriedivision unter Führung des Generalleutnants Richter besonders aus ..."*

*— vom 6. 3.:*

*„... Bei den Abwehrkämpfen im SÜDABSCHNITT DER OSTFRONT haben sich die fränkisch-sudetendeutsche 46.Infanteriedivision unter Führung des Generalleutnants Roepke und die ostmärkisch-badische 23.Panzerdivision unter Führung des Generalmajors Kraeber hervorragend bewährt ..."*

*— vom 8. 3.:*

*„... Bei den Abwehrkämpfen im MITTLEREN FRONTABSCHNITT hat sich die mittelrheinische 197.Infanteriedivision unter Führung des Generalmajors Woeßner besonders bewährt ..."*

*— vom 16. 3.:*

*„... In den Kämpfen nordwestlich NEWEL hat sich die rheinisch-westfälische 329.Infanteriedivision unter Führung des Generalleutnants Mayer besonders bewährt ..."*

*— vom 18. 3.:*

*„... Am UNTEREN UKRAINISCHEN BUG scheiterten erneute Versuche der Sowjets, mit starken Kräften unsere Brückenköpfe einzudrücken. Die im Verlaufe der Absatzbewegungen vorübergehend von ihren Verbindungen abgeschnittene württembergisch-badische 335.Infanteriedivision unter Führung des Generalmajors Rast hat sich unter Abwehr laufender feindlicher Angriffe und Mitnahme aller Verwundeten und zahlreicher Gefangener zu unseren Hauptkräften zurückgekämpft ..."*

*— vom 29. 3.:*

*„... Bei den harten Abwehrkämpfen im Raum SÜDLICH PROSKUROW hat sich die württembergisch-sudetendeutsche 101.Jägerdivision unter Führung von Generalleutnant Vogel durch besondere Tapferkeit und Standfestigkeit hervorragend ausgezeichnet ..."*

*— vom 27. 4.:*

*„... Nördlich JASSY traten die Sowjets mit starken Kräften zum Angriff an ... In diesem Kampfraum hat sich am 25. April ein Sturmgeschützverband der Panzergrenadierdivision „Großdeutschland" unter Führung von Oberleutnant Diddens besonders ausgezeichnet ..."*

*— vom 1. 5.:*

*„... Bei den Kämpfen am UNTEREN DNJESTR hat sich das brandenburgische Grenadierregiment 715 unter Führung von Oberstleutnant Jordan besonders bewährt ..."*

# Landekopf Anzio — Nettuno

**Das Ende der 10./GR.725**

In der Nacht zum 2. Mai 1944 wurde höchste Alarmbereitschaft befohlen. Das bedeutete: Zelte abbrechen und abwarten. Aber morgens warteten wir immer noch! Abgeblasen! Wieder verging ein herrlicher, sonniger Tag. Gegen Abend wurden wir nochmal alarmiert. Diesmal blieb es jedoch nicht beim Alarm, sondern wir wurden auf LKW verladen und rollten dann Richtung Littoria. Wahrscheinlich mußten wir eine Lücke stopfen.

Unsere Vermutungen fanden wir bald bestätigt. In der Nacht zum 23. Mai nächtigten wir in einem an der Straße gelegenen Haus. Anderntags sollten wir zum Einsatz kommen. Die Nacht war ruhig, und wir schliefen prächtig. Im Morgengrauen ging es dann durch Felder, über Gräben und Hecken hinweg, an verlassenen Ruinen und zerschossenen Feuerstellungen vorbei — zuerst aufrecht, dann nach und nach gebückt und endlich krochen wir auf dem Bauch. Wir waren dicht vor dem Feind. Es war die gefürchtete Ecke Bahndamm — Mussolini-Kanal.

Der Tag war heiß, hart der Kampf. Unserer Kompanie gelang es, nicht nur die Stellung zu halten, sondern auch noch einige hundert Meter Boden zu gewinnen. Gegen Mitternacht rutschten wir längs des Kanals in einem Straßengraben vorwärts. Von drüben kam tolles Feuer, das uns jedoch nicht viel anhaben konnte. Um die Verbindung mit den anderen Kompanien zu halten und um unnötige Verluste zu vermeiden, gingen wir nicht mehr weiter vor. Die 10.Kompanie des GR.725 der 715. ID. verteilte sich in die Keller der zerschossenen Häuser. Auch der Kompanie-Trupp fand einen geeigneten Unterschlupf, der uns einen ganzen Tag beherbergte.

Wir wußten nun nicht, sollten wir weiter vorstoßen oder den Kanal halten, jedenfalls mußten wir weitere Befehle abwarten. Der Befehl traf dann auch ein, doch lautete er nicht so, wie wir erwartet hatten! Es hieß: „Die Kompanie setzt sich nach Mitternacht planmäßig ab — neue vorbereitete Stellungen werden vor Tagesanbruch bei Cisterna bezogen."

Was dieser Befehl für uns bedeutete, nachdem wir jeden Meter Boden mühsam errungen hatten, kann nur der ermessen, der ähnliches schon erlebt hat. Kurz gesagt: Wir waren wie vor den Kopf geschlagen. Wir hatten nicht einmal mehr die Zeit, uns beim Bataillon nach dem Sinn dieses uns unverständlichen Befehls zu erkundigen.

Warum erst so weit vor, wenn man andern Tags doch wieder zurück muß? fragten sich viele. Dann noch der verfl. . . Nachtmarsch mit vollem Gepäck durch unwegsames Gelände, durch mannshohes Gras und knietiefen Sumpf! Doch wir schaffen auch dies und erreichten im Morgengrauen, wie befohlen, die Stellungen vor Cisterna.

Wir erinnerten uns des Befehls der vergangenen Nacht: Es war von „ausgebauten Stellungen" die Rede. Doch von Stellungen war nichts zu sehen und von „ausgebauten" schon gleich gar nichts. Wieder lagen wir auf dem Präsentierteller. Die Kompanie verteilte sich und grub sich ein. Überall ging nun ein fleißiges Buddeln los, schließlich konnten wir ja nicht schutzlos daliegen. Langsam wurde es Tag. Eine Fernsprechleitung verband die Kompanie mit dem Bataillon. So erfuhren wir, daß wir auch noch Munition und Verpflegung erhalten würden.

Feindliche Aufklärer interessierten sich bereits für unser Treiben. Einige Feuerstöße unserer MG vertrieb sie jedoch bald. Dafür setzte feindliches Artilleriefeuer ein. Gut, daß wir unsere Löcher hatten. Tief waren sie nicht, aber wir waren gegen Granatsplitter gedeckt.

Kurz vor 9 Uhr rasselte der Fernsprecher. Es war nichts Erfreuliches, was wir da vernahmen. Die Lage war kritisch: „Feindliche Panzer rollen auf der Straße nach Cori — die ersten haben bereits Cori erreicht". Für uns lautete der Befehl: „Die Stellung muß unbedingt gehalten werden, bis zur letzten Patrone." Wir schauten uns nur an.

Der zweite Zug, der längs der Straße lag, feuerte schon mit allen Waffen, obwohl nach unserer Meinung dort gar nichts los war. Später, als dort wirklich etwas los war — blieb es auffallend ruhig, vermutlich hatten sich die Landser schon aus dem Staub gemacht! Unser Zug wartete mit Geduld. Es war die Ruhe vor dem Sturm. Gegen Mittag ging es dann los. Der Sturm währte nur kurz. Die Übermacht des Feindes war erdrückend. Wir waren bald am Ende. Mit dem kläglichen Rest der Kompanie ging es kreuz und quer durchs Gelände. Es war eine wilde Hetzjagd. Zum Glück hatten wir keine Verwundeten mitzuschleppen. Die, welche geblieben waren, brauchten unsere Hilfe nicht mehr. Sie waren tot. Die Verfolger, des Geländes nicht so kundig wie wir, verloren uns bald aus den Augen. Ein paar Gewehrschüsse pfiffen noch über uns hinweg, dann war alles wieder wie im tiefsten Frieden.

Plötzlich setzte hinter uns wildes Granatwerferfeuer ein. Wahrscheinlich rechneten die nachstoßenden Amerikaner mit unserem erneuten Widerstand. Dazu waren wir jedoch nicht mehr in der Lage. Wir waren nur noch eine Handvoll Männer und hatten uns verschossen.

Vor uns lag jetzt der erhöhte Bahndamm und die dahinterliegende, von amerikanischen Panzern befahrene Straße. Hatten wir diese glücklich überwunden, so waren wir vorläufig außer Gefahr. Dank der guten Führung unseres Chefs, des Oberleutnant Stohrer, überwanden wir ohne Schaden auch diese Klippen. Inzwischen fanden sich noch einige Versprengte ein, die sich uns anschlossen. Nunmehr teilte Oberleutnant Stohrer den ganzen Haufen in verschiedene Gruppen auf, um das weitere Durchschlagen zu erleichtern. Über das Gebirge hinweg, hinter Cori durch und dann den Anschluß an die sich absetzende eigene Truppe erreichen, das war unser Ziel.

Langsam, doch stetig, ging es bergan. Die Sonne brannte, und der Schweiß floß in Strömen. Längst hatten die meisten entbehrliches Gerät weggeworfen. „Wenn wir nur erst diesen Berg hinter uns hätten!" Endlich hatten wir es geschafft. Vor uns lag der Abhang zum Tal. Nun ging es wieder bergab, was auch nicht gerade unbeschwerlich war. Doch die größten Anstrengungen standen uns noch bevor: Es galt auch noch den zweiten Höhenzug zu überwinden. Alle sehe ich sie noch — wie sie dastehen, schwitzend und müde — zweifelnd den Berg hinaufblickend: Da hinauf sollen wir noch? Unmöglich! Wir sind am Ende unserer Kraft! Und doch schafften wir's!

Nun galt es keine Zeit zu verlieren — es war kurz vor 16 Uhr — wollten wir noch vor Abend Cori den Rücken kehren. Im Gänsemarsch, der Chef immer voran, ging es den Gebirgspfad entlang. Von ferne sahen wir Cori. Hinter Cori erhofften wir Ruhe, Geborgenheit und schlafen — schlafen.

Plötzlich Pfeifen, Rauschen. Ich warf mich instinktiv zur Erde. Zu spät! Es war, als würde mir ein glühendes Eisen durch die Brust gestoßen. Alles war rot vor meinen Augen. Dann hatte ich das Gefühl, als würde ich in eine tiefe Schlucht fallen, tief und immer tiefer.

Als ich nach einiger Zeit kurz wieder zum Bewußtsein kam, hörte ich aus weiter Ferne Stimmen. Hinter mir schrie einer: „Sani, Sani!" Ein Splitter hatte ihm den Oberarm durchschlagen. Ich konnte nicht mehr helfen. Vor mir war alles ruhig. Jemand beugte sich über mich. Der Mann glaubte wohl, daß ich eben im Begriffe sei, den Schritt ins Jenseits zu tun, als er sagte: „Da ist auch nichts mehr zu machen!" Ich erinnere mich dieser

Begebenheit, als sei es erst vor kurzem geschehen. Ich konnte gerade noch flüstern: „Wasserdichter Verband“, als ich auch schon wieder das Bewußtsein verlor.

Wie lange ich so gelegen habe, weiß ich nicht. Ich erlangte erst wieder die Besinnung, als ich, von mir unbekannten Kameraden auf eine Zeltbahn gelegt und in ein Bauernhaus getragen wurde. Als ich erfuhr, daß wir einem Baumkrepierer zum Opfer gefallen waren, war meine erste Frage: „Wo ist der Chef, wurde noch jemand verwundet?“ Die Antwort vernahm ich nicht mehr — inzwischen war es wieder dunkel um mich geworden.

Am anderen Morgen quälte mich noch immer die Frage: „Wo ist der Chef? Wo sind die anderen?“ Stockend berichteten die Kameraden: „Tot, — er lebt nicht mehr.“ Ich konnte es kaum glauben. „Wie kam es? Erzählt!“ Etwas fließender erzählten sie: „Ihr wart gerade in Höhe der Pappel, als die Granate in diese einschlug. Ein Baumkrepierer übelster Art, — und dann passierte es. Der Oberleutnant kam vermutlich durch den Luftdruck um, äußerliche Verwundung war keine zu sehen, wir haben ihn mehrmals umgedreht und nichts gefunden. Heute morgen lag er noch genau so da“. Auf meine Bitte, sich nochmals zu überzeugen und gleichzeitig seine Papiere an sich zu nehmen, ging unser Kompaniemelder Heger, der unverwundet war und soeben eintraf, und nahm die Papiere des Oberleutnants an sich.

Wir alle, die wir unseren Chef ins Herz geschlossen hatten, trauerten noch lange um diesen feinen Offizier, der uns nicht allein ein tadelsfreier Vorgesetzter, sondern auch ein guter Kamerad gewesen ist.

Wir trauerten aber auch um unsere 10. Kompanie, die bei Cori fast vollkommen aufgerieben worden ist.

Karl Hetschel (715.ID.)

*Aus dem Wehrmachtbericht vom 2. 6. 1944:*
*„. . . Ein inzwischen abgeriegelter Einbruch, den der Gegner nordöstlich VELLETRI erzielen konnte, kostete ihn schwerste blutige Verluste. In diesem Frontabschnitt haben sich die 65. Infanteriedivision unter Generalleutnant Pfeiffer, die durch Teile der 4. Fallschirmjägerdivision verstärkte 3. Panzergrenadierdivision unter Generalmajor Hecker und eine aus Einheiten des Heeres und der Fallschirmtruppe zusammengesetzte Kampfgruppe unter Generalleutnant Greiner, hervorragend unterstützt durch Artillerie und durch Flakartillerie der Luftwaffe, besonders ausgezeichnet . . .“*
*— vom 5. 6.:*
*„Trotz des Angebots der deutschen Führung, die Stadt ROM zur Erhaltung ihrer kulturellen Werte nicht in die Kampfhandlungen einzubeziehen, stießen nordamerikanische Panzerverbände in den Morgenstunden des 4. Juni bis in das Stadtinnere vor, um sich in den Besitz der Tiberbrücken zu setzen. Es kam zu erbitterten Straßenkämpfen, die in den Abendstunden noch andauerten . . . Bei und SÜDLICH CAVE, SÜDLICH GUARCINO und NÖRDLICH SORA schlugen unsere Truppen starke von Panzern und Schlachtfliegern unterstützte feindliche Angriffe blutig zurück. In den schweren Kämpfen der letzten Wochen hat sich hier die 71. Infanteriedivision unter Führung des Generalleutnants Raapke hervorragend bewährt . . .“*
*Sondermeldung vom 6. 6. 1944:*
*„Der seit langem erwartete Angriff der Briten und Nordamerikaner gegen die NORDFRANZÖSISCHE KÜSTE hat in der letzten Nacht begonnen . . . Der Kampf gegen die Invasionstruppen ist in vollem Gange . . .*
*Eingeleitet durch schwere Luftangriffe auf unsere Küstenbefestigungen, setzte der Gegner an mehreren Stellen der nordfranzösischen Küste zwischen Le Havre und Cherbourg Luftlandetruppen ab und landete gleichzeitig, unterstützt durch starke Seestreitkräfte, auch von See her . . .“*

# Die Grüne Linie sollte gehalten werden

## Glück und Pech — Pech und Glück in der Gebirgsstellung

Nach der Herauslösung aus der Nettuno-Front kam die 3.Kompanie mit ihrem Pionier-Bataillon 715 auf dem Rückzug durch die Apenninen nach verschiedenen Sperraufträgen im Juli 1944 durch die Gebirgsorte Brolo, Osteria Nuova und S. Eremo. Hier auf den Höhen des Benedetto-Passes sollte die sogenannte „Grüne Linie" als endgültige Verteidigungsstellung der Südfront gehalten werden, denn wenig nördlich hiervon begann schon die weite Ebene, die keine natürlichen Verteidigungsmöglichkeiten mehr bot.

Nur ein kleiner, weißer Pfeil mit drei roten Punkten und der Aufschrift „3. Husemann" deutete ungefähr die Richtung, in der unsere Kompanie irgendwo weit verstreut im Berggelände gründliche Verteidigungsvorbereitungen traf. Ununterbrochen gingen auch unsere Arbeiten für die Sperraufträge fieberhaft weiter. Es galt ja, die feindlichen Kampffahrzeuge so weit und so lange wie möglich von den Paßstraßen abzuhalten, die wir selbst dringend für unseren Material- und Verpflegungsnachschub benötigten.

Abseits dieser wenigen Verkehrslinien konnte man sich im steilen, wegelosen Gelände nur mühsam durch- und vorwärtskämpfen. Mir, als verantwortlichem Funktruppführer der Kompanie, war klar, daß somit von der Funkerei sehr viel, wenn nicht gar alles, abhing. Der Linienverkehr zum Bataillon und später der Sternverkehr unter den Bataillons-Einheiten hatte sich einigermaßen eingespielt, wenn wir auch oftmals gerade im Gebirge mit atmosphärischen Störungen einen verzweifelten Kampf zu führen hatten. Nebenbei saßen uns auch die feindlichen Störsender ganz dicht auf der Pelle.

Zum Meldekopf an der Paßstraße legte ich zur Sicherheit und zur reibungslosen Nachrichtenübermittlung eine zusätzliche Fernsprechleitung. Wenn wir dabei zur Verlegung von vier Kilometer Feldkabel einen ganzen Tag benötigten, so kann man sich vorstellen, welche ungeahnten Schwierigkeiten zu überwinden waren. Bevor wir fertig waren, mußten wir infolge Artillerie-Beschusses das auf etwa fünfzig Meter zerfetzte Kabel schon wieder flicken. Das war aber nicht der einzige Ärger, die folgenden Tage brachten hiervon noch viel mehr, leider auch Verluste.

Durch das Gelände und die verschiedenen Einsatzräume unserer drei Pionier-Kompanien lag der Bataillons-Gefechtsstand von uns am weitesten entfernt. Es mußte also mit größter Antenne und bester Sendeenergie gearbeitet werden. Das machte dem Gegner, der weit näher vor uns saß, das Anpeilen unserer Funkstelle sehr einfach. Verdächtig kreisten Jabos und Aufklärer immer wieder über uns. Wir waren aber schlau genug, bei der Durchgabe eines Funkspruches während der Anwesenheit dieser „Luftspione" kurz zu unterbrechen. Mit der Gegenstelle hatten wir uns abgesprochen, so daß man dort im Bilde war, wenn zwischen den Buchstabengruppen mehrmals „eb—eb—eb—" gegeben wurde.

Aber auch die feindliche Artillerie streute von nun an systematisch unseren ganzen Bereich ab. Dabei hat es auch unsere Leitung zum Meldekopf oft erwischt. Man wurde mit der Zeit so feinfühlig, daß man je nach Richtung und Krach des Einschlages fast sagen konnte, ob es die Leitung traf oder nicht.

Mein Kamerad Erich Radile, Student aus Köln, ein ganz heller und fleißiger Junge, hatte sich als „Hochgebirgsspezialstrippenflicker" besonders bewährt. An einem frühen Vormittag krachten wieder einige Lagen mit vielfachem, unheimlichem Echo in die vor uns liegende Schlucht. Kurze Kurbelprobe am Feldfernsprecher, und es war klar, daß mein Kamerad Erich mit Kabel und Bautasche wandern mußte. Die Leitung muß böse ausgesehen haben, denn nicht weniger als fünfmal rief er mich zur Leitungsprobe von unterwegs an, und jedesmal kamen freundliche, aber verständlicherweise auch andere Worte durch den Draht.

Ein späterer Feuerüberfall richtete sich auf die Paßstraße in Richtung Meldekopf. Darüber sorgte ich mich weniger, denn je nach Lage der Einschläge konnte ja jemand vom Meldekopf die Strippe provisorisch zusammenhängen. Ich konnte nicht ahnen, daß Erich aus irgendwelchen Gründen bis zum Meldekopf ging. Dessen Besatzung kroch nach dem Feuerüberfall aus der Deckung und beobachtete, wie in der Kurve, etwa 60 Meter entfernt, ein Stahlhelm vom Hang herunter auf die Straße kullerte. Ein Volltreffer hatte das frische und hoffnungsvolle Leben meines Kameraden Erich ausgelöscht. Auf dem Friedhof in Portico nahmen wir Abschied von ihm und haben ihn in die fremde Erde gebettet.

Seit Wochen schon hämmerte die 8. englische Armee bei Rimini auf schwache, sich tapfer und verbissen wehrende deutsche Truppen ein. Es wurde klar, daß der Adria-Küstenstreifen auf die Dauer nicht gehalten werden konnte. Für die im Gebirge stehenden Kräfte bestand sogar die Gefahr, abgeschnitten zu werden.

Um den kritischen Zeitpunkt herum hagelte es nur so von Funksprüchen und alle mit „ssd" oder „kr", also höchste Dringlichkeitsstufe. Der für uns entscheidende Spruch kam etwa abends 10 Uhr. Die Verständigung war miserabel, höchstens „qsa 0,5" und dazu noch atmosphärische und feindliche Störungen. Mein Funker wurde mit dem verzerrten Gepiepse nicht fertig, so daß ich mich selbst an das Gerät legte und mir den Kopfhörer buchstäblich auf die Ohren drücken ließ. Ein anderer Kamerad mußte ein Streichholz am anderen anzünden, denn das Hindenburglicht war auch ausgebrannt. Und das bei einem „ssd"-Spruch mit vielleicht zwei Teilen. Da mußte man ja nervös werden. Mehrere Fünfergruppen mußte ich wiederholen lassen, da mir durch die Störungen Buchstaben fehlten. Feder Funker weiß, wie wichtig es ist, gerade bei Sprüchen mit taktischen Zahlen, Planquadraten usw. klar und zweifelsfrei entschlüsseln zu können.

Den Kompanie-Chef hatte ich sofort zu mir gebeten, damit er beim Entschlüsseln schon Wort für Wort auswerten konnte. Schon die ersten paar Worte Klartext ergaben den Befehl zur sofortigen Verlegung nach Planquadrat xy, das war Popolano bei Marradi.

Die in der Nähe liegenden Teile der Kompanie wurden sofort alarmiert. Stockdunkle Nacht und dichtester Nebel entzogen uns den Blicken der marokkanischen Infanterie, die schon eine ungesicherte Höhe erreicht haben sollte.

Es war ein wahnwitziges Unternehmen, uns mit unseren Eseln durch wegeloses Gewirr von Gestrüpp, Steinen und Felshängen abzusetzen. Nach wenigen Metern stürzte schon ein Tragtier samt der Last über einen Felsen hinunter ins Bodenlose. So war der Befehl unsere Kompaniechefs, Oberleutnant Schäfer, sofort ringsum zu sichern und bis zum Morgengrauen abzuwarten, das einzig Vernünftige.

Dann war es aber auch höchste Zeit. Am Meldekopf standen schon die vom Tross herbeigeführten Fahrzeuge zu unserer Verladung bereit. Dabei war auch wieder mein Funkwagen, der alte Renault. Da ich selbst fahren sollte, überprüfte ich Wasserstand und Reifen. Während Funkgerät und Gepäck von den Tragtieren in die Fahrzeuge verladen wurden, schlug eine verirrte Feindgranate unmittelbar zwischen uns ein. Die armen Tiere hatte die Splitter mit ihren Leibern abgefangen und mußten teilweise den Gnadenschuß erhalten. Verständlich, daß es ein Durcheinander gab. Daher galt auch nur eine Parole: nichts wie heraus aus der Enge auf die Straße, die aber nun ebenfalls unter dauerndem Störfeuer lag.

Der Teufel wollte es, daß mein Kamerad Dieter Wolter die kleine Kiste mit den Schlüsselunterlagen und Spruchformularen beim Meldekopf liegen gelassen hatte, was wir aber zunächst noch nicht bemerkten. Wir mußten ja so schnell wie möglich Boden gewinnen. Das feindliche Störfeuer lag haargenau auf der Straße, Löcher, Steine, Zweige, Äste und Klamotten, nach links Steilhang, nach rechts Abgrund. Es war mit klar, daß es jetzt kein Halten geben konnte, wenn mich auch die Landser im Straßengraben noch so sehr und gut gemeint in Deckung verweisen wollten. Auch der hinter mit sitzende Kompanie-Truppführer Toni Wuhrer packte mich am Kragen und meinte, ich wäre eine „verrückte Sau“.

Als wir dann aber die rettende Kurve mit der Felsnase erreicht hatten und uns lediglich ein paar Steine und Erdbrocken hinterher flogen, wurde ich als „Held des Tages“ gefeiert. Es gab doch Situationen, in denen man eine unglaubliche Todesverachtung aufbrachte. Und dies meistens im Fahrzeug, wo es eigentlich nur zwei Möglichkeiten gab.

Die restliche Fahrt bis ans Ziel ging trotz treuer Jabo-Begleitung gut vonstatten, und im Kloster von Popolano fand sich eine liebenswürdige und freundliche Unterkunft, die uns auch mit den dicken Kellergewölben etwas Schutz bot.

Sofort mußte selbstverständlich wieder Verbindung mit dem Bataillon aufgenommen werden. Es straf mich beinahe der Schlag, als ich feststellen mußte, daß die Funkunterlagen fehlten. Meine Gedanken bewegten sich zwischen Geheimnisverrat und Kriegsgericht. Sollte der Feind wirklich unsere Kiste im Gras gefunden und damit unsere geheimen Schlüsselunterlagen in die Hände bekommen haben?

Dem Kompaniechef mußte ich zunächst auf jeden Fall Meldung machen. Ihm hat es natürlich auch die Sprache verschlagen. Ich hörte nur noch: „Sofort holen!“ Das war mir auch klar. Ich wandte mich an einen altbewährten Meldefahrer, mit dem ich schon bei Nettuno im Bunker zusammen hauste, Stabsgefreiter Karsten. Hab und Gut wollte ich ihm vermachen, wenn es uns gelänge, diese Kiste herzuschaffen. Die Fahrt zurück zum Meldekopf war dann alles andere als ein Vergnügen. Wir wußten nicht, wo der Feind saß. Feuerbereit saß ich im Beiwagen mit der Maschinenpistole.

Kamerad Karsten raste mit vollem Scheinwerfer über die Paßstraße. Von Sekunde zu Sekunde war damit zu rechnen, daß Mündungsfeuer aufblitzte. Jedenfalls hatte ich das Gefühl, in einer Mausefalle zu sitzen. Wo meine Gedanken überall waren, kann ich heute nicht mehr zusammenbringen. Kamerad Karsten nahm plötzlich das Gas weg, drehte das B-Krad um 180 Grad, daß ich im Beiwagen beinahe einen halben Meter frei in der Luft hing.

Jawohl, hier war unser Meldekopf, — und in Sekundenschnelle hatte ich auch im blassen Mondschein unsere Kiste geschnappt, — meinem bereits wieder anfahrenden Kameraden in den Beiwagen gefeuert und war selbst nach einem waghalsigen Sprung in diesem verschwunden.

Zu 90 Prozent war das Unternehmen jetzt schon geglückt. Dann mußte es eigentlich auch noch für den Rest gut gehen! Mit einem unbeschreiblichen Gefühl der Freude und des Stolzes meldete ich meinem Chef: „Funkunterlagen vorhanden“, und gab ihm seine MPi zurück. Den Feindposten, die uns auf unserer rasanten Fahrt für eigene Leute hielten, bin ich heute noch dankbar, noch dankbarer meinem Kameraden Karsten, der auf Wochen hinaus meine Tabakwaren bezog —. Aber nie mehr blieben die Funkunterlagen zurück!

R. Oehler (715.ID.)

*Aus dem Wehrmachtbericht vom 28. 6. 1944:*
*„. . . An der ITALIENISCHEN FRONT wurde auch gestern wieder im Abschnitt zwischen der Küste und dem Trasimenischen See erbittert gekämpft . . . In den schweren Abwehrkämpfen westlich des Trasimenischen Sees haben die 29.Panzergrenadierdivison unter Führung von Generalleutnant Fries, die 4.Fallschirmjägerdivision unter Führung von*

*Oberst Trettner und 356.Infanteriedivision unter Führung von Generalleutnant Faulenbach . . . alle Durchbruchsversuche des Feindes . . . zum Teil im Nahkampf immer wieder abgewehrt . . .“*
*— vom 30. 6.:*
*„. . . In der MITTE DER OSTFRONT wird weiter erbittert gekämpft . . . Südöstlich Polozk brachen auch gestern alle Angriffe der Bolschewisten blutig zusammen. Hier hat sich die norddeutsche 290.Infanteriedivision unter Führung von Generalmajor Henke besonders ausgezeichnet . . .“*

# „Gottes Macht . . .“

**Ein Choral gab Sicherheit im schlimmsten Granatwerferfeuer**

Südlich Dünaburg, 16. Juli 1944: In diesen schweren Tagen habe ich etwas erlebt, was niederzuschreiben ich mich zunächst scheute. Doch es bewegt und erfüllt mich so, daß ich es in Worte fassen und festhalten muß. Ich will nicht zuviel sagen, aber ich spüre, daß dieses Erlebnis für mein Leben wesentlich ist. — Im Morgengrauen ging ich die Stellung ab, alle fünfzig Meter ein Erdloch mit zwei Mann, und weil es am rechten Flügel einen kleinen Zwischenfall gegeben hatte, war ich noch unterwegs, als das Büchsenlicht anbrach und der Russe mich in dem deckungslosen Gelände erkannte. Er muß mich und Seibert, meinen Melder, lange beobachtet haben, denn er ließ uns mitten in einen Feuerüberfall hineinlaufen. Da lagen wir wie auf dem Servierbrett, und wenn einer von uns beiden den Kopf hob, knallten uns MG.-Garben um die Ohren.

Nun, das war nichts Besonderes. Doch mit dem MG nagelte man uns bloß fest, um uns desto sicherer mit Pak und Granatwerfer fertigzumachen. Haarscharf saßen die Einschläge, Seibert lag links dicht neben mir, er deckte mich gegen die Splitter von links und ich ihn gegen die von rechts — wie wir es immer machten. Wie ungeheure Sensenhiebe sausten und zischten die Granaten auf uns herab und über uns hinweg. Knall und Krach sind nicht so schlimm: Wenn es erst kracht, ist das Schlimmste schon vorbei. Aber das jähe Herniederfauchen läßt das Blut erstarren, immer von neuem, obwohl man es allmählich gewohnt sein könnte. Doch daran wird sich das Herz wohl nie gewöhnen, und immer wieder wird es für zwei, drei Schläge aussetzen. Danach freilich klopft es einen doppelt wilden Wirbel, es zappelt sich ab wie ein Kaninchen in der Schlinge, es strampelt gegen den Hals; ich beiße die Zähne zusammen und schlucke dreimal, damit es mir nicht entschlüpft. Es poltert gegen seinen Rippenkäfig, und ich rede ihm gut zu: Mach mir bloß jetzt keine Geschichten, laß mich bloß jetzt nicht im Stich, mit dem anderen wollen wir dann schon fertig werden! So redete ich meinem Herz zu wie einem verstörten Tier.

Aber der Iwan hörte nicht auf und das Herz, das dumme Luder, auch nicht. Hör auf, herrgottnocheinmal! Die Explosionen beutelten und stauchten uns zusammen, bliesen uns glühheiß ins Gesicht — du denkst nicht mehr und wartest nur noch auf „deine“ Granate. Du liegst da und bist schon so gut wie tot, der wirkliche Tod kann auch nicht mehr viel anders sein. Dann kommt es auf einmal auf dich zu, groß und schwarz, du denkst nicht mehr daran, daß andere hinter dir liegen und auf dich sehen und nur darauf warten, daß du etwas Irrsinniges tust; du bist plötzlich furchtbar allein und spürst, daß dich nur noch eines Haares Breite vom Wahnsinn trennt.

Und da nun, mitten im höllischen Stampfwerk, hörte ich ein Lied, ich achtete zuerst nicht darauf, es klang einfach so in mir, aber nun war es nicht mehr zu überhören, es brauste gewaltig und übertönte das Fauchen und Bersten: „. . . Tobe, Welt, und springe! Ich steh hier und singe in gar sich'rer Ruh . . ."

Ich mußte mich einigermaßen wundern. Ich stand durchaus nicht, zum Singen war mir gar nicht und „in gar sich'rer Ruh" war wohl auch etwas zu viel gesagt. Bauf! Das war wieder eine! Ein Erdbrocken schlug mir gegen den Helm. Toben und Springen, ja, das stimmte. Peng krach, pfui Teufel, doch es hat mich wieder nicht erwischt, ha ha. Wie kam ich bloß auf das Lied? Aus mir selber hatte ich es gewiß nicht, aber nun war es da und nicht mehr wegzukriegen: „. . . in gar sich'rer Ruh . . .". Ich wußte nicht, wie der Vers weiterging, es war schon lange her, daß ich das Lied gelernt hatte, aber daß es stimmte mit der Ruhe, das war mir auf einmal felsengewiß. Ich erfuhr es ja in diesem Augenblick. Und jetzt fiel mir auch ein, wie das Lied weiterging: „. . . Gottes Macht hält mich in Acht . . ."

Ich glaube, ich habe gelacht. Seibert sah erschrocken nach mir herüber. Es tobte weiter, und ich hatte noch eine ganze Weile Gelegenheit, dem Lied zuzuhören und mich zu wundern. Dann begannen unsere Granatwerfer zum Russen hinüberzukrachen, und wir beide konnten uns dünne machen. Inzwischen war die Sonne aufgegangen . . .

F. Hockenjos (215.ID.)

*Aus dem Wehrmachtbericht vom 5. 7. 1944:*
*„. . . Südlich MINSK kämpfen sich unsere Verbände weiter zurück. Nordwestlich der Stadt wurden heftige Angriffe der Bolschewisten abgewiesen. Hier schoß eine Panzerkampfgruppe unter Führung des Generalleutnants von Saucken in beweglicher Kampfführung in der Zeit vom 27. Juni bis 3. Juli 232 feindliche Panzer ab . . ."*

# 35 Tage hinter den russischen Fronten

**Der Durchbruch der letzten Kampfgruppe des GR. (mot.) 119 zu den deutschen Linien**

In der Nacht vom 5./6. Juli 1944 hatte das GR. (mot) 119 nach wochenlangen, erbitterten und verlustreichen Kämpfen den russischen Einschließungsring um das XXVII. AK. ostwärts Minsk durchbrochen und versuchte, sich nach Westen durchkämpfend, Anschluß an eigene Verbände zu gewinnen. In der Frühe des 6. Juli wurde das Regt. (noch etwa 300 Mann) im Urwald von überlegenen Feindkräften angefallen und aufgeteilt. Die einzelnen Kampfgruppen kämpften bis zum letzten Mann. Nur wenige gerieten verwundet oder völlig entkräftet in die Hand des Feindes.

Die Spitzengruppe — etwa 100 Mann — mit dem Rgt.-Kdr. wird eng eingeschlossen, beißt sich aber, mit Messern und Faust kämpfend heraus und überrennt den Russen mit „Hurra!". Fünfmal wird die Kampfgruppe während dieses Tages von feindlicher Übermacht gestellt, jedesmal gelingt der Durchbruch im Handgemenge. Zwei Flußläufe werden bis zur Brust watend überwunden, zwei stark gesicherte Straßen überschritten. Erst bei sinkender Nacht gibt der Feind die Verfolgung der auf 60 Mann zusammengeschmolzenen Gruppe auf. In dichtem Gebüsch versuchen die Grenadiere, sich von den übermenschlichen Anstrengungen etwas auszuruhen. Auch hier werden sie von feindlichen Suchtrupps wieder aufgestöbert und gepackt. Munition ist kaum mehr vorhanden, seit zwei Tagen gab es nichts mehr zu essen. Da entschließt sich der Rgt.-Kdr., die Kampfgruppe aufzuteilen, da sie zum Kämpfen zu schwach, zum Schleichen jedoch zu stark ist.

Vier Abteilungen werden gebildet, jede erhält einen Führer, einen Kompaß und den Befehl, nach Westen sich durchzuschlagen bis zu deutschen Truppen. Die einzige Karte ging im Nahkampf verloren. In der Gruppe des Rgt.-Kdr. befinden sich noch Major Austen (I b der Div.), Hptm. Kimmich, Rgt.-Adj., Lt. Seitz, Ord.-Offz; und einige Uffz. und Mannschaften. Die Gruppe ist 11 Mann stark.

Damit beginnt der kampf- und entbehrungsreiche Weg der letzten Kampfgruppe des Regiments. — In der Nacht zum 7. Juli gelingt es, wenige km vorwärts zu kommen. Die Erschöpfung ist groß, alle noch mitgeführte Verpflegung aufgebraucht. Starke russische Sicherungen und heftiger Gefechtslärm südl. Minsk veranlassen die Gruppe, nach Norden abzudrehen, um Minsk nördl. zu umgehen. Als der Tag beginnt, verkriechen sich die Männer in niederem Gebüsch. Der Durst wird unerträglich. Man versucht, ihn mit Tau notdürftig zu stillen. Mit Beginn der Dämmerung wird der Marsch nach Norden fortgesetzt. Nach Kompaßzahl geht es querfeldein. Der Schwächezustand macht alle halbe Stunde eine Rast notwendig. Bis Tagesanbruch haben wir nur 4 km geschafft. Erkundung und Umgehung russischer Sicherungen sind sehr zeitraubend. Gierig schlürfen wir das braune Wasser eines Tümpels. Am Morgen des 8. Juli greifen russische Jagd- und Schlachtflieger das kleine Waldstück, in dem wir uns verborgen halten, stundenlang mit Bomben und Bordwaffen an. Wir sind dem Feuer schutzlos ausgesetzt, da keine Spaten zum Eingraben vorhanden sind, haben jedoch keine Verluste. Am Abend wird zum Weitermarsch angetreten. Wieder gibt es nichts zu essen, die Suche nach Beeren blieb erfolglos. Schwächeanfälle mehren sich. In dieser Nacht steht die schwere Aufgabe vor uns, die stark gesicherte Eisenbahn und Straße Minsk—Orscha zu überwinden. Nach Umgehen einer russischen Streife gelingt es, auf Händen und Knien die Bahnlinie zu überqueren. Im hellen Mondlicht nähern wir uns einem Waldrand und prallen auf feindliche Sicherungen, die uns bis auf wenige Meter herankommen lassen und dann mit MG's das Feuer eröffnen. Dicht vor einem MG brechen der Rgt.-Kdr. und ein Feldwebel im Feuer zusammen. Die übrigen durchbrechen den Feind und können in rasendem Lauf die Verfolger abschütteln. Die Kräfte sind am Ende. Erschöpft verbirgt sich der Trupp im Unterholz.

Am Morgen des 9. 7. werden im Wald deutsche Soldaten beobachtet. Nach Verbindungsaufnahme stellt sich heraus, daß sich hier eine starke Kampfgruppe (500 Mann) der 267.ID. mit deren Kdr. ebenfalls nach Westen durchkämpft. Da wir kaum mehr Munition und über keine Karte verfügen, schließen wir uns dieser Kampfgruppe an. Mit ihr wird in der folgenden Nacht die Rollbahn Minsk—Orsche überschritten. Sowjetischer Nachschubverkehr rollt dicht vor und durch uns. Wir werden nicht erkannt. Noch immer gibt es nichts zu essen. Der Hunger wird unerträglich, man beginnt, Lindenblätter und Baumrinde zu kauen. Beim Versuch, im Wald unterzutauchen, stellt sich heraus, daß wir am Rand eines russischen Flugplatzes sind. Mit schwindenden Kräften schleppen wir uns weiter. Wenige Erdbeeren werden gierig gesammelt.

An einer Straße, 10 km nordostwärts Minsk, werden wir entdeckt. Sofort karrt der Russe Truppen heran und schließt uns ein. Die Kampfgruppe — ein feuerspeiender Igel — weist alle Angriffe, die 10 Stunden lang geführt werden, in erbittertem Kampf ab. Heftiges Gr.-W.-Feuer und Fliegerangriffe bringen starke Verluste. Von gefallenen Pferden werden Stücke abgeschnitten und roh gegessen. Die Schwäche des Körpers beginnt in Apathie überzugehen. Trotzdem denkt niemand an Übergabe. In der sehnlichst erwarteten Nacht zum 11. Juli gelingt auf Schleichwegen der Durchbruch nach Osten. Die Verwundeten müssen zurückgelassen werden. Nur wenige Kilometer kommen wir vorwärts. In Marschpausen fällt man erschöpft zu Boden, beim Aufstehen müssen sich mehrere behilflich sein. Unentdeckt gelingt es, in dichtem Wald unterzuschlüpfen.

Die außergewöhnlichen Verhältnisse verlangen außerordentliche Disziplin. Sie wird mit allen Mitteln gefestigt. Der Kdr. der 267.ID. erläßt „Gesetze", nach denen auf jedes Vergehen schwere Strafe steht (Waffen- oder Munitionsverlust, Entfernung, Nichtausführen eines Befehls, selbständige Nahrungsbeschaffung, Unachtsamkeit usw.).

Nachdem der Tag ohne Zwischenfall verlief, wird der Marsch nach Norden fortgesetzt. In der Stunde sind nur 1—2 km zu schaffen. Eine Straße ist zu überschreiten. Plötzlich auftauchende russische Panzer und Kolonnen zwingen zum regungslosen Stilliegen. Ihre Scheinwerfer gehen über uns hinweg. An Stöcken und sich gegenseitig ziehend werden Höhen und Schluchten überwunden. Bis zur Brust watend überschreiten wir einen breiten Bach. Am Morgen verkriechen wir uns frierend und erschöpft im Dickicht. Man wird von Ungeziefer und Hautausschlägen geplagt. Nur manchmal gelingt es, etwas einzudösen, der Schlaf ist dann seicht und unruhig, jedes Geräusch schreckt uns auf, die Gefahr begleitet uns in wilden Träumen. Das Hungergefühl ist nicht mehr fühlbar, statt dessen nimmt die Schwäche immer mehr zu, jede Bewegung kostet Überwindung.

Während des Tages haben uns russische Bauern entdeckt und verraten. Nach kurzer Zeit sind wir wiederum eingeschlossen. Granatwerfer-Feuer setzt ein. Mit den Fingern versuchen wir uns in den Boden einzukratzen, der voller Wurzeln ist. Man wird oft ohnmächtig. — Der Russe schickt einen Parlamentär, sichert gute Behandlung zu und droht, falls wir ablehnen, mit Sturmangriff ohne Pardon. Die Übergabe wird abgelehnt. Die Kampfgruppe macht sich gefechtsbereit. Die bärtigen Gesichter der Grenadiere mit ihren hohlen Wangen und tiefliegenden, fiebrigen Augen sehen furchterregend aus. Wir sind zum Letzten entschlossen. Der Angriff unterbleibt, der Ring um uns zieht sich enger. Im Schutz eines heftigen Gewitters mit prasselndem Regen gelingt es, in der Finsternis durch die russische Sperrlinie durchzukommen. Die letzte Abteilung (etwa 100 Mann) wird jedoch gefaßt, abgeschnitten und vernichtet. Der Russe versucht nun, mit LKW's uns zu überholen, um uns den Weg zu verlegen. In stundenlanger Jagd können die Verfolger abgeschüttelt werden. Wir sind triefend naß und können vor Entkräftigung kaum mehr gehen. In ein einzelstehendes Haus eindringend, können wir einige Krusten verschimmelten Brotes und etwas Sauermilch auftreiben. Es ist die erste Nahrung seit sieben Tagen. Bei dem Versuch, in eine Ortschaft einzudringen, um Nahrungsmittel zu holen, werden wir von Partisanen angegriffen und müssen uns zurückziehen. Der starke Regen hält die ganze Nacht an.

Am Morgen des 13. 7. steht die Kampfgruppe vor einem größeren Dorf. Der Kräftezustand läßt einen weiteren Marsch ohne Verpflegung nicht zu. Es wird beschlossen, das Dorf zu besetzen, die Bevölkerung festzuhalten und sich gegen eventuelle Angriffe zur Verteidigung einzurichten. Das Vorhaben gelingt. Während des Tages kann erstmalig wieder gekocht werden.

Noch während der Dämmerung tritt die Kampfgruppe wieder an. Die Kräfte sind durch das Essen wieder etwas gehoben, so daß es gelingt, in dieser Nacht 12 km zu marschieren. In einem verlassenen, großen Partisanenlager wird untergezogen. Der Hunger ist schon wieder fast unerträglich. Während des Tages suchen wir Beeren, soweit dies die Erschöpfung zuläßt. In der nun folgenden Nacht werden alle am Weg liegenden Ortschaften systematisch nach Lebensmitteln durchsucht. Meistens ist dies erst möglich, wenn russische Sicherungen oder Partisanenwachen geworfen sind. Mehrfach kommt es zu heftigen Nahkämpfen. Da es immer mehr an Munition fehlt, wird möglichst mit Seitengewehr und Messer gekämpft. Mehrfach weisen uns Bauern falsche Wege. Bei beginnendem Tag verkriecht sich die Kampfgruppe wiederum im Wald, nachdem alle Spuren sorgsam verwischt sind. Auf einer Straße, die nur wenige 100 m vom Wald entfernt ist, rollen unablässig russische Kolonnen. Die Gefahr der Entdeckung ist während des ganzen Tages groß.

Die Nacht vom 15. auf 16. 7. ist so dunkel, daß sich die Soldaten gegenseitig am Koppel fassen müssen, um die Verbindung nicht abreißen zu lassen. Geräusche werden möglichst vermieden, sprechen und rufen ist ausgeschlossen. Es gelingt, eine große Straße zu überschreiten. Mit steigendem Marschtempo geht es der Eisenbahnlinie Minsk—Molodetschno zu, die noch vor Tagesanbruch überquert werden muß. Beim Übergang entdekken uns russische Posten. Kurz darauf fährt ein Panzerzug an und feuert in uns hinein. Es beginnt zu tagen. Mit höchster Geschwindigkeit versuchen wir, von der Bahn wegzukommen und die Verfolger abzuschütteln. Die Körper geben das letzte her. Schon glauben wir, entkommen zu sein, da haben uns sowjetische Aufklärungsflugzeuge entdeckt. Es ist nun völlig hell. Wir wissen, daß dieser Tag harten Kampf bringen wird. Es ist der 16. Juli.

Kurz nachdem wir in einem Waldstück untergezogen sind, setzt Artilleriebeschuß ein, vermutlich Eisenbahngeschütze. Motorisierte Feindkolonnen nähern sich von allen Seiten. Das Gelände ist hügelig, aber deckungslos, die Übermacht etwa zehnfach. Die Munitionslage läßt Kampf nur noch im äußersten Notfall zu. Um einer Belagerung und der Vernichtung im Wald zu entgehen, tritt die Kampfgruppe gegen Mittag zum Angriff an. Der Feind hat die Einschließung bereits vollendet. Sie wird durchbrochen. Die Julisonne brennt unbarmherzig. Wir sind so schwach, daß wir nur im Schritt angreifen können. Der General geht an der Spitze, die Verluste sind groß. Der Russe läßt uns nicht mehr los. Mit Kavallerie und mot. Truppen überholt er uns laufend, geht auf den Höhen in Stellung und nimmt uns auf nahe Entfernung unter Feuer. Die Kampfgruppe marschiert im Schritt, Mann hinter Mann durch den Geschoßhagel. Immer wieder müssen Angriffsstöße den Weg öffnen. Die grimmige Wut der Grenadiere entlädt sich in blutigen Nahkämpfen, die Gesichter sind verbissen und schweißüberströmt, die Augen starr auf den Vordermann gerichtet. Viele gehen an Stöcken. Einer nach dem anderen fällt. Die blutige Treibjagd dauert 10 Stunden, sie erstreckt sich über 35 km. Am Abend ist die Kampfgruppe auf die Hälfte zusammengeschmolzen. Die Truppe bleibt trotz allem diszipliniert und fest in der Hand ihrer Führer. Ein Beispiel deutschen Soldatentums.

Bei Dunkelheit versuchen die Sowjets, uns einen letzten Sperriegel vorzulegen und uns zu vernichten. Er wird erkannt, noch bevor wir aufprallen. Kriechend geht es einige km denselben Weg zurück, dann biegt die Kampfgruppe nach Norden ab. Die Verfolger sind abgeschüttelt. Im Gewaltmarsch gewinnen wir Raum nach Norden und gelangen an eine kleine Stadt (Grodek), die nicht umgangen werden kann. Ein kühner Entschluß wird gefaßt: die Kampfgruppe marschiert in Marschkolonne durch die Stadt, voraus der General zu Pferd! Die Stahlhelme werden verborgen, kein Laut fällt. Das Wagnis gelingt, niemand erkennt uns. Wenige km weiter erreichen wir dichten Wald, in dem wir, halb besinnungslos vor Überanstrengung und Hunger, unterziehen.

Am 17. 7. bleibt die Kampfgruppe unentdeckt und marschiert abends gegen 22 Uhr weiter. Heftiger Gewitterregen und tiefer Sand machen den Marsch besonders beschwerlich, so daß wir nur wenige km vorwärts kommen. Wieder geht es bei Tagesanbruch in den Sumpfwald.

Da die Ansicht besteht, daß die russischen Sperrlinien beiderseits Minsk nun überwunden sind, wird die Gruppe des Regt. 119 (noch 8 Mann) aus der Kampfgruppe der 267.ID. entlassen, da auch diese sich in kleinere Trupps aufteilt, um die Spuren undeutlicher zu machen und die Verpflegung zu gewährleisten.

Allein auf unseren Kompaß und die Aussagen der Bevölkerung angewiesen, marschieren wir weiter. Der Weg quer durch Felder, Gärten und Wälder, durch Bäche und am Rand von Sümpfen ist sehr beschwerlich. Geländeschwierigkeiten zwingen oft, von der

Richtung abzuweichen. In den nächsten vier Nächten gelingt es, die polnische Beresyna zu erreichen. Zeitweise versuchen wir, um rascher vorwärts zu kommen, Wege und Straßen zu benutzen, werden jedoch meist von Sicherungen angeschossen und verfolgt. Da wir nur noch über wenige Schuß verfügen, vermeiden wir Feindberührung möglichst. Bei der Beschaffung von Lebensmitteln muß mit großer Vorsicht vorgegangen werden, da die Dörfer überall mit Partisanen verseucht sind. Infolge des Vitaminmangels blutet das Zahnfleisch andauernd. Wir versuchen, mit Beeren abzuhelfen. Ungeziefer und Hautausschläge nehmen zu. Am drückendsten ist die Ungewißheit über die große Lage. Polnische Bevölkerung gibt an, die Front stehe an der Memel.

Am 20. Juli haben wir von einem Hügel weite Sicht ins Land. Rund um uns ist Schießerei zu hören, sie gilt wohl anderen deutschen Gruppen, die auf dem Weg nach Westen sind. Vor uns dehnt sich das flache Land, mit Dörfern und Feldern, am Horizont verschwimmen dunkle Wälder im Nebel. Sehnsüchtig geht der Blick dorthin, wo Deutschland sein muß, wir schätzen, daß es noch 300 km sind.

Am 21. Juli werden wir in einem Dorf, das wir durchschreiten müssen, überfallen und entgehen nur in einem Hindernislauf über Zäune und Hecken und durch Häuser hindurch der Vernichtung. Zwei von uns fallen, wir sind noch sechs. Die folgende Nacht bringt den Beresyna-Übergang. Wir versuchen, watend hinüberzukommen, müssen aber eine Strecke schwimmen. Kleider und Ausrüstung erschweren dies besonders. Mit Mühe und Not bringen wir auch zwei Nichtschwimmer herüber. Einige Kleider und Waffen gehen verloren, ein Mann muß völlig nackt weitermarschieren, wir besitzen noch 2 Pistolen und 6 Schuß! Nachdem ein weiterer Bach überschritten ist, verkriechen wir uns, völlig durchnäßt und von Fieberschauern geschüttelt, im Wald. Die Kälte der Morgenstunden geht rasch in glühende Mittagshitze über, in der wir erschöpft im Schatten vor den sengenden Sonnenstrahlen Schutz suchen. Der starke Temperaturunterschied zehrt sehr an unseren ohnehin geringen Kräften. Wir überlegen, daß wir diese Beanspruchung noch höchstens zwei Wochen aushalten können. Bis dahin hoffen wir an der Memel zu sein.

In der Nacht zum 23. 7. können wir eine Partisanenwache entdecken, bevor wir auf sie aufprallen, und umgehen sie. Das Leben in dauernder Gefahr hat unsere Augen und Ohren scharf werden lassen. Spurenlesen gibt oft Klarheit über russische Postierungen und Bewegungen. In den folgenden Nächten haben wir mit der Nahrungsbeschaffung etwas Glück, wir bekommen Brot und Milch; die Leistungsfähigkeit steigt wieder. Stur und verbissen marschieren wir nach Westen.

Am 24. 7. früh versuchen wir, da es regnet und wir durchnäßt sind, uns in einer Scheune zu verstecken; sie ist von russischen Soldaten belegt, wir werden gejagt. Holszany, eine Kleinstadt, wird umgangen, nördlich von ihr finden wir einen Unterschlupf. Die Ungewißheit über die Front lastet immer schwerer auf uns.

Auf Wegen und durch lichte Wälder gewinnen wir in den Nächten zum 25. und 26. rasch Raum nach Westen, doch läßt es der Kräftezustand noch immer nicht zu, pro Nacht mehr als 15 km zurückzulegen. Bei Diwinischki werden wir wieder entdeckt, müssen, von Partisanen gejagt, mehrere Bäche bis zur Brust durchwaten, bleiben im Sumpf stecken und können uns schließlich im Wald verstecken. Immer wieder verraten uns die auf den Feldern arbeitenden Bauern. Auf deutsche Soldaten sind Kopfgelder ausgesetzt, außerdem locken sie unsere Waffen und Wertsachen.

Die Nacht zum 27. 7. bringt wieder Zusammenstöße mit russischen Truppen. Durch Gewandtheit und Täuschung entgehen wir ihnen. Kurz danach treffen wir deutsche Soldaten, die sich ebenfalls durchschlagen. Austausch der Erfahrungen und Beobachtungen, herzlicher Händedruck, dann trennen wir uns wieder. Die Parole unter allen nach Westen marschierenden Soldaten heißt „Wandervogel". — In einer Scheune quartieren wir uns ein, stellen dann plötzlich fest, daß wir dicht neben einem Flugplatz liegen; am hellen Tag erreichen wir den nächsten Wald, verstecken uns dort.

Sümpfe sind die schwierigsten Geländehindernisse, ihre Ausdehnung ist nicht abzusehen, einmal hineingeraten, findet man kaum mehr heraus. Stundenlang irren wir in einem solchen in der Nacht zum 28. umher. Endlich gelingt es, die große Straße Wilna—Lida zu erreichen und zu überschreiten, kurz danach auch die Eisenbahnlinie. Nach Aussagen der Bevölkerung soll hier am Vortag eine starke deutsche Kampfgruppe vernichtet worden sein. Wir lassen uns nicht bange machen, marschieren vorsichtig weiter, zwei Mann abwechselnd voraus, die übrigen im Abstand dahinter. Die Sinne sind immer aufs Höchste gespannt, Pistolen und Taschenmesser gebrauchsfertig in den Händen. Wir sind bereit, uns, wenn nötig, teuer zu verkaufen. Die bisher zurückgelegten 250 km sollen nicht umsonst gewesen sein.

Ekelhaft sind die Dorfhunde, die anschlagen, wenn wir noch weit entfernt sind. Die überall vorhandenen Partisanen beziehen daraufhin ihre Posten und empfangen uns mit MP-Salven. Es ist nur gut, daß diese Burschen so schlecht schießen. Aber wir kommen nur selten in ein Dorf hinein, ohne entdeckt und gejagt zu werden.

In der Nacht zum 29. 7. prallen wir wieder auf russische Sicherungen. Wenige Meter vor uns ruft der Sowjet „Stoi“ und schon klatschen die Kugeln um die Köpfe, doch es geht wieder ohne Verluste ab. In dichtem Nebel versuchen wir, auch bei Tag weiterzukommen. Der Dunst reißt plötzlich auf, wir stehen vor einem Flugplatz. Eilig verziehen wir uns in ein Gebüsch, werden aber entdeckt und müssen, in einem Bachbett kriechend, uns dem Suchkommando entziehen.

Auch die folgende Nacht zum 31. 7. bringt wieder Überraschungen. In einem einzelstehenden Haus werden wir zwar mit Milch bewirtet, aber anschließend von mehreren Partisanen verfolgt und fast umgelegt. Ein glücklicher Zufall rettet uns vor der Vernichtung.

Die Sümpfe werden immer häufiger. Oft irren wir stundenlang, bis zu den Knien einsinkend, umher und stellen bei Tagesbeginn fest, daß wir nur wenige km vorwärtsgekommen sind. Nacht für Nacht werden wir bis zum Bauch völlig durchnäßt. Starke Blasen- und Nierenschmerzen stellen sich ein. Die Verpflegung beschränkt sich noch immer auf einige Brotkrusten pro Nacht, etwas Milch, manchmal ein Ei, tagsüber Beeren und Blätter. Wilde Gerüchte über Revolution in Deutschland und Zusammenbruch der deutschen Front beunruhigen uns. Unser Wille, zu deutschen Truppen zu kommen, bleibt unerschüttert.

Am 31. früh gelangen wir in einen dichten Urwald, den wir am Nachmittag zu durchschreiten beginnen. Ein Mann macht mit dem Messer den Weg frei, der nächste peilt mit dem Kompaß, die übrigen sichern. Eine Pläne könne wir erst überschreiten, nachdem die Bauern im Dorf sind und das Vieh abgetrieben ist. Wieder Urwald, endlich finden wir eine Schneise, in der es flott vorwärts geht. Die Bahnlinie Wilna—Grodno wird überschritten in der Nähe einer russischen Postierung, die uns jedoch nicht entdeckt. Auf tiefen Sandwegen geht es weiter nach Westen. Ein breiter Fluß legt sich quer zur Marschrichtung, er wird durchwatet. In einem völlig verbrannten Wald versuchen wir, uns den Tag über zu verbergen. Die Dörfer hier (Litauen) sind so arm und von den Sowjets ausgeplündert, daß es wieder einige Tage nichts gibt.

In der nächsten Nacht muß der Fluß, den wir schon am Vortag durchwateten, nochmals überquert werden, da er eine scharfe Biegung gemacht hat. An einer gesprengten Brücke gelingt dies. In halsbrecherischer Kletterei balancieren wir in völliger Finsternis über die schmalen Balken, etwa 5 m über dem Wasser. Jenseits wieder Sumpf. In den Dörfern russische Truppen. Wir müssen bald an die Memel kommen, hören jedoch keinen Gefechtslärm. Litauer sagen aus, die Front sei längst nach Westen gerückt, der Russe stehe vor Danzig! Das ist ein schwerer Schlag für uns. Unser Entschluß bleibt trotzdem fest. In einem Wald suchen wir Versteck, als es zu tagen beginnt. Eine Gans, die wir in einem Dorf mitnahmen, wird am Spieß gebraten. Seit langem wieder etwas Warmes. Aber der Magen versagt. Übelkeit und Durchfall sind die Folgen. Es regnet. Wir frieren erbärmlich!

Die Nacht zum 3. 8. soll uns über die Memel bringen. Nach langem Anmarsch durch verkohlte Wälder und Sumpf hören wir Motorenlärm. Vorausgeschickte Erkunder stoßen auf Feind und werden zersprengt. Trotzdem versuchen wir, eine stark befahrene Straße zu überqueren. Es gelingt mit List. Die ganze Nacht suchen wir die Memel, überall sind sowjetische Sicherungen. Endlich, bei Tagesgrauen, liegt der Strom vor uns. Die Kleider in Bündel auf den Rücken gepackt, durchschwimmen wir den reißenden, etwa 200 m breiten Strom. Einer ertrinkt, drei müssen zurückbleiben und versuchen, ein Floß zu bauen. Am anderen Ufer sind wir völlig ausgepumpt. Die Stiefel mußten beim Schwimmen abgeworfen werden. Der Kompaß ist naß. Russische Streifen tauchen auf. Barfuß geht es querfeldein, über Stoppelfelder in den Wald. Den ganzen Tag über werden wir immer wieder aufgestöbert und gejagt. Die Füße bluten stark. Am Abend versuchen wir, in ein Dorf hereinzukommen, prallen auf russische Soldaten, wider beginnt eine wilde Jagd. Wir sind die Schnelleren.

Am Morgen des 4. 8. verkriechen wir uns in einem kleinen Wäldchen. Am Nachmittag marschiert ein russisches Bataillon auf dieses Wäldchen zu und zieht in ihm unter. In Brombeerranken verborgen, warten wir — nur wenige Meter von den Sowjets entfernt — die Dunkelheit ab, schleichen dann an den Posten vorbei.

Das Land trägt sehr stark die Spuren des Krieges, die Bevölkerung ist geflohen. Wir leben von Kohlrabi, aber die Hoffnung, in der Nähe der Front zu sein, beginnt wieder in uns zu erwachen. In einem Haus wollen wir einige Kartoffeln und einen Truthahn kochen. Es ist bewohnt, der Bauer freundlich. Als wir beim Essen sind, geht er weg, wenig später ist das Haus von Sowjets umstellt. MG- und MP-Feuer prasselt durch die Fenster. Einer von uns fällt, wie durch ein Wunder kommen die anderen heraus, werden drei Stunden verfolgt, rennen an Seen entlang, durchwaten Bäche, laufen durch Wälder. Als die Verfolger die Spur verloren haben, brechen wir, fast besinnungslos, zusammen.

In der Nacht zum 6. 8. legen sich Seen vor, lange brauchen wir, um sie zu umgehen. Mit gefundenen Lappen und Schnüren werden die aufgerissenen Füße umwickelt. Jeder Schritt schmerzt. Wenn wir nur wüßten, wo die Front ist. Die Spuren von Geschützen, Lkw's und Kolonnen werden zahlreicher, aber noch ist nichts zu hören.

Am Abend des 6. 8. schleichen wir am Rand eines Feldflugplatzes entlang. Die hier wohnenden Polen sagen, die ganze Gegend sei voll mit russischen Soldaten. Wir sind sehr vorsichtig, stoßen in der nächsten Nacht auf Panje-Kolonnen, ohne entdeckt zu werden. In dieser Nacht finden wir eine Schmalspurbahn, die nach Westen führt. Da der Marsch durch das Unterholz zu anstrengend und geräuschvoll ist, schleichen wir auf den Bahnschwellen weiter. Ein Blockhaus ist besetzt und wird umgangen.

Am Morgen des 7. 8. ist plötzlich ein russischer Posten vor uns, der sich durch Pfeifen verrät, wir verschwinden im Gebüsch, platzen in eine sowjetische Kompanie hinein, werden angeschossen. Wilde Jagd in den Wald. Wir verstecken uns, die Sowjets laufen wenige Meter neben uns vorbei. Der Gefechtsstand einer höheren Einheit scheint hier zu sein, was wir aus den vielen Drahtleitungen und einem laufenden Lichtaggregat schließen.

Am Abend tasten wir uns sehr vorsichtig aus unserem Versteck, überschreiten eine Pläne. Russische Reiter, dicht bei uns, erkennen uns nicht. Zivilbevölkerung ist keine hier, überall Soldaten. Der Hunger ist wieder schlimm, in den Gärten gibt es einige Kohlrabi. Plötzlich stehen wir vor einem etwa 40 m breiten Fluß. Wir suchen eine Brücke, finden sie auch, sie ist jedoch stark gesichert. Im Mondlicht werden wir erkannt, angeschossen, gejagt. Es bleibt nichts anderes übrig, als wieder zu waten. Wir sind naß bis zum Bauch. Jenseits ist Urwald, die Orientierung nach den Sternen deshalb besonders schwer. Wir finden wieder die Kleinbahn, tasten uns vorsichtig an ihr entlang. Gegen Morgen, als wir uns eben verkriechen wollen, hören wir Artillerie schießen. Abschüsse westlich von uns, Einschläge dicht bei uns. Das sind die Deutschen! Wir tarnen uns besonders gut, lauschen und beobachten den ganzen Tag. So haben wir bald einige russische Artilleriestellungen und Versorgungswege herausgefunden. Die Front ist, dem Gefechtslärm nach, noch etwa 5—6 km entfernt. Wir sind schon mitten in der feindlichen Stellung. Das Stilliegen spannt die Nerven bis zum Äußersten. Wir wissen, daß nun das Schwerste kommt, der Durchbruch durch die Front.

In der Dämmerung schleichen wir nach vorn, umgehen die Stellungen der russischen Artillerie und nützen einen deutschen Feuerüberfall aus, um in rasendem Lauf an die HKL heranzukommen. Dies gelingt bis auf wenige 100 m, dann tritt an der Front Ruhe ein, wir werden entdeckt. Es beginnt eine nervenzerreißende Jagd auf die HKL zu. Die russische Truppe hat die HKL auch mit Front nach rückwärts besetzt und empfängt uns mit einem Feuerhagel. Wir kommen nicht durch und verbergen uns im Gebüsch. Ein deutscher Granatwerfer-Feuerüberfall kommt uns durch Zufall zu Hilfe und zerstreut die Verfolger. Im Wald ist ein Höllenlärm und ein großes Durcheinander. Manchmal sind Russen mitten zwischen uns. Wir liegen eng an die Erde gepreßt, haben noch 2 Pistolen, 6 Schuß, 3 Messer!

Als wieder Ruhe eintritt, versuchen wir es nochmals. Es geht wieder nicht. Wir wollen nun einen deutschen Feuerüberfall abwarten, dann durch die Linien stürmen. Aber es kommt keiner mehr. Wir warten eine, zwei, drei Stunden. Es bleibt still, nur die russischen Posten stehen 20 m vor uns in der HKL, unbeweglich, mit nur 5 bis 10 Schritt Zwischenraum.

Unsere Nerven schaffen es kaum noch, die Körper zittern an die Erde gepreßt. Der Mond steht hoch und beleuchtet das kahlgeschlagene Niemandsland grell. Um 3 Uhr beginnt es zu dämmern. Bei Tag würden wir hier entdeckt und gefaßt. Sollten die Anstrengungen der letzten 5 Wochen umsonst gewesen sein, sollen wir hier, 100 m vor dem deutschen Graben scheitern?

Um 3.15 schieben wir uns lautlos an die HKL heran, es dauert sehr lange. Wir sind entschlossen, zu kämpfen. Ein russischer Posten verläßt plötzlich seinen Platz. An dieser Stelle überkriechen wir die HKL, gleiten ins Niemandsland hinaus, jeden Augenblick eines Anrufs oder eines Feuerüberfalls gewärtig. Mühsam und sehr langsam, aber lautlos, gelingt es, an die deutsche HKL heranzukommen und sie zu überkriechen. Kurz darauf treffen wir einen deutschen Soldaten. Wir sind durch. —

Am Nachmittag dieses Tages, es ist der 9. 8. 1944, melden wir uns beim Kommandeur der hier stehenden 542 (?) Gr.-Div. Wir sind noch fünf. Drei davon vom Regiment 119. Es sind die letzten drei Soldaten des stolzen Regiments.

500 km sind wir marschiert in 35 Tagen und Nächten von Minsk bis nach Sudauen. Unsere Füße bluten und eitern, die Körper sind wund, die Reste der Uniform hängen in Fetzen herab. Die Gesichter sind bärtig, hohlwangig und sehr ernst geworden. Wir haben noch 2 Pistolen, die Schulterstücke mit der Regimentsnummer und den Stolz, durchgehalten zu haben.

Hans-Jörg Kimmich (25.ID. und PGD.)

*Aus dem Wehrmachtbericht vom 18. 7. 1944:*
*„... Bei den Kämpfen an der OSTFRONT haben sich IM SÜDEN die fränkisch-sudetendeutsche 88.Infanteriedivision unter Führung von Generalmajor v. Rittberg und IM NORDEN die rheinisch-westfälische 329.Infanterie-Division unter Führung von Generalleutnant Mayer durch besondere Härte und Zähigkeit wiederholt besonders ausgezeichnet ..."*
*— vom 26. 7.:*
*„... In GALIZIEN brachen zwischen dem oberen Dnjestr und Lemberg zahlreiche von Panzern unterstützt Angriffe der Sowjets blutig zusammen ... Im Abschnitt einer Armee wurden in der Zeit vom 14. bis 23. Juli 553 feindliche Panzer abgeschossen. Hierbei hat sich die hamburgische 20.Panzer-Grenadier-Division unter Führung von Generalleutnant Jauer besonders ausgezeichnet ..."*
*Ergänzend zum Wehrmachtbericht vom 29. Juli wird gemeldet:*
*„... In den schweren Abwehrkämpfen südlich FLORENZ hat sich die hessisch-thüringische 29.Panzergrenadier-Division unter Führung von Generalleutnant Fries erneut hervorragend ausgezeichnet und bewährt."*
*— vom 4. 8.:*
*„... In der LANDENGE VON NARWA rannten die Sowjets erneut mit 9 Schützendivisionen und 4 Panzerverbänden gegen unsere Stellungen an ... In den Kämpfen der letzten Tage an der Narwa-Front haben sich ein Armeekorps unter Führung des Generals der Pioniere Tiemann und die ostpreußische 21. Infanterie-Division unter Generalleutnant Foertsch besonders ausgezeichnet ..."*
*Ergänzend zum Wehrmachtbericht vom 5. 8. wird gemeldet:*
*„Im SÜDABSCHNITT DER OSTFRONT haben sich zwei Kampfgruppen der 23.Panzerdivision unter Hauptmann Rebentisch und Leutnant Ohmstede besonders tapfer geschlagen ..."*
*Ergänzend zum Wehrmachtbericht vom 8. 8.:*
*„Bei den Kämpfen in LETTLAND zeichnete sich die schlesische 81.Infanteriedivision unter Oberst von Bentivegny durch hervorragenden Angriffsschwung und unerschütterliche Standhaftigkeit aus ..."*
*— vom 9. 8.:*
*„Im NORDABSCHNITT DER OSTFRONT haben sich die norddeutsche 83.Infanteriedivision unter Oberst Götz mit unterstellten Teilen der ostpreußischen 61.Infanteriedivision und die 19.lettische SS-Division unter Führung von SS-Brigadeführer und Generalmajor der Waffen-SS Streckenbach in Angriff und Abwehr besonders bewährt ..."*

## Ergli im Nachtangriff genommen

**30 Verwundete: „Habt Dank für die Rettung!"**

Am 17. August 1944 durchbrach ein starker sowjetischer Kampfverband die deutschen Verteidigungsstellungen im Raum Berzaune und war im Vorgehen auf kürzestem Wege über Ergli in Richtung Riga. Das Sturzkampfgeschwader von Oberst Rudel konnte durch Bordwaffenbeschuß und Abwurf von Bomben dem auf die Hauptstadt Lettlands vorgehenden Feind schwere Verluste zufügen.

Die 329.Inf.Div. (Hammer-Division) erhielt am 30. August den Befehl, durch Angriff Ergli in Besitz zu nehmen und anschließend durch weitere Angriffe die Lücke zwischen zwei Korps zu schließen. Hierzu setzte die Division ein: Links das verstärkte

GrenRgt.551 und rechts das GrenRgt.553. Das GrenRgt.551 griff im Zuge der Straße Irsi — Ergli an und erreichte bei Sonnenuntergang etwa die Linie Barkaizi — Pilati. Zu diesem Zeitpunkt bezog die Regimentsführung einen vorgeschobenen Regimentsgefechtsstand unmittelbar hinter den Bataillonen, um führungsgemäß auf das Kampfgeschehen besser einwirken zu können. Der Führer des verstärkten GrenRgt.551, Major B., begab sich zum gleichen Zeitpunkt in die vorderste Linie, um einen Überblick über das Kampfgeschehen und die Beschaffenheit des Geländes zu bekommen. Außer MG-Feuer und lebhaftem Störfeuer der schweren Waffen war nichts zu hören.

Dem Regimentsführer bot sich bei dem Eintreffen in der vorderen Linie ein kaum vorstellbares Bild. In einer Entfernung von etwa 600 bis 700 Metern versammelte sich eine feindliche Kampfgruppe mit Panzern, schweren Waffen und zahlreichen Lastkraftwagen, die mit Beginn der Dämmerung unter fast friedensmäßigen Bedingungen die Truppe versorgte. Man tankte die Panzer auf, brachte Munition heran, und an den Feldküchen versammelten sich Pulks von Soldaten. Etwas abgesetzt ging eine Batterie in Stellung, die wohl als Nahsicherung galt. Hinter diesem versorgenden Verband erstreckte sich ein Waldstück bis zum Fluß Ogre, das offensichtlich mit Kampf- und Versorgungsfahrzeugen besetzt war. Das fast friedensmäßige Verhalten dieser Truppe ließ nur den Schluß zu, daß der Gegner nach sechs Wochen erfolgreicher Verfolgungskämpfe einen Nachtangriff für unmöglich hielt.

Der Regimentsführer entschloß sich unter Berücksichtigung der Umstände nach kurzer Beratung mit den Btl.-Kommandeuren und den Führern der Unterstützungswaffen, den Angriff fortzusetzen und gab deshalb an Ort und Stelle einen entsprechenden Befehl in Form eines Sattelbefehls. Nach etwa 15 bis 20 Minuten, — es war bei wolkenlosem Himmel eine August-Nacht — setzte ein gewaltiger Feuerschlag der Artillerie ein.

Als die Artillerie das Feuer auf das dahinter liegende Waldstück verlegte und noch dichte Rauchschwaden den feindlichen Kampfverband einhüllten, traten die Grenadiere zum Angriff an. In der Bewegung schossen sie mit den Handfeuerwaffen aus der Hüfte. Irgendeiner stimmte das Hurra an, das bald von allen Grenadieren aufgenommen wurde und zu einem gewaltigen Chor anschwoll. Die Kraft dieses Rufes trug dazu bei, die Spannung und eigene Angst zu überwinden. Es ging vorwärts. Der Feind leistete keinen organisierten Widerstand. Die Rückzugsstraße über Ergli war abgeschnitten, die Flucht war nur nach Norden über den Fluß Ogre möglich, aber ohne Fahrzeuge. Das GrenRgt.551 drehte etwa zwei Kilometer vor Ergli nach Osten ein, ließ zur Sicherung der linken Flanke Teile des linken Bataillons mit der Sturmgeschützbatterie zurück und erreichte im zügigen Vorgehen ohne Feindwiderstand gegen Mitternacht den Ortskern von Ergli. An der Ogre-Brücke in Ergli gab der Regimentsführer den Befehl zur Bildung eines Brükkenkopfes, der die Voraussetzung für die Fortsetzung des Kampfes zur Schließung der Frontlücke bildete.

Beim Durchkämmen von Ergli fanden die Grenadiere im Schulhaus 30 schwer verwundete deutsche Soldaten. Niemand kann sich vorstellen, welche schweren Stunden zwischen Hoffen und Bangen diese Kameraden hilflos und bei großen Schmerzen durchstehen mußten. Habt Dank für die Rettung, waren die wenigen, aber tief bewegten Worte.

Am 21. August zwischen 2 und 3 Uhr meldete das Regiment durch Funk an die Division: „Ergli im Sturmangriff unter Hurra-Rufen genommen. Brückenkopf über die Ogre gebildet. 30 schwer verwundete deutsche Soldaten aufgefunden und abtransportiert. Beute unübersehbar.“

Der Oberbefehlshaber der Heeresgruppe erklärte bei der Besichtigung des Kampffeldes von Ergli dem Divisionsführer: „Hut ab vor Ihren Grenadieren. Die Division hat ganz Erhebliches geleistet.“ Nicht besonders erwähnt, aber inbegriffen waren die Leistungen aller Waffengattungen, die den Angriff unterstützten.

Manfred Beutner (329.ID.)

# Einsatz und Schicksal eines Obergefreiten

**Kämpfe im Raum Ostrow-Opotschka**

Nach den Rückzugskämpfen von Januar bis März 1944, die in den Stellungen im Welikaja-Bogen ihren vorläufigen Abschluß fanden, war für länger Zeit der Stellungskrieg das tägliche Brot der Soldaten unserer Division.

Nach Beginn der Alliierten-Invasion im Westen (6. Juni 1944) starteten auch die Sowjetarmeen eine gewaltige Offensive, um so dem Deutschen Reich von allen Seiten den letzten Stoß zu versetzen. Die deutschen Verbände im Mittelabschnitt der Ostfront wurden hart bedrängt und zahlreiche Divisionen vernichtet.

Auf die Dauer war aller Widerstand vergebens. Nun hieß es auch bei uns wieder: Rückzug — mit allen seinen Schrecken! Die Kämpfe des Sommers 1944 waren wohl die schwersten, die die Adler-Division bis dahin zu bestehen hatte.

Bisher noch nicht dagewesene Massen an Material und Menschen wurden von den Russen eingesetzt. Luftstreitkräfte beider Seiten griffen entscheidend in die Erdkämpfe ein.

Die Sowjets griffen laufend an. Panzer über Panzer führten sie ins Gefecht, — aber Hunderte wurden davon auch abgeschossen! Jedoch war die Übermacht der Roten Armee eindeutig. Die deutschen Divisionen und Kampfgruppen leisteten erbitterten Widerstand. Die Einheiten schmolzen immer mehr zusammen; an Ersatz war schon lange nicht mehr zu denken.

Nach vielen kampfreichen Wochen voller Rückzugs- und Sicherungskämpfe war wieder einmal eine durchwachte Nacht vergangen und ein ungewisser Tag brach an. Die Sowjets waren wie die Tage zuvor auch heute scharf nachgestoßen. Panzer und mot. Artillerie machten den weit auseinandergezogenen Kompanien der „Kampfgruppe Schütze“ schwer zu schaffen.

Die 1.Gruppe des 9./Jäger-Regiments 43 (L) hatte mit einem 1MG in einem Walde mit Sicht auf das Vorgelände Stellung bezogen. Einige Angriffe waren schon abgewehrt. Die „IL-2“ Schlachtflieger konnten — gottlob — nicht so wirken wie im offenen Gelände; der Wald war Schutz — aber auch Gefahr zugleich! Noch blieb alles, außer dem üblichen „Kleinfeuer“, ruhig — ruhig — im Sinne eines allerhand gewöhnten Soldaten. Der Iwan tastete hier nur vorsichtig weiter nach, er hatte am Vortage üble Erfahrungen machen müssen.

Gegen 8 Uhr früh wurde Verpflegung samt den vielversprechenden sogenannten „Rabatzpäckchen“ ausgegeben. Zu diesem Zwecke mußten Essenholer von den Gruppen abgestellt werden, — eine Schwächung der an sich dünnen Front auf einige Zeit.

Inzwischen waren stärkere russische Kräfte im Vorfeld zu erkennen, und auf den Straßen war feindlicher Fahrzeugverkehr im Gange. Unsere Artillerie beunruhigte so gut wie möglich die gegnerischen Truppen, MG und 2 cm-Flak ergänzten das Konzert. Gegen Mittag waren eindeutig Panzergeräusche zu hören. Entsprechende Abwehrmaßnahmen wurden sofort veranlaßt: Panzerfäuste wurden an besonders gefährdeten Punkten gestapelt.

Die russische Artillerie eröffnete nun das Feuer. Baumkrepierer verursachten bei unseren Kompanien Verluste. Am linken Flügel griffen die Sowjets schon an; jedoch konnte durch flankierendes Feuer des MG der 1.Gruppe 9/43 ein Einbruch verhindert werden.

Vor der 9.Kompanie erschienen die ersten T 34. Langsam wurde es jetzt ungemütlich. Den Panzern folgten dichte Schützenrudel. Diese konnten jedoch von den Panzern getrennt und niedergehalten werden, wenn auch nur für kurze Zeit. In letzter Minute fast, es war allerhöchste Zeit, waren in unserem Rücken die Abschüsse eigener Pak- und Flakgeschütze zu hören. Einige Panzer brannten schon, und das machte auf die anderen Eindruck; so schnell wie möglich fuhren sie in Deckung. Doch ein Panzer schlich sich von rechts durch ein hohes Kornfeld heran, wahrscheinlich um die Stellung aufzurollen.

Dadurch wurde die 1.Gruppe der 9.Kompanie am meisten gefährdet. Es mußte etwas getan werden, zumal der Panzer jetzt im toten Winkel der eigenen Abwehrgeschütze stand. Also klemmt sich der Gruppenführer der 1.Gruppe, der „alte" Obergefreite D., eine Panzerfaust unter den Arm, legt sein Koppel ab und steckt nur die Pistole in die Tasche. — So begann seine „Pirsch". Der Panzer war inzwischen stehen geblieben und schoß wahllos in den Wald. Scheinbar hatte er die Stellungen noch nicht erkannt. Unser Obergefreiter macht einen Bogen um das Kornfeld, um den Panzer von links hinten zu fassen. Gespannt folgten die Kameraden in ihren Löchern, mit dem MG Feuerschutz gebend, dem Unternehmen.

Was der Obergefreite aber nicht sah, nicht sehen konnte, war dies: Der Panzerkommandant mußte die „bösen Absichten" des Deutschen erkannt haben. Er schwenkte den Turm in die Richtung des einsamen Jägers. Der sah noch, daß der Panzer nicht mehr fahren konnte, eine Kette war zerschossen. Noch knappe hundert Meter war der Obergefreite von seinem Ziel entfernt, mußte aber näher heran, um Erfolg zu haben.

Da geschah es auch schon: Der Obergefreite sah noch in die Mündung, — ein Krach, ein Feuerstrahl und der Schuß aus der Panzerkanone warf ihn ein paar Meter weiter in einen alten, mit Wasser halb gefüllten Trichter, — zu seinem Glück im Unglück. Es war ein Sonntag, dieser 19. August 1944, genau 14 Uhr.

Brütende Hitze lag über dem Gefechtsfeld. Nachdem der Panzer nun seinen Widersacher ausgeschaltet hatte, beschoß er unsere Stellungen langsam weiter. Systematisch versuchte er, sein ferneres Schicksal zu verzögern.

Die Kameraden des nun aus ihrem Blickfeld verschwundenen Obergefreiten mußten annehmen, daß er beim Versuch, den Panzer zu knacken, gefallen sei. Doch er lag verwundet in dem Trichter, nur die Pistole hatte er noch, — das war für jeden Fall gut. Seine Uniform war aufgerissen, der Stahlhelm war weggeflogen, die Hose war zerfetzt! Es war überhaupt ein Wunder, daß der Mann noch lebte, — wie sich auch noch nach über 12 Stunden später herausstellte. Nur ein Splitter hatte seinen Fuß getroffen.

Die Stunden vergingen, der Verwundete fiel von einer Ohnmacht in die andere. Der verfluchte Panzer stand immer noch und schoß bis gegen 17 Uhr, als eine heftige Detonation anzeigte, daß die Rote Armee wiederum einen Panzer weniger hatte. Ein 8,8 cm-Geschütz hatte hier ganze Arbeit geleistet.

Es wurde allmählich Abend, die sommerliche Hitze ließ etwas nach. Im Vorfeld wurde es lebendig. Wieviel Stunden vergangen waren, wußte der Verwundete nicht, als er Stimmen hörte: Deutsche oder Russen? Die Pistole in der Hand, — um eventuell einem schußbereiten Iwan zuvorzukommen, lauschte er angestrengt und wachsam in die Nacht. Da — gegen 3 Uhr morgens näherten sich zwei Gestalten seinem Trichter. An ihnen waren Gott sei Dank deutsche Stahlhelme zu erkennen. Darum leise Rufe! . . .

Die Kameraden hatten den Verwundeten nicht im Stich gelassen. Ein schmerzhafter Transport auf einer Zeltplane ließ den verwundeten Obergefreiten die „Engel im Himmel singen hören". — Doch schon nach kurzer Zeit waren die eigenen Linien erreicht. Am frühen Morgen ging es dann weiter zum Verbandsplatz seines Jg.Rgt.43 (L), wo die erste Wundversorgung vorgenommen wurde.

Nun aber begann die Odyssee erst: Am 20. August setzten sich die Kämpfe fort. Der Regiments-Verbandsplatz wurde verlegt, so daß eine weitere Versorgung der angefallenen Verwundeten unterblieb. Die Rückzugsgefechte gingen nach diesen Ereignissen aber auch weiter. Die Verwundeten hatten nun keine Möglichkeit mehr, sich über die Lage zu informieren. Vermutungen waren das einzige, was die Gespräche nährte. Endlich kamen Sankas, die die Verwundeten, darunter auch unseren Obergefreiten, weitertransportierten. Schlechte Straßen, sengende Sonne und die russischen Schlachtflieger ließen den Verwundetentransport zu einer qualvollen Reise werden. Jeder machte so das alte Spielchen für sich: Kommst du durch — oder kommst du nicht durch? — Unterwegs blieb der Sanka, in dem sich der Obergefreite der 9.Kompanie befand, aus unerfindlichen Gründen liegen.

Eine gerade vorüberfahrende Sturmgeschützkolonne, — ganze vier Geschütze, der Rest einer Abteilung —, nahm die Verwundeten auf. Nun ging die Sache erst richtig los. Die Sturmgeschütze bekamen plötzlich russisches Pakfeuer. Das konnte ja heiter werden! Unser Obergefreiter konnte sogar die Pakstellungen der Russen sehen. Aber er war ja selbst wehrlos — und froh, einen derartigen fahrbaren Untersatz zu haben. Er konnte sehen, daß eines, zwei der Pakgeschütze nach Treffern der Sturmgeschütze in die Luft flogen. Weiter ging die Fahrt. Der Hunger meldete sich, kein Wasser, Schmerzen und Angst waren die Begleiter auf dieser Höllenfahrt.

Nach stundenlanger Fahrt, immer unter Beschuß, erreichten die Sturmgeschütze endlich einen Hauptverbandsplatz, um hier ihre Mitfahrer abzuliefern. Ein paar Zigaretten wechselten noch schnell die Besitzer. Dankesworte der Verwundeten gingen im Dröhnen der Motoren unter, denn schon fuhren die Geschütze weiter. Vorerst waren die Verwundeten geborgen und konnten versorgt werden.

Danach wurden sie in den Lazarettzug, der von Wolmar nach Walk fahren sollte, verladen. In ihm sahen die Männer nach Monaten erstmals wieder weiße Betten. In Walk nochmals versorgt und verpflegt, ging es in einen anderen Lazarettzug nach Riga weiter. Hier nach erneutem Verbandswechsel und etwas Ruhe Verladung auf ein Lazarettschiff, einem 10 000 t großen Handelsdampfer, der ungefähr 5000 Verwundete aufnahm und nach Deutschland, nach Gotenhafen fuhr.

Von da aus kam unser Obergefreiter mit einem Lazarettzug nach Zoppot, wo in den Gebäuden der Spielbank und des Kasinos Reservelazarette eingerichtet waren. Genau 13 Tage nach seiner dritten Verwundung war er hier mit den anderen Verwundeten gut aufgehoben, fern der nun überwundenen Gefahren, zufrieden mit seinem Schicksal, wenn auch die Verwundung nicht leicht war.

Egon Denzel (21.Lw.Felddiv.)

*Ergänzend zum Wehrmachtbericht vom 11. 8. 1944 wird gemeldet:*
*„In den Kämpfen an der OSTFRONT haben sich die westfälische 371.Infanteriedivision unter Führung von Generalleutnant Niehoff und das Jägerregiment 229 unter Oberst Schury besonders bewährt. Oberstleutnant Sonntag hat sich an der Spitze des Grenadierregiments 248 durch vorbildliche Tapferkeit ausgezeichnet."*
*Ergänzend zum Wehrmachtbericht vom 17. 8. 1944 wird gemeldet:*
*„. . . Bei den schweren Abwehrkämpfen nordwestlich BIALYSTOK hat sich ein Panzerjägerzug der mecklenburgisch-pommerschen 12.Panzerdivision unter Führung von Leutnant von Voltheim besonders ausgezeichnet."*

*Ergänzend zum Wehrmachtbericht vom 18. 8. wird gemeldet:*
*„In den schweren Abwehrkämpfen im Raum nördlich BIRSEN haben sich die unter dem Befehl des Eichenlaubträgers General der Infanterie Hilper stehenden Divisionen, die schlesische 81.Infanteriedivision, unter Führung des Obersten von Bentivegni, und die norddeutsche 290.Infanteriedivision unter Führung des Generalleutnants Ortner, durch beispielhafte Tapferkeit und kühne Gegenstöße ausgezeichnet. An der Vernichtung von 108 Panzern innerhalb von 3 Tagen hat die Sturmgeschützbrigade 912 unter Führung des Hauptmanns Karstens hervorragenden Anteil."*
*Ergänzend zum Wehrmachtbericht vom 19. 8. wird gemeldet:*
*„In den schweren Abwehrkämpfen im großen WEICHSELBOGEN haben sich die unter dem Befehl des Generals der Infanterie Recknagel stehenden fränkisch-sudetendeutsche 88.Infanteriedivision unter Führung von Generalmajor Graf von Rittberg und die hessisch-moselländische 72.Infanteriedivision unter Führung des Generalmajors Hohn durch unerschütterlichen Kampfesmut und kühnes Draufgängertum ausgezeichnet."*
*Aus dem Wehrmachtbericht vom 21. 8. 1944:*
*„... Bei den Abwehrkämpfen westlich BIALYSTOK zeichneten sich das Panzergrenadierregiment 25 unter Führung des Hauptmanns Blancbois und die Panzeraufklärungsabteilung 12 unter Führung von Hauptmann Ibach durch besondere Härte und kühnen Angriffsgeist aus."*
*Ergänzend zum Wehrmachtbericht vom 22. 8. wird gemeldet:*
*„Bei den Kämpfen im Raum MODOHN zeichnete sich die rheinisch-westfälische 263.Infanteriedivision unter Führung von Oberst Hemmann durch besondere Standhaftigkeit aus. Westlich des Pleskauer Sees bewährte sich eine Kampfgruppe der SS-Sturmbrigade „Wallonien" unter Führung des SS-Sturmbannführers Leon Degrelle durch Zähigkeit und Angriffsschwung in besonderem Maße."*
*Aus dem Wehrmachtbericht vom 25. 8. 1944:*
*„... Im SÜDEN DER OSTFRONT kämpfen sich unsere Truppen, nachdem Teile der rumänischen Verbände den Widerstand gegen die Bolschewisten eingestellt haben, weiter auf Pruth und Sereth zurück ..."*
*Ergänzend zum Wehrmachtbericht vom 30. 8. wird gemeldet:*
*„Zwischen Bug und Narew haben sich eine Kampfgruppe der 7.Infanteriedivision unter Führung von Oberst Weber und die schwere Panzerabteilung 507 unter Führung des Ritterkreuzträgers Major Schmidt durch unerschütterliche Standfestigkeit und schneidig geführte Gegenstöße besonders ausgezeichnet ..."*
*Zum Wehrmachtbericht vom 31. 8. 1944 wird ergänzend mitgeteilt:*
*„Im SÜDABSCHNITT DER OSTFRONT hat sich das XXX.Armeekorps unter Führung des Generalleutnants Postels mit der 306.Infanteriedivision, 15.Infanteriedivision und 13.Panzerdivision in aufopfernden Kämpfen gegen überlegene feindliche Kräfte heldenmutig geschlagen ..."*

# Überfall auf Erkundung

**Regimentsführer gegen den Feind**

Spätsommer 1944 in Ostpolen, ein heißer Tag und wieder Absetzen. Für den Abend sind für IR.417 neue Abwehrräume zu erkunden. Mein Regimentsführer, Major Schlemminger, gibt Befehl: Ein B Krad mit Fahrer Witto (?), Schlemminger und O I Burkhardt fahren zur Erkundung voraus. Führer 13., Leutnant Kobe, folgt mit schwerem Zug.

Der Weg wird festgelegt und ab geht es. Durch unwegsames Sandgelände mahlen wir nach zwei Stunden auf einem kerzengeraden Feldweg einem Waldrand entgegen. Geblendet von der untergehenden Sonne schieben wir uns vor. Es scheint, als rücke der Wald uns entgegen. Auf halber Strecke treffen wir einen Landser. Schlemminger läßt anhalten und fragt: „Soldat, was machst Du hier?" Er antwortet: „Ich habe Wasser geholt und will zu meiner Einheit, dem Regiment 44, welches da vorn im Wald liegt." Da wir dorthin erkunden wollen, sagte der Regimentsführer: „Setz Dich auf den Kasten!"

Weiter schieben wir uns dem Waldrand entgegen und haben fast dessen Schattenspitze erreicht. — Da plötzlich ein Heulen, Pfeifen und Zischen, daß uns Hören und Sehen vergeht. Auf uns zu stürzen braune Gestalten mit gröhlendem „Uräähh!" Unser Fahrer läßt die Maschine in einen Graben rollen, und wir können laufend, robbend und kriechend in ein Getreidefeld entkommen. Nur Sekunden vergehen und schon knattert unser B-Krad davon. Vom Weg her werden wir aufgefordert, uns zu stellen. Minutenlang gellt es uns in den Ohren „Idi suda — dawai — dawai!" Mäuschenstill liegen wir, getrennt voneinander, und ringsum krachen Pak-Granaten, vom Waldrand abgefeuert.

Beim Versinken der Sonne hebe ich vorsichtig den Kopf, um Ausschau zu halten. Nach rückwärts spähend, sehe ich den Fahrer rennen. Dann setze auch im zum Spurt an. Als 3000-Meter-Hindernisläufer hole ich ihn bald ein. In der Ferne sehen wir Reiter auf uns zukommen. Wir pirschen uns heran, und tief aufatmend erkennen wir den schweren Zug der 13.Kompanie.

Nun fragen wir uns, wo ist unser Regimentsführer. Er muß noch dort vorne am Waldrand liegen. So nehme ich mit den Männern der 13.Kompanie eine 15-cm-Haubitze. Im Mannschaftszug schieben wir uns unter Feuerschutz der anderen Haubitze nochmals dem Waldrand entgegen.

Es wird nun schon dunkel. Plötzlich sehe ich im Graben eine Gestalt hocken. Unser Major! „Herr Major, was ist denn?" Verwundet an Brust und Hals durch Paksplitter, die Pistole in der Hand, blaß von dem Blutverlust, sagt er: „Lebend hätten die Iwans mich nicht bekommen."

Auch ich lag vorher im Getreidefeld, eine Handgranate unter der Brust und den weißen Knopf in der Hand, um beim Anblick der Russen mich in die Luft zu jagen. Nur keine Gefangenschaft, denn davon hatten wir schon zuviel Greuel erfahren müssen!

Auf der Lafette schafften wir Major Schlemminger zur Division. General Schmidt-Hammer dankte uns für die Rettung unseres Regimentsführers. Es war mein dritter Kommandeur, den ich vor dem Feind rettete. Wir drei waren wieder einmal durchgekommen.

Über den „Findling", den ich nicht wieder zu Gesicht bekam, denke ich heute noch nach. War er überhaupt ein Deutscher? Partisan — oder wer?

Noch in derselben Nacht setzten wir uns weiter ab. Fritz Burkhardt (168.ID.)

*Zum Wehrmachtbericht vom 1. 9. wird ergänzend mitgeteilt:*
*„In den schweren Abwehrkämpfen zwischen BUG UND NAREW hat sich die 3.Kavallerie-Brigade durch unermüdlichen Angriffsschwung und Härte in der Abwehr ausgezeichnet. An ihrer Spitze fand der bereits Anfang 1942 mit dem Eichenlaub zum Ritterkreuz ausgezeichnete 28jährige Brigadekommandeur Oberstleutnant Freiherr von Boeselager den Heldentod. Sein im gleichen Frontabschnitt kämpfender Bruder, Ritterkreuzträger Major Freiherr von Boeselager, hat sich erneut durch höchste Tapferkeit hervorgetan . . ."*
*— zum 12. 9. 1944 wird ergänzend mitgeteilt:*
*„. . . In der Schlacht am unteren NAREW zeichnete sich die hessisch-thüringische 129.Infanteriedivision unter Führung von Generalmajor von Larisch und die württember-*

*gische 5.Jägerdivision unter Führung von Generalleutnant Sixt durch Standfestigkeit und Angriffschwung besonders aus."*
*— zum 18. 9. wird ergänzend mitgeteilt:*
*„In den harten Abwehrkämpfen im RAUM VON MODOHN hat sich die rheinisch-westfälische 126.Infanteriedivision unter Führung von Generalmajor Fischer durch vorbildliche Standfestigkeit und besondere Tapferkeit ausgezeichnet."*

# Wir rennen direkt in die Falle

**Ein 18er-Reiter in der Rumänien-Katastrophe 1944**

Anfang September 1944 versuchen wir, ein kleiner Trupp versprengter deutscher Soldaten, immer noch, durch die Karpathen hindurch die offenbar schon weit zurückgefallene eigene Linie wieder zu erreichen. Immer wieder kommt es zu unverhofften Begegnungen mit feindlichen Gruppen, so auch in einem Stationsgebäude einer Bahnlinie. Mit viel Glück können wir einmal mehr entkommen.

Bei Tagesgrauen nähern wir uns einer Stadt. Der Bahnlinie können wir nun nicht mehr folgen, da eine Strecke nach Norden, die andere nach Süden abgebogen ist. Daraus schließe ich, daß wir die ungarische Stadt Sepsi Szt. Györgi vor uns haben, vermutlich übervoll von Russen.

Im Eiltempo versuchen wir, die nordwestlich liegenden Berge zu erreichen. Wir müssen durch total versumpftes Gelände und stehen plötzlich vor einem handfesten Hindernis in Gestalt des Flusses Alt. Nach starken Regenfällen der vergangenen Tage und wegen der Sprengung des Dammes ist er so angeschwollen, daß wir ihn nicht durchschwimmen können. Wir sind gezwungen, bis an die ersten Häuser des Städtchens zurückzugehen. Dort ist eine Brücke, glücklicherweise unbewacht, aber von den Deutschen vermint. Überall hängen die weißen Bänder, teilweise sieht man auch die Minen.

Wir müssen aber hinüber! Auf den Knien rutschen wir, einer hinter dem anderen in zehn Meter Abstand, über die Brücke. Geschafft! Auf der anderen Seite geht es im Laufschritt über fünf Kilometer freie Pläne in Richtung Berge.

Auf einer Höhe mitten im Wald steht wieder ein einzelner Hof. Diesmal sind wir vorsichtiger, erst wird die Lage gepeilt. Der Hof ist geräumt, zum Futtern auch nichts zu finden, dafür gibt es eine Menge wissenschaftlicher Schwarten und eine riesige Käfer- und Schmetterlingssammlung, schon ziemlich zerfleddert. Im Garten haben wir jedoch mehr Glück und finden reife Tomaten, Gurken und Rettiche.

Sogar etliche Bienenkörbe stehen da. Honig wäre auch nicht zu verachten, aber wie sollen wir die Bienen weg kriegen? Ein Kamerad hat eine gute Idee. Der schwerste Korb wird angebunden, vorsichtig zum Ziehbrunnen geschleppt und da hinuntergelassen, Seil oben angebunden und eine Viertelstunde gewartet. Die Arbeit hat sich gelohnt.

Nachdem das Wasser abgelaufen ist, werden die Waben herausgebrochen, die Bienen vorsichtig abgeschüttelt und die Waben dann mit der Faust ausgepreßt. Einer hat trotz allem noch einen Stich abgekriegt. Den ziemlich flüssigen Honig füllen wir in unsere leeren Feldflaschen.

Sehr weit kommen wir vorerst nicht. Nach kurzem Marsch befinden wir uns an einer sehr belebten Straße. Wir müssen bis zum frühen Nachmittag eine Zwangsrast einlegen. Dann gelingt uns das Überqueren der Straße. Die Nacht verbringen wir im Wald in einer selbstgebauten Laubhütte. Darin besitzen wir nun schon einige Erfahrung.

Das Erwachen am anderen Morgen ist wieder etwas feucht, aber das ist nun schon ein bißchen zur Gewohnheit geworden, ebenso wie das Marschieren durch regennassen Wald. Nun werden etliche Kilometer zurückgelegt. Wir haben Glück, denn der Höhenzug, auf dem wir uns bewegen, verläuft genau in unserer Marschrichtung. Des öfteren finden wir sogar mitten durch das Dickicht ausgetretene, wenn auch schmale Pfade.

Die Spuren auf ihnen sind aber alles andere als die eines Menschen. Komische Kratzer an der Baumrinde und der Trampelpfad um verschiedene Bäume herum, machen uns stutzig. Sakra, das kann doch nur ein Bär sein? „Menschenskinder, hier gibt es doch keine Bären mehr!" meint einer. „Egal", sage ich, „Vorsicht ist die Mutter der Weisheit, diese Pratzenabdrücke hier sind weder von einer Kuh noch von einem Menschen. Bei allernächster Gelegenheit verduften wir von diesem Pfad!"

In der Dunkelheit erreichen wir ein kleineres Dorf, stellen fest, daß es unbesetzt ist, und sehen in das nächstliegende Haus. Der Alte will uns gleich wieder abwimmeln, er faselt dauernd von „Patroul". Scheinbar kommt hier ab und zu eine Kavalleriepatrouille durch. „Die stören uns nicht, koch uns lieber eine Suppe und gib uns Brot!" So langsam begreift er, daß er uns nicht los wird. Wir bekommen eine gute Gemüsesuppe und den unvermeidlichen Mamiliga, dazu Sauergurken und Speck.

Nach dem Essen wird dem Alten klar gemacht, daß sich niemand entfernen darf. Eine Wache wird eingeteilt und sitzt, allstündlich abgelöst, am Fenster. Wir anderen pennen auf dem blanken Fußboden, hart aber endlich einmal trocken und warm. Die Nächte im Freien sind oft bitterkalt, besonders bei Regen. Nun kann ich mich auch wieder über das Datum orientieren. Im Zimmer hängt ein deutscher Kalender. Demnach müssen wir den 12. September 1944 haben.

Noch vor Hellwerden putzen wir die Platte, um ja nicht der „Patroul" in die Fänge zu laufen. Im Wald halten wir uns auf unserer festgelegten Marschroute. Meine Absicht ist, die etwa zwanzig Kilometer halblinks vor uns liegende Stadt Barót nördlich zu umgehen, um eine Berührung oder gar Überschreitung des Alt zu vermeiden. Leider stimmt diesmal die Mehrzahl meiner Kameraden gegen mich. Sie glauben, die deutschen Linien schneller zu erreichen, wenn wir west-nordwestlich in Richtung Schäßburg — Elisabethstadt gingen.

„Hier, seht euch die Karte an! Nach eurem Plan müßten wir den Alt zweimal überqueren. Ihr wißt sicher noch, wie breit und tief der Fluß neulich war und jetzt regnet es bald zwei Tage ununterbrochen. Wollt ihr da einen zweimaligen Übergang riskieren? Der Alt fließt bis Barót in nördlicher Richtung und biegt dann nach Westsüdwest ab." Meine Vorhaltungen sind für die Katz: Also latscht zu!

Nach kurzem Marsch stehen wir am Alt. Hochwasser! Der Fluß ist mindestens so breit wie die Donau bei Ulm und weist eine Schlinge an der anderen auf. Ungefähr drei Stunden tippeln wir am Fluß entlang. Das Ufer ist dicht mit Weidengebüsch bewachsen, so daß eine Entdeckung aus der Ferne kaum zu befürchten ist. Auf der Westseite muß sich eine Bahnstrecke befinden, denn man hört eine Lokomotive pfeifen und sieht dann auch einen kleinen Güterzug fahren.

Mindestens drei Stunden lang gehen wir neben dem Fluß. In der Luftlinie sind wir vielleicht einen Kilometer vorwärts gekommen, oftmals berühren sich die Flußschlingen fast. Aber die Suche nach einer Brücke oder Furt geht weiter. Hinter einem Busch kommen zwei deutsche Soldaten auf uns zu, einer hat ein Fernglas.

Sie berichten, daß weiter oben eine Brücke sein müsse, vor einer halben Stunde sei ein Lastwagen von der anderen Seite gekommen. Den haben wir allerdings auch fahren sehen. Die Landser bleiben bei uns und im Gebüsch gehen wir auf die Brücke zu. Sie ist gar nicht so weit weg, aber man kann sie infolge des dichten Gestrüpps nicht erkennen. Allem Anschein nach ist es eine Holzbrücke.

Wir verstecken uns im Gebüsch und beobachten durch das Fernglas über eine halbe Stunde die Umgebung. Nichts rührt sich, also auf und rüber! Die beiden Neuen und Bleibler sind vorneweg, wir anderen folgen in zehn Meter Abstand. Bleibler ist schon mitten auf der Brücke, da fällt mir am anderen Ufer eine rasche Bewegung im Gestrüpp ins Auge.

Der Landser mit dem Fernglas steht einige Schritte vor mir, er hat scheinbar auch etwas bemerkt. Ich springe zu ihm, reiße ihm das Glas aus der Hand und blicke nur kurz durch, da fährt mir auch schon der Schrei „Zurück — zurück!" aus dem Hals. Auf der anderen Flußseite steht, durch Getrüpp gut getarnt, ein Blockhaus, aus dem eben an die acht russische oder rumänische Soldaten springen.

Einer setzt sich gerade den Stahlhelm auf, ein anderer ladet sein Gewehr durch. Ich habe genug gesehen und renne im Zick-Zack über die Straße auf das Gebüsch zu. Bleibler hat mich überholt. Als die ersten Schüsse knallen, werfen wir uns hin, rollen ein paar Schritte weg und springen dann wieder auf.

Eben haut sich Bleibler hin, sieht, wie ich wieder aufspringe und vergißt das Wegrollen. Das wird sein Verhängnis: Im Aufspringen erwischt ihn eine Kugel und durchbohrt ihm das Herz. Ein Blutstrom färbt im Nu den ganzen Rücken rot. Der eigenen Gefahr nicht achtend stürze ich zu ihm. Vergebens, er muß sofort tot gewesen sein. Um den toten Bleibler und mich hauen jetzt die Geschosse hageldicht ein.

Von unserer Seite fällt kein Schuß. Die Burschen kommen schon über die Brücke angerannt. Mehrere Male brülle ich „Stellung, Feuer!", da endlich knallt es auch von unserer Seite. Gleich der erste Schuß muß gesessen haben, auf der Gegenseite ist ein fürchterlicher Schrei zu hören.

Ich rolle mich einige Meter von dem gefallenen Kurt Bleibler weg, dann springe ich hoch. Die Kugeln zirpen mir hageldicht um die Ohren, aber wenigstens ich habe Glück.

Das Soldbuch meines Kameraden hat dessen Frau, Erna Bleibler in Meßstetten/Baden, im Jahr 1948 aus Rumänien zugesandt erhalten nebst einem Schreiben des Ortspfarrers. Er hat damals den Gefallenen auf dem Dorffriedhof würdig beerdigt. Das Soldbuch war elf Monate auf der Post, es wurde im Sommer 1947 abgeschickt und war regelrecht von Blut durchtränkt. Verschiedene Seiten konnten nur mit Mühe entziffert werden.

Es gelingt uns allen, die Verfolger abzuschütteln und in der früheren Nordwest-Marschrichtung in den Hochwald zu entkommen. Nach einem Dauerlauf von einigen Kilometern bergauf müssen wir verschnaufen. Niemand von uns ist verwundet. Bleibler ist unser einziger Verlust. Meine Kameraden sind sehr niedergeschlagen, als ich ihnen die Leviten lese. Sie wissen jetzt, Bleibler hätte noch am Leben sein können.

A. Künne (RR18)

## Nach eigenem Ermessen Sturmgeschütze umdirigiert

**Wie sich Obergefreiter Hans Gerdts das Ritterkreuz verdiente**

Während der schweren Abwehrkämpfe der 96. Infanterie-Division in den Beskiden trat als Gegner erstmals die Tschechische Legion in Erscheinung.

Seit den frühen Morgenstunden am 17. September 1944 steht die 3.Batterie des AR.196 unter Hauptmann Kohlhaas in der zwar vorgesehenen, aber nunmehr in vorderster Linie gelegenen Feuerstellung am Hinterhang hart westlich der Höhe 777 (Tokarnia), da die vorgesehene HKL hart südlich von Bukowsko von unserem GR.284 und den Rotarmisten gleichzeitig erreicht und deshalb sofort auf die Tokarnia zurückgenommen wurde. Eine Zurücknahme der Batterie wurde von der Division abgelehnt, da die schwer dezimierten Kampfverbände der Infanterie diese als „Korsettstange“ benötigten.

Bereits am frühen Morgen des 18. September geht die Verbindung des personell schwachen GR.284 zum rechten Nachbarn infolge eines Vorstoßes der Rotarmisten auf Przybyszow verloren. Die Zuführung eines Bataillons zur Schließung der Frontlücke wird für den kommenden Abend in Aussicht gestellt. Bei einem Besuch auf dem Gefechtsstand des GR.284 bietet der Kommandeur I./AR.196 (Major Franke) zur vorübergehenden Entlastung sich selbst und etwa 20 Artilleristen mit drei Maschinengewehren an. Nachdem noch einmal der Einsatz des einzuschiebenden Bataillons angekündigt wird, gehen die Artilleristen gegen Abend zu ihren Einheiten zurück. Kurz darauf fällt der Kommandeur des GR.284, Oberstleutnant Gehrke.

Nachdem schon verschiedene Angriffe des Feindes gegen die Tokarnia von Norden abgewehrt worden waren, bricht in den Morgenstunden am 19. September ein erneuter Angriff, nunmehr nicht nur von Norden, sondern auch von Nordwesten und mit Panzern gegen die Tokarnia los, die von der 3.Batterie im direkten Richten abgewehrt werden. Weil mit weiteren Angriffen zu rechnen ist und wegen der linken Flankenbedrohung schickt Hauptmann Kohlhaas den Obergefreiten Gerdts zurück mit dem Befehl, zwei in Bereitstellung stehende Sturmgeschütze heranzuführen und links von der Batterie einzusetzen. Auf seinem Wege erkennt Gerdts, daß die Rotarmisten inzwischen die Tokarnia überschritten haben und dabei sind, die Höhe nunmehr einzukesseln. Aus eigenem Entschluß und entgegen dem ihm erteilten Befehl dirigiert er deshalb die Sturmgeschütze zur Abwehr dieses Angriffs aus der rechten Flanke um, in der Hoffnung, daß die Batterie mit dem Angriff von links allein fertig wird. Da beide Angriffe auf diese Weise und durch diese gefechtsentscheidende Handlung abgewehrt werden, können GR.284 und die 3.Batterie die Höhe noch etwa vier Stunden halten. Hauptmann Kohlhaas aber wird bei der Abwehr des Angriffs verwundet und nicht gehfähig auf einem Panjewagen abtransportiert. Unterwegs fällt er Rotarmisten, die inzwischen die Tokarnia im Südosten umgangen haben, in die Hände, wird von mehreren MPi-Garben durchsiebt, lebt aber noch.

Inzwischen ist trotz dieses feindlichen zunächst nicht bemerkten Vorstoßes die Drahtverbindung zur 3.Batterie noch intakt, wird aber gegen 9 Uhr unterbrochen. Der zur Störungssuche geschickte Obergefreite Steiner der Stabsbatterie ist seitdem vermißt; höchstwahrscheinlich tot, denn kurz darauf meldet der Nahbeobachter der 1.Batterie dem Gefechtsstand, daß der Feind in Bataillonsstärke aus dem gegenüberliegenden Waldrand zum Angriff antritt. Der Kommandeur der I.Abteilung, Major Franke, sagt dem Nahbeobachter Unterstützung zu, trifft alle Vorbereitungen für einen Stellungswechsel der Abteilung und gibt über den Funk Befehl zur Sprengung der 3.Batterie, nachdem von dort die Aussichtslosigkeit der Lage festgestellt ist und auch die Infanterie durch die Waldstücke in südwestlicher Richtung abzuziehen gedenkt. Er spricht mit dem Chef der 1.Batterie, der zu Hilfe kommen will, und geht selbst mit dem Gefreiten Schneider zur Nah-B-Stelle. Er trifft aber hier den Beobachter nicht mehr an und kann ohne Feldfernsprecher artilleristisch nicht mehr wirken, während das feindliche Bataillon zum Angriff ansetzt. Die MPi versagt zu allem Überfluß. Es bleibt also nur der Karabiner des Gefreiten mit 26 Schuß. Gezielte Schüsse auf 200 bis 300 Meter Entfernung auf die durch Tellermützen erkennbaren Offiziere und Politruks, die offenbar getroffen haben, nehmen den Rotarmisten immer wieder den Mut zum Angriff. In dieser Situation helfen beim erneuten Angriff nur noch die letzten zwei Schuß und ein furchtbares Hurra-Gebrüll, das im Wald vielfach widerhallt und damit die links stehende 2.Batterie aufmerksam macht. Deren Nebel-Brand-Granaten (mangels anderer) und das Hurragebrüll, auf das die Rotarmisten stets empfindlich reagierten, brachte auch diesen Angriff zum Stehen. In diesem Augenblick kommt auch Hauptmann Rintelen mit einigen Männern und einem Funkgerät, so daß er mit seiner Batterie auch noch artilleristisch wirken und die folgenden Absetzbewegungen teilweise decken kann.

Derweilen waren Teile der 3.Batterie unter Führung des Oberwachtmeisters Schulz mit den Resten des GR.284 nach Südwesten durch das bergige Waldgelände in Richtung Wislok Wielke ausgewichen, während die Geschützstaffel nach Sprengung der Geschütze unter Führung des Oberwachtmeisters Heine bei den Sturmgeschützen aufsaß und die feindliche Einschließung durchbrach. Unterwegs hatten sie ihren schwerverwundeten Chef auf dem Panjewagen getroffen und mitgenommen. Er starb zwei Tage später auf einem Hauptverbandplatz.

Die 2.Batterie lag inzwischen in ihrer leichten Hinterhangstellung unmittelbar nur durch eine kleine Kuppe getrennt etwa 100 Meter dem Feind gegenüber. In dieser Situation ließ Leutnant Herrenberger, gedeckt durch die zwei Sturmgeschütze, die mangels Munition nur mit den Rohren drohen konnten, und zwei Zwillingsfla-Selbstfahrlafetten mit einigen gezielten Feuerstößen aufprotzen. Die Absetzbewegung gelang für drei Geschütze. Nur dem vierten wurde die Bespannung zusammengeschossen; die Bedienung kam aber ohne nennenswerten Schaden davon. Auch der Gefechsstand und schließlich die 1.Batterie konnten unter dem Schutz der Zwillingsfla heil herausgezogen werden. Auf eilig und vorsorglich gerade noch rechtzeitig erkundeten Wegen konnte die Abteilung über Wislok Wielke, Jasiel Habure erreichen, wo sich die Quartiermeisterabteilung der Division befand und Major iG von Heymann die bereits verlorengeglaubten Batterien begrüßte. Die Abteilung wurde sofort zu neuem Einsatz in den Raum Kalinov in der Nähe des Divisionsgefechtsstandes kommandiert, wo sie den Abwehrkampf auf den Höhen unterstützte.

Hauptmann Kohlhaas wurde posthum die Ehrenblattspange verliehen, während der Obergefreite Gerdts das Ritterkreuz des Eisernen Kreuzes erhielt und zum Unteroffizier befördert wurde, da sein Entschluß für den glücklichen Abschluß des 19. September entscheidend war. Der erreichte Zeitgewinn bewirkte, daß der Feind an dieser Stelle den Durchbruch in die ungarische Tiefebene nicht verwirklichen konnte.

Gerdts selbst war sich der Tragweite seiner instinktiv richtigen Handlung gar nicht bewußt und hielt sie für so selbstverständlich, daß ihm diese Auszeichnung, die selbstverständlich auch dem Einsatz dieser tapferen Batterie galt, zunächst fast peinlich war. Der Kommandierende General des XI.SS-Armeekorps, General Kleinheisterkamp, rückte bei seiner Verleihungsansprache auch alles ins rechte Licht: „Einzeltaten können nie ohne den Rückhalt einer guten und zuverlässigen Truppe entstehen, besonders bei der Artillerie, bei der noch immer das bewährte Wort ‚Zugleich' gilt. Sie bedürfen aber auch zu ihrer Ausnutzung einer guten Führung!"

Von den Personalien des Kameraden Hans Gerdts, Funker in der 3./AR.196, ist uns leider nur noch bekannt, daß er in der Holzbranche tätig gewesen ist und in Schleswig-Holstein zu Hause war.

Otto Franke (96.ID.)

# „Komm doch rüber zu uns!“

## Bei der 3./502 in den Kurlandkämpfen um Bauske 1944

Nach Lazarettaufenthalt hatte mich der Ersatztruppenteil in Donaueschingen aufgenommen. Mitte August 1944 kam ich mit einem Marschbataillon wieder nach Rußland, allerdings nicht mehr zum alten Haufen, der 15./228 (101.ID.), in den Südabschnitt, sondern es ging gen Nordosten. In Danzig wurden wir auf einen Frachter verladen und fuhren mit diesem nach Riga. Auf See mußten mehrere Angriffe sowjetischer Torpedoflugzeuge ausmanövriert werden. Nach der Ausladung wurden wir mit Lastwagen in den neuen Einsatzraum nach Bauske gebracht.

In einem Waldstück traten wir bei strahlendem Sonnenschein an zur Übernahme in den neuen Truppenteil. Übrigens waren wir verhältnismäßig viele Unteroffiziere und Feldwebel. Nach einem wohltuenden Feldgottesdienst wurden wir durch eine Gruppe Offiziere, vielfach höherer Ränge, aufgeteilt. Man hatte uns als fronterfahrenen Ersatz (an unseren Auszeichnungen erkennbar) begrüßt, mit dem nun die schmerzlichen Lükken der 290.Division wieder aufgefüllt werden konnten.

Ich selbst kam zur 3./502 und mußte dort sogleich einen weiträumigen Abschnitt übernehmen. Bei meiner alten Einheit hatte ich fast alle Truppführer und viele Kameraden des Bataillons gekannt. Jetzt bedrückte es mich, allein auf weiter Flur zu stehen und vorerst niemand zu kennen.

Die folgenden Tage waren ausgefüllt mit Stellungs-Grabendienst, Abwehr vereinzelter sowjetischer Spähtrupps, Überwachung des Einsatzes und Aufmunterung meiner Leute, ab und zu Abkommandierung zu einem Spähtrupp durch meist vorher bekanntgegebene Minenfelder. Post war noch nicht zu erwarten, und zum Rasieren diente der Rest des zugeteilten Kaffees.

Überraschend wurden wir Anfang September abgelöst und mußten einige Kilometer entfernt bei Bauske einen anderen Abschnitt übernehmen. Ich war beim Vorkommando mit dabei und erlebte die Freude der unrasierten, abgekämpften Kameraden, die nun herausgezogen wurden. Dennoch erschienen sie als wahre „Haudegen“. Während der Nacht kam das Bataillon, unsere Kompanie konnte in den weiträumigen Frontverlauf eingewiesen werden.

Vor unserem neuen Abschnitt standen viele Bäume mit Sträuchern und Büschen, ein steiler Hang endete an einem zehn bis fünfzehn Meter breiten Wasserlauf. Der Rest der ersten Nacht verlief sehr unruhig: Vereinzeltes Gewehrfeuer und Leuchtkugeln des Russen. Die ganze Umgebung war für uns neu, wir hatten hier noch kein Gefühl für das Verhalten des Gegners. An Schlaf war daher trotz der Wacheinteilung nicht zu denken.

Langsam vergingen die Stunden. Weit nach Mitternacht pirschte sich einer der eingeteilten Posten den Graben entlang zu mir und meldete, daß sich jemand bemühe, den Hang zu erklimmen. Ein feindlicher Spähtrupp? Sofort ging ich mit ihm an die fragliche Stelle und tatsächlich hörten wir Geräusche, die unsere Vermutung bestätigen konnten.

In Eile wurden Teile des Zuges zusammengezogen, doch wir wurden auf eine harte Geduldsprobe gestellt. Der Standort der Geräusche änderte sich laufend, ohne daß wir in der Dunkelheit etwas erkennen könnten. Da plötzlich: Durch die Nacht schimmerten und bewegten sich helle Flecke! Was war das? Dann löste sich das Rästel: Zwei herumirrende Schweine, die sich an den Früchten der Kastanienbäume gütlich taten...

Die folgenden Tage vergingen ohne besondere Vorkommnisse, außer vereinzeltem Gewehrfeuer, dazu hin und wieder schwacher Aufklärungstätigkeit des Gegners, bis drüben geschäftiges Leben einsetzte: Man hörte sägen, klopfen, hämmern und zwischendurch menschliche Stimmen, den ganzen Tag über und sogar zeitweise in der Nacht. Mein erster Gedanke war, daß der Iwan entweder ein Floß oder einen Übergang über den Wasserlauf herstellte.

Bei einbrechender Nacht kam ein Melder der Kompanie, ich mußte mit der Hälfte meiner Männer einige hundert Meter nach links rücken und dort in Stellung gehen. Dort sollte sich vor uns ein kleiner feindlicher Brückenkopf gebildet haben. Kaum brach der Morgen an, setzte verstärktes Störungsfeuer mit gelegentlichem MG-Feuer und Granatwerfern ein. Da waren wir wohl an die richtige Stelle verlegt worden: Kaum fünfzig Meter vor uns robbten, jede Deckung ausnützend, sowjetische Soldaten auf uns zu!

Das feindliche Störungsfeuer wurde stärker, und meine Männer, teilweise unerfahren und frisch ausgebildet, bekamen an diesem schönen Herbstmorgen ihre Feuertaufe. Erst als die Russen immer näher heranrückten, gab ich Feuerbefehl und es gelang uns, den Feind mit Infanteriewaffen und Handgranaten zurückzuschlagen.

Einige Kameraden, die erstmals in ihrem Leben Feindberührung erhielten, überfiel eine derartige Angst, daß sie sich im Graben tatsächlich verkrochen und den Kopf in den Boden steckten. Während ich mit meiner Maschinenpistole auf die ziemlich nahe herangekommenen Russen feuerte, mußte ich jeden einzelnen der entnervten Männer mit harten Worten am Kragen packen, aufrichten und ihnen zeigen, wie man sich in einer solchen Lage verhält. Meine Schreie „Schieß doch!" wirkten dann!

Bald kehrte wieder Ruhe ein und dieser 13. September verlief verhältnismäßig ruhig. Abends hörte ich wieder meinen Namen rufen: Zum Kompanieführer! Der durch Kerzen spärlich beleuchtete Bunker, in dem der Gefechtsstand untergebracht war, drohte aus den Nähten zu platzen. Für einen Stoßtrupp vorgesehene erfahrene Männer der einzelnen Kompanien warteten dort der Dinge, die da kommen sollten.

Der Auftrag war schnell erteilt: Die feindlichen Kräfte im Brückenkopf werfen, das Gelände säubern und nach Möglichkeit einen Gefangenen einbringen. Das Einsatzgebiet wurde uns auf einer Karte gezeigt. Über Feldfernsprecher wünschte mir der Kommandeur alles Gute und fügte hinzu, daß die ganze Division mein Unternehmen verfolge.

Dann ging es bei dunkler Nacht ins Niemandsland, zunächst vor unseren Stellungen entlang und dann rechts ab in den Raum, in dem wir am Morgen den Angriff abgewehrt hatten. Kein Laut, kein Geräusch war von uns zu hören und ich mußte mich oft umdrehen, ob meine Männer mir auch folgten. Langsam pirschten wir uns immer weiter vor, die Waffen entsichert und die Handgranaten griffbereit, mit äußerster Konzentration und den Blick scharf durch das Dunkel auf vor uns vielleicht auftauchenden Feind gerichtet.

Unheimlich, diese Ruhe! Kein Schuß, nicht eine Leuchtkugel aus der eigenen oder feindlichen Stellung geht hoch. Die ersten russischen Schützenlöcher kommen. Wir nehmen zunächst dort Deckung, springen aber dabei auf tote Russen, die bei vorhergehenden Gefechten gefallen sein müssen. Ein unbeschreiblich unangenehmes Gefühl!

Weiter ging es, Schritt um Schritt, alles beobachtend. Etwas entfernt — wir waren beinahe am Wasserlauf — hörten wir einen Seilzug, der vermutlich von zurückgehenden Sowjets betätigt wurde. Ich sollte recht behalten: Zügiger gingen wir vor, kein Feind, alle Stellungen verlassen, leer. Sogar entlang des Ufers kein Russe und seltsamerweise kein gegnerisches Feuer, nichts!

Auch auf dem Rückweg, teilweise entlang des Wasserlaufs, auf dessen anderem Ufer wir Bewegungen feststellen, gibt es keine Leuchtkugel, kein Schuß fällt. Lautlos pirschen wir uns weiter. Hinter einer kleinen Mulde gebe ich Zeichen, in Deckung zu bleiben, während ich versuche, behutsam durch das Wasser zu waten. Anfangs geht es gut, das

Wasser ist knietief, dann wird es immer tiefer. Kurz vor dem jenseitigen Ufer reicht es mir bis an den Hals, die MPi muß ich über den Kopf halten.

Plötzlich Bewegungen am Ufer und zu meiner Bestürzung höre ich, was auch meine Leute in Deckung vernehmen, in deutscher Sprache: „Auf, komm' rüber, wir tun Dir nichts, morgen früh um drei werdet ihr sowieso fertig gemacht. Auf, komm'!" Es muß wohl ein in Gefangenschaft geratener Deutscher sein, der am Ufer hockt und mir eine Latte entgegenstreckt.

Natürlich watete ich sofort zurück und nahm bei meinen Männern Deckung, die mich mit erstaunten Blicken in Empfang nahmen. Ich hatte mich vergeblich bemüht, irgendwie einen Gefangenen zurückzubringen. Wie unsinnig und eigentlich aussichtslos mein Handeln war, kam mir nun erst zum Bewußtsein. Ohne weitere Wahrnehmungen, ich natürlich patschnaß, erreichten wir wieder den Kompanie-Gefechtsstand. Erst dort spürte ich die Anspannung der vorangegangenen Stunden, und nicht ich als Führer des Stoßtrupps, sondern meine Männer mußten dem Kompanieführer und Offizieren des Bataillons berichten. Dabei erhielt ich sogar ein Lob der Kameraden, daß ich sie gut zurückgebracht hatte.

Otto Schöneck (290.ID.)

*Aus dem Wehrmachtbericht vom 20. 9. 1944:*
*„... In den schweren Abwehrkämpfen in LETTLAND haben sich die schwäbische 205.Infanteriedivision unter Führung von Generalleutnant von Mellenthin, die bayerisch-pfälzische 132.Infanteriedivision unter Führung von Generalleutnant Wagner und die sächsische 24.Infanteriedivision unter Führung von Oberst Schulz durch Angriffsschwung und Standfestigkeit hervorragend bewährt ..."*
*— vom 21. 9.:*
*„... Im NORDABSCHNITT DER OSTFRONT haben sich die ostpreußische 121.Infanteriedivision unter Führung von Oberst Rank und die rheinisch-westfälische 329.Infanteriedivision unter Führung von Oberst d.R.Schulz durch hervorragenden Kampfgeist bewährt ..."*
*Zum Wehrmachtbericht vom 28. 9. wird ergänzend mitgeteilt:*
*„... In den Kämpfen im BALTISCHEN RAUM hat sich die ostpreußische 21.Infanteriedivision unter Führung von Generalmajor Götz in Angriff und Abwehr besonders ausgezeichnet."*
*Zum Wehrmachtbericht vom 4. 10. 1944 wird ergänzend mitgeteilt:*
*„Bei den Kämpfen um SIEBENBÜRGEN haben sich die ostmärkische 3.Gebirgs-Division zusammen mit schlesischen Jägern und ungarischen Grenzschutzverbänden unter Führung des Ritterkreuzträgers Generalmajor Klatt und die württembergisch-badische 23.Panzerdivision unter Führung von Generalmajor von Radowitz in Angriff und Abwehr besonders ausgezeichnet."*
*Zum Wehrmachtbericht vom 12. 10.:*
*„... Im NORDABSCHNITT DER OSTFRONT hat sich das norddeutsche Werferregiment 70 unter Führung von Oberst Martens hervorragend bewährt ..."*
*Zum Wehrmachtbericht vom 13. 10.:*
*„In den zehntägigen harten Kämpfen im Wald von PARROY hat sich die durch andere Einheiten verstärkte 15.Panzergrenadierdivision unter Führung ihres Kommandeurs Generalleutnant Rodt durch besondere Standhaftigkeit und zähen Abwehrwillen bewährt und in schwierigem unübersichtlichen Gelände dem Gegner hohe blutige Verluste beigebracht. Bei den Kämpfen in OSTSERBIEN hat sich das 2.Regiment der Panzergrenadierdivision Brandenburg ausgezeichnet."*

*Aus dem Wehrmachtbericht vom 15. 10. 1944:*
*„. . . Durch den Verrat Rumäniens und Bulgariens ist die deutsche Balkanposition im Rücken bedroht. Es wurde daher notwendig, aus diesem Grunde Südgriechenland zu räumen . . .“*
*Zum Wehrmachtbericht vom 22. 10.:*
*„. . . In der großen Panzerschlacht bei DEBRECEN hat sich die thüringisch-hessische 1.Panzerdivision unter Führung von Oberst Thunert durch schwungvollen Angriffsgeist und zähen Widerstand besonders bewährt. In den gleichen Kämpfen haben sich Major Ruge, Kommandeur eines Panzergrenadierregiments, Major Rebentisch, Kommandeur eines Panzerregiments, Oberleutnant von Oechelhäuser in einem Panzerregiment und Leutnant Mobis, Führer eines Flakkampfsturmes, besonders ausgezeichnet.“*
*Zum Wehrmachtbericht vom 25. 10.:*
*„. . . Bei der Verteidigung der HALBINSEL SWORBE haben sich die Berlin-brandenburgische 23.und 218.Infanterie-Division sowie an Land eingesetzte Teile der Kriegsmarine unter Führung von Generalleutnant Schirmer hervorragend bewährt.“*

## Fünfzehn ermordete Kameraden

**Grausamer Einsatz bei der 1./Panzerpioniere 51**

Oktober 1944 in Ungarn: Wir lagen in Bereitstellung und wußten nicht so recht, wo eigentlich die Front war. Geschossen wurde fast überall, in Ost, Süd und sogar West. Dann hieß es: Fertigmachen! Die Kompanie war nur noch etwa 25 Mann stark, wir hatten in den wochenlangen Kämpfen in der Puszta starke Verluste gehabt. Zehn Minuten später saßen wir auf zwei Lkw und fuhren nach Westen, allerdings nicht schnell, man mußte jederzeit mit Feind rechnen. Nach einiger Zeit sahen wir ein Dorf und hielten an.

Kurz vor dem offenbar feindbesetzten Ort standen vier oder fünf „Panther“. Wir sprangen von den Wagen, die drehten sofort und fuhren zurück. Unser Kompanieführer nahm Verbindung mit den Panzern auf, schon rollten diese auf die Häuser zu und in das Dorf hinein. Zunächst blieb alles ruhig, aber dann bekamen wir Gewehr- und MG-Feuer, auch die Panzer wurden beschossen. Der Vorstoß stoppte, irgendwo mußten sowjetische Pak oder Panzer stehen. Das Duell dauerte eine Weile, dann rollten die „Panther“ langsam weiter, wir folgten. Nach einigen hundert Metern stießen wir auf eine sowjetische Pak, zusammengeschossen, die Besatzung tot.

Die feindliche Infanterie zog sich weiter zurück. Die ersten Ungarn tauchten aus ihren Verstecken auf, ein Mann kam auf mich zu, sprach ganz aufgeregt auf mich ein und verlangte, ich solle ihm einen gefangenen Russen bringen, er wolle ihm den Hals durchbeißen! Als wir uns nach dem Grund erkundigten, gab er uns zu verstehen, daß die Russen sich über seine Frau und Tochter hergemacht hatten.

Unserer „Panther“ hielten nun am Ortsrand. Wir verfolgten den weichenden Gegner und einige hundert Meter weiter stießen wir auf etwas ganz Schreckliches: Am Waldrand lagen an die fünfzehn deutsche Soldaten, durch Kopf- und Genickschuß getötet, ohne Jacken und ohne Schuhe, fast völlig ausgezogen von den Russen. Das Herz blieb uns fast stehen, die Wut packte uns! Es waren Kameraden einer Sanitätseinheit, überwiegend ältere Männer. Nun wußten wir endgültig, wen wir uns gegenüber hatten. . .

Vorsichtig tasteten wir uns weiter die Straße entlang. Rechts war ein Obstgarten, etwa zweihundert Meter dahinter Weinberge, links der Straße erstreckte sich Wald, ein unübersichtliches Gelände. Wir stießen ein Stück in den Weinberg hinein bis zu einem Bauernhof, zogen uns aber wieder zurück zur Straße und gruben uns dort ein.

Mein MG stand an einem Zufahrtsweg zu Weinberg und Obstgarten, Sichtfeld nur wenige Meter zum Weinberg, auf Garten und Weg etwa vierzig Meter. Dann wurde es Nacht und man konnte keine zehn Meter mehr sehen. Links war alles völlig offen, der nächste Gewehrschütze lag dreißig Meter entfernt. Stündlich wechselten wir die Wache. Als ich meinen Kameraden Wiedmann geweckt hatte, hockte ich mich nieder zum Schlafen. Durch einen lauten Krach schreckte ich auf: Wiedmann erklärte, vor ihm sei plötzlich ein Russe mit Pelzmütze gestanden, er habe auf ihn geschossen.

Als es hell wurde, hörten wir vor uns russische Kommandos und lautes Gerede, sahen aber nichts. Mit MG, Handgranaten und Gewehrgranaten hielten wir den Gegner auf Distanz und belauerten uns nun gegenseitig. Mittags kam Unteroffizier Weiss und holte vier Kameraden und mich zu einem Spähtrupp nach vorn bis zum Haus in den Weinbergen.

Vorsichtig und leise schlichen wir uns Meter um Meter voran, mit dem Gefühl, gleich müsse ein Iwan vor uns stehen. Bald sahen wir das Haus und den freien Platz davor, alles leer, unheimlich still! Schritt für Schritt gingen wir weiter, ich voraus, das MG in der Hüfte. Schließlich standen wir vor dem Haus, nach links waren einige Löcher ausgehoben, aber kein Iwan war zu sehen, wenn wir auch spürten, daß sie irgendwo sein mußten.

Plötzlich rief mein Nebenmann nach mir und wies mit der Hand zu den Löchern, blitzschnell fuhr ich herum und feuerte: Vor mir eine Pelzmütze und Mündungsfeuer einer Maschinenpistole. Nun war die Hölle los! Aus dem Weinberg krachte es überall her, ich schoß einige Feuerstöße Richtung Pelzmütze, den Rest des Gurtes dann wild in die Weinberge hinein. Dann drehte ich mich um, sah niemand mehr, rannte mit einigen Sätzen in den Weinberg, blieb mit dem MG in den Reben hängen und fiel zu Boden. Dort lag ich etwa eine halbe Stunde, dann kroch ich ganz langsam und vorsichtig, mein MG hinter mir herziehend, zur Straße. Die Kameraden waren froh, mich wieder zu sehen, wir alle hatten unheimliches Glück gehabt! Die nächsten Stunden belauerten wir uns dann wieder gegenseitig, der Iwan war jetzt sehr aktiv.

Schon dämmerte es, als der Gewehrschütze rechts von mir die Hand hob und aufgeregt nach vorn deutete. Ich nahm das MG und ging zu ihm hinüber. Fünf oder sechs Russen kamen auf uns zu, wir sahen zuerst nur ihre Füße, die Oberkörper waren verdeckt durch die Obstbäume. Langsam kamen die Iwans heran, konnten uns aber nicht sehen, denn wir waren durch eine Tannenhecke gedeckt. Ein Offizier ging voraus, wir erkannten es an seinen Stiefeln und der Hose.

Dann stand er vor mir, offenbar die „Pelzmütze" vom Nachmittag: Ein Kommissar, Pistole in der Hand, Blick zur Straße. Als er mich sah, fuhr sein Arm hoch, doch gleichzeitig drückte ich ab, alles sekundenschnell! Einige Gegner konnten fliehen, ich schnappte mein MG und ging wieder zum Grasweg. Drüben wurde es unruhig, wir hörten die Russen rufen und sprechen, die Nerven waren zum Zerreißen gespannt! In der Nacht machte niemand von uns ein Auge zu, wir warteten darauf, daß jeden Augenblick etwas passieren würde. Stunde um Stunde verrann . . . Gegen Morgen hörte ich Geräusche. Von rechts kam Unteroffizier Weiss mit einem MG-Schützen der 126er, meine Ablösung, ebenfalls ein Obergefreiter. Leise erklärte ich ihm die Lage, wünschte alles Gute, schnappte meine Waffe und verließ die Stellung. Wir sammelten im Ort, um auf den nächsten Einsatz zu warten.

Hermann Maier (23.Pz.-Div.)

# Endlich die ersehnte Detonation

**Brückensprengung beim PGR.71 im Rücken des Feindes**

Seit wir während der Herbstkämpfe 1944 in Italien in diesem Abschnitt der HKL eingesetzt sind, macht uns eine 800 Meter vor unseren Stellungen liegende Brücke schwer zu schaffen. Immer wieder rollen feindliche Panzer über die Brücke gegen unsere Stellungen und machen das Gelände mit ihren MG und Kanonen unsicher.

Darum befiehlt der Bataillonsführer die Sprengung der Brücke. Das Unternehmen wird in enger Zusammenarbeit mit den Pionieren vorbereitet. Zunächst soll ein Feuerschlag der Artillerie den Gegner in Deckung zwingen. Ein Spähtrupp soll sich bis an die Brücke heranarbeiten, um nähere Einzelheiten zu erkunden. Auf Grund der Erkundungs-Ergebnisse soll dann der aus Grenadieren und Pionieren bestehende Stoßtrupp zur eigentlichen Sprengung angesetzt werden. Mit der Durchführung des Unternehmens wird Leutnant Geil beauftragt.

Die Nacht ist stockdunkel. Die Luft ist wie immer reichlich eisenhaltig. Unablässig liegt das Störungsfeuer der feindlichen Artillerie über dem Hauptkampffeld.

Inzwischen ist der Spähtrupp Jakob angetreten. Vorsichtig arbeitet sich der Unteroffizier mit seinen drei Männern bis in den Bachgrund vor. Sie wissen, worauf es bei diesem Spähtrupp ankommt, sie wissen auch, daß jedes Geräusch vermieden werden muß, um den Feind nicht stutzig zu machen. Jedes Geräusch wird beachtet. Ein abgeknickter Zweig oder ein Klirren der Waffen können zum Verräter werden.

Der Bachgrund ist erreicht. Meter um Meter geht es vorwärts. Der Weg scheint unendlich lang zu sein. Da, dicht vor ihnen heben sich die Umrisse der Brücke verschwommen ab. Noch einige Meter näher heran! Jetzt können sie Einzelheiten erkennen. Die Brücke ist feindfrei!

Auf dem schnellsten Wege müssen sie zurück, denn das Erkundungsergebnis muß so schnell wie möglich ausgewertet werden.

Diesmal geht der Spähtrupp über die Straße zurück. Alles scheint gut zu gehen. Aber plötzlich tauchen vor ihnen fünf Gestalten auf der Straße auf. Kaltblütig gehen die Vier auf die Tommies los, die sie offenbar für eigene Leute halten.

Bis auf wenige Meter ist der Spähtrupp herangekommen. Da brüllt ihnen der Unteroffizier sein „Hands up!“ entgegen. Vier Armpaare fliegen hoch. Der fünfte Mann versucht zu schießen, doch kommt ihm Jakob zuvor.

Inzwischen ist es beim Gegner unruhig geworden. MPi-Garben peitschen um die Männer herum. Auch die vier Gefangenen versuchen zu ihren Waffen zu kommen und sich auf unseren Spähtrupp zu stürzen. Es kommt zu einem wüsten Handgemenge, bei dem die Angreifer unschädlich gemacht werden. Ohne weitere Zwischenfälle kommt der Spähtrupp zur HKL zurück.

Dort warten die Männer des Stoßtrupps ungeduldig auf die Rückkehr der Kameraden. Die Sprengmunition ist herangeschafft worden. Die Soldaten sind genau eingewiesen.

Beim Gegner ist es inzwischen ruhiger geworden. Offenbar glaubt er, daß es sich bei unseren Leuten lediglich um einen Spähtrupp handelte. Dennoch ist auch jetzt größte Vorsicht geboten.

Die beiden für das Unternehmen eingesetzten Sicherungsgruppen verschwinden im Bachgrund. Ihnen folgt die lange Kette der Munitionsträger. Bange Minuten vergehen. Nichts unterbricht die Stille, als das Krepieren der Granaten.

Eine Stunde ist inzwischen vergangen. Immer noch bleibt es ruhig um die Brücke.

Da endlich! Eine heftige Detonation zeigt an, daß das Unternehmen geglückt ist. Die Brücke ist gesprengt, den feindlichen Panzern damit das Herankommen erschwert.

Wieder bange Minuten des Wartens. Dann kommt der Stoßtrupp zurück. Der Stoßtruppführer meldet: „Sprengung der Brücke durchgeführt. Eigene Verluste keine!"

(Aus dem Archiv der 29.PGD.)

# „Weinfaß-Goliath"

**Ein feindlicher Stützpunkt mußte gesprengt werden**

Italienfront Herbst 1944 — In einer Bergstellung hat der Gegner ein Haus unmittelbar vor und unterhalb unserer Hauptkampflinie zu einem starken Stützpunkt ausgebaut, der unter allen Umständen ausgeschaltet werden muß. Der Plan ist bald gefaßt: Pioniere sollen dem Gegner mit einem Weinfaß voll Sprengmunition zu Leibe gehen, das von einer weiter oberhalb liegenden MG.-Sicherung gegen das Haus gerollt werden soll.

Der mit der Durchführung des Unternehmens beauftragte Feldwebel bastelt eine Lenkung, die im Prinzip der Steuerung einer Straßenwalze ähnelt und es ermöglicht, das rollende Faß durch zwei „Haltedrähte" zuverlässig zu steuern. Bald ist das Weinfaß mit hundert Kilo Sprengstoff „geladen". Zeitzünder und Zündschnur werden angebracht. In den Abendstunden setzt sich ein Trägertrupp mit dem „Weinfaß-Goliath" in Bewegung. („G." hießen die kleinen, unbemannten und ferngelenkten Sprengpanzer). Nach einem mühsamen Weg ist die sechzig Meter oberhalb des feindlichen Stützpunktes liegende Abrollstelle erreicht.

Der Feldwebel gibt den Zündbefehl. Aber die Abreißzünder versagen! Die Sache wird kritischer, denn schließlich geht es nicht an, so dicht vor dem Gegner mit Streichhölzern zu hantieren! Endlich aber gelingt es doch, nach vielen Mühen die Zündschnur zum Brennen zu bringen. Dann wird der „Goliath" auf die Reise geschickt. Zunächst geht es gut, das Faß rollt den vorgezeichneten Weg. Doch plötzlich läßt die Spannung an den Lenkdrähten nach: Das Faß ist stecken geblieben!

Jetzt muß blitzschnell gehandelt werden. Ein Unteroffizier federt ohne Rücksicht auf Deckung wie eine Katze den Abhang hinab, sieht das Faß in einem Granattrichter liegen und gibt unter Aufbietung aller Kraft den endgültigen Stoß. Zwanzig Meter vor dem Ziel werden die Lenkdrähte gelöst; das Faß kommt gehörig in Schwung und rast in das Haus hinein. Sekunden später dröhnt ein furchtbarer Schlag: Steine wirbeln durch die Luft, Rauchwolken und Staub brodeln auf! — Geschafft! (Aus dem Archiv der 29.PGD.)

# Das Kreuz von San Martino

**Kampf und Fairneß zweier gegnerischer Spähtrupps**

Es war im Herbst 1944 im Raum zwischen Bologna und Vergato. Die Front im etruskischen Apennin war erstarrt. Nur Späh- und Stoßtrupptätigkeit, Artilleriefeuer von hüben und drüben und die feindlichen Nahaufklärer unterbrachen das tägliche Einerlei, das mit dem Leben im Stellungskrieg verbunden ist.

Von der Division werden dringend Gefangene benötigt, um die Feindlage zu erkunden. Leutnant Rieder, der Bataillons-Adjutant, ein junger, drahtiger Offizier, meldet sich diesmal freiwillig als Spähtruppführer. Sechs freiwillige Landser sind schnell zur Stelle, erfahrene Soldaten, die das Herz auf dem rechten Fleck haben und mit denen man, wenn es sein muß, den Teufel aus der Hölle holen kann.

Im Gefechtsstand der 6. Kompanie, der am Fuße des Monte Salvaro liegt, wird die Zeit erwartet, die zwischen Nacht und Mondaufgang liegt. Leutnant Rieder gibt den Auftrag bekannt, weist ein, verteilt die Rollen, vergleicht die Uhrzeiten.

Dann ist es soweit! — Langsam zieht der Spähtrupp in das Dunkel der Nacht. Bei den Gefechtsvorposten der 6. Kompanie wird verhalten die Parole zugerufen, die voraussichtliche Rückkehr ausgemacht.

Leutnant Rieder zieht mit seinen Männern in Richtung Feind. Ein schmaler Waldweg, in der vollständigen Finsternis kaum zu erkennen, führt hier an einer Schneise vorbei, dort über einen Bach. Dann geht es aufwärts, bis das Kruzifix bei San Martino erreicht ist. Von hier aus beginnt ein Hohlweg, der sich nach etwa 200 bis 300 Metern in der Landschaft verliert.

Kruzifix und Hohlweg sind zu festen Begriffen geworden, seitdem die feindliche Artillerie sich auf diese Punkte besonders eingeschossen hat und seitdem bekannt ist, daß der Hohlweg auch von den feindlichen Spähtrupps immer wieder benutzt wird.

Leutnant Rieder läßt am Kruzifix verhalten. Drei Männer werden links und drei Männer rechts auf dem oberen Rand des Hohlwegs eingeteilt. Er selbst begibt sich mit der Maschinenpistole im Anschlag in den Hohlweg. Langsam setzt sich der Spähtrupp wieder in Bewegung.

Es regnet bereits seit Stunden. Leichter Wind von vorn ist aufgekommen. Man kann die Hand nicht vor den Augen sehen. Nur das monotone Geräusch des Regens und hin und wieder das ferne Donnern der Artillerie unterbricht die Totenstille hier im Niemandsland.

Da! — Was war das? — Ein Geräusch, kaum vernehmbar, oder eine Sinnestäuschung, hervorgerufen durch überreizte Nerven? — Aber jetzt wieder und etwas deutlicher! — Es besteht kein Zweifel mehr! Feindlicher Spähtrupp frontal im Anmarsch!

Ein Ausweichen ist jetzt — zumindest für Leutnant Rieder, — der sich auf der Sohle des Hohlwegs befindet, nicht mehr möglich.

Ich weiß nicht, was Rieder in diesem Augenblick gedacht hat. Gewöhnlich aber wird in solchen Situationen nicht mehr gedacht, sondern nur noch intuitiv gehandelt. Sich auf einen Kampf einzulassen, hat in solchen Fällen nur ganz fraglichen Erfolg: Der Feind lief stets in kampfstarken Spähtrupps, während wir uns ausschließlich auf Erkundungsspähtrupps beschränkten. Nur das Überraschungsmoment kann hier Erfolg haben.

Leutnant Rieder geht blitzschnell zu Boden. Er preßt sich förmlich in den durch Regen aufgeweichten Schlamm. Jeder Zentimeter seiner an sich nur geringen Körpergröße ist ihm in diesem Augenblick zuviel.

Einige Sekunden später steht bereits — jetzt noch ahnungslos — eine hünenhafte Gestalt in der Finsternis vor ihm, erblickt den vermeintlichen dunklen „Erdklumpen“ am Boden und stößt gelassen mit dem Fuß daran. Das ist der Augenblick, in dem Rieder dem englischen Spähtruppführer, der einige Meter vor seinem Spähtrupp sicherte, wie ein Panther an die Kehle springt. Er reißt ihn blitzschnell zu Boden und versucht noch während des kurzen Augenblicks der Überraschung einen Knockoutschlag anzubringen.

Aber der Feind hatte für solche Aufgaben auch Männer von Format. Die Überraschung war zwar gelungen, aber sie war nur kurz. Schon hat der Riese sich gefaßt und beginnt dort auf der schlammigen Sohle des dunklen Hohlwegs einen Kampf auf Leben und Tod.

Jetzt aber ist der Augenblick gekommen, wo der feindliche Spähtrupp auch heran ist. Es beginnt ganz plötzlich ein wütendes Feuer aus sechs Maschinenpistolen. — Rufen, laufen, schreien! Überall blitzen jetzt Handfeuerwaffen auf, Handgranaten krepieren, man hört das Tacken eines leichten MG's. Im Mündungsfeuer sieht man für Bruchteile von Sekunden vereinzelte Gestalten. Bald weiß weder Freund noch Feind, wer vor oder hinter ihm liegt.

Nur Minuten dauert der Kampf, aber Minuten, die für Leutnant Rieder zu einer Ewigkeit werden. Der Zweikampf mit dem an Körperkraft weit überlegenen feindlichen Spähtruppführer scheint sich bereits zugunsten des Riesen entschieden zu haben. Da macht eine Kugel dem Kampf ein Ende. Der Riese wird bei dem nächtlichen Durcheinander von den eigenen Leuten durch einen Backenschuß verwundet und ohnmächtig.

Der Kampf der Spähtrupps ist längst beendet, als das Schweigen der Nacht sich wieder über der einsamen Landschaft zwischen den Fronten ausbreitet. Leutnant Rieder, selbst verwundet, liegt neben dem blessierten Leutnant Brown. Dem war der Schuß durch beide Backen und durch die Mundhöhle gefahren, wobei ihm einige Zähne verloren gingen. Als Brown wieder zu sich kommt, versucht Rieder ihm die Wunde zu verbinden. Brown läßt alles mit sich geschehen. Von Waffen und Handgranaten hatte er sich bereits während seiner Ohnmacht trennen müssen.

Mit den ersten Strahlen der aufgehenden Sonne nehmen zwei müde gewordene Soldaten ihren Weg am Kruzifix von San Martino vorbei. Beide blickten aus blutig verschmierten Gesichtern auf den Gekreuzigten, und beide empfinden im Anblick der Dornenkrone das Bedürfnis nach Ruhe und innerem Frieden. In diesem Augenblick steht der Krieg für zwei Soldaten still, die nur noch Menschen sein wollen und als „Wanderer zwischen zwei Welten“ Zwiesprache halten mit Gott und sich selbst. —

Am Bach angekommen löschen sie beide begierig ihren Durst. — Sich gegenseitig unterstützend, wanken sie in den frühen Morgenstunden durch den Eingang des Bataillons-Gefechtsstandes.

Hier herrscht unbeschreibliche Freude über die Rückkehr Rieders, nachdem er schon durch die Aussagen der zurückgekommenen Soldaten als sehr wahrscheinlich tot oder gefangen gemeldet war. Aber auch die Freude über den gefangenen Tommy war groß. Er wurde nach den ungeschriebenen Gesetzen der Kameradschaft unter Frontsoldaten behandelt.

Als wenig später der Regimentskommandeur erscheint und nach Rieders kurzem Bericht sein eigenes EK I von der Brust entfernt, um es Rieder anzustecken, da springt Leftenant Brown von der Pritsche, eilt zu Rieder und gratuliert ihm strahlend zu der Auszeichnung.

Er war aus Kapstadt. Vor allem interessiert ihn die Zeit, die ein Brief aus einem deutschen Kriegsgefangenenlager nach Südafrika benötigt. — Warum? — Er war verlobt!

Leutnant Rieder ist einen Monat später bei einem Stoßtruppunternehmen gefallen.

Die 94.ID. hat sich in den für uns deutsche Soldaten so schweren Tagen unmittelbar nach der Kapitulation in einer eindrucksvollen Gedenkstunde von ihren toten Kameraden verabschiedet. In dem Burghof einer mittelalterlichen Ruine hoch über der Etsch habe ich für das II. Bataillon zum Gedenken an alle Toten und an Leutnant Rieder eine Rose ins Feuer geworfen. —

Wolfgang Hoppe (94.ID.)

*Zum Wehrmachtbericht vom 28. 11. 1944 wird ergänzend mitgeteilt:*
*„In den harten Abwehrkämpfen in KURLAND hat sich das 1.Bataillon des württembergisch-badischen Grenadierregiments 335 unter Führung des mit dem Ritterkreuz zum Eisernen Kreuz ausgezeichneten Hauptmanns Alm durch besondere Tapferkeit ausgezeichnet."*
*Aus dem Wehrmachtbericht vom 8. 12.:*
*„. . . Der Versuch stärkerer feindlicher Kräfte, den Südpfeiler unserer VOGESENFRONT im Abschnitt von Masmünster einzudrücken, scheiterte . . . unter erheblichen Verlusten des Angreifers. Der Gefreite Josef Fink der Panzerbrigade 106 „Feldherrnhalle" vernichtete bei den Abwehrkämpfen im Unterelsaß innerhalb 24 Stunden durch Nahkampfmittel 7 „Sherman"-Panzer . . ."*
*Ergänzend wird mitgeteilt:*
*„Bei den schweren Kämpfen im Raum südwestlich FAENZA hielt die württembergisch-badische 305.Infanteriedivision, unter Führung von Oberst Trompeter, den mit starker Panzerunterstützung und nach stundenlangem Trommelfeuer vorgetragenen Angriffen weit überlegener feindlicher Kräfte stand und vereitelte den Durchbruch zur Via Emilia."*
*Zum Wehrmachtbericht vom 20. 12.:*
*„Im RAUM VON BUDAPEST haben sich in den harten Abwehrkämpfen die Panzergrenadierdivision „Feldherrenhalle" unter Führung des Generalmajors Pape und die 13.Panzerdivision unter Führung des Generalmajors Schmidhuber . . . durch hervorragende Tapferkeit und Angriffsschwung ausgezeichnet. Neben den alten Frontsoldaten bewährten sich die jungen Ersatzmannschaften aus der HJ durch kämpferischen Geist."*

# Stoßtrupp am Heiligen Abend

**Die Grenadiere von DF bei Baraques les Fraitures**

Wenn ich so zurückdenke, war es doch eine recht dumme Situation damals, kurz vor Weihnachten 1944. Das SS-Panzergrenadier-Regiment DF, mein stolzer Haufen, dem ich seit Frühjahr 1942 angehörte, lag im Raum Mönchengladbach als Eingreifreserve. Wir nutzten fleißig die Zeit, um unsere Gruppen und Züge klar zu machen.

Ausrüstung? Nun, wir galten als Fahrrad-Kompanie und dies in einem SS-Panzergrenadier-Regiment! Fahrzeuge hatten wir nämlich keine mehr. Die allgemeine Stimmung? Siegesgewiß bestimmt nicht. Trotzdem aber glaubte wohl nicht nur ich, daß wir alle unsere Pflicht tun müßten (und dies hat man uns ja später recht verübelt).

Etwa 10 Tage vor dem Fest „blies" es zum Abmarsch. Rauf auf die Drahtesel und losgeradelt. Gottseidank nicht lange. Große Lkw rollten an. Wie die Heringe ging es ab in südlicher Richtung. Wohin, daß wußte scheinbar nicht mal unser Chef. Denn alle paar Kilometer bekam er einen versiegelten Umschlag und dirigierte die Kolonne weiter. Bald fanden wir uns im dichten Schneetreiben der Schnee-Eifel wieder.

Irgend etwas war im Gange, aber was, konnte auch unser Küchenbulle nicht sagen, der die Bäume wachsen hörte. Langsam aber sickerte es durch: Über den Westwall hinweg waren 5.Panzerarmee und 6.SS-Panzerarmee zu einem Stoß angetreten, den die Amerikaner an dieser unwirtlichen Stelle scheinbar nicht vermutet hatten. Die Ardennen-Offensive war also im Gang und wir ein Rädchen in diesem Gefüge von Stahl und Ungewitter. Wenn es nur nicht so saukalt gewesen wäre!

Das Schneetreiben war zu ertragen. Vor allem, weil dadurch die verdammten Jabos uns nicht ausmachen konnten. Mein Regiment gehörte scheinbar zur Reserve, auch lange nicht dagewesen. Am fernen Grollen der Fronten konnte man es aber annehmen. Wir kriegen schon unseren Anteil ab, meinte man in der Unteroffiziersrunde und die allgemeine Spannung wuchs.

„Setz Deinen harten Hut auf und komm' mit, Rhulen", meinte unser Alter, Oberleutnant Sch. zu mir und griente dabei fast aufreizend. Er hatte mich aus meiner liebsten Beschäftigung gerissen: Schlafen!

Weil es so unbändig kalt war, durfte ich in einem Eckchen des Regiments-Gefechtsstandes den Auftrag für unsere Kompanie mitanhören: die 3./DF als Spitze, gefolgt von der 1./DF unter Oberleutnant Scholz, bildeten eine Kampfgruppe.

Das III./DF, Glanzstück des Regiments mit seinen gepanzerten Stahlkarossen, hatte, wenn auch unter starken Verlusten, das Straßenkreuz bei Baraques les Fraitures genommen. Der Chef 11./DF, Oberleutnant Rosenstock, war dabei gefallen, der Kommandeur, Major Heinz Werner, verwundet, Oberleutnant Kohs von der 9./DF verwundet. Das II./DF unter Hauptmann Hannes Schulzer hatte tatkräftig eingegriffen und lag jetzt dort in der Abwehr, denn das III./DF sollte herausgelöst werden und zusammen mit der II./Pz.Rgt. 2 „Das Reich" sich zum weiteren Vorstoß auf Grandménil sammeln.

Hart westlich von diesem Straßenkreuz, das die Amerikaner mit schnell vorgeworfenen gepanzerten Vorausabteilungen grimmig verteidigt hatten, sollte nun die 3./DF durch die eigenen Linien schleichen, im Schutz der Wälder die vorderen Stellungen der Amerikaner umgehen und weit hinten Rabatz machen und dabei, wenn möglich, die Rohre einer miserabel schließenden Ami-Batterie ausschalten.

Man möge mir verzeihen, wenn ich diesen Auftrag nicht militärisch exakt wiederholen kann. Aber als Gruppenführer hatte ich damals und auch heute keine große Ahnung von den militärischen Dingen über Feindlage, eigene Absichten undsoweiter.

So aber etwa der Auftrag. Mir war es plötzlich nicht mehr kalt. Als Obergefreiter oder verdienter „Reichsrottenmeister", wie mein Dienstgrad in Fachkreisen tituliert wurde, war ich ja an allerlei ungewöhnliche Dinge gewöhnt. Aber solch ein dicker Hund? Das grenzte ja an Karl May, oder?

Einige knappe Fragen meines Chefs an den Regiments-Kommandeur, Oberstleutnant Weidinger, störten mein Sinnieren. Der Adjutant, Oberleutnant Seegerer, der „Schorch", wie wir ihn — nicht respektlos — nannten, gab auch mir einen Schluck aus seiner Flasche mit drei Sternen. Dann stampften wir zurück zu unserem Gefechtsstand — oder Wigwam? Denn so nennen wohl die Indianer solcherart Behausungen.

Gar nicht so kalt habe ich den Heiligen Abend 1944 in Erinnerung. Eigentlich war es der Vormittag, als die 3./DF schwer bepackt mit Waffen und Munition das in der Regimentsgeschichte berühmt gewordene Straßenkreuz erreichte. Mein Alter hatte es ungeheuer eilig, dort hinüber- und vorbeizukommen. Recht hatte er. Denn so ein dämliches Geschütz der Amerikaner streute planlos in der Gegend herum.

Schon waren wir in Reihe im dichten Tannenwald verschwunden und damit vor den eigenen Stellungen. Nach einigen hundert Metern: „Halt! Zugführer nach vorn zum Chef!" Ganz leise ging der Befehl zurück. Vom Ami bislang nichts zu hören und zu sehen. Welch herrlicher Heiliger Mittag in dem dichtverschneiten Wald! Ich bin aber ehrlich: ein komisches Gefühl hatte ich schon im Bauch.

Der 3.Zug mit Feldwebel Heiler übernahm jetzt die Spitze, auf Sichtweite folgten der Kompanietrupp, dann der I. und II.Zug und im weiten Abstand die 1./DF. Runde 300 Mann dürfte der gesamte Haufen gezählt haben und ganz vorsichtig tasteten wir uns voran. Mit dem Chef stapfte ich durch den hohen Schnee an den keuchenden Männern vorbei nach vorn zum III.Zug. „Wenn ich nur wüßte, wo der Ami steckt", hörte ich ihn zu Feldwebel Heiler sagen. „Wenn ich der Gegner wäre, dann müßte es hier sein", meinte der Alte, und Feldwebel Heiler bejahte in seinem sächsischen Dialekt. Was die beiden ausmachten, weiß ich nicht mehr. Jedenfalls zog Feldwebel Heiler mit zwei Gruppen seines Zuges zur Aufklärung los. Die anderen und wir vom Kompanietrupp folgten.

Auf einer Lichtung plötzlich Halt. Oben, in der Luft, schaukelt so ein windiger Aufklärer aus Übersee. Gnade Gott, wenn der uns entdeckt! Endlich verzog er sich, aber kostbare Zeit war verloren. Von der Aufklärung noch keine Meldung. Dafür aber plötzlich MG- und Gewehrfeuer in der Ferne. Schaurig schallt das Echo zurück.

Der Alte springt auf und winkt dem Kompanie-Trupp: „Auf, auf!" Wenn der so weiterrennt, ist er heute abend in Lüttich, dachte ich noch, als der Gefreite Moll auf uns zutorkelt.

Keuchend und in einem wirren Durcheinander meldete er: „Bis dicht an die Schlucht sind wir gekommen. Feldwebel Heiler baute eine Sicherung auf und hinein ging es. Durch Gestrüpp und dichtes Unterholz verdeckt, standen wir plötzlich keine fünfzig Meter vor den Amis, die dort ein ziemlich sorgloses Lagerleben führten. Zwei Rohre einer Batterie habe ich gerade noch gesehen, als der Feuerzauber losging. Wir knallten wild drauf und warfen Handgranaten. Aber auch der Ami. Feldwebel Heiler ist gefallen, und mit ihm noch eine Menge anderer hat es erwischt."

Die Stille um uns herum war beängstigend. Der Chef nahm seinen Stahlhelm ab und wischte sich den Schweiß. Kein Wort sagte er. Plötzlich sprang er auf und zog los. „Ihm nach" brüllte ich, „er kann doch nicht allein abziehen". Das hatte er scheinbar gehört: „Hast recht, so geht es nicht!"

Ein kurzer Befehl an die Melder für die Züge, ein Wink an uns und dann tasteten wir uns weiter nach vorn. Jede Deckung nutzend, mit keuchenden Lungen, näherten wir uns der Schlucht. Langsam stieg das Gelände an, als der Befehl zum Halten kam. „Komm mit", war der Befehl für mich vom Chef.

Ein Gruppenführer des I.Zuges, der Unteroffizier Bieber, hatte die Reste der beiden Gruppen gesammelt und beobachtete durch sein Glas die Gegend. Unter einem Tannengestrüpp haltend, unterhielten sich die beiden leise. Dann knappe Befehle an die beiden Züge, einen Melder an die 1./DF, die scheinbar noch immer im Abstand folgte.

„Wir dürfen die Burschen dort einfach nicht zur Ruhe kommen lassen" meinte unser Chef zum Kompanietruppführer. „Die haben totsicher mehr Angst als wir . . .". Wir ordneten uns rasch in einem großen Kreis, um das Herankommen der beiden Züge und vielleicht auch der 1./DF abzuwarten.

Unsere Müdigkeit war schnell verscheucht, als es urplötzlich aus allen Ecken und Enden knallte. Aus war es mit der Ruhe am Heiligen Nachmittag! „Fritze, komm'! Pass' auf wir kommen" tobte es uns aus vielen Richtungen entgegen. Scheinbar wollten die Amis uns damit Angst machen.

„Alles liegenbleiben! Knallt, was das Zeug hält, wenn ihr was seht, und brüllt vor allem auch", schrie unser Oberleutnant und sprang von Deckung zu Deckung. „Paß' schön auf", brüllte er mich an. Nun, dies tat ich schon in meinem ureigendsten Interesse. So urplötzlich wie es angefangen, so schnell war der Höllenlärm beendet. Totenstille ringsumher.

„Help, help!" hörten wir aus verschiedenen Ecken rufen. Verzeiht uns heute noch, Boys aus Übersee: aber in der Situation mußten wir zuerst an uns denken und vor allem unsere Verwundeten versorgen.

Endlich war der II.Zug heran. Wieder kurze Befehle, Sicherungen wurden aufgebaut, und mit dem Chef voran stießen wir in die Schlucht hinein. Ein amerikanisches MG zwang uns noch einmal zu Boden, und am Lärm weit rechts oberhalb der Senke hörten wir, daß auch unser III.Zug heran war und vorwärts in Richtung Malempré drängte.

In der Schlucht oder Talsenke sah es toll aus: ein gesprengtes Geschütz, viele angeschossene Lkw's und Jeeps neben Munition und Zelten sowie Verpflegung. Alles zeugte von dem überstürzten Abbauen der Amerikaner.

Ich hörte noch, wie unser Chef Sicherungen aufbaute und Aufklärung losschickte. Unter einem Baum war ich zusammengesunken: ich konnte einfach nicht mehr. „Komm' hoch mein Bester", rüttelte mich unser Alter an der Schulter. „Hier können wir nicht lange bleiben. Denn wie ich die Amis von der Invasion her kenne, beharken die uns bald mit dicken Sachen."

Die Verwundeten wurden gesammelt, unsere Gefallenen geborgen. Vier amerikanische Soldaten wurden versorgt wie unsere eigenen Jungens. Was an den Fahrzeugen noch brauchbar war, immerhin drei Jeeps, die gerade laut Tacho 370 Meilen gelaufen waren, kamen uns vor allem für den Abtransport der Verwundeten und Gefallenen sehr gelegen. Das zurückbleibende und nicht brauchbare Material wurde angezündet oder gesprengt.

Langsam zog die Dämmerung herauf, als ein Bataillonsmelder den Befehl überbrachte, uns auf eine Häusergruppe etwa ein bis zwei Kilometer nach Westen zurückzuziehen. Wenige Minuten nach dem Aufbruch, hinter uns ein ohrenbetäubendes Krachen und Knallen: die Munition in der „Höllenschlucht" war in die Luft geflogen! Der Auftrag war erfüllt, doch teuer bezahlt.

Daheim mochten sie jetzt die Lichter an den Tannenbäumen anzünden und dabei an uns hier draußen denken . . .

G. Rh.(DF)

*Zum Wehrmachtbericht vom 27. 12. 1944:*
*„Bei den schweren Abwehrkämpfen in KURLAND haben sich die 205.Infanteriedivision unter Führung des Generalleutnants von Mellenthin und die 19.SS-Freiwilligendivision unter SS-Gruppenführer und Generalleutnant der Waffen-SS Streckenbach hervorragend geschlagen . . ."*
*— vom 28. 12.:*
*„In den harten Kämpfen der dritten KURLANDSCHLACHT haben sich die norddeutsche 225.Infanteriedivision unter Führung von Generalleutnant Risse und die pommersche 12.Panzerdivision unter Führung von Generalleutnant Freiherr von Bodenhausen durch hervorragende Standhaftigkeit ausgezeichnet."*
*— vom 29. 12.:*
*„In der Abwehrschlacht in KURLAND haben sich die mitteldeutsche 31.Volksgrenadierdivision unter Führung des Generalmajors von Stolzmann und die württembergisch-badische 215.Infanteriedivision unter Führung von Generalleutnant Frankowitz in Abwehr und Angriff besonders bewährt. Letztere schlug allein in der Zeit vom 21. bis 27. Dezember 111 feindliche Angriffe, die meisten davon in Bataillons- und Regimentsstärke, ab."*

# Das Kriegsende in Ostpreußen

**Aus einem Feldpostbrief an die Eltern**

Am 5. Januar 1945 war ich von Ostpreußen aus auf Dienstreise in Liegnitz. Auf der Rückreise sprach man schon von dem russischen Ansturm, doch konnte ich meine Batterie gerade noch auf dem Verladebahnhof Digelsdorf zwischen Johannisburg und Lyck erreichen. Die Bahnfahrt ging erst nach Goldap, wo im Verlaufe des Ausladens der Gegenbefehl — Richtung Südwesten — kam. Tagelang ging die Fahrt weiter, bis wir endgültig in Milau (Mtawa) ausladen konnten. Von russischen Fliegern bereits auf dem Transport beobachtet, griffen plötzlich etwa 20 Bomber unseren Transportzug an. Dabei verlor unsere Batterie bereits sieben Tote und etwa 15 Verwundete, bevor es richtig losging. Ich hatte riesiges Glück dabei, eine Bombe fiel dicht neben den Wagen und auch auf die andere Seite. Der Russe griff jede Straße und Eisenbahnstrecke an, da gab's kein Entkommen. Unser Wagen war voller Splitter. Weil ich mich flach auf den Boden gelegt hatte, kam ich mit dem Schrecken davon. Am nächsten Tag — 18. Januar 1945 — kamen wir bei schneidender Kälte 20 Kilometer südostwärts von Milau zum Einsatz.

Der Russe kam mit vielen Panzern und massenhaft Infanterie immer näher. Wir bezogen rasch mitten in der Nacht eine B.-Stellung am Rande von Grudusk: Acht Mann — der Chef, ein Leutnant, ein Wachtmeister, vier Nachrichten-Leute und ich.

Durch unser Scherenfernrohr konnte ich den Feind gut beobachten, der sich 400 Meter vor uns zum Angriff formierte. Die Infanterie in drei Wellen hintereinander gestaffelt, dazu jede 50 Meter ein Panzer, wie auf einem Exerzierplatz. Leider wurde trotz meines Anratens, uns sofort einzuschießen, dieses verpatzt. Sobald der Feuertanz begann, war natürlich die Leitung zur Feuerstellung zerstört. Der Iwan schoß aus allen Knopflöchern und kam näher, ohne daß wir einen Schuß erwidern konnten, weil es auch über Funk keine Verständigungsmöglichkeit gab. Noch 6 nagelneue Geschütze in der Feuerstellung; ihr glaubt nicht, wie einem da zu Mute ist! Wir machten unsere Panzerfäuste scharf und konnten nur noch kehrtmachen, um unsere Widerstandslinie hinter eine Straße zurückzuverlegen. Von dort aus versuchten wir, die Verbindung zur Batterie herzustellen. Der Chef befahl mir: „Dietrich, versuche mit zwei Fernsprechern die Leitung in Ordnung zu bringen!"

Der Russe ging seitlich der Straße weiter vor. Neben der Straße lief der Schienenstrang einer Feldbahn, wo unser Kabel zur Feuerstellung verlegt war.

Hier liefen wir entlang, um die zerschossene Leitung zu flicken. Nach etwa 1000 Metern standen dicht an den Schienen zwei große Strohhaufen, auf die sich ein Panzer eingeschossen hatte. Wenn nur zwei Mann diese Stelle durchlaufen wollten, schoß er. Ich sagte zu einem Fernsprecher: „Geh' vor, wir folgen in Abständen." Obwohl er längst den Gefahrenbereich passiert hatte, blieb ich mit dem anderen Fernsprecher noch liegen. Als er meinte: „Immer los, Herr Wm., weiter!", sagte mir eine innere Stimme: Bleib' liegen! Nachdem wir eine Weile gewartet hatten, gab es plötzlich einen Knall. Wir flogen durcheinander. Ich konnte kaum noch den Kopf hochhalten, mein Arm fiel herunter, überall Schmerzen. Mein Fernsprecher wurde genauso zugerichtet, leider hat er es nicht überlebt. Ich raffte mich mühsam hoch und lief auf der Straße bis zur Feuerstellung. Unser Sanitäter machte mir schnell einen Kopfverband und sagte: „Sofort weiter in das Lazarett bei Milau!" Im Chefwagen schaffte man mich zunächst nach Milau, wo ich verbunden wurde, und dann weiter nach Soldau.

Ich hatte vier Splitter im Gesäß, einen im Rücken, einen im linken Arm. Ein weiterer Splitter im Hinterkopf hatte sogar meinen Stahlhelm durchschlagen. In Soldau angekommen, schossen schon feindliche Panzer mit MG und Kanonen in die Stadt hinein. Sofort wurde der Sanka wieder beladen; alle wollten mit. Ihr könnt euch kein Bild machen, was sich da abgespielt hat. Denn die Sankas reichten höchstens für ein Drittel der Verwundeten. In erster Linie wurden nur Schwerverwundete aufgeladen. Mein Sanitätswagen war auch übervoll, in dem Vier-Mann-Sanka waren wir zwölf Mann. Ich hatte meinen Platz gleich hinter dem Fahrer und konnte durch das kleine Fenster zum Fahrer und auf die Straße sehen. Wir brausten ab, aber nach etwa 600 Metern bremste der Wagen plötzlich. Ich blickte durch das kleine Fenster zum Fahrer, aber der war schon weg.

Durch die Windschutzscheibe entdeckte ich 5 Meter vor uns einen russischen Panzer, seine aufgessene Infanterie sprang gerade herunter, und die Kanone schwenkte herum auf uns zu.

Plötzlich wurde unsere Tür aufgerissen, und ein russischer Offizier befahl uns auszusteigen. Kaum jemand von uns konnte sich rühren in unserem Sanka. Jeden, der ausstieg, schoß der Russe in den Kopf. Durch das Seitenfenster konnte ich gerade noch sehen, wie ein anderer die Maschinenpistole hochhob und aus einem Meter Entfernung wie wild in den Sanka reinhielt. Da ich schon ein paar Streifschüsse abbekommen hatte, kroch ich auf den Sitz, weil der Russe in Brusthöhe schoß. Fast alle Kameraden sanken vorüber. Ich dachte, wie lange wird es noch bei mir dauern, aber den Mut hatte ich noch nicht verloren. Da ich vor rasanter Wut kochte, sprang ich mit einem furchtbaren Satz den Offizier an, der gleich in die Knie ging, und ich lief, was ich nur laufen konnte, Richtung Soldau. Ihr könnt euch denken, was jetzt alles hinter mir hergeschossen wurde. Ich lief wie in einem Bienenschwarm um mein Leben. Nach etwa 60 Metern riß mich plötzlich ein Schlag zu Boden, aber sofort richtete ich mich wieder auf und rannte weiter. Ein weiterer Schuß hatte mich noch getroffen, links neben der Wirbelsäule in den Rücken und neben meiner Halsschlagader wieder heraus. Ich habe natürlich furchtbar geblutet.

In der Stadt erwischte ich im letzten Augenblick einen Wagen, der mich dann die Strecke bis nach Osterode (ca. 90 km) ohne einen Verband mitnahm. Nach 2 Tagen wurden dann alle, die noch laufen konnten, dort zum Bahnhof geführt. So sind wir mit einem der letzten Züge, die Ostpreußen noch verlassen konnten, glücklich abgedampft, eine furchtbare Fahrt, ohne Platz und ohne Essen. In Frankfurt/Oder verließ ich natürlich sofort den Zug und fuhr binnen zehn Minuten mit einem D-Zug weiter nach Liegnitz. Dort war schon alles in großer Sorge, aber ich kam noch zur rechten Zeit an. Meine Frau war sehr überrascht und dankte Gott, daß ich lebte und da war. Der Chefarzt des Liegnitzer Lazarettes, unser früherer Abteilungsarzt, sagte: „Dietrich, nimm deine Frau und Kinder und sieh zu, daß Du von hier fortkommst! Denn jeden Tag können auch hier die Russen erscheinen."

Ernst Dietrich (18.PGD.)

## Frauen und Kinder im Inferno von Rittershofen

**Schicksal eines von Amerikanern und Deutschen umkämpften Dorfes**

Januar 1945: Seit zwei Tagen liegt das Dorf unter Artilleriebeschuß. Einige amerikanische Soldaten und ein Zivilist wurden durch Granatsplitter getötet. Im Hause neben der Kirche ist es still geworden. Die Bewohner haben sich in den Scheunenkeller geflüchtet, der sicherer ist als der Keller unter dem Fachwerkhaus. Die Familie sitzt auf den Stühlen, die man einige Tage vorher hinunter gebracht hat, als es geheißen hat, es werde zu einer Schlacht kommen. Einige Familien sind geflohen, diese nicht.

Auf der einen Seite des Kellers liegen Rüben und Kartoffeln, einige Fässer mit Apfel- und Traubenwein auf der anderen. Das Gelaß wird notdürftig durch zwei selbstangefertigte Kerzen beleuchtet, Strom gibt es schon seit einiger Zeit nicht mehr. Man hat auch für Vorrat gesorgt, einen Schinken in ein Tuch eingewickelt und einige Brote liegen auf einer Truhe. Es ist kalt im Keller, Feuer machen unter der Scheune ist zu gefährlich, die Funken könnten Heu und Stroh in Brand setzen.

Diese zweite Nacht im Keller, alle in Decken eingehüllt, schlaflos, frierend, verängstigt, ist nicht besonders komfortabel. Drei Kinder im Alter von drei bis sechs Jahren schlummern auf Matratzen am Boden. Der Morgen graut am 11. Januar, um fünf Uhr morgens setzt urplötzlich heftiges Granaten- und Handwaffenfeuer ein. Schreie ertönen: „Hurra, Hurra!“ Deutsche Stimmen sind es, und durch die Hintertür der Scheune, die sie aufbrechen, kommen deutsche Landser. Einer tritt in der Dunkelheit auf die Falltür des Kellers, die nachgibt, und fällt fluchend die Treppe hinunter. Erschreckt fahren die Menschen hoch, die Kinder, aus dem Schlaf gerissen, weinen.

Dem ersten Landser folgen andere mit vorgehaltener Waffe, sie fragen nach Amerikanern. Da keiner im Keller ist, sind sie beruhigt. Gleich darauf wird ein verwundeter deutscher Soldat in den Keller gebracht, er hat einen Bauchschuß. Die Landser gehen ein und aus. Auch ein anderer ist verletzt und wird notdürftig verbunden. Der erste ruft nach seiner Mutter, dann bäumt er sich auf und schreit: „Bringt mich raus, ich muß sterben!“ Sie wollen ihn hinaustragen, doch da explodieren Granaten in der Scheune. Der Unteroffizier brüllt: „Das sind unserer Panzer, die auf uns schießen!“ Er sagt zu einem Soldaten: „Geh hinauf und sag denen da hinten, daß sie aufhören sollen, die schießen ja auf ihre eigenen Leute!“ Der Soldat läuft hastig die Treppe hoch, bald darauf wird das Feuer eingestellt.

Immer mehr Verwundete werden gebracht, es ist fast kein Platz mehr im Keller. Der Unteroffizier schimpft auf die Amerikaner, die im Kirchturm neben dem Haus sind und jeden Versuch, über die Krummgasse zu kommen, vereiteln, indem ihre Scharfschützen alle deutsche Soldaten töten oder verletzten. Der Keller bebt unter den Einschlägen der amerikanischen Artillerie, die sich nun auf die von den Deutschen besetzten Häuser eingeschossen hat. So vergeht der Tag. Man traut sich nicht hinaus, um das Vieh im Stall zu füttern und die Kühe zu melken. Das Gebrüll der verängstigten Tiere, das man zwischen den Explosionen wahrnehmen kann, hört nicht auf.

Als die Nacht einbricht, wird es ruhiger. Der einzige Mann der Familie, der anwesend ist, geht hinaus in die Scheune, gibt dem Vieh Futter und melkt rasch eine Kuh, um den Kindern Milch zu beschaffen, die man ihnen dann lauwarm zu trinken gibt. Kochmöglichkeiten gibt es nicht. Weibliche Stimmen in der Nacht werden laut, man ruft den Vornamen der jüngeren Tochter des Hauses: „Seid ihr noch hier?“ Schon kommen Nachbarinnen mit ihren Kindern in den Keller hinunter. Männer sind fast keine mehr im Dorf. Jüngere Jahrgänge wurden zur Wehrmacht eingezogen, die Älteren sind beim Volksturm vor dem Anrücken der Amerikaner im Dezember 1944 nach Deutschland gekommen. Die einzigen Männer, die noch im Dorf waren, sind vor wenigen Tagen geflüchtet, als die Gerüchte über einen deutschen Angriff immer lauter wurden.

Die Nachbarinnen mit ihren Kindern versuchen sich notdürftig einzurichten. Doch da kommt ein deutscher Soldat und schreit: „Hinaus, hinaus Leute, Haus und Scheune brennen, ich habe euer Vieh losgelassen. Geht hinauf und rettet euch!“ Hastig werden einige Habseligkeiten eingesackt, die kleinen Kinder in Decken gewickelt, und in Mantel und Hausschuhen verlassen alle den Keller, gehen in die Nacht hinaus. Die ersten bleiben stockend stehen, es kracht und blitzt ringsum. Sie wollen durch den Garten des Nachbarn hinüber auf die andere Seite der Krummgasse. Plötzlich hören sie Stimmen hinter sich. Deutsche Landser, die sich im Schulschuppen verschanzt haben, rufen ihnen zu: „Da drüben ist der Amerikaner, wenn Ihr da hinübergeht, werden wir auf Euch schießen, geht dieses Gebäude entlang und versucht durch die Wiesen zu entkommen!“ Sie stampfen durch den frischgefallenen Schnee. Eine Kuh rennt in panischer Angst auf sie zu, in letzter Sekunde können sie ihr ausweichen. Sie wollen aber das Dorf nicht verlassen. Man hat sie 1939 evakuiert, sie haben damals schon viel verloren. Sie kommen zum katholischen Pfarrhaus, gehen in den Keller hinunter, aber dort können sie nicht bleiben. Überall liegen wimmernde Verwundete. Der Arzt schickt die Zivilisten weg. Wieder gehen sie hinaus in das Inferno, Granaten explodieren, Kugeln peitschen durch die Nacht. Immer wieder in Deckung gehend, gelangen sie über den Garschweg und die Hattener Straße in Höhe des Friedhofes zur Bahnhofstraße. Kaum haben sie wieder Zuflucht in einem Keller gefunden, brennt auch dieses Haus und wieder müssen sie hinaus in die tobende Nacht. Glücklicherweise wird niemand verletzt, doch die Angst sitzt ihnen im Nacken, sie beten flüsternd. Die schreienden Kinder an sich gedrückt oder an der Hand haltend, erreichen sie schließlich „Baslers" Keller.

Dort befinden sich schon viele Nachbarn, deren Haus in Asche liegt. Es sind dann über sechzig Menschen im Keller. Das Schießen und Krachen hört nicht auf, Tag und Nacht geht die Schlacht weiter. Eines Morgens kommen deutsche Soldaten und fordern sie auf, die Keller zu räumen. Niemand geht. Nach einiger Zeit kommt ein Offizier und befiehlt, den Keller sofort zu verlassen. Oben auf der Treppe unterhält er sich mit Landsern und geht wieder. Einer dieser Soldaten warnt, dem Befehl nicht zu folgen.

Sechzig Menschen müssen so in der Nacht im Granathagel irgendwo Zuflucht suchen. Nach und nach leert sich der Keller, der sofort von einem deutschen Stab besetzt wird. Die Familie begibt sich in den Südosten des Dorfes und findet Unterschlupf im letzten Haus auf der linken Seite der Römergasse. Das Haus liegt unter ständigem Beschuß der Amerikaner. Drei übermüdete Landser sitzen im Keller. Ein Hauptmann kommt lärmend die Treppe herunter, sieht sie und schreit: „Draußen verbluten Ihre Kameraden, los, raus!" Einer erwidert: „Herr Hauptmann, es hat keinen Zweck, dreimal haben wir angegriffen und sind keinen Schritt vorgekommen . . ." Mit vorgehaltener Pistole zwingt der Offizier die Soldaten, ihre Waffen zu nehmen und ihm zu folgen. Am anderen Tag, als die Leute den Ort verlassen, sehen sie die Leichen der drei Soldaten vor dem Haus, von Granatsplittern durchsiebt.

Die Flucht aus Rittershofen gelingt der Familie schließlich. Sie ist auseinandergerissen, findet sich aber nach verschiedenen Abenteuern in Winzenbach wieder zusammen. Nach den schweren Tagen voller Angst, Hunger, Durst und Not sind alle verwundert, daß sie mit dem Leben davon gekommen sind. Den Leuten, die im amerikanischen Sektor waren, erging es nicht besser, denn Angst, Elend und Not waren auch dort groß. Die Schlacht dauerte zehn Tage und Nächte. — Auf deutscher Seite waren beteiligt die 21.Panzerdivision, 25.Panzergrenadierdivision, 7.Fallschirmjägerdivision und das Infanterieregiment 103 der 47.Volksgrenadierdivision. Ihre Gegner waren die 79.US-Infanteriedivision, 14.US-Panzerdivision und Teile der 42.US-Infanteriedivision.

Raymond Kieffer (21.PD)

*Zum Wehrmachtbericht vom 1. 2. 1945 wird ergänzend mitgeteilt:*
*„. . . Der Obergefreite Schurz von der Heeresunteroffizierschule Jauer hat in SCHLESIEN am 27. Januar innerhalb von 3 Stunden 4 Panzer durch Panzerfaust vernichtet."*
*Zum Wehrmachtbericht vom 12. 2.:*
*„Im KAMPF UM POSEN schlagen sich die unter Führung des Generalmajors Gonell stehenden Angehörigen der Fahnenjunkerschule 5 mit vorbildlicher Tapferkeit."*

# Man ist da ganz allein ...

**Beim Luftangriff auf Dresden 1945**

„Luft! Luft zum Atmen!" Das war es, woran ich dachte, an sonst nichts. Ich lag zwischen Gleisanlagen außerhalb des Dresdner Hauptbahnhofs. Bomben rauschten herunter, Rauch- und Rußwolken fegten über mich hinweg. Und über andere, die nach draußen geflohen waren, als es im Bahnhof zu brennen begann. Es war Nacht, doch überall loderten Flammen. Ich wußte nicht, wie spät es war, Schreie hier, Rufe dort. Eine Frau jammerte, rief um Hilfe, eine Frühgeburt. Niemand konnte helfen, sie starb mit dem Kind ...

Man liegt zwischen vielen anderen Menschen und ist doch ganz allein. Wo sind meine Kameraden aus Königsbrück von der Fahnenjunker-Schule 3 für Panzertruppen geblieben? Wir waren gegen 20 Uhr am 13. Februar 1945 nach Dresden gekommen und warteten auf den Zug nach Stuttgart, der gegen 22 Uhr abfahren sollte. Einige wollten in die Stadt, ich blieb. An der Treppe vom unteren Verbindungstunnel nach oben stellte ich meine beiden Koffer ab.

Gegen 22 Uhr Fliegeralarm! Züge liefen noch ein, überall drängten Menschen mit viel Gepäck. Die Sirenen heulten, Chaos brach auf dem Bahnhof aus, alles drängte nach unten. Einige von uns setzten ihre Stahlhelme auf und regelten den Zugang in den Schutzraum. Nur Frauen und Kinder ließen wir hinein. Brandbomben fielen, im Bahnhof brannte ein Postwagen.

Dann plötzlich Stille: War alles vorbei? Oder doch nicht? Vielleicht kommt doch noch unser Zug? Wir sollten uns in Reutlingen zum Oberfähnrich-Lehrgang melden. Der Zug kam nicht. Einige Kameraden entschlossen sich, in die Stadt zu gehen. Es brannte an einigen Stellen.

Was dort anfangen? Ich ging mit meinen Koffern wieder zur Treppe, die in den Schutzraum führte. Der war so voll, daß die Menschen dichtgedrängt darin stehen mußten. Ich blieb vor der Tür.

Dann gegen 2 Uhr wieder Bomben. Alarm hatte ich nicht gehört. Luftminen fielen; man erkannte sie am Geräusch. Der Luftstoß riß mir die Mütze vom Kopf. Sprengbomben, Brandbomen, Luftminen. Eine Bombe schlug am anderen Ende der Unterführung ein. Panik! Ich lief ins Freie, warf mich zwischen die Gleise. Da blieb ich liegen. Das Atmen wurde immer schwerer. Wie lange hält man das aus? Wohin man blickte: Feuer, Rauchwolken. Es roch wie im Schlachthof. Was tun?

Der Morgen graut, allmählich erkennt man Konturen. Ich unterscheide Stimmen, ein Mann ruft: „Richtung Dippoldiswalde nach Süden!" Einige Personen erheben sich, ich folge. Wir rennen von den Gleisen durch Lücken des Feuers und erreichen eine Straße. Das ist der Ausweg: Immer weiter! Ich sehe nichts mehr, meine Augen brennen. So liege ich am Straßenrand, als wieder Bomber über Dresden abladen. Es ist gegen 14 Uhr, Aschermittwoch, 14. Februar 1945. — Im Dippoldiswalder Lazarett spült man mir die Augen aus. Es ist wie ein Wunder: Ich lebe und kann wieder sehen ...

*

Der damalige Oberfähnrich Richard H. meldete sich dann mit einigen Tagen Verspätung zum Lehrgang in Reutlingen. Der diensthabende Offizier drohte ihm strenge Disziplinarstrafen wegen unerlaubter Entfernung von der Truppe an. Über die Hälfte der für den Lehrgang vorgesehenen Fähnriche konnte sich nicht mehr in Reutlingen melden: Sie waren entweder in Dresden verwundet worden oder ums Leben gekommen.

R.H./J.K. (35.ID.)

*Zum Wehrmachtbericht vom 27. 2. 1945 wird ergänzend gemeldet: „In POMMERN hat sich eine im Flankenschutz eingesetzte Kampfgruppe der SS-Freiwilligen-Grenadier-Division „Wallonien“ unter Führung von SS-Obersturmführer Capelle mit vorbildlicher Standhaftigkeit und fanatischem Kampfwillen geschlagen.“*

# „Gott mit Dir!“ im Kessel von Heiligenbeil

**Im Kampf mit einem T-34 Sieger geblieben**

Schicksalsjahr 1945, die letzten Tage des Kessels von Heiligenbeil. Ein „Tiroler“ von der 7./151 mit dem ostpreußischen Kompaniechef und Ritterkreuzträger, Oberleutnant Gehlhaar, erinnert sich an schlimme Dinge über Tod und Leid der Kameraden und der braven, tapferen Ostpreußen. „Ich entsinne mich noch recht deutlich an einen Sonntagmorgen, so um den 20. März herum, als wir uns einem langgestreckten Dorf näherten, dessen Häuser hauptsächlich beiderseits der Straße entlang standen. Damals ging schon lange alles durcheinander, es gab keine geordnete Verteidigung mehr. Ich hatte keinen Kompaniebefehl, denn der Kontakt zu Oberleutnant Gehlhaar war verlorengegangen.

Jeder wehrte sich, wann und wo er auf Russen traf und wie es ihm gerade möglich war. Irgendwie hoffte man, aus dem Schlamassel herauszukommen. Als Versprengter hatte ich kurz zuvor meine Kompanie wiedergefunden, nun war ich schon wieder alleine, auf mich gestellt. Ich hatte noch fünf Mann bei mir, zwei Ostpreußen, zwei Tiroler und einen Elsässer.

Das Dorf war etwa zur Hälfte schon von Russen besetzt, und wir hatten uns zu einem Häuserblock vorgekämpft, der noch in deutscher Hand war. Die Wetterlage war an jenem Sonntagmorgen für Flieger besonders günstig, so daß die „Schlachter“ immer wieder im Tiefflug die Straßen entlangfegten und das bereits in hellen Flammen stehende Dorf unter Bordwaffenbeschuß nahmen. Ich suchte mit meiner Gruppe an der Straße, entlang einer Hauswand, Deckung.

Zwischen dem Kampflärm fiel mir ein eigenartiges „Glockengeläute“ auf: „Bam-bambam“, dazwischen Surren von Querschlägern. Bald bemerkte ich, daß ein Schütze — ob Russe oder Deutscher, war nicht feststellbar — mit Einzelfeuer auf die Glocke schoß und dadurch dieses gespenstisch makabre Geläute verursachte. Dazwischen prasselten die Flammen der brennenden Häuser. Von der Bevölkerung war nichts zu sehen, anscheinend war der Ort geräumt, ein brennendes Geisterdorf...

Meine Gruppe stand noch geschlossen hinter mir, als ich plötzlich eine alte Frau kerzengerade oben auf der Treppe ihres brennenden Hauses stehen sehe. Offenbar wollte sie es um keinen Preis verlassen. In diesem Moment kurvte wieder ein sowjetischer Pilot zum Angriff ein. Ich sah das und schrie den Kameraden zu: „Verbrennen lassen wir sie nicht!“ Schon sprang ich über die Straße, faßte die alte Frau am Rock und zog sie blitzschnell unter die Steintreppe ihres Hauses. „Mensch, Giner, Du bist verrückt“, hörte ich meine Kameraden noch nachrufen.

Es war ihre letzte Lebensäußerung, denn in diesem Augenblick kreuzte völlig unerwartet ein T-34 auf, fuhr auf die Hauswand zu, wo meine Kameraden lagen und walzte sie nieder oder zerquetsche sie an der Mauer. Niemand kam mit dem Leben davon!

Da erblickte der Panzerkommandant, der oben im Panzerturm stand, auch mich. Trotz des Entsetzens, das mir noch vom Anblick des scheußlichen Todes meiner Kameraden in den Knochen saß, sehe ich noch heute sein hämisch-teuflisches Grinsen und wie er siegessicher seine Pistole zog, um sie mit sadistischer Freude auf mich zu richten. — „Nein, nicht mit mir, mich erledigst du nicht", schoß es mir durch den Kopf.

Die unmittelbare Lebensgefahr befähigte mich zu instinktiv schnellstem Handeln. Noch bevor der Russe abdrücken konnte, riß ich meine russische Maschinenpistole an die Hüfte und drückte ab. Die Geschoßgarbe traf, das Grinsen des Panzerkommandanten verzog sich zur Grimasse, er sackte mit der auf mich gerichteten Waffe im Turm zusammen. — Ich stand eine Augenblick wie erstarrt und atmete dann auf.

Fast im gleichen Augenblick hatten Landser einer anderen Einheit den Panzer aus einem Nebenhaus heraus mit der Panzerfaust erledigt. Die Gefahr war zunächst gebannt, ich war noch einmal davongekommen, — wieder einmal.

Die arme alte Frau hatte das alles unmittelbar miterlebt. Ich sah sie jetzt an und sagte mit nun wieder gefaßter Stimme: „Liebe Frau, gehen Sie um Gottes Willen in Ihren Keller oder sonst wohin, nur weg von hier! Ich kann Sie nicht mitnehmen und auch nicht bei Ihnen bleiben." Sie sah mir dankbar in die Augen und drückte mir lange, sehr lange die Hand: „Gott mit Dir, mein Junge . . ." Ich habe ihr offenes, trauriges Gesicht bis heute nicht vergessen."

Romed Giner/E.St. (61.ID.)

*Zum Wehrmachtbericht vom 18. 3. 1945:*
*„Durch Standgericht wurden der Major Strobel von einem Pionierregimentsstab, der Major Scheller, Adjutant eines Armeekorps, der Major Kraft, Führer der zum Schutz der RHEINBRÜCKE REMAGEN eingesetzten Flakkräfte, und in Abwesenheit der Hauptmann Brathke, Kampfkommandant von Remagen, teils wegen Feigheit, teils wegen schwerer Dienstpflichtverletzung im Felde zum Tode verurteilt, weil sie es fahrlässig unterlassen hatten, die Rheinbrücke bei Remagen rechtzeitig zu sprengen oder entschlossen zu verteidigen. Die Urteile an Strobel, Scheller, Kraft und Peters werden sofort vollstreckt."*
*— vom 12. 4.:*
*„. . . Die FESTUNG KÖNIGSBERG wurde nach mehrtägigen Angriffen durch den Festungskommandanten, General der Infanterie Lasch, den Bolschewisten übergeben. Trotzdem leisten Teile der pflichttreuen Besatzung, in mehreren Kampfgruppen aufgesplittert, den Bolschewisten noch erbitterten Widerstand. General der Infanterie Lasch wurde wegen feiger Übergabe an den Feind durch das Kriegsgericht zum Tode durch den Strang verurteilt. Seine Sippe wird haftbar gemacht . . ."*

# Das Ringen an der March

**Ein Bäckermeister rettete das Leben einiger hundert Soldaten und Marchegg vor weiteren Kampfhandlungen**

Am 5. April 1945 war die 96.Division auf eigenen Entschluß ihres Kommandeurs, Generalmajor Harrendorf, auf das Westufer der March zurückgegangen. Zuvor hatte der General allerdings beim 43.Korps diese Bewegung beantragt, da Straßenkämpfe in Preßburg untragbar seien. Dieser Lage konnte sich das AOK.8 nicht verschließen und erlaubte General Versock, sein Korps in der Nacht auf das westliche March-Ufer zu verlegen. Da war die 96.ID. bereits in ihrer neuen Stellung und hatte die Brücke gesprengt. Der Divisionsgefechtsstand wurde in Schloßhof eingerichtet.

Die 96.ID. übernahm den Sicherungsabschnitt der 37.SS-KD. „Lützow" (Standartenführer Gesele) von der March-Mündung gegenüber Theben bis Marchegg einschließlich, dazu wurde die Kampfgruppe der Grenadierbrigade 92 wieder unterstellt, außerdem das Panzergrenadier-Ers. und Ausb.Bataillon 2 mit der Panzergrenadier-Pionier-Ers. und Ausb.Kompanie 82. Aus der Korpsreserve wurden die ungarische Kampfgruppe IR.27 (vier leichte Bataillone) mit der Schnellen Abteilung der 27.Honved-Division, das deutsche MG-Bataillon117 und das Volkssturmbataillon „Krems" sowie die Landesschützenkompanie in Marchegg unterstellt.

Auch wurde der Division die Kampfgruppe Ameiser (SS-KR.92) mit MG-Bataillon Mark und dem „Hungaristenbataillon" vorerst belassen, ebenso das bewährte Alarmbataillon des Polizeimajors Lentz. — In Marchegg gab es einige „Turbulenzen" durch das Vorhandensein verschiedener Stäbe. Der zum Kampfkommandant ernannte Kommandeur des II./283, Hauptmann Wanzenberg, befahl, daß niemand ohne seine Erlaubnis den Ort verlassen dürfe, und befahl die Androhung von Waffengewalt, wenn diesem Befehl, durch wen auch immer, nicht gefolgt werden sollte. Bald bekam alles dank der Ruhe dieses Mecklenburgers seine Ordnung.

Er hatte inzwischen auch ganz andere Sorgen: In die March-Aue nördlich des Jagdschlosses sickerten über den Hochwasser führenden Fluß Feindkräfte in das Dickicht ein. Der erste Übergang erfolgte bei Theben mit Kähnen noch in der Nacht zum 6. April, so daß es in der Morgenfrühe zu einem feindlichen Überfall auf Markthof kam.

Während also die 284er des Majors Pipo noch auf slowakischem Boden standen, wurde an der Hainburger Pforte bereits in der offenen rechten Flanke der 8.Armee und am linken Flügel der 6.Panzerarmee heftig gekämpft. In der ersten Stunde des 6. April setzten die Spitzen des am Südufer der Donau stehenden sowjetischen Schützenkorps mit einfachen Kähnen über den Strom und bildeten einen Brückenkopf nördlich Hainburg. Dann folge die 46.Armee auf Schiffen der sowjetischen Donau-Flottille, gesichert durch die Schiffsartillerie ihrer 2.Brigade und unter Feuerschutz zweier Batterien der Ufer-Begleitabteilung aus Stellungen südostwärts Bad Deutsch-Altenburg. In schneller Folge bildeten die übergesetzten Feindtruppen in der Donau-Aue einen Brückenkopf bei Stopfenreuth. Oberstleutnant Magawly mußte Teile des GR.287, darunter die 14.(Panzerjäger-)Kompanie zum Schutz seiner rechten Flanke bei Engelhartstetten einsetzen, wo dann Ritterkreuzträger Knaul und Unteroffizier Hambroch fielen.

Innerhalb weniger Stunden hatte die 46.Sowjetarmee ein Korps im inneren Donau-March-Dreieck versammelt, während in derselben Nacht die 7.Gardearmee über Preßburg mit zwei Korps in breiter Front entlang der March aufgeschlossen hatte, die unter starker Artilleriedeckung zwischen Schloßhof und Marchegg kleine Brückenköpfe bildeten und Pontonbrücken bauten. Diese griffen am 6. April Kräfte der Luftflotte 4 an. Zu Lande aber hatte die 8.Armee dem weit überlegenen Gegner nichts Gleichstarkes entgegen zu setzen. Für die 96.ID. stand der Hauptfeind im Osten; um das, was in rechter Flanke und im Rücken vor sich ging, konnte man sich nicht kümmern.

Zwar gelang es dem Alarmbataillon Lentz, unterstützt durch Sturmgeschütze der Panzerjäger196, angelandete Feindkräfte ostwärts des Bahnhofs Marchegg zunächst wieder über den Fluß zu werfen. Doch in der Nacht zum 7. April wurde erneut um den Bahnhof gekämpft sowie an der gesprengten Eisenbahnbrücke, wo Leutnant Flach mit der 5./283 lag. Hauptmann Wanzenberg zog diese Kompanie und die in der March-Aue nördlich sichernden Landesschützen an Marchegg heran und igelte sich ein. Auch das AR.196 nahm die sich bei Groißenbrunn verteidigenden Batterien auf Breitensee zurück. — Die feindliche Artillerie belegte die durch Beobachter auf Braunsberg und Thebener Kogl eingesehenen Stellungen der Division mit schwerem Feuer. Besonders bedauerlich waren die starken Zerstörungen des Schlosses in Schloßhof, aus dem der Divisionsgefechtsstand längst abgezogen war.

In schweren Kämpfen hatten die Sowjets ihren Donau-Brückenkopf Stopfenreuth nach Norden über Schloß Niederweiden — Markthof — Schloßhof — Groißenbrunn ausweiten können. Im Raum Markthof bauten sowjetische Pioniere sieben Pontonbrükken über die March. Zwischen Rußbach und Stempfelbach wurde die Kampfgruppe Ameiser eingeschoben. Südlich bis hin zum Donau-Ufer wurde in der Linie Witzelsdorf — Kopfstetten — Loimersdorf gekämpft.

Die Ungarn hatten einen schweren Stand: In der Folge wie die Nachhuten der 6.PD. südlich der Donau auf Wien zurückgingen, rochierten das Honved-IR.27 und die Schnelle Abteilung der 27.Honved-ID. auf dem Nordufer mit den auf Wien vorstoßenden Feindkräften auf dem Südufer der Donau. Im Raum beiderseits Breitstetten stand die ungarische Kampfgruppe mit Front nach Süden. Das MG-Bataillon117 ging bei Orth in Stellung.

Bei der 96.ID. war man daher wohl erleichtert, als an diesem Tag die Division „Lützow" mit der Verteidigung des Donau-Ufers beauftragt wurde. Sie verlegte ihren Gefechtsstand von Gänserndorf nach Leopoldsdorf im Marchfeld, wohin am nächsten Tag Major Pipo mit dem GR.284 (ohne I. und 13.) folgte. Die Flankenbedrohung war aber für die 96.ID. noch nicht behoben, es mußte mit weiteren Landungen gerechnet werden. Deshalb beorderte General Harrendorf die inzwischen bei Breitensee in Abwehrkämpfe verwickelte Kampfgruppe der Brigade 92 nach Untersiebenbrunn.

Dank der Zähigkeit der „Watzmänner" und ihrer unterstellten Waffenkameraden wurde am 7. April der Versuch des Gegners, bei Markthof und Groißenbrunn seinen Brückenkopf zu erweitern, vereitelt. Doch am nächsten Tag hatte er seinen Erfolg: Breitensee war nicht zu halten, am Abend ging auch Lassee verloren. — Für die von den Bürgern dieses Ortes aufgefundenen und vorläufig beigesetzten 36 toten deutschen Soldaten (sie ruhen jetzt auf dem Friedhof Allensteig) pflanzte man 36 Birken bei der Kapelle am Ortsausgang von Lassee! —

Der Kommandeur des GR.283, Oberstleutnant von Boeltzig, war besonders besorgt um die nun eingeschlossene Besatzung von Marchegg. Angesichts dieser Lage brach die benachbarte 101.Jägerdivision ihren von einer Kampfgruppe (der auch I. und 13./284 angehörten) unternommenen Angriff zur Schließung der Lücke zwischen Marchegg und Baumgarten sowie dem Einsatz des II./283 ab.

Als Hauptmann Wanzenberg von der Division über Funk den Befehl zum Ausbruch erhalten hatte, meldete sich bei ihm der Ortsgruppenleiter und erbot sich, durch das ihm vertraute Gelände zu führen. Mit seiner Frau und einem Pferd begleitete er die Truppe und trug entscheidend dazu bei, daß Grenadiere und Landesschützen sich unbemerkt vom Feind lösen konnten. — Wie viele haben sich nach dem Krieg als „Retter" einer Stadt, eines Dorfes aufgespielt: Dieser Bäcker rettete tatsächlich nicht nur das Leben einiger hundert Soldaten, Marchegg verdankt ihm auch, daß es von weiteren Kampfhandlungen und Opfern der Bevölkerung verschont geblieben ist Horst Voigt (96.ID.)

# „Willkommen in Dresden!"

## In letzter Minute über die Muldebrücke entkommen

In letzter Minute gelangen wir im April 1945 auf Umwegen aus dem sächsischen Städtchen Borna, dem sich aus verschiedenen Richtungen amerikanische Panzerspitzen genähert haben. An der Ausfallstraße nach Frohburg werden wir beinahe noch das Opfer eines Ofenrohrtrupps, der sich im Keller eines Hauses eingenistet hat und uns für Amerikaner hält. Bald schon versperrt ein ausbrennender Munitionszug bei einem Waldstück die Weiterfahrt. Als wir das Hindernis überwinden, beginnt es zu dunkeln. Danach winken uns von einer seitlich gelegenen Höhe Gestalten zu — Amerikaner. Wir winken zurück, unsere Tarnjacken und „Specker" sind kaum zu erkennen, bald verschwindet der abendliche Spuk hinter uns.

Immer stärker senkt sich die Nacht über die leichtgewellte sächsische Landschaft, als wir am Abend des 14. April nach Benndorf weiterrollen. Da wir ohne Licht fahren, immer gewärtig, irgendwo auf Amis zu stoßen, geht es nur langsam voran. Wir kommen an einigen Gehöften vorüber, die ausgestorben am Wege liegen, doch begegnet uns niemand. Auch Benndorf, das wir dann erreichen, hüllt sich in leblose Finsternis. Wir verlassen diesen Ort in südlicher Richtung.

Leise tönt das tuckernde Geräusch des Zündappmotors durch die Nacht, als wir auf Frohburg weiterfahren. Der Verlauf der Straße läßt sich nur ahnen. Ständen nicht hier und da Bäume, könnte man berechtigte Zweifel haben, noch auf der Chaussee zu fahren. Frohburg erreichen wir gegen 20.30 Uhr, biegen aber bald nach Osten gegen Geithain ab, weil es nur in Rochlitz möglich ist, über die Mulde zu kommen.

Wir wechseln uns laufend am Lenker ab, da das Fahren auf den dunklen Straßen und Wegen ziemlich anstrengend ist. Sobald der Motor schweigt, umgibt uns eine verdächtige Stille. Von weither dringt Hundegebell zu uns herüber. Von Südwesten, wo Chemnitz liegen muß, wetterleuchtet es, dumpfes Grollen ist aus dieser Richtung zu hören.

Geithain durchfahren wir gegen 21 Uhr. Niemand ist auf der Straße zu sehen. Es wird richtig sein, am Eingange von Rochlitz zu halten und Einwohner zu fragen, ob schon Amis durchgekommen sind.

Als wir die ersten Häuser erreichen, beginnen die Sirenen zu heulen: Fliegeralarm! Wir fahren auf den Bürgersteig, um abzuwarten, aus welcher Richtung die Bomber kommen. Grausig erfüllt der unangenehme Heulton die verlassene, in völliges Dunkel gehüllte Straße, die wie der Fuß eines „T" nach der Durchfahrtstraße weist, die aus Richtung Altenburg durch Rochlitz geradewegs zur Muldebrücke führt.

An einer Haustür stehend haben wir uns bereits die zweite Zigarette angezündet. Das scheußliche Sirenenkonzert nimmt kein Ende, obwohl doch schon zehn Minuten seit Beginn des Alarms vergangen sind. Irgendwo vor uns knallt eine Tür. Oberfeldwebel Walter schnellt herum, die MPi schußbereit unter dem Arm. „Halt, stehen bleiben!", brüllt er einer sich schemenhaft abzeichnenden Gestalt zu, die sich gerade in höchster Eile entfernen will.

Zitternd kommt uns ein junger Mann entgegen, der offenbar von einem Brautbesuch kommt und nun schleunigst nach Hause will. „Was ist hier los?", herrsche ich ihn an, „ist dieser Ort oder sind diese verdammten Sirenen verrückt geworden?" Der schlotternde Jüngling beruhigt sich augenblicklich, als er unsere Tarnjacken erkennt: „Ich glaubte schon, Sie wären Amerikaner, Herr Offizier. Die sind nämlich eben hier eingerückt. 15 Minuten Fliegeralarm bedeuten, die Amerikaner rücken ein!"

Nun beginnen wir zu begreifen: „Besten Dank, Sie haben aber keine deutschen Soldaten hier gesehen! Hauen Sie schnellstens ab!“ Wie angestochen fegt er auf die andere Straßenseite, und schon hat ihn die Dunkelheit verschluckt, als die Sirenen ihr letztes Konzert dieses Krieges beenden.

Deutlich hören wir jetzt Motorenlärm und Kettengerassel vom jenseitigen Ende der Straße, wo es zur Muldebrücke geht. „Vielleicht ist es doch besser, wenn wir aufgeben, Herr Major“, höre ich plötzlich Wenner neben mir, „hier kommen wir nicht durch.“ — „Gut, Junge, wenn Du willst, kannst Du abhauen, wir brauchen Dich nicht unbedingt. Deinem Schicksal wirst Du aber kaum entgehen, das hat die Karten längst verteilt. Walter und ich scheitern an dieser verdammten Muldebrücke nicht!“

„Das walte Hugo“, vernehme ich Walter neben mir, „woll'n doch mal sehen, ob wir diesen Weltverbesserern nicht ein anständiges Schnippchen schlagen.“ — „Gut denn, machen wir uns sofort fertig. Gib Deine MPi ab, Wenner, die brauchen wir nämlich!“ — „Wieso, ich komme doch mit!“

„Ach so“, bemerke ich nur, „dann ist ja alles klar. Dann fahr ich, Du setzt Dich mit den Handgranaten hinter mich, Walter besetzt den Beiwagen. Vielleicht klappt alles ohne Schwierigkeiten. Bei der geringsten Schweinerei wird sofort geschossen, Wenner wirft die abgezogenen Handgranaten nach rückwärts, während ich versuche, die Brücke schnellstens zu überwinden.“

Die Entscheidung ist gefallen. Wir schieben die Maschine zur linken Straßenseite, fahren sie auf den Bürgersteig und gelangen fast lautlos zu der etwa 200 Meter entfernten T-Kreuzung, wo wir uns nach links zu der wenig entfernten Brücke bei den Amis einreihen müssen.

Mit mächtigem Lärm fährt ein „Sherman“ dicht an uns vorüber. Ihm folgt ein mit Infanterie besetzter Lastwagen, Abstand etwa 80 Meter. Eine gewaltige Stimme brüllt in den Motorenlärm: „Which unit?“ (welche Einheit?) Ich höre etwas wie „Second company“.

Nun ist alles klar. Wenn der nächste Panzer kommt, ihm nur schnell und dicht unter den Hintern fahren. Parole „Second company!“ (Zweite Kompanie).

Schon knattert der nächste Panzer heran: „Ruhe bewahren, Gefechtsbereitschaft, es geht los!“

Der gewaltige Motorenlärm erstickt das Anlassen unserer Maschine. In Sekunden sind wir um die Ecke und dem donnernden Panzer dicht unter sein Hinterteil gefahren. Nun werden Sekunden zu Stunden. Endlich merke ich, daß wir auf der Brücke sind.

Langsam kriecht der grollende Brummer dicht vor uns zum anderen Ufer. Wer wagt, gewinnt, denke ich. Jetzt muß das Ende der Brücke kommen. Stimmfetzen sind plötzlich von links zu hören. Dicht neben uns leuchtet eine Stablampe auf, vor meiner Brust rasselt klackernd Walters MPi. Schreie! Ich reiße das Vorderrad auf den schmalen Fußsteg links der Brücke. Hinter mir ratten ununterbrochen Walters Feuerstöße.

Da ist das Ende der Brücke. Vorbei an dem „Sherman“ und runter von der Straße. Schon sausen wir scharf in ein finsteres Feld. Die Maschine springt wie ein hüpfender Floh, nur mit Mühe kann ich den Lenker halten. Zwei kräftige Schläge krachen auf der Brücke, Wenners Handgranaten. Haben wir schon hundert Meter geschafft? Der Acker steigt gegen eine bewachsene Höhe an, dann wird das Schauckeln des Krads weicher. Wir fahren offenbar auf einem Feldweg, der mitten in mannshohe Büsche führt. Langsamer halte ich darauf zu und Walter ruft laut in die Dunkelheit: „Das hätten wir geschafft!“

Unerwartet leuchtet vor uns eine rote Lampe auf. Eine laute Stimme brüllt durch die Finsternis: „Halt, wer da?“ Plötzlich sind wir von vier Gestalten umringt, ich antworte recht ungehalten: „Was soll dieser Unfug hier? Hören sie nicht, daß der Ami die Muldebrücke besetzt hat? Sie meinen wohl, das war für uns eine Spazierfahrt?"

In der Nähe der Brücke wird noch immer geschossen, Leuchtkugeln erhellen weithin das Gelände. „Feldposten der Leisniger Panzergrenadiere", meldet ein Feldwebel neben mir, „wir bitten, uns eine Maschinenpistole zu überlassen!" — „Um keinen Preis der Welt, Sie haben ja gerade erlebt, wozu diese Dinger gut sind. Melden Sie lieber Ihrem Führer, daß der Ami die Rochlitzer Brücke kampflos besetzt hat und bestimmt morgen nach Döbeln vorstoßen wird!"

Der Feldwebel jagt einen Melder los, wir fahren über schlechte Feldwege nach Geringswalde, wo wir nach 23 Uhr die Straße nach Döbeln erreichen. Als wir Hartha durchfahren, wird die Sicht etwas besser, aber außer uns scheint die Welt ausgestorben zu sein.

Wir sind umso überraschter, als wir vor einem Gasthof bei Steina mehrere Fahrzeuge erkennen. Also anhalten und nachsehen. Wenner bleibt beim Krad, Walter öffnet die Tür — wir blicken in eine verqualmte, aber gut besetzte Gaststube. Es sind Lastwagenfahrer, Flüchtlinge und einige Landser.

„Kommen Sie nur herein, meine Herren", ruft uns der stämmige Wir zu, „bei uns gibt es heute alles, was Küche und Keller noch bieten können, ich lade Sie herzlich ein!" Dann fügt er ernster hinzu: „In Kürze kommt der Ami, der soll den Kram nicht bekommen. Eßt und trinkt bei mir, was Euch gefällt!"

Wir erhalten ein ausgezeichnetes und reichliches Essen, dazu allerbesten deutschen Wein. Danach löst Walter den wachenden Wenner ab, zum Schluß übernehme ich draußen die Wache. Als ich bei der Abfahrt den Wirt für alles herzlich danke, ruft er uns dreien zu: „Soldatenglück und gesunde Heimkehr!"

Jetzt fährt Walter, während ich im Beiwagen sitze. Als wir durch Döbeln kommen, fehlen wenige Minuten an ein Uhr. Eine recht kühle, wenig angenehme Nacht, in der wir uns durch ausgestorbene Straßen nur langsam zur Autobahn bei Siebenlehn tasten. Da keine Schilder sichtbar sind, schärfe ich beiden Kameraden ein, auf die nächste Ausfahrt bei Wildsdruff nach Dippoldiswalde zu achten. Niemand fährt auf der Autobahn, es ist stockdunkel, nur aus Westen und Osten dringt bisweilen Kanonendonner herüber.

Nach geraumer Zeit sage ich zu Walter: „Wir sind bestimmt schon an der Ausfahrt vorbei!". Doch der meint gelassen: „Die muß jetzt jeden Augenblick kommen!"

Sekunden später knirschen die Bremsen, Walter hält wenige Zentimeter vor einem „Goliath", einem kleinen Sprengpanzer, dicht neben einer halbgeöffneten Straßensperre. Zwei SS-Offiziere kommen auf uns zu, salutieren, einer begrüßt uns in fast freundlicher Gelassenheit: „Willkommen in der Festung Dresden!" Karl W. Norman (RR.10)

# Die letzte Schlacht auf den Seelower Höhen

**Der Auftrag: Verteidigen — wenn nötig einschließen lassen — feindliche Kräfte binden**

Ich war gerade 21 Jahre alt geworden und hatte einen Kompanieführer-Lehrgang in Hamburg-Rahlstedt in der Boehn-Kaserne absolviert. Am 30. März 1945 erhielt ich einen Marschbefehl zur Feldtruppe an die Ostfront.

Auf der Frontleitstelle in Fürstenwalde erfuhr ich, wo sich die Truppe befand: in Seelow und ostwärts vorgelagert im Oderbruch gegenüber von Küstrin.

Ich war froh, endlich wieder zur Truppe zu kommen. Wir jungen Soldaten fühlten uns bei „unserer" Truppe geborgen und zu Hause.

Am Ostersonntagmorgen meldete ich mich beim Kommandeur, Oberst Reinhold Stammerjohann, auf dem Regiments-Gefechtsstand.

Am Freitag, dem 6. April, wurde ich dem Kampfkommandanten von Seelow, Major Wandmaker, zugeteilt. Unser Auftrag war eindeutig: den Ort Seelow verteidigen, wenn nötig uns einschließen lassen und so lange wie möglich feindliche Kräfte binden.

Dies war ein Himmelfahrtskommando, jedem von uns war das klar. Trotz der uns bekannten großen Überlegenheit der anderen Seite an Menschen und Material fühlten wir uns rein taktisch gesehen durch die Ausnutzung des Geländes als Verteidiger auf den Seelower Höhen am Oderbruch jedem Angreifer überlegen, noch dazu weil dieser Angreifer aus einem Brückenkopf heraus antreten mußte. Es wurde daher, trotz einer gewissen inneren Spannung in jedem von uns, beschlossen, einen Kameradschaftsabend mit allen Offizieren und Unteroffizieren des Regiments einschließlich des Feld-Ersatz-Bataillons unserer 20. Panzergrenadier-Division zu veranstalten, sofern sie sich für den Abend freimachen konnten.

Wir waren zwischen 30 und 50 Teilnehmer, und irgendwie ritt uns der Teufel. Denn wir scheuten uns vor keinem Gesprächsthema:

Wie entstehen Kriege, wo doch keiner sie will? Wie denkst Du über den Sinn des menschlichen Lebens? Was wird aus Deutschland nach diesem verlorenen Krieg? Warum konnte man den Herrn Hitler nicht umbringen? Ist der Fahneneid, auf eine Person bezogen, richtig? War unser Hamburg in den letzten Tagen frei von Luftangriffen? Wie werden sich die Westmächte als ungleiche Partner der Sowjetunion in der nächsten Zeit verhalten? Geht es noch einmal in Richtung Osten mit den Westmächten zusammen? Wie lange können wir den Russen hier an der Oder noch aufhalten?

Aus dem Munde unseres Kommandeurs „Papa" Stammerjohann kam ein für alle verständliches Wort: „Hier stehen wir und hier bleiben wir, wenn nötig, bis uns die amerikanischen Panzer in den Arsch fahren! — Klar?"

Plötzlich lagen wir im Zielbereich russischer Artilleriesalven. Die Einschläge holten uns in die Gegenwart zurück. Das elektrische Licht ging aus. Aber fast alle Herren blieben an der Tafel sitzen und zündeten, nachdem es um uns herum wieder ruhig geworden war, die bereitstehenden Kerzen in den Tischleuchtern an. Das Fest ging weiter.

Am nächsten Morgen, es war der 14. April 1945, wurden wir durch schweres Feuer, das auf unseren vorderen Stellungen lag, geweckt. Sollte das der Beginn einer neuen Großoffensive sein? Der Angriff erfolgte nach entsprechender Artillerievorbereitung. Das Urräh-Geschrei des Iwans erstickte überall im konzentrischen Abwehrfeuer unserer Männer.

Womit wir nicht rechneten — und was uns in großes Erstaunen versetzte, war die Tatsache, daß die sogenannte Festungsbesatzung von Küstrin, eine Truppeneinheit der Waffen-SS, entgegen dem damaligen „Führerbefehl" nicht in der Festung blieb, sondern ausbrach. In den vorderen Gefechtsposten entstand dadurch Unsicherheit, weil man nicht wußte, ob es unsere Leute waren, die gegen unsere Stellungen anliefen, oder der Iwan.

Von unserem neuen Kampfkommandanten, Hauptmann von Wartenburg, der Major Wandmaker ablöste, erhielt ich den Auftrag, als Kompanieführer einen Abschnitt zu übernehmen, der vom Ortsausgang im Norden im weiten Halbkreis Richtung Osten über die Reichsstraße und 500 Meter weiter an einer Windmühle vorbei bis zu einem Gehöft reichte; ein Geländestreifen von etwa 1500 Meter vor den Häusern am Ortsrand in Form eines Flitzbogens. Wir hatten noch einen Innenring als durchgehenden Gefechtsgraben zwischen den Häusern über eine Länge von rund 700 Meter. Hier richtete ich in einem Siedlungshaus, Baujahr 1936, meinen Gefechtsstand ein. Wir lagen auf einer Anhöhe, und auf etwa 200 Meter nach Osten in Richtung Oder fiel das Gelände steil ab. Die

Bahnlinie mit dem Bahnhof lag im Hang als Hohlweg quer zu uns eingebettet. Die Küstriner Straße, als Reichsstraße I, führte in gerader Linie abwärts über eine Brücke an der Eisenbahnquerlinie an einem Wasserwerk vorbei durch die Odermarsch in Richtung Küstrin.

Mein Auftrag lautete, Brücke und Wasserwerk zur Sprengung vorzubereiten und bei Durchbruchsgefahr russischer Panzer zu sprengen. Im Ortseingang nach rückwärts versetzt, bauten wir eine Panzersperre und brachten dahinter zwei Pak-Geschütze in Stellung. Der Granatwerfer-Zug wurde in zwei Gruppen aufgeteilt — zur Sicherung der Straßen nach Osten und Nordosten eingesetzt. Am Steilhang vor dem Bahndamm entlang waren in unserem Abschnitt vielleicht sechs oder acht 8,8 cm Flak-Geschütze eingegraben und für den Erdkampf zur Panzerabwehr vorbereitet.

Am 15. April war unsere Luftwaffe recht aktiv. Sie flog ununterbrochen Angriffe im sogenannten Vater-und-Sohn-Verband, das heißt: ein Jagdflugzeug ritt förmlich auf einer untergeklinkten Zelle einer ausgeschlachteten, mit Sprengstoff gefüllten JU 88 und löste diese beim Anflug auf das Ziel aus. Es gab jedesmal eine fürchterliche Detonation mit einem riesigen Feuerball. Jeder Einschlag war für uns eine Genugtuung.

In der Nacht zum 16. April um 3.00 Uhr eröffneten 40 000 Geschütze gleichzeitig das Feuer auf unsere Stellungen. Die Morgendämmerung schien sich plötzlich aufzuhellen und war im Nu verschwunden. Die gesamte Talniederung der Oder erbebte. Vierzigtausend, das bedeutete 333 Geschütze auf einen Frontkilometer! Im Brückenkopf wurde es taghell. Der Feuerorkan griff auf die Seelower Höhen über. Es schien, als ob die Erde wie eine dichte Wand in den Himmel aufragte. Alles um uns herum fing an zu tanzen und zu scheppern. Was nicht niet- und nagelfest war, fiel von den Tischen, Borten und Schränken. Die Bilder krachten von den Wänden und zerschellten auf den Fußböden. Sämtliche Scheiben sprangen aus den Fensterrahmen. Wir kauten nach kurzer Zeit auf Sand, Dreck und Glassplittern herum. Es gab kein Entrinnen. Wir hatten den Eindruck, jeder Quadratmeter Erde werde umgepflügt.

Nach zwei bis drei Stunden hörte das Trommelfeuer auf. Vorsichtig riskierten wir einen Blick über den Höhenrand in die Oderniederung hinein. Was wir sahen, ließ uns das Blut gerinnen: eine einzige Welle schwerer Panzer, so weit wir im grauen Dämmerlicht sehen konnten! Die Luft war vom Lärm der Motoren und Kettengeräusch erfüllt.

Als die erste Reihe näher herangekommen war, entdeckten wir dahinter eine zweite und dann Schwärme von laufenden Infanteristen.

Es dauerte einige Minuten, bis die ersten eigenen Granaten über unsere Köpfe hinwegröhrten. Vom Kamm der Hügelkette aus nahmen die eingebauten Flakgeschütze, die Rohre ganz heruntergedreht, die Sowjets unter vernichtendes Feuer. Panzer auf Panzer ging in Flammen auf, die aufgesessenen Infanteristen wurden heruntergefegt. Die Überlebenden stürmten mit gellenden Schreien weiter. Uns zugeteilte Luftwaffensoldaten schossen in die Rudel der Rotarmisten, und der Angriff begann vor unseren Augen zu stocken. Einige T-34 brachen zwar durch, wurden jedoch von unseren Männern geknackt, als sie versuchten, den Hang entlang der Reichsstraße I nach Seelow hochzurollen. Als es richtig hell wurde, war der Angriff unter schweren Verlusten für die Sowjets abgeschlagen.

Nun war Eile geboten, um uns für den neu zu erwartenden Angriff der Russen vorzubereiten. Unsere vordersten Stellungen wurden geräumt, und die Überlebenden unseres Regiments schnellstens auf die Hügelkuppe zurückgeholt. Dies sollte für den Gegner möglichst unbemerkt geschehen, um ihn beim neuen Anlauf zu täuschen. Dies gelang auch. Unter meiner Anleitung wurden das Wasserwerk und die Straßenbrücke über die Bahnlinie gesprengt. Beides verlief reibungslos. Im Laufe des Vormittags setzten die

Russen zur Verstärkung ihrer Artillerie schwere Bomber und Kampfflugzeuge im Erdkampf ein. Es gelang ihnen, sich bis vor unsere Höhenstellung vorzuschieben. Während des ganzen Tages bildeten wir die Auffanglinie für unsere versprengten Soldaten aus dem vorderen Gefechtsfeld.

Gegen Mittag setzte auf unsere Stellung unvermittelt ein schwerer Feuerüberfall ein. Er dauerte 30 Minuten. Unmittelbar nach Feuereinstellung folgte ein russischer Angriff, diesmal direkt auf die Stellungen unserer Kompanie. Ein größerer Durchbruch konnte nur unter großen Opfern verhindert werden. Jeder 5. meiner Männer war gefallen, vermißt oder verwundet; gegen 18 Uhr riß auch noch die Verbindung zu meinem 1.Zug ab, der auf der Südseite der Küstriner Straße lag. Der Iwan war mit Einsetzen der Dämmerung in die ersten Häuser beiderseits der Straße bis zu unserer Panzersperre durchgesikkert. Wieso war die seitliche Verbindung zum 1.Zug abgerissen? Das mußte ich klären. Mit meinem Kompanietruppführer machte ich mich auf den Weg dorthin. Wir schlichen uns bis an die Hauptstraße heran und überquerten sie dann mit einem Sprung. Im Schutz einer Hauswand warteten wir eine Weile die Reaktion auf unseren Sprung ab. Zu unserem Erschrecken hörten wir russische Wortfetzen aus dem Haus, an dem wir standen. Plötzlich landete eine abgezogene russische Eierhandgranate direkt vor meinen Füßen. Instinktiv trat ich das Ding mit einem kräftigen Fußstoß weg, und wir rannten gleichzeitig los in Richtung Hintergarten. Nach der Handgranatendetonation ballerte eine Salve aus einer MPi hinter uns her. Das unübersichtliche Kusselgelände und die Dunkelheit hatte uns unmittelbar vereinnahmt. Selbst durch eine Leuchtkugel waren wir für den Iwan nicht mehr auszumachen. Einige Meter weiter wurden wir von einem unserer Posten nach der Parole angerufen. Großes Erstaunen war in den Gesichtern meiner Kameraden zu erkennen, die zwar den Russen, aber nicht uns aus dieser Richtung erwarteten. Der 1.Zug war gefechtsbereit. Die Männer hatten die Windmühle vor ihrer Stellung gesprengt, um besseres Schußfeld zu haben. Mit Leutnant Rebischke vereinbarte ich die gewaltsame Räumung der Häuser an der Küstriner Straße bis zum Tagesanbruch. Dies funktionierte schneller als erwartet. Die Russen zogen sich ohne ernsthaften Widerstand zurück.

Kurz nach Mitternacht erschien bei mir Hauptmann Rosenke vom I.Btl./76 und überbrachte die Nachricht, daß wir ihm ab sofort direkt unterstellt seien.

In den ersten Morgenstunden des 17. April hatte ich noch verhältnismäßig alles im Griff. Die Verbindung nach allen Seiten war hergestellt, die jüngste Gefechtsstärke meiner Kompanie war etwa 80 Soldaten, und diese Zahl konnte ich „nach oben" weitergeben. Was würde der neue Tag uns bringen?

In der Morgendämmerung setzte wiederum mit einem Schlag das Trommelfeuer ein, schwere Kampfflugzeuge warfen in rollendem Einsatz Bomben.

Dann setzte das Vernichtungsfeuer plötzlich aus. Jetzt war für uns der Moment gekommen: Raus aus dem Haus und in Stellung gehen! Unser Hauptaugenmerk richtete sich auf die Küstriner Straße. Dort setzte der übliche Gefechtslärm ein. Hier konnte etwas nicht stimmen; das veranlaßte mich, den Weg in den bisher ruhig gewesenen nördlichen Kompanie-Abschnitt zu nehmen. Zu meiner Überraschung stellte ich fest, daß von unseren Leuten dort niemand mehr war! Die Gefechtspostenstände in den vom Artilleriefeuer teilweise eingeebneten Stellungen waren nicht besetzt: Die nördliche Flanke war offen, Anschluß zur Nachbareinheit, eine Volkssturmkompanie, nicht feststellbar.

Wenn ich noch etwas retten wollte, mußte ich schnell handeln. Lohmann, Beyers und Liefke erhielten den Auftrag, Sichtverbindung nach rechts zur Küstriner Straße herzustellen und aufrecht zu erhalten. Wenn nötig, sollten sie zum Ortskern von Seelow zurückgehen. Dort würden wir uns wieder treffen. Ich beabsichtigte, vom Kommandeur die Freigabe unseres als Reserve zurückgehaltenen Sturmzuges zu erbitten und diesen dann an den vorgesehenen Treffpunkt heranzuführen.

Jetzt ging alles nur noch im Laufschritt. Unser Ziel war der Btl.-Gefechtsstand auf dem Gut. Unser Weg führte uns über die Straße von Buckow und Gusow kommend hinweg, auf der wir zu unserer Verwunderung gezieltes Feuer erhielten. Wir erkannten auf kurze Entfernung einige T-34 auf uns zukommen. Vom Norden hatte ich so schnell keinen Angriff erwartet. Ich erinnere mich noch an eine lange weiße — etwa zwei Meter hohe — Mauer, welche an der Abdeckerei entlang führte. Diese Mauer gab uns Sichtschutz gegen Norden. Die Russen müssen uns dort hinein laufen gesehen haben, denn die Mauer erhielt eine Breitseite aus den Rohren mehrerer Panzerkanonen und brach in sich zusammen.

Ich hastete durch den Staub weiter über die Reichsstraße I zum Gefechtsstand des Bataillons auf dem Gutshof. Der Melder, der mich begleitet hatte, war zurückgeblieben. Die Mauer hatte ihn unter sich begraben.

Gegenüber dem Tor, das zum Gutshof führte, befand sich im Keller eines Vorratsgebäudes der Gefechtsstand. Am oberen Treppenabsatz angekommen schrie ich hinunter: „Alles raus — der Russe steht vor der Tür!" Vor mir standen fast teilnahmslose, niedergeschlagene Soldaten. Von ihnen erfuhr ich, daß unser Regiments-Kommandeur, Oberst Stammerjohann, soeben gefallen war. Der Leichnam war gerade nach rückwärts gebracht worden. Die Befehlsgebung war für eine kurze Weile gelähmt worden.

Bewegung kam in die vor mir stehenden Männer erst wieder, als auf einmal ein Schuß krachte. Ein Unteroffizier hatte ihn auf einen russischen Offizier abgegeben, der neben einem T-34 stand. Zwei T-34 waren gerade auf den Gutshof gefahren, ihre Geschützrohre drehten sich in unsere Richtung. Der Offizier mit roten Streifen an der Mütze fiel vom Schuß getroffen um. Der Schock, der dadurch bei den Russen ausgelöst wurde, reichte aus, daß wir Deckung finden konnten. Inzwischen drehte ein dritter Panzer in den Gutshof ein. Da wir im Moment keine panzerbrechende Waffen zur Hand hatten, verdrückten sich die Männer; nur der Unteroffizier blieb an meiner Seite. Zusammen setzten wir uns hinter das Gutsgebäude ab.

Da meine drei Leute vom Kompanietrupp wußten, was ich vorhatte, und ihnen der Zusammenbruch der Reste der Kompanie an der Küstriner Straße bekannt war, hatten sie sich durch die Ortsmitte durchgemogelt und auf eigene Faust bis zum Gut durchgearbeitet.

Unser Wiedersehen war eine echte Freude. Wir bewegten uns etwa 200 Meter weiter nach Süden auf die Bahnlinie Seelow-Diedersdorf zu. Hier lag auf einer Anhöhe unser Hauptmann und beobachtete die Bewegungen auf dem Gefechtsfeld. Seelow wurde von Norden umgangen und eingeschlossen. Wir sahen, wie die erdbraunen Gestalten den Ort vom Westen her — aus unserer Richtung — in Massen umfaßten und angriffen. Der Gefechtslärm flackerte noch einmal wütend im Südteil des Ortes auf, dann wurde es allmählich ruhig.

Ich erhielt den Auftrag, mit meinen Männern auf den Höhen vor Diedersdorf Stellung zu beziehen. Als recht traurige Formation zogen wir in Deckung des Bahndammes in Richtung Diedersdorf ab, immer den Iwan im Nacken. Auf der nächsten Höhe wies uns Oberleutnant Diesing in die sogenannte Steinstellung ein. Hier fanden sich noch acht Soldaten aus meiner Kompanie ein; somit waren wir mit 13 Mann die vorläufig stärkste Kompanie in unserer Kampfgruppe. Nur jeder 10.Soldat von uns hatte die letzten 37 Stunden heil überstanden.

Am Spätnachmittag erhielten wir von Major Wandmaker, der als Regimentsführer bestätigt worden war, den Sammelruf: „Alle 76er nach Diedersdorf!"

Es war ein deprimierender Gang! Niedergeschlagen und erschöpft zogen wir durchs Gelände. Die Übermacht hatte uns das seelische Rückgrat gebrochen. Unser Regiment hatte aufgehört als Regiment zu bestehen. Wir erkannten unsere Machtlosigkeit gegenüber dieser „Dampfwalze“ aus dem Osten.

Plötzlich standen wir mitten in einer besetzten Flakstellung. Zwei 8,8 cm-Kanonen, eingegraben, gut getarnt, 30 bis 50 Meter im Wald mit ausgebauten Schußfeldschneisen. Auf unsere Frage: „Worauf wartet Ihr denn noch hier? Wir sind die letzten Infanteristen — in 30 Minuten ist der Iwan hier!“ kam die Antwort: „Wir haben pro Geschütz noch fünf Panzergranaten — damit werden wir acht Panzer abschießen und mit der letzten Granate jeweils unsere Geschütze sprengen, dann kommen wir nach!“

Knapp 500 bis 700 Meter weiter hörte der Wald auf, und wir erreichten nach weiteren 100 Metern unsere neue Auffangstellung. — Nach kurzer Beurteilung der Lage teilte ich meine Leute ein. Ich überzeugte mich, ob jeder gutes Schußfeld hatte und erteilte den entsprechenden Gefechtsauftrag.

Mir wurde noch Stabsfeldwebel Hellbrun mit einigen Soldaten zugeteilt. Außerdem erhielten wir Unterstützung durch drei Sturmgeschütze (Tiger-Panzer) einer Waffen SS-Einheit.

Seit zwei Tagen konnte endlich wieder Essen gefaßt werden. Trotzdem verkroch sich jeder still in seine Ecke. Kurz vor Einbruch der Dämmerung ertönte plötzlich das unangenehme, bellende Geräusch von Abschüssen der vor uns liegenden Flak-Geschütze. Es entzündete sich ein kurzer, heftiger Lärm von Flak- und panzerbrechenden Granaten auf nahe Distanz. Genauso plötzlich wie er aufgeflammt war, erlosch er auch wieder. Was hatte sich dort vorn abgespielt? Zur Aufklärung und zur Vereinnahmung unserer Flak-Kanoniere schickte ich in den Wald einen Spähtrupp. Dieser kam nach etwa 90 Minuten wieder zurück mit folgender Meldung: „Vor dem gegenüberliegenden Waldrand liegen 7 brennende T-34 — weitere 20 Panzer sind „abgeschmiert“ und haben sich aus dem Feuerbereich zurückgezogen —. Unsere Flak-Soldaten sind alle wohlauf und bereiten die Sprengung ihrer Geschütze in aller Ruhe vor.“ — Daß unsere Leute die Männer aus der Flakstellung nicht sofort mitbrachten oder ihnen über einen gewissen Zeitraum infanteristischen Feuerschutz gewährten, sollte sich für den nächsten Tag als entscheidender Fehler für uns herausstellen.

Erst einmal waren wir beruhigt, auch verhielt sich der Russe ruhig, so daß wir davon ausgehen konnten, vor dem nächsten Sonnenaufgang werde sich nichts Entscheidendes ereignen. Da ich jetzt 45 Stunden ununterbrochen auf den Beinen war, meldete ich mich zum Schlafen ab und verkroch mich in ein Deckungsloch. Ich war so erschöpft, daß ich wie ein Toter schlief. Es war schon hell, als man mich gewaltsam aus dem Schlaf holte. Zwei schwere Artillerie-Überfälle hatte ich bereits verschlafen, so daß meine Männer davon ausgingen, ich sei tötlich verletzt worden. So sehr überdreht war man schon, daß selbst ein überfallartiger Feuerlärm einen tiefen Schlaf nicht beeinträchtigen konnte. Die grausame Wirklichkeit hatte mich wieder. Alles war auf Gefechtsposten. Die Nerven waren bis zum Zerreißen gespannt. Plötzlich erkannten wir am Waldrand Bewegung im Unterholz. Jetzt lösten sich die Gestalten vom Waldrand, und ich erkannte, wie die Russen sich tastend vorarbeiteten. Als sie auf 60 bis 80 Meter heran waren, gab ich „Feuer frei“. Was unsere Karabiner und Maschinenwaffen hergaben, flog den Angreifern entgegen. Nach unserem ersten oder zweiten Feuerstoß hörten wir deutsche Stimmen von drüben: „Kameraden — nicht schießen — wir sind doch Deutsche!“ Schlagartig schwiegen auf unserer Seite sämtliche Waffen. Da ich bis eben noch geschlafen hatte, konnte ich nicht wissen, daß die Flak-Soldaten in der Nacht nicht zurückgekommen waren. Zwischen den russischen Angreifern erkannten wir jetzt Soldaten mit deutschen Stahlhelmen. — Sekundenlanges lähmendes Entsetzten auf unserer Seite...

Vereinzelt setzte unser Abwehrfeuer wieder ein, doch nun war es für uns zu spät. Alles ging furchtbar schnell. Der Russe schoß mit seiner Artillerie hinter uns eine Feuerglocke und brach in unseren Gefechtsgraben ein.

Es entwickelte sich ein grausamer Nahkampf. Wie im Mittelalter schlachteten sich die Männer mit Hieb- und Stichwaffen gegenseitig ab.

„Das mach' ich nicht mehr mit!" soll ich laut geschrien haben. Als ich für Sekunden oben auf der Deckung stand, ergriff mich die Panik, und ich lief nach rückwärts auf die Feuerwand der Feuerglocke am Bahndamm zu. Im Unterbewußtsein merkte ich, daß mir jemand folgte. Es dürften nur Sekunden gewesen sein, bis wir nach etwa 50 Meter den Bahndamm erreichten und aufwärts krochen. Zwei fürchterliche Schläge drückten uns nieder. Wie von einem Peitschenhieb fühlte ich mich an den Beinen getroffen. Zwei Granateinschläge, unmittelbar hinter uns, brachten jegliche Bewegung zum Stillstand. Vom Obergefreiten Schröder (oder Liefke?) wurde ich angesprochen, ob es mich erwischt hätte? — „Ja, Unterschenkeldurchschuß rechts und Steckschuß linker Fuß"; im Augenblick konnte ich nicht aufstehen. Schröder selbst mußte im toten Winkel der Splitterwirkung gelegen haben, unmittelbar neben dem Einschlag: er blieb wie durch ein Wunder unverletzt. Er schleppte mich augenblicklich über den Schienendamm in Deckung auf die andere Seite. Wie bestellt lag dort ein fahrbereites Fahrrad. So fuhren wir durchs Gelände Richtung Nordwesten in ein nahegelegenes Gehölz. Hier wurde ich erst einmal von Schröder notdürftig, jedoch handfest verbunden. Gerade fertig, wurden wir durch Kettengeräusche fahrender Panzer aufgeschreckt. Ich sah, wie eine Panzerarmada, die jungen Bäume des Wäldchens wie Streichhölzer umknickend, langsam auf uns zu fuhr. Wieder einmal, wie am gestrigen Tage, wurden wir vom Norden zangenförmig von Panzern umgangen und flankierend aufgerollt.

Die Todesangst im Nacken gab mir die Kraft zum Laufen. Um zu Überleben, mußten wir weit vor den Panzern den Rand des Wäldchens erreicht und das offene Feld, welches sich dort zeigte, überwunden haben. Wir liefen einen Wiesenhang aufwärts und hatten gerade den Hügelkamm erreicht, als wir die schweren Panzer aus dem Wäldchen herausfahren sahen. Vom toten Winkel der Russen aus gesehen, auf dem Hinterhang verlief die Chaussee Diederdorf — Heinersdorf, auf welcher sich die Reste unserer Troßfahrzeuge, teilweise bespannt, auf dem Rückmarsch befanden. Mit letzter Kraftanstrengung zog ich mich auf einen offenen, bespannten Leiterwagen, der mich am Hauptverbandsplatz in Heinerdorf absetzte. Die russischen Panzer eröffneten vom Waldrand her sofort das Feuer, Gott sei Dank gab es trotz der Splitterwirkung der über uns detonierenden Geschosse keine ernsthaften Ausfälle.

Nachdem ich auf dem Hauptverbandsplatz fachgerecht verbunden und versorgt worden war, wurde ich auf einer Trage „draußen" abgestellt; „draußen" war ein Platz von der Größe eines Fußballfeldes, voll mit Verwundeten, in Reihen auf Tragen. Wie aus heiterem Himmel ein Blitz, so griffen plötzlich zwei russische Jagdbomber im Tiefflug den Hauptverbandsplatz an und sägten mit ihren Maschinengewehr-Garben Schneisen in die Haufen hilfloser Menschen. Aus reiner Mordlust drehten die Flugzeuge ein paarmal ihre Runden und flogen immer wieder neue Angriffe.

Da ich bemerkte, wie langsam der Abtransport erfolgte, weil nur vier Kraftfahrzeuge zur Verfügung standen, setzte ich mich mit Zustimmung des Fahrers auf den vorderen linken Kotflügel eines Wagens, Rücken zur Fahrtrichtung, und hielt mich am Außenspiegel fest. In Königswusterhausen wurden wir im Reserve-Lazarett abgeliefert.

Am 22. April 1945, drei Wochen nach meiner Abreise, war ich wieder zu Hause. Meine Schwester erkannte mich in meiner Aufmachung nicht wieder. Meine Mutter stand an der Tür, Vater hinter ihr. Wohl aus Überraschung stellte er die Frage: „Bist Du desertiert?“ Auf meine Antwort: „Nein, ich bin verwundet!“ kam seine Aufforderung: „Dann darfst Du hereinkommen.“ K.-H. Tams (20.PD.)

*Aus dem Wehrmachtbericht vom 19. 4. 1945:*
*„Am dritten Tag der großen ABWEHRSCHLACHT VOR BERLIN warfen die Bolschewisten Menschen und Material in bisher nicht gekanntem Ausmaß in den Kampf. Unsre tapferen Truppen hielten, durch das Beispiel ihrer Offiziere mitgerissen, dem feindlichen Massenansturm stand und vereitelten alle Durchbruchsversuche. . . Die beiderseits Seelow bis östlich Müncheberg vorgedrungenen Bolschewisten wurden durch sofortige Gegenstöße abgeriegelt . . .“*

# So stirbt ein ganzes Dorf

**Aus den letzten Einsatztagen im Rhein-Ruhrkessel 1945**

Bis Mitte April 1945 waren die Reste der Brigade, verstärkt durch Werfer und leichte Fla sowie einige zugeteilte RAD- und Volkssturmeinheiten, als „Kampfgruppe FHH“ bei Meschede im Rhein-Ruhrkessel gelandet. Nun wurden sie als Divisionsreserve herausgezogen. Über die weitere Entwicklung berichten Aufzeichnungen des damaligen Brigadeführers. — Der Brigadegefechtsstand kam nach Hellefeld im Sauerland. Zur Lagebesprechung am 11. April trafen alle Kommandeure ein. Jedoch war die Division schon nicht mehr in Alten-Hellefeld zu finden, der neue Gefechtsstand noch nicht angegeben. Ein Major i. G., la einer anderen Kampfgruppe, fand dazu einige „herzerfrischende“ Worte und entschuldigte sich dann beinahe bei jedem Befehl.

Im Ort stauten sich bereits die Etappenteile des Kessels, die auch schon von der anderen Kesselfront her nach hier geflüchtet waren. Ich hatte keine Lust, meinen kleinen Stab den pünktlich um Neun erscheinenden Jabos zu opfern, ließ einen Gefechtsmelder zurück und fuhr mit beiden Gefechtsfahrzeugen des Stabes nach Hellefeld zurück. Pünktlich kamen auch die ersten Jabo-Ketten und machten sich bei Altenhellefeld und Endorf über die Trosse der schweren Artillerie her. Sie flogen auch unser Wespennest an, und die Zwei-Zentimeter des Bataillons Walter schoß einer genau die Stellung anfliegenden Maschine direkt in den Rachen. Sie raste in den Erdboden und zerschellte, den Rest zerrissen ihre detonierenden Bomben. Ein „Riesenpilz“ blieb lange in der Luft stehen.

Sofort setzte der zweite Jabo an, doch ehe er in Angriffsrichtung eindrehen konnte, holte ihn noch im Querflug das Nachbargeschütz herunter. Der Dritte zog ab, nachdem er sich durch einige Runden vom Schicksal seiner Kameraden überzeugt hatte. Nach diesem Intermezzo begann die Artillerie des Gegners, wohl aufgrund der Fliegermeldungen, mit einem Höllenzauber. Ganze Granat-Teppiche — wir kannten sie bereits seit Köln und Bonn — flautschten, wie eine riesige Fliegenklatsche, auf den zusammengebauten Ort, schlugen die Dachfirste zusammen und rissen Giebelwände fort. Roter Ziegelstaub und weißer Kalkputz in krausen Wirbeln der Druckwelle wurden bis in die letzten Kellerecken gefegt, in denen Bewohner und Soldaten gemeinsam kauerten und nach diesem Inferno verstaubt, mit wunderlichen Augen, noch einmal in die Welt zurückkehrten.

Ich selbst bin eben im Begriff, aus dem Keller nach oben zu gehen, um mir ein Bild von der Lage zu machen, als es schon wieder mit Pfeifen und Gurgeln heranorgelt und rechts und links einhaut. Mit zwei Sätzen bin ich am Nachbarhaus, wo mein Schwimm-VW am Giebel steht. Dieses Haus aber hat keinen Keller, und während ich noch heranspringe, fliegt mir eine neue Wolke von Staub, Dreck und Glassplittern um den Kopf. Ich kann eben noch den Stallraum erreichen, in den jetzt auch die Hausbewohner stürzen. Eine Lage hat das Vorderhaus weggerissen, und ich stelle fest, daß mein Wagen brennt, zersiebt von Splittern. Trotz des Beschusses bin ich mit einigen Sprüngen dort, aber es ist nichts mehr zu retten. Die Telefonleitungen hängen zerfetzt herum, aber die Strippenzieher sind, mitten im Feuer, schon wieder dabei zu flicken. In Kürze ist die Verbindung zur Division wieder hergestellt.

In dem Stall hat auch ein Infanterieoberst Zuflucht genommen und erkundigt sich nun, ob ich der „Anschluß" für ihn sei? Ich bejahe. Noch während wir reden, heult eine neue Lage über den Hausfirst hinweg — ein kurzes Zucken — und fährt mit Zischen und Fauchen johlend über die Sumpfwiese hinter dem Stall. Einige Splitter schwirren durch die fenster- und türlosen Öffnungen, der Oberst steht mit fahlgrauem Gesicht und übernächtigten Zügen in der Tür, er denkt nicht an Deckung. Die nächste Lage liegt wieder kürzer, und ich trete vorsorglich in einen Seitengang, so daß ich etwas mehr Mauerwerk in Feindrichtung vor mir habe.

„Ich habe die ganze Nacht hindurch das Regiment eingewiesen, bis nach Arnsberg hin, quer durch den Wald", sagt der Oberst, „aber es hat doch alles keinen Zweck!" Ich sage nichts, gehe in den Hof und sehe mehrere Gehöfte brennen. Überall löschen Soldaten, trotz des Feuers, und haben Erfolg. Ebinger und Hollfelder, mit ihren Werferkompanien haben wohl dem Ami sehr zugesetzt, denn das sieht alles nach Vergeltungsschlag aus. Das ganze Dort ist wie ausgestorben, alles sitzt in den Kellern. Auf der Straße, vor einer Stunde noch Teil eines schönen und gepflegten sauerländischen Bauerndorfes, liegen Stalltüren, herausgerissene Fenster und Türen, Telefonleitungen, gefällte Bäume, elektrische Kabel, Dachziegel, Schutt, Fahrzeuge und Gerät wie Kraut und Rüben durcheinander im immer noch andauernden Feuer der feindlichen Artillerie. Erneut gibt es keinerlei Verbindung mehr, alles ist abgerissen. In der Luft tummeln sich immer neue Jabo-Verbände und drücken weiter ins Kesselzentrum, wo sich die Trosse stauen und Deckung suchen. Über allem aber scheint wie zum Hohn eine herrliche Frühlingssonne.

In den Feuerpausen höre ich das helle Bellen von Panzerkanonen, es könnte aber auch eigene Acht-Acht sein. Das macht mich unruhig: ich gehe zum Gefechtsstand Walther und lasse mir nochmals den jetzigen Standort der Panzerabwehr-Flak erklären. Ich rieche förmlich, daß etwas in der Luft liegt, und kann den Eindruck stärkster Angriffsvorbereitung der Amis nicht los werden. Bei alledem keine Verbindung, weder nach vorn, noch nach hinten: Es läßt mir keine Ruhe! So will ich diese selbst herstellen und befehle den Stab zum Aufbruch. Das zweite Fahrzeug folgt in Fliegerabstand. Als wir den Kirchgang entlangfahren, haut hinter uns ein neuer Artillerie-Teppich ein.

Nach zweihundert Metern halten wir und sehen den Todeskampf der Ortschaft an, die sich gegen die Feuerschläge der großen Kaliber nicht wehren kann. In allen Gesichtern lese ich tiefe Niedergeschlagenheit und die immer deutlicher werdende Gewißheit um den traurigen Untergang unseres Vaterlandes, nach den unbeschreiblichen Leistungen und Opfern. Tiefster Frieden herrscht im Gelände, kein Soldat weit und breit, nur das Gurgeln der Feindlagen, die über uns hinweg fauchen und nach Lineppe schlagen, erinnern neben dem Dauerton der Jabomotoren an den Krieg.

Uns mutet jedenfalls dieser Zustand im Freien wie ein tiefer Frieden an, ich lasse die Männer verschnaufen und jeden wieder etwas zu sich selber kommen. Dann geht es weiter, wir wollen über einen Feldweg von hinten nach Linneppe hinein. Während wir an einer Hügellehne entlangfahren, kommt ein neuer Jaboverband, diesmal sind es „Lightnings" (Doppelrümpfer). Wir drücken uns unter einen Baum und wollen den Zauber über uns abwarten. Da erfaßt die Walther-Flak den ersten, er rennt mit voller Geschwindigkeit in den Endorfer Berg hinein. Doch die anderen fliegen stur weiter. Heute ist offenbar Großkampftag der amerikanischen schweren Waffen, das ist uns so langsam klar geworden. Immer enger wird dabei der langovale Rhein-Ruhrkessel, sein Durchmesser ist an der schmalsten Stelle auf zweiundzwanzig Kilometer zusammengedrückt worden: Ein Hexenkessel!

An Weiterfahren ist im Augenblick nicht zu denken, die Luft ist voller Jabos. Ich gehe etwa hundert Meter die Hügellehne hinauf, setze mich mit dem Fernglas unter eine kleine Birke und beobachte Linneppe: Dort stimmt etwas nicht, da sind schon Panzer drin! Unten wartet meine Mannschaft in Fliegerdeckung. Über dem Entorfer Berg steht eine große schwere Brandwolke, der Ort liegt im Zentrum des amerikanischen Angriffs von der anderen Seite her. Immer wieder stoßen die Jabos wie grimmige Taranteln auf das arme Dorf herab, und immer wieder sieht man das bösartige, blaugrüne Züngeln ihrer Bordwaffen. Es ist jetzt gegen vierzehn Uhr. Ständig höre ich Pak- oder Panzerfeuer aus Linneppe.

Da sitze ich nun im raschelnden Laub des vergangenen Herbstes, durch das nun schon seit Tagen der neue Frühling heraussprießt. Eben biege ich einen Birkenast zur besseren Tarnung zurecht, als sich mein Schicksal mit voller Wucht und im Zischen und Orgeln aus der Luft her zu besiegeln scheint: Ich kann es noch heute nicht recht beschreiben, wie alles ablief, jedenfalls umfing mich plötzlich ein unheimlich wirbelnder Luftdruck, schräg von vorne kommend, und ich hatte das Gefühl, daß mich unausweichbar eine schwere Pranke mit unheimlicher Wucht zusammenschlug.

Ich habe keinen Abschuß gehört, nichts. Der furchtbare Schlag, einer wohl auf zwei Meter Entfernung eingeschlagenen Granate hat mich aus dem Sitz kurz nach hinten gerissen, aber sogleich faßte ich mich wieder. Während ich den nach hinten auf den Rücken gewirbelten, gelenklosen linken Arm mit der heilen Rechten wieder nach vorne hole, sage ich als erstes Wort, mehr Hohn wie Feststellung: „So, nun hat's Dich ja auch!"

Im Hintenübersehen stelle ich fest, daß mein Fernglas weggerissen ist, mein linkes Schulterstück mit einem tellergroßen Stück des Kradmantels und der schwarzen Uniform fehlt. Aus der Höhlung des hinten herausgerissenen Schultergelenks starren die silbernen Randflächen der leeren Achselpfanne, während an einem Sehnenfetzen noch Knochenteile aus der Wunde hängen und das Ganze von vorn so gut wie gar nicht zu sehen ist.

Nun versuche ich, ohne Hilfe der Hände aufzustehen. Das geht kaum, denn ich muß mit der Rechten ja den leblos baumelnden und nun auch schon langsam schmerzenden Arm am Handgelenk festhalten. So wippe ich mehrmals nach vorn und endlich stehe ich wieder. Mit dem Gefühl eines Buben, der seine Schläge bezogen hat, und einer unbeschreiblichen Wurschtigkeit gehe ich den Hang hinunter zu den dort wartenden Fahrzeugen. Noch bin ich gar nicht ganz da, als schon Feldwebel Haberkorn, meine Gefechtsordonnanz, „Anwerfen" befiehlt.

Noch im Herankommen sage ich kurz: „Verbandskasten!" Mein blasses Gesicht macht in stutzig, er tritt zur Seite und sieht den zerfetzten Rücken. Mit einem mir unvergeßlichen Ausdruck seiner blauen Augen entfährt es dem treuen, unerschrockenen Kameraden: „Ach, Herr Hauptmann!"

Was ich nun an kameradschaftlicher Aufopferung erfuhr, war bisher unerlebt und das Erhebendste für mich im ganzen Krieg! — Sofort wurden der Kradmantel abgeschnitten und zwei Verbandspäckchen als Tampon in den freiliegenden Wundkrater gelegt. Mit dem Dreieckstuch banden wir den Arm hoch. Jetzt erst, nach fast fünf Jahren voller Feldzüge, öffnete ich meine Morphiumkapsel, die ich noch vom „Englandkommando 1940" als Tauch-Panzermann besaß, und nahm gleich drei Tabletten auf einmal, der Schmerzen wegen.

„Zur Division und ins Lazarett!" befehle ich und setze mich neben den Fahrersitz. Warm und stetig sickert an der linken Körperseite das Blut herunter am Bein entlang und sammelt sich in meinen Stiefeln. Wir nähern uns Linnepe, schwerstes Feuer liegt auf dem Ort. Im Näherkommen stelle ich fest, daß der Ami noch nicht drin ist, deutsche Landser springen über die Straße, Deckung suchend. Ich befehle: „Durchfahren!"

Etwa dreißig Meter vor uns springen erneut zwei Infanteristen über die Straße. Da haut erneut eine ganze Lage genau vor den Ortseingang. Ein Landser rollt getroffen in den Graben und robbt ums Leben aus dem Inferno von Qualm und glühendem Eisen den Graben entlang, der andere wirbelt, im drehenden Fallen in zwei Teile zerrissen, unmittelbar vor unsere Räder, wie eine gemähte Frucht der Schlacht. Noch im Grauen des Geschehens brülle ich: „Links!" Schon sind wir vorbei, durch Qualm, Gestank und Brand. Zwei Ortschaften weiter hört das Feuer langsam auf.

Rechts an einem Gebäude steht die Kommandoflagge der Division, der wir zugeteilt waren. Ich lasse halten, kann aber selbst kaum noch hoch und schicke Haberkorn zum Ia mit meiner Abmeldung und der Benennung des Nachfolgers, Oberleutnant Matten. Weiter geht die Fahrt, und ich habe sehr unter den zunehmenden Schmerzen und der verstärkten Blutung durch die Fahrterschütterungen zu leiden. Bei der Division haben wir erfahren, daß Hemer zur offenen Stadt erklärt worden ist und ohne Beschuß bleiben soll. Also dorthin! Schon dreißig Kilometer sind wir in einem großen Bogen am Kesselrand gefahren, endlich das Schild „Hemer"! Sofort zum Standort-Lazarett, langsam gehe ich die Treppen hoch und hinein, einen hellen Flur entlang, bis rechts zwei Türen kommen: „O.P." Kurz geklopft und hinein. Inzwischen bin ich fast eine Stunde lang ohne Versorgung nach dem Treffer, und die Fahrt hat die Blutung nicht mehr stocken lassen. Da standen nun vier Ärzte an zwei Tischen, operierten sehr intensiv und ohne aufzusehen. Ich salutierte und schon fragte der Oberstabsarzt Dr. Haarmann: „Ja und was wollen Sie?" — „Ich möchte verbunden werden"! — „Dann warten Sie bitte draußen!" — „Danke" knurrte ich ihn an, salutierte und ging! Da sah er wohl im Umwenden meinen Rücken: „Kommen Sie doch her, Sie müssen sofort auf den Tisch!" Im Handumdrehen wird ein dritter Tisch hereingeschoben, schon senkt sich die Evipannadel tief in den Arm, und im herrlichen Gefühl des Geborgenseins versinkt mein Bewußtsein in ein stilles Traumland, das ich seit Monaten nicht mehr gekannt habe: Alles vergessend, alles verzeihend, glitten die Gedanken in ein langes, leeres NICHTS. . .

Richard Pohl (PZ.-Brig.106)

*Aus dem Wehrmachtbericht vom 28. 4. 1945:*
*„In dem heroischen Kampf der STADT BERLIN kommt noch einmal vor aller Welt der Schicksalskampf des deutschen Volkes gegen den Bolschewismus zum Ausdruck. Während in einem, in der neuen Geschichte einmaligen grandiosen Ringen die Hauptstadt verteidigt wird, haben unsere Truppen an der Elbe den Amerikanern den Rücken gekehrt, um von außen her im Angriff die Verteidiger von Berlin zu entlasten. In den inneren Verteidigungsring ist der Feind von Norden her in Charlottenburg und von Süden her über das Tempelhofer Feld eingebrochen. Am Halleschen Tor, am Schlesischen Bahnhof und am Alexander-Platz hat der Kampf um den Stadtkern begonnen. . ."*

# Bei der Verteidigung von Berlin 1945

**Das Schicksal eines Urlaubers**

Das Schicksal geht manchmal merkwürdige Wege. Als ich 1941 die Aufnahmeprüfung in Berlin in der Friedrich-Karl-Straße für die Heeres-Unteroffizier-Vorschule bestand, ahnte ich noch nicht, daß einmal meine militärische Laufbahn auch hier zu Ende gehen würde. Nach Ausbildung an den Vorschulen Dresden/Freiberg, Tetschen und Jülich sowie den Unteroffizierschulen Ortelsburg und Ettlingen begann mein Fronteinsatz zunächst bei der 357.ID. an der Ostfront, im September 1944. Bei der dritten Verwundung fand ich Aufnahme in einem Reservelazarett in Marienbad. Der dortige Stabsarzt hatte mit mir Erbarmen und schickte mich noch um diese Zeit, am 12. April 1945, auf Genesungsurlaub in meine Heimatstadt Berlin. Am 25. April, so lautete mein Urlaubsschein, sollte ich bei meinem Ersatztruppenteil in Reetz/Niederdonau sein. Aber dazu sollte es nicht mehr kommen.

Den Händlern auf der Straße wurden die Morgenzeitungen des 16. April entrissen; denn dort stand zu lesen, daß die Rote Armee nunmehr aus dem Oderbrückenkopf bei Küstrin zum Großangriff auf Berlin angetreten sei. Bereits am 20. April hatten die Russen die östlichen Vororte erreicht. Am selben Tage klebten an verschiedenen Stellen der Stadt Plakate mit dem Hinweis, daß sich alle in der Stadt befindlichen Urlauber sofort in der Seeckt-Kaserne in Spandau einzufinden hätten. So blieb auch mir nichts anderes übrig, als mich auf den Weg zu machen.

Ich begab mich zum nächsten S-Bahnhof „Wilmersdorf", um von dort aus wegzukommen. Nach einiger Zeit des Wartens kam ein S-Bahnzug an, der aber von einer Lokomotive gezogen wurde. Fahrgäste waren keine Zivilisten, sondern Soldaten aller Waffengattungen. Sie kamen von allen Fronten um Berlin. Der Zug transportierte Geräte, Munition, Granatwerfer, MG 42 und andere Waffen.

„Westkreuz" glich einem Heerlager. Da die Stadtbahn noch Strom hatte, fuhr hier die S-Bahn mit eigener Kraft. In „Spandau-West" ergoß sich ein Heer von Feldgrauen in Richtung Seeckt-Kaserne. Meinen Urlaubsschein wurde ich sofort los, die ärztliche Untersuchung ergab „.k. v.", und ich war damit in die Reihen der Verteidiger eingruppiert.

In einer Turnhalle wurden wir gesammelt. Man konnte vor Landsern nicht treten. Die Stimmung war auf dem Nullpunkt angelangt, und eine Parole jagte die andere. Plötzlich erschien ein Hauptfeldwebel und bemühte sich, uns nach Waffengattungen einzuteilen. Immer wenn er es soweit geschafft hatte, wurde er kurz abberufen und kam nach kurzer Zeit wieder. Bis dahin waren alle Landser wieder durcheinandergelaufen, und der Spieß fing von vorn an. Nach drei Versuchen gab er es auf.

Nun holte man einen Major, der sich an die Tür stellte. Einzeln mußten wir zu ihm gehen, wurden immer zu 70 Mann abgezählt, und eine Kampfgruppe war aufgestellt. Ich „bemühte" mich sofort, denn „einmal bist du doch dran" sagte ich mir und schon war ich in einem „Haufen" eingereiht. Ich sah mich nun um.

Dienstgrade aller Art und selbstverständlich auch Kameraden aller Wehrmachtsteile waren vertreten. Sogar Angehörige des Reichsarbeitsdienstes fehlten nicht. Da kam zufällig ein Leutnant der Flak vorbei. Er hatte etwas Suppe in seinem Kochgeschirr. „Sie" rief der Major, „sind Sie schon eingeteilt?" „Nein", antwortete der Leutnant. „Das paßt ja prima, dann übernehmen sie man gleich hier die Kampfgruppe!" „Jawohl, Herr Major", und so bekam unsere Kampfgruppe ihren Führer.

Als wir hörten, daß unser Leutnant schon in amerikanischer Kriegsgefangenschaft und dort ausgerissen war, dachte so jeder von uns, na da hätte der man bleiben sollen.

Plötzlich Tiefflieger! Wir sausten irgendwo in Deckung, und die MG hämmerten über den Kasernenhof. Keiner war verwundet worden, wir hatten Glück gehabt. Am 22. April erfolgte die Verladung auf Lastwagen, und wir wurden durch das Stadtgebiet gefahren. Ab und zu ein Granateinschlag. Sogar tote Zivilisten sahen wir schon an Straßenrändern liegen. Im Norden der Stadt, am Flakbunker „Humboldthain", wurden wir ausgeladen und marschierten in Reihe zu diesem hin. Zum Einsatz in der Nacht zum 23. April mit dem Auftrag, den S-Bahnhof „Bornholmer Straße" wieder zu erobern.

Am Hertha-BSC-Platz bekamen wir von den Russen das erste Feuer, saßen fest und wurden in die Bellermannstraße abgedrängt. Wir besetzten dort die Häuserblocks. Die Bewohner mußten uns die Wohnungen aufschließen. Auf der gegenüberliegenden Seite war bereits der Russe eingedrungen und nun entspann sich zwischen ihm und uns ein heftiger Feuerkampf.

Unser Leutnant und Kampfgruppenführer war ein prima Kamerad. Genauso wie wir wußte auch er, daß es „5 Minuten vor 12" war und daß dieser Krieg nur noch ein Krieg von Tagen sein konnte. Seine Befehle waren deshalb durchdacht, und er war bemüht, möglichst niemanden, wenn es nicht sein mußte, aufs Spiel zu setzen. Wir wollten ja alle überleben.

So setzten wir uns dann bald ab, räumten den Häuserblock und wichen auf den Flakbunker „Humboldthain" aus. Dort wurden wir zunächst als Reserve zurückgehalten und konnten das Innere eines so großen Flakbunkers kennenlernen. Wir erlebten das gewaltige Zittern des Bunkers, wenn alle acht Flakgeschütze 12,5 cm ihre Salven in Richtung der Russen feuerten. Der Bunker flößte ihnen gewaltigen Respekt ein.

Um so wütender wurde sein Artilleriefeuer gegen die Wände des Bunkers, weil zunächst für die russische Infanterie keine Möglichkeit bestand, an ihn heranzukommen. Erbarmungslos schlug dafür aber der Tod in die Reihen der tapferen Geschützbedienungen. Es waren fast alles junge Flakhelfer von 15 bis 16 Jahren! Furchtlos bedienten diese braven Jungen ihre Geschütze und so mancher wurde vor unseren Augen heruntergetragen.

Von unserer in Reserve liegenden Kampfgruppe wurde ein Stoßtrupp aufgestellt, dem auch ich angehörte. Wir bekamen den Auftrag, zu versuchen, aus der Schokoladenfabrik Hildebrandt in der Pankstraße die bereits im Niemandsland lag, süße Verpflegung zu organisieren. Hierzu erhielten wir große Luftwaffenrucksäcke und machten uns auf den Weg.

Unbehelligt gelangten wir auch dort hin, mußten aber zunächst einen Amtswalter der NSDAP in Gewahrsam nehmen, weil er unter Drohung mit dem Gebrauch seiner Schußwaffe uns den Zutritt verweigern wollte. Unsere auf ihn gerichteten Waffen genügten dann zum freien Eintritt. Monatelang hätte die Bevölkerung der Umgebung versorgt werden können von dem, was wir dort vorfanden.

Ohne Verluste — wir wurden beim Überklettern der Panzersperre unter der S-Bahnbrücke in der Wiesenstraße unter Granatwerferfeuer genommen — gelangten wir mit prallen Rucksäcken zum Flakbunker zurück, in dem wir von unseren Kameraden freudig begrüßt wurden.

Nächster Einsatzbefehl lautete dann für uns, den verloren gegangenen S-Bahnhof Wedding zurückzuerobern. Wir kamen in der Nacht zum 27. April aber nur bis in die Schönwalder-Straße, weil es uns nicht gelang, festzustellen: Wo ist überhaupt vorn, wer ist von uns rechts oder links? Gefechtsstand wurde dann das Haus Nr. 27.

Mein Kompanie-Führer beauftragte mich als Kompanietruppführer, aus einer Schule in der Ravené-Straße einige dort untergebrachte Volkssturmleute zu organisieren. Unter

Aufbietung meiner besten Redekünste gab mir der Volkssturmführer zehn seiner Leute frei.

Plötzlich hörten wir „urräh, urräh!". Die Russen griffen über den Bahndamm an. „Los, nichts wie raus hier!" feuerte ich die Männer an und wir jagten die Kellertreppe hoch. Oben empfing uns die Stalinorgel mit ihren Granateinschlägen, und vor lauter Pulverdampf war kaum der Schulhof zu erkennen.

In kurzen Sprüngen erreichten wir die Straße, liefen durch die Kunkelstraße zur Schönwalder Straße. In der Schönwalder Straße mußten wir über die Pankbrücke. Gleichzeitig entdeckten wir Soldaten, die sich auf der anderen Straßenseite ebenfalls über die Brücke bewegten. Da es so morgens um vier Uhr war, konnte man sie nur als schattenhafte Gestalten erkennen.

Erst wollte ich zu ihnen hinüberlaufen und fragen, wo sie herkommen, weil ich glaubte, es wären ein paar Kumpels von uns, entdeckte aber noch rechtzeitig, daß es vorgehende Russen waren. Die mitgenommenen Volkssturmleute und ich gingen sofort in der nächsten Häusernische in Deckung und nahmen den sowjetischen Stroßtrupp unter Feuer.

Plötzlich wurden wir auf unserer Straßenseite von weiteren vorgehenden Russen bedrängt und mußten uns durch das Haus zum Hof zurückziehen. Über Hinterhöfe und durch Kellermauern, die wir mit Gewehrkolben durchbrachen, gelangten wir zur Gerichtsstraße. Unterwegs entließ ich die Volkssturmmänner mit dem Bemerken, sie sollten so schnell wie möglich zu Muttern verduften. Ehe ich mich versah, waren sie auch schon verschwunden. Ich berichtete später, daß ich sie verloren hätte. Manchmal denke ich noch: Hoffentlich sind sie gut durchgekommen.

In der Gerichtsstraße traf ich dann meinen Leutnant wieder mit nassen Hosen. Er hatte sich durch das Rinnsal Panke ebenfalls vor den plötzlich auftauchenden Russen retten können. Unser neuer Gefechtsstand wurde dann ein Haus Gerichtsstraße-Ecke Gartenstraße. Ich wurde von dort von unserem Kompanie-Führer losgeschickt, um zu erkunden, welche Möglichkeiten bestünden, in der Gerichtsstraße im Schutze von Hinterhöfen zur S-Bahn vorzudringen.

Beim Versuch, die Kolberger Straße zu überqueren, baten mich etliche Frauen, wegen des pausenlosen Granatwerferfeuers, ihnen auf dem Wege zum Bäcker behilflich zu sein. Zeichen wurden vereinbart, und nach dem letzten Einschlag einer Gruppe Granaten ging es im Sprung über den Fahrdamm. Da sausten die nächsten Granaten heran, ein Winkzeichen und wir lagen an der Bordsteinkante. Glücklicherweise wurde niemand verwundet. Wir kamen sicher beim Bäcker an, ein kurzer Gruß — und ich mußte weiter über Hinterhofmauern und Müllkästen.

Am S-Bahndamm traf ich auf eine mir nicht bekannte Kompanie, die sich im schweren Abwehrkampf gegen die Russen verteidigte. Ein Blick über die Panzersperre zeigte mir auf dem Nettelbeckplatz herumfahrende T 34. Nach Erfüllung meines Auftrags brach der 1. Mai an, und die Russen stürmten rechts und links der Gerichtsstraße unaufhaltsam vorwärts.

Um festzustellen, wie weit in den einzelnen Straßen die Russen schon waren, suchten wir in einem Telefonbuch eines Fernsprechteilnehmers herum und wählten eine Nummer in einer Straße, in der wir den Russen vermuteten. Da das Fernsprechnetz noch fast intakt war, holten wir uns so immer Auskünfte und erfuhren auf diesem Wege, wie ungefähr in den Straßen die HKL verlief. Manche Teilnehmer waren immer erschreckt, wenn wir uns bei ihnen als „Gefechtsstand der Kampfgruppe" meldeten. Auch hatten wir manchmal sogar Pech; denn dort, wo wir anriefen, war dann schon der Russe.

Unsere Kampfgruppe lichtete sich bei den Kämpfen doch etwas; denn es war nicht zu vermeiden, daß wir trotz Umsicht unseres Führers doch etliche Verlust zu beklagen hatten. Fast täglich aber stießen Versprengte zu uns, so daß wir den Mannschaftsbestand einigermaßen halten konnten. Weiter setzten wir uns ab und gingen am 1. Mai im „Humboldthain“ entlang der S-Bahn, die hier als Einschnittbahn verlief, in Stellung.

Unaufhörlich feuerte der Flakbunker und machte den Russen noch schwer zu schaffen. Wir glaubten schon, der sei uneinnehmbar. Noch keinen Meter waren die Russen an ihn herangekommen. Nun lagen wir mit etwa fünf Kampfgruppen in Stellung und warteten die Dinge ab. Es sickerte aber bereits durch, daß wir uns etwa nur noch vier Tage halten könnten, dann würde die Munition knapp werden.

Gerüchte über die heranrückende Armee Wenck hatten wir bereits vernommen. Das war aber auch alles. Ob sie überhaupt kam, wußte niemand. Verteilt wurde an uns der „Panzerbär“, die Zeitschrift für das kämpfende Berlin. Wir kannten nur die Front innerhalb unseres Abschnittes.

Wo sie endete und wie weit noch in anderen Stadtteilen gekämpft wurde, wußte niemand. Wir ahnten nur, im großen Kessel bereits in einem kleinen Kessel zu kämpfen. Befehle sickerten nur noch notdürftig durch. Da entschloß sich unser Kompanie-Führer, auf eigene Faust einen Ausbruch zu wagen. Da ich der einzige Berliner in der Kampfgruppe war, wurde ich von ihm gefragt, welche Möglichkeiten beständen, aus diesem Hexenkessel herauszukommen.

Mein Vorschlag, die Kampfgruppe in einzelne Trupps aufzuteilen, die versuchen sollten selbst durchzukommen, wurde von ihm wohlwollend aufgenommen. In Kompanie-Stärke durch das Stadtgebiet sich durchzukämpfen, hielt ich für völlig aussichtslos. Es wurde aber nichts daraus.

Ein uns doch noch erreichender Befehl sagte uns, unbedingt die Stellung zu halten und weitere Anweisungen abzuwarten. In der Nacht zum 3. Mai mußte ich daher noch eine Gruppe übernehmen und lag in einem Schützenloch genau am Brückenpfeiler der Wiesenbrücke, die sich über den Bahnhof „Humboldthain“ und den S-Bahnkörper hinüberzog. Daß Berlin bereits am 2. Mai gefallen war, wußten wir nicht.

Die Nacht war eigenartig ruhig. Drüben in der Hochstraße brannten einige Häuser, die „Lichtburg“ stand in Flammen. Dadurch bot der Humboldthain mit seinen umgeschossenen Bäumen ein gespenstisches Bild. Müde brannten die Augen, und Rauchschwaden zogen vorüber. Langsam wurde es hell.

Einige Kameraden dösten vor sich hin. Plötzlich: Man wird munter, beim Iwan tut sich was! Ich mache meine Maschinenpistole wieder schußbereit und beobachte die gegenüberliegende Häuserfront. Da dröhnt ein Lautsprecher auf. Die Russen geben uns den Kapitulationsbefehl unseres Stadtkampfkommandanten, General Weidling, durch. Wir sind unschlüssig. Sollte es ein Trick des Iwans sein?

Plötzlich sehe ich am Brückenpfeiler vorbei und entdecke, wie drei Frauen und drei Männer mit einer weißen Fahne zu uns kommen. Drüben hatten die Russen auch eine weiße Fahne gesetzt. Kein Schuß fiel. Da ich unmittelbar an der Brücke lag, konnte ich diese Zivilgruppe zuerst in Empfang nehmen. Sie wollte zum Kampfkommandanten, die Russen hätten uns eine Stunde Bedenkzeit für die Kapitulation eingeräumt.

Ich veranlaßte die sofortige Weiterleitung der Gruppe. Kurze Zeit später schickten die Russen außerdem einen bereits gefangenen Kameraden zu uns herüber. Auch er sollte uns zur Übergabe auffordern. Ich fragte ihn, wie es denn drüben aussähe, worauf er sofort die Zwecklosigkeit eines weiteren Kampfes darstellte, weil die Russen bereits hinter den Häusern weitere Artillerie in Stellung gebracht hätten, um bei erneuter Kampfaufnahme uns den Rest zu geben.

Unser Kamerad hatte den Russen sein Ehrenwort gegeben und kehrte auch nach Überbringung der Anweisung wieder über die Brücke zu ihnen zurück. Pünktlich nach einer Stunde kamen die Frauen und Männer vom Flakbunker und kehrten ebenfalls über die Wiesenbrücke zu den Russen zurück. Endlich kam der Befehl vom Flakbunker: „12 Uhr Feuer einstellen!"

Ich stieg nun aus meinem Schützenloch, ebenso die Kameraden meiner Gruppe. Die Russen winkten von drüben, kamen auch schon einzeln über die Wiesenbrücke und gaben uns außerdem Zeichen, zu ihnen herüber zu kommen. Dieses untersagte ich aber sofort. Weitere Russen kamen nun zu uns über die Brücke und einer von ihnen klopfte mir sogleich freudig auf die Schulter und rief: „Kamerad, Woyna kapuuut, Krieg aus!" Stumm standen wir mit gemischten Gefühlen, unsere Waffen noch behaltend, zwischen den Russen. Was sollten wir tun — mit ihnen glücklich sein, noch zu den Lebenden zu gehören, oder über unser Schicksal trauern? Wir wußten es nicht.

Wolfgang Karow (357.ID.-UVS)

*Aus dem Wehrmachtbericht vom 1. 5. 1945:*
*„Im STADTKERN VON BERLIN verteidigt sich die tapfere Besatzung um unseren Führer geschart auf verengtem Raum gegen die bolschewistische Übermacht . . ."*
*— vom 2. 5.:*
*„An der Spitze der heldenmütigen Verteidiger der Reichshauptstadt ist der Führer gefallen . . ."*

# 1945: Das Ende an der Elbe

**Ein Bericht aus den allerletzten Kriegstagen**

Ende März/Anfang April 1945 wurde nach der Räumung von Gotenhafen und Oxthöft die 215.ID. aufgelöst. Ihre Reste wurden unter Führung von Oberst Herb der 32.ID. angegliedert. Der Divisions-Stab der 215.ID. unter Generalleutnant Frankewitz stellte in Döberitz bei Berlin die Grenadier-Division „Theodor Körner" auf. Diese Division gehörte zur 12.Armee, die unter General Wenck den Auftrag hatte, das teilweise schon verlorengegangene Berlin zurückzuerobern und so eine Wende des Krieges herbeizuführen. Alle Divisionen der 12.Armee trugen Namen wie Scharnhorst, Gneisenau, Ulrich von Hutten, u. a. Von den Kämpfen dieser Grenadier-Division in den allerletzten Kriegstagen handelt der nachstehende Bericht.

Am 11. April melde ich mich bei Generalleutnant Frankewitz in Elsgrund bei Döberitz. Der Ort ist mir vertraut, weil ich an gleicher Stelle 1938 die dortige Offiziersschule absolvierte. Generalleutnant Frankewitz beauftragte mich, das II.Bataillon des Gren.-Regiments 1 zu übernehmen.

In den Tagen vom 12. bis 17. April beginnt die Arbeit mit der Zusammenstellung und Ausbildung der jungen Truppe. Die Mannschaften und fast sämtliche Unterführer und Führer kommen aus dem Reichsarbeitsdienst. Es sind prächtige Burschen, jung und frisch, braungebrannt und großgewachsen. Ich komme aus dem Staunen nicht heraus. Solch unverbrauchte Leute gab es bei den Kampfdivisionen schon seit Jahren nicht mehr. Die Arbeitssoldaten, ihre Unterführer und Führer behalten ihre Arbeitsdienstuniformen und tragen sie im Einsatz bis zum Waffenstillstand. Waffen und Geräte sind reichlich vorhanden. Die Schützenkompanien werden mit den modernsten leichten Infanteriewaffen ausgestattet, alle übrigen Teile der Division leiden weder an Munition noch an sonstiger Ausrüstung Mangel. Aber es fehlt an erfahrenen Offizieren und Unteroffizieren. Als Bataillonskommandeur muß ich mich um die Ausbildung jedes einzelnen Mannes kümmern. Die jungen Leute sind mit Eifer und Hingabe bei der Sache und erlernen in den wenigen Ausbildungstagen die allernotwendigsten Kenntnisse im Umgang mit der Waffe und die Anfangsgründe der Gefechtsausbildung.

Am 17. April, abends 20 Uhr, marschiert das ganze Regiment unter Blitz und Donner bei strömendem Regen zu seinem Einsatz aus dem Lager. Nach einem überaus anstrengenden Nachtmarsch wird dicht südlich Werder ein Waldlager bezogen. Die Soldaten, durchnäßt und übermüdet, fallen wo sie gehen und stehen in tiefen Schlaf. Der 18. April bringt sonniges Frühlingswetter. Ringsumher blühen die Kirschbäume, — nicht umsonst gehört Werder zu den beliebtesten Ausflugsorten der Berliner Bevölkerung. Wir genießen die wonnige Natur wie ein Geschenk, nur das anhaltende Donnern und Dröhnen von Berlin her und die amerikanischen Raubvögel am Himmel gemahnen uns an die Wirklichkeit. Am Abend marschiert das Regiment in südwestlicher Richtung weiter. Marschziel ist das Städtchen Belzig an der Straße Treuenbrietzen-Brandenburg/Havel.

Am 19. April zwingen ununterbrochene Breitfliegerangriffe die Truppe, wiederum ein Waldlager zu beziehen. Belzig wird nicht erreicht. Bei dem kleinen Ort Lüsse begibt sich das Regiment in den Schutz eines dichten Kiefernwaldes. Kein Mensch kann sich auf der Straße oder einer freien Fläche blicken lassen. Die amerikanischen Flieger feuern auf jede Bewegung. Am Abend wird das Regiment in Belzig verladen und in westlicher Richtung abtransportiert. Südostwärts Magdeburg, bei Barby, haben die Amerikaner einen Brückenkopf über die Elbe gebildet, der die Operationen der 12.Armee vom Rücken her bedroht. Der Brückenkopf soll von der Division zunächst abgeriegelt und später im Gegenangriff eingedrückt werden. Auf halbem Wege, zwischen Belzig und Zerbst, wird das Regiment ausgeladen und bezieht erneut ein Waldlager bei Reuden. Die Tätigkeit der amerikanischen Tiefflieger und Jagdbomber hat derart zugenommen, daß jede Bewegung außerhalb einer Deckung der Selbstvernichtung gleichkommt. So vergeht der 20. April, der Geburtstag Adolf Hitlers, in untätigem Verharren unter dem pausenlosen Gedröhn der amerikanischen Flugzeugmotoren und den Abschüssen ihrer Bordwaffen.

Mit dem 21. April ändert sich schlagartig das Gesamtbild. Kein amerikanisches Flugzeug ist mehr am Himmel, keine Bordkanonen beschießen uns, wir können uns unbehindert auf Straßen und freien Plätzen bewegen. Die geradezu unheimliche Stille im Luftraum über uns wirkt noch bedrückender als der Lärm der vorausgegangenen Tage.

Sonntag, 22. April. Tausenderlei Parolen und Gerüchte gehen um: Waffenstillstand mit dem Westen, amerikanische Panzer kämpfen mit uns gegen die Bolschewisten, der Westen liefert Brennstoff, Munition, Lebensmittel; wir sollen den Russen den letzten Stoß versetzen. Eine Welle der Begeisterung, des Mutes und neuer Hoffnung durchflutet uns alle. So machen wir Frontwechsel um 180 Grad und wenden Waffen und Herz nach dem Feind im Osten.

Gegenangriff auf Berlin! Nach einem schweren Nachtmarsch durch endlose Kiefernwälder bezieht das Regiment eine Abwehrstellung bei Niemegk. Außer russischem Störungsfeuer und ein paar Spähtruppunternehmen ereignet sich den Tag über nichts Nennenswertes.

Wir stehen an der Ostfront. Ein einziger Fußmarsch hat das Regiment von einer Front zu andern geführt. Ein Grenadierregiment marschiert in einer Nacht durch das Restgebiet des deutschen Hoheitsbereiches! Die Tragödie ist zur Groteske geworden. Aber wir sind Soldaten und erfüllen unsere Pflicht.

In der Morgenfrühe des 24. April stellt sich das Regiment am Ortsrand von Linthe zum Angriff auf Buchholz bereit. Buchholz, ein Städtchen an der Straße Jüterbog — Treuenbrietzen — Potsdam gelegen, ist feindfrei und wird von uns kampflos besetzt. Die verängstigten Einwohner halten unsere Arbeitsmänner in ihren olivgrünen Uniformen für Russen und winken aus Türen und Fenstern mit weißen Tüchern. Ich übernehme mit meinem Bataillon die Sicherung des nordostwärtigen Ortsteiles und der Straße nach Potsdam. Der Russe weiter nördlich und weiter im Süden weiß nichts davon, daß unser Regiment wie ein Stachel in seiner Querverbindung steckt. Den ganzen Tag über reißt der Strom von russischen Einzelfahrzeugen nicht ab, die Buchholz in beiden Richtungen durchfahren wollen, Melder, einzelne Offiziere, Kuriere, Fahrzeuge aller Art usw. Sie werden samt und sonders vereinnahmt. Einige setzten sich zur Wehr und werden zusammengeschossen. Ich befinde mich gerade bei einem sMG-Posten an der Ortsausfahrt, als ein russisches Beikrad daherbraust. Auf unser Haltezeichen versucht der Fahrer in vollem Tempo davonzurasen; da reißt ihn ein MPi-Feuerstoß aus dem Sattel. Das Krad dreht sich kreischend und landet am Straßenrand. Gleich einem Raubtier springt der Beifahrer aus dem Kübel und ist in Sekundenschnelle im Straßengraben verschwunden. Schon bellt seine MPi auf; da zerfetzt ihn eine Garbe des schweren Maschinengewehrs. Es ist ein Kommissar mit breitem Asiatengesicht. Unter seiner Russenbluse finden wir händevoll Eheringe, Ohrringe, Armbanduhren, Schmuck und Spangen jeder Art. Der Ekel würgt uns in der Kehle. Haß und Verachtung steigt in uns auf. Wir legen den Toten in den Graben zurück und warten auf weitere Russen, die uns bis zum Spätnachmittag ahnungslos in die Hände und in die MG-Garben laufen.

Völlig abgekämpfte eigene Truppen, einzelne Soldaten und versprengte Gruppen kommen, vielfach ohne Waffen, von Osten auf Buchholz zu. Sie werden von den Sicherungen aufgenommen und Richtung Westen weitergeleitet.

Am Abend trifft ganz überraschend der Befehl ein, Buchholz zu räumen und sich vom Feind zu lösen. Der Gegenangriff der 12.Armee ist gescheitert! Das Regiment setzt sich in Richtung Rädigke ab. Ein Divisionsbefehl verbietet jede Bekanntgabe der Rückzugsabsichten an die Bevölkerung, da Stockungen durch mitfahrende Flüchtlingstrecks befürchtet werden. Ich halte mich nicht an den Befehl, weil ich die Angst und das Grauen der Leute nicht mehr mit ansehen kann, als sie unsere Räumungsvorbereitungen erkennen. Rasch werden die Ortseinwohner verständigt. Hochbepackt stehen ihre Wagen in Scheunen und Schuppen; die Pferde sind teilweise schon angeschirrt, die Fuhrwerke werden in unser Marschband eingegliedert, und hinein in die Nacht geht der beschwerliche Marsch nach dem Westen. Im Halbkreis hinter uns brennen die Dörfer und Gehöfte, und von Berlin her reißt das dumpfe Wummern und Brüllen nicht ab. Dort ist auch der Himmel blutigrot.

Im Verlauf der Absetzkämpfe bezieht das Regiment Sicherungs- und Verteidigungsstellungen bei Rädigke, Neuendorf und Borkheide, die gegen überlegene Feindkräfte gehalten werden. Volkssturmeinheiten und Angehörige eines sogenannten „Freikorps Adolf Hitler“ tauchten da und dort auf, ohne klare Befehle und Kampfaufträge. Die Zivilbevölkerung plündert Magazine mit Lebensmitteln und Stoffen; hochaufgetürmt sind die Leiterwagen mit Zuckersäcken und Tuchballen. Wir wenden uns ab von diesen Bildern des Chaos und der Auflösung; die Bataillone und Regimenter müssen an die Elbe zurückgeführt werden. Dort stehen die Amerikaner.

Am 29. April übernehme ich auf Befehl der Division das Regiment 1. Den Regimentsstab treffe ich in Borkheide. Teile des Regiments sind von den Russen eingeschlossen und vom Stab so gut wie abgeschrieben. Im Regimentsstab herrscht Untergangsstimmung. Aber ich spüre, wie mein Auftreten die Leute mehr und mehr ergreift und die fast erstorbenen Energien neu in ihnen weckt. Die Befehle gehen hinaus an die Einheiten, das Unwahrscheinliche gelingt. Das Regiment löst sich aus der tödlichen Umklammerung und rettet sich in rastlosem Marsch vor dem sicheren Untergang. In Treebitz-Gömnigk wird Ortsunterkunft bezogen, und die durcheinandergeratenen Verbände werden neu gegliedert. Ich kehre wieder zu meinem Bataillon zurück.

Am 30. April 15.30 Uhr macht Adolf Hitler in Berlin seinem Leben ein Ende. Bei der Truppe wird der herkömmliche militärische Gruß wieder eingeführt.

Die Divisionen des Korps setzen sich nach NW ab in das Dreieck zwischen Elbe und Havel, um im Raum Tangermünde die Elbe zu erreichen und zu überschreiten.

In der Morgenfrühe des 3. Mai ist das Regiment am Plauer Kanal. Die Mannschaften werden ostwärts Genthin in Schlauchbooten übergesetzt, und gleich hinter dem Wasserlauf nimmt uns dichter Laubwald auf. Wir fühlen uns alle irgendwie geborgen und gesichert, seitdem der Kanal hinter uns liegt. Von der Havel herüber schwillt der Kampflärm stündlich mehr an. Dort ist es russischen und polnischen Verbänden gelungen, den Fluß an mehreren Stellen zu überwinden und Raum Richtung Elbe zu gewinnen.

Von jetzt an kämpft das Armeekorps um sein Leben. Auf die Meldung hin, daß der Feind von Havelberg nach Süden vorstößt, wird mein Bataillon auf Lastwagen verladen und in eiligster Fahrt über Jerichow-Schönhausen nach Klietz vorgeworfen. Der Kampfauftrag ist klar und eindeutig: „Klietz ist so lange zu halten, bis das Korps, die Reste der Oderarmee und die Abertausende von Flüchtlingen die Elbebrücke bei Tangermünde überschritten haben." Rasch wird das Bataillon ausgeladen, zur Verteidigung gegliedert und beiderseits der Straße Havelberg-Tangermünde eingesetzt. Der Bataillonsabschnitt ist 7 km breit. Die Kompanien graben sich ein. Die VB werden eingewiesen; die Batterien schießen sich auf Straße und Vorgelände ein. Schwere Pak geht in Stellung, und die restlichen vier Sturmgeschütze stehen geduckt und sprungbereit unter den Obstbäumen am Ortsrand. Rechts an mein Bataillon angelehnt, mit Front nach Osten, erwartet das I.Bataillon unter seinem tapferen Kommandeur Niederfeilner den Feind.

Schon brandet die erdbraune Flut heran. Die ersten Angriffe werden blutig zurückgeschlagen. Aber nun beginnt für mein Bataillon ein verzweifeltes Ringen um Sein oder Untergang. Im pausenlosen Feuer aller Kaliber sinkt der Ort in Schutt und Trümmer. Mein Gefechtsstand zittert und bebt; immer wieder werden die Eingänge verschüttet. Panzergranaten schmettern Giebel und Wände in Stücke und reißen den Kirchturm herunter. Einbrüche des Feindes werden in wütenden Gegenangriffen bereinigt oder abgeriegelt. Zwei schwere Stalin-Panzer brechen mitten im Dorf auseinander. Einer davon dicht vor meinem Gefechtsstand. Ein junger Arbeitsmann hat ihn mit seiner Panzerfaust vernichtet. Ich hefte dem wackeren Burschen mein EK-Band an seinen Uniformrock. Bis in die Nacht hinein wechseln Feindeinbrüche und Gegenangriffe; zum Glück haben wir noch die Sturmgeschütze. Sie sind überall, wo Not ist, ihr Eingreifen gibt den jungen Soldaten Rückhalt und das Gefühl der Sicherheit. Eingeglüht in meine Seele sind die Eindrücke, als am Morgen des 5. Mai der Höllenlärm kurz abebbt und die ersten scheuen Vogelrufe laut werden.

Dann bricht der Feuersturm erneut los. Ein furchtbarer Tag beginnt. Mit allen verfügbaren Kräften versucht der weit überlegene Feind, Klietz zu nehmen, um von dort nach Süden auf die Tangermünder Brücke zu stoßen. Gelingt ihm dies, so sind die zum Übersetzen versammelten Verbände verloren.

Nicht alle der jungen Arbeitssoldaten sind dem grausamen Geschehen gewachsen. Sie wissen, der Krieg kann nur noch Stunden, höchstens Tage dauern. Die nahe Elbe lockt. Viele verlassen ihre Stellungen und versuchen einzeln oder in kleinen Gruppen die Elbe zu durchschwimmen, um das rettende amerikanische Ufer zu erreichen. Nur unter Aufbietung aller meiner Kraft und meiner Erfahrung vermag ich das Bataillon zusammenzuhalten. Immer wieder muß ich den Soldaten, den Unteroffizieren und Offizieren sagen, um was es geht; ich rede zu, ich drohe mit der Waffe.

Auf meine Vorstellung bei der Division wird im Morgengrauen des 6. Mai das Bataillon aus Klietz genommen und einige Kilometer weiter südlich mit Front nach Norden eingesetzt. Die neue HKL ist nicht gerade günstig, aber unser Absetzen erfolgt unbemerkt, und der Feind verliert kostbare Stunden, weitere rettende Stunden für die Tangermünder Brücke.

Unter empfindlichen eigenen Verlusten halten wir unsere Stellung bis in den Nachmittag hinein. Die Verbindungen zum Regiment und zu den Batterien sind unterbrochen. Jetzt flackert auch hinter dem Bataillon der Kampflärm auf. Die Munition wird knapp. Die Spannung steigert sich ins Unerträgliche. Das nahe Ende beginnt sich abzuzeichnen. Ich schaue verzweifelt nach der Sonne. Aber der Tag ist hell und noch lang. Das Bataillon wird mehr und mehr zusammengedrückt, und ununterbrochen wüten Granatwerfer und Panzergeschütze im Abschnitt. Die Verluste steigen erschreckend. Da trifft um 17.15 Uhr ein junger Leutnant schweißüberströmt bei mir ein und überbringt mir von der weiter südlich gelegenen Einheit folgende schriftliche Meldung: „Feind feuert aus Hohengöhren, wir setzen uns auf die Elbe ab.“ Ich kann und will es nicht wahr haben, aber der junge Offizier und seine Meldung bestätigen es: Der Feind hat hinter unserem Regiment die Straße bei Hohengöhren erreicht und steht wenige Kilometer vor der Tangermünder Brücke. Wir sind von der Brücke abgeschnitten. Jetzt geht es nur noch darum, die Truppe vor der Vernichtung oder vor der Gefangenschaft zu retten. So sind meine Melder noch nie gelaufen, so wurden selten einmal Bataillons- und Kompaniebefehle weitergebrüllt: „Zurückarbeiten an die Elbe! Gegenseitig Feuerschutz geben! Kein Verwundeter bleibt liegen!“ Ein Wettlauf mit dem Tode hebt an. Immer wieder machen die Züge und Gruppen kehrt und halten den nachdrängenden Feind durch Feuer nieder. Ohne nennenswerte Verluste gelangt das Bataillon hinter den schützenden Elbdamm.

Unverzüglich werden auf dem Damm schwere Maschinengewehre in Stellung gebracht und die Kompanien ein letztes Mal zur Abwehr gegliedert. Aber der Feind wagt es nicht, über die deckungslosen Uferwiesen zu folgen. Schwere Waffen kann er ohnedies nicht mehr einsetzen, weil er dadurch die Amerikaner am andern Elbufer mitgefährdet hätte.

Bei Storkau wird auf Elbkähnen über den Fluß gerudert. Amerikanische Soldaten nehmen den Leuten die Waffen ab. Mit ein paar Offizieren fahre ich als letzter zu meinen Männern hinüber; stumm begafft von den amerikanischen Uferwachen, die Brust zum Springen erfüllt von dem Glück des heimgebrachten Lebens, mit Stolz über die erfolgreich durchgekämpfte Rettung Tausender aus dem bolschewistischen Würgegriff, aber auch mit dem Schauer eines fast niederdrückenden Schmerzes. J. Sauter (215.ID.)

*Aus dem Wehrmachtbericht vom 4. 5. 1945:*
*„Der Kampf um die Reichshauptstadt ist beendet. . .“*
*— vom 5. 6.:*
*„Nach Vereinbarung mit dem Oberbefehlshaber der 21.britischen Heeresgruppe, Feldmarschall Montgomery, ist seit heute früh 8.00 Uhr in Holland, in Nordwestdeutschland . . . sowie in Dänemark einschließlich der diesen Gebieten vorgelagerten Inseln Waffenruhe . . . Der Oberbefehlshaber unserer Streitkräfte in Italien hat . . . Verhandlungen mit General Alexander, dem Befehlshaber der angloamerikanischen Truppen, aufgenommen . . .“*

*— vom 7. 5.:*
*„... Vor dem Südabschnitt der Ostfront beschränkten sich die Sowjets auch gestern auf vereinzelte Aufklärungsvorstöße ... Auf der Frischen Nehrung drängten die Bolschewisten unsere Sperrverbände in beiderseits verlustreichen Kämpfen bis an den Ort Vogelsang zurück ...“*
*— vom 9. 5.:*
*„In Ostpreußen haben deutsche Divisionen noch gestern die Weichselmündung und den Westteil der Frischen Nehrung bis zuletzt tapfer verteidigt, wobei sich die 7.Infanterie-Division besonders auszeichnete ...*
*Die Verteidiger von Breslau, die über zwei Monate lang den Angriffen der Sowjets standhielten, erlagen in letzter Stunde nach heldenhaftem Kampf der feindlichen Übermacht ...*
*Seit Mitternacht schweigen nun an allen Fronten die Waffen. Auf Befehl des Großadmirals hat die Wehrmacht den aussichtslos gewordenen Kampf eingestellt. Damit ist das fast sechsjährige heldenhafte Ringen zu Ende. Es hat uns große Siege, aber auch schwere Niederlagen gebracht. Die deutsche Wehrmacht ist am Ende einer gewaltigen Übermacht ehrenvoll unterlegen.*
*Der deutsche Soldat hat, getreu seinem Eid, im höchsten Einsatz für sein Volk für immer Unvergeßliches geleistet. Die Heimat hat ihn bis zuletzt mit allen Kräften unter schwersten Opfern unterstützt.*
*Die einmalige Leistung von Front und Heimat wird in einem späteren gerechten Urteil der Geschichte ihre endgültige Würdigung finden.*
*Den Leistungen und Opfern der deutschen Soldaten zu Lande, zu Wasser und in der Luft wird auch der Gegner die Achtung nicht versagen. Jeder Soldat kann deshalb die Waffe aufrecht und stolz aus der Hand legen und in den schwersten Stunden unserer Geschichte tapfer und zuversichtlich an die Arbeit gehen für das ewige Leben unseres Volkes.*
*Die Wehrmacht gedenkt in dieser schweren Stunde ihrer vor dem Feind gebliebenen Kameraden.*
*Die Toten verpflichten zu bedingungsloser Treue, zu Gehorsam und Disziplin gegenüber dem aus zahllosen Wunden blutenden Vaterland.“*

*(Zeichnung zu einem Beitrag von Edwin Erich Dwinger: „Kennst Du den russischen Menschen?“ in der „Feldzeitung von der Maas bis an die Memel“*

*„Es war eine überraschende Erscheinung ... des Krieges, daß sich die deutsche Armee in Bezug auf menschliches Verhalten einen besseren Ruf erwarb als 1870 und 1914; man hätte eigentlich erwarten sollen, daß die Addition von Nazismus und ‚Preußentum' diesen Ruf verschlechtert hätte! Diese Zurückhaltung und das Bestreben, ihren Namen von Flekken freizuhalten, dürfte auf die Bemühungen von Blomberg und anderen Gleichgesinnten zurückzuführen sein ... Reiste man nach dem Krieg durch die befreiten Länder, so hörte man allenthalben das Lob der deutschen Soldaten — und nur zu oft wenig freundliche Betrachtungen über das Verhalten der Befreiertruppen."*
*Sir Basil Liddell Hart: „Lebenserinnerungen" (Econ-Verlag, Düsseldorf, 1966)*

# Verrat gegen „Sold"

**In Ostpreußen vor Kriegsbeginn**

August 1939: Ich habe eine „B-Stelle" des Füsilier-Regiments 27 dicht an der Grenze eingerichtet. Für diese Nacht wird wieder der Wachtmeister des polnischen Ulanen-Regiments aus Ostrolenka erwartet, entsprechende Vorbereitungen sind an der Grenze getroffen. Er wird den Grenzbach, die Orschütz, durchwaten. Ich soll dabei sein, wenn er seinen Bericht abliefert. Die bisherigen Meldungen wurden von seinem V-Mann weitergegeben, es bestehen aber Zweifel über die militärische Genauigkeit. Ich bleibe in der mir bei Einrichtung unserer „B-Stelle" zugeteilten Zöllner-Uniform. Nach Eintritt der Dunkelheit gehe ich in das Gasthaus des kleinen Grenzortes Flammberg. In einem Hinter-Zimmer sitzt in Decken gehüllt — seine Klamotten sind naß vom Durchwaten des Baches — der polnische Wachtmeister.

Er spricht kein Wort deutsch. Bei ihm ist sein V-Mann, zu meinem Erstaunen nicht in Zivil, sondern in schwarzer Uniform mit Armbinde. Er spricht perfekt polnisch. Der Wachtmeister ist mißtrauisch, als er mich in der Zöllner-Uniform erblickt. Der V-Mann erklärt ihm, daß ich Offizier der Wehrmacht sei und präzise militärische Fragen stellen würde, die er beantworten solle. Bevor ich kam, hatte ihm der Wachtmeister Papiere übergeben: Durchschläge von Befehlen aus dem Stab der Ulanen. Ohne polnische Sprachkenntnisse kann ich aber ihren Inhalt nicht auswerten.

Der Wachtmeister ist in der Gegend von Chorzele beheimatet, dem Ort jenseits der Grenze. Wenn er in Urlaub geht, muß er durch das Gelände, das zu meinem B-Abschnitt gehört. Mich interessiert, ob sich unsere Beobachtungen durch seine Aussagen bestätigen lassen. Ich frage nach Stellungsarbeiten an den Straßen jenseits Chorzele und der Doppelbrücke über die Orschütz. Das Frage- und Antwortspiel läuft militärisch knapp ab, die Antworten des Wachtmeisters sind präzise. Der Abschluß dieser „Begegnung" ist dann für mich abstoßend: Der Verräter bekommt von seinem V-Mann aus einer großen Aktentasche Zloty-Scheine vorgezählt (ich weiß nicht, wieviel dieser Abend, die Aussagen und der Bericht wert gewesen sind). Deutscher Gründlichkeit entsprechend muß der Wachtmeister auch noch den Empfang auf einem neutralen Schein quittieren. Auf dem gleichen Weg wie er kam, wird er durch die Grenzlinie geschleust. — Von Chorzele her tönt Hundegebell, der Mond ist aufgegangen, Wolkenfetzen ziehen langsam an ihm vorüber, tauchen das Land in tiefen Schatten, als ich zu unserer B-Stelle gehe ...

M. Steglich (12.ID.)

# Französische Gastfreundschaft

**Der pensionierte Major betrachtete uns nicht als Feind**

Nach dem Fankreich-Feldzug wurde unser IR.181 im Herbst 1940 im Raum Chalon sur Saone—Autun an der Demarkationslinie zur Sicherung eingesetzt. Ein Kamerad und ich bezogen auf längere Zeit Quartier bei der Familie Giclon in Fontaine-Francaise. Wir waren für sie keine Feinde, sondern Gäste. An Sonn- und Feiertagen luden sie uns ein, mit ihnen zu essen. An einem Sonntag führte uns unser Gastgeber, ein pensionierter Major, zuletzt Kommandant der Artillerie-Kaserne „Junot" in Dijon, zu einem Grab. Hier waren seine beiden Söhne, die als Luftwaffen-Offiziere im Kampf gegen uns gefallen waren, bestattet. Keine feindseligen Gefühle uns gegenüber! Nur Trauer. Weihnachten 1940 begleitete er uns zu seinem Freund, Graf Mirabeau, auf dessen Schloß, wohin wir zu einem Festtagsmenu gebeten waren.

Im Sommer 1941, vor unserem Transport nach dem Osten, führte er uns zu einem anderen Freund, einem Fotografen, als habe er geahnt, was bevorstand. Wir wußten, daß unsere Bilder auf seinem Vertikov standen. Mit Tränen in der Stimme wünschte er uns eine glückliche Heimkehr nach Deutschland.

Heinrich Sitzmann (52.ID.)

# „Rettet meine Brüder!"

**Zu Gast bei der Familie Struza**

Die 25.Inf.Div. (mot) der ich angehörte, erreichte ihren Versammlungsraum für den Aufmarsch gegen die Sowjetunion bis 15. 6. 41 in Polen im Raum westlich und südlich Lublin.

Das Pi.-Btl. 25 (mot), dessen Adjutant ich war, zog mit Stab- und Stabszug in Gut Struza unter. Der Btl.-Gefechtsstand wurde in einem Flügel des Gutshofes eingerichtet. Das Gut gehörte dem Grafen Struza, der mit seiner Familie — Frau und drei Töchtern — das Hauptgebäude bewohnte. Da wegen unseres Einzuges im Gutsgelände immer wieder kleinere Probleme zu lösen waren, wurde ich als Btl.-Adjutant Gesprächspartner der Familie Struza. Die Familie wurde meistens durch Gräfin Struza vertreten. Sie war eine charmante, elegante Dame — etwa 40 Jahre alt, blond, gut gewachsen. Sie sprach fließend deutsch und französisch und erzählte mir nebenbei, daß ihre Familie üblicherweise den Winter in Paris verbrächte.

Die Töchter zwischen 9 und 15 Jahren alt, waren ihrer Mutter sehr ähnlich und ritten oft im Park auf ihren Ponys, unter der Aufsicht ihres Vaters. Graf Struza war ein großer, schlanker Mann, von vornehmer, zurückhaltender Wesensart. Wenn er bei einer Besprechung dabei war, überließ er das Wort meist seiner Frau, obwohl auch er sehr gut deutsch sprach.

Im Laufe weniger Tage mußte Gräfin Struza mich als vertrauenswürdigen Partner betrachtet haben. Sie fragte mich bei einer Besprechung ganz unvermittelt, was ich eigentlich mit meiner Zigarettenration machen würde. Sie habe mich noch nie rauchen sehen. Ich konnte ihr leicht erklären, daß ich Nichtraucher sei und meine Zigaretten meist an Kameraden verschenke. Daraufhin bot sie mir für jede Zigarette, die ich ihr gäbe, ein Ei als Gegenleistung an. In unserem kleinen „Casino" wurden von da an häufig Spiegel- oder Rühreier mit Bratkartoffeln gegessen.

Durch diesen „Tauschhandel“ wurde unser Vertrauensverhältnis weiter vertieft, und Gräfin Struza erzählte mir von ihren beiden Brüdern, die als polnische Offiziere in sowjetische Gefangenschaft geraten waren. Ihr ganzes Leben war überschattet von der Sorge um ihre Brüder. Man merkte ihr an, wenn sie von ihnen sprach, wie sehr sie innerlich beteiligt war und daß sie nur mit großer Beherrschung ihre Tränen zurückhalten konnte.

Die Vorbereitungen für den Angriff auf die Sowjetunion liefen unter strengster Geheimhaltung ab, doch von der ersten Angriffsstunde an, wußte Gräfin Struza, wo unsere Angriffsspitzen ostwärts Lublin standen. Wenn ich fragte, woher sie das wisse, entwortete sie nur: „Pantoffelpost.“

Die Stunden unseres Abmarsches standen bevor. Ich begab mich zur Familie Struza, um uns abzumelden und mich zu verabschieden. Als mir Gräfin Struza die Hand gab, brach es mit elementarer Gewalt aus ihr hervor: „Rettet meine Brüder, ihr könnt es, ihr seid schon bald in ihrer Nähe.“ Mir steckte ein Klos im Halse. Ich konnte kaum sprechen. Wir, die wir ihre Feinde waren — sie mußte es ja so betrachten — wir sollten ihre Brüder retten. Die Tragik dieser Situation warf mich fast um, und tagelang brannte mir der Hilferuf dieser Frau auf der Seele, bis andere Sorgen und Nöte die Sache verdrängten.

Später, als wir von Katyn erfuhren, wo Tausende polnischer Offiziere den Tod durch die Sowjets fanden, gingen meine Gedanken wieder zurück zu jener Frau und ihre Bitte: „Rettet meine Brüder.“ Philipp Weißbrodt (25.ID.(mot.))

# Unvermutete Begegnungen

**Als Nachrichten-Dolmetscher bei Vorausabteilungen in Rußland**

Nach anstrengenden Tagen des Vormarsches und der Kämpfe im Nordabschnitt im Sommer 1941, wobei ich als Nachrichten-Dolmetscher stets zur jeweiligen Vorausabteilung kommandiert war, kamen wir bei Smolensk für einige Tage in Ruhestellung. Ich hatte dort mit den Starosten zu tun, um die Weisungen für sofortige Ankurbelung oder Fortführung der Wirtschaft weiterzugeben oder zu überwachen. Dabei mußte ich auch einen Waldaufseher in seiner Kate am Waldrand aufsuchen.

Im Gespräch kam natürlich die auch anderenorts immer wieder an mich gestellte Frage, woher ich denn die russische Sprache so gut, vor allem so akzentfrei, beherrschen würde. Ich erklärte, daß ich vor dem Ersten Weltkrieg in Petersburg geboren worden war und in Rußland meine erste Jugendzeit verbracht hatte. Inzwischen gesellte sich auch die Frau des Waldaufsehers hinzu und erzählte, daß sie in ihrer Jugend ebenfalls schöne Zeiten in Petersburg erlebt und sogar in einer deutschen Familie als Kindermädchen gearbeitet habe.

Selbstverständlich erkundigte ich mich sofort, bei wem sie denn gewesen sei. Als die den Namen nannte, platzte ich förmlich mit der Frage heraus, ob sie sich denn an die Meta erinnern könne. Erstaunen und Freude waren groß: „Meta, natürlich, das ist doch das Mädchen, das ich betreut habe. Wo ist sie denn jetzt, was macht sie?“ So genau konnte ich die Frage nicht beantworten, denn es war lange her, daß ich meine entfernte Kusine gesehen oder von ihr gehört hatte. In den Zwanziger Jahren hatte ich ihre Eltern in Leipzig besucht und später gehört, daß Meta als verheiratete Frau längere Zeit in Fernost gewesen war.

Nach meiner Rückkehr aus sowjetischer Kriegsgefangenschaft besuchte ich Meta in ihrem neuen Wohnort am Neckar und berichtete zu ihrem großen Vergnügen von dieser

Begegnung. Dieser Bericht könnte damit ein Ende haben, aber es fügt sich ihr noch eine Begebenheit an, die fast vierzig Jahre später geschah: Bei einer gesellschaftlichen Veranstaltung saß ich neben einer mir bekannten Frau und erzählte ihr ebenfalls diese Episode. Kaum hatte ich den Namen Meta ausgesprochen, als sie ausrief: „Wie, die Meta, die ist doch meine Klassenkameradin in der Schule in Leipzig gewesen!“ Seit jener Zeit hatten beide nichts von einander gehört, nun war der Kontakt wieder hergestellt worden . . .

Eine weiter berichtenswerte Begegnung erlebte ich im Krieg etwa ein Jahr später. Ich wurde zu einem Lehrgang in Solzy abkommandiert. Nach Ablauf der ersten Woche saßen wir gemütlich beisammen, neben mir ein Wachtmeister. Er interessierte sich dafür, daß ich aus Berlin kam, er sei dort in letzter Zeit auch gewesen, als Ingenieur in der Physikalisch-Technischen Reichsanstalt. Sofort erkundigte ich mich, ob er einen Schulkameraden, einen Diplomingenieur, der auch in dieser Anstalt war, gekannt hat. „Ja“, sagte er, „den kenne ich.“

So fahre ich fort: „Ich habe da noch eine Bekannte, die in der gleichen Anstalt arbeitet. Die wirst Du aber kaum kennen, sie ist dort in der fotografischen Abteilung. Dorli heißt sie.“ Nun wird er noch neugieriger und will wissen, woher ich denn die kenne. Ich erkläre ihm: „Ganz einfach, sie ist die jüngere Schwester meiner Tante.“ „Ja“, fährt er da auf, „Dorli ist doch meine Frau, wir haben vor kurzem geheiratet.“

Wilhelm Winkler (2./NA18 und Nachr.Aufkl.Kp.501)

# Die Nacht vor Jasnaja Poljana

**Wo Leo Nikolajewitsch Tolstoi geboren wurde**

Es war im Oktober des Jahres 1941, mitten in Rußland. Wir standen südlich Tula und noch auf dem schon stockend gewordenen Vormarsch. Da breiteten wir eines Abends in unserer Hütte eine neue Karte aus, legten darauf die Grenzen fest und einer steckte eine Nadel in noch unbekanntes Gelände. Da plötzlich hielt der eine, ein Student aus Berlin, inne und flüsterte den Namen: Jasnaja Poljana! Und im Dämmerlicht der Hütte, über die die ersten Schneewehen fauchend dahingingen, stand der Größte unter Rußlands Großen, stand der bärtige, kraftstrotzende Gutsbesitzer aus Jasnaja Poljana, stand der Reformator und Erzähler: Leo Nikolajewitsch Tolstoi!

Am 9. September 1828 wurde er hier geboren. In dem kleinen Dorf wuchs der verträumte Knabe auf, wurde von Verwandten erzogen, da die Eltern früh gestorben waren, übernahm eines Tages das väterliche Gut, verwirklichte seine Lehre, und fand schließlich auch in seinem Geburtsort seine letzte Ruhestätte, nachdem er kurz vorher das Dorf bei Nacht und Nebel verlassen hatte, um seinen Tod, seinem Leben gemäß, zu suchen. Diesem Jasnaja Poljana hat man manche Ehre angetan. Das Dorf wurde Wallfahrtsort für das russische Volk, man baute dort ein Denkmal und richtete Tolstois Haus als Museum ein. Selbst auf manchen Karten Rußlands konnte man Jasnaja Poljana finden, obwohl es, seiner Größe gemäß, kaum jemals zur Nennung im Kartenbild berechtigt gewesen wäre.

Die anderen, die damals noch bei uns waren, haben den Schatten Tolstois kaum erkannt. Wir aber, der junge Soldat und ich, saßen in dieser Nacht lang zusammen und haben Leben und Werk Tolstois im Geiste an uns vorüberziehen lassen. Und wir haben aus der seltsamen Begegnung Kraft und Ruhe schöpfen können, denn Tolstoi, der mit 24 Jahren seine „Kosaken“ und mit dem gleichen jugendlichen Elan mit 70 Jahren seine

„Auferstehung“ schrieb, dazwischen ein Lebenswerk seltener Größe vollendete, hat durch seine unwandelbare Treue zum Wahren auch uns, damals am Beginn eines furchtbaren Winters in Rußland, Maß und Haltung gegeben.

Die Nacht vor Jasnaja Poljana versank in Schneewehen und Leuchtkugelschwärmen; und als der Morgen graute, gingen wir zurück in unbekannte Grenzen. Jasnaja Poljana blieb uns versagt. Aber der Ruf Tolstois hat uns in der rechten Stunde erreicht. Er, der Verächter des Krieges, schrieb einmal das Wort „Liebe“ über seinen neuen Glauben. Uns hat dieses Wort damals stille und innerlich zufrieden gemacht, wenn auch um uns der Untergang begann. Franz Schaub (AR 129)

# Probleme um ein Brautbukett

**Ferntrauung bei der 323.Division**

Als „Kanalwächter“ abgelöst, lag die 323.Division im Frühjahr 1942 in Belgien, um nach Auffüllung mit den noch fehlenden Einheiten an der Ostfront eingesetzt zu werden. Vor der neuen Verwendung mußte von der Division noch mancherlei bedacht und geregelt werden. Aber auch der einzelne Mann hatte seine Sorgen. So der Schütze Emil N., Alter 43 Jahre, Heimat Österreich, naher der ungarischen Grenze, ledig, Vater verstorben. Besser gesagt: Noch ledig. Denn Emil wollte heiraten.

Seine Braut kannte er seit 40 Jahren, 41 Jahre alt, ebenfalls noch ledig, aus demselben Dorf, vom Nachbarhof stammend. Es ist doch gut, wenn man diesen wichtigen Schritt im Leben, das Heiraten, gründlich und lange genug überlegt. Aber nun waren eben besondere Zeiten, es war Krieg und Emil mußte den Soldatenrock anziehen. Die Mutter kränkelte, da sollte halt noch eine tüchtige Hilfskraft auf den Hof. Also nun wird geheiratet, was man ja eigentlich schon lange genug vorgehabt hatte. Von Belgien nach Österreich ist es weit, sehr weit. An Urlaub ist, so kurz vor dem Abmarsch nach dem Osten, nicht zu denken. Also Ferntrauung mußte es geben.

Es war alles aufs beste vorbereitet. Der Major mußte als Standesbeamter fungieren, der Einheitsführer, im Zivilberuf Pfarrer, sollte zudem noch eine Ansprache halten, die dann auch mangels vorher besprochenen, aber ausbleibenden Befehls „in voller Kriegsbemalung“, also umgeschnallt und mit Stahlhelm, von allen Beteiligten, vor allem dem „halb“ anwesenden Brautpaar, gut überstanden wurde.

Um eine fahnenverdeckte Kiste standen im Halbkreis die Stühle der Beteiligten. Ein Stuhl blieb leer, der Stuhl der so ersehnten und geliebten Fernbraut. Um ihre Anwesenheit wenigstens zu symbolisieren, sollte an die Lehne dieses freien Stuhles das Brautbukett geheftet werden.

In Belgien gab es im gerade anbrechenden Frühling in der nahen Stadt schöne Blumen zu kaufen. Also wurde Alfred, Kamerad des Bräutigams, in die Stadt geschickt, um auf Kosten der Einheit ein schönes Brautbukett zu besorgen. Bei seiner über Gebühr verzögerten Rückkehr konnte Alfred aber nur einen Strauß von Wachsblumen vorweisen. Er hätte in der ganzen Stadt keine lebenden Blumen auftreiben können und darum diese doch auch so schönen Wachsblumen erstanden. Also mußten die Wachsblumen, wohl oder übel, an die Lehne des freien Brautstuhles geheftet werden.

Die Ferntrauung mit den verschiedensten Programmpunkten war glücklich überstanden, Brautbukett und eine Silberschale als Hochzeitsgeschenk waren vom Bräutigam in Empfang genommen, auch das Festmahl im Kreis der Beteiligten und einiger Kameraden mit aus Frankreich organisiertem Braten und Wein war eingenommen. Der Alltag forderte wieder sein Recht. Nach wenigen Tagen erfolgte der Abtransport nach dem Osten. Der Einheitsführer war inzwischen versetzt, befand sich aber noch beim Divisionsstab.

Wochen später war die Division bei Rowno ausgeladen worden, marschierte nach Osten und kam durch Gluchow. Der frischgebackene Bräutigam marschierte als Begleiter hinter einem Fahrzeug. Uniform und Stiefel waren von russischer Erde verdreckt und verstaubt. Aber Emils Herz jubelte und marschierte auf anderen, friedlicheren Wegen in der fernen Heimat zum Haus und Hof der Mutter und Braut, die nun nicht mehr allein sind.

Da steht am Straßenrand der ehemalige Einheitsführer. Mit ihm muß er die Freude seines Herzens teilen, ihm muß er es erzählen. Also schnell hinter dem Fahrzeug hervor, hin zu ihm, die eigene Hand entgegengestreckt und schon quillt es aus übervollem Herzen: „Ich habe den ersten Brief von meiner Braut, nein, von meiner Frau, bekommen. Die läßt sich ganz herzlich bedanken für die schöne, silberne Schale und für die schöne Feier. Am meisten hat sie sich aber gefreut, daß das Brautbukett noch ganz frisch war."

Johann Leuchtmann (323.ID.)

# Der Waisenknabe Peter

**Beim Abschied gab es Tränen**

Mein Erkundungszug war auf dem Marsch in Richtung Pskow. Unterwegs machten wir eine kurze Rast, als mir ein Knabe von etwa 12 Jahren zurief: „Chail Chitler, germanski!" Ich schaute mir den Knaben näher an und stellte fest, daß er ziemlich heruntergekommen war. Die schmächtige Gestalt steckte in einem viel zu großen, zerrissenen Anzug. Das Gesicht des Knaben war blaß und hohlwangig. Aber er machte einen aufgeweckten Eindruck.

Von meinem Dolmetscher erfuhr ich, daß er Peter hieß und Waisenjunge war. Beim Einmarsch der deutschen Truppen war er aus einem Waisenhaus ausgerückt; seitdem trieb er sich bettelnd und stehlend umher.

Mir tat der Junge leid. Zuerst durfte er sich erst einmal tüchtig sattessen. Dann nahm ich ihn mit zum Stab meiner Abteilung. Mein Kommandeur war damit einverstanden, daß Peter bei uns bleiben durfte. Er bekam Seife, Handtuch und Zahnputzzeug. Dann mußte er sich gründlich waschen. Seine Sachen wurden verbrannt. Von dem Bekleidungs-Feldwebel erhielt Peter eine gebrauchte Uniform ohne Abzeichen, und der Schneider machte die Sachen passend.

Peter machte sich in der Küche nützlich und war sehr lernbegierig. Bald war er der Liebling der Angehörigen des Stabes und wurde von allen verwöhnt. In erstaunlich kurzer Zeit konnte er soviel Deutsch, daß man sich mit ihm gut verständigen konnte.

Peter wollte kein Russe mehr sein, nachdem er sich bei uns eingelebt hatte. „Ich nix ruski, ich germanski", sagte er immer. Auch der Kommandeur hatte seine Freude an dem Knaben, der jetzt wohlgenährt aussah. Der Kommandeur brachte Peter verschiedene Ausdrücke bei, die sonst in keinem Lexikon stehen. Er hatte dem Knaben gesagt, diese Worte seien eine Begrüßung.

Wenn eine Besprechung beim Stab stattfand, zu der alle Offiziere anwesend sein mußten, postierte der Kommandeur den Jungen vor seine Tür, um die Offiziere begrüßen zu lassen. Diese waren sehr erstaunt, als sie mit dem Götzzitat begrüßt wurden. Darüber wollte sich der Kommandeur totlachen.

Erst später hat der kleine Russenjunge erfahren, was für eine Bedeutung seine Begrüßungsworte hatten. Seit dieser Zeit wollte er vom Kommandeur nichts mehr wissen. „Chef nix gutt", sagte er zu mir.

Als wir Anfang Januar 1942 zur Generalüberholung unserer Fahrzeuge in die Heimat verladen wurden, konnten wir Peter nicht mitnehmen. Aus diesem Grunde mußten wir ihn wieder in ein Waisenhaus bringen. Der Junge konnte das nicht verstehen. Es hatte ihm so gut bei uns gefallen. Jetzt sollte er wieder in ein Heim.

Der Abschied fiel allen Angehörigen des Stabes schwer. Weinend nahm Peter von allen Abschied. Schluchzend fiel er mir um den Hals. Kurt Hildebrandt (4.Pz.-Div.)

## Das Schicksal aus der Hand gelesen

**Die Frau aus Turbino behielt mit ihren Prophezeiungen recht**

Nach verschiedenen Unterkunftswechseln im Raume Gshatsk landeten wir im Frühjahr 1942 in Turbino. Wir bezogen in den Häusern des Dorfes Quartier. Deshalb blieb auch der Kontakt mit der Zivilbevölkerung nicht aus. So kam uns auch zu Ohren, daß eine Dorfbewohnerin die Fähigkeit besitze, die Zukunft aus der Hand zu lesen. Eines Tages wollten wir die Probe aufs Exempel machen. Wir baten die Frau, eigentlich mehr zum Spaß, uns unsere Zukunft vorauszusagen.

Die merkwürdigste und unglaublichste Voraussage zum damaligen Zeitpunkt wurde dem Kameraden Kläger aus Nagold gegeben. Ihm wurde zur Verblüffung aller Landser eröffnet, daß er in einem Vierteljahr, also noch im Sommer 1942, aus der Wehrmacht entlassen werde und nach Hause käme. Kläger schien übrigens ein besonderer Glückspilz zu sein, denn während der Kesselschlacht bei Wjasma geriet er in russische Gefangenschaft, wurde jedoch nach drei Tagen von eigenen Truppen wieder befreit.

Den meisten der anwesenden Kameraden, darunter auch mir, wurde beschieden, daß wir nach einer „langen Reise" im Jahre 1948 in die Heimat zurückkehren würden. Einzelne von uns, so König und Schlegel, erhielten schlechte Zukunftsprognosen gestellt. Wir nahmen die ganze Sache nicht sehr ernst und machten unsere Witze darüber. So sahen wir uns schon als „Ortskommandanten" irgendwo im fernen Sibirien, deren Ablösung nur durch die eigenen Söhne in weiter, weiter Zukunft möglich sein werde. Das wären schlechte Aussichten gewesen, denn bei den meisten war weder ein Sohn „im Anmarsch" noch war ein solcher schon geboren.

Wir hatten die Angelegenheit schon längst vergessen, als im Sommer 1942 von höchster Stelle ein Befehl erlassen wurde, wonach bei Familien, bei denen der Vater und eine bestimmte Anzahl von Söhnen zum Kriegsdienst einberufen waren, der jüngste Sohn zur Erhaltung der Sippe umgehend aus dem Wehrdienst zu entlassen sei. Dies traf bei Kläger zu, der nach feuchtfröhlichem Abschied die Reise in die Heimat antrat. Die Voraussage der Russin hat sich bei ihm pünktlich bewahrheitet.

Schlegel, einer mit den düsteren Prognosen, wurde als Offizieranwärter zu einer anderen Einheit versetzt. Dort wurde er bald bei Kampfhandlungen schwer verwundet und verlor ein Bein. König kam während des Rückzuges 1944 bei einem Tieffliegerangriff ums Leben. Wir anderen sahen nach der angekündigten „langen Reise" und einer dreijährigen Gefangenschaft die Heimat wieder.

Die Voraussagen der Russin hatten sich erfüllt.

Ich bin von Natur aus nicht abergläubig. Doch die Prognosen der Frau aus Turbino haben mich sehr beeindruckt. Hans Schenk (35.ID.)

## Wir blieben Menschen

**Wo es möglich war, Hilfe geleistet**

Wir „Artillerie-Elche" der 291.ID. lagen im Mai 1942 an der Westfront des Wolchow-Kessels. Der Schnee war der Sonne gewichen, Sumpf, Wasser und Schlamm blieben. Marschbewegungen waren nur auf Knüppeldämmen möglich, Stellungen konnten nicht in die Erde gebaut werden. In der ekligen Wasser- und Sumpfwüste hausten wir in Holzhütten und Zelten. Myriaden von Stechmücken überfielen in Schwärmen Männer und Pferde.

Viele der eingeschlossenen Russen warfen die Waffen weg und flüchteten in die undurchdringlichen Sumpfwälder; ohne jeglichen Nachschub mußten manche elend verhungern; es gab Überläufer.

Vor unserem „Wachlokal", einem primitiven Blockhaus, stand ich mit einem Kameraden auf Wache. Da torkelte gegen Abend aus dem Gestrüpp ein Russe ohne Waffen in zerlumpter Uniform mit erhobenen Händen auf uns zu. Er war völlig entkräftet und machte einen verschüchterten Eindruck. Wir führten ihn in unsere Holzkate und legten ihn in seinem erbärmlichen Zustand auf ein Feldbett. Einer der ostpreußischen Kameraden bekam aus ihm heraus, daß er Zahlmeister sei. Er blieb einsilbig, apathisch und verängstigt, bis wir ihm Kommißbrotschnitten und warmen Tee reichten; er aß mit Heißhunger. Nun wurde der Sowjetsoldat redseliger; gegen Tränen kämpfend sagte er, er stamme aus Kasan, seit Wochen hätten sie immer seltener normale Verpflegung erhalten und sich von den spärlich vorhandenen Waldfrüchten, von Moosen, Wurzeln und Baumrinde ernähren müssen, da ihre wenigen Pferde längst aufgezehrt waren. Die ganze Nacht ließen wir ihn unter Bewachung schlafen und brachten ihn am Morgen zum Hauptverbandsplatz, wo der Arzt, wie ich später hörte, einige Tage brauchte, um ihn wieder an normale Kost zu gewöhnen.

Ein Jahr später lagen wir in dem Dorf Pligovka, im Raum Nevel. Ich sollte mich mit dem Dolmetscher Otto Koslowski im rückwärtigen Gebiet nach Quartiermöglichkeit umsehen. Zu Pferde besuchten wir in den Dörfern den jeweiligen Ortsstary. Auf dem Rückweg hielten wir an einem alleinstehenden Hause am Waldrand an, es sah mit seinem Stallgebäude nach Landwirtschaft aus. Eine Tasse frische Milch würde uns an dem warmen Tag guttun. Wir banden unsere Reitpferde am Zaun fest und betraten die einfache, aber große Wohnstube des Hauses. Die Frau und ihre etwa zwölfjährige Tochter sahen uns erschrocken und mißtrauisch an. Koslowski fragte nach höflichem Gruß in russischer Sprache, ob sie für uns eine Tasse Milch habe? Das abweisende „Niet" verstand auch ich. Oder frisches Brunnenwasser? Wieder kam ein kurzes „Niet". Wir hatten bereits auf der Holzbank Platz genommen. Als wir nun aufstanden und uns dem Ausgang zuwandten, fiel mir auf, daß das Kind den linken Unterarm mit alten zerfetzten Lumpen dick verbunden auf der Tischplatte liegen hatte. Ich forderte die Mutter mit Zeichen auf, den schmutzigen Wickel abzunehmen. Sie tat es sofort. Otto und ich waren entsetzt, als wir ein großes und stark eiterndes Geschwür zu sehen bekamen. Ich trug zwei Verbandspäckchen bei mir; das eine riß ich auf, und wir bedeuteten der Mutter, mit einem Teil davon das Geschwür zu verbinden. Das andere Päckchen ließ ich ungeöffnet auf dem Tisch liegen. Wir beide gingen dann hinaus. Die Frau kam uns eilig nach, hielt uns an der Haustür zurück und drängte uns wieder in die Stube. Wir hörten dort, daß sie sich im Vorraum zu schaffen machte. Sie brachte einen irdenen Topf mit Milch; wir sollten trinken. Dann kramte sie aus einer Holzkiste mehrere Hühnereier, die sie uns geradezu aufnötigte. — Wir dankten ihr, banden unsere Pferde los und ritten zu unserer Einheit nach Pligovka zurück.

Bernhard König (291.ID.)

# Eine seltsame Begegnung

**Wie klein die Welt doch sein kann . . .**

Vorab: Diese Begebenheit aus dem Sommer 1942 hat eine untrennbar mit ihr verbundene Vorgeschichte, die zunächst berichtet werden muß: Im Jahr 1921 nahmen meine Eltern in unserem Hause eine volksdeutsche Familie aus dem Terekgebiet im Kaukasus auf: Vater, Tante, zwei Töchter und zwei Söhne waren als Deutsche im Ersten Weltkrieg hinter dem Ural interniert gewesen. In den Wirren der Oktoberrevolution 1917 gelang es ihnen zu fliehen, die deutschen Linien zu erreichen und in ihr Heimatland Württemberg zurückzukehren.

Bei Verwandten im Ort suchten sie Unterschlupf und kamen dadurch in unser Haus. Vater und Tante, die schon alt waren, starben bei uns. Zwei Töchter und ein Sohn gingen nach Kanada. Ein Sohn, der in Rußland Textilkaufmann gelernt hatte, bekam in Stuttgart Arbeit, machte sich später selbständig und verheiratete sich. Er war längst ein guter Freund meines Vaters geworden, und da er schon 1934 ein Auto hatte, war es selbstverständlich, daß die junge Familie, inzwischen waren zwei Töchter angekommen, oft zu uns „aufs Land" kam.

Die Kinder verbrachten ihre Ferien bei uns, und ihre Eltern wurden für meine Schwester und mich Tante und Onkel. Mein erster Zirkusbesuch wurde von Onkel Christoph in die Wege geleitet, die letzten Ratschläge für die Gesellenprüfung in Stuttgart von ihm entgegengenommen und danach die bestandene Prüfung mit ihm gefeiert. Selbstverständlich war mein Anlaufziel in jedem Urlaub die Wohnung in Stuttgart. Stundenlang habe ich mit Onkel Christoph, der einwandfrei bis ins hohe Alter russisch sprach, über Russland debattiert. Dies zur Vorgeschichte, und nun zurück in das eigentliche Geschehen.

Als Kradmelder beim III./308 erhielt ich den Auftrag, im Raum Tichorezkaja Feldküche und Munitionsnachschub einzuweisen. Dies gehörte damals nach den täglichen weiten Fahrten und Gefechten mit sowjetischen Nachhuten zu meinem abendlichen Aufgabenbereich beim damaligen Kommandeur, Hauptmann Scherg.

Wir waren vor einem weiten Sonnenblumenfeld in Stellung gegangen und hatten uns notdürftig eingegraben. Mit der Küche war ich gerade am Gefechtsstand angekommen, als in einiger Entfernung Gewehrfeuer aufflackerte. Der Hauptmann gab mir sofort den Auftrag, nachzusehen. Zu Fuß stolperte ich in stockdunkler Nacht übers Feld und hörte plötzlich aus dem Sonnenblumenfeld in deutscher Sprache rufen: „Kameraden, nicht schießen, wir wollen zu euch!"

Oft war es ja eine Finte der Russen, daß sie auf deutsch riefen und dann gar nicht friedlich bei den Posten ankamen, deshalb wohl auch zuerst die Schießerei. Aber als ich auf dem Kompaniegefechtsstand ankam, brachten zwei Kameraden gerade drei ältere Russen an, von denen einer sehr gut deutsch sprach und erklärte, daß sie nur als Bausoldaten eingesetzt gewesen, seit Rostow Tag und Nacht unterwegs seien und nicht mehr mitmachen wollten.

Der Kompaniechef gab mir die drei Männer mit zum Bataillon. Gefangene sind, besonders nach einem harten Marsch und Angriffstag, auch für einen Kommandeur eine Last, und so bekam ich nach Meldung bei ihm den Auftrag, diese Leute zum Regiment zu bringen, da ich ja wisse, wo dies liege. Nicht gerade erfreut, ließ ich sie vor mir her marschieren. Der deutschsprechende Russe versuchte, sich mit mir zu unterhalten, aber in mieser Stimmung und Müdigkeit war mir nicht nach Unterhaltung zumute. Nachdem ich die drei abgeliefert hatte, machte ich mich schnellstens auf den Rückweg.

Am anderen Tag ging es schon sehr früh weiter. — Über Paschkowskaja und Krassnodar kamen wir schließlich in den Kaukasus. Von Goriatschi-Klutsch aus fuhr ich endlich nach zwei Jahren in Urlaub. Meinen letzten Urlaubstag verbrachte ich dann beim Onkel in Stuttgart. Zurückgekommen, besuchte ich in Klutschewaja Waffenmeister Trük bei meiner eigentlichen Kompanie, denn ich war nur als Kradmelder zum Stab kommandiert.

Dort sprach mich ein älterer „Hiwi" deutsch an, wo ich denn die ganzen Wochen gewesen sei, er hätte immer Ausschau nach mir gehalten, aber immer sei ein anderer Kradmelder zum Troß gekommen; übrigens mein bis dahin schon gefallener Kamerad Keutel. Ich fragte den Russen, woher er mich kenne und er sagte mir, ich hätte ihn als Gefangenen zurückgebracht und gesorgt, daß sie Essen bekamen; ich hätte ihm auch von meinen Zigaretten angeboten.

Nun berichtete ich ihm, daß ich im Urlaub daheim war. Auf seine Frage, wo ich wohne, sagte ich, bei Stuttgart. Er meinte dann, so wie er vor vielen Jahren erfahren habe, wohne ein früherer Jugendfreund von ihm auch in Stuttgart. Er stamme übrigens aus Gnadenburg im Terekgebiet. „Dann heißt Dein Jugendfreund Christoph Hochstetter, ist mein Onkel, und vor einer Woche war ich noch bei ihm", war meine Antwort.

Noch nie hatte ich bei einem Menschen solchen Freudenausbruch erlebt: Die Tränen rannen dem Mann über die Wangen, und er wollte alles auf einmal wissen. So gut ich konnte, gab ich Bescheid. Von da an waren wir beiden zusammen, wenn es ging. Er erzählte mir, daß er sich sehr wohl fühle und wie ein Kamerad behandelt werde, und berichtete auch vom Leben meines Onkels in Rußland bis zur Internierung 1914 und daß er selbst in jener Familie und in der deutschen Schule deutsch gelernt habe.

So erfuhr ich viel über die Familie, aber auch über die segensreiche Arbeit der Deutschen im Terekgebiet. Sofort besorgte ich mir Luftpostmarken und ließ „Jaschka" (Jakob) einen Brief schreiben. Obwohl es uns streng verboten war, Briefe in russischer Schrift (er konnte nicht deutsch schreiben) zu befördern, schickte ich mit einigen Zeilen von mir den Brief ab.

Nun hatte mein russischer Freund ein schweres Bruchleiden, das sich beim Heben der Munitionskisten verschlechtert hatte. Er sollte vom Arzt aus unbedingt ins Lazarett zur Operation. Einige Tage konnte er mit Hilfe des Waffenmeisters den Termin hinausschieben. Jeden Tag kam er mit der Frage, ob noch kein Antwortbrief da sei, aber auch die Luftpost brauchte ihre Zeit. Inzwischen war Stalingrad eingeschlossen, und Joschka mußte kurzfristig nach Rostow ins Lazarett. Mittags nahm er bewegten Abschied, abends kam der Antwortbrief aus Deutschland! Mit allen guten Wünschen für mich und seinen Freund erklärte er mir, daß es ihm seit seiner Jugend nicht mehr so gut gegangen sei wie bei den Deutschen.

Joschka ist wohl kaum noch nach Rostow gekommen, denn zwei oder drei Tage später war der Russe zum Schwarzen Meer durchgestoßen und wir waren im Kuban-Brückenkopf eingeschlossen. Ich hörte nichts mehr von Joschka, habe aber von dort an mit allen Hiwis beste Verbindung gehalten, was mir in Rußland später noch viel genützt hat.

R. Schwegler (198.ID.)

# Begegnung mit Rosa

**Als Kriegsgefangene nach Deutschland — und dort geheiratet**

An einem heißen Tag im Sommer 1942 rückten wir mit dem Stab der 75.ID. in Petrowka ein, einem Dorf in der Nähe von Woronesch. Ich war damals Gefreiter und als Ordonnanz eingeteilt. Eines Tages hieß es, ein volksdeutsches Mädchen sei als Angehörige der Roten Armee in unsere Hände geraten und werde zum Stab der 75.ID. gebracht. Dieses Mädchen mußte ich dann in ihrem zugewiesenen Quartier abholen, um ihr den neuen Arbeitsbereich zu zeigen.

Die junge Volksdeutsche hatte aufregende Wochen hinter sich. Zunächst hatte sie bei der Roten Armee als Sanitäterin gedient. Plötzlich wurde sie mit einer jungen Russin auf die deutsche Seite hinüber geschickt, offenbar um dort zu erkunden. Sie sollten dann wieder zurückkommen. Beide gerieten in deutsche Gefangenschaft und hatten dabei das Glück, an eine deutsche Stellung zu geraten, in der ein „alter Hase" am MG lag. Ein Neuling hätte wohl aus Nervosität vorschnell den Finger gekrümmt . . .

Sicher hatten die Vorfahren von Rosa, so hieß das Mädchen, niemals daran gedacht, daß eine ihrer Urenkelinnen nun als sowjetische Soldatin in die Hände deutscher Soldaten fallen und schließlich in das Land der Urahnen heimkehren würde. Rosa mußte natürlich viele Verhöre über sich ergehen lassen, denn ihre deutschen Sprachkenntnisse ließen sie doppelt verdächtig erscheinen. Endlich aber glaubte man ihr und überwies sie, wie gesagt, zu unserem Stab.

Eines Tages also rief mich der Ic, Rittmeister von Hagen, zu sich: „Ich habe das Mädchen mitgebracht, behandeln Sie sie gut!" Ich holte Rosa dann aus ihrem Haus ab und brachte sie zum Kasino, wo sie in der nächsten Zeit helfen sollte. Meine Kameraden guckten natürlich neidisch, als ich mit dem hübschen Mädchen durch das langgestreckte Dorf ging. Sie blieb einige Zeit bei uns und kam dann nach Deutschland. Dort hängte man ihr sogar das „Ostarbeiter"-Abzeichen an!

Zum Glück lebte seit 1932 eine ihrer Schwestern in Hamburg, und als sie diese gefunden hatte, konnte sie zu ihr und den Beruf einer Krankenschwester erlernen. Sie wurde sogar noch in Wien eingesetzt und mußte schließlich ab Mitte Mai 1945 in Bergen-Belsen dort bisher Inhaftierte gesundpflegen. Als sie aber einen Transport in die Sowjetunion begleiten sollte, schaltete sich ein britischer Offizier ein, der sie einfach „verschwinden" ließ. Nachher kehrte sie an ihren Arbeitsplatz zurück.

Zu jener Zeit war ich selbst noch in sowjetischer Gefangenschaft, nicht einmal sehr weit entfernt von Rosas früherer Heimat in der Ukraine. Als ich schließlich entlassen wurde, hörte ich nichts mehr von ihr. Ich besaß keine Anschrift und so war unsere Verbindung schon 1943 abgerissen. Ihr wurde seinerzeit sogar von einem Kameraden mitgeteilt, daß der Kommandeur und ich gefallen seien, und in diesem Glauben blieb Rosa.

Anläßlich eines Briefwechsels mit der Witwe unseres Generals Beukemann, in dem ich ganz nebenbei meine Begegnung mit Rosa erwähnt hatte, erhielt ich ihre derzeitige Anschrift. Sofort schrieb ich einen langen Brief nach Hamburg, erwartete aber zunächst keine Antwort, wahrscheinlich würde sie sich nicht mehr an mich erinnern. Doch umgehend kam ein Brief, und sie schrieb, daß sie damals nach der — falschen — Todesnachricht sogar um ihr „Kurtchen“ geweint habe. Das habe sie auch jetzt getan, allerdings aus Freude und so sehr, daß ihr Mann meinen Brief vorlesen mußte . . .

Mit ihm besuchte sie mich dann einige Zeit später, und wir waren beide so bewegt, daß wir kaum ein Wort bei der Begrüßung reden konnten. Kurt Schölzke (75.ID.)

# Das Mädchen am Brunnen

**Eltern in Deutschland und Rußland hatten die gleichen Sorgen**

Unsere Marschkompanie ist auf dem Weg zur Division, die im Einsatz steht. Bis zur Stadt Kertsch auf der Krim fahren wir mit der Bahn. Im Hafen liegen Boote und Fähren der Marine, wir gehen an Bord. Fünfundzwanzig Infanteristen besteigen ein Boot. Schwimmwesten werden verteilt. Jeder muß Dienstgrad und Namen angeben. Falls das Boot sinken sollte, hat man wenigstens die Namen der Ertrunkenen . . . Schöne Aussichten!

Nun fahren wir über die Meerenge Richtung Kubanbrückenkopf, zweieinviertel Stunden bis Taman. Es ist diesig, und kein feindliches Flugzeug erscheint am Himmel. Nach dem Ausladen geht es mit einer Feldbahn weiter, und dann heißt es: „Ohne Tritt marsch!“ Nach fünfzehn Kilometern wird in der Nähe eines Dorfes gerastet. Am Waldrand steht ein Haus, darin wohnen zwei Frauen mit kleinen Kindern und einem etwa achtzehnjährigen Mädchen. Sie dürfen in einem Raum des Hauses bleiben, in dem anderen werden unsere beiden Offiziere untergebracht.

Die Kompanie schlägt im Wald Zelte auf, getarnt gegen Fliegersicht. Als Melder habe ich sehr viel Freiheit, besitze sogar ein Fahrrad und lerne so die Umgebung kennen. Im Dorf liegt übrigens Artillerie. Einmal komme ich zurück aus dem Ort und sehe die junge Russin bedrückt neben der Haustür stehen, neben ihr zwei leere Wassereimer. Ich versuche mich in ihre Lage zu versetzen: Bei der Anwesenheit so vieler deutscher Landser, die Kompanie ist hundert Mann stark, hat sie wahrscheinlich Angst.

Also lächle ich sie an, nehme die Wassereimer und sage: „Komm’ Panienka, wir beide gehen zusammen Wasser holen!“ Ihr Gesicht klärt sich auf, sie strahlt. Sie hat mich verstanden, und das freut mich. Die Bemerkungen der Kameraden stören mich nicht: „Sieh einmal den an, der findet doch immer eine“, sind noch harmlose Äußerungen. Wir gehen jedenfalls weiter. Am einzigen Brunnen des Ortes ist sehr viel Betrieb, die Köche fassen für ihre Feldküchen Wasser, wir müssen warten. Auch andere Russenfrauen und Mädchen kommen und bilden eine Schlange. Plötzlich steht unser Hauptfeldwebel neben mir und will wissen, was ich da mache. Ich antworte: „Herr Hauptfeldwebel, ich hole Wasser zum Waschen für mich!“ Damit gibt er sich zufrieden, ahnt zwar, daß das nicht stimmt, ist aber großzügig.

Russische Mädchen und Frauen und deutsche Landser warten also geduldig hintereinander in der Schlange, bis sie Wasser schöpfen können. Wir bemühen uns, mit zwei Frauen ins Gespräch zu kommen. Ein Soldat der seit 1941 in Rußland ist, muß dolmetschen. Die junge Russin, mit der ich gekommen bin, berichtet ihm, daß die Männer der beiden Frauen und ihr Bruder als Soldat bei der Roten Armee sind, wo, wissen sie nicht. Auch unsere Eltern haben keine Kenntnis davon, an welchem Frontabschnitt wir uns befinden. So hat jeder gleiche Sorgen.

Ich spüre das gegenseitige menschliche Verständnis: Keiner von denen, die da stehen, ob Deutsche oder Russen, hat den Krieg gewollt. Jeder versucht, sich mit den aufgeschnappten Brocken der anderen Sprache verständlich zu machen. Die junge Russin plaudert munter drauf los, ich verstehe nur einige Worte. — Drei Tage halten wir uns in der Nähe des Dorfes auf, und sobald der Dienst es erlaubt, nehme ich die beiden Eimer und gehe mit dem Mädchen Wasser holen . . .

Heinz Fangmann (79.ID.)

# Die Mäuseplage in der Donsteppe 1942

**In drei aufeinanderfolgenden Nächten 1300 im Benzinfaß gefangen**

In einer langgestreckten kleinen Ortschaft im Großen Donbogen hatte die I./Panzer-Regiment 204 im Spätherbst 1942 ihre Bereitstellungs-Unterkünfte bezogen. Das Dorf wurde durch eine mit Buschwerk bewachsene Bachsenke in zwei Teile getrennt, jenseits dieser Senke war im anderen Ortsteil die 2.Kompanie untergezogen. Auf dieser Seite des Bachgrundes lag unsere 1.Kompanie. Die einzelnen Besatzungen hatten sich in den Russenhäusern so gemütlich wie möglich eingerichtet.

Noch war die Front der Rumänen weit von uns entfernt. Wenn es den Russen einfallen sollte, da durchzubrechen, dann werden wir mit denen schon fertig werden, die machen wir dann ganz schön zur Sau! So dachten jedenfalls wir Landser damals.

Noch war ja auch alles hier im Ort sehr friedlich, der Dienstbetrieb lief nach dem Dienstplan — ein richtiger Landseralltag, typisch für Rußland:

Morgens Wecken, Morgenappell mit Einteilung, anschließend Panzerboxen-Bau, Mittagessen-Empfang, Panzerboxen-Bau, Technischer Dienst für die Fahrer, Waffenreinigen für Schützen und Funker, Putz- und Flickstunde (sprich Läuse-Knacken) für alle.

Anfang November war nun unsere Panzerbox fast fertig, eine richtige schöne Garage, etwa einen Meter tief in der Erde, Wände und Dach aus Stroh schön an unser Russenhaus angebaut. Nun konnte es ruhig kalt werden, unser Panzer III würde vor Wind und Schnee geschützt in dieser Box stehen.

Was wir dabei nicht bedachten, war, daß sich so nach und nach die Mäuse aus der ganzen Umgebung unseres Hauses in diesen Strohwänden einnisteten, besonders, als es in den Nächten den ersten Frost gab.

Nach einiger Zeit hatten wir sie sogar schon in unserem „Wohnzimmer". Das wenige Brot fraßen uns nun diese Nager buchstäblich vom Tisch. In jeder freien Minute wurden also Mäuse gefangen. Anfangs, als sie noch vereinzelt aus einem Loch in der Wand kamen, schossen wir sie mit der Pistole ab. Mit der Zeit aber kostete das zu viel Munition. Was hätten wir sagen sollen, wo wir mit unserer Pistolenmunition geblieben seien?

Wir nahmen nun ein Brett mit einem Ziegelstein, darunter stellten wir ein Streichholz mit einem langen Zwirnsfaden, den man mit dem Ende um den Zeigefinger gewickelt hielt. Dann wartete man der „lieben Mäuslein", die da kommen würden. Da — drei, vier, fünf kamen auf einmal, sicher eine ganze Familie, aber sie liefen überall hin, nur nicht unter das beschwerte Brett.

So ging es also nicht, wir mußten sie mit Brotkrumen unter das Brett locken. Da klappte es auch ganz vorzüglich. Ein kurzer Ruck mit dem Zeigefinger, das Streichholz kippte um und schwapp — zwei der kleinen Plagegeister waren erledigt, der jeweilige Fänger konnte wieder zwei Striche mehr auf seiner Abschußliste verbuchen.

Wer nun glaubte, daß die Tierchen dadurch etwa weniger würden, irrte sich gewaltig. Wir hatten alle schon ritterkreuzverdächtige Abschußziffern erreicht, aber immer wieder kamen neue Mäuse durch die Löcher und den Ofen in unsere Unterkunft.

Wir bauten uns eine ganz vorzügliche Mausefalle: Ein schmales Brett, dessen vorderes Ende als Wippe beweglich gemacht worden, ein Stück angebratener Speck vorn befestigt.

Unsere Mäuslein kamen auch prompt anmarschiert — immer dem Speckgeruch nach — auf die Wippe — schwapp, machten sie eine Rutschpartie in das darunter stehende halbe Benzinfaß, das wir vorsorglich mit Wasser gefüllt hatten.

Erste Nacht 600 (sechshundert), zweite Nacht 450, dritte Nacht 250! Dann aber schienen es die Tiere mit der Angst bekommen zu haben, denn die weiteren Erfolge blieben mit durchschnittlich 60 bis 50 nur noch „sehr gering".

Der Einsatzbefehl vom 19. November 1942 hat diesem „Landseralltag" dann jäh ein Ende bereitet. Gerhard Pelczyk, ehem. 1./204 (22.Pz.-Div.)

## Der Junge im Schnee

**Seine ersten Worte: „Nix bum bum!"**

Montag nach dem Ersten Advent 1942, es hatte die ganze Nacht geschneit. Soweit das Auge reichte, lag eine blendend weiße Schneedecke auf dem flachen Land. Unser Bataillon war am Abend zuvor aus seiner bisherigen Stellung bei Olinin herausgelöst und weiter südlich verlegt worden. Dort war dem Gegner ein tiefer Einbruch gelungen. Unsere Kompanien suchten Stellungen zu gewinnen, in denen sie das weitere Vordringen des Gegners aufhalten könnten.

Mit einigen Männern des Stabes war ich dabei, einen Gefechtsstand herzurichten, ein mühsames Unterfangen. Dieser Gefechtsstand konnte nur aus einigen Schützenlöchern bestehen, die in den tiefgefrorenen Boden geschlagen und ausgehoben werden mußten. Die anstrengende Schanzarbeit verlangte, daß man sich in gewissen Abständen aufrichten und strecken mußte. Das Bild, das sich dann dem Auge bot, war fast idyllisch zu nennen: Eine unberührte Winterlandschaft bis an den Rand eines fernen Waldes, rechts ein stilles Dorf mit niedrigen Holzhäusern, aus deren Schornsteinen der Rauch in die klare Luft des frühen Morgens stieg. Man atmete die reine Luft des Winters ein und ließ den Blick über die Landschaft gleiten.

Da bleibt mein Auge haften an einem dunklen Fleck im glitzernden Schnee, vielleicht hundert Schritt entfernt.

Ein unbestimmtes Gefühl drängt mich nachzuschauen. Ein Kamerad und ich gehen hin. Ein Filzstiefel ragt aus dem Schnee! Noch näher gekommen erkennen wir deutlich einen Kinderstiefel. Und dann die überraschende Entdeckung: Der Stiefel sitzt an einem Bein! Ich schiebe den Schnee beiseite: Da liegt ein kleiner Junge auf offenem Feld, bedeckt vom Schnee bis auf den einen Stiefel, der noch herausragt. Das Kind liegt zu unseren Füßen, erstarrt, regungslos, blutleer im Gesicht . . .

Der Junge wird aus dem Dorf sein; vielleicht lassen sich seine Eltern finden oder sonst Dorfleute, die ihn kennen. Ich hebe den kleinen leichten Körper auf und nehme ihn auf meine Arme . . . Er mag sieben oder acht Jahre alt sein. Das bleiche Gesicht zieht mich an: Schmal ist es, darüber blondes Haar, es könnte gut ein Junge aus meiner holsteinischen Heimat sein. Als ich ihm die glitzernden Sterne des Schnees aus dem Haar streiche, erschrecke ich: Der Junge schlägt die Augen auf!

Heftige Röte schießt in seine Wangen, sein Blick flattert umher in der Angst tiefen Erschreckens. An meiner Uniform, meinem Helm, erkennt er, daß er in den Armen eines deutschen Soldaten liegt. Aus der geängstigten kleinen Brust löst sich banges Stöhnen, und flehenden Blickes kommt es von seinen Lippen, was ihm die Angst eingegeben haben muß: „Nix bum bum!“ Ich höre die todesbange Stimme noch heute und sehe die erschrockenen Augen, fühle noch in meinen Händen die Nässe des Schnees wie damals, als ich über sein blondes Haar strich und sein klagendes Wort in ein tröstendes verwandelte mit freundlicher Stimme: „Nix bum bum!“

Es wird auch heute noch, wenn ich an diese Stunde zurückdenke, der warme Strom des Glücks spürbar, der uns beide erfüllte, als das Kind seinen Kopf ganz zutraulich und tief beruhigt an meine Brust legt und sich tragen läßt, bis wir im Dorf waren. Unser Arzt hatte in einer Bauernstube einen Verbandplatz eingerichtet, dorthin bringe ich das Kind. Eben habe ich die Stube betreten und den Jungen auf die Füße gestellt, höre ich die Stimme einer Frau: „Pjotr, Pjotr!“ Die Frau wohnt in diesem Hause und blieb wie auch die Nachbarn in ihren Häusern. Sie kennt den Kleinen: In der Nacht hatte die Mutter mit ihrem Sohn das Dorf verlassen, wohl um dem erwarteten Kampf um den Ort zu entgehen. Unser Arzt stellt dann fest, daß der Junge von einem Granatsplitter getroffen ist, der im Rücken sitzt, aber leicht zu entfernen ist.

Wir stellen uns vor, wie es vor sich gegangen sein mag: Das Kind, mit der Mutter auf der Flucht, fällt getroffen zu Boden. Die Mutter hält es für tot und rennt in ihrer Panik weiter. Der Junge aber in seinem Schock wurde vom unaufhaltsam fallenden Schnee eingehüllt und schließlich bedeckt bis auf den einen Stiefel und bis zu dem Augenblick, als wir ihn auffinden . . .

Natürlich muß ich nun zu unserem unvollendeten Gefechtsstand zurück. Als ich mich in der Tür noch einmal umwende, sehe ich, wie der Junge von einem Bein aufs andere hüpft und springt. Ich höre ihn in den höchsten Tönen aus Freude darüber jauchzen, daß er leben darf!

Theodor Vierck (110.ID.)

## Wie meine Mutter

**Im Raum Saporoshje als Kranker einquartiert**

Januar 1943, der Rückzug hatte begonnen. Kämpfend verließen wir unsere Stellungen auf dem Crebet-Rücken im Kaukasus mit seinen vielen Schluchten, Tälern und Höhen. Bis Tuapse, Hafenstadt und Seebad an der Schwarzmeerküste, war es nicht weit. Viele schwere Geschütze mußten wir im Gebirge stehen lassen. Anfang Februar wurde dann Krasnodar geräumt. Nach Rückzugskämpfen bei Krymskaja, Noworossijsk und Kertsch wurden wir mit offenen Fähren über die „Straße von Kertsch“ übergesetzt. Weiter ging es über Melitopol in den Raum Saporoshje. Dort sollten wir aufgefrischt werden.

Nach den harten Kämpfen war ich mit meinen Kräften am Ende, auch hatte mich wieder das Wolhynische Fieber erwischt. In einem Dorf bei Saporoshje kam ich zu einem älteren Ehepaar ins Quartier. Ich war so krank, daß ich eine Woche lang das Bett kaum verlassen und mehrere Tage keinen Bissen zu mir nehmen konnte. Immer wieder sah mich die Hausfrau fragend an. In ihren Augen glaubte ich Besorgnis zu erkennen. Sollte die Russin etwa Anteil am Zustand eines Deutschen nehmen? Dann stand sie eines Vormittags an meinem Krankenlager, einen Topf in der Hand, aus dem es süßlich duftete. Sie hatte aus ihrem Wintervorrat an getrockneten Zwetschgen eine Suppe gekocht! Ich nahm die Flüssigkeit als erste Nahrung nach Tagen zu mir.

Am nächsten Tag fragte mich meine Betreuerin, was ich wohl essen möchte. Wir verständigten uns auf Bratkartoffeln. Etwas Margarine von meinen Tagesportionen war noch vorhanden. Es gab sogar Spiegeleier dazu. Es half mir, daß ich annähernd hundert Wörter russisch verstehen und sprechen konnte. Als „Nachtisch" spendierte der Hausherr noch einen kleinen Wodka. Wir prosteten uns zu! Nach wenigen Tagen lief dann der Dienst wieder an, Kameraden des Marschbataillons und schwere Waffen trafen ein.

10. Mai 1943: An meinem dritten Hochzeitstag rückten wir ab, nach Norden an Pawlograd vorbei und über Charkow in neue Stellungen am Donez. Beim Abschied gab es feuchte Augen bei dem braven russischen Ehepaar und auch bei mir. Was ich dieser Frau und ihrem Mann verdanke, vermag ich kaum in Worten auszudrücken . . .

Adolf Jacobs (198.ID)

## Es muß nicht immer nur Krieg sein . . ."

**Vielleicht gehörte die Studentin zu den Partisanen**

Im Januar 1943 wurde die Division in Smolensk verladen, Teile der Heeresflak sicherten den Luftraum. Unser Drei-Sieben-Zug lag auf einer Höhe am nordostwärtigen Stadtrand. Tagsüber blieb es ruhig, nachts fielen hin und wieder Bomben. Es hatte Marketenderwaren gegeben, auch Feldpost war eingetroffen. So ging es uns also recht gut, zumal der Dienstbetrieb auf das Notwendigste beschränkt wurde. Womit sollten wir die Zeit totschlagen?

Man höre und staune: Einer meiner Unteroffiziere schlug vor, Tanzunterricht in den Dienstplan aufzunehmen. Darüber ließ sich reden, und da wirklich einige Kanoniere noch nicht tanzen konnten, war gegen den Vorschlag nichts einzuwenden. An Partnerinnen mangelte es nicht; schon am folgenden Abend begannen wir mit dem neuen Dienst. Die erforderliche Musik lieferten einige leicht zerkratzte Schallplatten russischer Herkunft. Die Stimmung war ausgezeichnet, und auch das alte Ehepaar, dessen Haus in ein „Tanzstudio" verwandelt worden war, fand das alles wunderschön. Eine Enkelin der „Gastgeber" beteiligte sich und bot uns russische Volkstänze, sogar in entsprechender Kostümierung, die sie sich von einer Freundin ausgeliehen hatte.

Auch am nächsten Abend fanden wir uns wieder in dem verhältnismässig großen, sogar gedielten Wohnraum zusammen. Für das leibliche Wohl sorgten eingemachte Kirschen, belegte Brote und dunkles Bier, auf dem Tauschweg beschafft. Als dann am dritten Abend der Tanzunterricht beendet war, erkundigte sich plötzlich eine junge russische Studentin beim Abschied beiläufig bei mir, ob die Fahrzeuge, die auf der anderen Seite am Ende einer tiefen Schlucht standen, uns gehörten. Sie meinte: „Euere Autos stehen dort nicht gut!" Zunächst dachte ich mir eigentlich nichts dabei. Wie es dann der Zufall wollte, ließ am nächsten Tag unser Chef, Hauptmann Ruppersberg, den Nahtroß verlegen, um ihn für die einzelnen Züge besser erreichbar zu machen. Schon in der Nacht darauf erschienen wieder sowjetische Bomber, wir feuerten aus allen Rohren, und eine Serie Bomben rauschte genau dort herunter, wo am Morgen noch unsere Fahrzeuge gestanden hatten.

Da fiel mir die Bemerkung der jungen Russin wieder ein und ich nahm mir vor, ihr bei der nächsten Begegnung etwas auf den Zahn zu fühlen. Inzwischen hegte ich den leisen Verdacht, daß sie möglicherweise Verbindung nach „drüben" haben könnte. Da niemand von uns wußte, wo sie wohnte, konnte ich sie nicht aufsuchen. Beim nächsten Tanzabend fehlte dann ausgerechnet diese Studentin. Hinter dem Scheibenwischer meines Kübels, der unmittelbar neben dem „Tanzstudio" stand, fand ich am Morgen jedoch einen Zettel, auf dem in deutsch zu lesen war: „Es muß nicht immer nur Krieg sein, es war sehr schön, danke."

Ernst Günther Haarhaus (GD)

# Die alte Ärztin

**Der Überfall wurde von übergelaufenen Deutschen angeführt**

Wir waren eingeschlossen in Welikije Luki! Ende 1942 wurde ich nach dem Einsatz im Eisenbahn-Ausbesserungswerk zum Gefechtsstand des Regiments 277 zurückbefohlen. Kaum dort eingetroffen, kam ein Anruf: „Bei uns ist ein Lastensegler mit zwanzig Mann gelandet. Wir haben den Verdacht, daß es sich um russische Soldaten handelt, die deutsche Uniformen tragen. Vorsicht!" Als einziger Unteroffizier mit noch gesunden Armen, fast alle Kameraden waren verletzt, erhielt ich nun den Befehl, die Verteidigung des Bunkers zu organisieren.

Kaum hatte ich einige Maschinengewehre in Stellung bringen lassen, sahen wir über die Gleise schon den angekündigten Trupp anrücken. Wir riefen hinüber, daß zunächst nur die Offiziere herankommen sollten, aber der ganze Trupp setzte sich in Bewegung und lief auch weiter, bis ich einem Maschinengewehrschützen Feuerbefehl gab. Daraufhin gingen nur drei Mann unseres Gegenüber weiter und standen schließlich vor mir. Neuer Befehl aus dem Bunker: „Anleuchten und Waffen abnehmen!" Kaum war der Befehl heraus, sprangen die Leute zurück und feuerten aus ihren Maschinenpistolen. Mir schlug es die Pistole aus der Hand, einige neben mir stehende Kameraden fielen.

Tatsächlich waren es also russische Soldaten gewesen, die unter den deutschen Mänteln Handgranaten und geballte Ladungen trugen. Sie sollten wohl unseren Gefechtsstand in die Luft sprengen.

Aus einer vom „Nationalkomitee Freies Deutschland" 1943 in Moskau herausgegebenen Zeitung erfuhren wir während der Gefangenschaft, daß die Führer jenes Kommandos zwei Deutsche waren: Ein ehemaliger Leutnant und ein Gefreiter. Beide erhielten für ihre Unternehmen als „Frontbevollmächtigte" sogar Auszeichnungen der Roten Armee. Benötigte deutsche Uniformen nahmen diese Dreckskerle übrigens uns Gefangenen ab. Bei einem solchen Unternehmen kam der „Offizier" später ums Leben. —

Am 16. Januar 1943 mußten wir dann doch kapitulieren. Nach tagelangen Märschen erreichten wir das Lager Borowitschi im Waldai-Gebiet. Über die Zustände dort will ich besser nicht reden. Ich überlebte jedenfalls und kam nach einigen Wochen in ein Muster-Hospital für Gefangene. Die Betten waren weiß bezogen, es gab gute Verpflegung und ausgezeichnete Behandlung. Dort befand sich auch eine alte russische Ärztin, die uns betreute.

Neben meinen Schußverletzungen und Splittern im Kopf hatte ich Typhus und Malaria, schließlich noch eine Lungen- und Rippenfellentzündung. Nur der unermüdlichen Pflege der Ärztin Olga habe ich es zu verdanken, daß ich noch am Leben bin. Sie war Jüdin und sprach perfekt deutsch.

Dreimal am Tag erhielt ich Spritzen und Chininpulver; während der Krise saß sie an meinem Bett und fragte besorgt nach meinen Wünschen. Eines Abends bekam ich Heißhunger auf saure Gurken. Sie ging noch in der Nacht in das Dorf und holte mir diese. Während ich im Fieberwahn lag, hielt sie meine Hand und redete mir ein, daß ich bald nach Hause kommen würde. Bald sei ich wieder gesund! — Ich glaube nicht, daß jene Frau noch am Leben ist, doch werde ich sie nie vergessen können!

H. Rademacher (83.ID.)

## So war unser „Pan"

**Die Pferdekadaver wurden im Schnee frischgehalten**

Schamilowo ist ein einsames Russendorf, irgendwo zwischen Smolensk und Rshew. Im Februar 1943 lagen wir dort. Es war bitterkalt, Schneestürme peitschten über das Land, der Winter trieb Schindluder mit uns Landsern. In einer alten Kate am Ortsrand hatten wir uns einquartiert. Ein Feuer im Lehmofen spendete wohltuende Wärme, man konnte die steifgefrorenen Glieder aufwärmen, bevor man wieder zur Wachablösung in die eisige Kälte hinaus mußte. Die Kate gehörte einem älteren Mann. Er hielt sich immer in unserer Nähe auf, wir nannten ihn einfach „Pan". Er war eine Seele von Mensch, gutmütig und hilfsbereit. Unermüdlich schleppte er Holzscheite herbei und sorgte dafür, daß das Feuer niemals ausging. „Pan" hatte seine Kate uns überlassen müssen und war mit Frau, Schwiegertochter und mehreren Enkelkindern in einen Stall nebenan gezogen. Sobald die Nacht hereinbrach, kamen sie zu uns in die Kate, kletterten nacheinander auf den breiten Ofen, mummten sich in Decken ein und legten sich zum Schlafen nieder.

Um im Alarmfall schnell einsatzbereit zu sein, lagen wir davor auf dem hölzernen Fußboden. Das war recht strapaziös und vor allem auch kalt. „Pan" hatte Mitleid mit uns und schlug vor, daß wir alle gemeinsam auf dem Ofen schlafen sollten. Seine Familie mußte enger zusammenrücken, jeder legte sich auf die Seite, und so wurde für uns Platz geschaffen. Im Laufe der Nacht gab es dann mehrere „Wendemanöver", jeder drehte sich auf die andere Seite und . . . schlief weiter. „Pan" achtete sogar darauf, daß jeder seinen Platz behielt und die Wendungen gleichzeitig erfolgten.

Er verstand auch viel vom Kochen, Braten und Backen. Wenn seine Frau eine Suppe zubereitete, sah er ihr über die Schulter in den Topf. Wenn Fleisch zu braten war, übernahm er das selbst, ebenso war das Brotbacken seine Aufgabe. Die Tage vergingen für uns recht eintönig. Doch einmal sorgte „Pan" für Abwechslung und brachte uns von dem Fleisch, das er gebraten hatte, eine Kostprobe. Wir nahmen sie dankbar an, der Braten schmeckte vorzüglich. „Pan" strahlte und war glücklich, uns eine besondere Freude bereitet zu haben.

Schon am Tag darauf stand er wieder mit einem Braten vor uns. Doch wir wiesen ihn ab, niemand verspürte Appetit. „Pan" konnte es nicht fassen, blickte enttäuscht und verständnislos. Seinen Braten mußte er wieder mitnehmen: Warum nur? Nun wir hatten herausbekommen, wo „Pan" seine Fleischvorräte lagerte: Draußen im Gelände, tiefgefroren im Schnee, und es waren Pferdekadaver! Uns war der Appetit vergangen, wir zogen unsere selbstbereiteten Bratkartoffeln und das Kommißbrot ab sofort wieder vor. — Schamilowo vergaßen wir nicht, vor allem unseren „Pan" nicht, diese Seele von Mensch. Als wir abrückten, blickte er uns lange nach und winkte. Franz Leiste (Inf.-Fla.-Btl.607)

# Vorahnungen

**Dem Gefühl von Gefahr für Nahestehende folgte die traurige Bestätigung**

Im Februar 1943 durfte ich nach schwerer Verwundung in Rußland einige Wochen im Kurlazarett in Sestri Levante an der Ligurischen Küste verbringen. Am 26. Februar 1943 fuhren wir für einen Tag zur Stadtbesichtigung nach Rom.

Am späten Abend kehrten wir zurück, erfüllt von den Eindrücken aus der Ewigen Stadt. Die Landschaft stand schon unter den Zeichen des Vorfrühlings, nichts erinnerte an die unwirtlichen Weiten Rußlands. Der Geist war zu sehr angeregt, als daß ans Schlafen gedacht wurde. So wurde beschlossen, noch eine Weile in der Halle unseres Kurhotels zu sitzen. Gesprächsstoff gab es genug.

Es wurde Mitternacht, und die ersten lösten sich aus der Runde. Gegen zwei Uhr in der Frühe des 27. Februar waren wir nur noch wenige. Als gerade alle stumm dasaßen, wurde ich von einem Augenblick zum anderen hellwach, ähnlich wie bei plötzlich auftretender Gefahr die Anspannung alle Müdigkeit vertreibt.

Zunächst empfand ich eine unbestimmte Ahnung, dann folgte die Gewißheit, daß meinem neunzehnjährigen Bruder, den ich irgendwo in Südrußland im Einsatz wußte, etwas zugestoßen sein mußte. Ich vertraute meine Wahrnehmung den noch anwesenden Kameraden an, immer noch in der Hoffnung, daß sie sich nicht bewahrheiten möge.

Etwa drei Wochen später, als ich schon beim Ersatztruppenteil war, kam die Bestätigung, daß mein Bruder in der Frühe des 27. Februar 1943 bei Taganrog gefallen sei.

Es blieb nicht bei dieser einen Vorahnung.

Am 6. Juni 1944 gab mir während der Kämpfe auf der Halbinsel Cotentin ein Regimentskommandeur telefonisch einen Lagebericht durch. Ehe er die letzten Worte spricht, wird mir zur Gewißheit, daß sein letzter Satz lauten wird: „. . . muß Ihnen leider auch mitteilen, daß Ihr Schulkamerad . . . gleich beim Beziehen seiner Beobachtungsstelle gefallen ist." Der Gefallene war Batteriechef in diesem Regiment. — Hier hatte die Vorahnung allerdings eine gewisse Basis; ich wußte nämlich, daß mehrere Batterien dieses Regiments trotz Vorwarnung, im Stellungsraum sei mit feindlichen Fallschirmjägern zu rechnen, in den bereits abwehrbereiten Gegner hineinfuhren.

Doch nur wenige Tage danach gab es für mich erneut einen Grund, sehr nachdenklich zu werden. Leutnant J. bat mich, anläßlich einer Fahrt zu einem unserer Regimenter seine (französische) Braut noch einmal aufsuchen zu dürfen. Ich erlaubte es, weil das normannische Städtchen direkt an der Route lag und es sich nach meiner Beobachtung um eine echte, aufrichtige, ja ideale Beziehung zwischen den beiden handelte.

Als ich bei seiner Rückkehr seine hastigen Schritte auf der Bunkertreppe höre, weiß ich, er wird die Tür aufreißen und sagen: „Leutnant J. meldet sich zurück, Maggy ist tot!"

Genau so geschah es!

Eine Meldung über eine Bombardierung jenes Städtchens lag nicht vor. Meine Vorahnung konnte also nicht beeinflußt gewesen sein. —

Im Gefangenenlager Bellaria bei Rimini notierte ich am 16. Juli 1945 in mein Tagebuch und teilte dies auch Kameraden mit, „daß heute etwas mit meinem Vater sein müsse."

Es war, wie ich später erfuhr, sein Todestag.

Zwar wußte ich vom letzten (Kürzest-)Urlaub im Juli 1944 und aus Briefen, die ich noch vor der Gefangenschaft erhielt, um die Hinfälligkeit meines Vaters, aber die Frage, wie es zu erklären ist, daß ich am entscheidenden Tag fühlte, es müsse „heute etwas mit meinem Vater sein“, so wie sich schon vorher in anderen Fällen meine Ahnungen erfüllt hatten, hat mich seitdem immer wieder beschäftigt. Gotthilf Rüdt (15.ID.)

## Das „Zitat“ war hier unangebracht

**Schwäbisch sprach man sogar in der Ukraine**

Frühjahr 1943, die Division wurde bei Saporoshje aufgefrischt, und unsere 2. Batterie lag einige Wochen in Nowo Aleksandrowka. Am Ende des Dorfes war ich in einer typischen „Kate“ mit Strohdach untergebracht. Als ich mein Quartier zum ersten Mal betrat, war die Dame des Hauses gerade dabei, aus Zuckerrüben Schnaps zu brennen. Einige Nachbarinnen und ihr großer Sohn waren zugegen, alle in bester Stimmung . . . Mein Zimmer war soweit ganz ordentlich, bis auf einige Flöhe im Bett. Die bekämpfte ich dann erfolgreich mit einem Pulver, das mir der Sani gab. Die Frau besaß eine Kuh und ich war überrascht, als sie mir am Morgen ein Marmeladeglas mit frischer Milch hinstellte. Ich bedankte mich und bekam dann jeden Morgen meine Milch.

Im Nachbarhaus waren unsere Feldschmiede im Quartier. Sie brachten mir das Mittagessen aus der Feldküche mit, weil die Schmiede selbst gleich daneben eingerichtet war. Manchmal mußten sie allerdings noch ein Pferd beschlagen und verspäteten sich etwas. Wenn meine Quartierwirtin merkte, daß ich noch kein Essen hatte, kam sie: „Hermann, kuschatj?“ Wenn ich dann verneinte, bekam ich etwas von ihrem Essen, und sie kochte wirklich sehr gut.

Eines Tages fragte sie mich wieder, ob ich schon gegessen hätte. An diesem Tag war mir aber irgendwie eine Laus über die Leber gekrochen, und ich hatte — wie man als Landser sagte — so richtig „die Schnauze voll“ und wollte die Frau abwimmeln. Sie ließ jedoch nicht locker und wiederholte ihre Frage. Nocheinmal gab ich zur Antwort: „Nje ponemaju!“ Als sie sich immer noch nicht abbringen ließ, wandte ich mich von ihr ab und murmelte, wenn auch mehr zu mir selbst, das „schwäbische Zitat“.

Aber da hatte ich etwas Schlimmes angerichtet! Die Frau, die noch nie ein deutsches Wort mit mir gesprochen hatte, wurde böse und schimpfte in reinstem Schwäbisch: „I han g'fragt, ob du scho z'Mittag gesse hescht. Ond wenn du mir nomal a solche Antwort gibscht, bekommscht du nie mehr was von mir!“ Ich war ganz klein und schämte mich: „Seit wann so gut Deutsch?“ Sie darauf: „Gell, da schaust, i war im nächschte Dorf zwanzig Jahre bei einem deutsche Bauer als Dienschtmagd.“ — Ich entschuldigte mich nachdrücklich, und von nun an unterhielten wir uns nur noch auf gut Schwäbisch, böse Worte fielen dabei nicht mehr. Bald darauf verließ unsere Batterie den Ort wieder, der Abschied war herzlich, die Frau hatte sogar feuchte Augen und ich auch . . .

Hermann Hackenberg (198.ID.)

# Das Haus und die Matka

**Der Russe durfte bei seiner Frau bleiben**

18. März 1943, Kiewskoje: Wir hatten keine Geschütze im Augenblick, und so kam ich als Melder zum Regiments-Gefechtsstand. Ich sollte einen Russen, der seit letztem Sommer in einer unserer Einheiten beschäftigt war, zu einem Kolchos bringen, in dem außer Leuten von uns gefangene russische Soldaten und Zivilisten lagen.

Unterwegs wurde der Russe ganz aufgeregt und sagte, bald müßten wir an ein einzelnes Haus kommen, das ihm gehöre, und da drin müßte seine „Matka" sein. Ich glaubte ihm das freilich nicht. Aber tatsächlich! Da tauchte wirklich ein Haus auf, und er bat mich, ihn hineingehen zu lassen. Was tun?

Ich ließ in 30 Meter vor dem Haus stehen, zog meine Pistole und sagte, ich werde jetzt seine Matka holen und wenn er mich angelogen habe, werde ich ihn erschießen; ich wußte ja nicht, was mich in dem Haus erwartete!

Ich fand im Haus eine Frau, im Hof spielten ein paar Kinder. Ich wechselte mit der Frau ein paar Worte und trat mit ihr vor die Haustür. Plötzlich packte die Frau mich am Arm, deutete auf den in 30 Meter Entfernung stehenden Russen und rief: „Moje Musch!", mein Mann. Bevor ich etwas unternehmen konnte, lagen sie sich schon in den Armen. Tränen flossen.

Nun kam ich an die Reihe. Immer wieder küßte mich die Frau, weinend vor Freude. Wir gingen in das Haus. Ich bestand darauf, daß der Russe seine Uniform an Ort und Stelle verbrannte, was sofort geschah. Nun machte die Frau ein gutes Mahl für ihn und mich.

Später ging ich allein zum Kolchos weiter. Über den Vorfall habe ich bisher mit niemandem geredet, außer mit meiner Frau. Erwin Spielmann (101.Jg.-Div.)

# Kaum zu glauben — aber wahr!

**In Stalingrad trafen sich Gans, Huhn, Hahn und Fuchs**

Nachdem die Russen Stalingrad eingeschlossen und eine Offensive mit Stoßrichtung Westen begonnen hatten, mußten wir im Westkaukasus Ende April 1943 südlich Krimskaja eine Auffangstellung beziehen. Das rumänische Bataillon, das einen Abschnitt bei Neberdschajewskaja zu halten hatte, war beim ersten Angriff der Russen getürmt, so daß in unserer Front eine nicht unbeträchtliche Lücke klaffte. Zum Glück war der Feind nicht durchgestoßen.

Der Kommandeur des IR.57, Oberst Haß, in dessen Abschnitt die Rumänen „die Platte geputzt" hatten, ließ schnell eine „Feuerwehr" zusammenstellen, eine Kampfgruppe aus verschiedenen Einheiten, die im Augenblick nicht eingesetzt waren, um das bedrohliche Loch zu stopfen.

Die Kampfgruppe bestand aus Infanterie, Gebirgsjägern, meiner Kompanie und einer Sturmgeschützbatterie. Die Führer der Einheiten trafen sich zu einer Einsatzbesprechung, die zügig verlief. Bei der Vorstellung grüßten die Herren und nannten ihre Namen: „Gans!" — „Huhn!" — „Hahn!" Klar, daß sich sofort eine gewisse Solidarität des „Geflügels" entwickelte. Wir grinsten uns freundlich an. Aber dann geschah etwas, was man als „Hammer“ zu bezeichnen pflegt. Der Chef der Sturmgeschützbatterie stellte sich mit „Fuchs“ vor, worauf wir Vögel mit wüstem Geschrei davonflatterten.

Reinhold Hahn (IR.57)

# Gute Wünsche zum Osterfest

**Marusja schenkte mir ein Osterei**

Nach schweren und verlustreichen Winterkämpfen an der Donezfront hatte meine Einheit das große Glück, noch vor Ostern 1943 für einige Zeit aus der Kampfstellung abgelöst zu werden. Die Kompanie, der ich angehörte, war in einer kleinen, tristen Ortschaft etwa 20 Kilometer hinter der Front einquartiert. Ein Kamerad und ich wurden bei einer jungen russischen Lehrerin, die über recht beachtliche deutsche Sprachkenntnisse verfügte, untergebracht.

Am Ostersonntag, dem 25. April 1943, durfte ich nun in zweifacher Hinsicht ein kleines „Wunder“ erleben, das ich nie vergessen kann. Kurz nach Tagesanbruch wachte ich auf — mein Kamerad lag noch in tiefem Schlaf — und ich glaubte mich noch in einem schönen Traum zu befinden. Es war aber kein Traum, sondern eine nicht für möglich gehaltene Wirklichkeit. In der Tür zu unserem primitiven Schlafraum stand einem Engel gleich ein kleines Mädchen in einem langen weißen Kleidchen und mit langen blonden Haaren. Das Kind hatte beide Arme auf dem Rücken verschränkt und sagte zu mir mit ganz leiser Stimme: „Pan, Germanski Soldat, komm!“ Ich konnte mir nicht vorstellen, was das Kind von mir wollte, stand aber auf und folgte dem kleinen Mädchen, Marusja war sein Name, in den Vorraum. Sie schaute mich mit ihren strahlenden Kinderaugen an und schenkte mir ein Osterei, das sie mit einem Bleistift liebevoll mit Ornamenten verziert hatte. Sie gab mir mit Zeichen und Gesten zu verstehen, daß sie leider nur ein einziges Osterei habe und es dem Soldaten schenken wollte, der zuerst aufwachte. Ich war so tief gerührt, daß ich fast mit den Tränen kämpfen mußte, wußte ich doch von unserer Quartierfrau, daß der Vater des neunjährigen Mädchens als Offizier der Roten Armee gegen uns kämpfte. Marusja, der ich am Tage zuvor einen Teil meiner Brotration schenkte, lebte mit ihrer Mutter in der Nachbarkate.

Die zweite Überraschung folgte noch am gleichen Vormittag. Die Lehrerin, die uns zwei damals blutjungen Soldaten sehr reserviert, aber doch freundlich begegnete, teilte ihr einziges Osterei mit uns und wünschte uns, daß wir jungen „Germanskis“ bald zu unseren Familien unversehrt zurückkehren dürften. Sie fügte noch hinzu: „Bitte wünschen Sie doch auch mir, daß mein Mann, der auf der anderen Seite gegen Sie seine Pflicht als sowjetischer Soldat erfüllen muß, zu mir zurückkehren darf.“ Dieser Bitte sind wir selbstverständlich gerne nachgekommen.

Walter Vogt (335.ID.)

# Das Mädchen hieß Luba

**Begegnungen mit einer jungen Russin**

Die 252. Division hatte im Sommer 1943 ihre guten Stellungen zwischen Dorogobusch und Jelnja verlassen müssen. Die „Pantherbewegung“ war schon einige Tage im Gange, die Russen drängten kräftig nach. Aus einem Wald kam ein Kradmelder und fuhr, eine beachtliche Staubwolke hinter sich, auf einen Hügel zu. Es war ihm nicht wohl dabei, denn er hatte diesen Buckel schon dreimal passiert und immer Artilleriefeuer erhalten. Die russischen Kanoniere waren sehr wachsam. Er wollte daher sein Kriegsglück nicht weiter strapazieren und hielt an.

Der Staub senkte sich, er fuhr vorsichtig auf der Rasenkante neben dem Weg, ohne Staub, weiter und dann rasch über die Anhöhe. Der Trick gelang, er kam unbehelligt in die dahinterliegende Mulde und den Hohlweg, in dem der Regiments-Gefechtsstand lag. Dort meldete er sich zurück und schob sein Fahrzeug in ein getarntes Splitterloch, denn auch die feindlichen Flieger waren sehr rege. Deshalb waren auch abgedeckte Löcher in den Hang des Hohlweges gegraben worden. Eines davon benutzte bei Bedarf auch der Melder.

Er nahm seinen Karabiner vom Rücken und suchte in seinen Taschen nach Zigaretten und Feuerzeug. Da kamen über die rückwärtige Höhe zwei Sanitätsfahrzeuge und tauchten in rascher Fahrt ebenfalls in dem Hohlweg unter. Das war dem russischen VB nicht entgangen, schon rauschten seine Granaten heran.

Der Kradfahrer sprang zu seinem Loch und verschwand darin. Doch da war ja schon jemand! Der Platz reichte zum Glück für zwei. Als sich seine Augen an die Dunkelheit gewöhnt hatten, sah er, wer in seiner Abwesenheit eingezogen war. Konnte das sein? Er glaubte sich zu irren, rieb die Augen und sah nochmals hin. Es war ein russisches Mädchen: Luba.

Vor Monaten hatte er sie kennengelernt. Damals war er in den festen Stellungen als Kradmelder nicht ausgelastet und wurde daher einige Wochen abgestellt, um mit Zivilisten Auffanglinien und Bunker zu bauen.

Es waren fast nur Frauen und Mädchen aus frontnahen Dörfern, die in Uschakowo zusammengefaßt waren und durch die Truppen verpflegt wurden. Die Division begann, aus Zivilisten das Bau-Btl. (Z) aufzustellen.

Für den jungen Soldaten war es nicht gerade einfach, mit diesen Leuten klarzukommen, sahen sie doch alle gleich aus in ihren Stiefeln, Wattejacken und Kopftüchern. Er konnte es auch verstehen, wenn manche nicht besonders begeistert waren, für die Deutschen arbeiten zu müssen.

Es dauerte daher eine Zeit, bis ihm ein Mädchen dadurch auffiel, daß es nie Schwierigkeiten machte, sondern immer willig und ruhig war. Das war Luba. Sie war etwa 18 Jahre alt und hatte große, dunkle Augen. Es hatten sich unter den Leuten Sippen und Gruppen zusammen getan. Sie stand allein. Hatte ihr der Krieg die Angehörigen genommen? Wegen der Sprachschwierigkeiten erfuhr er es nie. Das lag nun alles schon Monate zurück; im Krieg eine lange Zeit.

Nun saßen sie also in dem Unterstand nebeneinander. In der den Russen eigenen Weise sagte sie nur seinen Namen. Er sagte den ihren. Ihm wurde plötzlich das groteske der Situation klar. Er stand auf und sagte: „Ich gehe.“ Da ergriff sie seine Hand und zog ihn zurück: „Njet!“ War es wegen des Artilleriefeuers, das auf dem Hohlweg lag? Als er wieder bei ihr saß, ließ sie aber seine Hand nicht los, sondern zog sie dichter an sich und legte ihre andere darauf. Da sah er ihr in die Augen und fand, daß sie noch dunkler wurden.

So hockten sie beieinander, zwei junge Leute, die der Krieg, den beide nicht gewollt hatten, um die schönste Zeit ihres Lebens betrog. — Später sagte er ihr, daß sie hier weg müsse, weil der Ort zu gefährlich sei. Draußen wurde er eben zu einer Meldefahrt gerufen, so ging er. Als er von dieser Tour zurückkam, war sie fort.

Wieder waren Monate vergangen. Er war inzwischen Winter geworden. Die Division hatte schwere Zeiten und große Strecken hinter sich gebracht. Jetzt stand aber die Front wieder. Der Kradmelder hatte einen Auftrag bei der Ib-Staffel der Division zu erledigen.

Er hatte den Ort erreicht und fuhr langsam weiter, um das Haus mit der gesuchten Abteilung zu finden.

Plötzlich flog eine Haustür auf, schlug krachend an die Hauswand, ein Mädchen sprang auf die Straße und rief seinen Namen. Es war Luba. Er hielt überrascht an. Sie faßte seine Hand im unförmigen Kradhandschuh, drückte sie an sich und sagte immer wieder, jetzt aber leise, zärtlich, glücklich seinen Namen.

Bald waren weitere Mädchen da, die ihn auch von Uschakowo her kannten. Es gab eine stürmische Begrüßung und ein lautes Palawer. Lubas Augen wurden feucht, still und bescheiden, wie es ihre Art war, zog sie sich in das Haus zurück.

Damals hatte sie also Anschluß an das Bau-Btl. (Z) gefunden, war wie die anderen mit der Division gezogen und hatte für sie gearbeitet. Auch weiterhin blieben diese Menschen dabei, obwohl wer wollte, sich absetzen und zurückbleiben konnte.

Die meisten kamen so von Witebsk bis nach Litauen. Als die Division dann bei Warschau am Narewbrückenkopf eingesetzt wurde, waren sie auch wieder da; oft durch Bomben und Granaten der eigenen Landsleute gefährdet. Sie waren auch noch da, als nach Danzig für die Division der Krieg aus war. Warum taten sie das? Nur wegen dem bißchen Verpflegung?

Hubig (252.ID.)

# Drei Brüder kehrten nicht zurück

**Im Auftrag der Partei wurden die Todesnachrichten überbracht**

Ich war als 16jähriger Malergeselle mit einer Arbeitsgemeinschaft nach Ende des Frankreichfeldzuges zu Wiederaufbauarbeiten ins Saarland gegangen und hatte Mitte Juni 1941 Urlaub bekommen.

Die Sonne strahlte an dem Sonntagmorgen, als meine Mutter mich mit den Worten weckte: „Es ist Krieg mit Rußland!“ Sie weinte. Ahnte sie die Gefahr und das Unheil für ihre sechs Buben? Drei waren schon Soldat, und wenn der Krieg nicht bald zu Ende ginge, würden wohl auch die jüngeren noch eingezogen werden, zu denen ich gehöre. So kam es.

Ich werde in Frankreich ausgebildet und lande am Wolchow, dem „Arsch der Welt“, in Rußland. Am 8. November 1943 erhalte ich Heimaturlaub. Am letzten Urlaubstag, abends, liege ich gedankenversunken auf dem Sofa im Wohnzimmer. Vater und Mutter vorsorgen derweil den Stall. Eben höre ich, wie Mutter nebenan mit dem Melkeimer in die Küche kommt und sich daran macht, die Milch zu seihen.

Da klopft es an die Tür. Herein kommt der Zellenleiter des Ortes. Er hat noch kein Wort gesprochen, da schreit Mutter auf. Ich höre ihn stammeln, er habe die Aufgabe, zu sagen, daß unser Otto gefallen sei. Er habe es heute noch übermitteln müssen, damit ich es auch erfahre; und er könne doch nichts dafür . . .

Er war der Todesbote, der im Auftrag der Partei die undankbare Aufgabe hatte, die Todesnachrichten zu überbringen. Für Sekunden bin ich wie gelähmt. Dann springe ich auf, laufe in die Küche, zur Mutter. Sie kommt mir entgegen: „Otto ist gefallen, Otto, mein Otto . . .“ Wir liegen uns in den Armen. Ich möchte helfen, sie trösten, und kann es doch nicht.

Vater kommt hinzu. Er, der im Ersten Weltkrieg verwundet und verschüttet war, nimmt die Nachricht still und schicksalergeben auf.

Am nächsten Morgen, pünktlich um 6.30 Uhr, fährt mein Zug ab, der mich zu meinen Kameraden an die Front bringt. Der Abschied fällt mir schwer. Wie würde es weitergehen?

Die Vorahnung unserer Mutter bewahrheitete sich auf tragische Weise. Unser Otto war der erste von dreien, die nicht mehr nach Hause zurückkehrten. Sie folgten unserer einzigen Schwester, die als Krankenschwester ihnen im Tode vorausgegangen war.

Karl Weber (1.Pi.-Btl./12.Luftw.-Felddivision)

# Der Major und seine „Nähmaschine“

**Beim Divisions-Füsilier-Bataillon 252 im Sommer 1944**

Heiß brennt die Sonne am frühen Nachmittag des 9. Juni 1944 auf unsere HKL. am Nordrand von Ssirotino. Wabernder Dunst läßt die Konturen der nord-ostwärts vor uns liegenden Höhe 145,1 verschwimmen. Kein Schuß zerreißt die Stille dieses friedlichen sommerlichen Idylls. In einem Keller, im Hang oberhalb des Kompaniegefechtsstandes, spreche ich mit den Zug- und Gruppenführern am Sandkasten den geplanten Ablauf eines Stoßtrupps durch, dessen Ziel jene Höhe ist. Wir sollen dabei Gefangene einbringen, um festzustellen, ob uns neue Einheiten gegenüberliegen.

Jeder im Graben weiß, daß sich bald etwas tun wird. Intensive Bewegungen in der sowjetischen HKL. und deren Hinterland sind unmißverständlich. Bei gelegentlichen Besuchen auf „unserer“ Lichtmeß-B-Stelle kann ich im Verlauf einer Woche beim Gegner rund zwanzig neue Batterien ausmachen. Die großkalibrigen Geschütze werden sogar am hellichten Tag in die Feuerstellungen gezogen!

Auffällig oft setzt der Iwan seit einigen Tagen seine Granaten scheinbar wahllos ins Gelände. Summe und Lage der Zielpunkte ergeben eine für uns nicht erfreuliche Aussicht. Unseren Landsern — 56 auf zweieinhalb Kilometer — braucht man über die Absichten des Gegners nichts zu sagen.

Den Sandkasten hat der Chef unserer 1. Kompanie, Hauptmann Müller, nach einem Luftbild aufgebaut. Er lief dann am Vorabend mit seinem Spähtrupp beim Erkunden der Einbruchsmöglichkeiten in den feindlichen Stützpunkt auf eine Mine und wurde schwer verwundet. So muß ich nun Kompanie und Stoßtrupp übernehmen.

In die Besprechung hinein knallen plötzlich Gewehrschüsse aus dem 120 Meter vor uns liegenden Kampfgraben beiderseits der Rollbahngabel. Raus aus dem Keller, Karabiner in die Hand: Ein Doppeldecker mit rotem Stern schwebt im Langsamflug wenige Meter über die Rollbahn!

Entfernung 50 Meter — Visier vor den Piloten — Schuß! Zwischen beiden Insassen durchschlägt die Kugel die Rumpfbespannung. Durchladen — die Maschine, jetzt schräg links voraus, schiebt sich wieder in die Visierlinie — Schuß! Diesmal verschwindet die Leuchtspur in Höhe des zweiten Sitzes im Flugzeugrumpf.

Das Flugzeug hebt die Schnauze, kippt nach vorn ab und schlägt trudelnd auf Fahrwerk und Motorblock auf, der abknickt! Ein mehrstimmiger Freudenschrei!

Zurück in den Bunker, das Gewehr gegen die russische Maschinenpistole vertauscht und ab zum Rollbahnkreuz, neben dem das Wrack liegt. Schneller sind jedoch die aus dem Kino in Dobrino kommenden Siebener, die aus dem Straßengraben, in dem sie in Deckung gingen, als der Vogel heranrauschte, nur wenige Meter haben. Aber auch der wilde VB der „drüben“ stehenden schweren Batterie ist, wie immer, auf dem Posten.

Einsehen kann er die Aufschlagstelle nicht, hat aber sicher das Verschwinden seines fliegenden Genossen bemerkt. Deshalb setzt er einige Lagen seiner dicken Koffer in die Gegend, gabelt sich bis auf 50 Meter heran und — steckt auf. Inzwischen hindern die Siebener den sowjetischen Major, der den Absturz lebend überstanden hat, die demolierte Maschine in Brand zu setzen.

Er gehörte dem Stab einer Fliegerdivision der 3. sowjetischen Luftarmee an und befand sich, nach eigenen Angaben, auf dem Flug aus dem Polozker Partisanengebiet nach Gorodok. Nachdem er sich, übrigens in gutem Deutsch, vorgestellt hat, legt er „schärfsten Protest gegen die plündernde deutsche Soldateska" ein. Die Siebener haben ihm Pistole, Karten- und Aktentasche abgenommen.

Anschließend schimpft er auf seinen gefallenen Flugzeugführer, der sich verflogen hat und deshalb im Tiefflug über der Rollbahn dahingeschlichen ist, um sich an den Straßenschildern zu orientieren. Dabei ist er aus sowjetischem wieder in deutsches Gebiet eingeflogen.

Er wird aus den Trümmern geborgen. Das ist schon eine eigenartige Situation: Hier der schlanke, sehr junge sowjetische Unterleutnant, noch im Tode ein Lächeln im schmalen Gesicht unter dem Blondschopf, die Feldbluse gerötet vom Blut, dort der sowjetische Major, den Chronometer mit einem Stück Schnur um das Handgelenk gebunden, am Ende seiner Karriere, zornig sich eine Nummer zu groß gebend. Über allem aber liegt der penetrante Geruch des ausgelaufenen Flugbenzins.

Am liebsten wäre mir mein Gegenüber an den Hals gegangen, als ich seine Aktentasche öffne. Seine Karte zeigt den Verlauf der deutschen Stellungen mit eingezeichneten Waffen bis zum leichten MG. Als er resolut Eigentumsansprüche wegen Akten- und Kartentasche vorbringt, lache ich ihn aus — bei dem Inhalt!

Während ich ihm die Platzwunde über der Augenbraue verbinde, fragt er mich, weshalb wir Deutschen in der für uns hoffnungslosen Situation überhaupt noch kämpfen. Für uns gäbe es doch nur noch eine einzige Chance, die des sofortigen Überlaufens. Meine Frage, wie er bei umgekehrter Situation reagieren würde, beantwortet er dahin, daß er dieses Ansinnen ablehnen würde, weil am Sieg der Sowjet-Union nicht zu zweifeln sei.

Mit dem Krad wird er zum Bataillonsgefechtsstand gebracht und samt den bei ihm gefundenen Unterlagen dem Kommandeur, Major von Garn, übergeben.

Paul Fremdling (252.ID.)

## Der General und die Strafsoldaten

**Mit zwei Schachteln Zigaretten das Rauchverbot überspielt**

Es war im letzten Kriegswinter. Seit Oktober 1944 lagen wir — die San.-Kp. 2/252 — in Zieksyn bei Nasielsk im Einsatz. Auf der Zahnstation war flotter Betrieb, wie immer, wenn es vorne einigermaßen ruhig war. Dies waren ja die letzten Wochen vor dem großen Finale im Osten.

Eines Tages hatte sich der Divisions-Kommandeur, Generalleutnant Drekmann, zur Behandlung angesagt.

Im Wartezimmer saßen einige Soldaten. Es waren Angehörige einer Strafkompanie, die hier in der Nähe ihr Quartier hatten und nachts mit den Pionieren ins Vorfeld mußten, dort Minen legten und andere Hindernisse bauten. Sie waren bei uns häufig als Patienten. Wenn sie kamen, machten sie einen Streifzug durchs Dorf und organisierten Kartoffeln, die dann gleich im Warteraum gekocht und verzehrt wurden. Das gehörte irgendwie zum Ritus der Zahnbehandlung. Es waren erbarmenswerte ausgehungerte Gestalten, die jede Möglichkeit nutzten, um zu einer zusätzlichen Mahlzeit zu kommen.

Heute saßen also auch wieder einige, bewacht von einem alten erfahrenen Obergefreiten, nebenan. Der General erschien, man hörte das übliche Geklappe wie immer, wenn ein Vorgesetzter den Raum betrat, einige kurze Worte, und der General war im Behandlungsraum.

Als er fort war, ging die Zahnbehandlung mit den Strafsoldaten weiter. Der erste, der kam, fing gleich an zu reden, was sonst nicht üblich war. Er sang ein Loblied auf unseren General: „Was habt Ihr einen netten General. Wir haben strenges Rauchverbot. Der Wächter hat strikte darauf zu achten. Nun kam der General herein, bot jedem eine Zigarette an und fragte uns dann, ob wir ihn vorlassen wollten. Das taten wir gerne, denn unsere Kartoschki sind noch lange nicht gar. Und rauchen dürfen wir auch, denn der Obergefreite kann uns nicht verbieten, Zigaretten zu rauchen, die der General uns geschenkt hat.

Als er wieder zu uns herauskam, hat er sich nochmals bedankt, daß wir ihn vorließen, und uns noch eine große Schachtel Zigaretten dagelassen. Der ist prima! Herr Oberarzt, wir haben eine große Bitte: können Sie heute mal besonders langsam machen mit der Behandlung? Wir möchten auch noch alles wegrauchen, denn sobald wir hier heraus sind, dürfen wir nicht mehr.“

Natürlich tat ich ihnen den Gefallen. Da sie heute aufgeräumter waren durch die unerwarteten Liebesgaben, waren sie auch gesprächiger als sonst. Ich erfuhr, daß die meisten, die übrigens einen sehr guten Eindruck machten, wegen irgendwelcher politischer Vergehen, Vergehen gegen die Kriegsgesetze usw. in diesen Haufen geraten waren: Abhören von Feindsendern im Urlaub, Kontakt mit Kriegsgefangenen usw., alles Delikte die uns heute nicht mehr als solche vorkommen, doch damals konnten sie was einbringen.

Sie kamen noch öfter zur Behandlung, aber einen solchen Tag haben sie nicht mehr erlebt, aber noch oft davon gesprochen.

Generalleutnant Drekmann ist tot. Er würde wohl nachträglich Genugtuung empfinden, wenn er wüßte, welche Freude er damals stiftete. Dr. Cl. (252.ID.)

# Zahnstation im Bombenhagel

**Eine Episode aus dem „rückwärtigen Gebiet“**

Daß die rückwärtigen Dienste und Trosse im Rußlandkrieg kein „schönes Leben“ hatten, wurde der kämpfenden Truppe durchaus bewußt. Wie oft waren gerade Troßeinheiten das letzte Aufgebot, das einen Einbruch abriegelte oder eine Auffangstellung hielt. Was mußten allein die Fahrer der bespannten Einheiten leisten, wenn etwa bei Schnee die Wege täglich oder sogar stündlich anders aussahen und doch bei Dunkelheit das warme Essen pünktlich bei den Kompanien sein mußte.

Gleiche Leistungen erbrachten die Fahrer von Sankas und Lastwagen, denn selbst Lazarette wurden weder von Fliegern noch von Partisanen geschont. Auch die rückwärtigen Dienste außerhalb des Bereiches der Artillerie waren nicht sicher! Viele ihrer Soldaten fielen heimtückischen Anschlägen oder Bombardierungen zum Opfer! Die Verlustziffern der Troßeinheiten waren sehr groß.

Heute habe ich noch gut in Erinnerung, mit welcher Ruhe und Kaltblütigkeit der Zahnarzt unserer Division in Frauenburg seinen Dienst versah. Seinen Namen habe ich vergessen, er stammte aus Baden-Baden, wo er vor dem Krieg eine Ordination hatte.

Anfang Januar 1945 lagen wir ostwärts von Frauenburg. Drei Tage schon hatte ich Zahnschmerzen, die Tabletten unseres Sani konnten sie nicht beruhigen. Deshalb entschloß ich mich, am 5. Januar in Frauenburg den Arzt aufzusuchen.

Ein Feldgendarm lotste mich zum „Papenschloß". Das Haus lag, wenn ich mich noch recht erinnere, an der Straße zum Bahnhof. Die Räume waren gerammelt voll, rundum saßen Patienten, der Arzt behandelte beim Fenster mit einer Bohrmaschine, die mit dem Fuß in Schwung gebracht werden mußte.

Als ich an der Reihe war, erhielt ich eine Spritze, denn mein Zahn sollte heraus. Ich mußte die Wirkung der Spritze abwarten. Draußen war es bitter kalt. In der Stube saß ich nun schön warm, und die Schmerzen, die mich drei Tage nicht mehr schlafen ließen, hörten plötzlich auf. Mich überkam die Müdigkeit, sitzend schlief ich ein.

Anfangs, hörte ich noch, was in der Stube vorging, dann aber träumte ich von einem Fliegerangriff. Ich hörte sogar die Einschläge, Glas splitterte, Schreie und Gepolter vermengten sich.

Da wurde ich wach: Es war kein Traum, der Russe hatte Frauenburg wirklich angegriffen! Landser lagen am Boden, einige hatten das Haus verlassen und draußen Deckung gesucht. Nur ein Patient saß noch im Stuhl, und der Doktor bohrte mit seinem „Spinnrad" immer fort, als ob nichts gewesen wäre.

Nicht einmal das zerstörte Fenster schien ihn zu berühren, er machte die Einlage fertig, nannte den neuen Termin und sagte: „Der Nächste!" Das war ich. Der Eingriff war kurz, mein Zahn blieb in Frauenburg, und ich machte mich wieder auf den Weg nach vorn. — Kaltblütigkeit und Mut des Doktors scheinen mir bewundernswert! Er war offenbar nicht nur Arzt, sondern durch und durch Soldat!

Hans Hofinger, damals Stab/358 (205.ID.)

## Der Schiebigeich-Bauer Hannes Wilhelm

**Begegnung mit einem tapferen Mann**

Feucht und kalt rieselt die Nässe vom verhangenen Himmel. Schemenhaft, in Nebelschwaden gehüllt, stehen stumm die dunklen Tannenwälder der Hunsrückhöhen, während wir auf der Straße von Buchholz nach Pfaffenheck dahinfahren. Eben noch standen wir an den Gräbern unserer Gefallenen, die in den umliegenden Wäldern und Orten im März 1945 ihr Leben gaben.

Mein Kamerad Robert Reinsch und ich sind unterwegs, um einen Besuch abzustatten und ein gegebenes Versprechen einzulösen, das wir im vergangenen Sommer einem alten Manne gaben, dessen Lebensweg in einer dramatischen Zeit schicksalhaft mit der Division „Nord" verknüpft war.

Doch blenden wir zurück in die letzten Kriegstage des Jahres 1945. Am 9. März erhält unsere Division, die zu dieser Zeit im Raum Trier liegt, den Befehl, zwischen der Einmündung der Mosel in den Rhein und Briedern an der Mosel eine neue Frontlinie aufzubauen und zu halten, um den restlichen deutschen Truppenteilen am Westufer der Mosel den Rückzug über den Fluß zu ermöglichen und die Absetzbewegungen über den Rhein bei Boppard abzuschirmen. Für den Moselabschnitt stehen dem LXXXXIX. AK. außer der dezimierten Division „Nord" lediglich Reste der 159. und 276.ID. zur Verfügung.

Unter schwierigen Umständen vollzieht sich unser Marsch aus der bisherigen Ruwerstellung in den neuen Einsatzraum. Die Luftüberlegenheit des Gegners verhindert Truppenbewegungen während des Tages. Nachschubschwierigkeiten lähmen die motorisierten Verbände. Viele Teile der Division bleiben auf der Hunsrückhöhenstraße wegen Brennstoffmangel liegen. Mit örtlich zusammengestellten Kampfgruppen kämpfen sie — wie die III. und IV. (schwere) Abteilung unserer Artillerie nach Verschuß der letzten Munition und Sprengung ihrer Geschütze — infanteristisch weiter.

In beschwerlichem Fußmarsch bewegen sich die übrigen Teile der Division in den Nächten zum 12. und 13. März nordwärts auf der alten Römerstraße über die Hunsrückhöhen. Als Vorausabteilung treffen die Aufklärer im Raume Treis — Brodenbach — Alken an der Mosel ein und kommen unvermittelt als erste zum Einsatz. In der Nacht zum 14. März setzen die am anderen Ufer stehenden Amerikaner bereits starke Kräfte über den Fluß. Die sich tapfer schlagende Aufklärungsabteilung wird in schwere, verlustreiche Kämpfe verwickelt, teils eingekesselt, teils versprengt.

Unterdessen zieht das 11. Regiment „RH" der Division bei Waldesch unter, und am 14. März stößt dessen I. Bataillon unter Hauptsturmführer und Ritterkreuzträger Günter Degen in Richtung Alken vor, um die Reste der eingeschlossenen Aufklärer aufzunehmen und den Brückenkopf des Gegners anzugreifen.

Bis zur Mittagszeit setzt die 3. amerikanische Armee aber bereits 14 Bataillone über die Mosel. Die steilen, meist bewaldeten Osthänge, in die sich die Verteidiger krallten, liegen unter pausenlosem Artilleriefeuer. Hart und unerbittlich sind die Kämpfe des Bataillons am Schafskopf oberhalb Alkens.

Die Materialüberlegenheit des Gegners wird immer drückender, und die eigenen Verluste sind empfindlich hoch. In der darauffolgenden Nacht „pieseln" die Überlebenden durch die amerikanischen Linien hindurch und kehren müde und abgekämpft in den frühen Morgenstunden des 16. März zurück zum Schiebigeichhof am nördlichen Ortsausgang von Pfaffenheck, unweit der Höhenstraße.

Diese Vorgänge sind dem Schiebigeich-Bauern nicht bekannt, als sich die erschöpften und hungrigen Männer des Bataillons Degen am Waldrand oberhalb seines Gehöftes eingraben und auf neue Einsatzbefehle warten. Um das zur Linken der Frontlinie gelegene Dorf tobt bereits der Kampf, Mann gegen Mann, Haus um Haus.

Hannes Wilhelm und seine Angehörigen versorgen unterdessen die Verwundeten, die sich auf seinem Hofe einfinden. Plötzlich greift der Gegner von der rückwärtigen Seite her an. Überraschend und hart folgt der Stoß mitten hinein in die Bereitstellung. In unübersichtlicher Lage weiß kaum einer, wo Freund, wo Feind steht. Das Bataillon igelt sich ein. In einer letzten Sprechfunkverbindung kommt der Befehl durch, die Stellung zu halten, bis eine Verstärkungskompanie vom rechten Flügel her eingeschwenkt sei. Das gegnerische Feuer nimmt zu, ein Mann nach dem andern fällt aus. Der Ring wird enger, die Munition geht zu Ende.

Im Schiebigeichhof füllen sich die Räume mit Verwundeten und Sterbenden. Inmitten seiner verwundeten Männer liegt ihr Kommandeur. Stumm steht der Hofbauer vor dem gefallenen Offizier, an dessen Uniform matt das Ritterkreuz schimmert. Er hat ihn lebend nicht mehr gekannt. Doch während draußen der Kampf weiter geht, erfährt Hannes Wilhelm von den Verwundeten mancherlei über den Toten.

Er hört von den Kämpfen im Herbst 1944 im hohen Norden Finnlands, als Degen an der Spitze seines Bataillons stürmend den russischen Riegel bei Tuhkalla aufbrach. Auch von den Januartagen 1945 vernimmt er, als es wieder Günter Degen war, der in den Vogesen mit seinem Bataillon 482 Offiziere und Soldaten der 45. US-Division auf Höhe 348 einkesselte und gefangen nahm.

Seine stete Fürsorge galt den ihm anvertrauten Männern. Und wenn die Lage für die Verwundeten kritisch war, suchte er auch auf ungewöhnlichen Wegen zu helfen. So schloß er wenige Tage zuvor bei Pellingen an der Straße nach Trier mit dem amerikanischen Gegner einen „Verwundetenvertrag" zum gegenseitigen Abtransport der Verwundeten.

Noch ist der Kampf des Bataillons nicht zu Ende, da hebt der Bauer Hannes Wilhelm den gefallenen Kommandeur auf seine Schultern und trägt ihn hinüber ins Waschhaus des Hofes. Ungeachtet der Gefahren des Gefechtes bahrt er den Toten dort auf.

Als die ersten amerikanischen Soldaten in den mit Verwundeten überfüllten Schiebigeichhof eindringen, steht Wilhelm in seiner halb zerschossenen Scheune und zimmert aus rohen Brettern einen Sarg. Nichts kann ihn von seinem Vorhaben abbringen — und schweigend lassen ihn die GI's gewähren. Furchtlos schreitet der Bauer über seinen Hof und bettet den Toten in den einfachen Sarg.

Als der Abend hereindämmert und der Kampflärm etwas verebbt, schaufelt Hannes Wilhelm wenig Meter vom Haus entfernt ein Grab. Dort bestattet der tapfere Bauer den tapferen Soldaten. Allerdings ohne Ritterkreuz, denn das hatten die Amis dem aufgebahrten, toten Offizier abgenommen.

Oft in den darauffolgenden Monaten, als Deutschland, ausgeblutet und zerschlagen, um sein Überlegen rang, hielt der Schiebigeichbauer stille Zwiesprache mit „seinem" Kommandeur. — Erst als die Kriegsgräberstätte in Pfaffenheck den vielen gefallenen Kameraden eine letzte, würdige Ruhestätte bot, ließ sich unser Bauer für die Umbettung des Toten gewinnen. Heute ruht Günter Degen bei seinen Männern, nahe der Hunsrückhöhenstraße, mitten im damals so hart umkämpften Gebiet. —

Robert Reinsch und ich aber sind nun auf dem Wege zum alten Schiebigeichbauer, der heute weit über achtzig Jahre alt ist. Wir wollen unser Versprechen einlösen und Hannes Wilhelm die gedruckte Geschichte der 6. SS-Geb.Div. „Nord" überbringen und ihm noch einmal danken für seine furchtlose, mannhafte Haltung in schweren Stunden.

Walter H. Hefti (6.GD.Nord)

## „Nickelbrille"

**Ein Truppenarzt — verschollen, aber unvergessen**

Ende Februar 1943 stand das Regiment — schon einmal in Stalingrad fast vollständig aufgerieben — in schweren Abwehrkämpfen im Südabschnitt der Ostfront. Die immer mehr an Kraft gewinnende Sonne ließ den Schnee schmelzen und machte Rollbahn und Verbindungswege fast unpassierbar. Es fuhren nur noch die wenigen intakten Panzer, die Radfahrzeuge standen still. Der Versorgungsverkehr wurde mit Panjewagen aufrecht erhalten.

Die Schlammperiode machte aber auch den russischen Truppen zu schaffen. So kam es zu einer Atempause für beide Seiten. Diese wurde im Regiment dazu benutzt, die Geschütze zu überholen, die Waffen instandzusetzen und die Stellungen zu verbessern. In dieser Phase traf Ersatz aus Deutschland ein. Es waren Genesende, die dem Inferno von Stalingrad entgangen waren, und frisch ausgebildete Rekruten.

Die Neuankömmlinge wurden kritisch gemustert. Besonderes Aufsehen erregte ein Neuer von kleiner Statur, mit ergrauten Haaren und blauen Kragenspiegeln. Unübersehbar war seine Nickelbrille. Bald sprach es sich herum, daß sich hinter dem schon betagten Sanitätssoldaten mit der Nickelbrille ein ausgebildeter Chirurg verbarg. Aus irgendwelchen Gründen, so hörte man auf dem Obergefreiten-Dienstweg, hatte er die Schulterstücke eines Sanitätsoffiziers verloren und sollte sich nun als einfacher Soldat an der Front bewähren.

„Nickelbrille", diesen Spitznamen hatte er bald weg, wurde Munitionskanonier. Aber das währte nicht lange. Russische Tiefflieger griffen die Stellung an. Es gab Verwundete, alles kauerte in den Splittergräben, doch noch unter Feindeinwirkung sprang „Nickelbrille" aus seinem Deckungsloch und gab lautstark Anweisung zum Bergen der Verwundeten. Niemand hätte ihm dies zugetraut. Er versorgte die Verletzten bereits fachgerecht; als ein Sanitätstrupp eintraf, war das meiste schon erledigt.

Obwohl „Nickelbrille" nicht im Sanitätsdienst eingesetzt werden sollte, machte ihn der Batteriechef zum Truppensanitäter. Jetzt hatten wir einen Sani, um den uns viele beneideten. Er kümmerte sich vorbildlich um Verwundete und Kranke, gab auch noch gute Ratschläge zur Gesunderhaltung. Zum Regimentsarzt ging kaum einer noch.

Die große Bewährung für „Nickelbrille" stand aber noch bevor: Unser vorgeschobener Beobachter lag schwerverwundet vor der Hauptkampflinie. Am hellichten Tage holte ihn „Nickelbrille" mit zwei Freiwilligen aus der Feuerzone. Kurze Zeit später fiel auf dem Hauptverbandplatz durch Tiefflieger die gesamte Operationsgruppe aus. Kein Chirurg war verfügbar. „Nickelbrille" wurde eingesetzt und war 48 Stunden in seinem Metier tätig. Augenzeugen berichteten, daß er sich nur mit Kaffee und Zigaretten wachgehalten habe. An Schlaf war erst zu denken, als der Division neue Ärzte zugeführt werden konnten.

„Nickelbrille" wurde nach diesem Einsatz in der Batterie wie ein Held empfangen. Die Sterne standen weiter gut für ihn, er wurde zum Oberarzt befördert und unser Truppenarzt; dies hatte er ausdrücklich so gewünscht. Wir hatten den besten Arzt in der Abteilung, den man sich denken konnte. Jeder mochte ihn, er war schier unersetzlich.

Der Krieg neigte sich dem Ende zu. Das Regiment kämpfte inzwischen auf verlorenem Posten in Kurland. Ein zweites Stalingrad? In fünf Abwehrschlachten konnte der Brükkenkopf Kurland jedoch gehalten werden. Am 8. Mai 1945 erfuhren wir von der Kapitulation und erhielten gleichzeitig den Befehl, die Geschütze zu zerstören und im Eilmarsch den Hafen Windau zu erreichen. Von dort sollten wir auf dem Seewege nach Deutschland transportiert werden. Auf dem Weg nach Windau wurde unsere Kolonne von Tieffliegern angegriffen. Einige Fahrzeuge gerieten in Brand, es gab Verwundete. „Nickelbrille" scherte aus der Kolonne und versorgte die Verletzten. Wir erreichten den rettenden Hafen und wurden von den letzten Schiffen unserer Marine aufgenommen. Unser Doktor fehlte. Ein Fahrzeug wurde zurückgeschickt, um ihn und die Verwundeten zu holen. Der Fahrer kam mit einigen Verwundeten zurück. „Nickelbrille" hatte ausrichten lassen, er werde seine nichttransportfähigen Kameraden nicht im Stich lassen.

Russische Schnellboote kreuzten schon auf der Reede. Unser Konvoi legte ab. Nach langer Fahrt über die Ostsee, gejagt von russischen Kriegsschiffen, erreichten wir Schleswig-Holstein. Für uns war der Krieg zu Ende. Wir forschten noch lange nach „Nickelbrille". Kurlandkämpfer, die am 8. Mai in Windau in Gefangenschaft geraten waren, berichteten nach ihrer Entlassung, daß ein deutscher Oberarzt am Stadtrand von Windau Schwerverwundete den anrückenden russischen Truppen übergeben habe. Das war das letzte Lebenszeichen. Lange hing sein Foto im Heimkehrerlager Friedland. Bis heute blieben alle Nachforschungen ergebnislos.

Willy Möthe (14.Pz.-Div.)

# Romanze über die Fronten hinweg

**Russische Helferinnen in deutschem Lazarett**

Die letzten Wochen des Krieges in Rußland. Anfang März 1945 hatte im Norden das Tauwetter eingesetzt. Wiesen und Sträucher zeigten das erste Grün. Während die Russen an der Oder ihren letzten großen Schlag in Richtung Berlin vorbereiteten und die westlichen alliierten Streitkräfte in zähem Ringen eine deutsche Stadt nach der anderen eroberten, befand ich mich, gerade 18 Jahre alt geworden, in einem Feldlazarett in Kurland.

Es war kein eigentliches Lazarett, wie man es sich im herkömmlichen Sinn vorstellt, sondern mehr ein großer Unterstand, zur halben Höhe im Erdreich versenkt und getragen von großen Baumstämmen mit einem moosbewachsenen Dach, vom dem in das Innere ständig Tauwasser tropfte. Balken und Baumstämme hatten infolge der ständigen Nässe Schimmel angesetzt und glänzten silbrig-weiß. Kein Quartier, wie man es sich wünschte, um seine Wunden ausheilen zu können.

Für etwas Aufmunterung sorgten die sogenannten Rabatz-Päckchen, bestehend aus Tabakwaren, Schokolade und Fleischkonserven, die eigentlich nur vor Großkampftagen an die Truppe ausgegeben wurden; erfreulicherweise hatten sie aber auch den Weg zu uns gefunden. So saßen wir in der schon wärmenden Sonne, aßen von den Päckchen oder dösten vor uns hin, wobei das ferne Gegrummel der Artillerie zur Gewohnheit geworden war. Lebte die Unterhaltung einmal auf, so betraf sie mit Sicherheit nur das nahe Kriegsende und unser weiteres Schicksal. Von den russischen Verbänden eingeschlossen, sahen wir keine Möglichkeit, unsere Situation zu verbessern.

Das sonstige „Thema 1“ der Kameraden, nämlich mehr oder weniger wahre Geschichten über „Erfolge“ bei Frauen, war kein Thema mehr. Zu sehr belastete uns das Kommende. Unsere Lethargie verschwand, als ein beinverwundeter Kamerad auf den Stock gestützt aufgeregt auf uns zu humpelte. Wir erfuhren von ihm, daß im Lazarett soeben mehrere Krankenschwestern zu unserer Pflege und Betreuung eingetroffen waren. Die Aufregung unter uns war groß. Hatten wir doch eine Ewigkeit in dem von Zivilpersonen geräumten Gebiet keine Frauen zu sehen bekommen.

Erst am anderen Tag ergab sich die Gelegenheit, unsere Neuankömmlinge kennenzulernen. Vor der Visite war der Sanitätsfeldwebel bei uns erschienen und hatte acht junge Mädchen in ihr Aufgabengebiet eingewiesen. Wie wir erfuhren, waren es vier Lettinnen und vier Russinnen, die sich den Deutschen als Hilfskräfte für das Sanitätswesen zur Verfügung gestellt hatten.

Die Frauen hatten einen allgemeinen Stimmungsumschwung zum Positiven bewirkt. Nicht, daß unsere Zukunftssorgen geringer geworden wären, aber es war eben „anders“. Vielleicht nur für den verständlich, der unsere damalige Situation nachempfinden kann. Unsere Unterhaltungen waren lebhafter geworden. Bilder von Frauen, Bräuten oder Familien wurden herumgezeigt, und einige wenige schrieben wieder Briefe an ihre Angehörigen, obwohl jeder wußte, daß der Postverkehr von und nach der Heimat nicht mehr existierte.

Unter den Russinnen war mir vom ersten Tag an ein Mädchen aufgefallen, das sich besonders zurückhaltend gab. Vielleicht war es auch nur das annähernd gleiche Alter mit mir, das mein Augenmerk auf sie gelenkt hatte. Von meinem Bettnachbarn, einem „Hiwi“ (russischer Hilfswilliger bei der Deutschen Wehrmacht) aus dem Kaukasus, der nach einem Bauchschuß langsam genas, erfuhr ich, daß das Mädchen Maria hieß und seine Angehörigen im Krieg verloren hatte. Serje, mein Bettnachbar, war es auch, der sprachlich den ersten Kontakt zwischen Maria und mir knüpfte, und mit seiner Hilfe kamen wir uns schnell näher. Bald verstanden wir uns mit Gesten, Blicken oder Worten, auch wenn letztere für uns beide nicht immer verständlich waren; das Gesagte jedoch häufig erahnen ließen.

So kam es, daß ich, der deutsche Soldat, die Russin Maria voller Ungeduld herbeisehnte, wenn sie nicht in meiner Nähe war. Die Tage vergingen. Der Frühling war ins Land gezogen, und häufig wanderten Maria und ich Hand in Hand durch die erwachte Natur. Fern von jeder Realität hatten wir unsere Träume, schmiedeten Pläne und sprachen von unserem gemeinsamen Leben nach dem Kriege.

Es war an einem Vormittag im April, als uns schon vor der Visite eine Unruhe im Lazarett auffiel, wie sie sonst nicht vorhanden war. Ich sah an diesem Tag Maria erst später, als Arzt und Sanitätspersonal den üblichen Rundgang beendet hatten. Sie hatte offensichtlich geweint und vermied es, mich anzusehen. Eine Gelegenheit miteinander zu sprechen, ergab sich jedoch vorerst nicht. Etwa eine Stunde später wurde mir ihr Verhalten klar. Wir erfuhren, daß wir noch an diesem Tage nach Libau verlegt werden würden, um von dort mit einem Schiff in die Heimat zurückgebracht zu werden. Die Freude meiner Kameraden war groß. Sie wollte sich bei mir aber nicht einstellen.

Anstelle froh darüber zu sein, einer russischen Gefangenschaft mit einem völlig ungewissen Schicksal zu entgehen, überfiel mich Traurigkeit, denn ich ahnte, daß die Trennung von Maria endgültig sein würde. Schon zwei Stunden später begann der Abtransport zur Hafenstadt Libau. Ich hatte bis zu diesem Zeitpunkt Maria nicht finden können, obwohl ich sie überall verzweifelt gesucht hatte. Als der Transport begann und ich den mir zugewiesenen Sanka bestieg, saß sie dort. Sie hatte es bei der Lazarettleitung durchgesetzt, den Transport als Krankenschwester begleiten zu dürfen.

Nun saßen wir beieinander, hielten uns an den Händen und fanden keine Worte. Meine Kehle war wie zugeschnürt, Maria kämpfte mit den Tränen. In Libau angekommen, ging der Abschied sehr schnell vor sich. Die russische Artillerie beschoß Stadt und Hafen, um das Auslaufen von Schiffen zu verhindern. Nur kurze Zeit nach dem Verlassen des Sankas waren wir allein. Mit dem Versprechen, uns nie zu vergessen, trennten wir uns. Unser Frachter, die Weserland, brachte uns 1000 Verwundete sicher nach Deutschland. Jedoch sollte mir auch hier die russische Kriegsgefangenschaft nicht erspart bleiben. Sofort nach meiner Entlassung in meine Heimatstadt setzte ich alle Hebel in Bewegung, um mit Maria Kontakt zu bekommen. Dabei machte ich den Fahrer eines Sankas ausfindig, der Maria kannte. Er erzählte mir, sie sei wenige Tage vor Kriegsende beim Beschuß des Lazaretts tödlich verwundet worden.

Horst Friedrich (225.ID.)

# „Was soll ich dort ..."

**Ein Bombenvolltreffer tötete die ganze Familie**

Da war ein Junker an unserer Artillerie-Schule 2 in Beneschau. Seinen Namen habe ich vergessen, ich weiß mit Sicherheit nur noch, daß er aus dem Raume Gießen stammte. — Frühjahr 1945: Die Junker arbeiteten im Hörsaal an einer schriftlichen Prüfungsaufgabe und ich hatte die Aufsicht. Plötzlich rief mich der Stabsscharführer von der Tür aus zu sich heran und flüsterte mir zu, ich solle zum Inspektionschef kommen. Er selbst übernahm für die Zeit meiner Abwesenheit meine Vertretung.

Wortlos legte mir Jochen ein Telegramm vor, das an jenen Junker gerichtet war und lapidar mitteilte, durch Bombenvolltreffer sei sein Elternhaus völlig zerstört worden und die gesamte Familie mit Eltern, Geschwistern, Großeltern, Onkel, Tanten und Basen — insgesamt neunzehn Menschen, umgekommen. Man erwarte seine alsbaldige Beurlaubung, hieß es weiter. Wir berieten, ob ich ihn vor Beendigung der schriftlichen Arbeit herausholen solle, wollten ihn aber wenigstens diese zu Ende bringen lassen, ehe er die fürchterliche Nachricht erhielt.

Ich ging zurück in den Lehrsaal in einem Zustand, als hätte das Telegramm mir selbst gegolten. Mehrfach ertappte ich mich dabei, daß ich auf den Scheitel des Kameraden starrte, der mit gesenktem Kopf über seiner Schreibarbeit saß ohne aufzublicken — ohne Ahnung, was ihn erwartete . . . Als er dann seine Blätter abgegeben hatte und hinausgehen wollte, bat ich ihn, noch wenige Minuten bis zum Ende der angesetzten Zeit im Saal auf mich zu warten. Meiner Bitte kam er zwar erstaunt, aber ohne Zögern nach.

Als ich ihn schließlich aufforderte, mit zur Schreibstube zu kommen, mochte er sich gefragt haben, was das wohl zu bedeuten hätte, zumal die Junker allgemein von mir keine Geheimniskrämereien kannten. Jochen selbst übergab ihm wortlos das Telegramm: Der Empfänger verzog keine Miene, starrte nur immer wieder auf das Blatt, das ihm mitteilte, daß seine Heimat zerstört und er gleichzeitig auch ohne Angehörige sei. Es schien uns, als wolle er auch ganz sicher sein, daß kein Irrtum vorliege. Aber da war als Absender der Bürgermeister der Stadt genannt und kein Zweifel möglich.

„Sie können sofort nach Hause fahren, wir haben alles schon vorbereitet", sagte der Stabsscharführer zu ihm. Der Junker nahm Haltung an, wandte sich Jochen und mir zu und meinte: „Tot sind sie ohnehin, und bis ich dorthin komme, sind sie auch beerdigt. Was soll ich also dort? Ich möchte meine Prüfung zu Ende bringen und bitte, hierbleiben zu dürfen. Danach kann ich ja dann fahren!" Sprach's, ging mit exakter Kehrtwendung aus dem Raum und saß fünfzehn Minuten später zur nächsten Aufgabe wieder im Saal . . .

Heid Rühl (DR)

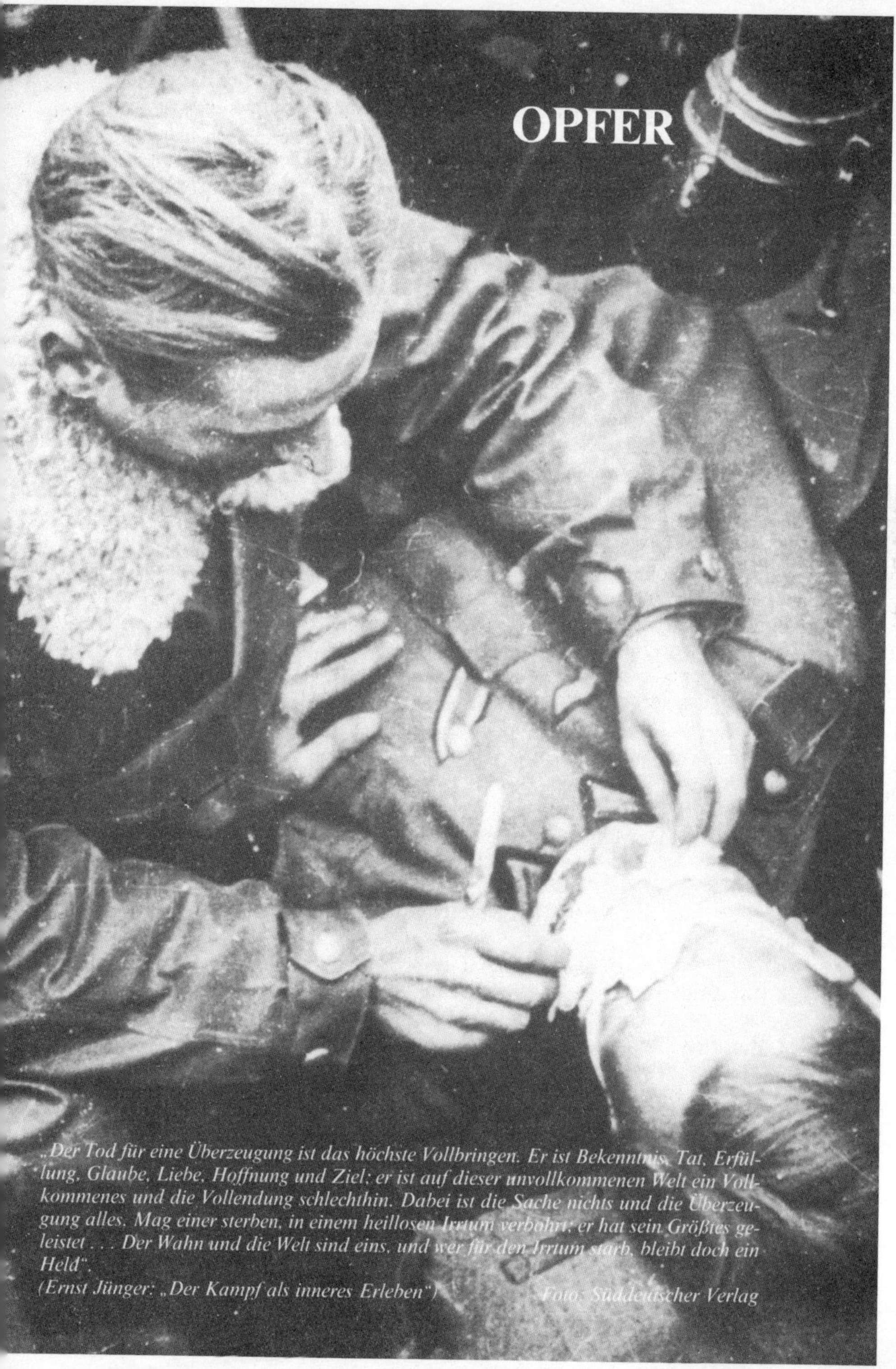

# OPFER

*„Der Tod für eine Überzeugung ist das höchste Vollbringen. Er ist Bekenntnis, Tat, Erfüllung, Glaube, Liebe, Hoffnung und Ziel; er ist auf dieser unvollkommenen Welt ein Vollkommenes und die Vollendung schlechthin. Dabei ist die Sache nichts und die Überzeugung alles. Mag einer sterben, in einem heillosen Irrtum verbohrt: er hat sein Größtes geleistet . . . Der Wahn und die Welt sind eins, und wer für den Irrtum starb, bleibt doch ein Held“.*

*(Ernst Jünger: „Der Kampf als inneres Erleben“)* *Foto: Süddeutscher Verlag*

# „Ich werde heute fallen!“

## Der Tod des Leutnants Hablitzl — 1941 bei unserer Aufklärungs-Abteilung

Es gibt Dinge zwischen Himmel und Erde, die wir mit unseren fünf Sinnen kaum erfassen oder begreifen können. Daß das so ist, weiß ich seit den ersten Oktobertagen 1941 und zwar genau seit dem Tag, an dem unser Kamerad Jupp Hablitzl in den Weiten des Ostens sein Leben lassen mußte. — Wir waren vier unzertrennliche Kampfgenossen geworden, seit wir uns zu Beginn des Krieges bei der Aufstellung der Aufklärungs-Abteilung 260 im Raum Aulendorf zusammengefunden hatten: Josef Hablitzl aus Ravensburg, wo er an der Heimatzeitung tätig war; mein alter Seminarkamerad Konrad Böhming; Gebhard Reck, mein bester Freund und Kriegskamerad aus Herbertingen, bis Kriegsbeginn Lehrer bei Leutkirch; schließlich ich selbst, ein junger Schulmeister aus Friedrichshafen.

Bald lagen wir zwischen Grenzach und Schliengen am Oberrhein, übten zusammen mit unseren Schwadronen, genossen gemeinsam die Schönheit des Markgräfler Landes und die Güte des Weines am Kaiserstuhl und im Breisgau. Der Westfeldzug und der gemeinsame Schmerz um die Kameraden Schall und Siegel schweißten uns noch mehr zusammen. Fast ein Jahr erfreuten wir uns in Burgund, am Fuß der Côte d'Ohr, nach dem täglichen Truppendienst an den Kunstschätzen dieses herrlichen Landstrichs und der Vielfalt seiner köstlichen Weine. Wir ritten Seite an Seite durch das herbstliche Land und saßen abends lange im Gespräch beisammen.

Im Juli 1941 waren wir dann in Rußland und sahen uns meist nur bei den täglichen Lagebesprechungen, bis die wochenlange „Pause“ vor den verhängnisvollen Oktoberangriffen kam. Unsere Division war von der nördlichen Ukraine zwischen Tschernigow und Kiew weit nach Nordosten an die obere Dessna in einen neuen Einsatzraum verlegt worden. In den wenigen Ruhetagen kam die Post nach. Man schrieb Briefe, reinigte sich gründlich in der Sauna und schlief wieder einmal aus. Jene letzten Septembertage waren noch recht warm und sonnig. Doch der Oktober kam heran und mit ihm der Befehl zu neuen Einsätzen.

Nun brach jener Morgen an, dessen Ereignisse mich immer wieder beschäftigen. Der Marschbefehl war am Abend zuvor gegeben worden, die Erste und die schwere Schwadron hatten sich in der Frühe in einem Birkenwäldchen bereitgestellt. Die Männer lagen weit auseinandergezogen und gut getarnt am Waldrand; Gebhard, Jupp und ich am Südende des Wäldchens.

Jeder hing seinen Gedanken nach und ahnte wohl, daß mit dem bevorstehenden Angriff und dem herannahenden Winter harte Prüfungen bevorstanden. In diese Stille hinein platzte das Knattern eines Motorrads: Ein Melder hielt in einiger Entfernung, stellte den Motor ab und rief nach dem Leutnant Hablitzl.

Wir hoben die Köpfe und sahen den Mann herankommen. Er übergab unserem Kameraden ein Schreiben, das dieser vornübergeneigt las. Nach langer Pause reichte er Gebhard und mir das Papier herüber: „Macht Ihr das, ich kann es nicht.“ — Wir lasen gemeinsam jenen bekannten Tagesbefehl, der die Oktoberoffensive einleitete mit der irrsinnigen Behauptung, der Feind im Osten sei geschlagen, es gehe jetzt nur noch um ein Aufräumen, dann sei der Weg nach Moskau frei.

Dieser Befehl sollte vor der Truppe sofort verlesen werden. Gebhard wandte sich zuerst an Jupp: „Warum willst Du den Befehl nicht verlesen, was ist los mit Dir?“ Klar und bestimmt kam die Antwort: „Ich kann es nicht, ich falle heute!“

Erschreckt und zunächst sprachlos starrten wir ihn an, bis Gebhard sich aufraffte: „Fehlt Dir was, hast Du schlechte Nachrichten von zu Hause?“ — „Nein, laß nur, es ist nichts. Ich weiß es eben.“ Auch ich versuchte, ihn aufzumuntern und ihm einzureden, das sei gewiß nur eine momentane Stimmung; doch empfand ich dabei auch meine Hilflosigkeit in einer solchen Lage, selbst dem Freund gegenüber. Sein Blick ließ uns dann verstummen.

Bald kam der Befehl zum Vormarsch. Das befürchtete Artilleriefeuer blieb aus, es fiel kein Schuß, und schon gegen acht Uhr hatten wir das befohlene Tagesziel erreicht. Am Rand eines langgezogenen Dorfes gingen wir in Stellung und stellten Sicherungen aus. Der Tag war trocken und sonnig, wir alle waren guter Dinge.

Gegen Mittag — die Feldküche hatte in der sehr breiten Dorfstraße „Stellung“ bezogen — ging ich auf diese zu und sah dabei von der anderen Seite Jupp Hablitzl kommen. Erfreut ging ich auf ihn zu und streckte ihm die Hand entgegen: „Siehst Du, es ist alles gut gegangen, nichts ist passiert und schon sind wir hier.“

Mit einem Blick, der mich hart traf, entgegnete er: „Laß nur!“ — „Ist Dir immer noch wie heute früh, bist Du noch derselben Meinung?“ — „Ja.“ Hilflos wie am Morgen konnte ich das Gespräch nicht fortsetzen. Die Männer kamen, um ihr Essen zu holen, und wir verloren uns unter ihnen.

Überraschend lief kurz nach Mittag ein neuer Marschbefehl ein, der besagte, daß es an der ganzen Front kaum Feindberührung gegeben und der Gegner sich weit zurückgezogen habe; man rücke deshalb noch heute weiter vor. Zeit, Weg und Ziel waren wie üblich genau angegeben. Da die Radfahrschwadron von Jupp Hablitzl auf den sandigen Wegen langsamer vorankam, war ich mit dem vollmotorisierten Zug als erster an einem Bach angelangt, konnte jedoch nicht weiter, da der Gegner den Übergang gesprengt hatte.

Ein Pionierhauptmann war mit seiner Kompanie schon dabei, die Holzbrücke wieder befahrbar zu machen, sie war sogar beinahe fertig. Die letzten Bohlen der Fahrbahn wurden gerade eingelegt und die Pioniere waren damit beschäftigt, diese zu befestigen und ein Geländer anzubringen. Ich meldete mich bei dem Hauptmann mit der Bitte, mich mit meinen dreizehn Fahrzeugen doch gleich passieren zu lassen, denn nach etwa zehn Kilometern würden wir unser Ziel erreichen und hätten dann noch bei Tageslicht Gelegenheit, in Stellung zu gehen und uns einzurichten.

Ziemlich barsch wurde ich abgewiesen mit der berechtigten Begründung, daß die Pioniere an diesem Tag schon mehr geleistet hätten als wir und auch baldige Ruhe verdient hätten. Er gab mir den Rat, meine Fahrzeuge bei einer nahegelegenen Kolchose in Dekkung abzustellen und die Soldaten ruhen zu lassen.

Diesen Rat gab ich als Befehl an den immer zuverlässigen Wachtmeister Birnbaum weiter und ließ Hans Willmann mit meinem Wagen unter einen in der Nähe stehenden Baum fahren. Selbst setzte ich mich, kaum fünfzig Meter von der Brücke entfernt, an die Böschung des Baches, um gleich zur Stelle zu sein, wenn der Übergang freigegeben werden würde.

Es mochte eine halbe Stunde vergangen sein, da wurde ich durch die Stimme meines Freundes Hablitzl aus meiner Träumerei gerissen. Er war mit seinem Wagen dicht an die Brücke herangefahren und schritt forsch wie immer, auf den Hauptmann zu. Der Hauptmann wollte ihn wie mich abweisen. Doch während des Gesprächs waren die Männer der Spitzengruppe, sich mit ihren Rädern durch den tiefen Sand quälend, herangekommen und standen in respektvoller Entfernung um die beiden Offiziere, das eine Bein über der Lenkstange, mit dem linken Stiefel im Sande stehend, bepackt mit ihren Waffen, durchschwitzt und abgehetzt.

„Lassen Sie wenigstens mich mit meinem Wagen über die Brücke, meine Männer tragen ihre Räder durch den Bach", höre ich Jupp sagen. Dann geschieht das Unerklärliche. Der Hauptmann tritt, sei es durch den Anblick der Soldaten dazu bewogen, sei es auf eine innere Stimme hörend, zur Seite und gibt mit einer Handbewegung den Weg frei. Hablitzl grüßt zu mir herüber — eigenartig lächelnd, wie ich seither meine — und springt in seinen Wagen. Schon rollt er über die Brücke.

Ich beobachte die Soldaten, wie sie die steile Böschung zum Bach hinunter ihre Räder tragen und durch das flache Wasser stapfen, voran der kleine, drahtige, tapfere Wachtmeister Fischer aus Meckenbeuren, der selbstverständlich das Kommando übernommen hat, nicht ahnend, daß er seinen Leutnant nicht mehr lebend wiedersehen wird.

Kurze Zeit noch sehe ich den Männern zu, wie sie drüben sich den Hang hinaufquälen. Dann gehe ich zu Karl Birnbaum, um ihm zu sagen, daß wir uns zum Weitermarsch fertig machen können. Schließlich begebe ich mich noch etwa eine halbe Stunde zu den einzelnen Gruppen des Zuges.

Als ich zu meinem Wagen zurückkomme, fährt gerade Gebhard Reck heran, springt aus dem Wagen, kommt aufgeregt auf mich zu und faßt mich am Arm: „Komm mit! — Hablitzl ist gefallen, fünfhundert Meter von hier auf eine Mine gefahren. Das rechte Vorderrad hat sie erwischt, der Fahrer ist nur leicht verwundet."

Langsam und schweigend gehen wir zu Gebhards Wagen, rollen über die Brücke und durch einen tiefen Sandweg nach rechts, den leichten Hang hinauf. Einige Pioniere stochern mit ihren Stäben im Sand herum und suchen Minen, von denen schon eine Anzahl am Wegrand liegt.

Da vorn, links vom Weg, steht ein einsamer Baum. Vor ihm machen sich noch zwei Männer an einem frischen Holzkreuz zu schaffen. Wir lassen den Wagen stehen und gehen mit müden Schritten auf das Grab zu. Davor stehen wir dann hilflos einsam, mit hängenden Köpfen. Niemand sagt ein Wort. Es schüttelt mich, und meine Kehle ist wie zugeschnürt. Stumm blicke ich zu Gebhard hinüber, auch ihm quellen Tränen aus den Augen. Wir grüßen unseren toten Freund noch einmal: „Ich hatt' einen Kameraden . . ."

Die Beine wollen mich kaum tragen, da wir zurückgehen. Am Wagen findet Gebhard die ersten Worte: „Denkst Du noch an das Gespräch von heute morgen?" Langsam rollt unser Wagen zurück. — Erst nach Tagen können wir uns über unseren Freund Jupp freier unterhalten und jeder erinnert sich genau an dessen Worte am Morgen des 2. Oktober im Birkenwäldchen. Doch was bleibt, sind Fragen und Rätsel: Ich durfte nicht über die Brücke, vielleicht hätte auch Hans Willman die Mine nicht erwischt. Wer kann eine Antwort geben?

Karl Markert (260.ID.)

## Das durfte nicht sein!

### Beim Gegenstoß fiel auch der Chef der Schwadron

Schwere Tage hatte im Februar 1942 die Aufklärungs-Schwadron der schnellen Abteilung 126, Nachfolgerin unserer Aufklärungs-Abteilung, hinter sich. Nach harten Kämpfen im Bollwerk Mal. und Bol. Sstretschno hatte sie den Befehl erhalten, sich abzusetzen.

Vor Oligino wurde die Schwadron, nur noch einen Zug stark, eingesetzt. Auch hier griff der Russe mit Artillerie- und Granatwerferunterstützung immer wieder an. Die Schwadron wußte, um was es ging. Zäh und verbissen verteidigte sie ihre Schneestellung.

Dann, am 21. Februar, gegen Mittag, brach der Russe nach heftiger Feuervorbereitung links von uns ein. Schon stand er in unserer tiefen Flanke.

Schließlich hieß es: „Aufklärungs-Schwadron macht einen Gegenstoß!“ Fast schien die Sache aussichtslos, denn schon trat der Gegner in hellen Scharen aus dem Wald links von uns heraus. Aber wir vertrauten unserem Chef. Schnell waren Munition und Handgranaten gefaßt. Während wenige Kameraden die eigene Stellung hielten, traten wir an, Oberleutnant Hellemann an der Spitze.

Nur knappe hundert Meter trennten uns von den Russen, die am gegenüberliegenden Waldrand bereits unseren eigenen Abteilungsgefechtsstand erreicht hatten. Zuerst war unser Vorgehen ein Springen von Deckung zu Deckung, dann wurde es ein unbändiges Vorwärtsstürmen.

Da stürmte uns der Gegner aus dem Wald entgegen. War es eine Kompanie, waren es zwei? Wir sahen nur die geduckt anlaufenden erdbraunen Gestalten vor uns, sahen ihre Bajonette blitzen.

Doch ihnen schlug unser donnerndes „Hurra“ entgegen, begleitet von den Feuerstößen aus Karabinern, Maschinenpistolen und Maschinengewehr.

Plötzlich, wir trauten unseren Augen nicht, machten die drüben kehrt und türmten. Lauter wurde unser „Hurra“, noch schneller ging es vorwärts, voran der Oberleutnant. Schon erreichten wir den Waldrand mit unserem Gefechtsstand. Im Eingang lagen stöhnend schwerverwundete Kameraden, aber sie lebten zum Glück noch.

Auf dem Bunker brachte ich mein Maschinengewehr in Stellung. Keinen Augenblick zu früh, denn bald hatte der Iwan unsere geringe Zahl erkannt und ging wieder vor. Doch jetzt feuerte das Maschinengewehr, gegurtete Munition lag zur Genüge am Gefechtsstand.

Für wenige Augenblicke hatten wir Ruhe, und ich warf einen Blick um mich. Der Chef und ein Kamerad waren neben mir, pausenlos hatten sie mir die Gurte zugereicht.

Vor uns war Ruhe eingetreten. Aufmerksam beobachteten wir das Gebüsch. Gerade befahl mir der Chef, ein wenig mehr auf Deckung zu achten. „Jawohl, Herr Oberleutnant,“ sagte ich und sah ihn an. Doch was war das? Seine Augen wurden größer, der Kopf fiel auf die Brust, der Körper brach zusammen. Oberleutnant Hellemann war gefallen!

Mein Kamerad und ich sahen uns an. Sprechen konnten wir nicht, aber unsere Gedanken waren die gleichen. Konnte dieser Mann überhaupt fallen? Bisher schien er gegen Not und Tod gefeit. Nun war auch er unseren vielen Gefallenen dieser Tage, fast der Hälfte seiner Schwadron, gefolgt.

Archiv der 126.ID.

# Arzt und Kamerad

**Ein bleibendes Denkmal im Herzen vieler 93er**

Das II./93 hatte viele Bataillonsärzte, fast alle nur kurze Zeit, dann fielen sie oder wurden verwundet. Einer war besonders beliebt bei der Truppe und genoß unbedingtes Vertrauen wegen seiner Zuverlässigkeit, seiner ständigen selbstlosen Einsatzbereitschaft und seiner tapferen, soldatischen Haltung: Assistenzarzt Dr. Kurt Bartz! 12. Juni 1940: Marschrichtung Süden, in Péronne eine längere Marschpause. Der Troß war am Rand eines nach offensichtlich hartem Kampf genommenen Dorfes in Obstgärten untergezogen. Ich ging daran, liegengebliebene Schreibarbeiten endlich zu erledigen.

Da fiel plötzlich ein Schatten auf meine Arbeit: Vor mir ein Riesenkerl, so eine Art „Kleiderschrank“, sympathische Erscheinung, Lachfalten um die Augen. Oberfeldwebel, aber mit blauer Waffenfarbe,also von der Sanität. Er meldete sich dann als Unterarzt Dr. Bartz zum II./93 versetzt. Endlich hatten wir wieder einen Arzt im Bataillon. Wenige Tage später kam seine Beförderung zum Assistenzarzt. Damit war auch sein Name „Assi Bartz" entstanden, er blieb ihm auch erhalten, als er Oberarzt und schließlich Stabsarzt geworden war.

Ihn und die Sanitätsstaffel mußte man nie suchen, doch seine ständige Einsatzbereitschaft galt nicht nur der eigenen Truppe, in Notfällen wurde auch die Zivilbevölkerung versorgt. Neben unserer Marschkolonne stürzte eine Französin schwer. „Assi" Bartz war sofort da: Rein in den Sankra mit ihr und ab zum nächsten Krankenhaus, Dr. Bartz mit Rotkreuzflagge vorneweg. Hervorragende Sprachkenntnisse ebneten ihm den Weg. Im Krankenhaus gemeinsame Untersuchung mit drei französischen Ärzten, Ergebnis: Schwere innere Verletzungen, sofortige Operation erforderlich. Betretenes Schweigen bei den französischen Kollegen, niemand hatte jemals eine derartige Operation durchgeführt. „Assi" Bartz operierte dann unter Assistenz der Franzosen und dozierte dabei wie ein Professor an der Uni. — Bei uns zurück, schlug er mir mit seiner Pranke auf die Schulter: „Sie kommt durch, Mann!" —

Rußlandfeldzug, der Irpen-Abschnitt ist erreicht, aber die Front noch nicht geschlossen, überall in unübersichtlichem Gelände gefährliche Lücken. Durch deren eine kommt ein kampfkräftiger sowjetischer Spähtrupp nahezu unbemerkt an die Stellung eines Zuges heran. Die Besatzung wehrt sich hartnäckig, wird aber zum großen Teil niedergemacht. Einige Verwundete entkommen und treffen auf die Sanitätsstaffel, die bei der Suche nach einem günstigen Verbandplatz zu weit nach vorn geraten ist.

„Assi" Bartz holt von dem in der Nähe schanzenden Zug noch eine Gruppe und weitere Soldaten dazu und tritt zum Gegenstoß an, der überraschte Iwan wird geworfen. Einige Gefangene werden gemacht, und die Geschütze sind wieder in unserer Hand. Der durch einen Gewehrschuß quer durch die rechte Hand verwundete Arzt setzt eine Sicherung an und veranlaßt die Rückführung der Geschütze. Dann läßt er seine Verwundung durch den Kollegen beim I.Bataillon behandeln, bleibt bei uns und operiert mir zwei Tage später mit seiner geschienten Hand einen häßlichen Splitter aus dem Daumen. —

Sommer 1942, die Vorberge des Kaukasus sind erreicht. Der Seco bleibt allen in Erinnerung, die den Einsatz dort überlebt haben. Unterhalb des Gipfels die HKL, der Widerstand versteift sich merklich. Überall in den Schluchten und urwaldähnlichen Wäldern schwere Kämpfe. Spähtrupps stoßen überall auf Gegner, und Scharfschützen halten grausige Ernte. Ein Spähtrupp der 7./93 wird aufgerieben, nur zwei Verwundete kommen zurück. Sie hatten einen schwerverwundeten Kameraden versteckt zurücklassen müssen. „Assi" Bartz stellt sofort eine Mannschaft zusammen, und unter seiner selbstverständlichen Führung wird der Verwundete geborgen.

Aber auch sein Soldatenschicksal erfüllte sich: Am nächsten Tag bricht ein Gefreiter durch einen Scharfschützen getroffen zusammen, Halsschuß. Sofort ist Dr. Bartz bei ihm. Doch als er sich über den Verwundeten beugt, detoniert wenige Schritte vor ihm eine Wurfgranate. Ein kleiner Splitter dringt über dem linken Auge in den Kopf. . . Auf dem Hauptverbandplatz kann nur noch der Tod festgestellt werden. — Sein Grab ist unbekannt, irgendwo bei Gnadenburg am Terek, aber wir haben ihm in unserem Herzen ein bleibendes Denkmal gesetzt.

Ernst-August-Bode (13.Pz.-Div.)

# Das Versprechen

**Dreimal verwundet — wie versprochen**

Am 27. Dezember 1942 sollte das „Unternehmen Michael" den Schlauch zum Kessel von Demjansk südlich des Ilmensees erweitern.

Wir hielten uns in einer tiefen Schlucht, die ausgezeichnete Deckung bot, zum Angriff bereit, als über uns Stukas erschienen.

Plötzlich stürzte sich eine Maschine mit infernalischem Geheul auf uns und warf eine Bombe mitten in die enge Schlucht. Instinktiv war ich in volle Deckung gegangen, so daß die Splitter knapp über mich hinwegsausten. Benommen richtete ich mich auf, als die zweite Maschine trotz unserer heftigen Zeichen stürzte. Wieder warf ich mich zu Boden, diesmal einen Augenblick zu spät. Ich wurde durch die Luft gewirbelt und spürte einen harten Schlag gegen meine rechte Hand. Als ich sie betrachtete, sah ich einen Brei aus Blut, Knochensplittern und Dreck! Mein erster Gedanke: „Die Hand ist im Eimer!"

Ich stand auf und versuchte, mit der linken Hand den Dreck aus der Wunde zu entfernen. Zu meiner Verwunderung spürte ich keinerlei Schmerzen. Da rannte der Sani auf mich zu: „Bist Du verrückt, willst Du eine Blutvergiftung?" Nachdem er mich notdürftig verbunden hatte, machte ich mich auf den Weg nach rückwärts. Nach einigen Minuten traf ich auf unseren Kommandeur, Major Windbiel, früher mein Chef, und verabschiedete mich bei ihm: „Herr Major, ich melde mich ab und jetzt komme ich nicht mehr zurück. Drei Verwundungen sind genug, mir langt's!"

Nach kurzer Zeit kam ich endlich zum Hauptverbandplatz, wo es zu dieser Zeit noch recht ruhig war. Einige Sanitäter lagen in der Sonne, bei ihnen ein Feldwebel, den ich begrüßte: „Servus, da bin ich wieder und habe mein Versprechen gehalten!" Zunächst stutzte er, erinnerte sich aber schließlich: Bei meiner ersten Verwundung im Oktober 1941 betreute er mich, damals als Sanitätsobergefreiter, dann fünf Monate später erneut, diesmal als Sanitätsunteroffizier. Damals verabschiedete ich mich von ihm mit der Versicherung: „Einmal komme ich noch, denn aller guten Dinge sind drei . . ."

Dieses spaßhaft gemeinte Versprechen hatte ich also nun eingelöst. Ich kam gleich als erster Verwundeter auf den Operationstisch und verdanke es der Kunst des Chirurgen und dem Umstand, daß er noch nicht unter Zeitdruck operieren mußte, daß ich meinen Daumen behielt, wenn ich auch nur mehr „Ge-Vau-Ha" blieb.

Walter Ebert (Wien) (12.Pz.-Div.)

# Verwundet: Knie weg

**Augenblicklich war der Wille zu überleben da**

Millionen Soldaten haben am eigenen Leib erlebt, was es bedeutet, wenn das Schicksal plötzlich zuschlägt: „Du bist verwundet!" Peter Bamm, der bekannte Schriftsteller, als Stabsarzt Dr. Emmerich unser Divisionskamerad, stellt in seinem Buch „Die unsichtbare Flagge" fest: „In dem Bruchteil der Sekunde, da das Geschoß ihn trifft, wird er aus der Bahn des Kämpfers herausgeschleudert . . . wird er ein Stück hilflose Kreatur." — In einem Gespräch mit Bundeswehroffizieren wurde ein beinamputierter Kriegsteilnehmer zum Thema „Verwundung" gefragt, stark vereinfacht etwa: Kann man sich auf eine Verwundung vorbereiten und wenn ja, wie? Man bat ihn dann, über seine Verwundung zu sprechen. Der Bericht wurde aufgezeichnet:

Am 30. Juni 1943 verlor ich im Kubanbrückenkopf durch einen Treffer auf das Knie ein Bein. Ich war 22, Leutnant und Adjutant eines Bataillons im GR.123. Es ereignete sich in der Nähe des Gefechtsstandes, etwa vierhundert Meter hinter der HKL. Die Front war an diesem Tag einigermaßen ruhig. Wir trugen Tropenuniformen, erdbraun, leichte Stoffe, kniekurze Hosen; die Tagestemperaturen stiegen bis auf vierzig Grad im Schatten.

Als es passierte, waren einige Kameraden in meiner Nähe. Mein Zustand war mir sofort klar: Das Knie war praktisch weg, ich sah den Unterschenkel daneben liegen! Ich glaube, noch nach dem Sanitäter gerufen zu haben. Dann kam unser Arzt, ich spürte den Einstich einer Spritze, in meinem Kopf drehte sich alles wie bei Volltrunkenheit.

Schmerzen hatte ich nicht, aber augenblicklich war der Wunsch, mehr noch der Wille da: Du mußt überleben! Nach einiger Zeit erst setzten die Schmerzen ein, aber die Spritze wirkte. Ein Sanka brachte mich über staubige Feldwege zum einige Kilometer entfernten Hauptverbandplatz. Dort empfing mich Stabsarzt Dr. Welutzki, wir kannten uns, er war vorher unser Bataillonsarzt gewesen. Ein OP-Tisch war frei, neben mir lag noch jemand, später erst wußte ich, es war ein Blutspender, mein Blutverlust war sehr hoch. Blutgruppe? — Ich glaube, man hatte keine Wahl, das sehr genau zu nehmen.

Irgendwann, als es schon dämmerte, wachte ich auf. Einige Zeit verging, ehe mir klar wurde, was war und wo ich war. Ich begann meinen Körper abzutasten: An der linken Seite fühlte ich den kurzen Beinstumpf, das rechte Bein war voll eingeschient und verbunden, bewegen konnte ich nichts. Durst, quälender Durst überkam mich. Der Sani schüttelte den Kopf, frisch operiert und nach der Äthernarkose, da gibt's nichts. Ich bat um einen Waschlappen: Ehe der Sani sich versah, hatte ich den feuchten Lappen im Mund und saugte ihn aus. In der Nacht sorgte Iwan für Unruhe, ringsum krachten immer wieder Einschläge, Streufeuer der Artillerie, kein schönes Gefühl, wenn man hilflos ist.

Schmerzspritzen gab's großzügig. Gegen Mittag wurden die Temperaturen unerträglich, aber mehr als die Zudecke konnte man nicht wegnehmen. Ich vermißte meine Uhr, sie war doch noch am Arm, als es passierte? Nachforschungen brachten nichts. Jemand hatte sie während meiner Bewußtlosigkeit „an sich genommen", man kannte das, ohne es verhindern zu können.

Allmählich wurden die eigenen Gedanken über das Geschehen immer klarer. Ich war außerstande, mir mein weiteres Leben vorzustellen. Die für mich bis dahin geltenden Werte, die Ideale, die ich hatte, galten im wesentlichen nicht mehr. Schule, Abitur, Krieg — das war mein Leben bisher. Gewiß, der Glaube an den Sieg war nicht mehr da, Stalingrad und der furchtbare Rückzug aus dem Kaukasus im Winter bei Temperaturen um minus 35 Grad lagen gerade hinter uns. Die bekannten Bilder vom Rückzug Napoleons aus Moskau hatten sich wiederholt. Aber ich war doch aktiver Offizier?

Doch ein Infanterist mit einem Bein? Wie sehe ich eigentlich aus, habt ihr einen Spiegel für mich? Den Kopf konnte ich bewegen, in ihm hatte ich nur Fragen ohne Antworten. Die Tage vergingen, sie krochen dahin. Dann der erste Verbandswechsel: Viel konnte ich von mir nicht sehen, aber es war niederschmetternd. Ich war immer sehr sportlich, hatte einen durchtrainierten Körper. Geht das noch, Springen und Laufen? Doch immer noch kein Transport, immer noch nächtliche Einschläge ringsum. Man gewöhnt sich an alles, auch wenn es einem dabei mulmig ist. Einer kam mit einer Postkarte: „Willst Du nach Hause schreiben?" Allein ging das nicht, also sagte ich ihm Adresse und was ich geschrieben hätte, er schrieb für mich.

Ich fühlte, daß mein Zustand schlecht war. Ich hatte Vertrauen zum Arzt, und die Kameraden gaben sich Mühe, für Abwechslung zu sorgen. Gleichwohl hatte jeder seine eigenen Sorgen und Probleme. Zeit zum Grübeln blieb genug, heraus kam dabei nichts.

Hin und wieder erschien das vertraute Gesicht eines Kameraden am spartanischen Feldbett, er drückte einem die Hand, sprach Mut zu und verschwand wieder. Endlich, nach vier langen Wochen, lud man auch mich in den Sanka: Siebzig fürchterliche Kilometer Fahrt über tief ausgefahrene Querfeldeinpisten bis zur Straße von Kertsch, die das Schwarze mit dem Asowschen Meer verbindet.

Jedes der unzähligen Schlaglöcher bedeutete für uns vier Schwerverwundete im Wagen qualvollen Schmerz. Nur wenige Kilometer schaffte der Fahrer in der Stunde, immer wieder hielt er an, Verschnaufpause für uns. Von einem behelfsmäßigen Anleger aus brachten uns Marinefährprähme auf die Krim.

Dort stand ein Güterzug, die Wagen ausgelegt mit Stroh, auf Tragen legte man die Verwundeten hinein. Zwar hatten auch die Schienen schon einiges auf dem Buckel, aber es war angenehmer als auf der Straße. Die Nächte in den offenen Wagen waren empfindlich kalt, doch es gab genug Decken. Auch die Versorgung wurde unter den schwierigen Umständen aufrechterhalten, die Fürsorge der Kameraden von der Sanität war bewundernswert.

In zwei Tagen brachte uns der Zug bis Nikolajew, eine kleine Stadt an der Mündung des Bug in das Schwarze Meer. Ein Kriegslazarett nahm uns auf: Weiße Betten, junge Krankenschwestern, gute OP-Säle, keine Granaten und Bomben mehr, Geborgenheit kam auf, Verbandswechsel, freundliche Worte freundlicher Schwestern. Das tat gut, aber: Ändert sich mit deinem Zustand auch dein Verhältnis zu Frauen? Wie, mit welchen Augen werden sie dich sehen? Gewiß, ich war noch jung, meine Einstellung zu Frauen wohl noch nicht ausgereift. Bleibt man unbefangen mit seinem Handicap? Wieder nur Fragen ohne Antwort, ich ließ sie im Raum stehen.

Einige Tage ließ man mich liegen, ließ mir Ruhe, um Kräfte für weitere Transporte zu sammeln. Dann wieder in den Sanka, Fahrt zum Bahnhof, aus dem Sanka. Da stand ein gut eingerichteter Lazarettzug, umgerüstete D-Zugwagen. Aber da stand noch etwas: Ein Behelfs-Panzerzug, der einen Konvoi von drei Lazarettzügen durch ein berüchtigtes Partisanengebiet begleiten sollte.

Nächstes Ziel war Radom, südostwärts Warschau. Kriegslazarett in einem Kloster, hervorragende Betreuung durch Nonnen, ruhige und gekonnte Handgriffe bei schmerzhaften Verbandswechseln. Wer morgens und abends nicht mitbeten wollte, schwieg still. Wieder einige Tage Ruhe und Pflege, dann ging es weiter, diesmal über die Grenze Richtung Breslau, dann über Dresden, Leipzig und Halle bis in ein Lazarett in Sangerhausen am Harz. Es war inzwischen Mitte August, seit meiner Verwundung waren sechs Wochen vergangen, endlich war ich in der Heimat . . . Archiv (Gren.-Rgt. 123)

## „Totgeweihte“ und „Hoffnungsträger“

**Die Chirurgen kamen manchmal mit der Arbeit nicht mehr nach**

Die Division „GD“ im Juli 1943 zu finden, war nicht einfach. Meinen Marschbefehl vom Ilmensee, hoch im Norden Rußlands, nach Charkow in der Tasche, brauchte ich einige Zeit, bis ich endlich meinen neuen Divisionsarzt, Oberfeldarzt Dr. Wegerhoff, auf einem Transportzug entdeckte, der sich gerade in Bewegung setzte. Er saß auf einem Stuhl in der Sonne und ließ sich von meinem militärischen Vorleben berichten. Schließlich wurde ich dann weitergeleitet zur 1.Sanitätskompanie, die am Ortsrand von Achtyrka, nordwestlich Charkow, stehen sollte. Ein Nachschubfahrzeug nahm mich mit.

Zunehmender Geschützdonner, entgegenkommende Verwundetentransporte und Fahrzeugwracks am Rand der Rollbahn kündigten die Nähe der Front an. An einer Kreuzung saßen wir ab, um die vielen Schilder zu studieren und den richtigen Weg zu finden, als ein Volltreffer unseren Wagen traf, der sofort in Flammen aufging, zusammen mit meinem Gepäck. Rechtzeitig im Straßengraben Deckung nehmend, sahen wir uns die Bescherung an: Ärgerlich, aber was half's!

Schon von weitem sah ich, was bei der 1.Sanitätskompanie los war: Überall lagen Verwundete auf ihren Tragen, Sanitätskraftwagen (Sankas) kamen und fuhren fort, ein Arzt betrachtete und untersuchte die ankommenden Verwundeten, gab hier und da eine Spritze und veranlaßte, daß die einen zur chirurgischen Versorgung getragen und die anderen auf den Tragen seitlich in einem Hof abgestellt wurden. Das ganze Elend dieses Krieges war schmerzlich zu spüren.

Während die gehfähigen Verwundeten geduldig vor dem Operationshaus auf ihre Versorgung warteten, blickten sie auf ihre Kameraden, die auf den Tragen lagen. Manche stöhnten unter ihren blutverschmierten Verbänden, andere baten um eine Zigarette. Wer nicht gerade schlief oder durch die Wirkung einer Spritze seine Umgebung nicht mehr richtig wahrnahm, beobachtete die hin- und hereilenden Sanitäter, um an ihren Mienen zu erkennen, wie es um sie selber stand und ob sie nun endlich einem Arzt vorgestellt wurden. Dabei hatten sie noch Glück: Es war ein schöner warmer Sommertag ohne Regen. Einige flüsterten miteinander, denn sie lagen ja dicht bei dicht, und fragten nach Kameraden ihrer Einheit.

Die Chirurgen kamen offenbar mit der Arbeit nicht mehr nach. Aber das machte alles nichts, denn diese Männer hatten die Gewißheit, bei jener Gruppe zu liegen, der eine Chance zum Überleben gegeben wurde. Sie hatten beobachtet, daß der Arzt die einen zu diesem Platz tragen ließ, während andere hinter dem Hoftor verschwanden. Mit den geschärften Sinnen eines waidwunden Tieres spürten sie, daß für jene keine Hoffnung mehr blieb.

Einen Augenblick beobachtete ich diese gespenstische Szene, mein Magen krampfte sich zusammen, denn ich wußte, daß dieser junge Assistenzarzt den „miesesten Job" dieses verfluchten Krieges hatte. Und das war seine Aufgabe: Bei starkem Verwundetenanfall arbeiteten beide Sanitätskompanien mit je zwei Chirurgengruppen rund um die Uhr, um den vielen Verletzten gerecht zu werden. Es mußte aber schon draußen vor den behelfsmäßig eingerichteten OPs entschieden werden, bei wem eine Operation überhaupt noch aussichtsreich schien. Waren nämlich die Chancen des Überlebens zu gering und der Zeitaufwand für eine Operation zu groß, dann wurde zugunsten der leichter Verletzten entschieden, denen bei schneller Hilfe eine gute Wiederherstellung sicher war. — Da sah ich nun diesen jungen Arzt mit ernstem Gesicht ruhig von einem Verwundeten zum anderen gehen: Rechts die Todgeweihten, links die Hoffnungsträger.

Manchmal kümmerte sich der Divisionspfarrer um jene, die in den Hof getragen wurden. Wenn auch großzügig von Morphium Gebrauch gemacht wurde, blieb doch so mancher klar und merkte, was mit ihm passierte. Später einmal, als ich selbst die Aufgabe hatte zu entscheiden, wer operiert werden sollte und wer nicht, schrie mich ein älterer Soldat, der mit seinen beiden Händen mühsam die hervorquellenden blutigen Därme in seine Bauchhöhle zurückdrängte, an, als er merkte, was ihm geschah: Er dürfe nicht sterben, er hätte fünf Kinder, so ging das nicht. Wilde Flüche gegen Gott und die Welt und auch gegen mich brannten in meinen Ohren. Schließlich wimmerte und flehte er, nahm seine eine blutige Hand vom Bauch, hielt mich an der Hose fest und wiederholte leiser werdend seine inständigen Bitten. Aber es half nichts, er kam nach rechts in den Hof. — Sein Gesicht habe ich bis heute nicht vergessen. . . Dr. Wesselowski (GD)

# Plötzlich — nur Stille und Dunkelheit

**Mit dem Regiment 215 auf dem Vormarsch im Osten 1941**

Spät in der Nacht zum 26. Juli 1941 hat nach einem erschöpfenden Marsch die Fünfte unser Quartier erreicht, den Weiler Ssamulki mit zwanzig Hütten. Erst in der Morgendämmerung fallen wir in unserer Kate in tiefen Schlaf, völlig beruhigt, da diese Gegend feindfrei gemeldet worden ist. Arglos wechsle ich hinüber in das Traumland. —

„Alarm! Überfall!" Irgendwer hat es gerufen. Während wir uns taumelnd hochrappeln, hallen Schüsse und Granatwerfer-Einschläge laut und unheimlich. Es ist noch früh. Die Sonne versucht, sich mühsam aus dem nächtlichen Horizont zu lösen.

Der Chef ist schon nach links den Weg durch das Dorf hinauf geeilt, dorthin, von wo das Granatwerferfeuer am stärksten herüberjagt. Wir mühen uns ab, die Füße in die eng gewordenen Knobelbecher hineinzuzwängen, scheinbar aussichtlos! Wir führen unter Verwünschungen einen wahren Veitstanz auf.

Ich verstehe den ganzen Rummel nicht. Gestern Nachmittag ist doch weit und breit kein Iwan zu sehen gewesen und jetzt sollen die Sowjets gewissermaßen mitten ins Biwak eingedrungen sein. Unser Chef kommt hereingestürzt, ruft nach seinem Kompanietruppführer, unserem Unteroffizier Rödel. Er schimpft und tobt, als er bemerkt, daß dieser nur in einem Stiefel steckt und im übrigen tolle Bewegungen macht.

Umschnallen und sofort raustreten!" — Leutnant Dowerk rast hinaus. Endlich stehen wir fröstelnd vor unserer Kate und einem dürftigen Schober. Aus allen Himmelsrichtungen knallt es. Sehen kann ich nichts, ein dicker Bodennebel hüllt alles in seinen milchigen Schleier. Unser Zug ist zur Sicherung des Regiments-Stabes abgestellt.

Während ich zigarettenschmauchend an der Bohlenwand lehne, wobei ab und zu dicht vor meiner Nase ein Schuß vorbeizischt, wird befohlen, das Schießen einzustellen, bis sich der Nebel verzogen hat. Um 4.15 Uhr sollen wir angreifen.

Die nervenzerrende Erwartung vor der Stunde des Sturms, die mich schon oft erfaßt hat, bleibt heute aus. Gleichgültig gähne ich der Zeit entgegen, es kann sich doch nur um ein „paar" Russen handeln! Doch ist es mir wichtig, daß die Sachen auf dem Fahrrad richtig festgezurrt werden, denn nach den „wenigen Minuten", die wir nicht da sein werden, wird der Marsch sicher gleich fortgesetzt. Daß der bevorstehende Angriff Opfer fordern könnte, liegt weit von mir.

Dann kam das Signal. Im lichten Tag treten wir aus den schützenden Höfen auf den Hang mit den hohen Ähren hinaus, schweigend, nacheinander. Bald liegt das niedrige, langgezogene Dach des Kolchos hinter uns, in dem die 14.Kompanie übernachtet und davor gezeltet hat, die vorher mit Handgranaten überfallen worden ist. Nach Überqueren der Straße von Kartomischtsche, auf der wir gestern angekommen sind, befinden wir uns auf einer sanft ansteigenden Wiese. Einige Kilometer vor uns auf dem Scheitel liegt das Angriffsziel, der Ort Tjomnolessje, zwischen dessen Holzhäusern anscheinend motorisierte feindliche Truppen einrücken. Eine Panzerbrigade!

Russische Maschinengewehre zwingen uns in Deckung. Während wir auf dem Bauch liegen, können wir unsere Angriffsformation erkennen. Unsere Kompanie ist der äußerste linke Flügel, rechts an die Sechste angelehnt. Links von mir befindet sich der Chef, rechts Unteroffizier Rödel.

Da saust zwischen diesem und mir ein Pakgeschoß, schlägt auf, springt wieder ab und gleitet — mit mehrmaligem Aufschlagen — über den Rasen wie ein flacher Stein über eine glatte Wasserfläche! Wir sehen uns wortlos an . . .

Noch einmal wiederholt sich dieses Spiel! Drüben, hinter dem Westrand des Dorfes vor uns, ist die gegnerische Pak in Stellung. Ich rufe Faist mit seinem leichten Maschinengewehr herbei. Er schickt seine Feuerstöße hinüber, die Garbe liegt gut, der Pak ist die Lust am Schießen vergangen. Unser Angriff geht weiter.

Zwei Stunden mögen vergangen sein, und wieder stecken wir in einem der dichten Kornfelder, kommen aber zügig voran. Ein glückliches, ja stolzes Gefühl überkommt mich, wie ich zurückschauend in tadelloser Schützenkette die Kameraden heraufziehen erkenne.

„Wie auf dem Übungsplatz!" sage ich zu Leutnant Dowerk, der lächelnd nickt. Wir sind nun die Vordersten der Kompanie und haben beinahe das Ende des Feldes erreicht, das durch einen vielleicht dreißig Meter langen Kartoffelacker von den äußersten Hütten des Ortes Tjomnolessje und einem vorgelagerten Schober getrennt ist. Die Katen und Koben sind untereinander durch geflochtene Zäune verbunden. Noch mit halbem Auge weitvoraustarrend zum nächsten Kaff, wo zahllose russische Lastwagen einfahren, bemerke ich, wie Schatten hinter den Palisaden vorüberhuschen ...

„Vor uns Gegner!" Mit diesem Ruf ziehe ich den Karabiner ein. „Nicht schießen! Eigene Truppen!" höre ich von hinten. Selbst unsicher, ob vor mir Freund oder Feind ist, bedeute ich dem neben mir liegenden Chef, daß ich mich selbst überzeugen will. So krieche ich in den vorgelagerten Acker.

Ich sehe Sowjets mit umgehängten Zeltplanen, die feldgrau sind und so eine Verwechslung mit deutschen Soldaten zulassen, in die letzten Bauernkaten laufen.

Schuß auf Schuß verläßt meine Knarre. Einen neuen Ladestreifen einsetzend, beobachte ich, daß trotz meiner Schüsse hinter dem Zaun Russe auf Russe vorgeht. Ich ziehe eine Handgranate aus dem Stiefelschaft, schraube die Kappe ab, schnelle zwischen den Kartoffelstauden hoch und springe wenige Schritte vor, um besser werfen zu können ...

Stille! Nacht! Dunkelheit! — „Das ist das Ende", geht es mir plötzlich durch den Sinn. Mir ist so leicht, so unfaßbar leicht. Nichts sehe ich, alles ist schwarz. Ich scheine mich rasend zu drehen, um eine Achse, die mir senkrecht im Rücken steckt, wie auf einem Pflock. Dann meine ich zu schaukeln, auf und ab, auf und ab.

Mit allen Kräften stemme ich mich gegen die Bewegungen, gegen die Rotation. Sie hören tatsächlich auf. Ruhe, tiefe Ruhe! Dann ist viel, viel Licht um mich: Die Sonne!

Verwundert, wie aus einer anderen Welt versetzt, finde ich mich, etwas zur Seite gewandt, auf dem Rücken im Kartoffelacker liegend wieder. „Ich lebe!" durchzuckt es mich. Dann vernehme ich den Anruf Böhringers aus weiter Ferne: „Willy! Hat's Dich erwischt?" Da wird mir bewußt: Verwundet bin ich also!

Warm läuft es mir am Hals herunter, die Finger meiner rechten Hand sind blutrot. Nun formen sich meine Lippen zu einem schwachen Ruf: „Sanitäter!"

Neben mir taucht die hohe Gestalt von Leutnant Dowerk auf: „Seiferheld, daß es gerade Dich treffen mußte ..." Ich sage etwas von „nach Hause schreiben", und der Chef nickt lächelnd mit dem Kopf. Unteroffizier Rödel steht stumm bei mir, als ich ihn meine Armbanduhr abnehmen lasse. Sanitäter Schwärzle verbindet mich. Auch Sanitätsunteroffizier Martin ist zur Stelle.

Beruhigt lasse ich mich auf die Bahre legen, die eben Holocher herbeischleppt. „Warum kann ich meinen linken Arm und die Beine nicht bewegen?" — „Des isch vom Schreck durch die Schüss'. Des wird wieder", meint Martin und schnallt meinen Kompaß vom Armgelenk ab.

Dann liege ich dicht neben der Kobe, aus der auf mich geschossen wurde. Obwohl es erst sechs Uhr ist, scheint heiß die Sonne. Mir ist richtig glücklich zumute. Wie durch einen Vorhang höre ich die knabenhafte, helle Kommandostimme von Leutnant Ferdinand: „Handgranaten in die Hütten! Dächer anzünden!"

Über mir geht das Strohdach in Flammen auf. Ab und an flattert ein brennendes Büschel langsam hernieder. Irgendwoher tönt es: „Zurück! Panzer!"

In meinem Dämmerzustand fühle ich mich plötzlich hochgehoben, der Sanitäter scheint jemand anzutreiben. Halbwach sehe ich vier gefangene Russen mit meiner Trage im Laufschritt den Wiesenhang hinunterkeuchen, Holocher daneben mit großen, ausgreifenden Schritten, mit seinem Gewehr fuchtelnd. Ich muß still in mich hineinlächeln.

Zwischen unwirklich leichtem Schlafen und teilnahmslosem, entrücktem Halbwachsein vergehen Stunden. Dann steht schemenhaft ein Unterarzt vor mir, prüft eine Spritze, schreibt einen Verwundetenzettel, während weit hinter mir die Schlacht brüllt, die Schlacht gegen die russische Panzerbrigade: Am 26. Juni erwarteten wir die Panzer, am 26. Juli erwarteten die Panzer uns! Dieser Sonnabend wurde mir zum Schicksal.

W. Seiferheld (78.St.-Div.)

# Partisanen-Lazarett

**Die Kranken lagen in einem gut getarnten Erdbunker**

Im Dezember 1943 wurde unsere Division südlich Karlovac in der Petrova Gora zur Partisanenbekämpfung eingesetzt. Wir durchkämmten das Waldgebiet und zerstörten vorgefundene Unterkünfte sowie eine provisorische Telefonleitung von Vojnic in das Waldlager der Partisanen. Offensichtlich hatten sie sich dort sehr sicher gefühlt.

Am 21. Dezember stieß ein Landser mit seinem Stiefel an ein aus dem Boden ragendes Rohr, das er für eine Konservendose hielt, und versuchte, sie mit der Fußspitze weiterzubefördern. Zu seinem Erstaunen bewegte sich das Ding nicht. Vom Laub befreit, entpuppte es sich als ein Luftschacht. Was tun? Nirgendwo waren irgendwelche Anhaltspunkte oder Spuren, daß sich unter der Erde „etwas" befand. Eine Handgranate wurde in den Schacht geworfen, Laub und Erde flogen durch die Luft und eine Tür ging auf: ein Erdbunker. Dann kam eine Fahne zum Vorschein, ein Mann und zwei weibliche Wesen — wie sich bald herausstellte, ein Arzt und zwei junge Medizinstudentinnen — tauchten aus dem Bunker auf. Sie teilten uns mit, in ihm seien etwa dreißig schwerverwundete Partisanen, es handelte sich also um ein kleines Lazarett. Für uns galt damals, daß jene Partisanen, die an Uniformstücken erkennbar waren — meistens einem Käppi mit Sowjetstern — als feindliche Soldaten anzusehen seien. Das respektierten wir auch jetzt. Der Bunker wurde von uns also erst einmal gesichert. Nach Rücksprache mit den vorgesetzten Dienststellen kam dann der Befehl, alle Verwundeten in das Lazarett Karlovac zu bringen.

Am nächsten Tag begann der mühevolle Abtransport, wobei vier Mann — aus Sicherheitsgründen mit Waffen und Ausrüstung — je einen Schwerverwundeten auf einer Trage schleppten. Die Bergung der dreißig Verwundeten dauerte etwa sechs Stunden. Alle wurden notdürftig versorgt, um am folgenden Tag mit Sankas weiterbefördert zu werden.

Nach ihrer Genesung wurden sie gegen Angehörige unserer Division, die den Partisanen in die Hände gefallen waren, ausgetauscht. Unsere Kameraden erschienen übrigens in Unterwäsche, denn die Partisanen benötigten die Oberbekleidung dringend selbst. Sie hatten dennoch Glück, denn viele unserer Verwundeten, die später in Lazaretten sowjetischen Truppen in die Hände fielen, wurden nicht mehr ausgeplündert, sondern umgebracht . . .

Josef Beyer (371.ID.,UVS)

## Vor dieser häßlichen Wand:

**Ich will nicht abkratzen — ich will nicht!**

Wir haben die Angriffsspitzen eines russischen Panzerkeils in einem Kessel! Ich habe mir einen Fuß erfroren, nicht gerade vorbildlich. Ich war zu faul, meine Gummistiefel gegen gefütterte Pelzstiefel zu tauschen. Jeder Soldat hat seine zwei Paar Stiefel, damit das nicht geschehen kann. Wir haben drei Schützen-Divisionen und zwei Panzer-Brigaden nun im Sack. Wenn wir Glück haben, ist der Rummel hier zum Fest zu Ende. Dann haben wir Ruhe. Unser prächtiger Spieß aus Berlin prophezeit allen Männern ein Weihnachten, daß ihnen die Augen übergehen. Das bezieht sich auf die Verpflegung und die Getränke!

Ich muß sagen, daß ich mich auf das Fest wie ein kleiner Junge freue.

Ich habe trotzdem Glück gehabt! Es ist alles anders gekommen, als wir es dachten. Wir griffen den Kessel an und quetschten ihn zusammen. Unsere Panzer-Manöver waren falsch. Die Hauptmasse der Russen entwischte, lediglich die Gefahr für das wichtige Krivoy Rog wurde fürs erste behoben. Wir griffen die starken Pak- und Artillerie-Riegel bei Nacht an. Trotzdem waren die Kämpfe sehr hart. Wir hatten erhebliche Verluste an Menschen und Panzern. Beim Sturm auf die Artilleriestellungen wurde ich am 4. Januar 1944 durch einen Schuß aus einer Maschinenpistole verwundet. Gerade als ich mir aus leeren Munitionskisten eine Deckung aufbauen wollte. Ich hatte die Kiste hoch vor mir, als die Kugel traf. Ein Einzelschuß! Blut kam mir aus dem Mund und der rechten Seite!

Wie sich später herausstellte, hatte das Geschoß die Schnalle meines Hosenträgers getroffen. Zum ersten Mal trug ich überhaupt Hosenträger, weil ich wegen der Kälte zu viele Sachen übereinander trug! Zufälle? Ich lag im Schnee auf einem grauen Woilach. Ich hörte den Trierer Doktor im Feldlazarett Nikolajew zu mir sagen: „So können sie nicht liegen bleiben. Sie verbluten hier!" Von da an ist mein Wille da, nicht zu verbluten. Er organisiert einen Schützenpanzer zum Verwundetentransport. Er soll einen Haufen stöhnender Männer zurückbringen. Als ich hochgehoben werde, sehe ich, daß ich eine große Lache helles Blut verloren habe. Ich besinne mich, daß ich dem Trierer gedankt habe. Wie er antwortet: „Mann, halten Sie doch einmal die Schnauze! Sie gehen sonst hopps!"

Auf dem Transport dämmerte ich so lange vor mir hin, bis der Schützenpanzer stehen blieb. Man war an das große Minenfeld gekommen und wußte nicht, wie es zu umfahren sei. Ich stemmte mich auf und lotste den Fahrer. Ich hielt dabei die Linke auf meine Wunde gepreßt, schwamm in Blut und verlor die Besinnung. Ich erinnere mich noch, wie wir ausgeladen werden. Wie es sich gehört, die Bauchschüsse vorneweg.

Als ich wieder aufwache, liege ich auf einem russischen Bett, die Augen zu einer Wand, die mit blaugrüner, häßlicher Ölfarbe gestrichen ist. Ich höre die Ärzte: „Es sieht böse mit ihm aus. Er ist gerade erst vom Heiratsurlaub zurückgekommen!" Das ist der Alarmruf für meine Lebensgeister. Ich will nicht in dieser Bude, nicht vor dieser häßlichen Wand abkratzen. Ich will nicht, ich will nicht und ich will nicht! Als ich wieder zu mir komme, müssen sie mich verarztet haben. Ich komme in einen Sanitätskraftwagen. Ich bin noch nie in einem solchen Vehikel gewesen und liege mit Bauchschüssen zusammen. Wir müssen über die hartgefrorenen Wegspuren zurückfahren. Ich schreie nur nicht, weil die Bauchschüsse bereits ausreichend schreien und wimmern. Die feinen, zerstörten Gewebe meiner Lunge schmerzen bei der geringsten Bewegung des Wagens. Ich denke, daß ich platzen muß und versuche den röchelnden Atem anzuhalten. Irgendwo hält man. Ich höre die Berliner Stimme meines Spießes. Sie allein ist schon eine beruhigende Wohltat.

Er gibt mir auf meine Bahre den Rollschinken, den jeder zum Fest erhalten soll, einen Packen Post und vier Schokoladetafeln, gelblichgrüne Zitronen-Creme-Schokolade. „Machs gut! Gute Besserung! Es wird schon wieder werden! Unkraut vergeht nicht!" tröstet er. Dann geht es weiter, wie mir scheint, quer zu den Fahrspuren. Ich habe große Schmerzen. Dagegen fresse ich gierig die Creme-Schokolade. Dann reißt der Film wieder ab. Ich wache auf, als wir auf dem Divisions-Hauptverbandsplatz sind. Ich sehe einen Arzt, einen lieben, alten Gefährten, krähe seinen Namen mit letzter Stimme. Höre meinen Namen! Höre, daß sie mich gleich operieren wollen!

Als ich aus der Narkose erwache, sagt er: „Der lebt! Der lebt! Mann, hast Du Schwein gehabt! Wir haben Dir das Ding herausgeholt. Eine Kugel von einer MPi, heb sie Dir auf! Du kommst in einen Lazarettzug, dann sind wir Dich hier los!" Mir ist, als ob ich Engel singen höre! Ich gebe noch an, daß ich auch erfrorene Füße habe. Dafür wird etwas getan.

Ich weiß jetzt, daß ich gegen 7 Uhr bei Tschenkewskaja verwundet worden bin. Das steht auf dem Zettel, einer rotweißen Fahrkarte, die jeder Verwundete umgehängt bekommt. Auf ihr steht Name, Rang, Truppenteil und alles, was ärztlich bisher geschehen ist. Am zweiten Weihnachtstag liege ich in einer Improvisation von Lazarettzug. Der weiß gar nicht recht wohin bei der unklaren Frontlage. Schließlich werden wir in Nikolajew ausgeladen. Es ist ein ausgesprochen ungehobeltes Volk, das zum Inventar des Zuges gehört. Man glaubt eher in einem Pferde- als Menschen-Lazarettzug zu sein. Ich liege hier in einem großen Saal, neben einem Hünen von Russen. Er ist Lokführer, auf eine Mine gefahren und hat Anspruch auf Lazarettbehandlung. Zumeist schreit er wie ein Berserker. Als ich bemerke, daß er nachts aufsteht und in die Kaffeekanne pinkelt, will ich hier weg.

Wolf J. Bütow (13.Pz.-Div.)

## „Der muß einfach mit!"

**Mit letzter Kraft um Hilfe gerufen und von Kameraden gerettet**

Während der schweren Rückzugskämpfe im Sommer 1944 war ich als Obergefreiter stellvertretender Gruppenführer in der 1./111. Bei einer abendlichen Rast in einem Wäldchen, es war wohl der 20. Juli, brachte mir unser Sani ein Verbandpäckchen, nachdem ich ihm drei Wochen zuvor mit dem meinen ausgeholfen hatte. Er meinte noch: „Dir passiert ja doch nichts!" — Drei Tage später lag ich schwer verwundet am Boden.

Am 24. Juli gingen wir vormittags in Stellung auf einem Kleefeld, wenige hundert Meter unterhalb eines Dorfes, in dem wir die Russen herumlaufen sahen. Unser Gewehr- und MG-Feuer beachteten sie nicht.

Mittags griffen sie links von uns mit lautem Gebrüll an, brachen durch und zwangen uns damit, die Stellung schnellstens zu räumen. Am Dorfeingang hielt uns ein junger Leutnant an und befahl Unteroffizier Kaiser und mir, auf der Dorfstraße vorzugehen. Einige hundert Meter weiter sah ich die Russen auf beiden Seiten das Dorf umgehen. Schon rauschte es über uns, und kurz hinter mir schlug eine Granate ein: Ein Haus neben mir ging in Flammen auf, und ich selbst erhielt einen Schlag ins linke Knie. Der Stahlhelm fiel mir vom Kopf, ich stürzte, und durch Funkenflug aus dem Haus brannte sofort das Lederfutter im Stahlhelm und sogar mein Sturmgepäck. Ich rief nach Unteroffizier Kaiser, aber dieser schrie zurück: „Ich bin selber verwundet" — er lief dann die Straße zurück, auf der wir gefangen waren . . .

Nun riß ich mein Koppel mit den daran noch hängenden Eierhandgranaten ab, riß Uniformjacke und Hose herunter: Das Blut stürzte nur so aus der Wunde, und sofort bildete sich unter mir eine große Blutlache. Mit den letzten Kräften versorgte ich mich selbst mit jenem Verbandpäckchen, das mir unser Sani wenige Tage zuvor zurückgebracht hatte. Eine Viertelstunde mochte ich am Boden gelegen haben und war schon halb ohnmächtig, da sah ich einen Kameraden von der Feindseite her die Dorfstraße herunterrennen, ohne Gewehr und ohne Stahlhelm. Mit letzter Kraft rief ich ihm zu: „Hilf mir!“ Er kam sofort und meinte: „Schnell, auf meinen Rücken!“ Aber das ging nicht, ich hatte sehr starke Schmerzen. Da meinte er: „Du bist nicht transportfähig, bleib liegen, ich hol' Dich schon!“ Verschwunden war er.

Schon meinte ich, daß ich auch ihn nicht wiedersehen würde. Aber tatsächlich: Nach etwa einer weiteren Viertelstunde kam er mit drei Kameraden. Sie hoben mich auf eine Zeltplane und rannten zum Dorfausgang. Dort stand ein Wagen mit wohl sieben Verwundeten, daneben unser Sani. Er gab mir eine Tetanusspritze, schob mich zwischen die anderen Leidensgenossen und erklärte: „Förster hat schon vielen das Leben gerettet, der muß einfach mit!“

Über holprige Wege und Straßen erreichten wir schließlich den Hauptverbandplatz. Es war bereits Abend geworden, ich kam sofort auf den Tisch, war inzwischen besinnungslos, wurde operiert und wachte am anderen Morgen auf: Das linke Bein steckte in einer Schiene bis zum Oberschenkel. Wir wurden auf Bahren in Sankas verladen und zu einem Lazarettzug gebracht. Über Warschau erreichten wir nach fünf Tagen Fahrt Bad Wörishofen in Bayern. R. Förster (35.ID.)

## „Ich geh' allein“

**Erinnerung an einen Melder der 215.ID., der ein ganzes Bataillon rettete**

Am zweiten Tag der Schlacht um Bauske im September 1944 verteidigten die Reste des Grenadierregiments 390, des Artillerieregiments 215 und der Panzerjäger-Abteilung 215 eine Hügelstellung hinter der Memel. Links davon verteidigte das Füsilier-Bataillon 215 eine Ortschaft. Am späten Nachmittag gelang einer russischen Division der Durchbruch beiderseits des Regiments 390. In dichten Rudeln zog der Gegner durch die Wälder und Hecken in die Flanke des Regiments. Die Verbindung zum Füsilier-Bataillon war unterbrochen, und plötzlich klappte auch die Funkverbindung nicht mehr. In diesem Augenblick kam von General Frankewitz der Befehl, das Regiment 390 und das Füsilier-Bataillon sollten sich während der Nacht zurückziehen und am anderen Morgen hinter dem Buluzifluß in Stellung gehen. Die Kompanien des GR.390, kleine Häufchen von 10—15 Mann, wurden zum Regimentsgefechtsstand hin zusammengezogen. Doch wie sollte man das eingeschlossene Füsilier-Bataillon verständigen? Verzweifelt bemühten sich die Funker um eine Verbindung. Jede Minute war kostbar. Da sagte der Obergefreite Andres Benz, Meldegänger des Regimentsstabs, ganz ruhig: „Jetzt muß halt ein Melder rüber gehen.“ Der Kommandeur, Oberstleutnant Harms, schaute seinen Melder an und meinte: „Würden Sie das schaffen“? Zum Füsilier-Bataillon „rüber zu gehen“ bedeutete nämlich, eine Strecke von 4 km durch dicht von den Russen besetztes Gelände zurückzulegen. Ruhig meinte der Andres: „Sobald es ein wenig dunkel wird, komme ich schon durch. Die Russen schwätzen ja immer miteinander, und dann kann ich an denen vorbei.“ Der Kommandeur überlegte noch und wollte dann dem Melder seine letzte Regimentsreserve, eine Gruppe des Radfahrerzuges, auf den gefährlichen Weg mitgeben. Doch der Andres schüttelte den Kopf: „Nein, Herr Oberstleutnant, ich gehe lieber allein, das ist sicherer. Wenn 5 Mann hinter mir drein laufen, dann hören uns die Russen! Mich allein hören sie nicht." Dann nahm der Melder seinen Karabiner, schaute seinen Kommandeur an und sagte: „Obergefreiter Benz meldet sich ab zum Füsilier-Bataillon."

Die ganze Nacht hindurch zogen sich die Reste der 215.Division nach Norden zurück. Im Morgengrauen wurde eine neue Verteidigungslinie errichtet. Als es schon hell war und in der Ferne die Motoren und die Ketten der russischen Panzer vernehmbar wurden, schlug ein Posten Alarm. Aus einem Waldstück heraus kam eine lange Reihe von Soldaten. Doch es waren keine angreifenden Russen, sondern der Obergefreite Benz und hinter ihm die abgekämpften und todmüden Soldaten des Füsilier-Bataillons. Dem Meldegänger war es gelungen, sich durch die russischen Truppen hindurch zu schleichen, die Stellung des Füsilier-Bataillons zu erreichen und das Bataillon in der Nacht ohne einen Mann Verlust zum Buluzifluß zu führen. Auf die Anerkennung des Kommandeurs meinte der Andres etwas verlegen und bescheiden zugleich: „Das war doch ganz klar, daß ich die holen mußte, die konnte man doch nicht sitzen lassen."

Drei Monate später ist Andres Benz bei Frauenburg gefallen, 22 Jahre alt, ein Bauernsohn von der Ulmer Alb. Er war einer von den vielen in unserer Division, die nicht viel Worte machten, aber zur Stelle waren, wenn es galt, den Kameraden zu helfen.

Hans Mehrle (215.ID.)

# Von den Russen mit Spaten erschlagen

**Aus dem Tagebuch eines Granatwerfer-Funkers des II./376**

Am 25. September 1944 liegen wir in einem Wald südlich Riga. Zu Dritt hausen wir in einem mit Baumstämmen abgedeckten Erdloch, einige hundert Meter hinter der vorderen Linie. Wir betreiben hier eine Zwischenstation für die Sprechfunkverbindung zwischen den Vorgeschobenen Beobachtern und der Feuerstellung. Die Russen streuen ohne Unterlaß den Wald mit Granatwerfern und Artillerie ab, so daß man kaum die Dekkung verlassen kann. Seit einigen Stunden schießt auch eigene schwere Artillerie über uns hinweg.

Am nächsten Tag hat das feindliche Feuer nachgelassen. Nachmittags sitzt vor dem Bunkereingang ein Granatwerfereinschlag, der den Gefreiten Seitz schwer verwundet. Nachher gibt es wieder Störungsfeuer, so daß es schwierig wird, den Verwundeten zurückzubringen.

Am 1. Oktober erreichen wir die „Lettische Schweiz". Nach Tages- und Nachtmarsch besetzen wir etwa fünfunddreißig Kilometer südostwärts Riga einen eben zurückgewonnenen Geländestreifen. Frische Gräber und zahlreiche abgeschossene Panzer bestätigen schwere Kämpfe. In einer Waldschneise stoßen wir auf vier ausgebrannte Panzer „Stalin", dicht daneben steht ein abgeschossenes sowjetisches Sturmgeschütz, bei dem an der Außenwand die nicht verarbeiteten Schweißnähte und im Inneren das Fehlen jeder Bequemlichkeit für die Besatzung auffällt.

Die Landschaft ist ausgesprochen hügelig und hat davon auch ihren Namen. Innerhalb unserer Stellung befindet sich ein hölzerner Aussichtsturm, der als B-Stelle dient und von dem aus Riga und die Dünamündung überblickt werden können. Es herrscht Ruhe, eine Folge der Verluste, die der Gegner in den vorangegangenen Tagen gehabt hat.

In der Nacht zum 9. Oktober fällt Leutnant Dott bei einem Stoßtruppunternehmen. Ich habe ihn schon vom Kessel von Oranienbaum (1942/43) gekannt, wo er bei der 9.Luftwaffen-Feld-Division einen Jägerzug geführt hat. An dem Stoßtrupp ist auch der Gefreite Wüstenhagen aus Hamburg beteiligt gewesen. Er hat eine schwere Kopfverwundung davongetragen und wird bewußtlos zum Hauptverbandplatz gebracht.

An seiner Stelle werde ich als Funker zur 6.Kompanie kommandiert. Dort hause ich mit Unteroffizier Jührs in einem sehr niedrigen, aber festen Bunker. Einige Kilometer links von uns dröhnt schweres Trommelfeuer. Angeblich soll die Front hinter Riga zurückgenommen werden.

In der Nacht zum 10. Oktober brechen wir tatsächlich auf, zurück zur Stadt. Seit langem gibt es wieder Asphaltstraßen, Bahnschranken und ähnliche Zivilisationsmerkmale. Am Straßenrand sichern „Tiger", „Panther" und Sturmgeschütze nach Süden. Nachmittags erscheinen Schlachtflieger am Himmel, aber ohne uns anzugreifen. Später überschreiten wir die Stadtgrenze und beziehen in einem Vorort Quartier. Nach drei Stunden geht es weiter, weil durch einen sowjetischen Vorstoß auf Tukkum die Einschließung droht. Während einer Marschpause macht sich doch da und dort Erschöpfung bemerkbar.

Bei Moscheiken wird die Kompanie am 10. Oktober auf Lastwagen verladen. Wir befinden uns jetzt zwanzig Kilometer südostwärts Libau und lösen Teile der 4.Panzer-Division ab.

Vorerst sind wir nur auf Infanteriewaffen angewiesen, weil die eigene Artillerie noch nicht zur Stelle ist. Zurück bleibt ein deutscher Panzerzug, weil die Geleise nach beiden Richtungen blockiert sind. Seit langem gibt es wieder warmes Essen.

Unsere Granatwerferstellung liegt in und um ein Gehöft. Am 14. Oktober greift ein sowjetischer Stoßtrupp an. Abends hole ich vom Panzerzug ein Gespann, dabei schlägt in der Nähe eine schwere Granate ein und hinterläßt am Waldweg ein ansehnliches Loch. Nachts räumen wir diese Feuerstellung.

Am 15. Oktober, unterwegs vom Panzerzug zur Feuerstellung, erreicht uns ein neuer Einsatzbefehl. Auch trifft die Nachricht ein, daß wir von Ostpreußen abgeschnitten sind.

In den ersten Stunden des 16. Oktober erhalte ich den Befehl, mit Unteroffizier Jürs als VB nach vorn zu gehen, nach Tagesanbruch sollen wir uns einschießen. Bei völliger Dunkelheit verlassen wir die Feuerstellung des Zuges Renelt und werden von einem Melder durch unbekanntes Gelände in ein etwa fünfhundert Meter entferntes, etwas erhöht liegendes Dorf geführt.

Vor diesem verläuft ein Fluß, auf dessen anderen Ufer die Russen in Stellung gegangen sind. Im Dorf wird uns ein Keller zugewiesen. Die Verbindung zur Feuerstelle wird mit dem Funksprechgerät hergestellt.

Gegen sechs Uhr setzt starkes Artillerie- und Granatwerferfeuer ein. Dicht neben den Keller krachen die Einschläge, so daß wir uns zunächst nicht rühren können. Auch weiter rückwärts, offenbar auf unserer Werferstellung, liegt starkes Feuer.

Als wir schließlich den Keller verlassen können, finden wir das Dorf vom Iwan besetzt, der offenbar sein eigenes Feuer unterlaufen hat. Im ersten Morgengrauen erkennen wir auch in der Richtung zum Waldrand, an dem unsere Werfer in Stellung waren, zahlreiche erdbraune Schützenreihen im Vorgehen.

Wir brechen aus dem Ort aus und versuchen, den Waldrand zu gewinnen, werden aber sogleich von allen Seiten von Russen angerufen, die sich untereinander mit Trillerpfeifen verständigen. Schon schießt es heftig von allen Seiten.

Jürs wird am linken Oberarm getroffen, dennoch erreichen wir den Waldrand und unsere buchstäblich umgepflügte Stellung. Teilweise sind die Bodenplatten der Werfer aus ihrer Verankerung gerissen. Überall liegen Gefallene und zertrümmertes Gerät, gibt es dicht an dicht Granattrichter aller Kaliber. Im Wald stellen wir fest, daß dieser offenbar gerade durchkämmt wird.

Ich falle einige Meter von Jürs ab und sehe plötzlich, wie dieser auf ein Gruppe im Nebel nur undeutlich auszumachende Soldaten zuläuft, die im Gegensatz zu den bisher gesichteten Russen Stahlhelme tragen. Anscheinend hält er sie für Deutsche. Schon aber nimmt er die Hände hoch und wird niedergeschlagen.

Ich durcheile den Wald und gelange auf ein wenig bewachsenes; doch mit hohem Gras bestandenes Gelände. Plötzlich entdecke ich etwa fünfzig Meter vor mir, mit dem Rücken zu mir, eine sowjetische Schützenkette in Stellung. Die Russen beobachten angestrengt eine am Horizont verlaufende Allee mit starkem Verkehr.

Ich ziehe mich wieder in den Wald zurück, erhalte aber jetzt von allen Seiten Feuer und werde in der Hüfte getroffen. Von nun an kann ich mich nur mühselig fortbewegen. Nach etwa einer Stunde erreiche ich wieder einen Waldrand und sehe vor mir eine Wiese, auf der zahlreiche deutsche Verwundete liegen, mit Tarnjacken bekleidet. Sie sind anscheinend bewegungsunfähig und werden von Russen mit Gewehrkolben und Spaten erschlagen!

Nach einer weiteren halben Stunde gelange ich zu einem Bauernhaus und treffe dort einige Litauer, die mir bedeuten, mich zu jener Allee zu begeben, auf der aber jetzt keinerlei Verkehr mehr zu beobachten ist. Dafür erkenne ich, daß „Il 2" die Umgebung dort angreifen.

Dennoch: Ich komme mühselig allmählich zu der Straße, erhalte dabei immer wieder Feuer, ohne allerdings jemanden ausmachen zu können. Etwa zwanzig Meter vor der Fahrbahn stoße ich auf eigene Posten vom Zug des Oberfähnrichs Paulsen.

In der Nähe gehen jetzt eigene Infanteriegeschütze in Stellung, die nicht mehr abtransportiert werden können. Sie wollen am direkten Beschuß den Gegner bekämpfen.

Dann macht sich mein starker Blutverlust bemerkbar und ich werde mit einem Krad zum Hauptverbandplatz gebracht, im Keller eines alten Klosters. Dort treffe ich auf den verwundeten Feldwebel Renelt. Er hat einen Durchschuß im Hals und wird von mir „verarztet".

Neben mir liegt ein Gefreiter, der gleich mir von den Russen überrannt, gefangen und, wie die Russen wohl vermeinten, erschossen wurde. Er berichtet, daß ihm ein Unteroffizier die Pistole ans Genick setzte und abdrückte. Er ließ sich fallen und stellte sich tot. Als der Russe sich entfernt hatte, stellte er fest, daß zwar sein Hals durchschossen, ihm aber offenbar keine ernste Verletzung zugefügt wurde.

Nach Einbruch der Dunkelheit werde ich operiert und dann nach Frauenburg gebracht. Unterwegs haben wir starken Artilleriebeschuß. Nach kurzem Aufenthalt in Frauenburg werde ich am 18. Oktober nach Libau verlegt und von dort mit einem holländischen Bäderdampfer, zum Lazarettschiff umgebaut, nach Danzig-Neufahrwasser transportiert. Wir fahren im Geleitzug und werden in der Nacht von U-Booten angegriffen, allerdings erfolglos. — Ich habe wieder einmal Glück gehabt! H. W. Jesser (225.ID.)

# Bittere Pflichten

**Nach dem Verlust der Familie wurde die Schwadron zur Heimat**

Als die Schwadron im Spätherbst 1944, aus dem Raum Tuckum kommend, in Vengi, nur wenige Kilometer südlich Frauenburg, ihre neuen Unterkünfte bezog, konnte niemand ahnen, daß wir hier nicht nur den Winter verbringen, sondern auch noch den Beginn des Frühlings 1945 erleben sollten. Abwechslungsreich wie die Einsätze der Schwadron, so vielfältig waren auch die Aufgaben, die ich als Chef zu bewältigen hatte. Wenn wir auch nur eine Nachschubeinheit waren, so mußten doch die befohlenen Einsätze oft genug unter Feindeinwirkung durchgeführt werden. Und mehr als einmal hatte die Schwadron Soldaten für Alarmeinheiten abzustellen. Nicht jeder Kamerad kam zurück. So gab es auch in unseren Reihen Tote, Verwundete und Vermißte. Und jedesmal war die Verständigung der Angehörigen für mich eine schmerzliche Pflicht.

Daß es über diese schmerzlichen hinaus auch noch bittere Pflichten zu erfüllen gab, sollte ich hier in Vengi erfahren. Nach einer der Kurlandschlachten mußte ich dem Futtermeister der Schwadron, dem Unteroffizier Finke, eröffnen, daß sein Sohn an der Kurlandfront gefallen war. Betroffen, aber standhaft nahm Finke die schmerzliche Nachricht auf. Am nächsten Morgen bat er um seine Freistellung als Futtermeister und um Abstellung zur Artillerie. Als Begründung gab er an, seinen gefallenen Sohn rächen zu wollen. Schweren Herzens ließ ich den immer um das Wohl der ihm anvertrauten Pferde besorgten Unteroffizier ziehen.

Ich konnte mir nicht vorstellen, daß es für mich eine noch bitterere Pflicht geben sollte. Und doch: Es gab sie, und ich mußte mich ihr stellen. Es mag Ende Januar/Anfang Februar 1945 gewesen sein, als ich aufgrund eines mir vorliegenden Telegrammes einem meiner Fahrer, dem Gefreiten Huber, sagen mußte, daß bei einem Terrorangriff auf Stuttgart auch sein bäuerliches Anwesen in einem Dorf vor den Toren der Stadt vernichtet worden sei. Seine Frau und seine drei Kinder sowie der Vater und die Mutter hatten laut Telegramm bei diesem Angriff ihr Leben verloren. Seine ganze Familie war ausgelöscht. Ich war so bewegt, daß ich nur mit einem Händedruck meine Anteilnahme an seinem unvorstellbaren Leid ausdrücken konnte. Worte des Mitgefühls brachte ich nicht über die Lippen, sondern überließ den Betroffenen seinem Schmerz. Nach einer Weile aber flüchtete ich mich in die Pflicht, indem ich den Gefreiten Huber belehrte, ihm stehe selbstverständlich ein Sonderurlaub zu. Noch unter Tränen erwiderte er: „Was soll ich zu Hause, wo doch alle tot sind?“

Noch am gleichen Abend ließ ich seine engsten Kameraden zu mir kommen, unterrichtete sie und bat sie, auf Huber einzuwirken, doch den Sonderurlaub anzutreten. Ihre Bemühungen hatten den erhofften Erfolg! Drei Tage später meldete mir der Hauptwachtmeister, der Gefreite Huber sei nun doch bereit, nach Hause zu fahren. Alles wurde schnellstens geregelt. Und als Huber sich bei mir abmeldete, konnte ich ihm nur eine gute Fahrt wünschen und ihm raten, sich in der Heimat um eine andere Verwendung zu bemühen. Abschließend fuhr ich fort: „Sie wissen doch, wie es um uns hier in Kurland bestellt ist: Vor uns der Russe mit weit überlegenen Kräften und hinter uns die Ostsee. Unser Schicksal ist mehr als ungewiss.“ Noch ein Händedruck, dann ging er.

Der Krieg kümmert sich bekanntlich nicht um das Leid des einzelnen. Seit Abgang des Gefreiten Huber waren etwa drei Wochen vergangen. Ich war gerade mit der Abfassung eines Berichtes beschäftigt, als es an der Türe des Dienstzimmers klopfte. Sie öffnete sich behutsam auf mein kurzes „Herein“ hin, und ein trat der Gefreite Huber. Ich war so überrascht, daß meine Begrüßung fast ein wenig barsch klang, als ich sagte: „Menschenskind, Huber, Sie sind wieder da! Natürlich freue ich mich, aber konnten Sie denn wirklich nicht in der Heimat bleiben? Ich hatte Ihnen beim Abschied doch gesagt, wie es hier um uns bestellt ist.“ Huber nahm erneut Haltung an und erwiderte: „Herr Oberleutnant, gerade weil ich immer an die Schwadron denken mußte, habe ich mich gar nicht erst um einen Dienstposten in der Heimat bemüht. Jetzt ist die Schwadron meine Heimat, wo ich Sie und die Kameraden habe.“

Pflichtbewußt wie eh und je fuhr er seine Einsätze; soldatisch kam er allen Befehlen nach. Ende März 1945 wurde die Auflösung der Schwadron befohlen, um Menschen und Material für die kämpfende Truppe zu gewinnen. Die Abwicklung übernahm der dienstälteste Zugführer. Ich selbst wurde mit sofortiger Wirkung einem in vorderster Linie eingesetzten Infanterieregiment zugeteilt, um dort die Aufgaben eines Regimentsadjutanten zu erlernen. So verloren wir uns aus den Augen. Vergessen aber habe ich den schlichten und pflichtbewußten Soldaten bis heute nicht. Georg Karbiner (205.ID.)

# Lazarett als Totenkammer

**Gefangene, die vor Schwäche liegen blieben, wurden von den Russen erschossen**

Sommerhitze südlich Shlobin, im Abschnitt des IR.58 ist es ruhig, keine Kampfhandlungen, aber „dicke Luft“. Wir spüren Gefahr, nördlich von uns tönt fernes Rummeln und Rumoren. Plötzlich, am 24. Juni 1944 nachmittags, der Befehl, „Fertigmachen!“ Lastwagen stehen bereit, Waffen und Munition hinauf, wir dazu, und ab geht es in rasender Fahrt gen Norden! Die Rollbahn Bobruisk-Shlobin wird überquert, wir biegen ab auf die Rollbahn nach Rogatschew in ostwärtiger Richtung.

Beim Ausladen am 25. Juni erhalten wir schon Beschuß. Das Artilleriefeuer liegt im für uns vorgesehenen Abschnitt, richtet aber keinen großen Schaden an. Weitere Transporte folgen. Der Anschluß nach rechts zur 296.ID. ist vollzogen, nach links ist die Flanke offen. Vor dem Nachbarn und unserem rechten Flügel greift sowjetische Infanterie an, wird aber abgewehrt. Links steigen Staubwolken in Richtung der 134.Division auf. Hauptmann Ohms und Hauptmann Haverkamp versuchen, mit einer Gruppe den Anschluß nach links herzustellen. Unsere Gruppe mit Hauptmann Ohms, dazu einige 134er, klärt in nordwestlicher Richtung auf, um einen möglichen Angriff im Rücken rechtzeitig zu erkennen. Das Gelände ist unübersichtlich, teilweise hohe Kornfelder, jede Überraschung ist möglich. Eingesickerte sowjetische Infanterie wird angegriffen und zieht sich sofort zurück. Die Stärke des Gegners ist nicht festzustellen, die Verbindung mit Ohms ist abgerissen.

Am 27. Juni liegen wir an einem Flußufer, am Südostrand von Leititziki. Auf der anderen Seite sind auch 58er. Wir beschließen, über den Fluß zu wechseln. Er ist etwa 25 Meter breit. Wir halten unsere Waffen, Munition, Leichtverwundete und Nichtschwimmer bei uns. Doch die Pioniere sind findig: Äste, Zweige, Gewehrriemen! Einige Male schwimmen wir hin und her, und es ist geschafft. Im Schutze des Nebels kommen wir in unmittelbare Nähe der Rollbahn: Sowjetische Panzer und Nachschub rollen auf ihr! Jedes Geräusch wird vermieden, unser Vorhaben, durch eine Lücke in den Kolonnen die Straße zu überqueren, wird genau vorbereitet.

Die Zeit kriecht dahin, es wird dunkel, endlich ist es soweit: Kurze Sprünge, und wir landen auf der anderen Seite in einem Wald mit Gestrüpp und Sumpf. Doch hat man uns wohl entdeckt. Wir hören aufgeregte Stimmen in russischer Sprache, die nach geraumer Zeit aber wieder verstummen. Nach Durchstreifen des Waldes kommen wir im Morgengrauen des 28. Juni in die Nähe eines Dorfes. Hunger und Durst locken manchen in die Häuser, doch plötzlich fallen Schüsse. Sofort sammeln wir am Ende des Dorfes im anliegenden Waldrand. Panzerbeschuß setzte ein, in den Baumkronen bersten die Granaten. Die Masse von uns setzt sich ab, eine Art Nachhut bleibt am Waldrand.

Die Munition wird knapp: „Nur auf Feuerbefehl schießen und auf erkannte Ziele!" Wir haben uns nicht getäuscht: Eine „Horde" stürmt heran, wir sind wahrscheinlich schon im Partisanengebiet. Auf vierzig Schritt eröffnen wir das Feuer, der Gegner stellt den Angriff ein, schleppt Verwundete zurück. Auch einen erneuten Angriff schlagen wir noch wirksamer ab. Wir können uns ohne Verluste absetzen, aber der Anschluß gelingt nicht mehr. Auch unsere Gruppe wird im Lauf der dunklen Nacht zersprengt. Ich bleibe mit zwei jüngeren Kameraden zusammen. Beim Versuch, eine geeignete Stelle zum Durchschwimmen der Beresina zu suchen, werden wir entdeckt, alles ist aus! Wir sind Gefangene, aber bei regulären Truppen. —

Wir wurden in eine Schule gebracht. Mehrere junge Soldaten kamen und nahmen sich die beiden jüngeren Kameraden vor, bearbeiteten sie mit Kolben und Schlägen. Dann wurden sie abgeführt, ich sah sie nicht mehr wieder.

Nach geraumer Zeit kam ein sowjetischer Offizier. Er sprach einwandfrei Deutsch. Ich war noch nicht „gefilzt" worden und so konnte er Rang und Auszeichnungen erkennen. Das Verhör begann: „Welche Division?" — „6.ID." — „Wo ist Ihr Kommandeur?" — „Weiß ich nicht!" — „Warum nicht?" — „Wir sind versprengt!" — „Wie lange?" — „Seit zwei Tagen." — „Welche Waffengattung?" — „Infanterie." — „Wie lange in Rußland?" — „Seit 1942". — „Verwundet?" — „Ja, mehrmals leicht." — „Waren Sie bei Rshew? — „Ja." — Seine letzte Frage: „Haben Sie noch etwas zu sagen?" „Ja, ich war Infanterist, wir haben manchen Russen gefangen genommen, aber nicht so behandelt, wie ich es eben erlebt habe!" Seine Antwort: „Es gibt bei uns wie bei Ihnen anständige und unanständige Leute!"

Dann ging es zum Sammellager auf freiem Feld. Gefilzt: Schuhe, Hose, Hemd, Feldbluse, barfuß. In Hemd und Hose sah ich „Igor", einen etwa fünfzehnjährigen Russenjungen aus Rshew, der lange beim Sanitätsfeldwebel des III.Bataillons herumgegeistert war. Der Obergefreite Külzer wurde aussortiert, da er wegen einer Beinverwundung nicht gehfähig war. Es folgte der Marsch nach Bobruisk.

29. Juni, lagen bei glühender Hitze im Straßenstaub vor der Zitadelle. Im Lauf des Tages wurden wir gruppenweise in den Innenhof gebracht. Am Morgen hieß es, Blechdosen und andere Gefäße zum Wasserholen zu sammeln. Das Kommando wurde zu einem neueren Gebäude geführt.

Unter schärfster Bewachung begann unser „Einsatz", das Aufräumen dieses Lazaretts: Gestank von Medikamenten und Leichen, die Toten lagen in den Gängen, in und unter den Betten in Blutlachen, teils in voller Uniform noch mit Auszeichnungen, teils nur dürftig bekleidet. Überall Einschüsse, ein schreckliches Durcheinander. Keine Lebenszeichen mehr. Die Toten, bereits aufgedunsen, mußten wir in die Splittergräben unter den verkrüppelten Bäumen vor dem Gebäude bringen. Nach Säuberung des oberen Stockwerkes ging es über eine breite Treppe in den Keller. Das gleiche Bild: Blutlachen, Holzroste, Koch- und Waschkessel, ein wüstes Durcheinander. Die Leichen mußten wir zwischen den Kesseln herauszerren. Dann wurden sie mit Chlorkalk überstreut und mit Erde zugeworfen. Insgesamt hatten wir an die 200 Tote aus dem Haus geholt.

Gegen Abend war unsere Aufgabe beendet. — Julihitze, unbeschreiblicher Gestank, kein Tropfen Wasser, kein Gramm Brot, keiner war umgekippt. Die Kameraden kannten uns kaum wieder: Barfüßig, mit blutigen Füßen und Händen, verschmierten Uniformen.

Man hatte uns schon aufgegeben, aber trotzdem zwei kleine Kartoffeln für jeden aufbewahrt! Als ich über das Erlebte berichtete, war es still, sehr still. . .

Anderen Tages marschierten wir über Shlobin nach Kolybowka zur Verladung nach Moskau, etwa siebzig Kilometer. Die Begleitmannschaften des LKW-Transports wurden dauernd ausgewechselt. Gefangene, die vor Schwäche liegen blieben, wurden erschossen. . .

Paul Elbracht, ehem. 12./58IR.

# GEFANGENSCHAFT

*Bei der Eroberung des Rheinlandes durch die Alliierten gerieten zunächst ca. 250 000 Deutsche in Gefangenschaft, bei der Eroberung des Ruhrkessels kamen 350 000 hinzu. Bis zur Kapitulation wurden weitere fast zwei Millionen Soldaten zu Gefangenen der Engländer und Amerikaner. Im Rheintal zwischen Mannheim und dem Niederrhein wurden sie auf offenem Gelände ohne Unterkünfte, hygienische Grundversorgung, oft ohne Wasser und ausreichende Verpflegung hinter Stacheldraht in „Käfige" gebracht. Die Sterberate war erschreckend hoch. In seinem Buch „Der geplante Tod" wirft der Kanadier James Bacque den Amerikanern und Franzosen vor, daß in ihren Lagern nicht, wie bisher angenommen, einige zehntausend Gefangene gestorben seien, sondern nahezu eine Million. Sie seien nicht allein Opfer katastrophaler hygienischer Verhältnisse, witterungsbedingter Krankheiten, Unterernährung und Seuchen, sondern einer von US-General Eisenhower zu verantwortenden gezielten Politik.*

*Foto: Süddeutscher Verlag*

# Verlassen in der Donsteppe

**Unser Divisionsarzt berichtet aus der Gefangenschaft**

Wer im Februar 1943 den Marsch der 93 000 deutschen Kriegsgefangenen, dem Rest von etwa 220 000 Mann der 6.Armee, mitgemacht, ihn nach sechs Tagen und Nächten mit letzten Kräften überstanden und auch die Gefangenschaft überlebt hat, wird immer mit Grauen daran denken.

Schon am Abend des ersten Tages, als wir uns in der eingebrochenen Nacht mühselig, einander untergehakt, um uns gegenseitig zu stützen, weiterschleppten, bemerkten nicht nur ich, sondern auch andere auf der rechten Seite in etwa hundert Meter Entfernung schemenhafte, unfertige, mit Gerüsten versehene Häuserwände.

Bei nüchterner Überlegung konnte es solche Fassaden in dieser öden Schneesteppe natürlich nicht geben. Doch unsere verwirrten und abgestumpften Sinne gaukelten uns eine Art Fata morgana vor, vielleicht infolge Strahlungsbrechung von Mond und glitzerndem Schnee.

Die Trugbilder hatten eine unerwartete Wirkung und verursachten plötzliche Unruhe im Marschblock. Ein Teil der Männer scherte aus den Reihen aus; sie rannten, alle Vernunft vergessend, auf die geisterhaften Häuser zu, getrieben von dem unbändigen Bedürfnis nach Ruhe und Schutz. Die Wachmannschaften riefen sie an. Wir schrien nach ihnen; auf jeden, der nicht sofort ins Glied zurückkehrte, sondern weiter in die Steppe hineinlief, wurde geschossen. So ist mancher unnötig umgekommen, verwundet oder erfroren zugrunde gegangen.

Leider waren es nicht die einzigen, die ihre Nerven verloren. Als wir in einer Talsohle Halt machten, um den Rest der Nacht zu verbringen, sah ich, wie einige Männer im Schutz der Dunkelheit von den Russen unbemerkt davonschlichen und in der Steppe verschwanden.

Bedauerlicherweise verlor ich dadurch einen guten Kameraden, mit dem ich so manche Stunde im Erdbunker vor Stalingrad zusammengesessen hatte, den Kommandeur der Panzernachrichten-Abteilung. Er war älter als ich. Der Schock der Gefangennahme, das lange Marschieren und die Aussichtslosigkeit unserer Lage hatten ihn völlig fertig gemacht. Untergehakt hatten Wengel und ich ihn bis in die Talsohle gebracht. Dann halfen alle Reden und Beschwörungen, bei uns zu bleiben, nichts mehr. Er verschwand in der Dunkelheit der Nacht.

Nach unseren Kenntnissen der einzelnen Stellungen vor Stalingrad und besonders im Kessel mußten sich nach Beurteilung des Geländes verlassene deutsche Erdbunker in dem Talhang befinden. Um nicht im Schnee und in der Kälte nächtigen zu müssen, ging ich, nachdem ich Wengel Bescheid gesagt hatte, auf die Suche. Als ich um die Ecke des Hanges bog, sah ich einige tote, schneeverwehte deutsche Soldaten liegen und in geringer Entfernung zwei Feuerstellen mit irgendwelchen finsteren Gestalten, die mit einem deutschen Soldaten etwas vornahmen.

In dem Augenblick sprangen plötzlich drei Russen aus einem Erdbunker auf mich zu und verlangten von mir unter sehr eindeutigen und mit Gewehrkolben nachhelfenden Drohungen, mich auszuziehen. Sie rissen mir die Winterkombination herunter, nahmen mir Waffenrock, Hose, Pelzmütze und Handschuhe weg. An den hohen, sehr festen Schnürstiefeln hatten sie kein Interesse, da die Russen im Winter nur ihre „Walinki" (Filzstiefel) tragen. Da in Unterhosen von mir nichts mehr zu filzen war, jagten sie mich mit Kolbenstößе und Flüchen weg.

Meine Winterkombination hatte ich retten können und zog sie schnell im Schutz der Hangecke an. Von einem Toten nahm ich die Strümpfe als Kälteschutz für meine Hände, bei einem anderen fand ich eine Feldschirmmütze mit herunterklappbaren Seitenteilen. So war ich trotz des Verlustes meiner Uniform durch die wattierte Kombination mit der großen Kapuze einigermaßen von der Kälte geschützt und habe nach diesem unerfreulichen Schock den Rest der Nacht irgendwie herumgebracht.

Als wir in der Dämmerung des Morgens aufbrachen, waren einige von uns tot, andere nicht mehr in der Lage aufzustehen. Wir konnten ihnen nicht helfen. Zum Glück schneite es nicht. Es war klar, sehr kalt und windstill, aber dann wärmte uns die aufgehende Sonne etwas. Wenn wir über eine Anhöhe kamen und in die Weite der Steppe sahen, bemerkten wir in der Nähe oder Ferne wiederholt größere und kleinere Marschblocks von Gefangenen, die wie wir auf den Schneewegen dahinschlichen.

Wir fragten uns, wie lange wir es noch aushalten könnten, bis auch für die letzten bei der Hin- und Hermarschiererei ohne Verpflegung und Unterkunft das Ende allen körperlichen und seelischen Willens und Widerstandes gekommen sei, falls wir nicht bald in ein Kriegsgefangenenlager kämen.

Immer häufigere und längere Erholungspausen mußten eingelegt werden, weil wir nur noch kurze Strecken gehen konnten und uns einfach wieder hinsetzten.

Bei einem dieser Halte bemerkte ich in der Marschgruppe eine zunehmende Unruhe. Man hockte sich zusammen, tuschelte miteinander. Es entstand eine Belebung unter den Männern, Stimmen wurden laut, wo bisher dumpfe Ruhe geherrscht hatte. Ein Mann, der, wie ich gesehen hatte, auf andere eingeredet hatte, kam zu mir und erklärte mir, ich sei der rangälteste Offizier in der Gruppe. Ich sollte den Befehl geben, die zwei oder drei Bewachungsleute zu überfallen und auszuschalten. Alle seien einverstanden und warteten nur noch auf meinen Befehl.

Zur Erläuterung sagte er mir mit dem Brustton voller Überzeugung: „Ich bin Funker gewesen und habe noch einen kleinen, nicht entdeckten Empfänger bei mir. Ich habe die Funknachricht erhalten, daß hinter den zurückliegenden Hügeln soeben deutsche Transportflugzeuge gelandet sind, die der Führer zur Befreiung der Kriegsgefangenen losgeschickt hat. Das ist eine einmalige, großartige Gelegenheit, in die Freiheit und Heimat zu gelangen. Wir brauchen nur die paar Russen umzulegen, was bei unserer Anzahl nicht schwer ist, und wir sind frei“.

Allein die Worte „Freiheit, Heimat“, diese großen Wunschgedanken, hatten sich schon im Kessel von Stalingrad in unsere Seelen eingefressen. Plötzlich hatte diese Reflexion bei den Männern gezündet und sie aus ihrer Abgestumpftheit herausgerissen, so daß sie diesen Irrsinn glaubten. Ja, warum sollte es nicht stimmen? Der Führer hat schon allerhand geschafft, und unsere braven JUs waren bekannt für manches Husarenstück.

Ich konnte die Männer von ihrer Wahnvorstellung abbringen, indem ich ihnen sagte, daß, wenn Flugzeuge in der Nähe wären, wir sie hätten sehen oder hören müssen. Ich mußte einen unüberlegten Überfall auf die Bewachung verhindern, der mit Sicherheit zu einem Blutbad geführt hätte. Außerdem verlor der „Funker“ sehr bald an Glaubwürdigkeit, da er sein „Empfangsgerät“ gar nicht vorzeigen konnte. Ein Beispiel geistiger Notverwirrung! Mit dem abnehmenden Tag stand wieder das Gespenst der Nacht vor unseren Augen. Aus den Russen hatten wir mit viel Verständigungsschwierigkeiten herausgebracht, daß wir die Nacht in der Schule eines nahen Dorfes verbringen würden, wo wir auch Verpflegung bekämen.

Am späten Nachmittag erreichten wir ein Dorf, und man führte uns an den Rand der Ortschaft, wo die Schule stand. Als die Bewohner uns wahrnahmen, jagten sie uns mit

Hunden wieder weg. Dieses Stückchen Hoffnung auf Unterkunft und Essen war nun auch genommen.

Bei der Vertreibung waren wir in die Nähe des Friedhofes geraten. Ich überlegte mir, ob man vielleicht in einer Gruft die Nacht verbringen könnte, die uns vor der starken nächtlichen Kälte schützte. Wengel und ich gingen in verschiedenen Richtungen auf Suche. Zu meinem großen Glück fand ich bald eine übermannstiefe Gruft, die neben den verfaulten Särgen noch zehn bis zwölf Mann aufnehmen konnte.

Wengel war leider nicht zurückgekehrt. Er war in die Hände von irgendwelchen Russen gefallen, die ihn, wie ich später erfuhr, festgehalten hatten. Es war eng in der Gesellschaft der Toten und nicht gerade erbaulich, aber wir waren froh, nicht draußen in der Kälte sein zu müssen. Am Morgen stiegen wir mit gegenseitiger Hilfe aus der tiefen Gruft, und weiter ging der trostlose Marsch. Die Gruppe war viel kleiner geworden. Es fehlten einige Kameraden, die am Tage vorher bei uns gewesen waren. Mich bedrückte besonders, daß sich Wengel nicht mehr bei uns befand.

Im Lauf des Tages stellten sich nun auch bei mir stärkere Erschöpfungszustände ein. Das Gehen im Schnee wurde mir beschwerlicher. Ich konnte die Augen nicht nur kaum vor Müdigkeit offenhalten, sondern auch, weil uns alle der von der grellen Sonne beschienene weiße Schnee stark blendete. So torkelten wir mehr, als daß wir marschierten, angetrieben von dem fortwährenden „Dawei“-Geschrei weiter in die endlose weiße Steppe, in der das Auge keinen Halt an irgendeinem Baum, Strauch oder Haus fand.

Am Nachmittag des dritten Tages nach der Gefangennahme fühlte ich mich am Ende aller meiner Kräfte. Mir wurde bewußt, daß ich diesen entsetzlichen Marsch kaum weiter durchstehen würde. Dazu kam die ermattende Depression, die ich durch das Fehlen von Wengel und anderen mir bekannten Kameraden empfand. Der Gedanke, im Verlauf des weiteren Marsches umzukippen, im Schnee liegen zu bleiben und vielleicht wie andere einen „Gnadenschuß“ zu erhalten, veranlaßte mich, bei einem Halt aus der Kolonne auszuscheren, um mich länger auszuruhen.

Ich verschwand hinter einem nahegelegenen, kleinen Schneehügel, legte mich nieder und wartet ab, ob man mich beim Aufbrechen vermissen würde. Ich hörte noch einige Zeit Stimmen, dann wurde es still. Sie waren weg, ohne mein Fehlen zu bemerken.

So lag ich einsam und allein im weiten Rußland zwischen Don und Wolga im Schnee. In dieser unheimlichen Stille um mich herum erfaßte mich doch eine große Verlassenheit und die bittere Erkenntnis, daß hier mein Leben wohl enden werde. Meine letzten Gedanken, bevor ich aus Erschöpfung und einer tiefen, in sich selbst versunkenen Mutlosigkeit einschlief, galten meiner Familie.

Werner Gerlach (16.Pz.-Div.)

## „Dankeschön“ für einen Partisanen-Leutnant

**Nach der Kapitulation im Mai 1945 bei Cilli begann der „Große Hungermarsch“**

Als ich im August 1943 im Rahmen der Verlegung der 2.Panzer-Armee vom Mittelabschnitt der Ostfront nach Jugoslawien kam, stellte ich fest, daß ich — wie man so schön sagt — unter Umgehung des Sonnenscheins vom Regen in die Traufe gekommen war. Bereits im Dezember 1943 wurde ich wieder zur Infanterie versetzt und kam zur Stabskompanie des Füsilier-Regiments 334 der 181.Inf.-Div. nach Kotor, dem früheren Cattaro.

Nach der Kapitulation im Mai 1945 bei Cilli begann für uns der „Große Hungermarsch“. Die Eßration pro Mann und Tag betrug etwa am 1. Tag: 1 Handvoll Bohnenkerne, am 2. Tag: 3 Eßlöffel Mehl, am 3. Tag: 1 Handvoll Maiskörner und einmal wöchentlich eine Wasser-Käfer-Erbsensuppe. Dazu kamen quälender Durst, Beschimpfungen, Beraubungen, Schläge und vereinzelt Erschießungen durch die Begleitmannschaften.

Viele meiner Kameraden waren schon ihrer Wertgegenstände, wie Uhren und Ringe, aber auch Schuhe, Unterwäsche und Uniformstücke beraubt worden, als auch mir solches Unheil drohte. Wir „marschierten" gerade durch Sisak, eine Stadt südlich von Zagreb, als eine blutjunge Partisanin auf mich zutrat und mit geifernder Stimme auf deutsch zu mir sagte: „Gell Kamerad, jetzt heißt es nicht mehr Deutschland, Deutschland über alles, jetzt heißt es, Deutschland, Deutschland unter allen, unter allen in der Welt!" Um die in mir aufsteigende Wut zu verbergen und mich mit meinem Blick nicht zu verraten, sah ich schnell von ihr weg. Diese Situation mußte offenbar ein Partisanenjunge beobachtet haben. Jedenfalls trat er ebenfalls auf mich zu und riß mir, ohne ein Wort zu sagen, meinen Tornister, in dem sich meine restliche Habe, wie Kochgeschirr, Eßbesteck, Zeltplane befand, vom Buckel. Wo sollte ich nun Ersatz herbekommen? Ich war verzweifelt. Zu meiner großen Überraschung sah ich nach wenigen Metern, wie ein Poručnik, ein Leutnant der Partisanen-Armee, diesem Partisanenjungen offenbar so gewaltig die Leviten verlas, daß dieser einen ganz roten Kopf bekam. Dabei nahm er dem Kerl meinen Tornister weg, kam auf mich zu und sagte in fließendem Deutsch zu mir: „Hier, Kamerad, hast Du Deinen Tornister wieder!" Ich konnte gerade noch ein „Dankeschön" stammeln, bevor ich tief aufatmete.

Eberhard Blessing (181.ID.)

## Ein Kommissar schützte uns vor Ausschreitungen

### Das Ende der 225.Infanterie-Division nach der Kapitulation in Kurland

Der Marsch unseres Artillerie-Regiments in die russische Gefangenschaft hatte am 10. Mai 1945 bei Pedohne begonnen, setzte sich unter gewaltsamen Filzungen über Preekuln fort und kam, immer noch mit Verpflegung aus eigener Feldküche, schließlich über die lettische-litauische Grenze. Der wandernde „Tatzelwurm" nahm unterwegs viele Kameraden aus anderen kapitulierten Einheiten auf und wurde auffallenderweise von der Wachmannschaft mehr und mehr zusammengehalten, aber auch energisch abgehalten, von den Einheimischen irgendwelche Erfrischungen entgegenzunehmen.

Schon eine ganze Zeit war auch mir ein gut aussehender, drahtiger, junger Kommissar, ein Unterleutnant der NKWD, aufgefallen, der bestimmt den Auftrag hatte, uns zum ersten Sammellager zu begleiten. Pausenlos sahen wir ihn auf einem Rappen an unserer Kolonne vorbeigaloppieren, von vorn nach hinten und umgekehrt. Oft sprang er vom Pferd ab und schritt dort energisch ein, wo seine Soldaten sich Übergriffen uns gegenüber schuldig gemacht hatten.

Es mag irgendwo auf der Landstraße zwischen Preekuln—Seda, oder auch zwischen Seda—Telschai gewesen sein. Nachmittags war es. Neben meiner dahinziehenden Stabsbatterie sehe ich wieder einmal einen Iwan über einen unserer Soldaten knieen. Sicherlich sollte diesem ein dem Russen wert erscheinender Wehrmachtsgegenstand entwendet werden, was der „Fritzi" durchaus nicht preisgeben wollte. Als die beiden sich so im Kolonnenstaub hin- und herwälzen, kommt gerade „unser" Kommissar von vorn herangaloppiert. In dem Augenblick, wo ich ihn auf die beiden aufmerksam mache, hat der Kommissar sie schon selbst erspäht! Nach einem sehr scharfen Durchparieren seines Pferdes (es hatte, was einem Pferdefreund bis in die Seele wehtat, kein Trensengebiß, nur eine S-Kandare, dazu eine Sattelung ohne Woilach!), springt er herab, und im Nu ist er schon bei den Kämpfenden. Schnell bückt sich der Kommissar, packt seinen Soldaten am Uniformkragen im Nacken — so wie man einen Dackel im Genick packt — und reißt ihn ruckartig hoch. Ohne ihn loszulassen, herrscht er ihn laut an und stellt ihm rasch mehrere kurze Fragen. Beim Anblick des Kommissars ist der russische Landser derartig verstört, fast wie gelähmt, daß er nur schwer Rede und Antwort stehen kann. Dabei wechselt er laufend seine Gesichtsfarbe.

Ich habe den festen Eindruck, daß es sich hier um kein bloßes Zur-Rede-stellen handelt, sondern vielmehr um eine Art von Standverhör. Plötzlich, ohne seinen Soldaten loszulassen, springt der Kommissar mit ihm zusammen über den angrenzenden kleinen Chauseegraben und verschwindet mit ihm in dem dahinter liegenden dichten Kusselgelände. Danach Stille, bis auf die Geräusche unserer Kolonne. Hauptwachtmeister Loek und ich sind absichtlich stehengeblieben, um den Fort-, bzw. Ausgang dieser merkwürdigen Angelegenheit abzuwarten. Nach einem kurzen Augenblick hören wir deutlich zwei Pistolenschüsse . . . und der Kommissar kehrt allein zurück! Sofort sein Pferd besteigend, galoppiert er rasch davon, als wenn nichts vorgefallen wäre! Bestürzt sehen mein Spieß und ich uns an. So etwas haben wir nicht für möglich gehalten. Offensichtlich herrschten hier andere Bräuche, Gepflogenheiten und Gesetze! Die Frage: ob dies nur aus reiner Gerechtigkeit geschehen war, oder nur deswegen, um ergangene Befehle um jeden Preis durchzusetzen, blieb für uns für immer offen.

Weil unsere Kolonne zu groß war, konnte der Kommissar nicht überall sein. Falls er nicht so durchgreifend für Disziplin und Ordnung gesorgt hätte, dann wäre es bis zum Sammellager hin sehr schlecht um uns bestellt gewesen. Wir merkten sehr bald, unter seinem Schutz konnten wir uns sicher führen, in seiner Gegenwart geschah uns nichts. Daher war er auch für uns „unser“ Kommissar! In Dankbarkeit sei dies für immer verzeichnet.

Hs.-Jürgen Timm (225.ID.)

## „Heute nix Arbeit“

**Mit „Preußens Gloria“ Vorbeimarsch am sowjetischen Lagerkommandant**

Als der Krieg zu Ende ging, war ich schon fast ein Jahr in Gefangenschaft. Über Minsk, Moskau, nach 4monatigem Aufenthalt in Rjasan, unserem Angriffsziel vom Winter 1941, war ich nun in Orsk im Südural gelandet.

Wie an jedem Tag traten wir auch an jenem 9. Mai 1945 früh zur Prowerka an. Wie schon oft vorher hielt uns der russische Oberleutnant eine Rede; doch heute verstanden wir davon etwas mehr als sonst. Wojna kaputt, — damoj! (Der Krieg ist aus, — nach Hause!) Nach einer Stunde sollten wir noch einmal antreten — uns zur Feier des Tages aber die Schuhe putzen, soweit man noch schwarze hatte! Mangels Schuhkreme nahmen wir dazu Kohlestückchen.

Wieder müssen wir eine Rede über uns ergehen lassen, begleitet von unseren eigenen Gedanken. Da plötzlich eine Erleuchtung bei unserem Oberleutnant und Lagerkommandanten: Wer kann deutschen Parademarsch? — Viele melden sich. Der Rest wird als Zuschauer und Volk eingeteilt. Die zufällig anwesende „Kulturbrigade“ übernimmt den musikalischen Teil. — Doch was soll man heute spielen? Bei jedem vorgeschlagenen Marsch sagen einige: kann ich nicht. Der einzige Marsch, den jeder kennt, ist ausgerechnet:„Preußens Gloria“! - Also muß das gespielt werden, sagt der Russe - dawaj, marsch!

Unter den Klängen von „Preußens Gloria“ findet also ein zackiger Vorbeimarsch statt, wohl der kurioseste an diesem Tage! Der salutierende Oberleutnant ist begeistert, läßt alles nocheinmal wiederholen. Karascho! mnogo disziplina! (Gut — viel Disziplin!) Und dann sagt er etwas, was auch der letzte verstehen kann: „Danke schön, heute nix Arbeit!“

Robert Palmer (ehem. 9.IR. 119, Pi-Zug IR. 119, i. Feld-Ersatz-Btl. 25)

# Schnee — zum essen oder trinken als Verpflegung

**19 Tage unterwegs im Güterzug von Rumänien nach Saratow an der Wolga**

Ende November 1944 wurden wir mit der Bahn vom rumänischen Kriegsgefangenenlager Budesti ins russische Lager Focschani verlegt. Unsere Stimmung war trübe wie das Wetter, wußten wir doch, daß es nun nach Osten gehen würde. Focschani war ein Durchgangslager im Osten Rumäniens. Man erzählte, daß manchmal 30 000—40 000 Mann dort seien. Dementsprechend groß war auch die Unordnung. Die Unterkünfte waren überbelegt; wer keinen Platz fand, mußte im Freien nächtigen. Jeden Vormittag zog ein Beerdigungskommando mit den Leichen der in den vergangenen 24 Stunden Verstorbenen aus dem Lager.

Am 10. Dezember wurde von der Lagerpolizei wieder ein Transport zusammengestellt. Unter den Klängen einer Zigeunerkapelle rückten wir zur Verladung ab. Jeder Waggon wurde mit 50 Mann belegt. In unserem waren wir nur einige Deutsche, die Mehrzahl bestand aus ungarischen Soldaten und einigen Zivilisten. Dadurch kam es immer wieder zu Streitigkeiten bei der Essen- und Wasserverteilung. Verpflegt wurden wir unregelmäßig mit Trockenbrot, Kascha und Wasser.

In besonderer Erinnerung ist mir Weihnachten geblieben. Wir saßen zusammengedrängt und dachten an unsere Lieben daheim und an ihre Sorgen, waren wir deutsche Soldaten doch seit August als vermißt gemeldet. Weder am 1. noch am 2. Weihnachtsfeiertag gab es etwas zu essen oder zu trinken. Am Abend des 26. hielt der Zug auf einem Bahnhof. Die Türen des Waggons wurden geöffnet. Es durften vier Mann mit zwei Dekken aussteigen und Schnee einsammeln.

Die schwierigste Arbeit war das anschließende Verteilen des Schnees. Jeder erhielt ein kleines Häufchen. Die einen aßen ihn sofort, andere wollten ihn auftauen, denn sie meinten, als Wasser würde er besser den Durst löschen.

Am 29. Dezember erreichte unser Transport sein Ziel: Saratow an der Wolga. Wir waren sehr geschwächt und hatten Läuse wie Sand am Meer. Deshalb wurden wir erst zur Entlausung gebracht. Die Gefangenen tranken das Wasser wie es aus der Leitung lief, egal ob kalt, warm oder heiß. Durst ist schlimmer als Hunger!

Anschließend wurden wir über die zugefrorene und tiefverschneite Wolga in das Lager 2 nach Engels gebracht. Wir brauchten nicht zu arbeiten, aber viele meiner Mitgefangenen starben an der Ruhr.

Gott sei Dank hatte ich das Glück, zusammen mit etwa 100 Mann am 20. Januar 1945 in das Kriegsgefangenenhospital Atkarsk verlegt zu werden. Unterwegs starben nochmals sechs von uns. Wir trugen sie mit ins Hospital, denn bei der Übergabe mußte die Zahl der Gefangenen stimmen, — ob lebendig oder tot. In Atarsk gab es nur noch wenige Sterbefälle. Die russischen Ärztinnen und deutschen Ärzte gaben sich redliche Mühe um uns.

Willi Popp (15.Fla-Div.)

# Der Weg zurück mit gefälschten Papieren

**Ein französischer Dolmetscher half dem Berliner „Elsaßki“**

Mit meiner Einheit, einer sMG.-Kompanie, lag ich in Zobten bei Breslau. „Leutnant Haar zum Kommandeur!“, so kam der Befehl durch das Feldtelefon.

„Haar, alles, was sie jetzt erfahren, ist streng vertraulich. Morgen ist der Krieg zu Ende. Deutschland wird kapitulieren! Besorgen Sie sich nach Möglichkeit Zivilsachen und kommen Sie gut heim!"

Am nächsten Morgen trat die Kompanie an. Ich verlas einen Tagesbefehl von General Schörner, daß unter Mitnahme aller Waffen der Rückzug angetreten werden soll. Deutschland ist der Übermacht der Feinde unterlegen. Bestürzung auf vielen Gesichtern, auch Tränen.

Abmarsch in Richtung Neurode. Nur das Allernotwendigste wurde auf den Pleskauern verladen. Mehrere Flüchtlinge mit allem möglichem Hausrat zuckelten hinter uns her.

Gleich hinter Neurode wurden wir vom ehemaligen Stab aus Zobten überholt. Major Klostermann hielt an und gab mir den Befehl: „Sie übernehmen bis 21.00 Uhr die Sicherung des Rückzuges. Die Russen sind dicht hinter uns. Auf Wiedersehen in Königgrätz!"

Ich ließ meine 42er sMG. in Stellung bringen. Plötzlich ein paar Granateinschläge ganz in der Nähe. Dann kamen sie, in Gruppen zu fünf und zehn Mann. Oben auf einer Anhöhe bauten sie ein Geschütz auf. „Gewehre 1—5 Dauerfeuer auf Haus, 400 m!" — Auch die restlichen sieben Gewehre bekamen ihre Ziele. „Feuer!" — Das Haus war eine Kalkwolke. Ruhe und Stille. Um 21 Uhr setzten wir uns ab. Der Sanker mit dem Sanitäter, der mit den übrigen Pleskauern unten im Dorf warten sollte, war schon fort. Zu Fuß hinterher.

Um 22 Uhr erreichten wir ein kleines Dorf. Beim ersten Lokal ließ ich halten, um dort zu übernachten. Ich trat ein. Im großen Schankraum saßen zwei Männer und eine Frau. Ich kam auf Hitler zu sprechen. „Den kann'ste vergessen, den Lump!" So die Antwort vom Wirt. Eine quakende Stimme aus dem Volksempfänger ertönte: „Deitsche Werrmacht! Deitsche Werrmacht! Krieg zu Ende, Hitler kaputt, geht nach Hause!"

Es stimmte, Kapitulation! Nun hatten es auch alle Landser gehört. Belogen hatte man uns auch, als die Nachricht vom Tode Hitlers durchgegeben wurde, hieß es: „Der Führer ist im Kampf um Berlin gefallen . . .!"

Quartier für eine Nacht? Wollte der Wirt nicht. Erst die Mitteilung, wir haben eine halbe Kuh und ein halbes Schwein, ließ ihn anderer Ansicht werden.

Um 5 Uhr morgens ließ ich wecken. Ich stellte jeden vor die Wahl, sich von hier aus selbst durchzuschlagen, dazu Pferd oder ein Fahrrad zu benutzen, oder aber mit mir zusammen zu bleiben — dann aber unter meinem Befehl.

Nur vier von sechzig Männern verabschiedeten sich. Aller Proviant wurde redlich geteilt. Dann ging es in Richtung Braunau. Endziel Königgrätz, wo die Amis schon sein sollten. Kurz vor Braunau wollte ich, vorn reitend, eine sich dahin schleppende Einheit überholen. Ich rief: „Rechts ran!" Am Schluß dieser Einheit ritt ein schnauzbärtiger Hauptfeldwebel und antwortete: „Hinten ran, wir wollen alle nach Hause!" Hinter mir plötzlich ein großer Wirbel. Ich drehe mich um: da jagten etwa zwanzig SS-Männer auf ihren Pferden heran. Auch sie brüllten: „Rechts ran!" und durchbrachen rücksichtslos meine Kolonne, kamen zum Hauptfeldwebel und brüllten auch ihn an. Gemächlich dreht der sich um. Als er die Pistole eines SS-Mannes sieht, die auf ihn gerichtet ist, hat er blitzschnell eine 08 in der Hand, richtet sie auf den ersten Offizier und brüllt ihn an: „Runter mit dem Ding, oder ich leg Dich um. Auf euch haben wir gerade noch gewartet!" Blaß im Gesicht verschwindet der Haufen querfeldein.

Nach einem Kilometer biegt die Einheit rechts ab. Der Weg nach Braunau ist frei. Kurz vor dem Stadteingang ein tschechischer Offizier. Ich grüße ihn. Er erklärt, daß auf dem Rathausplatz alle Soldaten entwaffnet werden, um dann unbehindert weitermarschieren zu können. Kurze Beratschlagung: alle sind einverstanden. Auf dem Marktplatz tschechische Soldaten und ein großer Haufen Gewehre. Plötzlich hastet eine große Menschenmenge schreiend auf den Marktplatz zu: „Die Russen kommen!" Ich reiße meinen Rappen herum und rufe zu meinem Melder: „Franz, die Rucksäcke!" Vorsorglich hatte ich mir Zivilklamotten in Zobten besorgt. Meine ganze Einheit samt Pleskauern macht kehrt und stiebt auseinander. So habe ich mir das Auseinandergehen nicht vorgestellt.

Im nahen Wald treffe ich auf meinen Melder. Beide ziehen wir uns um. Alles, was nach Wehrmacht aussieht, bleibt zurück. Gleich nebenan hat schon eine Artillerie-Einheit alles liegengelassen: selbst ein Pleskauer mit Brot, Speck und Würsten steht verlassen da. Wir packen einen kleinen Handkoffer voll, verlassen den Wald und kommen auf die Landstraße in Richtung Nachod.

Bald darauf Kontrolle mitten auf der Landstraße. Diese ist überspannt mit einem Spruchband: „Wir grüßen die siegreiche Sowjetarmee!" „Woher und wohin?" „Soldat?" „Nein!" „Weitergehen, aber auf der Mitte der Straße bleiben!" Man mißtraut uns.

Kurz vor Nachod, im Hof eines Bauernhauses, steht ein Pleskauer, übervoll mit Speck und Schinken beladen. Ob man darf? Ein Zivilist steht daneben. „. . . nimmt euch doch." — Wir nehmen uns und kommen ins Gespräch. Er ist ein Tscheche und sagt: „Trotz Sudetenland hätten Deutsche und Tschechen sich vertragen können. Aber uns wurde unsere Kultur genommen, Straßen wurden umbenannt, unsere Sprache durfte nicht mehr gelehrt werden. So wurden wir eure Feinde!"

Ich sehe nach rechts — in etwa einem Kilometer Entfernung schleicht eine endlose Flüchtlingskolonne, dazwischen Panzer, einen Berg hinauf in Richtung Westen. Plötzlich schlagen Granaten in sie hinein. Die Panzer drehen um und feuern aus allen Rohren und rasen Richtung Nachod. Zwei junge Mädels kommen zu uns in den Hof und fragen uns, ob wir sie mitnehmen würden. Machen wir. Rennen mit ihnen einen Hang hinauf. Maschinengewehrsalven klatschen in den Hang. Runter, wie geübt: Nichts passiert. Oben angekommen, betreten wir eine Lichtung. Wie aus dem Boden gezaubert, steht ein tschechischer Offizier vor uns. „Wohin?" „Nach Königgrätz!" „Soldat?" „Nein" „Machen sie, daß sie fortkommen!"

Zwanzig Meter weiter eine Windmühle. Dahinter Männer mit weißen Armbinden. Sie schießen wie wild in den Treck. Auf einer Bergspitze steht ein großer Bauernwagen, der mit Mehlsäcken beladen war. Ein Pferd liegt erschossen im Geschirr. Auf dem Wagen eine Frau mit ihrem kleinen Kind. Zwei Hiwis kommen angerannt. Sie wissen, was ihnen bei ihrer Gefangennahme blüht. Im Kauderwelsch russisch-deutsch verständigen wir uns. Das tote Pferd nehmen wir aus dem Geschirr, ein anderes, welches zitternd in einem Graben steht, wird eingespannt — und ab geht es.

Wir erreichen wieder das Ende des Trecks, kommen durch ein Dorf. Aus einem Lautsprecher hören wir: fünf Minuten hinter uns sind die Russen! Links und vor uns Leuchtkugeln, nur rechts nicht. „Franz, runter vom Wagen, ab nach rechts!" Mutter und Kind wollen mit. Wir haben ja schon zwei Frauen bei uns. Die Nacht wird in einer Bauernkate verbracht. Nur kein Licht machen!

Auf den Straßen viele russische Kolonnen. Kurz vor einer größeren Stadt erwischte es uns! Wir gingen mitten durch russische Kolonnen, plötzlich am Wegesrand in einem Chausseegraben einige Russen. Einer winkt mit einem Stock, wir gehen hin. Hinter ihm etwa dreißig Landser in Uniform. Er zeigt hinter sich, ich versuche ihm zu erklären, daß unsere Frauen dabei wären. — Frau kann gehen! Ein langer Blick noch, und wir waren geschieden. Als genug zusammen waren, wurden wir in die Stadt geführt und in eine Schule gepfercht. Die Aula war überbelegt, zwischendurch knallte es, dann Gebrülle. Ein Kommando in deutsch: „Wer noch Uhren, Messer und Ringe hat, sofort abgeben, sonst erfolgt Erschießung!" Etliche Russen sammelten Uhren ein, manche hatten schon über zehn davon am Arm bis zum Ellenbogen. Draußen antreten in drei Reihen. Rechts, zwei Schritte weiter, zwei meiner ehemaligen Männer, noch in Uniform, ich blinzelte ihnen zu. Ein russischer Offizier rief: „Alle Offiziere vortreten!" Viele traten vor, Franz trat auf meinen Fuß; geh' auch, wollte er sagen damit. Ich blieb. Ein deutscher Offizier drehte sich um und sagte zu einem im Glied stehenden Zivilisten, er solle doch auch herauskommen. Käseweis trat dieser heraus. Der Russe brüllte ihn an: „Sie waren Offizier? Wissen Sie nicht, daß ein Offizier nie Waffe und Uniform ablegt? Ich müßte sie Schwein sofort erschießen!"

Abgesondert von den Offizieren begann dann ein Marsch zu einem Gefangenenlager. Wir waren etwa 300 Mann. Tschechen standen am Wegesrand und bewarfen uns mit Steinen. Viele bluteten, aber unsere Bewachung funkte dazwischen. Nach fünf Kilometer die erste Rast an einem kleinen See. Wie durstige Kühe liefen die Landser zum Ufer und tranken liegend die Brühe. Allgemeines Durcheinander. Links steht ein Haus, Franz komm! Wir beide rein, Glück gehabt, es waren Sudetendeutsche. Verstecken, wo? Im Stall! Franz kroch in eine Ecke, und ich stülpte ihm einen großen Korb über, ich selber zog eine Sackkarre hinter mir her in eine Ecke. Draußen Kommandos, die Stalltür wird aufgerissen — Germannski Soldat? Stille, warten. Dann die Stimme des Bauern: „Hallo, sie sind weg!"

Wir kamen aus dem Versteck, konnten uns waschen und bekamen eine dünne Milchsuppe. Franz verabschiedete sich am nächsten Tag mit Tränen in den Augen. Er wollte zu seinen Eltern nach Graz.

Schon bald traf ich einen jungen Mann, ein ehemaliger Ari-Beobachter aus Zobten! Schon wenig später hatte man uns erwischt. Wir kamen per LKW in ein großes Gefangenenlager! Ein Landser wurde hereingebracht, er wurde auf einen Klotz gelegt und bekam mit einer Peitsche fürchterliche Hiebe auf seinen nackten Hintern. Dazu kam die Erläuterung, daß es uns allen so erginge bei einem Fluchtversuch! Kurz daneben eine lange Reihe von Soldaten; sie standen an, um sich eine Bombe, eine Glatze, schneiden zu lassen! Ein Kainszeichen! Da mußte etwas geschehen. Wasser wurde gebraucht im Lager. Über dreißigmal schleppte ich mit meinem neuen Kumpel von außerhalb des Lagers jeweils zwei Eimer herein. Die behüteten wir wie einen kostbaren Schatz! Es wird dunkel, wir gehen am Stacheldraht entlang, da ist doch eine Lücke? Noch zwei kommen dazu, grinsen verständnisvoll, einer tritt auf den untersten Draht; mein Kumpel hebt den oberen, zwei, drei sind durch, der Letzte bleibt im Draht hängen! Schüsse, er schreit auf: Wir drei rennen in den nahen Wald und rennen, rennen, rennen!

Kurz hinter dem Stacheldraht auf der Straße erfaßte mein Auge noch eine Gruppe, die mit einem alten Kinderwagen mit viel Gepäck auf der Straße entlangging. Oben auf dem Kinderwagen hatte sie die Trikolore gepflanzt; Franzosen! Rettende Idee! Mensch, du kannst doch auch etwas Kriegsfranzösisch!

Totenstille in einem verlassenen kleinen Ort. Ein Fahrradladen, aber keine kompletten Räder. Ein Friseurgeschäft. Im Büro steht eine Schreibmaschine! Keine Ausweise mehr? Man macht sich einen! Eine alte Berliner Baufirma fällt mir ein, und ich schreibe:

Boswau & Knauer Frankenberg 14. 3. 43

**Bescheinigung**

Herr Michél Karl, bei uns als Monteur beschäftigt, befindet sich auf Montage. Bei einer Zimmersuche bitten wir, ihm behilflich zu sein.

Mit deutschem Gruß
ppa. Riemann

Dazu eine Unterschrift in grüner Tinte und den Friseurfirmenstempel, den Schrieb zigmal gefalzt und alt gemacht!

Wieder frei, marschieren wir am nächsten Tag auf der Landstraße entlang. Da kam die Probe: Zwei russische Soldaten stoppten uns mit ihrem „Stoi!“ „Dokument?“ „Qui!“ Lesen konnten sie es nicht, aber der Stempel war wichtig! „Karascho, dawai!“

Abends kommen wir wieder in ein Dorf. Bewohner sagen uns, daß Russen schon hier seien, am Dorfeingang aber, im Wald, eine deutsche Einheit wäre. Wir gehen dorthin. „Wir brechen morgen früh auf, brechen durch mit allen Waffen!“

Morgens um 5 Uhr setzen wir uns ab. Allein gehe ich mit zwei Landsern, die aus Hamburg stammen, in einen nahen Wald. Die Hamburger tragen noch Uniform. In einem Haus ziehen sie sich um.

Der eine schwerhörig, der andere hat eine kleine Wunde am linken Unterarm. Er hat sich vor Tagen das SS-Zeichen herausgeschnitten. Mit denen nach Hause kommen?

Versteckt im Wald ein kleines Haus. Wir klopfen an. Verängstigt wird geöffnet, man läßt uns eintreten. Es gibt sogar eine dünne Suppe. Können wir hier übernachten? Ja, in der Scheune. Der Bauer stellt eine Leiter zum Heuboden an. Wir steigen hoch, die Leiter nimmt er nach draußen mit. Motorengeräusch. Ein LKW mit fünf Russen. „Germanski Soldat hier?“ „Nein!“ Einer kommt zur Scheune. „Germanski Soldat?“ — Der Schwerhörige will etwas sagen. Ich presse ihm die Hand auf den Mund, bedeute ihm, unter uns ist einer. Mit einer Forke sticht er in den Strohhaufen, schießt zweimal hinein. Hätte er nach oben in die Balkenlage geschossen, wäre unsere Flucht vorbei gewesen. Der Russe verschwindet, der LKW fährt ab.

Es hat keinen Zweck mehr, ich muß mich von den anderen trennen. Auf einem Acker pflügen Bauern. Sie sehen uns, drohen zu uns hinüber und rufen: „Haut ja ab, ihr Verbrecher!“ Jahrelang hat man für sie im Dreck gelegen, nun waren wir Verbrecher!

Ein paar Häuser. — Beide Hamburger durchstöbern Wohnungen. Ich setze mich ab und marschiere allein weiter. Ziel ist zunächst Niesky, wo meine Frau mit meinen beiden Töchtern aus Berlin evakuiert war. Sind sie davongekommen?

Ich komme an einen Fluß, die Neiße bei Penzig. Drüben am anderen Ufer qualmt ein Schornstein. Eine lange Menschenschlange steht am Haus. Wahrscheinlich ein Bäcker, der dort das erste Brot wieder bäckt? Die Brücke nach dort liegt im Wasser. Ich gehe weiter, stehe plötzlich in einem Schützengraben. Da wird mir von drüben zugerufen: „Stehen bleiben, Minen!“ Zurück also. Strömender Regen. Zwei Mann kommen mir entgegen. Ich frage sie, wie man rüberkommt. Da hinten sei eine Brücke gebaut worden. Polen wären in einem Häuschen. Wenn ich irgendetwas Polnisches bei mir hätte, wegwerfen! Als ich die Hälfte der Brücke hinter mir habe, sehe ich das Schilderhaus. Keiner zu sehen! Da kommt mir aus einem Lokal hinter der Brücke ein Mann in deutscher Uniform mit weißer Armbinde entgegen. „Wohin?“ „Nach Berlin!“ „Landser?“ „Ja!“ „Mensch hau ab, die legen hier alle um!“ Er war ein Deserteur und machte nun dort mit.

Meine nächste Unterkunft ist eine Hundehütte bis zum nächsten Morgen. Naß wie ein Hund und auch so gebibbert.

Zunächst einmal erst hin zum rauchenden Schornstein. Tatsächlich ein Bäcker! Wie gestern eine lange Schlange vor dem Haus. Ich will nur einmal sehen, ob es dort tatsächlich Brot gibt und gehe zur Backstube. Da liegen sie! Ich bitte um ein Brot. „Hau ab, hole es dir dort, wo du hergekommen bist!“ Wir Soldaten sind nun auch alle Nazis!

Wieder gerate ich auf meinem Weitermarsch in eine russische Kolonne: werde ausgefragt. Russen fahren wie wildgeworden auf erbeuteten Fahrrädern umher. Einer von ihnen fällt vom Rad und hat eine Acht im Vorderrad, die Pedale verbogen. Ich springe hinzu, richte die Pedale mit dem Fuß wieder gerade, trete auf die Acht, die Speichen springen wieder zurück. „Du Spezialist?“, fragt mich der Russe. „Qui.“ Ich bleibe über eine Woche bei den Russen und repariere Fahrräder. Mit einem verschwinde ich dann. —

Mit diesem Fahrrad erreiche ich nun endlich Niesky. Mein erstes Ziel das Haus, in dem meine Familie wohnte. Es ist ausgebrannt. Der Mann, ehemaliger Ortsgruppenführer, liegt erschossen vor dem Haus. Ein alter Imker vom Nachbarhaus erklärt mir, daß meine Familie noch kurz vor Schluß mit einem Güterwagen fortgekommen ist.

In einem ehemaligen Gut sehe ich eine Gulaschkanone. Ich reiche meine Blechbüchse rüber und bitte um einen Schlag Essen. „Hau ab!“ — Am Ausgang des Dorfes eine alte Schmiede. Der Schmied hämmert schon wieder. Er beschlägt Pferde. Nun sind es russische!

Noch immer mit meinem kleinen braunen Köfferchen in der Hand gehe ich weiter. Im Koffer sind Strümpfe, Unterwäsche, Seife, ein Rasierklingenschärfer. Links am Straßenrand steht ein Flüchtlingstreck. Polnische Soldaten durchstöbern die Wagen. Frauen weinen, Kinder kreischen. Ein Offizier erblickt mich. Ich grüße, er dankt. Ein Schild: Fünf Kilometer bis Klitten.

In einer Waldlichtung eine Flüchtlingskolonne. Nur noch Wagen ohne Zugpferde. Alle wurden von den Russen requiriert. Bitterlich weint eine Frau. Ich versuche sie zu trösten. Sie weint nur noch lauter, stammelt ihre Seelennot heraus: Nachts seien Soldaten gekommen und haben auch ein großes Bündel mitgenommen. Sicherlich in der Annahme, darin sei ein Schwein. Aber ihre am Vortag verstorbene Mutter war darin. Sie wollten sie in der Heimat beerdigen. Aller Trost war vergeblich!

Klitten. Zwei russische Offiziere mit viel Lametta — niedrigere Dienstgrade — kommen mir entgegen. „Stoi!“ „Dokument?“ „Qui!“ Ich reiche ihm meinen Ausweis. „Kommandantura!“ — Die Kommandantur war in einer Schule. Ich warte draußen, werde hineingerufen. An der linken Wandseite eine große Deutschlandkarte, ein Tisch, ein Stuhl davor, drei dahinter. Ich will mich setzen — ich soll stehen bleiben, befahl der Offizier.

Er hat mein Dokument in der Hand, und dann geht der Dialog reihum. Weniges verstehe ich davon. Wohin ich will. Nach Berlin! Was ich hier im Ort wollte. Essen und schlafen. Mein Familienname sei deutsch. Ja, aber mein Vorname französisch. Ich bin ein Elsaßki, mein Vater sei ein Deutscher, meine Mutter eine Französin gewesen. Ob ich ihm zeigen solle, wo auf der Karte das Elsaß liegt? Nein, er wüßte es schon. Ob ich nun Deutscher oder Franzose sei? — Vor dem Krieg war Elsaß französisch, bei Hitler dann wieder deutsch, nun wieder französisch und da wolle ich später wieder hin. — Ein langer prüfender Blick zu mir. Ein Soldat geht aus dem Raum. Eine Polin übersetzt, daß ein Franzose geholt wird, der meine Angaben überprüfen soll. Es kommt der Franzose herein. Unverkennbar mit Baskenmütze. Er war als Kriegsgefangener sicher hier zum Ernteeinsatz eingeteilt. Ich drehe mich zu ihm um und sage ihm in meinem Kriegsfranzösisch und bete innerlich dabei: „Je n'pas une Prisonnier, oui?“ Sollte heißen, ich möchte kein Gefangener werden. Er zwinkert mit dem Auge, fragt, wo ich im Elsaß wohnte. In Straßburg, stand ja auch im Dokument. Welche Straße? Rue de Madelaine. Welchen Beruf ich hatte? Monteur — stand auch drin. Der Franzose sagte etwas zur Dolmetscherin. Er kann gehen.

Langes Schweigen — was kommt nun? Die Überraschung: Der vernehmende Offizier springt auf und brüllt mich an: „Sie Schwein, Sie waren ein deutscher Offizier!“ — Ich lache! Warum ich lache, fragt er. Ich sagte ihm, ich fände es komisch, wir sprechen hier ständig im Kreis und nun könne er besser deutsch als ich französisch und deutsch! Wer gewinnt? Er fragt mich, was ich nun beginnen wolle. Nach Berlin oder Elsaß. Ich antwortete, wenn meine Eltern nicht in Berlin seien, ginge ich in das Elsaß. Ich frage, ob ich hier heute übernachten und etwas zu essen bekommen könne und ob er mir mein Dokument zurückgeben würde oder ob er mir eine Bescheinigung über meine Vernehmung ausstellen könnte. Nein, ich solle morgen früh wiederkommen und dort hingehen, wo im Dorf Schornsteine rauchen, dort bekäme ich etwas zu essen.

Ich war entlassen und mache mich auf die Suche nach dem Wohnhaus, in dem ich einmal als Feldwebel Quartier bezogen hatte. Ich finde es und klopfe an. Nichts rührt sich, aber die Scheune steht offen und im Stroh schläft es sich auch gut. Am nächsten Morgen Stimmen: „Hier war einer drin!" „Er ist noch immer drin", sage ich und komme aus dem Stroh gekrabbelt. Sie erkennen mich nicht. Damals war ich Feldwebel, nun ein Zivilist. Aber dann das Erkennen. Einen ganzen Tag bleibe ich dort, erzähle von meiner Vernehmung. Sie raten mir ab, dort noch einmal hinzugehen. Hilde, das BDM-Mädel ist auch dabei. Eine Schwester war mit einem Franzosen verlobt, der ihnen auf dem Hof half. Mein Retter! Die Bauersfrau macht den Vorschlag, am nächsten Morgen in aller Frühe fortzugehen, und ich solle doch ihre Hilde mitnehmen, sie sei schon dreimal im Dorf vergewaltigt worden und schlafe nun immer in einem Versteck. Da ich nun ein Elsaßki war, bekomme ich eine Baskenmütze und ein kleines Bändchen in blau-weiß-rot. Um 5 Uhr in der Frühe machen wir uns auf den Weg. Ich noch immer in meinen Bergstiefeln, sie in Stöckelschuhen, versehen mit reichlich Proviant. Über Bautzen wollen wir nach Dresden.

Immer wieder Pausen im Wald. Die Stöckelschuhe und die Füße darin machen nicht mit. Am Abend Rast in einem kleinen Haus, in dem Licht brannte. Eine Greisin öffnet. Ihre Tochter ist auch da, sie hatte sich um Jahre älter gemacht. Wir bekamen eine Kammer einen Stock höher zugewiesen. Das Mädchen zog sich aus und ging schlafen. Dummerweise lassen wir das Licht brennen.

Unten im Hof Fahrradgeräusche. Sie kommen schon die Treppe hoch. „Hände hoch!" auf russisch. Abtasten. Ich sage ihnen, daß ich ein Franzuski-Kamerad sei. „Äh", meint einer wegwerfend, findet meinen Rasierklingenschärfer. Kannte er noch nicht. Ich machte es ihm vor und weg war er. Mit einem Augenzwinkern weist er dem anderen die Tür, wo das Mädel schläft. Die dritte Vergewaltigung und dann die vierte. Sie verschwinden. Das Mädel jammert und weint. Ich will weg von hier, sie nicht. Nicht lange dauert es: wieder Fahrradgeklingel. Ich gehe zum Fenster. Unten stehen nun zehn Russen. Sie stürmen die Treppe hoch und mit gezogener Pistole stürzt einer ins Zimmer. „Pascholl, raus!" „Moi Mademosielle, Franzuski-Kamerad!" Er läßt die Pistole sinken. Da kommt von hinten einer von denen, die schon da waren, zieht mich aus dem Zimmer, sperrt eine Nebentür auf, wirft mich hinein und schließt ab. Ich höre nur Gejohle und Geschrei. Später finde ich ein Häufchen Elend im Zimmer vor. Nur noch Jammern und Wimmern. Da gibt es kein Trösten!

Am nächsten Morgen tippeln wir weiter in Richtung Dresden. Auf der Straße kommt ein Trecker mit Anhänger gefahren, hält an, läßt uns mitfahren. Ein Russe! Das Mädel zittert am ganzen Körper. Freundlich lächelnd bietet er dem Mädel Schokolade an, reicht gekochte Eier und Brote nach hinten. So war der Russe auch!

In Dresden angekommen, suche ich einen früheren Bekannten. Er ist noch in Gefangenschaft. Erst einmal baden und schlafen in einem richtigen Bett. Am Abend sagte mir meine Bekannte, Hausbewohner vermuten, ich sei ein verkappter SS-Mann. Höchste Alarmstufe. Ich verschwinde noch am selben Abend in der Laube meiner Bekannten. Eine Woche werde ich dort von der Tochter versorgt. Sie arbeitet in einem Lazarett. Ich frage diese, ob dort auch deutsche Ärzte seien. Sie bejaht das. Am nächsten Morgen gehe ich zum Lazarett und erkläre dem leitenden Stabsarzt meine Situation. Er fragt nur nach einer Verwundung. Habe ich. 1944 Unterarmdurchschuß. Die Narbe ist noch gut zu sehen. Ich bekomme von ihm ein Entlassungsschreiben, daß ich am 14. 5. 1945 aus dem

Lazarett entlassen worden bin. Damit gehe ich zur Meldestelle. Werde dort empfangen mit: „Guten Tag, Genosse!“ Ich lege meinen Entlassungsschein vor und sage ihnen, daß ich nach Berlin möchte. Ich bekomme ein Schreiben in deutsch und russisch, worin die siegreiche Sowjetarmee gebeten wird, mich gegebenenfalls nach Berlin mitzunehmen.

Ab zur Autobahn Dresden-Berlin. Auf einem Parkplatz steht eine Tankwagenkolonne. Ich zeige mein Schreiben und darf auf einem Tankwagen Platz nehmen.

Etwas schmierig alles, aber schlecht gefahren ist besser als gut gelaufen.

In Teltow springe ich vom LKW. Ich erreiche ein ehemaliges Gefangenenlager. Viele Zivilisten sind zu sehen. Zwei Posten rufen mich an: „Stoi!“ Ich winke mit meinem Dokument. Sie lesen es, und ich kann passieren.

Es ist der 14. Juni 1945. Meine Mutter hat Geburtstag. Freudentränen, aber auch Trauer. Mein Bruder fehlt, vermutlich gefallen in Ostpreußen. Ulrich Haar (293.ID.)

## Der Teddy und das „Spiegelei“

**Im Spielzeug des Jungen wurde Vaters „Deutsches Kreuz“ in Sicherheit gebracht**

Was ein Teddy ist, weiß jeder; auch ein Spiegelei glaubt jeder zu kennen. Hier jedoch ist eine andere Definition gefragt, nämlich die Bezeichnung aus Landsermund für eine nicht leicht zu verdienende Tapferkeitsauszeichnung, das Deutsche Kreuz in Gold. Das „Spiegelei“ bezog sich dabei keineswegs auf den Orden selbst, sondern auf dessen etwas „überzogene“ äußere Form. Dies vorab zum besseren Verständnis.

Ein Bataillonskommandeur wurde also im Spätherbst 1944 an der Ostfront mit jenem Deutschen Kreuz in Gold ausgezeichnet. Er freute sich, dennoch war ihm gerade wegen der äußeren Form des Ordens dieser im Fronteinsatz durchaus hinderlich, hing er doch recht schwer am Uniformrock. Als sein Bataillon nun für einige Ruhetage herausgezogen wurde und anschließend in die Rominter Heide in Ostpreußen verlegt werden sollte, nutzte er die Gelegenheit, um kurz nach seiner Familie in Braunsberg zu sehen. Dort schenkte ihm die Frau eines guten Freundes, der gefallen war, eine gestickte Ausführung des Deutschen Kreuzes, und das schwere Original konnte daheim bleiben. Er selbst fuhr zurück zur Truppe in den letzten Kampf um die Heimat . . .

Seine Frau mit dem dreieinhalbjährigen Sohn verließ Braunsberg im Januar 1945 und gelangte zunächst mit einem Wehrmachtfahrzeug zur Munitionsanstalt Ludwigsort, kurz vor Königsberg. Überraschend traf sie dort den Verwaltungsleiter, einen alten Freund der Familie. Er übergab ihr ein Panjefahrzeug mit Verpflegung und etwas Gerät, dazu zwei russische Hiwis. Bevor nun der Große Treck begann, hängte die Mutter dem kleinen Jungen noch seinen Teddy um, den sie mit einer festen Schnur versehen hatte. Dem Kleinen wurde eingeschärft, immer sehr auf sein Lieblingsspielzeug aufzupassen und es nicht vom Hals zu nehmen!

Bei eisiger Kälte ging es über das zugefrorene Haff und ohne Rast bis Danzig. Die beiden Hiwis blieben dort als Hilfskräfte in einer Kantine, die Frau zog mit ihrem Wagen weiter durch Hinterpommern über Stettin bis Stralsund, das Mutter und Kind Ende Februar nach unsäglichen Strapazen und Mühen erreichten. Kurz darauf kam auch dort der Russe, und die beiden erwischten ein Schiff Richtung Flensburg. Sie wurden Anfang Mai, weil die Küste bei Kiel unter schweren Luftangriffen lag, in Gjedser in Dänemark an Land gebracht.

Immer und überall war der Stolz des Jungen sein Teddy, nie ließ er ihn aus den Augen. Im Internierungslager waren die Leidensgefährten sehr beeindruckt, daß der Junge so an diesem Spielzeug hing. Über zwei Jahre vergingen, dann wurde die kleine Familie nach Stralsund entlassen, also in die „Zone“.

Weiter ging die Irrfahrt. Die Tochter einer bekannten Familie hatte bei Vacha an der thüringisch-hessischen „Grenze“ Verwandte und war schon mehrfach „hinüber“ gewechselt. Sie konnte nun auch Mutter und Kind in den Westen führen: Bei hochsommerlichen Temperaturen, mehrere Kleidungsstücke übereinandergezogen — man wollte nichts zurücklassen, was man noch brauchte — ging es durch tiefen Wald, die Russen schliefen zum Glück. Wieder hing der Teddy dem Jungen um den Hals.

Das nächste Problem war, in Vacha in einen Zug zu kommen. Alles war voll besetzt, die Türen total verstopft. Also durchs Fenster mit Kind und Kegel, Koffer und . . . Teddy. Der wurde nun sogar zum Hindernis, die Leute schimpften, weil das etwas unförmige Spielzeug immer irgendwie im Wege war. Aber auch das wurde überstanden, und endlich war man in Schleswig-Holstein.

Dort war inzwischen der Vater der Familie, der Bataillonskommandeur — kurz vor Kriegsende noch verwundet aus dem Kessel von Heiligenbeil herausgekommen — über Dänemark ebenfalls gelandet. Bei Verwandten in Flensburg, der noch in Braunsberg vereinbarten „Meldestelle“ für die gesamte Familie, hatte er erfahren, daß Frau und Sohn in Dänemark interniert waren. Nun also traf man endlich zusammen.

Als die wichtigsten Begebenheiten gegenseitig berichtet worden waren, nahm die Mutter dem Sohn, der mittlerweile bald sechs Jahre alt war, seinen Teddy aus der Hand. Der Protest des Kleinen half nichts, die Mutter schnitt dem Spielzeug den Bauch auf und . . . holte zur größten Überraschung des Vaters und natürlich auch des Jungen das „Spiegelei“ hervor! Auf den langen Wegen der Flucht, in der Internierung und beim Grenzgang in Thüringen hatte das Spielzeug den Orden bewahrt und gerettet. Die Mutter war fest davon überzeugt gewesen, wenn dies gelänge, dann würde auch der Mann aus dem furchtbaren Krieg wieder heimkehren, und da war er nun . . .

Herbert Wittwer (†) (21.ID.)

## Von Amis in Franken geschnappt

**In den USA zu Antifaschisten umerzogene POWs waren die größten Schweinehunde**

Unser Lazarett Max-Schule in Würzburg war beim Untergang der Stadt am 16. März 1945 völlig ausgebrannt, und unsere Gefängniszellen im Amtsgerichtsgebäude von Aub mußten wir auf höheren Befehl auch räumen. Das Gebiet wurde HKL, und mehrere Stäbe bezogen Quartier in dem Städtchen.

Wir gingen auf Wanderschaft in Richtung Südosten. Die nicht Gehfähigen wurden auf Bauernfahrzeugen transportiert. Zwei Ärzte und einige Schwestern hatten das Kommando, Unterkunft und Verpflegung jeweils in Dörfern bei Bauern. Alle, die in diesem Raum zuhause waren, konnten sich „absetzen“. Mitte April überholte uns die US-Army bei Weissenburg/Franken. Wir lagen in einem kleinen Dorf und hofften, so davon zu kommen.

Morgens gingen wir zu dritt von unserer Unterkunft ins Dorf zur Besprechung. Anrükkende US-Panzer zwangen uns in Deckung und letztlich in Gefangenschaft. Die erste Frage der Amis war: Fotoapparate, Uhren, Orden und Ringe. Ich hatte alles vorsorglich versteckt, auch meine Wehrmachtsarmbanduhr. Wir durften nicht einmal unseren Mantel, Decke und die wenigen Habseligkeiten holen. Gut deutsch sprechende Militär-Polizei versprach uns hochtrabend, wir würden alles schöner, besser und gute Versorgung von der US-Army erhalten. Welcher Hohn! Ein Schwimmwagen brachte uns zur Sammelstelle nach Weissenburg. Unterwegs stieß eine kleine Gruppe gefangener deutscher Kameraden zu uns, darunter ein armamputierter Oberleutnant, der aus dem Mund blutete. Auf unsere Frage sagte er, er habe Dienst in einer Offizier-Schule als Lehrer getan, aber zum Schluß sei alles eingesetzt worden, auch er. Bei seiner Gefangennahme wollten die Amis von ihm Auskunft über Truppenstärke, Auftrag usw., aber da zu diesem Zeitpunkt kaum einer wußte, was noch gespielt wurde, konnte er keine Auskunft geben, und die Amis versetzten ihm deswegen ein paar kräftige Faustschläge ins Gesicht; nun fehlten ihm dazu noch einige Zähne.

In mehreren Etappen brachte man uns nach Ludwigshafen. Das Lager war auf einem großen Feld angelegt, in der Mitte die Lagerstraße, zu beiden Seiten abgeteilte Camps, alles mit hohem Drahtzaun umgeben, in jedem Camp stand eine Baracke für Küche und Lagerführer/Wache, sonst nichts. Bewacht wurde das ganze von Amis auf Wachtürmen mit MG.

Als wir ankamen, war das Lager noch ziemlich leer, es füllte sich dann aber rasch; insgesamt sollen hier zwischen 80 000 bis 100 000 Mann gewesen sein. Gleich vorne rechts standen kleine Wehrmachtszelte, darin hausten etwa 200—300 Arm- und Beinamputierte.

Auf der linken Seite war ein Camp voll mit Rote-Kreuz-Schwestern und Nachrichtenhelferinnen, auch sie lagen alle im Freien. Wir konnten uns nicht viel mit ihnen unterhalten, die Amis fuhren gleich dazwischen.

Lagerführer der einzelnen Camps waren meist Feldwebel und Oberfeldwebel, welche in Afrika in Gefangenschaft geraten waren, in die USA verschifft wurden, sich dort als sogenannte Antifaschisten ausgegeben hatten, von den Amis zu guten Demokraten umgeschult, erzogen worden waren und jetzt auf uns losgelassen wurden. Es waren die größten Schweinehunde, die mir jemals im Krieg begegnet sind. Hätten sie sich nicht ständig mit einer 15—20 köpfigen deutschen Lagerwache umgeben, zumindest unserer hätte das Camp nicht lebend wieder verlassen.

Die ersten paar Tage war das Wetter recht angenehm, aber dann kam Schnee, Regen und Kälte, die Erde war bald nur noch eine einzige Morast- und Schlammwüste. Nachts standen immer Gruppen zusammen wie Bienenschwärme, die sich ständig bewegten, die vom Rande drängten in die Mitte, um sich gegenseitig zu wärmen; aber wehe wenn dabei einer zu Fall kam!

Allmählich wurden kleine Erdlöcher ausgehoben, mit Blechdosen und Händen, um ein wenig Schutz zu haben vor der Witterung. Doch dann wurde befohlen, bevor nicht alle Löcher wieder zugeschüttet würden, gebe es keinerlei Verpflegung, angeblich aus Vorsorge, wir könnten von den Erdmassen begraben werden! Irgendwann bekamen wir mal ein amerikanisches Weißbrot, das wir in der Gruppe mit 50 Mann teilen mußten, ohne Messer, selbst die Krumen wurden noch abgezählt.

Eines Tages erhielt jeder von uns drei Pellkartoffeln. Eine Kiste voll Kartoffeln war übriggeblieben. Die ließ der Lagerführer in die Mitte des Camps stellen. Jeder der wollte, konnte sich im Abstand von 10 Meter drumherum stellen. In den einzelnen Camps lagen zwischen 4000 und 6000 Mann. Immerhin waren es doch weit mehr als 100 Mann, die sich daran beteiligten. Hunger tut weh! Auf seinen Pfiff hin durfte sich die Meute auf die Kiste stürzen, — wie eine Horde wilder Tiere. Von den Kartoffeln hat wohl niemand eine ergattert, sie wurden alle im Dreck zertreten. Den Lagerführer schien dieser Anblick so richtig zu erfreuen. Ohne seine Lagerwache hätte er dieses Spiel nicht betreiben können, er wäre wohl selbst mit draufgegangen. Seitdem hat das Wort „Antifaschist" für mich seine besondere Bedeutung. Herbert Malchow (549. Volks.-Gren.-Div.)

## Das war's denn wohl . . .

**„Steht mal auf. Das ist das Ende des Deutschen Reiches . . ."**

Ende April 1945: Der invalide Oberleutnant Ludwig von Heyl — Führer von 250 kriegsversehrten Soldaten in einer alten Lübecker Kaserne, ausgestattet mit Rucksack, Pistole, Schreibstube und Hauptfeldwebel — sitzt mit ein paar Männern in der Kantine. Der Radiosprecher meldet, „unser Führer" sei als Infanterist mit der Waffe in der Hand an der Spitze eines Trupps Soldaten bei einem Gegenstoß gefallen. Ich denke: wenigstens das wird doch nicht gelogen sein? Dann spricht Dönitz. Ich erhebe mich: „Steht mal auf. Das ist das Ende des Deutschen Reichs. Wenn ich zwölf Jahre zurückdenke an all die Hoffnungen, all die Opfer . . ." Alle stehen schweigend auf, das war's . . .

Am 2. Mai sitze ich beim Leiter des Arbeitsamtes. Meine „Invaliden" sollen in die Fabriken. Da hören wir vom Stadtrand Gefechtslärm. Die Engländer pflegen so vor sich hin zu schießen, eigene Verteidigung gibt es nicht. „Nun brauchen wir uns wohl nicht mehr zu unterhalten!", sagt mein Gegenüber. Ich kehre zurück, lasse die ersten dreißig Mann raustreten und verteile die fertigen Entlassungsscheine. Weg sind die Männer.

Am Kasernentor: Frühlingssonne, blühende Roßkastanien, britische Truppen rollen vorüber, ein Jeep hält. Ich hin, im Dienstanzug, umgeschnallt, Mütze, Handschuhe. Doch der Kerl ist betrunken. Mit ausholender Gebärde erklärt er die ganze Kaserne für gefangen und fährt weiter. Offenbar bin ich Chef eines Kriegsgefangenen-Auffang-Lagers geworden. Dauernd strömen Kameraden herbei, vom kompletten Luftwaffenstab mit General bis zum Schreibstubenhengst und Küchenbullen.

Draußen füllen sich die Straßen: Mädchen, Frauen, Verschleppte in KZ-Anzügen. Wir haben nichts zu essen. Meine Schreibstube macht in wenigen Tagen für meine 220 Invaliden die Entlassungsscheine fertig, mit Dienststempel, rückdatiert. Ein Feldwebel in Ziviljacke geht zum britischen Kommandanten, der stempelt alles.

Frauen mit Leiterwägelchen bringen Suppe an den Zaun. Bettelnd, in Hosenträgern, ohne Kragen, stehen dicke „Schreibstuben-Majore" an den Staketen — wie Zirkustiere, schämen sich nicht. Ein Brite sagt: „This crowd is very different to what we met in Cassino!" *(Dieser Haufen ist ganz anders als der, den wir bei Cassino trafen!)*

Im Sanitätsraum lasse ich mir Eiterbeulen behandeln. Ich tausche mit zwei Mädchen etwas Stoff aus der Kleiderkammer, kürzlich gekauft, gegen eine Ziviljacke. Der letzte Entlassungsschein ist für mich, der Spieß unterschreibt ihn wie ich vorher seinen.

Eine junge U-Boot-Witwe mit zwei kleinen Kindern schenkt mir ein altes Fahrrad. Wir haben Adressen von Soldatenfrauen in der Stadt. Sie alle haben uns erst mal ohne weiteres bei sich aufgenommen und verwöhnt! Dann stehe ich mit meinem Rucksack auf der Straße; der Dienststempel fliegt in den Gully. — Flieder und Kastanien duften, Amseln zwitschern, ich atme . . . Frh. Ludwig v. Heyl (RR. 10)

# Das war ein grausames Ende

**Deutsche Soldaten fallen im Jahr 1945 Amerikanern in die Hände**

In der Gegend um Zerbst und Dessau werden Anfang April 1945 die letzten Heeres-Divisionen aufgestellt, mit Namen wie „Scharnhorst", „Gneisenau" und „Kurfürst", hauptsächlich aus jungen, meist unerfahrenen Kriegsschülern, die man zusammen mit erfahrenen und dekorierten Unterführern sowie genesenden Offizieren zum Einsatz bringen will und muß. Die Aufstellung geht in rasendem Tempo vor sich, die Ausrüstung ist entsprechend schlecht. Kaum jemand kennt seinen Nebenmann. Auch ich als Kompanieführer kenne weder einen meiner Unteroffiziere noch Soldaten aus früherer Zeit.

Mitten im Aufbau heißt es „Fertigmachen zum Einsatz". Der mir vom Bataillon erteilte Auftrag lautet: Von Zerbst über Gütersglück an der Bahnlinie vorgehen, um am Ostufer der Elbe den Amerikaner abzufangen, wenn diese über den Fluß setzt. Eine Stunde vor Dämmerung liegt rechts vor uns das Dorf Flötz. Obwohl laut Lagebericht ohne Bedeutung, entscheide ich mich dafür, zur Aufklärung einen Trupp nach dort zu entsenden. Diesen — mit einem Unteroffizier und zehn Mann — führe ich selbst, während der Kompanietruppführer die Kompanie übernimmt, bis ich von diesem Einsatz zurückkomme.

Das Dorf liegt etwa 600 Meter entfernt und ist über ein Kartoffelfeld zu erreichen. Etwa 200 Meter vor dem Dorf werden wir plötzlich von Leuchtspurgeschossen eingedeckt. Wir suchen Schutz in den Ackerfurchen und können weder vor noch zurück; verletzt wird niemand.

Hier verharren wir, bis es dunkel ist, um dann auf das Haus zuzugehen, aus dem die MG-Garben abgefeuert wurden. Es gelingt, vier amerikanische Soldaten zur Aufgabe zu zwingen. Sie sind nicht minder überrascht als wir.

Während sieben meiner Männer außerhalb des Hauses Deckung suchen und das MG in Stellung bringen, gehe ich mit dem Rest und den Amis in den Keller. Einen Melder — Sprechverbindung gibt es nicht — schicke ich ab, um über die Kompanie dem Bataillon zu melden, während ich die Gefangenen ausfrage.

Nach kurzer Zeit weiß ich, daß der Ami die Elbe schon längst überquert hat und mit starken Panzereinheiten hier im Dorf liegt. Unser MG wechselt Feuerstöße mit denen der Amis. Der Melder kommt zurück und berichtet, daß er keine Verbindung herstellen könne, da wir umstellt seien.

Bis zum Morgen haben wir einen Schwer- und zwei Leichtverwundete zu beklagen; die Patronengurte sind leer. Das Geräusch fahrender Panzer ist nicht zu überhören, Amerikaner. So entschließe ich mich zur Aufgabe des ungleichen Kampfes und veranlasse einen der Gefangenen, mit seiner jenseits der Straße liegenden Einheit Verbindung aufzunehmen.

Ein weißes Handtuch am Besenstiel wird zur Tür herausgehalten und mit einem Feuerstoß empfangen. Erst als der Ami seine Kameraden anruft, stellen diese das Feuer ein. Er geht über die Straße, um zu erklären, daß wir uns ergeben und ich darum bitten lasse, daß man sich sofort der Verwundeten annehmen möchte.

Nach kurzer Zeit kommt er zurück und übermittelt mir, daß wir die Hände über den Kopf nehmen und einzeln durch die Tür kommen sollen. So geschieht es dann auch, der Weg in die Gefangenschaft beginnt.

Ganz im Gegensatz zur eigenen soldatischen Auffassung werden wir, besonders ich, sogleich stark beschimpft und auf einem Bauernhof dem Gelächter polnischer Landarbeiter ausgesetzt. Was ich in den Taschen habe, muß ich auf den Misthaufen werfen.

Gesondert von meinen Leuten, werde ich in die äußerste Ecke des Hofes gebracht, wo ich mich mit dem Gesicht zur Wand und erhobenen Händen postieren muß. Meine Habseligkeiten bestehen nur aus dem, was ich am Körper habe, nämlich Hose, Stiefel und Jacke. Sogar meine Mütze hat man mir genommen.

Nach einigen Stunden der Ungewißheit muß ich dann auf einen Jeep aufsitzen. Man fährt mit mir zu der Stelle, wo Männer meiner Kompanie — man kann sagen — ermordet worden sind. Man hat die Soldaten, die sich anscheinend vorher eingraben mußten, mit den Panzern überrollt und verscharrt, ein Bild des Grauens!

Völlig niedergeschlagen von so viel Grausamkeit unter Soldaten werde ich sodann zu einem Amerikaner gefahren, der mir leere „Rot-Kreuz-Pakete" zeigt und mich verantwortlich macht, daß diese ihre Empfänger nicht erreicht haben. Nie zuvor habe ich ein derartiges Paket gesehen. Ich werde mit Schimpfworten und Beleidigungen überschüttet und endlich zur nächsten Gefangenen-Sammelstelle gebracht.

Am 15. April abends lande ich, nachdem ich die erste Nacht in einem Schafstall eingesperrt worden war, mit vielen anderen Gefangenen in Brackwede bei Bielefeld. Dort werden wir Offiziere auf einem Tennisplatz abgetrennt und erhalten nach über 40 Stunden die erste Nahrung, eine kleine Dose mit verschiedenen Kleinigkeiten, nur geeignet, den Magen damit zu ärgern.

Die Nacht verbrachten wir in ständiger Bewegung. Nur wer noch einen Mantel oder gar eine Decke gerettet hatte, konnte sich lang machen. Am nächsten Morgen wurden wir, wie Heringe zusammengepfercht, auf Sattelschlepper verladen und weitertransportiert in Richtung Westen.

Hatte ich einerseits dabei das Glück, an der Stirnwand des Stattelschleppers zu stehen, um mich festhalten zu können, bot ich andererseits jedoch einem Ami den Anblick meiner noch am Arm befindlichen Uhr. Ehe ich mich versah, war ich diese zusammen mit einem Ring los; sich zu wehren, wäre sinnlos gewesen.

Bei der mehr als rücksichtslosen Fahrweise der Amis blieb es nicht aus, daß bei einigen Fahrzeugen die Seitenwände brachen und manche Kameraden über Bord gingen. Ich landete am Abend durchfroren, aber mit heilen Knochen in Rheinberg bei Wesel, wo sich bereits unübersehbare Mengen deutscher Gefangener befanden. Mit dem Löffel oder dem Deckel einer Konservendose hatten sie sich teilweise Löcher gegraben, in denen sie stehen und sich nach oben gegen den Regen mit ihrer Jacke abdecken konnten. Seuche und Krankheit griffen um sich.

Hunderte von Offizieren wurden nach zwei Tagen, in denen der Magen eher genarrt als befriedigt war, zu jeweils 60 Mann in einen Güterwagen gestopft, der dann von außen verriegelt wurde. Einige Kartons der bereits erwähnten „Verpflegung" sowie ein Kanister Wasser standen in der Ecke.

Mit Geschick und Kraft gelang es nach einigen Stunden, eine Bohle im Wagenboden zu lösen, die nicht nur Licht und Luft durchließ, sondern auch die Möglichkeit gab, Urin und Kot nach draußen zu befördern, wozu eine größere Konservendose diente. Die Kranken unter uns durften liegen. Der Rest löste sich ab, mal sitzend, mal stehend.

So rollten wir vier Tage und Nächte durch Belgien und Frankreich. Nur einmal gelang es bei einem Halt, den amerikanischen Posten zu bewegen, die Tür zu öffnen, um frisches Wasser holen zu können. Ansonsten wurde der Zug während der Fahrt mit Steinen beworfen, von Brücken fielen Eisenbahnschwellen und Bohlen herab, vorbeifahrende Loks öffneten ihre Luft- und Wasserventile, um uns vollzuspritzen und einzunebeln. Den Schutz der Amerikaner genossen wir nicht.

In St. Mère-Eglise, unweit Cherbourg, endete die Fahrt. Als man die Wagentür geöffnet hatte, schlug der Ami sogleich mit Gewehrkolben auf uns ein und prügelte uns förmlich heraus. Hilflos mußten wir mit ansehen, wie die Kranken und Älteren von diesen Irrsinnigen geschlagen und getreten wurden, um dann anschließend neben dem verlassenen Waggon Aufstellung zu nehmen und dort in der glühenden Mittagssonne drei Stunden zu warten.

Dann erst setzte sich der lange Zug der Kriegsgefangenen in Marsch, und es ging in das etwa zwölf Kilometer entfernte „Camp". Erneut spürten wir, daß wir den Krieg verloren hatten. Bespuckt von den am Straßenrand stehenden Franzosen, geschlagen und mit Füßen getreten von den begleitenden Wachtposten, endete dieser Marsch für manchen Kameraden mit dem Tod im Straßengraben.

Im Lager wurden wir auf Zelte verteilt. Abends gab es erstmals nach etlichen Tagen einen kleinen Napf warmer Suppe. Dieser halbe Liter Suppe war für die Zukunft auch morgens und abends unsere einzige Verpflegung mit einem kleinen Stück Brot als Beilage. Von früh 6 Uhr bis spät abends durften wir die Zelte nicht betreten. Unsere Schlafstellen mußten wir nach preußischer Manier herrichten.

Auch hier gab es noch Tote zu beklagen, wenn etwa ein volltrunkener Wachtposten mit dem Gewehr blind in die Gegend schoß. Auch der Griff nach einer vom Turm herabgeworfenen Zigarettenkippe außerhalb des Stacheldrahtes brachte manchem Gefangenen den Tod. Der Ami sah eine solche von ihm selbst provozierte Handlung als „Fluchtversuch" an.

Am Tag des Waffenstillstands mußten deutsche Kriegsgefangene von früh bis spät die Kirchenglocken, zum Zeichen des Friedens, läuten!

Anfang Juni kam ich dann in das US-Lager Bolbec bei Le Havre. Hier erlebte ich, wie Kameraden geohrfeigt und niedergeschlagen wurden, wenn sie sich weigerten, für den Ami zu arbeiten. Wie froh war ich, bald weiter nach Le Havre zu kommen.

Das Dasein wurde erträglicher, man wurde endlich einmal satt. Dann aber erfuhr ich, daß man mich zum Franzosen abschieben wollte. Nun gab es für mich nur noch das eine Ziel: Flucht!

Dank der guten Kameradschaft im Lager konnte diese schnell und sorgfältig vorbereitet werden. Am 11. Dezember verließ ich morgens mit einem Arbeitskommando das Lager und wurde zu einem Güterwagen gebracht, der mit Wolldecken und Mänteln nach Bremerhaven bestimmt war.

Hier hatten meine Kameraden alles zusammengeholt, was ich für die Reise an Verpflegung, Getränken und Gerät benötigte, sogar einen Spirituskocher, aber auch Werkzeug, um mich jederzeit aus dem Wagen befreien zu können. Daß er dann noch fünf Tage am gleichen Fleck stehen blieb und auch noch auf dem Verschiebebahnhof Le Havre zwei Tage herumrangiert wurde, war allerdings nicht eingeplant.

Am 18. Dezember war der Zug endlich komplett, und die Reise in die Heimat begann. Zehn Tage später verließ ich in Kreiensen in der Dunkelheit mein Versteck, tauschte bei Bahnarbeitern das Werkzeug gegen Fahrgeld ein, nahm meinen Seesack und wartete auf den planmäßigen Zug nach Hannover.

Am 29. Dezember 1945 in der Frühe feierte ich Wiedersehen mit meinen Eltern. Meinen Entlassungsschein erhielt ich 24 Stunden später. Im Januar teilte ich dem Lagerkommandanten von Le Havre, aus lauter Übermut, die gelungene Flucht mit. Ich war und blieb frei.

Joachim Kirchner

# Die Zeit begann zu laufen

**Nach der Kapitulation 1945: Ende und Anfang**

Da ist sie, die Kapitulation: 7. Mai, 2.41 Uhr Ortszeit in einem Kriegsgefangenenlager in den USA. Die Zeit hinter dem Stacheldraht beginnt schneller zu laufen. Das Ende der Gefangenschaft ist abzusehen. Nicht alles erhält freilich nun einen Sinn, was sich seit den Maitagen 1943 in Nordafrika ereignet hat. Aber das Weiterkämpfen von Niederlage zu Niederlage, von Katastrophe zu Katastrophe, das Hoffen auf ein Wunder trotz der Menetekel von Stalingrad und Tunesien ist nun endlich vorbei.

In der Nähe des Djebel Zaghouan in Tunesien begann das Ende. Am 11. Mai 1943 rief der Divisionskommandeur mich, seinen O2, und den Chef des Haufens, der von der Aufklärungskompanie übriggeblieben war, zu sich; er befahl uns, einen Weg zu erkunden, auf dem sich der Stab zu einer Kampfgruppe durchschlagen könne. Vier Kilometer nördlich des Gefechtsstandes kamen uns drei amerikanische Panzer entgegen, auf denen Neger dicht zusammen, wie die schwarzen Kugeln einer Brombeere, hockten. Trotzdem schlängelten wir uns durch, holten den Kommandeur und sein Gefolge und brachten sie in vorläufige Sicherheit. Unaufhaltsam drängten inzwischen von Süden her französische Panzer nach.

Sollten wir auf die bittere letzte Stunde warten, sollten wir uns wie Hasen in einer Furche in einem Wadi verstecken? Der Divisionskommandeur hatte Verständnis: „Wenn Sie's versuchen wollen, viel Glück!" — Wir wollten es zu zweit versuchen. Unser Ziel hieß Spanisch-Marokko, Entfernung: Luftlinie rund 1100 Kilometer.

Nach drei Tagen war das Trinkwasser alle. Aus einem Brunnen schöpften wir elf Liter, inklusive Mückenlarven. In der sechsten Nacht hatten wir Pech. Beim „Organisieren" von Brot begannen in einem Araberdorf Hunde zu bellen. Ihr Gekläff zeterte in der Nacht wie das einer jagenden Meute. Einwohner wurden geweckt. Keine Freunde: Am nächsten Morgen sind sie dabei, als eine Gruppe von Engländern uns beide umzingelt und unter den Kameldornbüschen hervorkomplimentiert; wir hatten uns unter schützenden Zeltbahnen damit getarnt. Eine Woche „Freiheit" ist vorüber. Das Warten auf das „endgültige" Ende in der Gefangenschaft hat begonnen.

Seitdem sind fast drei Jahre vergangen. Zynische Bemerkungen französischer Offiziere: „Ihr Deutschen habt keine Rechte mehr." Unflätige Beschimpfungen betrunkener Sergeanten: „Hurry up you damned fo. . . . . Germans"; Hitze, Durst, Hunger, Stumpfsinn, Sichwiederfangen, Arbeiten, Studieren, Hoffen mit den Versen aus Hölderlins Hymnen an die Freiheit: „wenn der Ernte großer Tag beginnt, wenn verödet die Tyrannenstühle, die Tyrannenknechte Moder sind . . ."; und sorgenvolles Lauschen in der Nacht an selbstgebastelten Rundfunkempfängern. Was sagen die Nachrichten, die über den Atlantik aus der Heimat kommen?

Pfarrer R. findet zu Beginn des Jahres 1945 einfache, gute Worte: „Es mag sein", so sagt er, „daß die Ereignisse uns früher nie recht Zeit gelassen haben, über den Sinn unseres Lebens nachzudenken. Nun aber hat Gott uns besonders genommen. Er hat uns die Türen zur lauten Welt für einige Zeit zugemacht, um ganz in der Stille mit uns zu reden. Vielleicht schenkt er uns später nie wieder solche Stunden . . ."

Am Verhalten der Amerikaner läßt sich ihre Siegeszuversicht ablesen. Schikanen sind an der Tagesordnung. Die Rationen werden auf „Belsen-Diät" gesetzt. „Tit for tat", nennt man das, Wurst wider Wurst. Man gewöhnt sich einen kräftesparenden, langsamen Schritt an. Aus dem Mannschafts- und Unteroffizierslager fliegen nachts Brotscheiben über den Zaun. Die Kameradschaft hat sich noch nicht aufgelöst, auch wenn viele dabei sind, sich auf die neuen „Realitäten“ umzustellen.

Eintrag im Tagebuch des Kriegsgefangenen in einem Lager in den USA: „7. Mai 1945, 2.41 Uhr — Kapitulation. Ende und Anfang. Die Zeit beginnt schneller zu laufen.“

Joachim Kannicht (21.PD.)

## „Rabota — Kuchnja — Spassiba“

**Russischer Soldat dankte für frühere gute Behandlung**

Nach Abschluß der Übergabeverhandlungen am 8. Mai 1945 erreichte der Stab der „Kampfgruppe Beutner“ nach Einbruch der Dunkelheit den Gefechtsstand einer sowjetischen Division. Lagerfeuer erhellten das Vorgelände der Bunkeranlage eines ehemaligen deutschen Kommandostabes. Dort herrschten große Hektik und Siegesstimmung. Posten und Ordonnanzen, darunter auch Frauen in Uniform, gingen und kamen, Wachmannschaften zogen auf, Kommandos tönten an allen Ecken, und sowjetische Soldaten sangen, vom Alkohol beflügelt, Volkslieder. Doch alles hielt sich noch in einem überschaubaren Rahmen.

Kurz nach Mitternacht rief dann ein sowjetischer Offizier: „Major Beutner zum Divisionskommandeur!“ Die Vernehmung durch den General dauerte etwa eine Dreiviertelstunde. Im Mittelpunkt stand die Frage, wie es möglich war, daß alle russischen Angriffe an der Kurlandfront den deutschen Kommandostellen schon vorher bekannt waren. Vor allen Dingen wollte er die Namen der Überläufer erfahren, die nach seiner Meinung die Angriffe verraten hatten. Mit der Versicherung, daß der ideologische Kampf bis zum Endsieg des Kommunismus weitergehe, war die Vernehmung beendet. Die nächste Vernehmung am 9. Mai morgens dauerte nur eine Minute. Der Sachbearbeiter für Feindangelegenheiten, ein Oberst, erklärte: „Seit zwei Jahren will ich Sie gefangennehmen, nun ist es endlich geglückt. Ich wollte Sie nur kennenlernen.“

Auf dem Sammelplatz stand ich dann wieder inmitten der Kameraden. Durch unsere Reihen streiften schon einzelne Russen, die nach Uhren und sonstigen Wertgegenständen Ausschau hielten. Plötzlich stand ein blutjunger Soldat vor mir, musterte mich mit großen Augen und erklärte: „Rabota, Kuchnja (dabei führte er mehrfach die Hand zum Mund und deutete damit das Essen an), Danilowo, Spaßiba, Spaßiba!“ Aus einer Zigarettenschachtel bot er mir eine Papirossi an und verschwand schnell wieder in der Menge. Ich war sprachlos. Während ich noch davon ausging, er suche nach Uhren und sonstigen Wertgegenständen, beschenkte er mich mit einer Zigarette.

Der Schlüssel zur Lösung des Rätsels fand sich bald in meiner Erinnerung: Am Ortsrand des Dorfes Danilowo im Kessel von Demjansk befand sich in einem kleinen Waldstück um die Jahreswende 1942/43 der Gefechtsstand der Schnellen Abteilung 329. An der Feldküche arbeitete ein Junge im Alter von zwölf bis dreizehn Jahren, der Küchengeräte säuberte und dem Koch bei der Zubereitung des Essens half. Als Lohn konnte er sich satt essen und gelegentlich auch ein gefülltes Kochgeschirr nach Hause mitnehmen. Wenn ich bei der Feldküche vorbeiging, grüßte er. Jetzt nach zweieinhalb Jahren, hatte er mich wiedererkannt und seine Dankbarkeit durch die Überreichung einer Zigarette ausgedrückt . . .

Einige Jahre später begegnete ich dann auf einer Baustelle im Ural zwei Ukrainerinnen. Ein sowjetisches Gericht hatte sie zu einer „freiwilligen Arbeitsverpflichtung von fünf Jahren“ im Industriegebiet von Swerdlowsk verurteilt, weil sie als Mädchen von dreizehn Jahren deutschen Soldaten die Leibwäsche gewaschen hatten. Inzwischen waren neun Jahre vergangen, und immer noch hofften sie auf eine Rückkehr zu den Angehörigen in der Ukraine. Bei dieser Gelegenheit erinnerte ich mich an jenes Erlebnis am Tag der Kapitulation. Der russische Junge hatte offensichtlich wegen der Tätigkeit an der deutschen Feldküche seine „Schuld“ durch vorzeitigen Einsatz an der Front zu büßen. Trotz der Gefahr erneuter Bestrafung brachte er es fertig, mutig und bewegend seinen Dank auszudrücken. Ein solches Beispiel der Ritterlichkeit war auf dem östlichen Kriegsschauplatz allerdings eine Ausnahme. H. Beutner (329.ID)

## ... komme was da wolle!

**Wir alle spürten, daß wir unserem Deutschland treu bleiben würden**

Die Heeresgruppe Kurland mußte am 8. Mai 1945 kapitulieren. Unsere erst im Sommer 1944 aufgestellte Division lag damals im Raum Schrunden. Sechs Schlachten hatten wir überstanden und glaubten, nun nach der Haager Konvention das Recht auf freien Abzug zu haben, da wir immerhin unbesiegt waren. Was wir jungen Soldaten aber nicht wußten: Die Sowjetunion hatte die Haager Landkriegsordnung nicht angenommen. Natürlich waren alle Landser froh, den mörderischen Krieg einigermaßen heil überstanden zu haben. Unsere Freude über das Kriegsende und baldige Rückkehr in die Heimat, an die wir noch glaubten, wurde durch Zusicherungen sowjetischer Offiziere bestärkt, die in den folgenden Tagen zu uns kamen. Sie versicherten, daß wir alle nach kurzer Zeit entlassen würden, sobald die dazu erforderlichen Vorbereitungen getroffen wären . . .

Allerdings fiel mir auf, daß ältere Kameraden diese Versicherungen recht skeptisch aufnahmen, obwohl sie gerade in kritischen Einsatztagen eher zuversichtlich gewesen waren. Das machte uns jüngere Soldaten zwar etwas stutzig, beunruhigte uns aber weiter nicht. Einen richtigen Schock erhielten wir jedoch, als sich sowjetische Soldaten unterer Dienstgrade zu uns gesellten, deren einige sich mit eingehenden Kenntnissen und genauen Angaben über eine Aufteilung des deutschen Reichsgebiets hervortaten. Da breitete sich bei uns doch tiefe Niedergeschlagenheit aus: Fast sechs Jahre tapfer und ehrenvoll gekämpft, Opfer über Opfer gebracht, Entbehrungen und Leiden an den Fronten wie auch in der Heimat auf uns genommen . . . Wir zweifelten am Sinn des Daseins und an der Gerechtigkeit: Sollte alles wirklich umsonst gewesen sein?

In geschlossenen Formationen marschierten wir schließlich zu den vorgesehenen Sammelplätzen. Die Straßen waren von sowjetischen Soldaten dicht gesäumt, die sich von unserer ungebrochenen Disziplin beeindruckt zeigten. Respektvoll baten sie immer wieder: „Biittää singen!“ Das war keineswegs ironisch gemeint. Nach dem Einrücken auf dem abgesteckten Lagerplatz schritt unser Kommandeur noch einmal die Front ab und sah jedem einzelnen von uns in die Augen. Wir alle spürten, daß wir unserem Deutschland treu bleiben würden, komme was da wolle . . . Martin Tilinski (292.ID.)

# Entlassung auf russisch

**Selber die Bahnfahrt nach Budapest organisiert**

Die erste Hälfte des Jahres 1945 ist vorüber. Die Gefangenen im russischen Kriegslazarett in Cegled (Ungarn) sonnen sich im Gefühl des jungen Friedens und planen für die Zukunft. Die Heilung ihrer Wunden macht gute Fortschritte. Trotzdem sind in Hauptmann Frischkorns Stube wieder zwei Tote zu beklagen. Ferdinands Lungenschuß ist gut verheilt, aber er hat Beschwerden beim Atmen. Der Stummel an Böckelmanns Bein ist prächtig zugewachsen, und er kann schon allein aufstehen. Frischkorns Oberarmwunde ist restlos verheilt. Aber er trägt den Arm nun schon seit Monaten in der Binde, und da ist natürlich das Ellenbogengelenk vergrießt und fast unbeweglich geworden. „Sie müssen unbedingt mit Bewegegungsübungen beginnen", meint der deutsche Feldapotheker. „Pendelübungen mit einem Backstein und so!" — „Na, ich werde es mir überlegen". Aber Frischkorn läßt sich damit Zeit, denn seit Tagen hält sich hartnäckig das Gerücht, daß der Russe Arbeitsfähige aussortiere, um sie nach Sibirien zu schicken.

Eines Tages wird das Gerücht zur Gewißheit: Eine Ärztekommission erscheint im Lazarett! Der deutsche Apotheker, trotz seiner Waffen-SS-Zugehörigkeit beim russischen Chefarzt wohlgelitten, hat es in Erfahrung gebracht: Alle Arbeitsunfähigen werden nach Deutschland entlassen! Als Frischkorn an der Reihe ist, zeigt er seinen steifen Arm, der bis über den Ellenbogen mit Narben übersät ist und demonstriert die Unbeweglichkeit des Gelenks. Die Kommission scheint wenig beeindruckt. Die undurchdringlichen Mienen verraten keinen irgendwie positiven Bescheid. Hauptmann Frischkorn ist sich bewußt, daß sein Schicksal in diesen Minuten entschieden wird. Keine Woche ist vergangen, da bricht er an, der ersehnte Tag — der Tag der Entlassung! „Entlassung?" höhnt „Musketier" Böckelmann. „Ihr glaubt doch nicht etwa, daß uns die Russen hier in Cegled entlassen? Die müssen uns erst einmal nach Deutschland transportieren, eh sie uns entlassen können!"

Die Namen werden aufgerufen. Aus den Hier-Rufen klingt Jubel, ein kurzes Winken, „macht's gut Kameraden!" und hinausgehuscht ist der Glückliche. Ferdinand ist schon weg, dann kommt Zipf an die Reihe. „Musketier" Böckelmann und Wagenschein der Wiener, sind die nächsten. Dann endlich ist auch Frischkorn an der Reihe. Er schmettert ein befreites „Hier!" in den Raum und stürmt die Freitreppe vor dem ehemaligen Gymnasium hinunter.

Drunten im Schulhof wimmelt es nur so von Verwundeten. Sicher sind auch noch aus dem Lager Arbeitsunfähige ausgesondert worden und haben den Paß in die Heimat erhalten. Frischkorn erkundigt sich nach einem solchen Papier. Nein, einen Paß oder einen Entlassungsschein hat keiner von ihnen erhalten.

Verstümmelte humpeln umher. Zahlreiche Versehrte tragen noch Verbände an Kopf und Gliedern. Die meisten sind in Lumpen gehüllt, tragen an den Füßen die aus Mullbinden geflochtenen Sandalen. Etliche sind barfuß, stehen im Hemd, viele gehen an Krücken. Zipf schätzt die Entlassenen auf etwa 250 Mann.

Inzwischen versucht die Wachmannschaft, Ordnung in den Sauhaufen zu bringen. Aber in diesem Zustand können sich die Männer unmöglich in Cegled sehen lassen. Also stürzen sich die Iwans auf die Zurückbleibenden auf der Freitreppe und brüllen sie an — was natürlich keiner versteht. Die Soldaten werden deutlicher, zerren an bestimmten Kleidungsstücken: Rock ausziehen, du das Hemd, du deine Schuhe, du deine Hose! Die Sachen werden dann den Heimkehrern übergeben.

Etwa 30 Mann, die noch halbwegs gesunde Hände und Beine haben, werden bestimmt, Säcke mit Brot und Speckseiten zu tragen. Von Lastwagen aber keine Spur! —

Endlich der erhebende Augenblick: Das streng bewachte Tor des Schulhofs öffnet sich. Ein russischer Feldwebel hat sich an die Spitze des Zuges gesetzt und gibt das Zeichen zum Abmarsch. Auf der Freitreppe winken müde die bedauernswerten Kameraden ein letztes Mal, dann kriecht der schier endlose Lindwurm hinaus auf die Allee, die ins Zentrum von Cegled führt. Stolz marschiert der „Starjina" an der Spitze der Kolonne, grüßt nach rechts und nach links, muß aber dauernd stehen bleiben, da die Versehrten nicht Schritt halten können. Es ist drückend heiß. Als sich der Zug der Gezeichneten dem Rathausplatz nähert, wo gerade Markt ist, verstummt allmählich das laute Schwatzen und Feilschen der Marktfrauen, das Geschrei der Kinder und Bauern. Mit offenem Mund starren sie die ausgemergelten Gestalten an und sehen zu, wie der Starjina die Tete anhält und die Säcke mit dem Brot und Speck aufs Pflaster absetzen läßt. Dann verschwindet der Russe mit seiner Aktentasche unterm Arm im Rathaus.

Es dauert geraume Zeit, da erscheint er wieder, sammelt die leeren Säcke und seine Wachmänner ein und schreitet mit etlichen „Doswidanias" grüßend die lange Front nach hinten ab, um mitsamt seinen Leuten hinter der nächsten Straßenecke zu entschwinden.

„Auf Nimmer-Wiedersehen!" ruft Frischkorn ihm nach. „Es sieht fast so aus, als ob uns die Russen abgeschoben hätten," meint Wagenschein, der sich mit Zipfs Unterstützung dicht an Frischkorns Seite gehalten hat. „Entlassung auf russisch!" lästert der „Musketier", der sich auf seinen Krücken an die Freunde herangearbeitet hat. „Hoffentlich hat er unsere Entlassungspapiere nicht mitgenommen!" — „Und die Fahrkarten für den Heimtransport!" — „Wir sollten wenigstens die Brote und die Speckseiten aufteilen. Der Starjina hat die Säcke mitgenommen, wie sollen wir also das Zeug transportieren?" Und Zipf fügt dem Vorschlag Frischkorns noch hinzu: „Herr Hauptmann, Sie sind der höchste Dienstgrad hier. Sie müssen die Verteilung übernehmen!"

32 Brote sind auf genau 255 Mann aufzuteilen, die Speckseiten ebenso, das nimmt Zeit in Anspruch; aber alles läuft planmäßig. Inzwischen haben sich die Invaliden in kleinen Gruppen über den ganzen Marktplatz verteilt, stehen mit den Ungarn zusammen und palavern miteinander. Gelächter schallt über die Stände, Tauschhandel kommen in Gang, irgendwer verteilt gratis Melonenscheiben.

Plötzlich sprengt mit lautem Geklapper ein Reiter auf den Platz und brüllt in die Menge: Ein ungarischer Polizeioffizier! Laut fluchend und mit der Reitpeitsche herumfuchtelnd versucht er zusammen mit ein paar herbeigeeilten Polizisten, Zivil und Militär voneinander zu trennen, was ihm aber nur mit Mühe gelingt.

Wie eine Herde Schafe treibt die Polizei die Invaliden vor sich her durch die Straßen ans andere Ende von Cegled. Aber kein Bahnhof erwartet sie dort; sie landen allesamt in einem ungarischen Konzentrationslager. Es ist wesentlich kleiner als das riesige Gefangenenlager der Russen in Cegled. Und die Kz-Häftlinge sind meist Ungarn, die mit den Deutschen kollaboriert haben. Die Verköstigung von zusätzlichen 250 Häftlingen muß die Polizei in Verlegenheit bringen.

Nach einem dürftigen Frühstück am nächsten Morgen erscheint der ungarische Lagerkommandant und verbreitet Optimismus: „Nur keine Beunruhigung! Ihr werdet nicht zu den Russen zurückgeschickt. Auf dem nächsten Bahnhof, der nur etwa sieben Kilometer von Cegled entfernt an der Straße nach Budapest liegt, werdet ihr verladen. Bis dorthin müßt ihr allerdings zu Fuß gehen. Wer dazu nicht in der Lage ist, wird auf Pferdewagen verladen."

Mit großen Erwartungen geht es auf die Strecke. Nach qualvollen Stunden müssen sie feststellen: Die Verladung war nur ein Lockmittel. Der Ort hat nur einen Haltepunkt! Aber vielleicht ist Albertisa gemeint gewesen. Die Ortspolizei vertröstet sie auf diesen Bahnhof, zwölf Kilometer entfernt, die Etappe für den nächsten Tag. Mißtrauen ist angebracht!

Die Sonne brennt vom blanken Himmel. Auf der Landstraße nach Budapest quälen sich die 255 deutschen Kriegsinvaliden mit nur einem Tag Marschverpflegung vorwärts. Die ungarische Polizei hat sie vereinnahmt und setzt sie nun täglich einfach auf die Straße. Aber die Männer um Hauptmann Frischkorn, Böckelmann, der „Musketier", Ferdinand mit dem Lungenschuß, Zipf und Wagenschein, der Wiener, glauben schon lange nicht mehr an das Märchen von den Waggons auf dem nächsten Bahnhof, das ihnen die Polizisten aufbinden wollen. „Zwölf Kilometer? Wie sollen wir das schaffen?" protestiert der Musketier, der Beinamputierte. Laut schimpfend setzen sich die Krüppel in Bewegung. Die Polizisten, die bei diesem ungewöhnlich langsamen Tempo ihre Räder schieben müssen, verlieren bald die Geduld und fahren zurück. Bald weigern sich einige Männer, weiter zu marschieren, sie sind am Ende ihrer Kräfte. Aber die Kameraden rütteln sie auf, helfen den Schwachen auf die Beine, stützen sie.

Am Ortseingang von Albertisa das gleiche Bild wie am Tage vorher: Polizei empfängt die kleinen Gruppen und verteilt sie auf die Häuser. Verpflegung? Fehlanzeige, denn die Bauern haben selbst nichts. Und natürlich wieder keine Waggons! „Wir sind ganz schön verladen worden, nur anders als wir dachten," tröstet Frischkorn seine Leute. „Sollen wir denn die ganzen 70 Kilometer nach Budapest zu Fuß marschieren?"

Der dritte Marschtag beginnt nicht anders als die beiden vorangegangenen. Nur — die Polizei weist den Invaliden den Weg nach dem acht Kilometer entfernten Pilis und kehrt wieder um, ohne sie auch nur einen Schritt zu begleiten. Heute wollen die fünf Kameraden beisammen bleiben, um den Gehbehinderten besser beistehen zu können und um abseits der großen Straße — mit Hilfe von Wagenscheins Ungarisch — etwas Eßbares zu organisieren. Denn der Hunger wird allmählich unerträglich! Und sie scheinen Glück zu haben. Die ungarischen Bauern sind zunächst erstaunt, deutsche Gefangene ohne Bewachung anzutreffen, fragen nach ihrem Schicksal, erlauben ihnen, aus dem Ziehbrunnen zu trinken und schenken ihnen gelegentlich ein Ei oder ein paar Tomaten. Nach einer längeren Wegstrecke durch die Pußta gelangen sie schließlich an ein einsames Gehöft. Als sich Zipf und Ferdinand am Ziehbrunnen zu schaffen machen, öffnet sich drüben die Haustür, und eine alte, schwarz gekleidete Frau begrüßt sie mit schwäbischem Akzent. Das macht sie gleich ungeheuer sympathisch. Sie lädt sie ein und bietet ihnen etwas Warmes zu essen an. Wie die Löwen fallen die Ausgehungerten über Brot und Suppe her. Eine Stunde später sitzen die fünf Kameraden auf einem leichten Gespann, das sie kurz vor Pilis wieder an die Budapester Straße bringen soll — gestärkt und ausgeruht, wie schon lange nicht mehr. Der Abschied von der Alten war schwer. Jeder der Deutschen hat sie an sein Herz gedrückt voller Dank und Rührung.

Der Bahnhof von Pilis ist natürlich leer. An diesem Abend müssen acht Mann das Quartier in einer armseligen Scheune miteinander teilen. Darunter sind auch Frischkorn und seine Kumpane. Wagenschein hat vor Einbruch der Dunkelheit noch erfahren, daß das nächste Etappenziel Monor heißt, und das bedeutet einen Fußmarsch von mehr als zwölf Kilometer. „Monor?" Hauptmann Frischkorn horcht auf. „Den Ort kenne ich! Die 13. Panzerdivision war im vergangenen Herbst im Raume Monor eingesetzt. Ich war damals Adjutant beim Artillerie-Regiment und habe die Gefechtslage noch ziemlich im Kopf. Aber Monor liegt gar nicht an der Straße nach Budapest. Ich glaube, die Rollbahn läuft fast zwei Kilometer am Ort vorbei. An den Bahnhof kann ich mich genau erinnern, der befindet sich halbwegs zwischen Monor und der Budapester Landstraße." Und der Musketier kombiniert: „Also müssen wir erst von der Straße abbiegen und kommen dann zunächst am Bahnhof vorbei."

„Wir marschieren aber nicht!" Frischkorn scheint einen bestimmten Plan zu verfolgen. „Wir besetzen den Bahnhof und verlassen ihn nur mit einem Personenzug in Richtung Budapest! — Wenn wir Schwein haben, kriegen wir gleich Anschluß nach Wien!"

Alle werden jetzt noch einmal wach. Ihre Phantasie kennt keine Grenzen. Aber über einen Punkt sind sich alle einig: Keiner darf über den Bahnhof hinaus marschieren. Der Hauptmann selbst will an der Spitze der Kolonne bleiben und dafür sorgen, daß keiner den Ort Monor betritt.

Am nächsten Morgen entfesselt die Aussicht auf den Bahntransport neue Kräfte. Jedenfalls schreiten die guten Marschierer kräftiger aus als sonst, und Frischkorn, Zipf und Ferdinand, die unbedingt an der Spitze bleiben wollen, haben ihre Last, mitzuhalten. Doch die stechende Julisonne fordert ihren Tribut: Das Häuflein an der Spitze wird immer kleiner. Ferdinand mit seiner zerschossenen Lunge bleibt zurück, und die Pausen werden immer länger.

Endlich ist die Stelle erreicht, wo die Straße nach Monor abzweigt. Ein Polizist sperrt die Budapester Straße ab und lenkt die Deutschen rechts ab in Richtung Monor. Sein Fahrrad lehnt am Wegweiser. Bald ist die Bahnstation erreicht. Das ist ja kaum zu fassen: Auf einem Nebengleis stehen einsam und verlassen neun Viehwaggons! Und wie sich bald herausstellt: Alle sind leer! Einige Männer wollen sofort einsteigen. Aber da kommt der ungarische Bahnhofsvorsteher aus seinem Haus gerannt und verhindert freundlich aber bestimmt, daß die Waggons im Handstreich geentert werden.

„Natürlich sind die nicht für uns bestimmt", brummt der Hauptmann in seinen Stoppelbart . . . Getreu der ausgegebenen Parole versammeln sich alle auf dem Bahnhofsgelände und machen es sich im Schatten der Bäume und Gebäude bequem.

Erschöpft sinken sie zu Boden. Der Bahnhof gleicht einem Heerlager. Endlich ist auch Wagenschein, der Dolmetscher, eingetroffen. Frischkorn hat sich einen Plan ausgedacht, den er mit dem Wiener bespricht: „Den Polizisten von Monor kann ja nur daran gelegen sein, uns so schnell wie möglich loszuwerden. Wir rufen per Bahntelefon die Polizei in Monor an und bitten um die Anweisung, in die bereitgestellten Waggons einsteigen zu dürfen".

Mit Herzklopfen betreten Frischkorn und sein Dolmetscher den Dienstraum und bitten den Vorsteher, mit der Polizei telefonieren zu dürfen, was ihnen gestattet wird. „Hier sind die angekündigten 255 deutschen Kriegsversehrten. Die Waggons, die uns die Polizei versprochen hat, stehen hier bereit. Aber der hiesige Bahnhofsvorsteher läßt uns nur auf Befehl der Polizei einsteigen. Bitte geben Sie ihm die nötigen Anweisungen".

Danach folgt eine lange Pause. Die Polizei muß nachdenken. Nach einigem Hin und Her kommt die erlösende Antwort: „Ihr könnt einsteigen!" Der Wiener hat das Wort „einsteigen" kaum übersetzt, da brüllt alles, was die Ereignisse am offenen Fenster mitverfolgt hat, laut über das ganze Gelände: „Einsteigen!" Alle springen auf, rennen zu den Wagen, werfen ihre Bündel ins Wageninnere und erstürmen so Waggon für Waggon. Keine Macht der Erde hätte sie daran hindern können.

Der Vorsteher kapituliert. Kopfschüttelnd steht er da und schaut dem wilden Treiben zu. Frischkorn schenkt ihm ein paar Zigaretten und nimmt ihm das Versprechen ab, die Wagen an den nächsten Personenzug nach Budapest zu hängen. Mit großer Verspätung keucht der völlig überfüllte Abendzug heran. Nach langem zähen Verhandeln läßt der Zugführer den Zug zurückstoßen und koppelt die neun Waggons an. Ab geht's nach Budapest.

Helmut Friedrich (13.Pz.-Div.)

# Glück muß man haben!

**Erlebnisse beim Einsatz und in der Gefangenschaft**

„Glück muß man gehabt haben“, trotz der laufenden Fronteinsätze bei der 3.ID.(mot) in Rußland und bei der 26.Pz.Div. (6./Pz.A.R.93) in Italien.

Bei der Landung der Alliierten in Salerno: Gegenstoß-Stellungswechsel, neue VB-Stellung. Bei angehender Dunkelheit über eine Straßenkreuzung — der SPW fährt plötzlich nicht mehr weiter, obwohl Straßenkreuzung und Umgebung unter Artilleriefeuer lagen (Schiffsgeschütze). Nach ein paar ziemlich furchtbaren Minuten — Teatime der Engländer, die Schießerei hörte auf. Wir raus und stellten fest, daß wir uns in die abgeschossene Straßenbahnoberleitung verwickelt hatten. Ehe wir uns da rausgeschnitten hatten, kam auch noch unser Div.-Kommandeur und machte uns fertig, weil wir an so einer dummen Stelle Pause machten. Nach zehn Minuten hatten wir uns befreit und sausten mit dem SPW weg — waren gerade von der Kreuzung runter, als die Teatime vorbei war und es wieder Granaten regnete.

Am Landekopf Anzio-Nettuno: In einer kurzen Pause Besuch des Batterietrosses in der Nähe von Cisterna. Dort Einweisung in die Benutzung der Panzerfaust in den dort benutzten Höhlen. Gute Belehrung — eigentlich zu gute, denn der Lehrer drückte auf den falschen Knopf, die Panzerfaust ging los und schlug zwei Meter über uns gegen die Höhlendecke. Glück gehabt, denn es war eine Fehlzündung und nichts passierte.

Als Batterieführer schaffte ich es bei Cisterna, am 20. April krank zu sein und mußte daher nicht eine Geburtstagsrede vor der Batterie gegen mein Gefühl und Gewissen halten.

Kurz vor dem Zusammenbruch der Italienfront südlich des Po wurde ich zu einem Hochgebirgslehrgang in der Nähe des Como Sees abkommandiert. Unser Fahrzeug war so ungefähr eines der letzten, das noch heil über eine Po-Brücke kam. Außerdem vermißte ich so die nicht sehr schönen Rückzugskämpfe mit den Partisanen. Dafür war dieser Lehrgang beinahe schöner als Heimaturlaub.

Wir machten einen Marsch auf einen Berg, quer durchs Gelände: „Seid vorsichtig, der letzte Lehrgang wurde von Partisanen zusammengeschossen.“ Bei uns diesmal nicht. Was nicht schön war, war dann oben auf der Baude, dort mußten wir uns mehrmals aus den Fenstern des vierten Stockwerkes abseilen. Kurz danach Auflösung, Bildung der Kampfgruppe Zeppelin, ausgerüstet nur mit Fahrrädern, Abzug nach Norden. Ziel war der Reschenpaß, Aufgabe war die Verteidigung nach Norden (gegen die Franzosen.); und es gab die Hoffnung, von den Amerikanern aufgesammelt zu werden. Es klappte aber, und wir landeten in den Kasernen von Trient. Wieder Glück gehabt, denn nach einigen Tagen traf ich einen Motorradfahrer der 26.PD., die dort immer noch herumfahren konnten. Er nahm mich mit, und ich landete wieder beim alten Haufen.

Die ersten Tage nach Kriegsende, in Italien, lagen wir auf den verschiedensten Südtiroler Dörfern. Wir Offiziere behielten unsere Handwaffen. Amerikaner sah man nur alle paar Tage, wenn sie uns Verpflegung und Benzin brachten. Wir konnten uns in Ruhe auf die Gefangenenlager vorbereiten. Ideen hatte man aus den Büchern des 1. Weltkrieges. Wir kauften oder tauschten wichtige Sachen ein. Wir erhielten vom Zahlmeister alle unsere Papiere, ich habe heute noch mein Soldbuch und Wehrpaß. Und auch alles Geld wurde verteilt, bevor es beschlagnahmt werden konnte. Dann am 20. Mai 1945 Abfahrt der restlichen Division (etwa 7000 Mann) mit den noch vorhandenen und anderen Fahrzeugen in das Lager „Flugplatz Ghedi“ in Norditalien.

Gefangenenlager Ghedi: Genug Verpflegung, genug Zelte, Waschmöglichkeiten und Trinkwasser. Das Lager war so groß, daß wir sogar einen Busverkehr hatten. Sehr bald wurde mit Einverständnis der Amerikaner ein Freilichttheater gebaut mit etwa 1000 Sitzplätzen und laufenden Veranstaltungen.

Versetzung im Rahmen einer Arbeitskompanie in die Nähe des Flugplatzes Foggia in Süditalien. Arbeitseinsatz: Verladung auf LKW — Umladung auf Boote — Versenkung ins Mittelmeer — von amerikanischen Gasbomben! Als wir merkten, daß diese z. T. Löcher hatten, streikten wir, bis wir die entsprechende Schutzbekleidung bekamen.

Im Arbeitslager in Caserta, in der Nähe von Neapel: Die Verpflegung war so gut, daß wir immer etwas übrig hatten. Oft wurde nur für 80 Prozent der Lagerinsassen gekocht, da viele außerhalb bei Freundinnen essen konnten. Wieso? Wir hatten vorne am Lagereingang Neger stehen, diese liebten sehr den Alkohol. Also benutzten wir den von uns geschaffenen Hintereingang, an dem keine Bewachung war!

Ich fand heraus, daß mehr oder weniger auf der anderen Straßenseite im englischen Lager ein Onkel von mir Lagerkommandant war und hungerte. So nahm ich ab und zu unseren VW und fuhr rüber mit Essen. Außerdem, wir durften schreiben, er noch nicht, so spielte ich Briefträger für ihn. Raus und rein kein Problem. Wir hatten als Bekleidung die sogenannten Eisenhower-Jacken, die auch weitgehendst als Hilfe an die Italiener ausgegeben waren. Unsere mußten mit „POW" markiert werden. Nun, wir schrieben das POW auf ein Klebeband, und wenn wir aus dem Lager waren, wurde dies abgemacht und wir waren Italiener! Ich sah Neapel innen und außen mit amerikanischen Fahrzeugen, denn der Kommandant gab uns seinen Namensstempel, und wir konnten Fahrbefehle nach Wunsch ausstellen.

Nachdem ich mich mit drei anderen Kameraden entlassen hatte, wir in Florenz Zivilbekleidung gekauft hatten, kurze Trennungspause in Bozen machten, wurden wir am Brenner-Paß aus dem Zug geholt und landeten — nicht mehr als Kriegsgefangene, sondern als D.P's (displaced persons) in den Kasernen von Griess in der Nähe von Bozen. Dort hatten wir nicht nur internationale Unterkunft und Verpflegung, sondern auch viele reichsdeutsche Mädchen und Frauen zur Hebung unserer Moral. Wir durften sogar arbeiten, wenn wir etwas fanden. Ich hatte wieder Glück, denn meine Familie stammte vor langer Zeit aus Südtirol und so hatte ich durch meine Eltern deren Freunde, die mir helfen konnten.

Trotzdem, ich war froh und glücklich, im November 1946 wieder zuhause (ein Zimmer, vier Personen) zu sein, obwohl es lange dauerte, bis ich mich an die freie Verpflegung (im Gegensatz zur Gefangenenverpflegung) gewöhnen konnte.

Die „displaced persons" waren entweder reichsdeutsche Zivilisten, die in Oberitalien tätig gewesen waren, oder Doktoren und Rote-Kreuz-Schwestern aus den ehemaligen Lazaretten oder Erholungsheimen in Südtirol. Hans von Payr (26.Pz.-Div.)

# Als „Klinkenputzer" in Moskau

**Erlebt in der Kriegsgefangenschaft**

Im Winter 1945/46 lag ich als Kriegsgefangener in einem Vorort von Moskau, in Butowo, hinter Stacheldraht. Damals wurden wir noch nicht so streng bewacht wie später. Ich hatte die Ruhr, an der ich beinahe gestorben wäre. Unfreiwillig hörte ich von Kameraden, wie sie von mir sagten: „Noch eine kalte Nacht, dann fehlt der auch". Ja, das Sterben war an der Tagesordnung. Ich habe aber zum Glück meine Krankheit überstanden.

Damit ich mich wieder erholen konnte, überwand ich meinen Stolz und kletterte abends, wenn es schon dunkel war, durch den Stacheldraht und bettelte bei den Zivilisten. Ein älterer Kamerad aus Hamburg, der diese Tätigkeit auch schon in Deutschland ausgeübt hatte, war mein Lehrmeister. Die Häuser, in denen Männer waren, besonders jüngere, waren zu meiden. Wir prüften immer zuerst die Lage, indem wir durch die Fenster in die beleuchteten Zimmer sahen. Das ging gut, weil fast nirgends Vorhänge an den Fenstern waren. Er wußte auch schon viele gute Häuser, wo man etwas bekam.

Viel zu geben hatten die Russen ja auch nicht; sie litten damals in Moskau selber Hunger. Viele Hektar Kartoffelfeld hatten sie vor der Stadt erfrieren lassen, weil der Befehl zum Kartoffelernten erst nach dem Kälteeinbruch von Moskau gekommen war. So mußten wir froh sein, wenn wir an den Türen ein paar kleine Kartöffelchen bekamen. — Eine alte Frau, die ihre Söhne im Krieg verloren hatte, gab uns immer ein paar große Kartoffeln. Bei einer Lehrersfamilie bekamen wir sogar einmal Bratkartoffeln. Am Hause eines Invaliden, eines Beinamputierten, gingen wir nie vorbei. Er freute sich immer, wenn er uns helfen konnte. Seine Frau kochte und wärmte eine gute Suppe, in der sogar ein wenig Fleisch war. Dazu bekamen wir auch ein Stück Brot. Anders ließ er uns nie ziehen. Oft bekamen wir noch Kartoffeln zum Mitnehmen. Er hatte Leid erfahren und wußte, was Not ist.

Eines Tages sagte mein Freund Paul, mit dem ich im folgenden Sommer einen Fluchtversuch unternahm: „Komm, wir gehen einmal in das Dorf hinter dem Wald. Dort bekommen wir mehr, Milch und Eier!“ Ich sagte zu. Es war günstig, daß unsere Lagerküche außerhalb des Stacheldrahtes lag. Dort hatten wir schon manchmal beim Schälen der gefrorenen Kartoffeln helfen müssen. Wir meldeten uns beim Lagerposten ab in die Küche. An der Küche gingen wir aber vorbei auf einem Fußpfad zum nahen Wald. Es lag Schnee, und die Sonne schien. Sie wärmte uns schon ein wenig. Das war eine Freude! Wir genossen mit vollen Zügen das freie Wandern durch den winterlichen Wald. Schon viele Monate waren wir nicht mehr unbewacht in der Natur gewesen.

Wir mochten wohl Dreiviertelstunden gegangen sein, bis wir Häuser erreichten. In jedem bekamen wir etwas. Allerdings nicht so reichlich, wie wir es uns gedacht hatten: ein paar Kartoffeln, da und dort ein Stück Brot, eine Tasse Milch und auch ein paar Zwiebeln. Zuletzt hatte jeder sein Säcklein so ziemlich voll. Da betraten wir eines der letzten Häuser. Eine hübsche junge Näherin und ihre Mutter wohnten darin. Wir bekamen ein ordentliches Stück Brot.

Als wir das Haus verließen, kam ein Soldat daher. Wir erschraken und wären am liebsten vom Erdboden verschwunden. Er sprach uns an. Wir erzählen ihm, wo wir herkamen und heuchelten ihm vor, daß wir mit der Erlaubnis unseres Postens da wären. Wir hätten gut gearbeitet, da hätte er uns ein paar Stunden frei gegeben. Das glaubte er uns natürlich nicht. Aber etwas Besseres war uns nicht eingefallen. Er wollte uns mitnehmen. Doch da war auch die junge Näherin, seine Freundin oder Braut, herausgekommen. Sie wollte es ihm ausreden. Aber er war stur.

Wir versprachen ihm auch, auf dem kürzesten Weg ins Lager zurückzukehren. Als alles nichts nützte, packte sie ihn am Arm und zog ihn zum Hause hin. Er wollte sich losreißen, besann sich aber eines Besseren und folgte ihr. Die Geneigtheit seiner Holden wollte er sich doch nicht verscherzen!

Wir verschwanden, so schnell wir konnten, hinter der nächsten Hausecke und gingen im Eilmarsch auf dem Trampelpfad zum Wald. Der Kerl hatte uns einen gewaltigen Schrecken eingejagt. In der wärmenden Sonne verschnauften wir und erholten uns.

Schließlich erreichten wir wohlbehalten das Lager und schmuggelten durch ein getarntes Loch unsere Säckchen hinein. Den abgelegenen Ort haben wir nie wieder aufgesucht.

Niethammer (215.ID.)

## Der „potemkinsche" Briefkasten

**Erst nach Monaten durften im Lager Jelabuga Briefe nach Hause geschrieben werden**

In Jelabuga, einer alten russischen Stadt am Fluß Kama, in der Tatarischen Autonomen Sozialistischen Sowjetrepublik, wo sich die beiden größten Offizier-Lager in der UdSSR befanden, gab es nach Kriegsende unter den Gefangenen nur einen Gedanken: wann kann man an die Angehörigen in der Heimat schreiben? Sogar das tägliche Thema „Hunger" trat hinter diesen heißen Wunsch zurück.

Im Sommer 1945 war es dann soweit. Alle Lagerinsassen: deutsche, italienische, und rumänische Gefangene, etwa 2000 Mann, traten im Lager A zum Appell an. Der Lagerkommandant, ein sowjetischer Major, ließ durch den Chefdolmetscher Dr. Armin German (nach der Heimkehr Oberstaatsanwalt in Mannheim) mitteilen, daß ab sofort die Kriegsgefangenen einmal monatlich schreiben dürften. Vor den Augen der angetretenen Offiziere wurde am Stabsgebäude, inmitten des Lagers, ein großer Briefkasten angebracht. Der Jubel war nicht zu beschreiben. Mit der Aufforderung, daß die Stubenältesten alle näheren Angaben zu machen hätten, wurde der Appell beendet. Wir stürmten in die Unterkünfte, um zu hören, wie und was man zu schreiben habe. Eine Seite der Postkarte war für den Empfänger und Absender, die Rückseite für die Nachricht vorgesehen. Es sollten nur 25 Worte geschrieben werden, keine Angaben über das Lager, Verhältnisse oder Namen von Mitgefangenen. Wir hatten alles zur Kenntnis genommen und wollten nun die Karten zum Schreiben haben. Postkarten? Njet-tu! „Es gibt keine" und „budit", sagte uns der Russe.

Nur wer es selbst erlebt hat, kann die Enttäuschung verstehen, die alle Gefangenen wiederum erfaßte. Wir waren wieder einer der vielen Versprechungen erlegen. Beim Appell hieß es, daß der ominöse Briefkasten täglich um 12 Uhr mittags geleert werde —, nun war der Briefkasten für uns ein neues „Potemkinsches Dorf" geworden.

Erst nach Monaten konnten die Gefangenen des Lagers A und B in Jelabuga nach Hause schreiben. Für Tausende, die jahrelang in Schweigelagern zubringen mußten, so auch für mich, kam erst im Jahre 1951 der Tag, an dem wir zum erstenmal versuchen konnten, an die Angehörigen, die vielfach aus den Ostgebieten vertrieben waren, zu schreiben. Als nach langen Bangen und Hoffen dann auch das erste Lebenszeichen von zu Hause eintraf, war es für viele der glücklichste Tag im Leben.

Josef Bannert, Spätheimkehrer 1955 (62.ID.)

## Wegen einer Scheibe Brot: Selbstmord

**Im Zementschuppen des Lagers Sswerdlowsk erhängt**

Es war so schockierend: einer von uns Kriegsgefangenen hatte ein Stück Brot vertauscht, hatte für sein blechernes „Freßnäpfchen" ein größeres Ausgleichsstück aus dem Blechnapf des Nachbarn genommen und sein kleineres Zweitstück dafür hingelegt.

Irgendjemand hatte es gesehen. Der Name wurde bekannt. Diejenigen, die zuerst von der Tat erfuhren, drohten für den Abend Hordenkeile an. . . Und nun war der Täter weg, verschwunden, einfach nicht wieder aufzufinden!

Das Verschwinden sorgte dafür, daß der Vorfall allen Kriegsgefangenen unseres Lagers in Sswerdlowsk bekannt wurde. Anfangs herrschte allgemeine Empörung. Da gibt sich Heinrich (in unserer Küche) soviel Mühe, für den Abend das russische Matschbrot aufzuteilen, dieses schwammige Schwarzbrot, das man in der Hand zu einem kleinen Klumpen zusammendrücken konnte: 270 Gramm für die wenigen Gefangenen, die am Vortage ihre „Norm" bei der Arbeit erfüllt hatten; nur 200 Gramm für diejenigen, die der hohen Arbeitsanforderung nicht gewachsen waren. Natürlich schaffte es Heinrich kaum einmal, mit dem ersten Schnitt genau 270 oder 200 Gramm aus dem 2,4 kg schweren Brot herauszuschneiden. Meist mußte er einen kleinen Ausgleich vornehmen, einen kleinen Schnippel hinzulegen oder vom Kanten etwas abschneiden. Und diesen winzigen Ausgleichsschnippel, der zum Sattwerden auch nicht reichte, den hatte jemand gegen einen noch kleineren vertauscht . . .

Die Wut kroch in uns gegen den hoch, der sich damals am besten vergriffen hatte, was es gab, am Brot, an einigen Gramm Brot.

Doch als Stunde um Stunde verrann, als mal dieser, mal jener ergebnislos nach dem Verbleib des Erwischten befragt war, da kroch in uns das Unbehagen hoch. Und als die Arbeitszeit vorbei war, als es schließlich fast zur Gewißheit geworden war, daß einer der unsrigen wegen der angedrehten Strafe das Lager völlig unbedacht verlassen hatte, da machte sich das Entsetzen breit. Sie, die Russen, würden ihn wieder einfangen. Und dann würden sie ihn zusammenschlagen!

Aus den Gruppen diskutierender Gefangener wurde eine echte Krisensitzung. Einige „Spione" wurden an verschiedenen Punkten des Lagers so aufgestellt, daß sie selbst alles überblicken, von den russischen Posten jedoch nicht bemerkt werden konnten. Wir mußten so lange wie möglich geheimhalten, daß einer von uns ausgebrochen war. Die Posten sollten also beobachten und, wenn die Russen über die Ruhe im Lager argwöhnisch werden sollten, Alarm geben. Doch die russische Wachmannschaft blieb ahnungslos.

Aus der Krisensitzung gingen wir in Gruppen heraus, um jeweils gemeinsam an verschiedenen Stellen des Neubaues zu suchen, an dem wir arbeiteten. Die kräftigsten von uns mußten eine Waggon-Ladung Eternit-Dachplatten, die wir mühselig am Vormittag auf den Boden des 5-stöckigen Hauses geschleppt hatten, umsetzen; vielleicht versteckte sich der Gesuchte dahinter. Doch er war nicht dort. Sehr enttäuscht stellten wir alle Platten wieder zurück. Die Arbeit verlangte uns die letzten Kräfte ab. Seelisch waren wir am Ende, als schließlich von allen Suchgruppen Fehlanzeigen eingegangen waren.

Nach dieser ergebnislosen Suche meinte jemand, wir sollten unter den Fußbodenbrettern unserer Schlafzelte nachsehen, die auf dem Hof dieses Studenten-Wohnheim-Neubaues errichtet waren. Kaum hatten wir jedoch diese Arbeit begonnen, da wurden die russischen Posten auch schon aufmerksam; wir brachen die Arbeit ab: „Nein, was soll sein, ihr russischen Soldaten, bei uns ist alles in Ordnung."

Spät in der Nacht legten wir uns zur Ruhe in der festen Überzeugung, am nächsten Tag die Hölle zu erleben.

Weit nach Mitternacht wurde ich aus dem Bett geholt; ein Lastwagen mit Zement war gekommen, ein „Studebaker" 3½ Tonnen. Dieser Wagen mußte entladen werden. Ich war dran. Mein Mitablader meinte, er würde nicht durchhalten, doch sprach ich ihm Mut zu; wir bräuchten uns bei der Arbeit ja nicht zu überschlagen.

Übrigens wußten wir jetzt auch, warum zwei russische Elektriker im Verlaufe des Tages eine Elektroleitung an die Stirnwand des Neubaues gelegt, in rund vier Meter Höhe einen Stahlnagel ins Mauerwerk gerammt und daran eine schwache Glühbirne gehängt hatten. Diese Lampe sollte uns beim Entladen Licht spenden.

Mensch, waren wir müde!

Auf dem Wagen stellten wir fest, daß der lose geladene Zement durch das Schütteln während der Fahrt hart wie Beton zusammengepappt war. Die Arme waren zu schlapp, die Schaufel in die Masse zu drücken. Ich ging in die Knie, um mit den Händen ein „Angriffs-“Loch in die obere Zementdecke zu bohren. Mit ganz kurz gehaltenem Stiel schob ich das Schaufelblatt Zentimeter um Zentimeter hinterher. Mein Mithelfer stand auf dem Schaufelrücken, und endlich hatten wir es geschafft. Mit vier Händen holten wir dann die volle Schaufel aus der wie Nordseewatt festhaltenden Masse heraus, wir stellten uns auf, ich ergriff den Schaufelstiel zum Wurf in den Schuppen hinein, hob an, holte Schwung, und dann schrie ich auf! Entsetzlich! Genau in der Wurfrichtung sah ich ein Gesicht im schwachen Schein der Lampe! Dort kniete jemand im Schneidersitz, einen Strick um den Hals, den Kopf vom straff zu einem Balken hochführenden Seil zur Seite gedrückt. Entsetzlich! Die Zunge war dem Toten weit aus dem Mund herausgedrückt worden.

In dieses Gesicht hinein konnte ich den Zement nicht werfen, obwohl die Ladung der Schaufel nicht mehr zurückzuhalten war. Das Gehirn schrie „festhalten“, doch Zement ist schwer; ich konnte die Schaufel nicht zurückholen; da klammerte ich mich einfach an den Stiel. Und dann riß es mich von der Ladefläche. Eine graue Wolke hüllte mich ein; ich hatte mir sehr weh getan.

„Was ist denn los?“ schrie immer wieder mein Mithelfer, als er eilig vom Wagen herunterstieg.

. . . Und dann starrten wir beide in den Zementschuppen hinein, wo uns das weiße Gesicht mit der langen Zunge entgegenhing: Der Junge, der ein paar Gramm Brot vertauscht hatte, hatte sich im Zementschuppen erhängt. Er hatte seinem Leben ein Ende gemacht wie der Schneidersitz bewies. Aus diesem hätte er sich jederzeit wieder erheben können. Es drückte uns die Kehle zu . . .

Nach dem ersten Schreck tat ich etwas ganz Dummes: Ich kletterte über die unteren Grenzbretter der Zementschuppenöffnung und wischte dem Toten den Zementstaub aus dem Gesicht. Verstohlen wollte ich die Zunge in den Mund zurückdrücken, doch es ging nicht. Als ich aus dem Zementschuppen wieder herauskletterte, nahm mich der andere Gefangene an der Schulter, und so marschierten wir zum Postenhäuschen, wohin lange vorher schon der Fahrer des Wagens gegangen war. Trotz meiner russischen Sprachkenntnisse gelang es mir nicht, den Sachverhalt deutlich zu erklären. Alle Posten glotzten wie hypnotisiert in mein vom Zementstaub überkrustetes Gesicht. Erst, als ich einige Male das Wort „umerl“ wiederholte, „gestorben“, da lief der Fahrer los, wir hinterher. 50 Schritte zurück folgte der Posten, der sich noch Jacke und Karabiner gegriffen hatte. Als er endlich um die hintere Bordwand des „Studebaker“ herumkeuchte, da hatte der Fahrer schon begriffen. Ein erklärender Satz, und auch der Posten wußte Bescheid. Lange stand er da, um dem Toten ins Gesicht zu sehen. Dann tippte er sich zweimal auf Stirn und Brust, nahm mich mit einem Arm an die Schulter, sah mich an und sagte: „Kamarad, bolschoi Scheiße, wernji?“ Und ich erwiderte: „Da, bolschoi Katastrof!“ Was besseres fiel mir nicht ein.

Ich saß dann noch längere Zeit in der Wache, weil ich erzählen sollte, wie das passieren konnte. Als ich wieder beim Wagen war, um den Zementrest mit auszuladen, den mein Kamerad nicht geschafft hatte, da kroch schon der Morgen herauf. Der russische Kommandant verzichtete auf einen sofortigen Zählappell, und so erfuhr das Lager erst bei der Morgenzählung, was passiert war. Danach stand ein völlig niedergeschlagener Haufen von 150 Kriegsgefangenen in der Sonne . . .

Wir beiden Auslader sollten den Vormittag nutzen, um auszuschlafen. Doch es gelang mir nicht, ein Auge zuzumachen, immer nur sah ich die Zunge. Und immer wieder dachte ich an eine Mutter, die in der vergangenen Nacht ihren Sohn verloren hatte: wegen ein paar Gramm russischen Schwarzbrots!

Heute, Jahrzehnte später, frage ich mich, ob die Leute vom „Russischen Roten Halbmond", vergleichbar mit dem „Deutschen Roten Kreuz" bei uns, der unglücklichen Frau den herben Verlust wohl mitgeteilt haben? Oder wurde der Tod überhaupt verschwiegen? Zählt diese Mutter zu den Frauen, die später ahnungslos an den Heimkehrerzügen standen, um die Blicke der Glücklichen auf die Fotografie ihres Sohnes zu lenken: „Können Sie mir wohl etwas über meinen Sohn sagen? Dieser da ist es. Haben Sie ihn vielleicht gesehen?"

Herbert Balzer (290.ID.)

# Hunger macht erfinderisch

**Der Natschalnik wurde um sein Essen erleichtert**

Sommer 1948 im Hauptlager der Lagergruppe 7168 Minsk. Ich gehöre jetzt einer Arbeitsbrigade an, die bei der Fertigstellung einer Autofabrik eingesetzt ist. Wir sitzen in einer Arbeitspause im Kreis um unseren Natschalnik (Chef) herum, einem gutmütigen Baschkiren. Er ist heute — wie so oft — wieder einmal dabei, uns eine politische Rede zu halten, die ich als Dolmetscher an meine Kameraden weiterzugeben habe.

Er preist uns die Errungenschaften der friedlichen Sowjetunion, als da sind: Herrliches weißes Brot, seiner Meinung in unserer Heimat unbekannt; wundervolle sowjetrote Tomaten; fabelhafte Gurken und gekochte Eier. Er fordert uns auf, die Kostbarkeiten, sein Mittagessen, eingehend zu betrachten. Ganz in Politik vertieft, sich schwer ereifernd, denkt er nicht daran, daß hungernde Plennis in seiner Nähe sind. Ehe er sich versieht, sind seine vor uns ausgebreiteten Schätze restlos „vergriffen". Fluchend, kopfschüttelnd und uns mit den schlimmsten Schimpfworten überschüttend, beendet er die Pause und treibt uns an die Arbeit.

Am nächsten Tag kommt er mit einem Rucksack, zeigt auf ihn und sagt zu uns: „Ich habe wieder so gute Sachen bei mir, aber dieses Mal kommt ihr nicht daran." Er geht in seine Baubude, legt das Mitgebrachte dort ab, verschließt die Tür mit einem großen Vorhängeschloß und zeigt uns triumphierend den Schlüssel.

Wir halten eine Beratung ab. Dem werden wir ein Schnippchen schlagen!

Die Bude wird auf eine Schwachstelle hin untersucht. Es ist das Fenster. Nur ein paar Nägel halten die Scheibe fest; wie leicht also, diese zu entfernen! Wir beobachten zu unserer Freude, daß der Natschalnik zum Direktor gerufen wird. Es ist die Gelegenheit, wir schreiten zur Tat! Die Fensterscheibe wird herausgenommen, und ich als schmalster der Gruppe werde von meinen Kameraden in die Bude geschoben. Der Rucksack wird von mir, ohne ihn von seinem Platz zu entfernen, ausgeräumt. Ich reiche das Eßbare den Kameraden zu, und sie ziehen mich wieder ins Freie. Die Glasscheibe wird eingesetzt, es gibt keine sichtbaren Spuren unseres Streiches. Wir sind fünf, allen schmeckt das Organisierte prima!

Zur Mittagszeit kommt der Natschalnik an die Bude, öffnet das Schloß — es ist ja unversehrt — und will sein Essen einnehmen. Wir beobachten, daß er kopfschüttelnd nach draußen kommt, schimpfend mehrmals um die Bude geht, fragend das große Vorhängeschloß betrachtet, das Dach in Augenschein nimmt, dann hineingeht und — Tür zu!

Nach einer Weile taucht er bei uns auf, schüttelt noch immer ungläubig den Kopf und sagt: „Meine Shenschschina, diese Schlampe, hat doch vergessen, mir Verpflegung mitzugeben. Wenn ich nach Hause komme, dann kann sie etwas erleben"!

Die arme Frau — ein wenig hat sie uns leidgetan.

Paul Wilschollek (8.Eisenb.Pi.Rgt. 68)

## Antifa-Spitzel und Lagerkoller

**Für Zusammenarbeit mit den Sowjets gabe es Zusatzverpflegung und Privilegien**

Bei der Kapitulation 1945 in Kurland von den Sowjets „vereinnahmt", landete ich schließlich mit vielen Schicksalsgefährten als „Strafniki" im Straflager Riga-Rampa. In den Lagern kannten die sowjetischen Polit-Agitatoren nur zwei Kategorien von Deutschen: Antifaschisten und Faschisten. Ein Antifaschist war allerdings beileibe kein Kommunist, da er als solcher schwerlich gegen die Sowjetunion gekämpft hätte. Er konnte bestenfalls auf dem Weg über den Sozialismus zum Kommunismus sein und den Beweis hierfür konnte er als Gefangener nur durch Bestarbeit erbringen.

Die Mitglieder des Antifa-Komitees strebten jedoch danach, sich das Leben leichter zu machen, damit ihre Beziehungen zur Küche verbessert wurden. Als Preis lieferten sie sich opportunistisch der politischen Schulung aus. Die Zusammenhänge waren im Lager bekannt. Gefährlich konnten diese Leute jedoch werden, wenn sie für sich beanspruchten, die politischen Lehrsätze, die ihnen beigebracht wurden, auch zu glauben.

Für die sowjetische Lagerleitung war jeder, der sich nicht willfährig als Antifaschist bekannte, zunächst ein Faschist und damit ein Kriegsverbrecher. Antifaschisten sollten nun dafür sorgen, daß Kriegsverbrecher entlarvt und bestraft werden konnten. Nach Hause entlassen werden nur Antifaschisten, hieß es. Wer aber wollte nicht nach Hause? So einfach war das alles!

Der Vorsitzende der in Rampa tätigen Antifagruppe arbeitete eng mit der sowjetischen Lagerführung zusammen. Dies befähigte und berechtigte ihn nach seiner Meinung, jeden Tag Zusatzverpflegung zu empfangen und andere Privilegien zu genießen, zum Beispiel Einzelunterbringung und bessere Bekleidung, wie dies eben einem Idealisten zukommt! Mit politischen Phrasen und Lobhudeleien auf das „Vaterland aller Werktätigen" versuchte er, die Gefangenen auf den Pfad kommunistischer Tugend zu führen.

Öfter kam er als Übermittler gezielter Zweckmeldungen in die Baracke und berichtete über das Geschehen in der Heimat: Von der wirtschaftlichen Zerschlagung Deutschlands durch Beschränkungen in der Montanindustrie und Eingriffe in die Schwerindustrie, aber auch von der weltweiten Friedenspolitik der Sowjetunion. Wir selbst hatten keinen Draht nach außen, da uns sogar die Gefangenenzeitungen vorenthalten wurden. Besonders hart traf uns und unsere Angehörige die sinnlose monatelange Postsperre.

Der „Auch Kamerad" erzählte nun, wie die kapitalistischen Westmächte bei der gerade laufenden Friedenskonferenz durch Störung der Vertragsverhandlungen die Heimführung der Kriegsgefangenen verhindern oder erschweren wollten. Er bestritt, daß die Amerikaner nach Kriegsende sogar deutsche Kriegsgefangene an die Sowjets auslieferten, da Amerika keine Verwendung für billige Arbeitskräfte hatte. Er machte uns deutlich, wie dankbar wir der Sowjetunion sein müßten, die wir überfallen hätten und die uns nun menschenfreundlich ernährte, damit wir nicht verhungerten. Das Gerede mündete immer in die Feststellung der moralischen Wiedergutmachung durch große Arbeitsleistung.

Es gab bei uns, wie überall in den Lagern, noch einzelne andere zwielichtige Gestalten, die ihr Gewerbe allerdings nicht offiziell betrieben, da der sowjetische Politoffizier ihr Brötchengeber war und es liebte, unauffällig verdeckt zu wirken. Sie hatten sich, mitunter in eigene Schuld verstrickt, als erpreßbar erwiesen oder zu ihrem persönlichen Vorteil gefügig gezeigt. Als Spitzel wurden sie oft gezielt durch zugewiesene Schlafplätze oder Arbeitsstellen insgeheim auf bestimmte Kameraden angesetzt, forschten diese aus und trugen, was ihnen vertrauensselig erzählt wurde, dem Politoffizier zu. Der lebte von diesen schmierigen Denunzianten, da er nur geringe deutsche Sprachkenntnisse und wenig persönlichen Kontakt zu den Gefangenen hatte. Er zog beharrlich seine Fäden, wie eine Spinne die Opfer umkreisend, bis er offen zum Ankläger wurde.

Aus dem Schiffbaulager war auch Gerhard Neitzel mitgekommen, ein evangelischer Pfarrer aus Duisburg. Er hatte häufig Gottesdienste gehalten, zuletzt Weihnachten 1946. Gerhard war ein begnadeter Prediger. In der gleichen Bedrängnis lebend wie wir, war er glaubhaft und mutig. Seine Worte kamen aus innerer Not und gingen zu Herzen. Mit seiner gedrungenen Gestalt und sonoren, markigen Stimme erschien er wie eine Lutherfigur. Seine offene Sprache gewann ihm viele Freunde, hatte ihm aber sicher auch die Versetzung in das Straflager eingetragen.

Unbeirrt setzte er nun unter primitivsten Umständen seine menschenfreundliche und religiöse Betreuung fort. Beim Gottesdienst sangen wir geistliche Lieder, die Fritz Bernhardt, Musiker aus dem Leipziger Gewandhausorchester, eingeübt hatte. Mit allen Sinnen empfanden wir den vierstimmig gesetzten 126. Psalm, der unseren heißen Sehnsüchten Ausdruck gab: „Wenn der Herr die Gefangenen Zions erlösen wird, dann werden wir sein wie die Träumenden; dann wird unser Mund voll Lachen und unsere Zunge voll Rühmen sein ..."

Da der Spitzeldienst immer frecher und fast ohne Tarnung praktiziert wurde, konnte man nur noch mit eng verbundenen Kameraden in kleinem Kreis offene Gespräche führen. Auf der Pritsche saßen wir zusammen und machten unsere Glossen als „Zaungäste des Lebens", wie Helmut Gottberg aus Hannover sagte. Fritz Cattarius aus Bedesbach in der Pfalz war immer für ein Späßchen und für praktische Problemlösungen gut. Fritz Bierbauer aus Kandel in der Pfalz, der dem Freundeskreis angehörte, war aus dem alten Lager als „Belasteter", was immer man darunter verstehen wollte, versetzt worden. Durch Hilfsbereitschaft und gute Gespräche halfen wir uns gegenseitig, unsere Lethargie zu überwinden: Es war eine Kameradschaft, die durch dick und dünn ging!

In quälender Ungeduld zwischen Hoffen und Bangen vergingen Woche um Woche. Der nahende Frühling gab erste schwache Signale: Die Sonne erstarkte, Schnee und Eiskristalle tauten allmählich, an den staubblinden Fenstern wuchsen die Eiszapfen. Chronischer Hunger, Unterkühlung, weil Heizmaterial fehlte, völlige Isolierung und damit einhergehend die wachsende Demoralisierung, gnadenlose Ungewißheit und immer drohendes Unheil förderten die aggressive Unduldsamkeit und führten zu Streitigkeiten bis zu handgreiflichen Auseinandersetzungen. Es gab unfaßbar häßliche Vorkommnisse, als Kameraden ihre Haltung und damit ihre Würde verloren. Hinzu kamen vermehrt, auch durch mangelnde Hygiene und infizierendes Ungeziefer, Erkrankungen verschiedener Art. Beschwichtigungen der Antifa mit durchsichtigem politischen Geschwätz wurden ganz offen mit hämischen Bemerkungen und Pfiffen quittiert. Von der Wand aber blickte aus einem großen Bild jovial und selbstzufrieden Josef Wissarionowitsch Dschugaschwili, genannt Stalin ...

Martin Henneberger (263.ID.)

# In russischer Gefangenschaft: Die Hälfte starb

**Erst ab 1947 verbesserten sich die Überlebensmöglichkeiten in den Lagern**

1. Phase nach Einkesselung der 163.ID. im pommerschen Raum, bei der ich als Oberfeldarzt d.Res. die Div.-Arztstelle innehatte: Die Versuche, sich in kleinen Formationen aus dem Kessel in Pommern zu schleichen, führten zu erheblichen Verlusten und meist zur Gefangennahme. Nur ca. 1500 Mann konnten bis zur Insel Wollin ausbrechen. Ich selbst fiel am 7. 3. 45 in Gefangenschaft (nähe Bonin). Der dreitägige Fußmarsch in das 1.Lager Arnswalde (dortige Kaserne) war äußerst gefährlich, da häufig Beschuß aus Lastkraftwagen auf unsere Kolonne (ca. 100 Mann). Einem sybiriakischen Sergeanten haben wir es zu verdanken, daß uns überholende russische Panzer nicht dezimierten.

2. Lager Arnswalde: Lagerführung von Deutscher Antifa. Russischer (Sybiriake) Arzt sehr anständig und besorgt. Deutsche Lagerleitung: hundsgemein! Erst Infektionswelle: Dysenterie — Ruhr. Die ersten Toten. Sektionen ergaben eindeutig einen Toten mit Hunderten von blutenden Geschwüren im Dickdarm. Russischer Major-Arzt verneint die eindeutige Diagnose. Keine Medikamente, Hilfsmittel verkohltes Brot wirkte nur bei absoluter Nahrungsabstinenz.Die Infektion war weitverbreitet, Verluste ca. 10% des überfüllten Sammellagers.

3. Lager Landsberg/Warthe: Großes ehemaliges „Agfalager" mit einem Lagerhospital — ehemalige Landesirrenanstalt. Letzteres zunehmend überfüllt mit Infektionskranken — Ruhr — Typhus abdominalis — Diphtherie etc. Deshalb Auftrag, mit ca. 15 Ärzten in der Stadt in den Räumen des Gesundheitsamtes (ehemalige Kaserne) ein zweites Hospital zu errichten. Dort alsbald ebenfalls Überfüllung und zahlreiche Ruhrtote. Erste Abtransporte völlig arbeitsunfähiger älterer Gefangener, die bis zu 30% diesen Transport nicht überstanden.

Dieses Hospital stand unter der Aufsicht einer turkmenischen Sanitätskompanie, deren Offiziere und deutsche Ärzte absolut kollegial, d. h. nach der Genfer Konvention, behandelten.

Die Verluste im Lager Landsberg/Warthe können schwer geschätzt werden; das Hauptkontingent stellte zweifellos die Ruhr, jedoch zeigte sich damals, April — Mai, schon die sogenannte nasse Dystrophie mit ihren ödematösen Schwellungen an allen Gliedern — ein bis dahin uns unbekanntes Bild, das uns später als Austrocknungsdystrophie nicht mehr verlassen sollte. Die ersten Studien der Dystrophie, oder besser einer Unterernährung mit ausgesprochener Eiweißmangelernährung und Avitaminose, konnte ich nach meiner Versetzung in die ehemalige Heil- u. Pflegeanstalt (Hospital I) in ausgiebiger Weise machen und bei den ersten Todesopfern in der Obduktion die verheerenden Auswirkungen auf alle inneren Organe erkennen.

Ende des Sommers 45 wurde ich einem Transport nach Posen zugeteilt, wohin wir per Bahn befördert wurden.

4. Lager Posen: Hier handelte es sich offenbar um ein Sammellager für Abtransporte in die UdSSR. Keine ärztliche Tätigkeit größeren Ausmaßes. Ende Oktober Abtransport, 6 Wochen im Waggon bis Moshajsk.

5. Lager Moshajsk: Ab 5. Dez. 45 bis Ende Jan. 46.

6. Lager und großes Hospital in Ljublino bei Moskau. Gemischte Belegschaft: Ungarn und Deutsche. Alle maßgebenden Lagerstellen in Händen der Ungarn (Gef.I.Kl.). Die arbeitenden Gefangenen, bis einschließlich Hauptmann, wurden täglich für die Kaganowitsch — Waggonfabrik abgestellt. Sehr schwere Arbeit bei ca. 800 Kalorien.

Im Hospital amtierte bis zum Eintreffen unserer Ärztegruppe (12 Ärzte sowie 2 Zahnärzte) 1 deutscher Unterarzt ohne jegliche Erfahrung.

Täglich ca. 10 Tote. Hauptursache: Dystrophie, daneben epidemiehaft auftretend die Pneumonie — in 5/4 Jahren mit über 200 Fällen.

Das Hospital war auch für eine große Zahl von kleinen Außenlagern zuständig und sehr stark belegt.

Eine ausführliche Arbeit über Verlauf und Komplikationen bei 780 Lungenentzündungen wurde mir leider vor meinem Heimtransport abgenommen. Besonders eindrucksvoll waren dabei die Auswirkungen der Dystrophie — Schwäche auf die Symptomatik, Verlauf und Dauer des Krankheitsbildes, wobei besonders der fieberlose und schonende, wenn auch zeitlich meist vierfach verlängerte Ablauf des Infektionsgeschehens zu vermerken ist. Überraschend auch die verhältnismäßig niedrige Mortalität von 8%, und das ohne Sulfonamide oder gar Penicilline.

7. Am Karfreitag 1947 begann das Lagerleben im 7.Lager Olanki, ein ehemaliges Mönchskloster zwischen Moskau und Gorki, ein Stabsoffizierlager, zusammengezogen zur Erfassung von „Kriegsverbrechern".

In diesem Lager herrschten für russische Begriffe ernährungs- und unterkunftsmäßig einigermaßen geregelte Verhältnisse und Überlebensmöglichkeiten, wie wohl überhaupt von 1947 an auch bei den Russen sich die Einsicht durchsetzte, daß ein hungerkranker oder toter deutscher Soldat keine Arbeit zu leisten vermag.

Der bekannte Stalinbefehl, daß kein Kriegsgefangener im Lager sterben dürfe, führte zur Überfüllung der Hospitäler und kostete vielen Kameraden das Leben.

Im Lager Olanki — zunächst nicht als Arzt eingesetzt — konnte ich ohne Kontrolle der dortigen Antifa einen Vortrag über Lebenserhaltung und Gestaltung in russischer Kriegsgefangenschaft halten.

Trotz des hohen Durchschnittsalters unserer Belegschaft kam es zu keinen Infektionswellen und nur vereinzelt zu Todesfällen, bedingt durch Dystrophiefolgen oder zu altersbedingten Erkrankungen wie Krebs, Durchblutungsstörungen, Leukämien etc.

Statt dessen begann die längst erwartete Jagd nach sogenannten Kriegsverbrechern, die in typisch russischer Weise betrieben wurde (Spitzel — Denunziationen).

Ende 48 wurde ich überraschender Weise frühzeitig (nie in Russland gestanden) zum Zweck der Repatriierung über das Lager Gorki in Marsch gesetzt.

Zusammenfassung: Es muß nach allgemein gemachten ärztlichen Beobachtungen angenommen werden, daß von den in Rußland gefangenen Kameraden ca. 50% gestorben sind. Als häufigste Todesursache muß 1. das Fleckfieber (besonders bei Gefangenschaft vor 45), 2. die Dystrophie, 3. die Dysenterie angenommen werden.

Dr. Hugo Beck (163.ID)

# DANACH

*„Das ist der Fluch des unglücksel'gen Landes,*
*Wo Freiheit und Gesetz daniederliegt,*
*Daß sich die Besten und die Edelsten*
*verzehren müssen in fruchtlosem Harm,*
*Daß die fürs Vaterland am reinsten glühn,*
*Gebrandmarkt werden als des Land's Verräter*
*Und, die noch jüngst des Landes Retter hießen,*
*sich flüchten müssen an des Fremden Herd,*
*Und während so die beste Kraft verdirbt,*
*Erblühen, wuchern in der Hölle Segen,*
*Gewalttat, Hochmut, Feigheit, Schergendienst.*

*(Ludwig Uhland: Prolog zu „Ernst, Herzog von Schwaben", 29. 10. 1819)*

*Foto: Süddeutscher Ver*

# Feldpost von der Mutter

**Drei Briefe nach achtunddreißig Jahren**

Kürzlich erhielt ich drei Briefe meiner Mutter, obwohl diese schon vor vielen Jahren starb. Drei handgeschriebene Briefe, schön in deutscher Schrift an mich adressiert, alle ungeöffnet, original-verschlossen: Alle vor achtunddreißig Jahren abgeschickt. Sie erreichten mich erst jetzt. Diese Verzögerung in der Zustellung ging aber nicht auf das Konto der Post. Die Briefe waren im Juni 1944 richtig aufgegeben, wie der Stempel zeigte, aber dann zurückgeschickt worden mit dem Vermerk „Empfänger vermißt"! Meine Mutter hatte die Briefe dann in ihren Schreibtisch gelegt, wohl um sie mir später auszuhändigen.

Durch einen Zufall gerieten diese drei Briefe aber hinter eine Schublade und blieben dort fast vier Jahrzehnte unentdeckt liegen, denn der alte Schreibtisch diente später nur noch zur Aufbewahrung von Geschäftsunterlagen und stand auf dem Lagerboden. Dort entdeckte ihn eines Tages unsere jüngste Tochter, war begeistert von der Schönheit des hundert Jahre alten Möbelstücks und wollte den Schreibtisch gern für ihr Zimmer. Bei der Reinigung fand sie dann die drei Briefe. Ganz ergriffen habe ich diese dann geöffnet und meiner Frau und meinen Kindern vorgelesen, was meine Mutter bewegte, als die große russische Offensive 1944 den Mittelabschnitt der Ostfront überrollte, denn sie wußte, daß ihr Sohn dort war. Ihre Sorge wuchs deutlich von Brief zu Brief.

Die wenigen vagen Andeutungen in den Wehrmachtberichten, das Ausbleiben der Post, die Ungewißheit, belasteten damals jede Mutter in einem Ausmaß, das heute fast unvorstellbar ist. Dazu kamen die Bombardierungen der Heimat und das Elend der Flüchtlinge. Aus jedem Satz ging hervor, wie schwer meiner Mutter das Herz war. Es war, als ob sie wieder unter uns weilte und zu uns spräche. Die vergangene schwere Zeit stand wie ein Abendschatten im Raum, die Wehrlosigkeit gegenüber schlimmen Ereignissen und die Nichtigkeit des Einzelnen im Schicksalssturm ließen uns innerlich frieren. Stumm sahen wir uns alle an. Tief bewegt las ich alles noch einmal, was mich nach so langer Zeit erreicht hatte, und ich fühlte mich durch diese drei Briefe trotz meines Alters wie ein kleiner Junge, der den Worten seiner Mutter lauscht. . . Heinz Müller (197.ID.)

# Das persönliche „Unternehmen Berlin"

**Wie ein entlassener Soldat 1945 seine Mutter wiederfand**

Der Juni 1945 hat zwar die Entlassung aus dem Wehrdienst — in Form eines wirklich soldatischen Abschiedes bei Auflösung der Fronteinheit in Wasseralfingen bei Aalen — gebracht, aber nicht die Heimkehr in das Elternhaus. Das gibt es seit jener Berliner Bombennacht 1944 ohnehin nicht mehr. Auch ist es wohl zuviel verlangt vom Soldatenglück, wenn dies nach wirklich erträglichem Kriegsende in der Steiermark und kurzer Internierung in den Tauern nun auch noch eine neue Heimat aus dem Boden stampfen soll.

So ist der „Ost-Hiwi" mit einen „West-Hiwi" unserer alten Batterie (so unterschieden wir uns mit feinfühligem Landserhumor schon seit Monaten nach den jeweils besetzten Heimatgebieten) in dessen schwäbische Heimatstadt nahe bei Stuttgart gezogen. Anfängliche Tätigkeit als landwirtschaftlicher Hilfsarbeiter — ein ausgesprochener „Entlassungsberuf" — behagt dem vorzeitig vier Jahre zuvor Soldat gewordenen Schüler — das ist der „Wehrpaßberuf" — sehr bald nicht mehr. Hinzu kommt die immer stärkere Sehnsucht nach der Heimat Berlin, nach der Mutter. — Immerhin ist man mit 17 Jahren gen Ostland gefahren und jetzt eben volljährig geworden, dazuhin von Hause aus „prädestiniert“ als einziges Kind. Also —

Mit osterfahrener Landserfrechheit steigt die große Reise vom — immer noch — „angeschlagenen“ Güterbahnhof Untertürkheim nach Bebra. Heute ein Unternehmen von wenigen Stunden im bequem gepolsterten Schnellzugabteil — damals ein mehrtägiges Abenteuer, aufgesessen auf Kohlenzüge, an überfüllte Personenwagen geklammert oder in Bremserhäuschen von Güterwagen geklemmt.

Endlich die Landstraße, die Richtung Thüringen führt. Da kommt nun eine „Grenze“, mit ihr aber vor allem die unvermeidliche Begegnung mit den Angehörigen der anderen Feldpostnummer, denen man noch einige Wochen zuvor entweder ausgewichen ist oder die man böswillig mit harten Gegenständen bedacht hat. Wie wird das wohl werden? Es wird zumindest nicht schlecht. Kurz vor der entscheidenden Straßenbrücke, an die sich der Obergefreite außer Dienst nahezu vorschriftsmäßig herangearbeitet hat, findet sich eine Bauernfamilie von „drüben“ auf ihrem Acker, der — Stalin beklage es — vor der Demarkationslinie seiner Bestellung bedarf. Neben dem heimwärts, also „Richtung Berlin“, rollenden Erntewagen schreitet, die Forke geschultert, ein „zusätzlicher Bauernknecht“. Selbiger kommt dann, dank einer mit dem russischen Posten schäkernden Magd — das vergesse ich der nie, denn es hat sie bestimmt Überwindung gekostet — glücklich in das „andere Deutschland“.

Der anschließende Fußmarsch in den sonnigen Spätnachmittag hinein bringt jene Begegnung, deren glücklicher Ausgang wohl über das Gelingen des Unternehmens entschieden hat, entschieden durch das harmlose Ende, das Landserfrechheit zum zwingenden Überlegenheitsgefühl über „östliche Kollegen“ auch in dieser Lage werden läßt.

Zwischen den Baumreihen der thüringischen Chaussee schreitet also der ehemalige VB-Funker der Panzerhaubitzen munter fürbaß, recht angetan von seiner Leistung, die böse Grenze so reibungslos geschafft zu haben. Da kommt er — der erdbraun gekleidete junge Mensch mit dem fremd wirkenden Gesicht, mit ihm aber doch ein gewisser Schreck. Schließlich hat man diese Gestalten bisher nur als stumpfe Gefangene in eigener Gewalt oder als feuerspuckende, brüllende Träger fremder Gewalt erlebt.

Nun aber ist die Begegnung recht friedlich. Der Iwan hebt eine altvertraute, naß geklebte Machorka-Papyrossi: „Spitchki jest?“ — der junge, etwas kümmerlich gekleidete Deutsche reißt ein Streichholz an — „Spassiba“ — beide gehen weiter, drehen sich sogar um und winken einander zu — das Herz sitzt wieder da, wo es hingehört. Es ist eben alles nur Gewohnheit.

Der Abend bringt eine komfortable — nach den Bahnhofslagern der vergangenen Nächte — Unterkunft in einer gutbürgerlichen Villa von Eisenach. Am frühen Morgen geht es — mit einem Grußauftrag an eine Familie im fernen, für jene „Bourgeois“ unerreichbaren Berlin — zum Bahnhof und in zwar langer, aber einigermaßen planmäßiger Fahrt in die zerschundene Heimat.

Da steht man denn vor einem grauen Schutthaufen, aus dem die Ecke jenes Teppichs ragt, auf dem der kleine Junge einst mit dem Vater Eisenbahn gespielt hat. — Zum Kotzen! Dieses Landserwort gibt Erleichterung und den Schwung, nun das Haus des Onkels aufzusuchen.

Dort findet sich tatsächlich die ganze Familie, soweit der Krieg sie entlassen hat. Eine Tante lebt, ihr Mann ist seit einem Volkssturmeinsatz am wenige Meter von der eigenen Wohnung entfernten Bahnhof Lichterfelde-West vermißt. Der Onkel — pommerscher Pastorensohn und aktiver kaiserlicher Hauptmann, der 1917 den Russen aus Sibirien ausriß — ist vor wenigen Tagen Hungers gestorben. Seine Tochter, mit der man als Kind gespielt hat, haben die Russen — allerdings ist sie freiwillig mitgegangen. Auch das gab es damals in Deutschland. Sein Sohn heult, er ist auch noch ziemlich „klein" — so meint der „alte" Landser wenigstens.

Dann aber — endlich, — die Mutter! Nur eins sei erwähnt: Wie diese Frau, die den Ersten Weltkrieg als Krankenschwester im Osten erlebt und die Freikorpskämpfe im gleichen Einsatz auf „weißer" Seite mitgemacht hat, ihren toten Mann, den alten Soldaten und Freikorpskämpfer, nach Hause gebracht hat.

Nach dem Verlust der Wohnung sind beide Anfang 1944 mit der Dienststelle des Beamten der Stadt Berlin nach Karlsbad (Nordsudetenland) gekommen. Dort ist der Vater dann 1945 gestorben, kurz vor dem Zusammenbruch: Die Mutter hat tatsächlich seine Urne im Rucksack (!) über die sächsische Grenze geschleppt. Die russische Wache hat die Urne geöffnet, die Asche mit den Fingern umgewühlt und, nach der Auskunft über deren wahre Bedeutung, panikartig die Frau mit dieser grausigen Last über die Grenze gejagt. — Deutschland im Jahre des Unheils 1945!

Die letzte Etappe dieses Privatunternehmens des Ehemaligen einer großdeutschen Panzer-Division ist schnell berichtet. Den Zug gen Westen hat die Mutter mit ihrem Sohn, der sie aus dem „Kessel Berlin" in die Freiheit bringen will, auf einem Bahndamm Westberlins bestiegen. Sie ist so schmächtig und elend gewesen, daß die dichtgedrängt auf den Trittbrettern stehenden Menschen ihr unwillkürlich Platz gemacht haben. Gepäck gibt es ohnehin kaum, nur noch einen Koffer, der aber nicht in Berlin bleibt.

Dieses letzte Gepäckstück der alten Heimat schleppt zwei Tage später ein junger Mann durch einen Bergwald in West-Thüringen. Es geht an einem Dorf vorbei, einen Hohlweg empor. Da kommt die zweite Begegnung, die nur gut ausgeht, weil jene erste vor einigen Tagen erfolgreich gewesen ist. Am oberen Ende des Hohlweges, der nach Hinweisen einiger Dorfbewohner zur nahen Grenze führt, tritt plötzlich wieder ein Iwan aus den Büschen. Diesmal ohne Papyrossi, dafür mit der nur allzugut bekannten Trommel-MPi im Anschlag: „Idi ssuda!" — Aus!

Auf der Hangwiese sitzen schon einige Menschen jeden Alters und Geschlechts, auch jeder Kleidung, mit und ohne Gepäck. Der Iwan und einige seiner Kollegen grinsen: Ein fürwahr guter Fang! Die Männer werden als Arbeitskräfte in Sibirien gebraucht, die Frauen wird man — je nach Alter — an die Feldküche oder ins „Kröpfchen" (man erinnere sich an „Aschenputtel") kommandieren.

Noch einmal: Landserfrechheit voran! Abgehärmt und mager sieht er jetzt ja aus, der Panzerfunker von einst, der vor kaum einem halben Jahr noch in Ungarn durch fixe Beine von der „Schippe gehopst" ist, als er, zu Fuß, mit zwei Kameraden sich einer langmänteligen, das Gewehr mit aufgepflanztem Dreikantbajonett in die Hüfte gestemmten Kolonne gegenübergesehen hat.

Was damals durch schnelle Füße gegangen ist, muß jetzt durch die schnelle Zunge gehen! Mit radebrechenden russisch-deutschen, von Hand unterstützten und hastig herausgesprudelten Wortfetzen macht der Junge dem triumphierenden Iwan klar, daß er nie „Woina" gemacht hat und nie „njemetz-Ssoldat" gewesen ist. Außerdem ist er krank — Lunge — „ponjemai?"

Woher denn überhaupt russisch — oder besser ukrainisch? Soweit reicht die Überlegung der jungen Russkis nicht. Die Überlegenheit des — man verzeihe diese Einbildung — schneller schaltenden Westgehirns gewinnt die Oberhand.

Neidisch verfolgt von manch trüben Blicken der zurückbleibenden Landsleute — was mag aus ihnen geworden sein? —, rutschend mehr als kletternd, gewinnen eine alt wirkende kleine Frau, ein abgerissener Junge und ein schäbiger, bindfadenumwickelter Koffer die westliche Landstraße bei Vacha, in Richtung Bebra. Vacha? — Da hat einmal der letzte Batteriechef des Jungen das elterliche Gut gehabt.

Gut gehabt — Glück gehabt. Immerhin hat ein Junge seine Mutter durch die Russen hindurch geholt. Das ist 1945 gewesen. Heute liegt die Mutter neben dem Vater auf einem Friedhof im westlichen Teil von Berlin. Deutschland schreibt das Jahr 1972. Vieles ist anders, das meiste ist vergessen. gh (23.Pz.-Div.)

## Ein Soldat für Europa

**Auch Franzosen kämpften an unserer Seite**

„Im März 1943 sah ich einen Lastwagen, der junge Franzosen zur Arbeit in Deutschland brachte. Da entschloß ich mich, den Schritt zu tun, stellte mich beim deutschen Arbeitsamt und bekräftigte den Wunsch, in Uniform zu dienen . . ." So heißt es im Bericht eines Franzosen über seinen Kriegsdienst als „europäischer Soldat in deutscher Uniform". André Bayle, gebürtiger Marseiller des Jahrgangs 1926, schreibt: „Nichts Neues! Seit 1941 haben während des Zweiten Weltkriegs bis zum Untergang im Mai 1945 etwa 30 000 Franzosen freiwillig (unter dem Gesetz der französischen Regierung) die deutsch-europäische Uniform getragen und im Osten gekämpft. Davon sind etwa 7500 Mann gefallen . . ."

Der junge Freiwillige, zuvor Angehöriger der französischen „Marine-Pfadfinder", wird ausgebildet im Lager Sennheim im Elsaß (heute wieder Cernay): „Das Tragen der deutschen Uniform macht mir keine Schwierigkeit. Ich habe vor allem das Empfinden, zu handeln, aus dem Gewöhnlichen herauszutreten, einem Eliteverband anzugehören, bei dem man sich unerbittlicher Disziplin befleißigen muß . . . Seit unserer Ankunft im Ausbildungslager finde ich die Atmosphäre der Olympischen Spiele von Berlin wieder. Wir treiben viel Sport, alle Nationen Europas sind vertreten. Wenn eine Mannschaft siegt, steigt ihre Nationalflagge am Mast hoch . . . Die Kriege von 1914 bis 1918 und von 1940 erscheinen uns mehr denn je als europäische Bürgerkriege, obwohl ich mich als Franzose fühle, bin ich jetzt Europäer.

Ein ausgezeichneter europäischer Geist herrscht bei den deutschen Ausbildern und uns. Einer von ihnen erklärt: „Das tollste ist, daß Sie dieselbe Uniform tragen wie ich. Ich bin glücklich darüber, denn mein Vater hat 1914 mitgemacht, ich habe die Ruhrbesatzung erlebt und dann den Westfeldzug mitgemacht. Ich hoffe, daß Ihre Gegenwart hier mit mir das Ende des europäischen Bürgerkriegs darstellt!" — Wir bekamen wenig politische Belehrung, etwa zwei Stunden im Monat, während wir wöchentlich fünf später als Gefangene der Russen erhielten . . ."

Weiter ausgebildet an der Unterführerschule in Treskau (Posen) und verlegt nach Beneschau (Böhmen), kommt er zur Französischen Freiwilligen-Sturmbrigade, zunächst im Sommer 1944 in Galizien eingesetzt. Die Brigade bildete dann den Kern der Anfang 1945 aufgestellten Grenadierdivision „Charlemagne". Ihr Name sollte an den (aus heutiger Sicht) ersten „europäischen" Kaiser erinnern, denn Karl der Große verband in seiner Person die Kernvölker des Abendlandes, Franzosen und Deutsche.

Neben der Sturmbrigade kam zur neuen Division auch die „Legion der freiwilligen Franzosen gegen den Bolschewismus" (LVF), die als IR.638 seit 1941 bei der Münchner 7.ID. im Mittelabschnitt gekämpft hatte. Sie wurde am 27. Februar 1944 im OKW-Bericht erwähnt und stand im Juni 1944 am Bobr. — Aufgefüllt wurden die neuen Verbände durch Freiwillige, die bisher in einzelnen deutschen Truppenteilen und Organisationen gedient hatten, sowie Angehörige der Französischen Miliz.

Die „Charlemagne" wurde in Hinterpommern eingesetzt, Reste verteidigten zusammen mit ihren deutschen Kameraden bis zuletzt die Reichshauptstadt.

Über das Ende seines Einsatzes schreibt er: „Wir stecken in Kämpfen um Pommern, inmitten des vollen deutschen Rückzugs. Ich habe Anteil an verschiedenen Abwehrunternehmen, befreie Gefangene und werde selbst, nachdem ich eine Woche in den russischen Linien umhergeirrt bin, zusammen mit drei Kameraden von einem polnischen Spähtrupp gefangengenommen. Der russische Offizier, der uns verhört, gibt mit ein paar mächtige Ohrfeigen, weil ich meinen Dienstgrad nicht angegeben habe, sondern rufe: „Patriot! Franzose! Pétain!"

Am 1. Mai 1945 ist er in Moskau, seine Schilderung dieses Tages spricht für sich: „Wir sind da auf dem Roten Platz, als Herde von besiegten Kriegsgefangenen ziehen wir ohne Ordnung vorbei, zehntausende aus allen Nationen Europas, vom Atlantik bis zur Wolga, zerlumpt, struppig und erschöpft. Das ist die große Parade der Gefangenen!"

1946 werden die Franzosen in ihre Heimat gebracht. Dazu: „Bei der Ankunft in Valenciennes werden wir entlassen und sind glücklich, wieder das Heimatland betreten zu können . . . Wir dachten, wir würden nur hinsichtlich unserer Identität überprüft. Wir wußten nicht, daß wir, 1943 von einer rechtmäßigen Regierung einberufen, als Verräter gerichtet würden . . . Ich hatte ein Frankreich verlassen, das ein Prozent Kollaborateure und ein Prozent Widerständler zählte, aber mehr als 98 Prozent Pétainisten, Abwartende und Opportunisten. Ich finde es wieder zu meiner großen Überraschung mit 99 Prozent Gaullisten . . ."

Im heutigen Rückblick auf sein persönliches Schicksal jener Jahre stellt André Bayle, einst Junker der Waffen-SS (ausgezeichnet mit dem Eisernen Kreuz beider Klassen, Infanteriesturmabzeichen und Nahkampfspange), schließlich fest: „Ich bin also Kollaborateur der Deutschen gewesen, aber mein Sohn hat seit seinem Fallschirmjägerdienst gemeinsame Manöver mit der Bundeswehr mitgemacht, also mit ihnen kooperiert . . . Sicher wirft man uns vor, in deutscher Uniform gekämpft zu haben und Seite an Seite mit denen, die Frankreich besetzt hielten. Aber wir haben geglaubt (war das nicht die amtliche Ausdrucksweise?), daß der Feind Nummer Eins der Kommunismus sei und Europa sich gegen ihn vereinigen müsse. Offensichtlich bleibt der Kampf derselbe seit vierzig Jahren . . . Ich bereue nichts, ich habe nichts zu verleugnen, ich empfinde weder Scham noch Stolz, weil ich als europäischer Freiwilliger in der Waffen-SS gedient habe."

André Bayle/ad/Ak (Gren.-Div. „Charlemagne")

## „. . . in ein paar Wochen wären wir selbst gekommen!"

**Aussage eines Sowjet-Majors**

„Sonntag 12. 10. 41, Nowo Spass Koje, zwei Uhr nachts, Alarm. Russen greifen mit „Urräh" an, wollen aus dem Kessel von Wjasma nach Osten ausbrechen. Bleiben im Feuer unserer Sturmgeschütze liegen . . .", so steht es, mit Bleistift geschrieben, in dem kleinen, abgegriffenen Notizbüchlein für das Jahr 1941, in dem der damalige Richtschütze einer 3,7 cm Pak, R. H., mit kurzen Sätzen die Ereignisse vom Beginn des Ostfeldzuges an eingetragen hat. Beim Durchblättern werden Erinnerungen wach: Offensichtlich hatte der Russe damals im Kessel noch genug Geschütze und Munition. Vor jedem Ausbruchsversuch belegte er den dafür vorgesehenen Abschnitt mit einem höllischen Trommelfeuer. Als Richtschütze R. H. aus seinem Deckungsloch an sein Geschütz zurückkehrte, standen sein Unteroffizier und seine drei Kameraden um einen Russen herum, der allem Anschein nach die Gefangennahme gesucht hatte. Er hockte neben der Pak. Seine Uniform trug keine Spuren des Kampfes; die Hände waren makellos sauber, und R. H. glaubte, an ihm den Duft einer guten Seite oder eines Parfüms wahrzunehmen. Er sprach ihn an und erhielt zu seiner Überraschung Antwort in einwandfreiem Deutsch. Der Gefangene stellte sich als Major vor, nahm gern eine deutsche Zigarette an und suchte das Gespräch. R. H. kann sich nicht mehr an alles erinnern, was gesprochen wurde, aber in dem Taschenkalender ist ein Satz enthalten, über den er, der spätere Leutnant, oft nachgedacht hat: „. . . Hätte er noch abgewartet, — in ein paar Wochen wären wir selbst gekommen." „Mehr konnte ich damals nicht aufschreiben, aus begreiflichen Gründen", erklärte R. H., aber er weiß genau, in welchem Zusammenhang der Sowjet-Major dies gesagt hatte: „Hitler hat mit dem Einmarsch in unser Land eine große Dummheit begangen. Jetzt gilt er als der Schuldige am Krieg. Hätte er noch abgewartet, — in ein paar Wochen wären wir selbst gekommen." R.H./J.K. (35.ID.)

# Gedanken in der Nacht

**Ein Wechselbad von Glaube und Zweifel**

In der Nacht auf einsamer Wacht in Rußland, überkam mich die Frage: „Gibt es noch einen Gott? Gibt es ihn noch, den gnädigen Gott, von dem man uns in der Kindheit und im Religionsunterricht so viel erzählt hatte?"

„Warum tut er nichts gegen das Hinmorden Unschuldiger, oder sind wir, die aufeinander schießen, plötzlich alle schuldig geworden? Was haben wir getan, um all dies ertragen, erdulden zu müssen?" Die unausgesprochenen Gedanken, sie kamen und gingen, kamen wieder, wenn die Sterne am Himmel oder der Mond eine Verbindung zur tausende Kilometer entfernten Heimat schufen; und auch, wenn in rauher, kalter Winternacht, bei Sturm und Schnee und nicht endenwollenden Nächten der Blick gebannt zum Feind ging, spähend, horchend und sich fragend „was wird morgen sein"!

Ein Wechselbad von Glaube und Zweifel.

Der Krieg in seiner sich steigernden Härte und Grausamkeit schien kein Ende zu nehmen. „Lieber Gott, mach doch ein Ende!"

Warum straft er nicht unsere Feinde, die Gottlosen, wie man die uns gegenüber Liegenden schilderte. Was hatten wir verbrochen? War es die Schuld unserer Väter, die wir zu büßen hatten? — Nein, sicher nicht! Wir büßten die Schuld derer, die uns veranlaßten zu marschieren, hier zu stehen, zu schießen, zu darben, zu hungern, zu zittern, zu töten und möglicherweise zu sterben.

Der Herrgott ließ regnen, schneien, uns frieren und leiden, ließ Mond und Sterne erstrahlen, ließ die Natur erwachen und wieder sterben, ließ die wärmende Sonne auf uns herniederscheinen. Aber dem Krieg ein schnelles Ende bereiten, Wunder geschehen lassen, das tat er nicht.

Immer wieder lief das bisherige Kriegserleben wie ein Film vor dem inneren Auge ab. Und die Antwort?

„Erinnere Dich! Hat er nicht bisher seine schützende Hand über Dich gehalten?"

Beim Durchbruch durch die Maginotlinie 1940, beim ersten Angriff in Rußland, im Hagel der Granaten der Stalinorgel, wenn MG-Geschosse um die Ohren pfiffen oder Bomben fielen.

Vor allem damals am 31. 1. 1942, als Dich ein kleiner Granatsplitter 1½ cm unterm Auge traf — der heute dort noch steckt —; oder am 2. 8. 1942: glatter Oberarmdurchschuß links, genau auf Herzhöhe, ohne nachfolgende Komplikationen; oder am Newabogen am Morgen des 14. 9. 1943 als Dir der Iwan die Armbanduhr kaputtschoß. — Sonst nichts . . .

Der Beispiele folgten noch weitere, die Zweifel verdrängten. In Gedanken daran erinnerte ich mich des Spruches: „Glaube ist Hoffnung, und Hoffnung ist der Atem des Lebens".

Otto Schlegel (215.ID.)

# Kampf in der Metaxas-Linie

**Aus ehemaligen Gegnern wurden Freunde**

Aus Bulgarien kommend überrollten wir am 6. April 1941, fast wie in einem Manöver, das griechische Vorfeld bis ins Talbecken von Kato-Nevrokopion. An diesem sonnigen Frühlingstag rahmten rundum noch mit Schnee bedeckte Berge dieses schöne Tal ein, an deren Hängen sich angeblich nur einige Feldstellungen der Griechen befinden sollten. Diesen Irrtum mußte dann allerdings das Infanterie-Regiment 105 beim Vorbeimarsch am Berg Ochiron-Lisse mit einem hohen Blutzoll bezahlen! War er doch zur stärksten Festung dieses Gebietes ausgebaut! Unser II.Btl.105 suchte und fand Sichtschutz im Gestrüpp des ausgedehnten Sumpfes vor Kato-Vrondu am Westrand des Tales. Beim Gequake von tausend Fröschen erwarteten wir im stinkenden Morast den nächsten Tag.

Beim ersten Lichtschein des 7. April hieß es dann: „Auf, marsch!" In Reihen durchwateten das II. und III.Btl.105 den hüfthohen Sumpf. Wie gut, daß die aufgeschreckten Frösche nun noch lauter quakten, wurden doch dadurch die unvermeidlichen Geräusche unserer Ausrüstung von den Griechen nicht wahrgenommen. Unser Angriffsziel, die Höhe des Kresti, von den Griechen nur schwach besetzt, wurde beim strömenden Regen zügig genommen. Die folgende Nacht dort oben war kalt, aber ruhig.

Langsam meldete sich der 8. April am östlichen Horizont an, und schon hieß es: „Alarm! Feind greift an!!" Die Griechen hatten in der Nacht Verstärkung herangezogen. Es entwickelte sich ein verbissener Kampf, denn der tapfere Gegner versuchte abwechselnd an verschiedenen Stellen den Durchbruch und kam im Gestrüpp bis auf zehn Meter an uns heran. Ich hatte am linken Flügel der 7.Kompanie eine gut getarnte Feuerstelle inne und erkannte, wie zwei Griechen aus dieser kurzen Entfernung plötzlich ein Maschinengewehr in Stellung brachten. Da ich schneller war, setzte ich mit zwei Schüssen aus meinem Gewehr beide Gegner außer Gefecht. Nun ragte nur noch der Lauf ihres englischen MG's über das halbhohe Gras hinweg. Ich lief hin und warf es den Felsen hinab. Einer der Griechen sprach mich mit „Kamerad" an und zeigte auf seine linke Brust, wo ich ihn getroffen hatte. In Eile legte ich ihm einen Verband an und behandelte auch noch kurz den Oberschenkelschuß des anderen Griechen. Anschließend räumten wir fluchtartig die Kresti-Höhe, weil das Bataillon inzwischen keine Munition mehr hatte.

Bei der Flucht stieß mein Kamerad Philipp Möhn in unmittelbarer Nähe der von mir getroffenen Griechen auf einen weiteren, an einem Bein verwundeten griechischen Unteroffizier, der ihn ebenfalls um Hilfe bat. Dieser schenkte ihm aus Dankbarkeit ein Foto von sich.

Nach dem plötzlichen Tod meines Kameraden schickte ich im Juni 1983 eine Kopie des Fotos nach Drama, der Kreisstadt unseres damaligen Kampfgebietes, mit der Bitte um Nachforschung. Diese verlief zunächst ergebnislos. Bei meinen seit 1983 jährlich durchgeführten Busreisen mit Kameraden in dieses Gebiet, bot sich im April 1985 bei Aufnahmen des griechischen Fernsehens von unserem Veteranentreffen am griechischen Heldengedenktag an der Festung Ochiron-Lisse die Gelegenheit, auch dieses Foto in der Abendschau auszustrahlen. Das Unglaubliche geschah: Ein Herr George Thiveos aus Koropi bei Athen meldete sich eine Stunde später per Telefon bei mir im Hotel in Drama: Er war der Gesuchte!

Da wir uns anschließend einige Tage in Athen aufhielten, vereinbarten wir gleich ein Treffen in unserem Hotel. Diese Begebenheit mit meinem in Griechisch übersetzten Kommentar wurde wiederum vom Fernsehen ausgestrahlt.

Meiner Einladung folgend kam Herr Thiveos am 17. Juli 1987 mit 36 Landsleuten nach Trier. Während einer kleinen Gedenkfeier im Beisein aller Veteranen legte er am Grab von Möhn in Trier-Tarforst ein Blumengebinde nieder. So hatte nach 46 Jahren, nach einer Reihe unglaublicher Zufälle, der damals verwundete ehemalige Gegner Gelegenheit, seinem deutschen Helfer in der Not zu danken.

Bei einem späteren Gespräch über das Kampfgeschehen auf dem Kresti stellte sich heraus, daß der von mir mit einem Brustschuß verwundete Grieche sein Freund war und nicht weit von ihm seiner schweren Verwundung erlag. Es war der Unteroffizier Konstantinos Papadopoulus aus Drama. Diese Eröffnung ging mir doch sehr nahe. Den Namen, am Ehrenmal am Ochiron-Lisse angebracht, las ich im April 1988 mit kaum beschreibbaren Gefühlen! Sein Tod war mein Leben!

Anton Blasius (72.ID.)

# Der Dank des Gegners von einst

**Ein Brief aus Griechenland an Anton Blasius**

Lieber Herr Anton Plasius                Koropi, den 10. Juli 1985

Erlauben Sie mir ihnen Dankbarkeit für ihre mühe die sie sich gemacht haben für unser treffen, und die vergangenen zwei Monate unseres treffen. Ich fergesse nicht die stunde unserer tiefsten Rürung. Ich wünsche mir wenn Sie wieder in Athen sind, das wir uns treffen und vieleicht, kann ich ihnen behielflich sei in jeder situation.

Herr Plasius, ich bitte Sie meine grüsse weiter zu geben an die Witwe von Pfillip Möhn, der ich meiner Dankbarkeit schuldig geblieben bin. Meine Vererung für immer und alle meine Wünsche an Gott und für die Ruhe der Sellen des verstorbenen. Die Erde ist leicht, die dem Körper unseres Freund Philipp deckt, und Gott wird seine Seele in frieden rühren.

Gott möge euch immer in seine heilige Schutz, euch wieder zu geben die Energie unseres Freund Philipp Möhn merfach.

niemals werde ich Vergessen, meine Dankbarkeit euch gegenüber.

Mit tiefsten Respeckt und Vererung

Georg Evagelos Thiveos

(Der handgeschriebene Brief wurde unverändert abgedruckt)

# Jungens im Kampf

**Erst später wurde einem die Absurdität des Krieges bewußt**

Ich war gerade 17 Jahre alt, als ich Anfang 1945 nach Haus schrieb: „... Sollte es übrigens zu Hause noch jemand geben, der nicht glaubt, was in unseren Zeitungen über die Handlungsweise der Russen steht, dem könnte ich was erzählen. In den Dörfern, die uns gegenüber lagen, ging es schauderhaft zu. Flüchtlinge, die über das Eis kamen, erzählten davon. Ein alter Mann berichtete, daß er sein eigenes Grab schaufeln mußte, ein junges Mädchen hatten zehn Mann vergewaltigt ... Und damit das nicht so weitergeht, dazu liegen wir gerne draußen im Dreck und nehmen die ganzen Strapazen eines Frontsoldaten auf uns."

Und zwei Wochen später: „Die Kämpfe hier sind erbittert. Der Russe will unbedingt durch und hat eine seiner Elitedivisionen uns gegenüber. Das sind ganz tolle Kerle. Außerdem fällt er uns mit einer ganzen Menge von Panzern schwer auf die Nerven. Manche Stellungsteile haben schon mehrfach den Besitzer gewechselt, aber er fliegt immer wieder raus, da kann er machen, was er will. An uns jungen Kerlen beißt er sich die Zähne aus. Bitter ist, daß so mancher, den man gut kannte, nun nicht mehr lebt, aber das ist eben der Krieg." Damit meinte ich den Tod eines guten Freundes. Auf einem T 34 aufgesessene Infanterie hatte ihn beim Versuch, den Panzer zu knacken, zusammengeschossen.

Daß alle Opfer sinnlos geblieben waren, mußten wir wenige Monate später zur Kenntnis nehmen. Die Absurdität des Krieges kam mir aber erst einige Wochen danach so richtig zum Bewußtsein, als plötzlich ein baumlanger Ami-Soldat in unserer Haustür stand, der sich rasch als einer meiner amerikanischen Vettern vorstellte und nach seinen Verwandten Ausschau halten wollte. Noch einen Monat zuvor hätten wir, jeder von seiner Sache überzeugt, aufeinander geschossen...

41 Jahre nach Kriegsende: Ich nehme in Neuseeland an einer Folkloreshow von Maoris teil. Unter den Besuchern ist auch ein Amerikaner, der mitbekommen hat, ein „Austrian" (ich) sei anwesend. Mit der Unbekümmertheit der Amerikaner beginnt er von Österreich zu schwärmen und berichtet, daß er als Soldat in Oberösterreich einmarschiert sei. Rasch stellt sich heraus, daß ich Kriegsgefangener seiner Division gewesen sein muß. Heimgekehrt bestätigt sich an Hand des Entlassungsscheins die Vermutung: Ich war tatsächlich POW der 80. US-Infanteriedivision. Zur Erinnerung schickt er mir ein vergilbtes Foto, das einige Jungen in Uniform zeigt. Sie halten eine Reichskriegsflagge in den Händen und sehen beinahe wie Hitler-Jungen aus. Aber es waren GIs, junge Männer wie wir damals ...

A. Stromenger (GD)

# Martha hieß die Soldatenbraut

**Wie ein „Brandenburger" im Krieg seine Frau fand**

Unser Regimentstreffen in Waldau war beendet, einige Kameraden mit ihren Frauen hatten sich jedoch Urlaub genommen, waren geblieben und saßen nun am nächsten Abend wieder beisammen. Anfangs sprach man natürlich noch über das Treffen, die abgereisten Kameraden und deren Familien, die vielen Grüße aus aller Welt. Dann aber rückte die Tischrunde selbst mit ihren eigenen Familien, mit eigenen Sorgen und Freuden in den Vordergrund. Wie es kam, weiß ich nicht mehr, doch einer aus unserem Kreis stellte fest, daß viele der anwesenden Frauen ja unsere Kriegsbräute gewesen seien. Manche Ehepaare hatten sich in Freiburg kennengelernt, manche auch in Berlin, einige Frauen waren damals Schwestern gewesen und hatten ihre Männer als zu pflegende Verwundete kennengelernt. So erzählte auch Karl „seine" Geschichte, und „seine" Martha saß mit stillem Gesicht dabei. —

Karl hatte die Feldküche gefahren, 1945 zuerst in Ostpreußen, dann quer durch Polen über die Oder bis an die Neiße. Es war eine schlimme Zeit gewesen und eine schlimme Fahrerei bei der Kälte und Glätte. Dann lag die Kompanie an der Neiße in Stellung. Der große Muskauer Forst gab gute Deckung gegen die „IL2" und die Russen auf der Ostseite des Flusses, so daß man auch am Tag warmes Essen nach vorn fahren konnte. Karl mußte außerdem noch für Wasser sorgen zum Kochen.

Dazu fuhr er irgendwann Anfang März an einen Bach, wie alle Tage vorher, griff sich seine Milchkannen und ließ sie vollaufen. Als er dann mit zweien von ihnen die glatte Böschung hochstieg, rutschte er ab, schlug lang hin, das Wasser floß in den Bach zurück. Er fluchte kräftig und schwor sich, nur noch Wasser aus bewohnten Häusern zu holen und sein Fahrzeug direkt vor die Tür zu stellen.

Am nächsten Tag also fuhr er auf einen benachbarten Bauernhof, fand zwar im Haus niemand, hörte aber im Stall Eimer klappern. Dort fand er ein Mädchen beim Melken der Kühe. Karl stammt von einem Hof in der Nähe von Lüneburg. Er setzte sich also an die benachbarte Kuh und molk sie. Das Mädchen erzählte, die Eltern seien nach Muskau gefahren zu Besorgungen. Nach der Melkerei bekam Karl seine Kannen gefüllt, eine sogar mit Milch. Es war klar, daß die Kompanie ihr Kochwasser von nun an nur noch von diesem Hof erhielt. Karl lernte auch die Eltern des Mädchens kennen und berichtete von seinem eigenen Zuhause.

Dann begann der russische Angriff am 16. April 1945, der Durchbruch kam. Karl hatte seine Heimatanschrift bei den Leuten in der Lausitz gelassen. Das letzte, was er hörte, ehe er in Gefangenschaft ging, war die Nachricht, daß die Martha — so hieß jenes Mädchen — mit ihren Eltern hatte flüchten müssen und nun im südlichen Thüringerwald ein neues Unterkommen gefunden hatte.

Die Jahre gingen ins Land, irgendwann kam eine Gefangenen-Postkarte aus Rußland bei der Martha an. Die sechzehn Worte sagten ihr, daß Karl noch am Leben war. Sie schrieb zurück, auch nur die wenigen erlaubten Worte. So hörten beide immer wieder voneinander. 1949 wurde Karl zu 25 Jahren Zwangsarbeit verurteilt. Warum, hatte er nicht begriffen; es war wohl der Name unserer Division, denn anderen Kameraden war das gleiche geschehen.

Karl schrieb der Martha, sie solle nun nicht mehr auf ihn warten, denn er würde alt und verbraucht sein, wenn er wirklich noch einmal nach Hause kommen würde. Nach vielen Wochen hatte er Marthas Antwort: Sie hätte nun schon vier Jahre gewartet und würde das auch weiter tun, er solle man den guten Mut nicht verlieren, es käme immer anders als man dächte.

Karl wurde dann 1951 entlassen. Martha war in der DDR — damals sagte man noch „Zone" dazu — und Karl traute sich nicht dorthin nach allem, was er in Rußland so erlebt hatte. Aber er schrieb ihr, er sei nun wieder da und bei seiner Mutter in Lüneburg, der Vater sei inzwischen gestorben. So mußte Martha also zu ihm fahren. Ihre Eltern redeten ihr ab, sie meinten: „Du hast ihn seit über sechs Jahren nicht mehr gesehen, Ihr kennt Euch noch keine vier Wochen lang, das gibt ein Unglück!" — Aber Martha fuhr.

Als ihr Zug in die Nähe von Lüneburg kam, begannen Marthas Knie zu schlottern; denn so sicher, wie sie sich gab, war sie keineswegs. Dann stieg sie in Lüneburg aus: Dort stand der Karl, er hatte ein rundes Vollmondgesicht und dicke Beine, immer noch von der Dystrophie. Beinahe hätte sie ihn nicht erkannt, weil er doch damals in der Lausitz an der Neiße ein schmaler Junge gewesen war. —

In unserer Runde war es sehr still geworden, die Martha hatte Tränen in den Augen.

Die beiden waren damals zu Karls Mutter gegangen. Sie und Karl lebten in einem Zimmer, aber die Mutter nahm Martha sehr herzlich auf: „Nur, wohnen kannst Du hier nicht, das schickt sich nicht!" So machte man sich auf, suchte nach einer Bleibe für Martha und fand schließlich auch die. Karl arbeitet heute in einer Fabrik in Lüneburg, die beiden haben damals bald geheiratet.

Wir überlegten dann noch, was heute wohl ein Student oder eine Studentin aus einer Wohngemeinschaft dazu sagen würde, wenn man ihnen damit käme, daß „sich das nicht schickt". Martha meinte dazu, mit Glück oder glücklich sein habe das nichts zu tun. Die beiden jedenfalls sind glücklich, daß sie noch leben und gesund sind. Ein Märchen? Eigentlich nicht, oder doch?

br. (GD./Brandenburg)

## Sie feierten miteinander

### Zwei Begegnungen mit Russen nach dem Krieg

Im Jahre 1977 flog ein österreichischer Kamerad mit seiner Frau nach Ceylon und mußte bei einer Zwischenlandung in Moskau auf dem Flughafen vier Stunden im Transitraum auf die „Aeroflot"-Maschine nach Colombo warten. So saß er dort im Restaurant, als eine Gruppe von etwa zehn Russen hereinkam, auf den Schultern „Seesäcke", offenbar recht gut gefüllt. Zwei Mann setzten sich an seinen Tisch, die anderen an die Nebentische. So liefen ihre Gespräche von Tisch zu Tisch.

Sie konnten nicht ahnen, daß unser Kamerad auch Russisch versteht. So war es ihm möglich, dem Gespräch zu entnehmen, daß es sich um Hochseefischer handelte, deren Fangflotte irgendwo westlich vor Angola kreuzte. Diese Gruppe wartete auf die Linienmaschine nach diesem Westafrika-Staat.

Schließlich kam es doch zu einem Gespräch zwischen unserem Kameraden und seinen Tischgenossen über verschiedene Themen, auch darüber, weshalb es uns möglich sei, an alle Plätze und Orte der Welt zu reisen, daß unser Kamerad überhaupt russisch sprach. Einer bemerkte beiläufig, daß sehr viel Leningrader Dialekt dabei sei. Auf die Frage, wieso, antwortete unser Kamerad, daß er im Februar 1942 südlich des Ilmensees gekämpft habe.

Nach einiger Zeit jedoch entfernte sich unser Kamerad mit seiner Frau vom Tisch, sie setzten sich auf eine bequeme Polsterbank, um etwas zu ruhen. Da geschah etwas Seltsames: Einer der Russen kam zu ihnen herüber und brachte eine Flasche Wodka! Dabei erkundigte er sich, ob unser Kamerad vielleicht auch in Szolzi gewesen sei, damals. Das traf zu, und auch der Russe sprach von jener Zeit. Er war damals gerade zehn Jahre und erinnerte sich nun auch an die deutschen Luftwaffen-Soldaten, die in ihrem Haus einquartiert waren: Großvater, Mutter, Schwester und er wären damals verhungert, hätten nicht die deutschen Soldaten ihnen von ihrer Verpflegung abgegeben! Heute noch sei die Meinung der Dorfbewohner sehr gut den Deutschen gegenüber! — Als Plünderer und Unmenschen erwiesen sich dann ab 1944 die eigenen Sowjetsoldaten.

All das übersetzte unser Kamerad auch seiner Frau. Der Russe selbst hatte Tränen in den Augen und küßte unserem Kameraden die Wange, als dieser ihm bedeutete, auch er sei einer der Luftwaffensoldaten gewesen, die um den 10. Februar 1942 herum bei Zsolzi den Durchbruch der Russen über den gefrorenen Ilmensee verhinderten. — Soweit der Bericht aus dem Jahr 1977 über die Begegnung auf dem Flughafen Scheremetjewo zwischen einem ehemals kleinen russischen Jungen und einem Luftwaffensoldaten von „Anno dazumal" . . .

J. Kr. (21. Lw.-Felddiv.)

## Der General und der schwäbische Gruß

**Eine Erinnerung an General Erich von Bogen**

Ukraine 1944. Die deutsche Front muß dem Druck des übermächtigen Gegners weichen und setzt sich im überschlagenden Einsatz von Geländestreifen zu Geländestreifen ab. (Kissel [aus russischen Quellen] in einer seiner Dokumentationen: Bataillone 4,5:1, l.MG und s.MG 3,2:1, Geschütze und Granatwerfer 6,6:1 und Panzer und SFL 7,6:1).

Eine Kampfgruppe GR 571 und die 5./AR. 302 mit genau noch zwei ausgeleierten l.FH 18 bilden an irgend einem Dreckbach, dessen Namen mir entfallen ist, eine Sperrkette, in deren Schutz deutsche Kolonnen über einen Damm abfließen, der aus zusammengeschobenen Fahrzeugen und Leibern toter Pferde besteht. Der „Modder" zieht Oberstabsvertr. Dr. Grittmann die Stiefel aus, barfuß kommt er ans andere Ufer, die Hündin Susi von Major Meyer wird von einem umstürzenden Wagen erdrückt.

Hinter dem Schützenschleier wird jenseits des Baches eine neue Front aufgebaut, die beiden Geschütze werden gesprengt und die Männer zurückgenommen. Sie marschieren durch die neue HKL. durch in ein Auffang-Quartier, wo sie zunächst einmal zur Ruhe kommen. Und da gibt es sogar warme Verpflegung, Rauchwaren und Schnaps. So viel Schnaps, daß „Geburtstag" gefeiert wird und das nicht gerade leise.

Die Tür zur Hütte der Artilleristen kracht auf und eine zarte Stimme brüllt: „Ruhe, der General nebenan will schlafen!" Meine nicht gerade feine, zudem unmilitärische aber für einen in der Wolle gefärbten Schwaben unter den Umständen ganz natürliche Antwort war: „Ihr General kann uns a. A . . l . . .!" Sekundenlange Verblüffung, dann pflügt sich der Störenfried durch das — nur in der Rückschau — malerische Nachtlager und baut sich zur Erhebung der Personalien vor dem Übeltäter auf. O Schreck! Es ist Hauptmann Niepel, Kommandant Stabsquartier 302.ID, anders rum, der so herzlich eingeladene General ist unser eigener: Generalleutnant von Bogen!

Minuten später: Meldung beim General, zwar unrasiert, aber sonst comme-il-faut, notabene mit den Abstrichen, die das Jahr 1944 für das äußere Bild so mit sich brachte. Der General liegt, genau so wie wir, komfortabel auf Dielenbrettern, bescheiden garniert mit etwas, das früher mal Stroh war und sichtlich vordem das Dach des Hauses geziert hatte. Er stützt sich auf den Ellbogen, guckt sich den Sünder an und sagt dann: „Ach, Sie sind das. Nun, bei Ihnen in Schwabben (Schwabben sagt er), da gehört so was ja wohl zum guten Ton" — und nach einer Minute des Schweigens — „Wissen Sie was, schlafen kann ich sowieso nicht, ich komme mit rüber zu Euch" (Euch sagt er). Dann rappelt er sich auf, winkt der Begleitung ab und geht mit rüber in unsere Prunkvilla, läßt sich den letzten Einsatz erzählen, verspricht neue Geschütze und nimmt sich im übrigen einige zur Brust. Einer spritzt rüber, seine Zigarren holen, und dann sitzt er bei uns und den Infanteristen in den beiden Nachbarhäusern, bis uns alle die Pflicht des neuen Tages ruft.

Epilog: Viele Jahre später, er war ja ein 55er Spätheimkehrer und wir hatten erst brieflichen Kontakt miteinander, kam eine Kurznachricht von ihm. Er, der große Waidmann, sei bei Verwandten auf Schloß Stetten, auf einen Bock, und auf dem Rückweg komme er mit dem und dem Omnibus in Stuttgart an. Schnell werden ein paar Nahbereichs-Kameraden zusammengetrommelt, wird für ihn Quartier gemacht, und dann stand ich am Busbahnhof.

Da stieg er auch schon aus, ein wenig älter geworden, aber unverkennbar er. Nach einem wortlosen Händedruck, die ganze Zwischenzeit nur im Blick von Mann zu Mann, dann: „Herr General sehen aber blendend aus." Die Antwort: „Mein Lieber, das ist nur äußerlich, einen Millimeter unter der Haut sieht es ganz anders aus." — und — „Wissen Sie, in all den Jahren habe ich oft über Ihre damalige schwäbische Einladung nachgedacht und gelacht. Jetzt können Sie das jeden Tag zu mir sagen, ohne daß der Niepel Sie zur Bestrafung melden kann. Aber, naja, Sie als Schwabe!"

Bei so manchem Zusammentreffen haben wir zuerst mal einen Klaren getrunken und uns angegrient. Immer auf den schäbischen Gruß!

Und wenn es im Soldatenhimmel einen Klaren geben sollte, dann wird wohl, wenn wir uns dort sehen, das erste sein, daß wir einen zur Brust nehmen und uns angrienen.

Eben auf den schwäbischen Gruß hin.

Der General und einer seiner Männer.

F.W.M. (302.ID.)

# Bei den Toten von Stalingrad

**Eine „Erinnerungsreise" an die Wolga unserer Tage**

Während der Ehrung der Gefallenen durch unseren hoch verehrten Generalleutnant a.D. Rodenburg am Gedenkstein der 76.ID. in der „Prinz-Albrecht-Kaserne" zu Hannover faßte ich im Oktober 1981 den Entschluß, im 40. Jahr nach der Schlacht von Stalingrad dort an Ort und Stelle, im jetzigen Wolgograd, einen Kranz niederzulegen. Ich war hierzu in Gedenken an meine dort gefallenen Kameraden, besonders auch der 12./203, fest entschlossen. — Über 100 000 Soldaten der 6.Armee und 4.Panzerarmee wurden im Kessel getötet, nur 34 000 wurden ausgeflogen, über 160 000 gerieten in Gefangenschaft. Darunter die Reste der 76.ID. mit ihrem tapferen Kommandeur-General Rodenburg. Mich hatte das Schicksal davor bewahrt. Diese Gedanken gingen mir durch den Kopf, als ich eine Anzeige über eine „Wolga-Don-Reise" las, verbunden mit dem Besuch von Wolgograd und anderen Städten. Ich buchte sofort.

Mir war bekannt, daß für alle 2,2 Millionen auf dem Gebiet der Sowjetunion gefallenen oder gestorbenen deutschen Soldaten keine erkennbaren „Kriegsgräber" bestehen, ausgenommen an wenigen Stellen zwischen Moskau und Wolgograd, wo vereinzelte Gräber deutscher Kriegsgefangener vorhanden sein sollen. Es würde demnach auch in Wolgograd kein „Denkmal für den unbekannten deutschen Soldaten" geben. Ich mußte also meinen Kranz an einer geeigneten Gedenkstätte für sowjetische Soldaten ablegen. Frische Blumen dafür würde man mir dort kaum besorgen. So ließ ich mir vorher einen Kranz aus Seidenblumen binden. Diese lassen sich im Koffer eng zusammendrücken und später wieder bis zur natürlichen Größe auflockern. Für die beiden Schleifen in den Farben schwarz-rot-gold wählte ich die Aufschrift „Den in und um Stalingrad gefallenen Soldaten zum Gedächtnis" und das Bild eines Palmenzweiges auf der anderen Schleife. Beide ließen sich ebenfalls leicht zusammenrollen und würden beim Zoll nicht auffallen.

Der Reisetag im Juli 1982 kam heran. Auf dem Flughafen Frankfurt wies mir die Reiseleiterin eine Doppelkabine auf einem Wolgaschiff zu, die ich mit einem mir bekannten

Soldatenkameraden teilen sollte. Eine „Iljuschin“ brachte uns nach Kiew, mit einem Anschlußflug nach Süden, am Dnejpr entlang, erreichten wir dann Rostow.

Am nächsten Tag besichtigten wir Rostow und seinen Hafen am Don. Die Stadt ist wieder aufgebaut, Hauptstraßen und Wohnhäuser, besonders die „offiziellen“ Gebäude mit ihren Säulenfronten, eine renovierte Kathedrale mit fünf Kuppeln und viele Parkanlagen hinterlassen einen freundlichen Eindruck. In Nebenstraßen dagegen gibt es ärmliche Behausungen und ungepflegte Hinterhöfe, Straßen und Plätze in schlechtem Zustand.

Der erste Besuch galt einem Denkmal für die Gefallenen, täglich von Sonnenaufgang bis -untergang bewacht: Nur Schüler mit guten Leistungen werden dafür ausgesucht. Jungen und Mädchen tragen Khakihemden mit Schlips und brauner Hose oder Rock, die Mädchen haben eine weiße Stoffblume im Haar, die Jungen die Maschinenpistole geschultert. Die Wachablösung erfolgt diszipliniert, der eingedrillte Stechschritt und starre unbewegliche Gesichtsausdruck dieser Kinder wirkt beinahe peinlich. Außerhalb der Stadt besuchten wir das Mahnmal zur Erinnerung an die Kämpfe gegen die Weißrussen (1918—1920): Drei vorwärtsstürmende Pferde aus Bronzeguß vor einem mit drei Sowjets besetzten Panjewagen mit einem Maschinengewehr auf der Ladefläche.

In Novotscherkask, letzte Hauptstadt der Don-Kosaken, weiter nördlich, besichtigten wir ein Museum für diese. Sie bewohnten das Gebiet beiderseits des Dons und der unteren Wolga, einst ein freies, ungebundenes Reitervolk. Die in der Wehrmacht dienenden Kosaken wurden mit ihren Familien nach dem Krieg von den Engländern an die Sowjets ausgeliefert, das Volk besteht als solches nicht mehr . . .

Nach 140 Kilometer Fahrt auf dem Don wurde ein Erholungstag auf einer kleinen Halbinsel an einem Nebenarm eingelegt. Danach queren wir den Zimljansker Stausee (200 km lang) und schleusen durch den Wolga-Don-Kanal (1948—1952 erbaut) bis zur Wolga hinab. Vor der letzten (13.) Schleuse erfolgte der Übergang der sowjetischen Truppen im Dezember 1942 zur Vereitelung eines Ausbruchsversuchs der Heeresgruppe von Weichs und der 4. rumänischen Armee. Weiter nördlich steht rechts auf einer Anhöhe eine Skulpturengruppe, die an die am 23. November 1942 abgeschlossene Einkesselung der 6.Armee erinnern soll.

Am Morgen des vierten Reisetages fuhren wir aus dem Kanal in die Wolga, wo ein überdimensionales Lenin-Denkmal am linken Ufer die verkehrswirtschaftliche Bedeutung der Verbindung beider Wasserstraßen herausstellt.

Die Besichtigung von Wolgograd (bis 1961 Stalingrad) begann mit dem Besuch des Gefallenendenkmals in der „Heldenallee“ am „Platz der gefallenen Kämpfer“. Die Allee führt vom Ufer über eine breite Freitreppe, oben flankiert von zwei Triumphbauwerken (je acht Säulen, zehn Meter hoch, tragen eine Plattform, darauf vier Fahnengruppen aus Marmor), bis in die Innenstadt zum Denkmal selbst, einem hohen Obelisk.

Unterwegs — etwa in Höhe des Kaufhauses, in dessen Keller am 31. 1. 1943 Feldmarschall Paulus in der total zerstörten Stadt gefangen genommen wurde — spreche ich die junge Stadtführerin an und teile ihr meine Absicht mit, einen Kranz für die deutschen und russischen Gefallenen niederzulegen. Sie erklärt mir, das sei „heilige russische Erde“ und keinesfalls erlaubt. Ich entgegne, daß es nach 40 Jahren Zeit sei, der Kämpfer beider Seiten zu gedenken, die im Tode miteinander versöhnt seien. Sie widersprach erneut, und ich versuchte ihr klar zu machen, daß sie nur sage, was man ihr beigebracht habe. Alle Soldaten hätten doch auf beiden Seiten nur auf Befehl gehandelt und ihr Letztes gegeben. Schließlich lief sie weg, fürchtete vermutlich nachteilige Folgen für sich oder wollte den Vorfall melden.

Nach der Wachablösung fünf junger Komsomolzen, im Stechschritt und mit starren Mienen, legten zunächst zwei deutsche Reiseteilnehmer einen „neutralen" Kranz mit roten Nelken am Ewigen Feuer nieder, für den vorher auf dem Schiff bei uns gesammelt worden war. Darauf trat ich vor, legte neben dem Posten meinen Kranz nieder und verharrte einige Minuten im Gedenken ...

Die Stadtbesichtigung wurde dann mit einer Ballettvorführung im benachbarten Dramatischen Theater „Maxim Gorki" fortgesetzt. Als wir mittags auf dem Schiff zum Essen eintrafen, herrschte unter politischen Betreuern und Dolmetschern über meine Kranzniederlegung große Aufregung: Einer Reisenden sei tags zuvor ihre Bitte um Blumen für die Niederlegung eines Straußes am Denkmal ausdrücklich abgelehnt worden, darüber hätte ich mich hinweggesetzt!

Nach dem Essen wurde die Besichtigung fortgesetzt. Wir sahen am Lenin-Prospekt die zerstörte „Mühle" als Mahnmal für die alte zerstörte Stadt, daneben ein großes Rundgebäude „Panorama", in dem ein Rundbild (16 Meter hoch, 120 lang) den Kampf um Stalingrad darstellen sollte (inzwischen eröffnet), gegenüber an der Straße das „Pawlow-Haus", das ein sowjetischer Sergeant 58 Tage lang verteidigt hatte, einen T34 zur Kennzeichnung der einstigen HKL, den „Lenin-Platz" mit überlebensgroßer Figur. Im „Planetarium" wurde uns ein Film über das Ausmaß der Zerstörungen von Stalingrad und der schweren Leiden seiner Bevölkerung gezeigt. Der Lenin-Prospekt führte uns bis zur großen Gedenkstätte (über 300 Hektar) am Mamajew-Hügel. Als unsere erwähnte Mitreisende ihren Bus verließ, überreichte ihr die Stadtführerin zu ihrer Überraschung Blumen, die am Vortage verweigert worden waren (Sinneswandel nach meiner Kranzniederlegung?). Sie legte diese am acht Meter hohen „Mutterdenkmal" (eine Mutter beugt sich über ihren gefallenen Sohn) als Gebinde mit weißen Schleifen und der Aufschrift: „Denen, die es ertrugen" nieder. Beim Zurücktreten nickten ihr russische Frauen heimlich verständnisvoll zu.

Das Denkmal: Eine 52 Meter hohe weibliche Gestalt „Mutter Heimat" (1967 auf der Höhe 102 errichtet), ein Schwert in der hoch erhobenen Hand, beherrscht die Gedenkstätte von weitem. Dieser „Hügel" war 135 Tage lang schwer umkämpft, weil man von ihm weite Teile der Stadt und das ebene Ostufer der Wolga einsehen kann. Hohe, aus Trümmerschutt aufgemauerte Schreibwände mit Inschriften von Mitkämpfern auf den aus Keller-Ruinen sorgfältig geborgenen Ziegeln, mit Darstellungen kämpfender Sowjetsoldaten, von Panzern, Kanonen, Granatwerfern und Maschinengewehren begrenzen die großen Freitreppen. Soldatengruppen in bewegten Kampfsituationen und „Heldenposen" stehen am Wasserbecken, gegenüber ragen Wände mit eingemeißelten Siegesparolen.

In der „Ruhmeshalle" stehen zwei Posten, unbeweglich und in guter Haltung, auf dem runden Marmorfußboden. In der Mitte hält eine erhobene Hand eine Fackel mit der Ewigen Flamme unter eine runde Öffnung in der Kuppel. Ringsum an den Rundwänden ziehen sich Säulenreliefs aus Goldmosaik. Auf den Balustraden und Sockeln sind Blumen niedergelegt. Neben dem Eingang sind an den Außenwänden eingeritzt Umrisse gebückter und verwundeter deutscher Offiziere und Soldaten, mit umwickelten Füßen, auf dem Marsch in die Gefangenschaft. — Eine derartige posthume Verunglimpfung des Feindes an einem Ehrenmal dürfte einzigartig sein!

Da unser Schiff um Mitternacht ablegen sollte, ging ich kurz vorher mit einer Dolmetscherin nochmals in die Heldenallee zum Denkmal. Der Kranz lag noch da. Ein Student kam mit seiner Freundin vorbei. Beide stammten aus Wolgograd. Auf meine Frage, wie lange der Kranz aus Westdeutschland wohl liegen bleiben würde, antwortet er freundlich, bis die Blumen verwelkt seien. Diese Seidenblumen ließe man möglicherweise bis zum ersten Schnee liegen. Auf die weitere Frage, ob in seiner Familie ein Stalingradkämpfer noch lebe, entgegnete er: „Ja, mein Großvater. Er liebt die Deutschen. Er hat im Fernsehen die Fußballkämpfe gesehen und bedauert, daß die deutsche Mannschaft nicht Weltmeister geworden ist.“ Auch seine Genossen empfänden keinen Haß gegen die Deutschen. Versöhnlicher Ausklang bei dieser Begegnung mit der Jugend von Wolgograd!

Werner Brandt (ehem. 12./203/76.ID.)

# „Die Toten sind unser Gewissen“

**Sie sagen uns, den Überlebenden, warum wir noch leben**

Es war in der Karwoche 1945: Da stand ein Häuflein Männer des Divisionsstabes abgerissen und müde um den Befehlsstand der 215.Infanterie-Division. Der Kommandeur verlas den letzten Befehl: Fernschreiben der Armee: Die Division ist aufgelöst! Da sah ich Tränen in den Augen von Männern.

In derselben Stunde zog vielleicht irgendwo im Generalstab eine Hand ein Fähnchen aus der Karte und warf es gefühllos in eine Schachtel, und irgendein anderer strich aus der Versorgungsliste die Zahl 215 — das war alles. Wir aber, die wir dabei waren, wir schauten uns an und sagten: Das ist das Ende!

War es das Ende? O nein. Eine Division ist nicht nur eine Nummer, kein äußerer Begriff, keine Versorgungseinheit. Eine Division ist ein Schicksal von Tausenden von Menschen und so lange einer von uns noch am Leben ist, ist dieses Schicksal nicht zu Ende. Alle, die sechs Jahre oder auch nur ein Stück weit diesen Schicksalsweg gegangen sind, sind zusammengeschweißt worden, sind geformt und geprägt worden für ihr ganzes Leben, und man kann diese Jahre nicht mehr wegdenken, man kann diese Jahre nicht mehr wegleugnen.

Wir wollten es tun. Wir wollten vergessen damals, als wir heimkamen. Die einen, die noch eine Heimat vorfanden, einen treuen Menschen, der zu ihnen hielt und die andern, die ganz neu anfangen mußten, einen neuen Beruf sich zu suchen, eine neue Wohnung erkämpfen — ein neues Schicksal erzwingen mußten. In jenen Tagen konnten wir das Wort Kamerad nicht mehr hören. In jenen Tagen durften wir nicht mehr zurückdenken. Es ging nur noch um uns, um unser Weiterleben, um das nackte Dasein.

Aber das hält ein Mensch nicht lange aus. Unsere Träume ließen sich nicht befehlen, bei Nacht kam die Enrinnerung, bei Nacht durchlebten wir nochmals alle Gefahren, bei Nacht erschienen uns die Gesichter unserer Toten. Wir sind zusammengeschweißt worden zu einer verdammten Gemeinschaft, und diese sechs Jahre kann man nicht streichen. Heute sind wir so weit, daß wir sie nicht mehr streichen wollen und wir sind zusammengekommen, um dieser Gemeinschaft Ausdruck zu geben. Wir mußten uns wiedersehen.

Aber nicht nur wir, die Überlebenden, grüßen uns heute als Kameraden, zu unserem Lebensschicksal gehören auch die, die aus unserer Mitte hinweggerufen wurden: unsere Toten! Sie haben uns nicht losgelassen und sind und bleiben ein Stück von uns, immer, unser ganzes Leben lang. Unsere Toten! Wieviele Namen, wieviele Gesichter stehen da vor uns! Sie haben uns zurückbegleitet in das Land, das wir Heimat nennen, und sie haben uns geholfen. Wißt Ihr es noch, in den Jahren 1945, 46, 47, als wir heimkamen? Wo wir hinkamen, da waren andere auf den Posten — auf den Wohnungs- und Wirtschaftsämtern — solche, die vor uns daheim und zu Hause waren, solche, die im Strudel der Ereignisse nach oben gespült wurden. Und wir wurden von ihnen belehrt, welche Idioten wir waren und daß wir eigentlich Verbrecher seien. Und wir mußten stramm stehen vor ihnen und „Jawohl“ sagen, wenn wir eine Wohnung wollten, wenn wir Karten brauchten, „Jawohl“ mußten wir sagen wie einst.

Und dann kamen die Umerzieher. Sie haben es gut gemeint. Sie glaubten im Ernst, mit Dressur und guten Worten das wilde Tier zu zähmen, bis es in christlicher Demut zu allem „Ja“ und „Amen“ sagte. Man hat uns gesagt, daß dies das wahre Christentum sei, und wiederum haben wir „Jawohl“ gesagt. Und in mancher stillen Stunde, da haben wir uns ehrlich gefragt, ob wir geirrt haben. So viel Böses war geschehen, so viel Unrecht hatte sich gehäuft. Waren wir alle schuldig? Waren wir alle ehrlos?

Und dann kam der letzte Dämon auf uns zu, eine letzte Auseinandersetzung begann mit einem einzigen Wort, das uns quälte und peinigte. Dieses Wort saß wie ein Alpdruck auf unserer Brust, und viele sind mit ihm bis zur Stunde nicht fertig geworden. Wie heißt dieses Wort? Es heißt: Umsonst! Umsonst die Opfer, umsonst das Sterben, umsonst die Ruinen, alles Hungern und Frieren und alle blutigen Wunden. Und wir haben gerungen, um einen letzten Sinn und wir fragen auch heute: War nicht alles sinnlos, war nicht alles doch umsonst?

Umsonst, so müssen heute alle die bekennen, die einst mit hochtönenden Worten an den Gräbern standen und sagten: „Ihr Sterben war für den Führer.“ Umsonst, so müssen die sagen, die heute noch den Sinn des Lebens nur an der Oberfläche sehen und denen es einst nur um den Endsieg gegangen ist. Wer aber christlich denkt im weitesten Sinn, d. h. wer von Gott her nach dem Sinn des Lebens und Sterbens frägt, der weiß: Umsonst ist nur der Tod der Verdammten. Wo überall ein Mensch nach dem Guten ringt, wo überall ein Mensch seine Pflicht tut, wo überall ein Mensch mit bestem Gewissen seinen Weg geht, da gibt es kein Umsonst, so wahr ein Herrgott im Himmel lebt. Denn der Sinn eines Menschenlebens ist nicht der Erfolg. Oberflächliche sagen: Gut ist, was dem Volke nutzt — gut ist, was Erfolg hat. Der Christ aber weiß: Gut ist jeder Weg, den das Gewissen diktiert. Wo immer ein Mensch diesen Weg gegangen ist — und mag man ihn getäuscht und mißbraucht haben — und wenn er ihn tapfer zu Ende gegangen ist, der ist nicht umsonst gestorben, der hat sein Leben vor Gott hingegeben und seine Pflicht war Gottesdienst. Gott sei Dank, daß wir Christen sind!

Und das haben die Toten uns heute zu sagen: Vergesset die Jahre unseres gemeinsamen Weges nicht! Die Toten sind unser Gewissen. Sie sagen uns, den Überlebenden, warum wir noch leben. Warum mußte der andere sterben, und Du und ich, wir leben? War es Zufall? War es Glück? Oder . . . Vorsehung? War es deshalb, weil der da droben noch etwas mit mir vor hat; weil ich noch etwas leisten soll in Familie, Beruf und Volk? Wollen wir unserer Toten würdig sein, dann muß die Devise heißen: Dem Leben neu geschenkt — dem Leben neu verpflichtet.

Nun haltet mit Euch Zwiesprache, worin diese Pflicht besteht. Nicht zuletzt darin, daß wir alle durch das bittere Geschehen dieses Krieges geformt, gestählt und gehärtet worden sind, daß wir das Leben nicht mehr fürchten. Und wenn schon davon gesprochen wurde, daß das einstige Motto unserer Division das Wort war: Scharf das Schwert — rein der Schild — gilt dies nicht heute noch? „Schwert“ ist nicht nur Waffe, Werkzeug des Krieges, Schwert bedeutet Mut, Mannestugend, kämpferischer Geist. Scharf das Schwert — und wär's das Schwert der Zunge, wär's das richtige Manneswort am rechten Platz. Nie mehr feiges Kuschen unter die Macht — nie mehr kapitulieren vor der Dämonie der Masse! Und rein der Schild!

Ich habe als Pfarrer in der Gefangenschaft und oftmals später Gewissenserforschung gehalten: War unser Schild rein? Wo ist einer im weiten Rund, er trete vor und klage an, daß wir Frauen geschändet, Kinder gejagt, auf Zivilisten geschossen, mit einem Wort,

Kriegsverbrechen verübt haben? Rein der Schild! Wir sagen es laut vor aller Öffentlichkeit — und auch jene sollen es hören, die gekommen sind, uns zu bespitzeln —, unser Schild war rein und er soll rein bleiben — auch in dieser Stunde!

Allen Mißtrauischen sei's gesagt: Wir treiben keine verkappte Propaganda für gestern oder übermorgen. Wir verherrlichen nicht das, was war — im Gegenteil; denn so lautet der Toten letzte Botschaft:

**Spielt nie mehr mit dem Tod und dem Sterben! Redet nie mehr über unseren Tod mit falschen, nationalistischen Phrasen! Laßt nie mehr eure Kinder in der Schule lernen, wie süß es ist, für das Vaterland zu sterben.** Eine Lüge ist's! Unsere Toten sagen es uns, daß es keine Kleinigkeit ist ums Sterben. Es ist kein Kinderspiel, ausgelöscht zu werden aus der Zahl der Lebendigen — es ist keine Kleinigkeit, hinabsinken zu müssen ins Dunkel — es ist keine Kleinigkeit, Weib und Kind, Heimat und Haus hinter sich zu lassen in tausend Fernen — es ist keine Kleinigkeit! Schaut hier das Eiserne Kreuz vor unseren Augen! Gewiß, es ist ein Zeichen des Ruhms — aber ist es Euch aufgefallen: noch nie war seine Farbe so schwarz, noch nie hat es uns so erinnert an das Kreuz von Golgatha wie heute. Nie mehr sollen die Mächtigen dieser Welt mit leeren Worten uns das Sterben schmackhaft machen! Der Tod ist überhaupt nur zu ertragen in christlich-gläubiger Sicht. Darum haben wir Pfarrer an den offenen Gräbern nie vom Sieg gesprochen, sondern viel Tieferes und Wesentlicheres im Gebete erfleht: Herr, laß ihren Tod unserem Volke zum Heile sein! So dürfen wir heute noch beten. So dürfen wir heute noch hoffen: Laß ihr Kreuz und ihre Pein an uns doch nicht verloren sein!

Aus der Gedenkrede für die Gefallenen der ehem. 215.ID. gehalten vom ehem. kath. Divisionspfarrer Willi Müller, am 7. 9. 1952, in Ludwigsburg

*„Es gibt Zeiten, Menschen und Ereignisse, über die allein die Geschichte ein endgültiges Urteil fällen kann; den einzelnen Zeitgenossen bleibt nur, über das Geschehene und Gehörte zu berichten."*
*Titus Livius (1. Jh. v. Chr.)*

# Der Zeitgeist und wir

**Sprachrohr der Kriegsgeneration gegen Verleumdung und Geschichtsverfälschung**

*In der ersten Ausgabe der „Alten Kameraden", die im Juni 1953 erschien, wies Hans-Jörg Kimmich im Geleitwort für „unsere Zeitung" darauf hin, die Nachkriegszeit habe es mit sich gebracht, „daß das Bild des deutschen Soldaten selbst in unserem eigenen Volk weitgehend verzerrt wurde, daß die deutsche Kriegsführung in einem Atemzug mit den richtigen oder viel öfter auch mit den sogenannten ‚Kriegsverbrechen' genannt wurde und daß man das Opfer unserer gefallenen Kameraden zur ‚Sinnlosigkeit' degradieren wollte. Um einer historischen Gerechtigkeit willen haben wir die Aufgabe, diese schiefen und oft gemeinen Darstellungen zurechtzurücken."*

*Die „Alten Kameraden" sind seitdem das Sprachrohr der Kriegsgeneration gewesen. Es wurde nicht nur in den Erlebnisberichten geschildert, wie es wirklich war, und das Zeitgeschehen kritisch unter die Lupe genommen, — ungezählte Beiträge haben auch die Berichterstattung der Medien ergänzt und zu unabhängiger Meinungs- und Urteilsbildung beigetragen. Und immer wieder galt es, gegen die Soldaten der Wehrmacht gerichtete Verleumdungen abzuwehren, die verzerrte Darstellung der Geschichte richtig zu stellen, sich mit dem „Zeitgeist" auseinanderzusetzen.*

*Einige Auszüge aus Beiträgen unserer Zeitschrift zu Themen, die zum Teil bis heute aktuell geblieben sind, sollen noch einmal belegen, wie diese Aufgabe wahrgenommen wurde.*

# Zu neuem Beginnen

**Aufbaujahr der Streitkräfte**

Am Beginn des Jahres 1956 stehen wir außenpolitisch, trotz vielfältiger Anzeichen neuer weltpolitischer Aktivität an allen Fronten, ratloser da denn je. Innenpolitisch gilt es, zunächst eine schwere Koalitionskrise zu lösen, vor allem aber wird der Aufbau der neuen westdeutschen Streitkräfte das Bild beherrschen; daneben wird ein verstärktes Bemühen um eine „soziale Aufrüstung" und, im Zusammenhang damit, um eine Sozialreform sichtbar werden. Wirtschaftspolitisch stehen wir unter dem Eindruck, daß auch dem deutschen „Wirtschaftswunder" Grenzen gesetzt sind, die nicht übersehen werden dürfen, wenn man die Erfolge seit der Währungsreform nicht in Frage stellen will . . .

Unter all dem erregt natürlich der Aufbau der künftigen Streitkräfte die besondere Aufmerksamkeit, gerade auch von uns alten Soldaten. Am Ende des soeben begonnenen Jahres sollen mit Hilfe des Einbaues großer Teile des Bundesgrenzschutzes drei bis vier Divisionen aufgestellt sein. Eine organisatorische und technische Aufgabe, die ungewöhnliche Leistungen erfordert und personell nicht leicht zu bewältigen sein wird, wenn man bedenkt, daß nur 32 000 der bisher 177 000 Bewerber Ungediente sind, daß also der Bedarf an Mannschaften und Unteroffizieren sowie an unteren Offiziersdienstgraden durch die Freiwilligenmeldungen längst nicht gedeckt ist. Denn die „Gedienten" sind nach der Unterbrechung von 10 Jahren meist zu alt, um gerade diese Lücke füllen zu können, ganz abgesehen davon, daß sie kaum bereit sein werden, nun nochmals „von ganz unten" anzufangen, soweit sie sich wie in den meisten Fällen, im Zivilleben schon eine zufriedenstellende oder mindestens aussichtsreiche Position erringen konnten . . .

Die Bundesrepublik wird trotz aller krampfhaften Bemühungen im Bewußtsein jedes politisch einigermaßen wachen Deutschen stets nur ein Provisorium bleiben, so wie auch die Saarländer den ihnen nach 1945 auferlegten Status innerlich nie akzeptiert haben. Wer glaubt, die „Macht der Realitäten" werde das ihrige dazu tun, um angesichts einer angeblich für lange Zeit „unabänderlichen" Teilung, einem „bundesrepublikanischen" Vaterlandsgedanken den Weg zu bereiten, der wird sich gewaltig täuschen. Wirtschaftliche Hochkonjunktur, hoher Lebensstandard und alle noch so anerkennenswerten sozialen Errungenschaften werden auf die Dauer nicht vergessen machen können, daß die Freiheit des einzelnen nur in der Freiheit des Vaterlandes, in der Freiheit der gesamten Gemeinschaft eines Volkes gewährleistet sein kann. Dieses Vaterland kann aber nur das ganze Deutschland sein . . .

Es ist erfreulich, daß die verantwortlichen Parlamentarier, vor allem des Sicherheitsausschusses im Bundestag sich die Auffassung zu eigen gemacht haben, daß es keine „Koalitions"- oder „Oppositions"-Wehrmacht, sondern daß es nur eine Wehrmacht des gesamten Volkes geben darf. Und wenn, wie bei allen derartigen Institutionen, diese Wehrmacht mit der Zeit trotz aller Kontrolle eine natürliche eigene Schwerkraft entwikkeln wird, so braucht das gar nicht erschreckend oder beunruhigend zu sein, — wenn die Politiker es fertig bringen, eine Politik zu treiben, die vom Anliegen des gesamten Volkes aus überzeugend zu wirken vermag und sich mit dem Volkswillen deckt. Im Gegenteil, dann wird auch die neue Wehrmacht einen fruchtbaren Anteil an der Gesamtentwicklung übernehmen können, die dem allein durch die Wiedervereinigung gesicherten Frieden unseres Volkes dienlich ist. K.K. (Nr. 1 — 1956, 4. Jahrgang)

# Ein Schlag ins Gesicht der Soldaten

**Der 5. Deutsche Bundestag verschiebt Versorgungsgesetze für Soldaten und Beamte**

Am 1. Juli 1965 verabschiedete der Deutsche Bundestag die 4. Novelle zum Gesetz G 131, in dem die Versorgungsrechte der ehemaligen Berufssoldaten der Wehrmacht und die der sogenannten verdrängten Beamten neu geregelt sind. Dieses Ergänzungsgesetz wurde am 9. September 1965 — eine Woche vor der Bundestagswahl — im Bundesgesetzblatt veröffentlicht und damit rechtskräftig. Der betroffene Personenkreis konnte somit ab 1. Januar 1966 wesentliche Verbesserungen seiner Versorgung erwarten. Am gleichen Tage, am 1. Juli 1965, stimmte der Bundestag dem „3. Gesetz zur Änderung beamtenrechtlicher und besoldungsrechtlicher Vorschriften" zu, das durch Veröffentlichung im Bundesgesetzblatt ebenfalls — zum 1. Januar 1966 — Rechtskraft erhielt.

Diese und andere Gesetze, die der 4. Bundestag in der Atmosphäre der bevorstehenden Parlamentswahlen verabschiedet hatte, bedeuteten für den Bundeshaushalt naturgemäß eine Mehrbelastung. Aber Bundeskanzler Erhard ließ über die Kabinettssitzung, die sich mit diesen Mehrausgaben beschäftigte, am 12. August 1965 wörtlich folgendes erklären:

„Bei der Aufstellung des Bundeshaushalts 1966 wird die Bundesregierung zur Sicherung der Stabilität der Währung und einer gesunden Wirtschaft zum Ausgleich dieser Mehrleistungen an anderer Stelle schärfste Einsparungen vornehmen."

Gerade wir ehemaligen Soldaten haben volles Verständnis für sparsames Wirtschaften unserer Staatsführung. Aber ebenso wehrt sich die Kriegsgeneration dagegen, daß auch dann immer wieder ihre Rechte geschmälert werden, wenn es andere Möglichkeiten gäbe, notwendige Einsparungen vorzunehmen.

Als Gefahr bestand, daß der Bundesrat der 4. Novelle zum Gesetz G 131 nicht zustimmen würde, schrieb Verteidigungsminister von Hassel an die Ländervertretung nachstehenden Brief:

„Eine unzulängliche versorgungsrechtliche Behandlung der alten Berufssoldaten stellt den Erfolg meiner Bemühungen, geeigneten Nachwuchs an Berufssoldaten und Soldaten auf Zeit der Bundeswehr zu gewinnen, ernstlich in Frage. Denn gerade aus den Familien der alten Berufssoldaten wird erfahrungsgemäß ein erheblicher Teil des Nachwuchses an Berufssoldaten und länger dienenden Soldaten für die Bundeswehr gewonnen. Ich bitte deshalb dringend, von einer Anrufung des Vermittlungsausschußes abzusehen und dem Gesetzentwurf, der auch eine verteidigungspolitische Bedeutung hat, zuzustimmen."

Der Brief des Verteidigungsministers, der die Situation vollkommen zutreffend beurteilt hat, führte offensichtlich zu dem gewünschten und notwendigen Erfolg: Die 4. Novelle passierte den Bundesrat, der darauf verzichtete, den Vermittlungsausschuß anzurufen.

So weit, so gut. Die bisherige Regierungskoalition hatte die Wahlen gewonnen. Aber mit dem Sieg kam der Katzenjammer . . .

Nun spitzten dieselben Leute aus Regierung und Koalition, die wenige Monate zuvor Milliarden an Wahlgeschenken verbindlich zugesagt hatten, den Rotstift, um vieles von dem zu streichen, was sie zuvor selbst beschlossen hatten. In seiner 12. Sitzung verabschiedete der neue Bundestag durch „Hammelsprung" das „Haushaltssicherungsgesetz". Mit diesem Gesetz werden die Termine für das Inkrafttreten der 4. Novelle zum Gesetz G 131 und des 3. Gesetzes zur Änderung beamtenrechtlicher und besoldungsrechtlicher Vorschriften vom 1. Januar 1966 auf den 1. Januar 1967 verschoben. Von den anwesenden 476 Volksvertretern stimmten 277 der CDU/CSU und der FDP für die Annahme des Gesetzes, 199 Abgeordnete, die fast ausschließlich der SPD angehörten, lehnten das Gesetz ab.

Der Abstimmung war eine äußerst lebhafte Debatte vorausgegangen. Sie machte deutlich, mit welchem Zynismus heute von manchen Leuten, die an den Schalthebeln der Politik sitzen, regiert wird. Als nämlich ein Sprecher der Regierungskoalition durch den Zuruf, man würde durch dieses Haushaltsicherungsgesetz das Vertrauen an die rechtsstaatliche Ordnung gefährden, in seiner Rede unterbrochen wurde, da entgegnete dieser voll Übermut: „Daß wir das Vertrauen der Mehrheit des deutschen Volkes besitzen, haben doch die Ergebnisse der letzten Wahlen bewiesen." . . .

Unsere Geduld ist am Ende.

Dieser unglaublich Kuhhandel, der mit diesem ominösen „Sicherungsgesetz" getrieben wurde, ist eine Schande für unseren Staat und seine Führung. Er ist ein einmaliger Vorgang im Parlamentarismus zivilisierter Länder. Wir haben es wiederum mit Verbitterung erleben müssen, daß Regierung und Koalition dort bedenkenlos und rigoros Abstriche vornehmen, wo es um die wohlerworbenen Rechte und die natürlichen Belange der Kriegsgeneration geht.

Es ist doch seit Bestehen der Bundesrepublik immer wieder das gleiche Lied: Verlangen die ehemaligen Soldaten nach ihrem Recht auf Versorgung, dann ist angeblich kein Geld in den Staatskassen. Fordern die Kriegsopfer eine Angleichung ihrer Renten an die gesteigerten Lebenshaltungskosten, dann ist angeblich die Währung gefährdet. Kommen die Kriegsgefangenen mit ihrem gerechten Verlangen nach angemessener Bezahlung ihrer Sklavenarbeit, die sie in den Lagern des Ostens leisten mußten, ist angeblich hierfür kein Geld vorhanden. Regierung und Parlamentarier machen dann vorerst große Versprechungen, wenn es dann aber zum Schwure kommt, dann kneifen sie. So geht es seit dem Jahre 1951 auch den Berufssoldaten der Wehrmacht, von denen der Waffen-SS ganz zu schweigen. Und von den langgedienten Reservisten, die die besten Jahre ihres Lebens dem Staat geopfert haben, spricht man überhaupt nicht mehr.

Solches Verhalten von Regierung und Koalition ist jedesmal ein Schlag ins Gesicht des ehemaligen Soldaten, einerlei, welchem Verbande er zugehört. Wir müssen dies hier und heute einmal ganz offen aussprechen! Und gleichzeitig mit allem Nachdruck feststellen:

Die Geduld der Kriegsgeneration ist nunmehr zu Ende. Eine Regierung, die in solcher Weise den Weg des geringsten Widerstandes geht und derart nichtsachtend mit den ehemaligen Soldaten umspringt, muß es sich sagen lassen, daß solches Verhalten, wie wir das im Zusammenhang mit dem Haushaltssicherungsgesetz erleben mußten, Roßtäuschermethoden vergleichbar ist. Die Kriegsgeneration wird hieraus ihre Konsequenzen ziehen müssen und künftig, so hoffen wir, die Rechtsansprüche der einzelnen Kriegsopfer- und Kriegsteilnehmerverbände gemeinsam vertreten, wie wir dies schon wiederholt in den Spalten dieser Zeitschrift gefordert haben. Rudolf Böhmler (Nr. 1 — 1966)

# „Laßt tausend Blumen blühen"

## Schnez-Studie und die Bestandsaufnahme bei der Bundeswehr

„Die Kampfkraft des Heeres sank trotz moderner und kostspieliger Rüstung stark ab." (Schnez)

„Die Bundeswehr in Ordnung zu bringen wird unmöglich sein, solange wie er (Schnez) das Kommando und leider Gottes auch die Feder führen. Man müßte (ihm) das Reden und das Schreiben dienstlich verbieten." (Augstein)

Das sind die Kernsätze in einer Auseinandersetzung zwischen einer mit einem Aufwand von 194,3 Milliarden Mark nunmehr 14 Jahre bestehenden Wehr und ihren altbekannten Gegnern.

Entzündet hat sich der Streit an der im vergangenen Frühjahr in Auftrag gegebenen Studie zur Verbesserung der Schlagkraft des Heeres. Zunächst sah es so aus, als sollten nur einzelne Köpfe aus dem Führungsstab des Heeres herausgeschossen werden. Die Infamie, mit der die Anwürfe gegen die Bundeswehr fortgesetzt werden, läßt aber darauf schließen, daß es um mehr geht.

Der derzeitige Inspekteur des Heeres, Generalleutnant Schnez, hat ein schweres Erbe angetreten. Sein Vorgänger verwendete einen nicht geringen Teil seiner Zeit für das Buhlen um die öffentliche Gunst. Die Meinungsmacher sangen dafür sein Lob, sie kümmerte der sichtbare Verfall der Kampfkraft nicht.

So standen mit Beginn des Jahres 1969 zwei große Aufgaben an:

▶ Erstens erforderte der veränderte Auftrag, gekennzeichnet durch die NATO-Strategie der angemessenen Reaktion (flexible response), organisatorische Veränderungen. Diese haben mit der Zusammenlegung des mobilen Heeres mit der bodenständigen territorialen Verteidigung begonnen. Die damit erreichte Straffung der Kommandostruktur wird in den nahen 70er Jahren eine große Anzahl von hohen Dienstposten erübrigen. Angesichts des zunehmenden Mangels an Offiziernachwuchs und des Ausscheidens der kriegsgedienten Jahrgänge eine zwingende Maßnahme.

▶ Zweitens: Die innere Ordnung des Heeres, also der Bereich der Inneren Führung, bis dahin gekennzeichnet durch eine abnehmende Disziplin, mußte wiederhergestellt werden.

Die dazu erarbeitete Studie drang nun — was immer auch dabei im Spiel sein mochte — teilweise nach außen durch. Sind aber gewisse Geister im Bereich der meinungsmachenden Medien erst gerufen, dann finden sich natürlich auch genügend Leute, die sich zu Demokratieschützern aufwerfen und den anvisierten Gegner zu einer entsprechenden Gefahr abstempeln, womit der Erfolg des dann beginnenden Wirkungsschießens von vornherein feststeht.

Mögliche nachteilige Folgen für unsere äußere Sicherheit bleiben dabei außer Acht . . .

Alle Fragen nach dem Motiv, dem Ziel und der Wirkung zu beantworten, ist schwierig. Aber so viel steht fest: Es geht um mehr als um die Person Schnez. Auch wenn der seit einigen Monaten dem Bundestag und dessen Verteidigungsausschuß angehörende Herr Horn vordergründig nur die Abberufung des Heeresinspekteurs verlangt, sekundiert von Herrn Augstein, der auch gleich den Chef des Truppenamtes und die drei Kommandierenden Generale über die Klinge springen lassen will . . .

Die umstrittene Studie wurde weisungsgemäß erstellt ohne Rücksicht auf die Durchsetzbarkeit einzelner Forderungen im gesetzgeberischen Raum. Sie berührt aber in keinem Punkt diejenigen Artikel des Grundgesetzes, die ausdrücklich als unabänderlich festgelegt sind. Über alles andere kann man doch reden! Ein Gesetz zu ändern, ist im

Bundestag doch eine alltägliche Sache. Auch das Grundgesetz hat einen Teil, der geändert werden kann, was ja auch oft genug geschieht. Man kann sich nur wundern, wie leicht es bei uns ist, einen Soldaten zu verteufeln, der auftragsgemäß handelt, wahrheitsgemäß darstellt, der kraft seiner Dienststellung auch um Dinge weiß, die nicht täglich an die große Glocke gehängt werden können.

Aus dem inzwischen bekanntgewordenen Teil der Studie spricht aus jeder Zeile ein großes Verantwortungsbewußtsein und die Sorge um unsere Sicherheit. Aber davon wollen jene nicht viel wissen, die selbstherrlich von sich behaupten, die öffentliche Meinung darzustellen. Es stört, im Genuß spätrömischer Lebensfreuden mit den rauhen Tatsachen unserer existentiellen Bedrohung konfrontiert zu werden. Aber nur diese lassen verstehen, warum das Heer Vorschläge zur Verbesserung der Kampfkraft macht ...

Aus der Sammlung von Anregungen und Vorschlägen, die dazu in der umstrittenen Heeresstudie gemacht wurden, seien einige der zur Erfüllung des Auftrages als erforderlich erachteten Maßnahmen herausgegriffen:

Das Parlament sollte gesetzlich regeln

- Die Kriegsdienstverweigerung im Einsatzfall
- Änderung der Organisation der Gerichtsbarkeit für Soldaten

Von der Regierung wird erwartet

- Verdeutlichung des Auftrages der Streikräfte
- Ausbau des zivilen Ersatzdienstes
- Wahrung der Belange der Gesamtverteidigung in allen Bundesministerien

Im Verteidigungsministerium soll

- Der Führungswille verdeutlicht und gegenüber der Truppe sichtbar werden (Führung statt Verwaltung d. R.)
- Führung durch Information
  „Der Truppe ist zu wichtigen sie berührenden Ereignissen rasch eine klare Stellung nahme der Führung zu geben, insbesondere, wenn Presseveröffentlichungen
  — das Vertrauen zum Dienstherrn gefährden,
  — Zweifel an der Rechtmäßigkeit von Führungsmaßnahmen aufkommen lassen,
  — auf falsche Darstellungen beruhen."
- Noch nicht geprüfte Absichten der obersten Führung, deren Realisierung noch ungewiß ist, sollen nicht veröffentlicht werden (Erst legen, dann gackern d. R.).

Das Geschichtsbild war und ist ungenau und durch Legendenbildung vom politischen Machtstreben des Soldaten und vom gleichzeitigen Vorwurf blinden Gehorsams unter der politischen Führung der Vergangenheit stark verzerrt. Historisch falsche Schilderungen der soldatischen Vergangenheit durch die Massenmedien sollen durch das zuständige Pressereferat des Verteidigungsministeriums mit Hilfe des militärgeschichtlichen Forschungsamtes rasch und unmißverständlich richtig gestellt werden ...

Gegen die Betonung der Eigenständigkeit des Soldatenberufes wurde von den Gegnern besonders scharf polemisiert. Nur polemisiert, denn an der Tatsache kommt niemand vorbei,

- daß es nur dem Soldaten gesetzlich zur Pflicht gemacht ist, seinen Auftrag auch unter bewußtem Einsatz des eigenen Lebens durchzuführen,
- daß nur der militärische Vorgesetzte das Recht zu einem Befehl hat, der dieses Risiko beinhaltet, ihn selbst aber mit der Verantwortung vor seinem Gewissen und mit der Rechenschaft vor dem Gesetz belastet.

Deshalb ist Soldat sein kein Beruf wie jeder andere, er hat berufsgebundene Eigenheiten, die ihn von allen anderen Tätigkeiten und Funktionen in einer pluralistischen Gesellschaft unterscheiden. Der Soldatentod ist eben kein Betriebsunfall. Darin ist das soldatische Ethos begründet, ein Selbstwertgefühl, das sich so wenig als Überheblichkeit versteht wie als notwendiges Übel.

Der neue Verteidigungsminister Helmut Schmidt hat eine „kritische Bestandsaufnahme“ angekündigt. So versteht er die Reihe von Besprechungen, die bereits in größeren Standorten der Bundeswehr stattfand und mit Soldaten aller Dienstgrade und über alle Anliegen geführt wurde . . .

Gegen dieses Verfahren läßt sich nichts einwenden. Im Gegenteil. Man sollte aber auch alles vermeiden, was auch nur entfernt an die einstige Aufforderung Mao Tse Tungs an seine Führungskader erinnert: . . . „Laßt tausend Blumen blühen!“, die es ihm leicht machte, diejenigen ausfindig zu machen und dann auszuschalten, die sich als freie Geister nicht in das Korsett ideologisch-engherziger Dogmen einspannen lassen wollten und sich entsprechend äußerten.

Es wäre schlimm für den Staat und uns alle, wenn nach der „kritischen Bestandsaufnahme“ in der Bundeswehr auch tausend Blumen zu welken begännen. pr (Nr. 2 - 1970)

# Der ungeliebte Soldat

**Die Kriegsgeneration und ihre jungen Kameraden in unserer heutigen Gesellschaft**

Welchen Sinn, so darf man fragen, hat ein soldatisches Treffen in unserer Zeit? Will man Erinnerungen an gemeinsame Leistungen, Leiden und Freuden in einem unseligen Krieg austauschen? Will man sich nur wiedersehen, einfach aus dem schlichten Bedürfnis heraus, eine Gemeinschaft nicht aufzugeben, der man wichtige Jahre seines Lebens in Not und Gefahr angehört hat? Ist der Blick der „alten Soldaten“ allzu sehr rückgewandt, wie mancher Kommentator in Presse und Massenmedien mißvergnügt erklärt? Wäre ein solches Treffen dann nicht „unzeitgemäß“, weil diese Generation langsam abtritt und einer neuen Platz macht?

Nahezu 10 Millionen deutsche Männer haben im Zweiten Weltkrieg die feldgraue Uniform getragen, von der Auffassung durchdrungen, es sei ihre Pflicht, ihr Land zu verteidigen. Manchmal will es scheinen, als sei eine solche Auffassung unserer Gegenwart sehr fremd. Nicht wenige der alten Soldaten haben sich abgewandt von jener Phase ihres Lebens und wollen nichts mehr mit ihr zu tun haben. Andere sehen tiefer und wissen, daß man die Vergangenheit nicht verdrängen kann, sie bleibt dann „unbewältigt“. Ganz wenige flüchten in die Vergangenheit und werden mit der neuen Zeit nicht mehr fertig; sie zählen nicht.

In der Tat kann niemand freien Bürgern in einer freien Gesellschaft das Recht streitig machen, sich in ihrem Kreis zu treffen und ihren Zusammenhalt zu pflegen. In unserer Zeit, in der engere menschliche Kontakte oft entbehrt werden, entfaltet das leuchtende Bezugswort der Soldaten „Kameradschaft“ nach wie vor seine bindende Kraft. Ausscheidende Wehrpflichtige der Bundeswehr, befragt, was ihnen in ihrem Grundwehrdienst am besten gefallen habe, antworten fast einhellig „die Kameradschaft!“

Wir haben uns der Geschichte unseres Volkes zu stellen und die Zukunft unserer Kinder in diesem Volk mit zu verantworten, auch und gerade weil die Kluft zwischen den Generationen heute breiter geworden ist. Es bedarf nicht der Erwähnung, daß der echte Soldat diese Zukunft in Frieden und Freiheit will, weil er die Schrecken des Kriegs besser kennt, als jugendliche Bücherweisheit . . .

Es war der Karlsruher Prof. Dr. Karl Steinbuch, der unlängst in einem offenen Brief an Bundeskanzler Brandt warnte: „Die Schwäche unseres Systems liegt ja nicht in seiner fehlenden Verteidigung der Peripherie, vielmehr in seiner erwiesenen Hilflosigkeit gegenüber der ideologischen Aushöhlung im Innern." („FAZ" vom 31. 5. 1972) und gestand: „Ich glaube nicht, daß die ideologische Potenz der Nazis im Jahr 1930 so stark war wie heute die der Linksextremen. Ich glaube auch nicht, daß die Abwehrkräfte heute stärker sind als im Jahr 1930." Das ist fürwahr ein ernstes Wort!

Der berühmte Römerwall durch Germanien, der „Limes Romanus", ist von den Germanen nie erstürmt worden. Er fiel, weil ihn niemand mehr verteidigte! Dieser unser freiheitlicher Staat mit seiner modernen Wirtschafts- und Sozialordnung würde fallen, wenn ihn niemand mehr verteidigen würde. Ich bin mir noch nicht im klaren, ob der Widerstand zur Zeit aus unserer demokratischen Reife oder aus unserem Wohlstand zehrt. Auf jeden Fall sind gerade die alten Soldaten aufgerufen, nie wieder den Abfall in einen totalen Staat mit Terror und Unfreiheit zuzulassen . . .

In ihrer Verzweiflung, zur Besserung nicht beitragen zu können, landet eine kleine Minderheit in der Anarchie. Sie greifen die Gesellschaft mit Gewalt an. Andere scheren aus und leben als Hippies und Gammler am Rande der Gesellschaft. Wieder andere flüchten in die Droge oder in den Musikrausch. Die Intelligenteren tun sich zusammen und wollen diese Gesellschaft von innen her umwandeln, indem sie die Schlüsselstellungen der Institutionen, besonders der Universitäten, besetzen, die Bundeswehr durch politische Kriegsdienstverweigerung schwächen und unsere Bildungsanstalten radikalisieren. Man wird nicht abstreiten können, daß ihnen infolge der Schwäche und Unsicherheit der führenden Generation Anfangserfolge beschieden sind. Die darin liegende Herausforderung an die Demokratie wird von Opportunisten, Besänftigerern und Mitläufern aus Anpassung, von naiven Schönrednern und Nutznießern, Rückversicherern und Intellektuellen, die ihrem Verstand nicht gewachsen sind, entweder nicht gesehen oder bewußt unterschlagen . . .

Vergessen wir nicht, daß nicht wenige der jugendlichen Extremisten mit „Porsche" oder „Jaguar" zur Revolution vorfahren und aus liberalen, wohlsituierten Elternhäusern stammen. Die Vorbilder dieser Pazifisten sind höchst kriegerische Persönlichkeiten; Mao, Che Cuevara, Lenin, Ho Tschi Minh. Dieser Jugend muß sich die ältere Generation stellen und zwar mit Klarheit und Entschiedenheit.

Wenn das geschieht — und keiner von uns ist ausgenommen — dann sind eindeutige Wertmaßstäbe vonnöten. Unsicheres Nachgeben führt stets zum Gesichtsverlust. Die Älteren müssen mit ihrer Vergangenheit fertig werden, ihre Reformbereitschaft als entschlossene Tat dort überlegt unter Beweis stellen, wo Reformen am Platz sind. Sie müssen Recht und Gesetz unnachsichtig wahren und sich keinem Druck der Straße beugen. Vor allem müssen sie klare Begriffe haben und nicht bereits die Sprache übernehmen, mit der verbal alles verunsichert wird, was die Gesellschaft stützt. Man kann auf die Dauer keine Gesellschaft im Spannungsfeld der politischen Auseinandersetzungen und Entspannungsversuche militärisch schützen, die ihre Jugend nicht überzeugt . . .

Heinz Karst, Brigadegeneral a.D. (Auszüge aus einem Vortrag „Zur Lage der Soldaten in unserer Gesellschaft am 29. 7. 1972 in der Schwarzwaldhalle in Karlsruhe bei der 4. Wiedersehensfeier der 35.ID. — aus Nr. 10 - 1972)

# Historische Chance vertan

**Die „überflüssige" Generalsaffäre und ihre ernsten Hintergründe**

Im Oktober 1976 nahm der Schlachtflieger Oberst a.D. Hans-Ulrich Rudel an einem Traditionstreffen seines alten Geschwaders in der Bundeswehrkaserne in Bremgarten als Gast teil. In einem ausdrücklich als vertraulich erklärten Gespräch mit Journalisten stellten sich der Kommandierende General der Luftflotte, Krupinski, und sein Stellvertreter, General Franke, kritischen Fragen im Zusammenhang mit der Anwesenheit Rudels.

... Dem Vorwurf entgegnend, sie hätten verhindern müssen, daß der Träger der höchsten deutschen Tapferkeitsauszeichnung im Zweiten Weltkrieg (Goldenes Eichenlaub mit Schwertern und Brillanten zum Ritterkreuz), der Schlachtflieger Oberst a.D. Hans-Ulrich Rudel (2350 Feindflüge, Abschuß von 519 Panzern aus der Luft und Versenkung eines sowjetischen Schlachtschiffes), im Oktober an einem Traditionstreffen seines alten Geschwaders in der Bundeswehrkaserne Bremgarten als Gast teilnahm, gaben die beiden Generale bei einem ausdrücklich als vertraulich erklärten Hintergrundgespräch mit einigen Journalisten eine an sich unanfechtbare, wenngleich vielleicht nicht alle Finessen politischer Diplomatie voll beachtende Antwort. Sie verteidigten Rudels Anwesenheit bei dem Kameradentreffen, wiesen darauf hin, daß Rudel dabei völlige politische Abstinenz gewahrt habe und stellten schließlich (sinngemäß) die rhetorische Frage, ob man solchen als rechtsextremistisch apostrophierten Leuten nicht ebenso das Recht auf politische Läuterung zugestehen müsse, wie jenen, die einstmals führende Kommunisten waren, inzwischen aber längst als anerkannte Demokraten im Bundestag säßen. Dabei fiel — als Beispiel, aber keineswegs irgendwie abqualifizierend — der Name Wehner.

Daraus konstruierten jene, denen bei der Bundeswehr ohnedies „die ganze Richtung nicht paßt", die Behauptung von einem „empörenden", „unzulässigen" und „unzumutbaren" Vergleich Wehners mit dem „nach wie vor nazistischen Gedankengängen anhängenden ultrakonservativen" Rudel. Reichlich kühn folgerten sie, daß jetzt erwiesen sei, wie weit der Rechtsextremismus in der Bundeswehr schon Boden gewonnen habe. Hier habe man es bereits mit einem krassen Angriff auf die parlamentarische Demokratie zu tun und es gelte, „den Anfängen schleunigst zu wehren". Dies kommt freilich schon einer kompakten Verfälschung dessen gleich, was die beiden Generale wirklich sagten. Dessen ungeachtet ist indessen in geschickter Regie gerade diese Verfälschung zu jenem Politikum hochstilisiert worden, das sich schließlich beinahe zu einer unentwirrbaren Staatskrise hin entwickelte, bei der, wie auch hochgestellte Regierungspolitiker zugaben, „alle Seiten schwere Fehler gemacht" haben.

Was bei nur einigermaßen sachlicher Betrachtungsweise zunächst nicht mehr war als eine Lappalie, die verhältnismäßig leicht und ohne großes Aufheben hätte beigelegt werden können, das wurde nun zur Staatsaffäre erklärt. Worin die behauptete „Beleidigung des ganzen Parlamentes" oder gar eine darin zum Ausdruck kommende Staatsgefährdung konkret bestehen soll, hat bis heute noch niemand überzeugend zu erklären vermocht. Über Geschmäcker und Stilfragen läßt sich trefflich streiten — insoweit mögen die Meinungen über die Gegenüberstellung von Rudel und Wehner je nach politischem Standort auseinandergehen. Daraus aber solch abenteuerliche Vorwürfe zu konstruieren wie „Ungeheuerlicher Angriff gegen dem gesamten Bundestag" oder „Bundeswehr driftet in Rechtsextremismus ab" — dazu gehört schon eine ganze Menge blühender, wirklichkeitsfremder, besser noch: bösartiger und infamer Phantasie. War es doch zu keiner Zeit darum gegangen, und dies hatten auch die Generale mit keinem Wort getan, nun etwa die politische Haltung Rudels in der Vergangenheit oder heute in irgendeiner Weise zu rechtfertigen.

So weit es die Person Rudels betraf, hatten Krupinski und Franke allerdings an so viel objektiven Gerechtigkeitssinn appelliert, bei aller Distanz zu dessen politischen Ansichten doch seine menschliche und soldatische Untadeligkeit nicht zu vergessen. Warum hätte man ihn also nicht zu einem — wie gesagt völlig unpolitischen — Kameradentreffen als Gast in eine Bundeswehrkaserne einladen sollen? Schließlich habe er doch „keine silbernen Löffel gestohlen". Wobei noch ergänzend hinzuzufügen wäre, daß Rudel auch nie vor einem „Kriegsverbrecher"-Tribunal angeklagt war, heute bei seinen einstigen amerikanischen Kriegsgegnern hohes Ansehen genießt und recht häufig auch nach den USA eingeladen wird. Selbst Minister Leber hat sich trotz des ganzen Wirbels soviel kühlen Kopf und Fairneß bewahrt, sich nicht zu scheuen, in seiner von der „Welt" publizierten Regierungserklärung — nicht einmal so sehr versteckt — der soldatischen Leistung Rudels seinen Respekt zu zollen.

Hätte der Altmeister der westdeutschen Nachkriegspolitik, Herbert Wehner, von Anfang an die letzten Konsequenzen dieses Vorganges erfaßt (oder erfassen wollen), so hätte ihm hier eine einmalige, wahrhaft historische Chance bewußt werden müssen, die von niemandem anderem als nur von ihm wahrgenommen werden konnte. Weit mehr als so mancher, dem dies Prädikat später zuerkannt worden ist, hätte er sich beim raschen Ergreifen dieser Chance wahrhaft um das Vaterland verdient gemacht.

Wenn sich Herbert Wehner schon im Frühstadium des entstehenden „Hexenkessels, spätestens aber nach dem ominösen „Telegramm" der bis auf etwa drei Namen nach wie vor anonym gebliebenen „Vierzig" eingeschaltet und zur Besonnenheit gemahnt hätte, wäre nicht nur das Ausweiten einer krampfhaft konstruierten „Affäre" verhindert worden.

Vielmehr hätte Herbert Wehner dem ganzen Vorgang eine Wendung zum Positiven gegeben, wenn er beispielsweise schnell zupackend erklärt hätte: „In der Tat bin ich nicht gerade erbaut davon, wie mein (Herbert Wehners) Name in einen Zusammenhang mit Rudel gebracht worden ist. Ich will auch nicht verschweigen, daß ich mich dadurch verwundet fühle. Daß ich einmal Kommunist war und für mein ganzes Leben daran schwer zu tragen habe, daraus habe ich indessen selbst nie ein Hehl gemacht. Mein nun über dreißigjähriges Bemühen, diese Hypothek in aktiver Mitarbeit bei der Gestaltung der deutschen Nachkriegs-Demokratie abzutragen, spricht jedoch wohl genug für sich selbst, so daß ich mir eine wortreiche Verteidigung sparen kann. Ich möchte auch nicht, daß andere, die sich mir besonders verbunden fühlen, jetzt Verteidigungsfronten für mich aufbauen, die mehr Schaden als Nutzen anrichten können. Ich sehe in den umstrittenen Äußerungen der beiden Luftwaffen-Generale eher einen lapsus linguae, verbale Ungeschicklichkeiten, als einen wirklich ernst gemeinten politischen Angriff. Da ich zu ahnen vermag, daß die gegen die Generale geforderten Konsequenzen zu viel schwerer als diese Affäre selbst wiegenden Erschütterungen im Vertrauensverhältnis der staatlichen Institutionen, der Parteien und der Gesamtbevölkerung zu den Streitkräften und umgekehrt führen würden, möchte ich nicht, daß unter Berufung auf meine Person Maßnahmen ergriffen werden, die in ihren Auswirkungen weitaus verheerender sein könnten als der Anlaß es rechtfertigt, auf den sie sich berufen."

Ein solcher Wink an die Adresse des in ein nachfühlbares scheußliches Dilemma geratenen Verteidigungsministers Leber, ein solches Signal noch zu rechter Zeit an die „Vierzig", ein solches selbstloses, nur der Sache dienen wollendes „Über-den-eigenen-Schatten-Springen" hätte mit einem Schlag schon allein das Zwielicht beseitigt, in das manche Flügelgruppen und unklar sich ausdrückende Einzelpersönlichkeiten das offizielle Bekenntnis der SPD zur Landesverteidigung auch heute noch zu bringen vermögen — trotz aller unbestreitbar großen Verdienste gerade Lebers um die Bundeswehr . . .

Der einzige, der in der „Generalsaffäre“ wahrhaft helfend und heilend die Dinge wieder auf ihr Normalmaß hätte zurückschrauben, ja weit darüber hinaus dem Volks- und Staatsgedanken einen unschätzbaren Dienst hätte tun können, wäre also Herbert Wehner gewesen. Leider hat er es vorgezogen, sich in Schweigen zu hüllen, — damit aber hat er, noch einmal sei es gesagt, eine historische Chance vertan. . .

Nicht von ungefähr gesellte sich zu dieser Aktion noch die großangelegte Kampagne, der Bundeswehr gleichzeitig auch alle Wurzeln abzuschneiden, die sie schon im Humus-Boden fruchtbarer deutscher Soldatentradition geschlagen hat. Um „ganze Arbeit“ zu leisten, nahm man sich wieder einmal ganz besonders „liebevoll“ der Traditionsverbände der früheren Wehrmacht-Einheiten an.

Der Einfachheit halber stellte man sie summarisch kurzerhand in eine höchst anrüchige und verdächtige rechtsextremistische Ecke. Daß man mit solchen Leuten nicht mehr guten demokratischen Gewissens verkehren kann, versteht sich logischerweise von selbst. Mit diesen Staatsfeinden läßt sich nicht einmal mehr ein gemeinsames Bier trinken. Alte Kameradschaft, die es nicht zuläßt, daß in schweren Zeiten gewachsene und bewährte menschliche Bindungen mutwillig durch unterschiedliche oder gar gegensätzliche politische Meinungen zerstört werden, erlaubt schon Zweifel an der demokratischen Zuverlässigkeit. Auf jeden Fall gilt es erst einmal alle Beziehungen abzubrechen und dann vielleicht, vielleicht zu prüfen, welcher Traditionsverband oder welche Einzelperson der Zweiten-Weltkriegs-Generation noch für würdig befunden werden können, daß die Bundeswehr zu ihnen weiterhin lose Kontakte aufrecht erhält. Alle anderen gehören sowieso verboten. Viel wichtiger sei es jetzt, so wurde plötzlich proklamiert, sich auf die nun immerhin schon zwanzigjährige friedenserhaltende eigene Tradition der Bundeswehr zu konzentrieren. Weiter zurückzugehen sei eigentlich unnötig.

Nichts gegen eine bundeswehreigene Tradition. Aber was hier an Diffamierung der Kriegs-Generation wieder auflebt, spottet wahrlich jeder Beschreibung — und das zumeist aus dem Lager jener, die sonst nicht müde werden gegen das „Berufsverbot“ für Extremisten im Öffentlichen Dienst zu wettern. Bis in die Wortformulierungen hinein ähnelt dieser Hetz-Feldzug jenen sowjetischen Angriffen gegen die Traditionsverbände in der Bundesrepublik, wie wir sie nun schon seit Jahr und Tag gewohnt sind. Glaubt eigentlich irgend jemand hierzulande, es sei pure Liebe für oder wohlmeinende Sorge um die Bundeswehr, wenn ausgerechnet die Sowjets und ihre Handlanger in Ost-Berlin den Traditionsverbänden an den Kragen wollen?

Wissen diejenigen, die hierzulande in das gleiche Horn tönen, wirklich nicht mehr, daß Moskau schon in seinen 1952 und 1953 publizierten Entwürfen für einen Friedensvertrag mit Deutschland ein Verbot der Traditionsverbände gefordert hat? . . .

K.K. (Nr. 12-1976)

# Traditionswandel in der Bundeswehr?

**Die „desorganisatorischen“ Prinzipien machen sich bemerkbar**

In Heft 24 „Militärausgaben und Militärstruktur in Deutschland“ des „Sozialwissenschaftlichen Institutes der Bundeswehr“ (München 1980 von Lutz Köllner) steht in Kapitel 1: „Während der ‚Krieg der Sterne und Galaxen‘ nicht mehr nur ein Erzeugnis der

Filmindustrie ist, wird in den Kasernen oft noch darüber gestritten, ob man Regimentsfahnen, die schon bei Tannenberg dabei waren, aufstellen soll oder nicht." Nichts an diesem Satz ist wahr. Er ist bezeichnend für die demagogische Unredlichkeit, mit der bei uns derart existentielle Fragen unserer freien Zukunft oft behandelt werden. Nicht ein Soldat der Bundeswehr hat auch nur das geringste mit einem „Krieg der Sterne und Galaxen" zu tun. Nirgendwo wird in der Bundeswehr über den Standort solcher Fahnen gestritten. Das Ziel dieser Behauptung, der man zahlreiche ähnliche an die Seite stellen könnte, ist klar: Sie soll der Bundeswehr suggerieren, daß sie auf falscher Fährte sei, solange sie nicht Schluß mache mit ihrer Bindung an die Geschichte, nicht Abstand nehme von jeglicher Traditionspflege. Man will den Soldaten bedeuten, daß sie „unmodern" seien, solange sie nicht den progressiven Intentionen der Sozialwissenschaften folgen . . .

Ein Soldat, der an seinem Volk, an dessen Geschichte und Kultur nichts mehr achten kann, wird aber kaum zu deren Verteidigung „motiviert" sein. Das Ziel scheint die Gefühlsdisposition des Abscheus vor einer nichtsozialistischen Moderne zu sein. Dahinter steht die Erwartung: Sind Soldaten erst einmal von allen Ermächtigungen aus der Geschichte gelöst und vom Gefühl her gleichgültig, werden sie das Heil in einem wie auch immer gearteten totalitären „Sozialismus" suchen . . .

Die meisten längerdienenden Soldaten der Bundeswehr haben den 20. Juli als „Aufstand des Gewissens" positiv gewürdigt, auch wenn über bestimmte Persönlichkeiten im Widerstand die Meinungen auseinandergingen . . .

General Heusinger hatte über seinen Tagesbefehl 1959 einen Ausspruch Erich Hoepners gesetzt: „Nicht der Glanz des Erfolges, sondern die Lauterkeit des Strebens entscheidet über den Wert des Menschenlebens." Geist und moralische Haltung der Soldaten des 20. Juli, vom Generaloberst Beck bis zum Oberst i.G. Graf Stauffenberg, sollten Ausgang und Mitte soldatischen Traditionsverständnisses in der Bundeswehr sein, ebenso wie die großen Soldaten und Ideale der Freiheitskriege gegen Napoleon und die tapferen Soldaten beider Weltkriege, soweit sie ehrenhaft gekämpft hatten. So äußerte sich auch der Traditionserlaß des Verteidigungsministers von Hassel vom 1. Juli 1965 in Nr. 14: „Zuletzt nur noch dem Gewissen verantwortlich, haben sich Soldaten im Widerstand gegen Unrecht und Verbrechen der nationalsozialistischen Gewaltherrschaft bis zur letzten Konsequenz bewährt. Solche Gewissenstreue gilt es in der Bundeswehr zu bewahren."

Noch 1971 zitierte der damalige Brigadegeneral Carl Gero von Ilsemann eine Stimme zum 20. Juli in seinem Buch „Die Bundeswehr in der Demokratie": „Wohl aber können und sollen die Soldaten des 20. Juli Vorbilder des Soldaten von heute sein, denn sie handelten aus ihrem Wissen nach ihrem Gewissen im Bewußtsein ihrer Verantwortung und setzten ihr Leben ein. Welch bessere Vorbilder kann es geben? Die Bundeswehr hat diese Frage schon lange und ohne Einschränkung bejaht." (R. v. Deckerts Verlag, Hamburg 1971, S. 74) . . .

Angriffe gegen die Soldaten des deutschen Widerstandes mehren sich. Die erste Attacke ritt Baudissinjünger und Journalist Bernd C. Hesslein. In der Einleitung zu dem von ihm herausgegebenen Buch „Die unbewältigte Vergangenheit der Bundeswehr — Fünf Offiziere zur Krise der Inneren Führung" (bei Rowohlt, Hamburg 1971) schreibt er: „Der Geist der Gründerväter der Bundeswehr war davon (dem Geist der Generale Krupinski/Francke!) nicht weit entfernt. Ihr Verständnis von der Rolle des Soldaten in Staat und Gesellschaft war geformt von den Erfahrungen des Machtmißbrauches durch Hitler.

Die meisten Offiziere und Unteroffiziere der Bundeswehr haben freilich nicht in der Reichswehr gedient, nur in der Wehrmacht. Der einzige Offizier in der Bundeswehr allerdings, der zwei Mal in die später heftig kritisierte Reichswehr eintrat, war Graf Baudissin.

Die immer stärker werdende Verunglimpfung der Gründergeneration der Bundeswehr — also auch solcher „Reformer" wie de Maizière, Graf Kielmansegg oder Baudissinanhänger wie Schmückle — mit Ausnahme Baudissins wird zum Fundament einer Abwendung von der Geschichte des deutschen Soldaten, symbolisiert durch die Gegenveranstaltung in der Stadthalle von Bad Godesberg unter Mitwirkung des Grafen Baudissin am 12. November 1980 gegen die Ablegung des Feierlichen Gelöbnisses von 100 Rekruten in Bonn, unter Beteiligung von Regierung, Bundespräsident und Verteidigungsminister Apel öffentlich durchgeführt. Die Frontstellung wird deutlich und von Baudissinanhängern publiziert . . .

In Nr. 28/1980 des „Spiegel" läßt der Baudissinfreund Hansen (Bundestagsabgeordneter der SPD) keinen Zweifel an dieser Stoßrichtung, nachdem er erneut die Gründergeneration der Bundeswehr, Politiker wie Soldaten, scharf kritisiert hat:

„Gemeinsam war den Anfängen von Bundesrepublik und Bundeswehr die institutionelle wie personelle Kontinuität, ein eindeutiges Feindbild und das fortgesetzte Versäumnis, eine mörderische Vergangenheit durch Neubesinnung auf republikanische Überlieferungen zu bewältigen. Die Summe dieser Versäumnisse hat sich verhängnisvoll für die Heranbildung von demokratischem Bewußtsein in der Bundesrepublik erwiesen . . . Keine Absage an die Vergangenheit, kein Versuch eines Neubeginns: Das Traditionsverständnis der Bundeswehr seit ihrem Bestehen." (38)

Nicht ein Satz daran stimmt! Der offenbar ahnungslose Abgeordnete verschweigt, daß sein Gewährsmann, Graf Baudissin, der in der Wehrmacht als Generalstabsoffizier diente und aus dem selbst für damalige Verhältnisse extrem „nationalkonservativen" Infanterieregiment 9, Potsdam, stammte, zur Gründergeneration — und zwar in führender Position — gehört . . .

Hansen nennt den auch vom Parlament gebilligten Traditionserlaß „wortbreiig". Er greift „Reformer" ebenso an wie Parlamentarier und beruft sich auf Generalmajor a.D. Bastian, der „im Gegensatz zu ihnen die Lektion der Geschichte begriffen hat". Was Hansen aber anstelle der nach seiner Auffassung bisher falschen Tradition der Bundeswehr setzen will, spricht er offen aus: „Leider wurde die Gelegenheit verpaßt, nach der militärischen Niederlage des Faschismus an revolutionär-republikanische Wehrmotivationen und -modelle anzuknüpfen (Bauernkriege, Freiheitskriege, Soldatenräte, proletarische Volkswehr)" (S. 39). Mit Ausnahme der Freiheitskriege hätte die Bundeswehr sich demnach an historische Beispiele zu halten, die sich auf der jeweils legalen Staatsordnung entgegengesetzte Kräfte in Bürgerkriegslagen beziehen, also „revolutionär" sind . . .

Nicht mehr der Verfassungsauftrag der Bundeswehr gemäß Artikel 87a des Grundgesetzes soll Orientierung für die Traditionspflege sein, sondern der Umsturz des deutschen Rechtstaates.

Dr. Wolfgang Krummbein, Göttingen, auf dem Bundeskongreß der Jungsozialisten in Aschaffenburg zum stellvertretenden Vorsitzenden gewählt, erklärt in seinem Buch „Die antimonopolitische Demokratie", Göttingen 1977, im Sinne Hansens:

„Meines Erachtens sind zur Erringung der politischen Macht folgende Maßnahmen unabdingbar: Förderung der Bildung von Soldatenräten und die völlige Umorganisierung des Militärs nach Entmachtung der herrschenden Offiziersgruppen; Besetzung der großen Unternehmen und deren Inbetriebnahme unter der Leitung von Soldatenräten. Aber auch auf herkömmliche Maßnahmen wie die Besetzung von den wichtigsten öffentlichen Institutionen (Polizei, Rundfunk, Fernsehen, Verwaltungsgebäude etc.) kann kaum verzichtet werden. Nun brauchen derartige Prinzipien beim heutigen Stand der

Klassenkämpfe noch nicht (!!) in den Mittelpunkt der Programmatik gesetzt zu werden" (S. 48).

Die geistige Vorbereitung hat jetzt in der Bundeswehr eingesetzt und vollzieht sich unbeobachtet von der Öffentlichkeit . . .

Anstatt des 20. Juli 1944 solle der „antifaschistische proletarische Widerstand" in den Streitkräften entschiedener betont werden. Gerade der Graf Wolf von Baudissin, Abkömmling eines alten Adelgeschlechtes, scheint für diese „proletarische" Tradition der geeignete Interpret zu sein. Im Hintergrund steht noch eine andere Auffassung. Der SPD-Stadtverordnete und Vorsitzende der Jungsozialisten, im Unterbezirk Lahn-Dill, Verleger des „Lahn-Dill-Boten", Rüdiger Kreissl, hatte im Juli 1980 anläßlich der öffentlichen Durchführung des Großen Zapfenstreiches im Stadion zu Wetzlar in einem Artikel seiner Zeitung, dem „Lahn-Dill-Boten", geschrieben: „Jeder Soldat ist ein berufsmäßiger, trainierter Mörder; jeder Ausbilder ein Anstifter zu Mordtaten, jeder Luftwaffenpilot ein professioneller Bombenwerfer, jeder Waffenwart ein Bombenbastler, jeder Musiker einer Militärkapelle ein Public-Relationsmann des Todes, jede Armee ist eine Terrorbande." („Die Bundeswehr". Nr. 9/Sept. 1980, S. 574)

So wird der Opfertod einer Elite unserer Soldaten unter dem Regime Hitlers und Himmlers, angefangen vom Generaloberst Freiherr von Fritsch bis Feldmarschall von Witzleben, von Oberst Graf Stauffenberg bis zu Generaloberst Erich Hoepner, zum zweiten Mal verworfen . . .

Es ist eine Diffamierung einer Generation von Offizieren, Unteroffizieren und Mannschaften, ihr vorzuwerfen, sie habe sich von Hitler, seinem Unrechtregime, seinem Rassenwahn und seinen Mordtaten nicht losgesagt. Sie hat es, eindeutig und klar. Aber sie kann die anständigen Taten vieler Kameraden, Frauen und Männer, an den Fronten und in der Heimat, in den Kerkern des Regimes und in Gefangenschaft, nicht vergessen, wohl wissend, daß Tugenden letztlich auch ihren Wert von den Zielen erhalten, für die sie aufgeboten werden . . . Heinz Karst, Brigadegeneral a.D. (Nr. 2-1981)

# Tradition — Last, Erbe, Aufgabe

**Fortschrittliche Armee durch Erhaltung bewährter Soldatentugenden**

In letzter Zeit entzündete sich um den Großen Zapfenstreich, um die öffentliche und feierliche Ablegung des Eids und des Gelöbnisses sowie insgesamt um die Pflege der Tradition in der Bundeswehr ein Meinungsstreit. Fast könnte man meinen, daß in der Truppe ein erbittertes Ringen von „Traditionalisten" und „Reformern" stattfindet. Dies ist aber keineswegs der Fall: Diese Diskussion ist weitgehend von außen in die Truppe getragen worden. Neben einigen beachtenswerten Beiträgen von Leuten mit Sachkenntnis scheinen einige Wortführer dieser Diskussion kein Verhältnis zum militärischen Dienst zu haben, waren nie Soldat, verkennen den Zweck und den Auftrag von Streitkräften oder bringen gar zum Ausdruck, daß sie im Grunde eine andere Republik wollen. Wenn beispielsweise der Bundestagsabgeordnete Hansen an „revolutionär-republikanische Wehrmotivationen und -modelle" anknüpfen möchte, wobei er neben den Freiheitskriegen die Bauernkriege, Soldatenräte und proletarische Volkswehr nennt, dann empfiehlt er damit die Traditionselemente der sogenannten Nationalen Volksarmee der DDR. — Kaum anzunehmen, daß Herr Hansen das nicht weiß . . .

Als Beispiel für unsachliche Diskussion sei nur auf den Streit über den Großen Zapfenstreich hingewiesen. Ohne viel Umschweife wird er von einigen Kritikern und gewandten Wortschöpfern als „vordemokratisch" abgetan, wobei auf eine Erläuterung dieser Kennzeichnung verzichtet wird. Die Musik kann es wohl kaum sein, denn sonst wäre auch Mozart vordemokratisch. Dann bleibt noch das Deutschlandlied, der Choral oder das Kommando „Helm ab zum Gebet". Mit einigem Recht kann man argumentieren, daß das Beten nicht befohlen werden kann, und auch ich bin der Ansicht, daß das Kommando „Helm ab" genügt. Auch über die Wahl des Chorals läßt sich streiten. Mir persönlich würde „Die Himmel rühmen des Ewigen Ehre" besser gefallen als „Ich bete an die Macht der Liebe". Auch der Inhalt des Niederländischen Dankgebets scheint mir nicht angebracht. Aber der Hinweis auf die sittlich ethische Bindung des Soldaten durch einen Choral und durch das Deutschlandlied, mit denen der Große Zapfenstreich endet, scheint mir unverzichtbar, so wie der Große Zapfenstreich insgesamt . . .

Auf die wenigen Auftritte der Truppe in der Öffentlichkeit, wie beispielsweise beim feierlichen Gelöbnis, darf nicht verzichtet werden. Die Störer dieser Veranstaltungen haben nichts anderes im Sinn, als diesen unseren Staat zu verhöhnen. Wie lange können sich unser Staat und seine Bürger dies gefallen lassen? Es ist doch töricht anzunehmen, diese Kräfte würden sich zufrieden geben, wenn die Soldaten sich in die Kasernen zurückziehen. Sie finden mit Bestimmtheit morgen andere Anlässe, um ihren Unwillen an dieser Gesellschaftsordnung und diesem Staat Ausdruck zu verleihen, wobei sie erfahrungsgemäß vor Gewalt nicht zurückschrecken . . .

Ich bin angegriffen worden, weil ich in meinen „Gedanken zur Inneren Führung" geschrieben habe: „Die Bundeswehr hat starke industrielle Züge, ist aber ihrer inneren Struktur nach kein Industriebetrieb, sondern eine Kampf-, Schicksals- und Notgemeinschaft. Daher bleiben ihre elementaren Grundlagen die alten Soldatentugenden" (die ich dann im einzelnen aufführte). Von Herrn Hansen wurde dies als „elitäres Selbstverständnis", von Prof. M. Messerschmidt als ein Übersehen der Tatsache, daß der Zivilist im modernen Krieg ebenso erfaßt wird wie der Soldat, bezeichnet. Beide zeigen, daß sie die wesentliche Aufgabe einer Armee verkennen, nämlich schlagkräftig zu sein, was sich im Ernstfall ja nicht im Erleiden erschöpft, sondern im aktiven Kämpfen. Damit verkennen sie aber auch die notwendigen Mittel einschließlich der erzieherischen Mittel, Schlagkraft und Kampfwert und damit Sicherheit „zu produzieren". Sie verkennen, daß die Armee auf eine extreme Ausnahmesituation hin konstruiert sein muß, und ihr Kampfwille entscheidend ist, um im Gefecht bestehen zu können.
Dieser Kampfwille kommt nicht von allein. Er muß in einer Armee erzeugt werden. Wir verzichten mit Recht darauf, Haß auf den Feind zu predigen. Wir stützen uns auf die Bindungen an Familie, Heimat und Vaterland, an die Einsichten über den Wert unserer freiheitlichen Ordnung und unseres Rechtsstaats, aber auch auf den in einer harten Schule gewachsenen Stolz auf die eigene Einheit, auf den „Esprit de Corps", auf die Zugehörigkeit zur soldatischen Gruppe, zu Kameraden und auf das Vertrauen der Soldaten zu ihren Vorgesetzten. Dazu bedarf es des Zusammenschweißens von Verbänden durch Stolz auf gemeinsame Leistungen, des Förderns des Zusammengehörigkeitsgefühls, der Selbstachtung und der Gruppensolidarität. Dazu benötigt man Vorbilder und Leitbilder . . .

Tradition — richtig verstanden — sind die aufgespeicherten Werte von Generationen menschlicher Erfahrung, sind die Substanz und die weiterwirkenden und bewährten Maßstäbe unserer Geschichte und des Menschseins. Nicht nur im Verkehrswesen, sondern auch im Leben insgesamt und in einer Armee sind verbindliche Verhaltensformen unentbehrlich. Warum sollte unsere Geschichte und die darin gemachten Erfahrungen uns bei der Suche nach solchen Normen nicht hilfreich sein?

Albert Schnez, Generalleutnant a.D., (Nr. 4-1981)

# Eine Generation mundtot machen?

**Politische Hintergründe der aktuellen Traditionsdebatte**

. . . Es war nun einmal überwiegend die Kriegsgeneration, die aus den bitteren Erkenntnissen, die sie machen mußte, aber auch aus der Erfahrung heraus, welche menschlichen Werte über alle Zeitumstände hinweg ihre Gültigkeit behalten haben, diesen Staat aufgebaut und geprägt hat, der uns allen heute als rechtsstaatliche Demokratie die Freiheit sichert. Kein Wunder, daß die staatszerstörenden Kräfte besonders daran interessiert sind, die Stimme dieser Generation mit allen Mitteln zum Schweigen zu bringen. In immer neuen „Wellen“ läßt man Diffamierungskampagnen gegen sie rollen.

So konnte es denn nicht ausbleiben, daß just im Vorfeld der Anhörung auf der Bonner Hardthöhe auch das Deutsche Fernsehen in seinem politischen Magazin „Report“ unter Leitung von Franz Alt eine neue Hetzsendung ausstrahlte. In ihr sollte nachgewiesen werden, daß die Deutsche Wehrmacht im Zweiten Weltkrieg sehr wohl und in einem „bisher so nicht bekannten Ausmaß“ in all die Kriegsverbrechen „verstrickt“ gewesen sei, die unserem Volke seit über 35 Jahren bis ins letzte Detail ja nun wirklich „nahegebracht“ worden sind. Die rhetorische Frage, inwieweit die Wehrmacht in das Traditionsverständnis der Bundeswehr miteinbezogen werden könne, wurde damit recht selbstherrlich, selbstgerecht und einseitig beantwortet — und vor allem der Diskussion über „Soldat und Gesellschaft“ eine bestimmte „Schlagseite“ aufgezwungen.

Getroffen werden sollte mit einer solchen Neuauflage der Kollektivschuld-Behauptung die ganze Kriegsgeneration, die man auf solche Weise als politisch suspekt disqualifizieren und damit praktisch mundtot machen will, weil man sie als ein bedeutsames Bollwerk freiheitlicher Staats- und Wehrgesinnung ansieht, das es unwirksam zu machen gilt . . .

K. K. (Nr. 5-1981)

# Endlich weg von der Ideologie

**Bessere „Motivation“ durch Rückkehr zur „Inneren Führung“**

Die erste öffentliche Äußerung des Generals Altenburg, neuer Generalinspekteur der Bundeswehr, befaßte sich mit seiner Sorge um eine bessere „Motivation“ der Soldaten. Der Begriff ist heute geläufig, tauchte aber bisher in diesem Zusammenhang nicht auf. Ist das Phänomen früher übersehen worden? — Solange gemeinsame Wertvorstellungen wirksam waren, als „Ethos“ Anspruch auf Allgemeingültigkeit erheben konnte, als Begriffe wie „Sittlichkeit“ und „Moral“, „Verantwortung“, „Pflichtgefühl“, „Dienst“, „Opfer“ und „Vaterlandsliebe“ unserem Volk selbstverständlich waren, stellte sich die Frage nicht. Nachdem aber „Volk“ oder „Gemeinschaft“ allenfalls noch in dem „Wischiwaschi“-Begriff „Gesellschaft“ schwach durchschimmern und man das Wort „Nation“ nicht einmal zu denken wagt, stellt man fest, daß Soldaten eigentlich bewußt konstruierte Antriebskräfte benötigen, um ihre Aufgabe voll und ganz zu erfüllen. Die Ersatzlösung „Besoldungsanreize“ entspricht zwar dem Zeitgeist, erweist sich aber immer wieder als absolut unzulänglich.

Man könnte einwenden, die Sache „funktioniere“ doch auch so. Sicher, die Bundeswehr der achtziger Jahre funktioniert. Hier und da aber verläuft manches äußerst schwunglos, was sich bei innerem Engagement der Verantwortlichen überzeugender darstellen ließe. Der so oft auftauchende Begriff „Gammeldienst“ hat doch wohl eine tiefere Bedeutung, als man es sehen will. Die Führung der Bundeswehr muß registrieren, daß die „Integration“ in die Gesellschaft zu gut gelungen ist, so daß dabei auch die Schwächen und Fehler der Gesellschaft übernommen wurden, die im militärischen Bereich zur Funktionsuntüchtigkeit führen könnten. Im Rahmen dieses Integrationsprozesses, auf den man so gern stolz hinweist, ist die „Attraktivität“ der Streitkräfte anscheinend nach außen wie nach innen verlorengegangen.

An diesem Ergebnis verminderten Ansehens hat immerhin auch die bewußte Diffamierung ihren Anteil gehabt. Lautstarke Minderheiten haben sich selbst zum Sprecher der „Gesellschaft“ ernannt und behaupten, wichtiger als eine „Effizienz“ der Streitkräfte sei eben die vorerwähnte „Integration.“ Man kann sich des Eindrucks nicht erwehren, als hätten Halbintellektuelle damit eine weitere falsche Alternative erfunden, die zu der anderen paßt, der Frieden sei der Ernstfall. Dieser letztere Satz könnte in anderem Zusammenhang durchaus einmal richtig sein, so angewendet jedenfalls ist er nur geeignet, verantwortungsbewußte Vorbereitung auf Krisensituationen zu unterbinden und Selbstbehauptungswillen zu entmutigen . . .

So schlugen im Dezember 1955 alte Soldaten der früheren Wehrmacht dem sich formierenden Verteidigungsministerium vor, das noch gültige Ethos des Soldaten folgendermaßen zu formulieren: „In Ehren dienen, mit Gott für Volk und Vaterland“. Die neue „Innere Führung“ kam dieser Auffassung mit der heute noch — jedenfalls formal — gültigen Formel nahe: „Der Bundesrepublik Deutschland treu dienen und das Recht und die Freiheit des deutschen Volkes tapfer verteidigen.“ — Die Werte „Treue“, „Tapferkeit“ und „Dienen“ konnten somit bewahrt werden; vor dem „mit Gott“ scheute man sich, um des Gebots vermeintlicher religiöser Toleranz willen, womit es dann den Gegnern des Soldatentums in den Schoß fiel; die „Ehre“ blieb, wenn auch unausgesprochen, dafür wurde die „Kameradschaft“ im Soldatengesetz hervorgehoben.

Die Innere Führung stand damit im Einklang mit den erhalten gebliebenen Wertvorstellungen, wobei sie bittere Erfahrungen der jüngeren Vergangenheit vernünftig auswertete, ohne der damals weit verbreiteten Versuchung zu erliegen, „das Kind mit dem Bade auszuschütten.“ Der neo-marxistisch indoktrinierte Zeitgeist, der überall „Unterdrükkung“ witterte, bewirkte jedoch die Übersteigerung im, an sich so sehr sinnvollen, Prinzip vom „Staatsbürger in Uniform“, die Rechte gegenüber den Pflichten über-zu-betonen. (Im Sinne Carnots wurde das mehr ein „Bourgeois“ statt eines „Citoyen“.) Man konstruierte den Popanz des seine Amtsgewalt mißbrauchenden Vorgesetzten, wobei man weniger die Wirklichkeit, als vielmehr die gut erfundenen Gestalten der „Feldwebel Himmelstoß“ und „Schleifer Platzek“ aus den Romanen „Im Westen nicht Neues“ und „Nullachtfünfzehn“ vor Augen hatte . . .

Es folgte eine Zeit der „falschen Alternativen.“ Ein um „Progressivität“ bemühter Verteidigungsminister äußerte, ihm sei ein Soldat, der gut schießen könne, lieber als einer, der gut grüßen könne. Folgerichtig fand sich ein eifriger führender Soldat, der die genau so falsche Alternative von einer (sinnvollen) funktionalen und einer (angeblich überflüssigen) „formalen“ Disziplin erfand, womit er Argumentationshilfe für späteres Abschaffen der Erziehung leistete. In Intellektuellenkreisen kursierte damals als gängige Klischee-Ware die „Gesinnungsethik“ als angebliche Alternative zur „Verantwortungsethik.“ Ein prominenter Demagoge verlautete: Die Schule der Nation sei die Schule, nicht aber die Armee. In der so vorbereiteten öffentlichen Stimmungslage wurde nun im Rahmen allgemeinen „Infrage-Stellens“ („Kritische Theorie der Frankfurter Schule) auch das hierarchische Prinzip und mit ihm die Achtung vor dem Älteren in Frage gestellt . . .

Bewährte Gegner alles Militärischen konnten innerhalb der Streitkräfte ihre abstrusen Theorien entwickeln. An der höchsten Ausbildungsstätte für Offiziere ließ der Ober-Ideologe, ein mit Vollmacht der politischen Führung eingesetzter absoluter Nicht-Fachmann mit Professorentitel, die Katze aus dem Sack, indem er im Plenum verkündete, der Charakter spiele beim Offizier keine Rolle, das sei in der Vergangenheit schon immer falsch gesehen worden. Gleichlaufend mit wiederholten Lippenbekenntnissen zur Inneren Führung und „Berufsbezogenheit“ wurde Erziehung immer kleiner geschrieben, von Anleitung zu Verantwortungsbewußtsein oder etwa gar zu Selbstdisziplin war keine Rede mehr, das autonome Gewissen einer charaktervollen Persönlichkeit wurde anscheinend nur noch „Kriegsdienstverweigerern“ zugebilligt. So mußte eigentlich folgerichtig in der Bundeswehr allmählich die Frage nach einer „Motivation“ aufkommen, denn so ganz ohne alle irrationalen Kräfte, wie man sich das in materialistischen Ideologien vorstellt, geht es eben doch nicht.

Die Lobby derer, die der Bundeswehr allenfalls noch die Funktion einer Art Fassade zubilligen wollen, ist stark, sie möchten einen neuen Offizierstyp, der zwar durchaus noch „geschmeidig zu funktionieren“ vermag, aber (im Sinne von Karl Marx’ Umwelttheorie) bestimmt von der gesellschaftlichen Umwelt und frei ist von „charismatischen“ Zügen, der auch nicht befürchten läßt, sich plötzlich als charaktervolle Persönlichkeit herauszustellen, mit all den Unberechenbarkeiten, die so eine unbekannte Größe mit sich bringt. Nach Charakter und Persönlichkeit zum Vorbild geeignet und im Stande, in Krisenlagen Halt zu geben? — „Wer wird denn schon an so etwas denken, und erziehen soll er ja ohnehin nicht!“

Vom Halt durch ihre Offiziere befreit, würden die somit emanzipierten Soldaten dann frei dem bewußtseinsbildenden Einfluß der gesellschaftlichen Umwelt offen sein: Im Frieden funktionieren, im Kriege „verweigern“ . . .

Es wird die Aufgabe unserer Demokratie sein, in kommender Zeit zusammen mit der Selbstbestimmung in der Bundeswehr auch die hier angedeuteten Gefahren der Radikalisierung zu sehen und deren Gründe zu beseitigen. Tatsächlich kann die Bundeswehr nicht den Selbstbehauptungswillen unseres Volkes tragen, wenn dieser wehrhafte Selbstbehauptungswillen nicht auch in der gesellschaftlichen Umwelt vorhanden ist. Aber „an die Spitze des Fortschritts zu marschieren“ kann dabei auch einmal in umgekehrter Richtung Aufgabe der Bundeswehr gegenüber „der Gesellschaft“ sein. Günter Ohme

Der Verfasser, Oberst a.D. und Dipl. rer. pol., ist früher Dozent an der Führungsakademie der Bundeswehr und Kommandeur der Schule für Psychologische Kampfführung gewesen. (Nr. 5-1983)

# Wider die Selbstzerstörung

**Lanze für eine gerechte Geschichtsbewertung der Wehrmacht**

. . . Fast im Gleichklang mit dem „Zukunftsschock“ (Alvin Toffler), den wir Deutschen in der Bundesrepublik durch den Nachrüstungsdoppelbeschluß vom 12. Dezember 1979 erfuhren und der hierzulande mit einer diffusen, realitätsfernen „Friedensbewegung“ beantwortet wurde, an der die Sowjets, nach Genf, ihr Interesse verloren zu haben scheinen und die daher ihrem Niedergang entgegensieht, begann der Angriff gegen die

Wehrmacht, die Wehrmachtgeneration, die diese neue Demokratie der Deutschen aufgebaut hat. Viele der prominenten Politiker der Gründungszeit, sieht man von Adenauer, Ollenhauer und einigen anderen ab, waren Soldaten der Wehrmacht gewesen, die meisten Offiziere, so z. B. Karl Carstens, Alfred Dregger, Helmut Schmidt, Wilhelm Berkhan, „Ben Wisch", Franz Josef Strauß, Gerhard Schroeder; andere, wie z. B. Carlo Schmid, hatten als Kriegsverwaltungsräte in der Wehrmacht gedient. Die Bundeswehr ist fast ausschließlich von ehemaligen Offizieren und Unteroffizieren der Wehrmacht aufgebaut worden.

Eingeleitet wurde diese umfassende Kampagne befremdlicherweise aus den Reihen der Bundeswehr selber. Es war der „Leitende Historiker im Militärgeschichtlichen Forschungsamt der Bundeswehr", Freiburg, Prof. Dr. Manfred Messerschmidt. Er gab mit einem Artikel in der „Süddeutschen Zeitung" vom 21./22. 2. 1981 mit dem Titel „Kein gültiges Erbe" das Signal zu einem anschwellenden Pressefeldzug . . .

Bis vor einigen Jahren galt die Wehrmacht, die sogar in den fatalen Nürnberger Siegerprozessen freigesprochen wurde, immerhin als eine Streitmacht, die zwar Einbrüche des Unrechts, der ideologischen Anpassung an Hitlersche Vorstellungen, der Duldung von Verbrechen bis zur aktiven Teilnahme an Verbrechen an ihren Rändern nicht ableugnete, aber als Ganzes der Achtung wert sei und deren Soldaten, wie General Dwight Eisenhower in seiner Ehrenerklärung vom 23. 1. 1951 bestätigte, als solche ihre Ehre nicht verloren hätten (Norbert Tönnies „Der Weg zu den Waffen", Markus Verlag, Köln, 1957, S. 126). Jetzt wurde mit beachtlichem Aufwand nachzuweisen versucht, daß sie keinerlei Anspruch auf Achtung verdiene . . .

Die Wehrmacht als Ganzes zu verurteilen, kann nur jener „Besiegten-Mentalität" entspringen, die Friedrich Sieburg meisterhaft schildert. Messerschmidts Artikel war zugleich ein Vorgriff eines hohen Beamten der Bundeswehr auf die vom damaligen Verteidigungsminister Apel geplante öffentliche Traditionsdiskussion und sollte den Gegnern der Bundeswehr und der Wehrmacht „Munition" liefern.

Liest man den Artikel heute wieder, so merkt man, daß sein Autor weniger als ein Wissenschaftler die Vergangenheit erforscht, um die Wahrheit festzustellen, sondern sie eher wie ein Polizist durchstreift, der Verbrecher sucht . . .

Es verblüfft den Zeitgenossen, wenn er, aus der Bundesrepublik Deutschland kommend, im Ausland meist andere Urteile über die Wehrmacht und die deutschen Soldaten hört, als im eigenen Land. Im Ausland verurteilt man die größenwahnsinnige Politik des „Dritten Reiches", weniger jedoch die Soldaten, die ihr Opfer wurden. Im eigenen Land hält man sich dagegen an die dem „Primat der Politik" unterworfenen Soldaten als die augenfälligsten Organe des Krieges; sie werden erneut in einer zweiten Welle diffamiert, die seit 1979 über Medien und Wissenschaft in einer geschichtsfernen Gesellschaft rollt . . . Heinz Karst, Brigadegeneral d. D. (Nr. 3-1985)

## Wozu noch Kriegserinnerungen?

### Unverzichtbare Bausteine für den Frieden

. . . Die jüngsten Kriegsteilnehmer sind etwa um die 60 Jahre alt, die Jahrgänge darunter kennen den Krieg als Soldaten nicht mehr. Was man aber nicht kennt, kann zu falschen Vorstellungen führen.

Die berechtigte Ablehnung des Krieges mit seinen furchtbaren Begleiterscheinungen zieht bei oberflächlicher Betrachtungsweise leicht eine Abwertung des Soldaten nach sich, nach dem Motto: wer Krieg führt, ist auch ein Kriegsverbrecher, ist damit schuldig geworden und verdient keine Anerkennung. Von der Kriegsgegnerschaft bis zur Ablehnung jeglicher Verteidigung ist es bei so manchem Zeitgenossen nur ein kleiner Schritt. Am Ende stehen nicht mehr Sicherheit und Kriegsverhinderung, sondern geradezu Ermunterung für einen potentiellen Gegner, den Krieg als Mittel der Politik bei geringem eigenen Risiko zumindest einzukalkulieren.

Um solchen Fehlschlüssen entgegenzuwirken ist es unerläßlich, die Zusammenhänge zwischen staatlicher Machtpolitik und dem Komplex Krieg und Frieden mit der Stellung des Soldaten dazwischen aufzuzeigen. Die Kriegserinnerungen auf oberster Ebene bieten hierfür wichtige Einblicke. Ihr wissenschaftlicher und militärhistorischer Wert steigt mit dem Abstand des Autors von den Ereignissen . . .

Die Darstellung von Kriegserlebnissen ist an einige Forderungen gebunden. Schon die Sprache ist wichtig. Wir wissen alle, daß die politische Propaganda im Zweiten Weltkrieg eine Terminologie benutzt hat, die den Feind zum „rassisch minderwertigen Untermenschen" stempelte. Es ist eine Frage des Stils wie der Fairneß, dem damaligen Gegner Achtung und Anerkennung nicht zu versagen, wenn er seine soldatische Pflicht erfüllt hat. Umgekehrt können wir aber auch fordern, daß nicht nur der Soldat der Roten Armee Stalins als tapferer Kämpfer anerkannt wird, sondern auch der Soldat in Hitlers Wehrmacht, was vielen erheblich schwerer fällt . . .

Kein einziger Offizier und Unteroffizier der Bundeswehr in der unmittelbaren Truppenführung besitzt noch Fronterfahrung. Er könnte ungeahnte Anregungen für die Ausbildung erhalten, wenn er Kriegserlebnisse für die Belange seiner Truppe systematisch durcharbeiten würde. Allein die Berichte in den „Alten Kameraden" sind dafür hervorragend geeignet. Anders sieht es dagegen im operativ-strategischen Bereich aus. Hier sind in den letzten Jahrzehnten so viel entscheidende Veränderungen in Technik und Führungsvorstellungen im nuklearen Zeitalter hinzugekommen, daß Kriegserfahrungen auch aus Memoiren höherer Truppenkommandeure nur noch bedingt, meist nur im Grundsätzlichen, übernommen werden können.

Wecken Kriegserinnerungen das Verständnis für Tradition? „Eine Armee kann ohne Tradition nicht leben, sonst ist sie nur ein nihilistischer Haufen", hat ein französischer General einmal gesagt. Tradition ist nicht an äußere Formen gebunden, die sowieso dem Zeitgeschmack unterliegen. Deutsche Soldatentradition fußt auf moralisch-geistigen und charakterlichen Werten, die sich in einer vielhundertjährigen Militärgeschichte herausgebildet haben. Sofern die einzelnen Erlebnisberichte sich in diesen Strom einfügen, kann man sie durchaus als Bausteine der Tradition bezeichnen. Lebendige Tradition heißt, das Wissen um die Vergangenheit pflegen. Bei anderen Völkern ist das oft viel ausgeprägter als bei uns, die wir gern in Extremismus verfallen und auf lang gehegtes Erbe leichtfertig verzichten. Unwissenheit ist der Feind jeglicher Tradition . . .

Fritz Birnstiel, Brigadegeneral a. D. (Nr. 8/9-1985)

# Zerstörer der Tradition

**Den Geschichtsfälschern deutlicher entgegentreten**

Wer sich das derzeitige historisch-politische Klima vergegenwärtigt, wird Bundesverteidigungsminister Wörner kaum einen Vorwurf daraus machen, daß er seine Zusage von 1982 bisher nicht einlöste, das Kuckucksei, das Vorgänger Apel ihm mit einem (in letzter Minute vor dem Amtswechsel) neugefaßten Traditionserlaß ins Nest legte, zu beseitigen. Zum einen sieht Wörner sich Widerständen im eigenen Bereich, vor allem im Militärgeschichtlichen Forschungsamt, gegenüber, zum andern wird er sich mit der Korrektur zahlreicher Geschichtsverdrehungen auseinandersetzen müssen.

Frühere Chefs in Freiburg hatten zu dem Komplex eine andere Einstellung. Auf einer Tagung in Loccum 1967 sagte der damalige Amtschef Oberst Dr. Wolfgang v. Grote: „Sieht man die Tradition in einer Gemeinschaft, wie es nötig ist, als Erziehungs- und Bindemittel, das sich besonders in Krisen bewährt, dann ist ihre Beseitigung gleichzusetzen mit der Minderung der Autorität." Vierzehn Jahre später warf sein Nachfolger, Professor Messerschmidt, die Wehrmacht als Teil soldatischer Tradition auf die Müllkippe der Geschichte mit seinem Aufsatz „Kein gültiges Erbe." Er ignoriert nicht, sondern leugnet damit die deutschen soldatischen Leistungen des letzten Krieges und trägt dazu bei, sie in das Gegenteil zu verkehren.

Das sind die Früchte einer „Umerziehung", die alle Bindungen an die Geschichte abschneiden und die Wertkategorien für ein Selbstbewußtsein und Selbstverständnis vernichten sollte und die Schrenck-Notzing treffender als „Charakterwäsche" kennzeichnete.

Auf diesem Boden gedieh ein Kesseltreiben gegen die Wehrmacht, das einen der Höhepunkte in der „Report"-Sendung mit dem Titel „Verbrechen der Deutschen Wehrmacht" erreichte. Madame de Staël beobachtete diesen „Wesenszug" schon vor mehr als 150 Jahren: „Wenn den Deutschen noch so großes Unrecht angetan wird, findet sich irgendein obskurer deutscher Professor, der so lange an der Objektivität herumbastelt, bis dieser bewiesen hat, daß die Deutschen Unrecht getan haben."

Bei ebenso kritischen wie kenntnisreichen Ausländern findet sich eine andere Würdigung der Wehrmacht als sie das Militärgeschichtliche Forschungsamt zutage fördert. Der britische Historiker Max Hastings, dem die Umerziehungsscheuklappen fehlen, nennt die Wehrmacht die „beste Kampftruppe des Krieges", eine der „großartigsten, die die Welt je gesehen hat". Seine Folgerung: Im Falle eines sowjetischen Angriffs auf Westeuropa hätten die britischen und amerikanischen Soldaten nur dann eine Erfolgschance, wenn sie sich die Deutsche Wehrmacht zum Vorbild nähmen; ihre eigene während der Invasion 1944 gezeigte Einsatzbereitschaft reiche dazu nicht aus . . .

Daß sich in einem Millionenheer über ein Jahrzehnt hinweg auch negative Vorkommnisse finden lassen, steht außer Frage. Aber darauf ein Bild der Wehrmacht aufzubauen, hat mit objektiver Forschung nichts zu tun, sondern ist schlicht Geschichtsfälschung. Die positiven und vorbildlichen Beispiele, die sich bei den einfachen Landsern ebenso nachweisen lassen wie bei den Heerführern, überwiegen; sie prägen das Bild deutschen soldatischen Verhaltens und gehören daher in das Traditionsgeflecht.

Keine Armee der Welt ist frei von Exzessen, aber keinem Volk in der Welt würde es einfallen, danach sein Urteil zu fällen; allerdings hat sich auch noch kein Volk einer Charakterwäsche unterziehen müssen wie das unsrige.

Mit einem Ministerial-Erlaß zur Traditionspflege ist es nicht getan. Soll sie sinnvoll gehandhabt werden, bedarf es der Korrektur eines manipulierten Geschichtsbildes, die aber wohl nur der Objektivität im Rankeschen Sinne verpflichtete Historiker zu vollziehen vermögen. Wilhelm Anders (Nr. 3-1986)

## Die „verlorene Generation"

**Sich mit allen Kräften gegen Verleumdungen zur Wehr setzen**

... Das Schlagwort von der „verlorenen Generation" ist nach Ende des Zweiten Weltkriegs nicht mehr verwendet worden. Zu stark war es der Generation Hemingways und der zwanziger Jahre verhaftet, aber auch zu grausam und augenscheinlich klaffte besonders in Deutschland das Schicksal der aus dem Zweiten Weltkrieg in ihre zerbombte und zerstörte Heimat zurückgekehrten deutschen Soldaten mit den Erlebnissen ihrer Väter nach dem Ersten Weltkrieg auseinander. Kein Journalist wollte den damals noch bekannten Ausdruck einer „verlorenen Generation" auf die armseligen, von Hunger, Not und Demütigung gekennzeichneten, aus den Gefangenenlagern zurückkehrenden deutschen Soldaten anwenden. Denn nicht allein die Soldaten, sondern das ganze deutsche Volk, vom unmündigen Säugling bis zum von Hunger ausgezehrten Greis, schien damals verloren, nicht allein militärisch besiegt, sondern durch die nach Kriegsende erst bekannt gewordenen Verbrechen seiner politischen Führung auch moralisch bis ins Mark getroffen. Kein Volk der Welt hat je einen solchen Zusammenbruch seiner Macht, aber auch seines moralischen Selbstgefühls erlebt und erfahren. „Finis Germaniae — das Ende Deutschlands", das erklärte Kriegsziel der Siegermächte und die unheilvolle Prophezeihung Hitlers in seinem letzten Testament schien herbeigekommen.

Doch 65 Millionen Menschen ließen sich nicht einfach „ausradieren." Zu stark waren noch ihre Kräfte zur Selbstbehauptung und ihr Wille zum Überleben. Erst Historiker künftiger Generationen werden aus vergilbten Dokumenten — zum Beispiel Lebensmittelkarten, in denen 50 Gramm Fett pro Person in einem Monat ausgewiesen sind — und vielen anderen Zeugnissen mit Verwunderung und Staunen die Lebenszähigkeit unseres 1945 so total besiegten und geschlagenen Volkes ermessen und vielleicht auch würdigen. Schon den heute noch lebenden Zeugen und Zeitgenossen jener Jahre nach 1945 ist Drangsal, Not und der oft primitive Selbsterhaltungstrieb jener Zeit vielfach aus dem Gedächtnis geschwunden. Denn bereits fünf Jahre nach der Kapitulation sprach man im Ausland erst zögernd, dann immer lauter, ebenso überrascht wie oft neidisch und empört, vom „deutschen Wirtschaftswunder", einer Sensation, die niemand in der ganzen Welt für möglich gehalten hätte.

Künftige Historiker werden fragen, welche Lebenskraft, welche eminente Energie dieses „Wunder" zu Wege gebracht hat. Sie werden keine andere Antwort finden als daß die trotz Terror, Bombenkrieg, Niederlage und Gefangenschaft ungebrochene Lebenskraft der deutschen Kriegsgeneration, Männer, Frauen und Kinder, sich nicht niederzwingen ließ, sondern im Westen durch die Weltlage begünstigt, sich ein neues Dasein in Freiheit und Wohlstand erkämpft hat ...

In der gegenwärtigen Zeit tritt diese Generation mehr und mehr aus dem tätigen Leben unseres Volkes in den „wohlverdienten" Ruhestand zurück, die leitenden Positionen in Politik, Verwaltung, Industrie und Bundeswehr werden von jungen, oft erst nach dem Krieg geborenen Männern und Frauen besetzt, die wenig von der jüngsten Vergangenheit ihres Volkes wissen und ihre Väter und Großväter oft mit Unkenntnis der geschichtlichen Tatsachen, deren Verzerrung und Mißbilligung schockieren. Besonders die ehemaligen Soldaten sind in zunehmendem Maße einer Woge von auf Unkenntnis beruhenden Entstellungen ausgesetzt, die in manchen Fällen bis zu offen geäußerter Mißachtung und Verleumdung führen. Werden wir so von unseren Nachkommen vielleicht doch zu einer „verlorenen Generation" abgestempelt und verurteilt? Dagegen sollten wir uns mit allen Kräften zur Wehr setzen und auch nicht nur darauf vertrauen, daß vielleicht spätere Generationen sich ein von Haß und Verleumdung gereinigtes Bild davon machen werden, „wie alles gekommen ist" und dann auch Haltung und Leistungen des deutschen Volkes objektiv werten und würdigen. In der Geschichtsschreibung des westlichen Auslandes finden sich zunehmend erste Ansätze hierzu. Das Vermächtnis unserer gefallenen Kameraden fordert von jedem Einzelnen von uns, den verhängnisvollen Ansätzen einer falschen Geschichtsbetrachtung mutig und furchtlos entgegen zu treten. Es ist heute so viel von der notwendigen Bewältigung der Vergangenheit die Rede, aber nur „die Wahrheit wird uns frei machen".

Dr. Dieter Keller (Nr. 5-1986)

## Sowjetischer Zeitgeist

**Die Soldaten sind nicht „schuldig"**

Michail Gorbatschow weiß natürlich, daß Stalin den Mord an den gefangenen polnischen Offizieren in Katyn befohlen hat. Und er weiß auch, daß Offiziere und Soldaten der Roten Armee, von den Kommissaren ganz zu schweigen, gehorsame Werkzeuge ihres Obersten Kriegsherren im „Großen Vaterländischen Krieg" waren. Aber trotz aller Enthüllungen über Verstöße gegen die Menschenrechte, gegen das Völkerrecht und trotz der Schuld, die Stalin auf sich geladen hat, steht im vielzitierten Buch „Perestroika" kein abfälliges Wort über die Rote Armee im Zweiten Weltkrieg: Die sowjetischen Helden sind Helden geblieben und werden es bleiben, was auch immer noch an das Licht des Tages kommen mag. So will es die Parteimoral und so wollen — oder müssen es die Historiker in der Sowjetunion wollen. Für sie ist Stalin trotz allem der Retter der Sowjetunion und die Soldaten der Roten Armee sind die braven, tapferen, siegreichen Söhne ihres Volkes!

Der Historiker Natan Eidelman hat zwar in der für das Ausland bestimmten sowjetischen Wochenzeitschrift „Moscow News" die Frage nach der (Mit-)Schuld der Bürger an den Untaten Stalins untersucht, aber eine für das moralische Wohlbefinden seiner Landsleute recht einfache Antwort gefunden: „Während die sowjetischen Werktätigen den Wohlstand ihres Landes schufen, glaubten sie ernsthaft, Stalin sei der ‚Schöpfer alles Guten'." Millionen hätten zwar der Auslöschung unschuldiger Menschen zugesehen, aber in ihrem Hypnosezustand schien alles gerechtfertigt; sie nahmen es nicht wahr, schreibt er. Wenn jetzt Jüngere von der Schuld der älteren Generation sprächen und so täten, als hätte es ihnen nicht passieren können, in die Falle (Stalins) zu tappen, dann könne er diesen jungen Menschen nur sagen: „Oh, Ihr Lieben, wenn Ihr diesen Becher hättet leeren müssen!" Trotz Stalin also keine Kritik an den Soldaten in der Sowjetunion; niemand wirft ihnen vor, daß sie Stalins Befehle befolgten, nennt sie gar Mörder. Im Gegenteil: Gorbatschow würdigt ausdrücklich in seinem Bestseller Heldentum und Selbstaufopferung im Kampf gegen die Deutschen und betont voller Stolz, die siegreichen Waffen seien in der sowjetischen Periode geschmiedet worden!

Selbstverständlich hat auch in der Sowjetunion mit dem „neuen Denken" eine Besinnung auf die Vergangenheit eingesetzt. Aber sich ihrer schämen? Oder die Veteranen schmähen, weil Stalin nicht nur der „Schöpfer alles Guten“ und der gütige Vater des Volkes war, als der er dargestellt und verherrlicht wurde? So weit geht das „neue Denken“, geht der Zeitgeist in der Sowjetunion nicht. Er ist so patriotisch, daß er Heldentum und Opferbereitschaft nicht antastet, selbst wenn sie von jemand gefordert wurden, der sich schuldig gemacht hat . . . Joker (Nr. 12—1988)

## Die Kriegsgeneration und die Umwertung der Werte

**Soldatische Tugenden haben bis heute alle Wandlungen überdauert**

. . . Wenn es nur ein Einzelfall wäre, was sich vor einigen Jahren in einer Gemeinde in Hessen ereignete, könnte man darüber hinweggehen. Doch es ist — leider — kennzeichnend für den geistigen Zustand unserer Gesellschaft, daß ein Bürgermeister in dem Dorf Trebur einen Gedenkstein abreißen ließ, der an die Gefallenen des Krieges von 1870/71 erinnerte. Er hatte offensichtlich nicht begriffen, daß mit dem Denkmal der Soldaten gedacht wurde, die ihr Leben für ihre Mitbürger geopfert hatten. Für ihn seien Gedenksteine Symbole, die den Krieg verherrlichen, erklärte der Schultheiß, deswegen gehöre es beseitigt; was er dann tatsächlich veranlaßte. Damit waren zwar nicht alle Bürger des Ortes einverstanden, doch der Bürgermeister blieb dabei: das Denkmal habe der Verherrlichung des Krieges gedient und abgesehen davon sei es baufällig. Als die Proteste der Bürger zunahmen, kam es schließlich zu einer Abstimmung im Gemeinderat. Sie führte dazu, daß das Oberhaupt des Dorfes sogar mit zwei Stimmen seiner Fraktion überstimmt und beschlossen wurde, den Stein in seiner alten Gestalt wieder vor dem Rathaus aufzustellen. Man einigte sich allerdings auf einen Kompromiß, der darin bestand, daß am Gedenkstein eine „kommentierende Tafel“ anzubringen sei, die einen Bezug zum Heute enthalten und an die Verbindung zu einer französischen Partnergemeinde erinnern soll. „So wird die Mahnung des damaligen Soldatentodes mit dem versöhnlichen Ausblick in eine friedvollere Zukunft zwischen zwei ‚Erzfeinden‘ verbunden. Das sollte eigentlich Polit-Eiferer, die jene Vergangenheit ihres Volkes nicht begreifen und nur begeifern können, beschämen“, hieß es dazu in einem Kommentar.

Dem Ortschef von Trebur wollten anscheinend im Mai 1988 Mitglieder des Stadtjugendringes von Gerlingen (bei Stuttgart) nicht nachstehen. Sie forderten, vier Straßen umzubenennen, die nach Helden des Ersten Weltkriegs benannt worden waren. Die Jugendlichen nahmen Anstoß an den Kampffliegern Manfred von Richthofen (1892—1918), Oswald von Boelcke (1891—1916) und Max Immelmann (1890—1916) sowie an U-Boot-Kommandant Otto Weddingen (1892—1915). Sie seien zwar keine Kriegsverbrecher, aber immerhin Militärhelden zur Kriegsverherrlichung, die von ihren Podesten — Straßenschildern — herabsteigen sollten(!). Der Antrag der Vertreter des Stadtjugendringes löste eine lange Diskussion im Gemeinderat aus, — es kann ja heutzutage nichts so verquer oder töricht sein, als daß es nicht für diskussionswürdig gehalten wird . . . Immerhin befragte man auch die Bewohner der vier „anstößigen“ Straßen und stellte fest, daß keiner von ihnen eine Änderung der Straßennamen wünschte. Mit 16 gegen fünf Stimmen entschied sich der Gemeinderat, die seit 1937 bestehenden Straßennamen nicht zu ändern.

Karl Jaspers hat 1947 in den „Schriften zur Zeit“ (Zürich) erklärt, das Bewußtsein soldatischer Ehre bleibe unbetroffen von allen Schulderörterungen. Wer in Kameradschaftlichkeit treu, in Gefahr unbeirrt durch Mut und Sachlichkeit sich bewährt habe, „der darf

Unantastbares in seinem Selbstbewußtsein bewahren. Dies rein Soldatische und zugleich Menschliche ist allen Völkern gemeinsam. Bewährung ist ein Fundament des Lebenssinnes." Weil die Treue einen Unbedingtheitscharakter besitzt, kann es keine Treue auf Zeit oder mit Vorbehalt geben. Wer „getreu bis in den Tod" war, verdient daher größten Respekt. „Was ist gut? fragt ihr. Tapfer sein ist gut", heißt es bei Friedrich Nietzsche in „Also sprach Zarathustra", und Reichspräsident Paul von Hindenburg wandte sich (am 25. Mai 1934) an die Öffentlichkeit mit den Worten: „Die Ehre des Soldaten liegt im bedingungslosen Einsatz seiner Person für Volk und Vaterland bis zur Opferung seines Lebens. Höchste Soldatentugend ist der kämpferische Mut. Er fordert Härte und Entschlossenheit. Feigheit ist schimpflich, Zaudern unsoldatisch." Das Verhalten von Millionen Bürgern und Soldaten wurde von diesen Worten geprägt. Millionen haben den ehrenvollen Tod dem schimpflichen Verrat vorgezogen, haben sich zum Soldatischen bekannt.

Bekenntnisse wie von Jaspers gehören zu den Tabus in den Medien, obwohl auch in unserem Staat an die Treue von Beamten und Berufssoldaten appelliert wird. Im § 9 des Soldatengesetzes werden die Berufssoldaten und Soldaten auf Zeit mit ihrem Eid darauf verpflichtet, „der Bundesrepublik Deutschland treu zu dienen und das Recht und die Freiheit des deutschen Volkes tapfer zu verteidigen . . ." Und was „dienen" bedeutet, wird in einer Anmerkung zu diesem Paragraphen erläutert: „Dienen heißt die Pflicht höher stellen als den eigenen Egoismus"; und „tapfer sein im Einsatz": „. . . trotz aller Gefahr für Bequemlichkeit, Gesundheit und Leben seine Pflicht zu erfüllen."

Im Buch des ehemaligen Generalinspekteurs der Bundeswehr General Ulrich de Maizière „Bekenntnis zum Soldaten" setzt sich der General mit dem gegen Soldaten der Wehrmacht erhobenen Vorwurf auseinander, sie hätten sich mißbrauchen lassen. Dies sei ein Vorwurf, „der manchen verletzt habe." Er verstehe diese Gefühle, sagte der General, „waren doch viele Soldaten aus der Sicht ihres Verantwortungsbereiches überzeugt, nur im Interesse ihres Volkes Leib und Leben eingesetzt zu haben. Aber auch sie werden heute erkennen, daß Treue tatsächlich mißbraucht werden kann und daß ihre Treue mißbraucht worden ist. Jeder hat sich selbst zu erforschen. Hast Du, nach dem, was Du damals wußtest und beurteilen konntest, anständig gehandelt, ohne Rücksicht auf die eigene Person, selbst wenn die Erfolgsaussichten gering waren? Überwinden wir jede Form von Selbstgerechtigkeit, und machen wir uns unsere Antwort nicht zu leicht."

Maizière stellt aber auch fest, daß es den Männern des Widerstandes nicht möglich war, ihre Erkenntnisse der Öffentlichkeit deutlich zu machen. Warum nicht? „Die diktatorische Regierungsform verwehrte es ihnen . . ."

Während pauschal die Deutsche Wehrmacht für Verstöße gegen Genfer Konvention und Haager Landkriegsordnung verantwortlich gemacht wird, wurden — von Ausnahmen abgesehen — Verstöße der Allierten im Zweiten Weltkrieg verschwiegen, Veröffentlichungen ignoriert oder unterdrückt. Das objektive Buch des amerikanischen Völkerrechtlers Alfred Maurice de Zayas, Dr. der Universität Göttingen, und des holländischen Völkerrechtlers Walter Rabus, Dr. der Universität Paris, das 1979 erschienen ist und unveröffentlichte Akten über alliierte Völkerrechtsverletzungen enthält, beweist, wie von Beginn des Rußlandfeldzuges an deutsche Gefangene von den Sowjets erschossen oder ermordet wurden. Von den 1941/42 in Gefangenschaft geratenen deutschen Soldaten starben etwa 90—95% (nach Kurt Böhme: Die deutschen Kriegsgefangenen in sowjetischer Hand, München, 1966); dabei handelt es sich nicht um Gefangene, die nicht sofort erschossen wurden, sondern die zunächst in Kriegsgefangenenlager geschickt wurden. In einem erbeuteten Operationsbericht vom 13. Juli 1941 vom Stab der 26.(sowj.)Division, 1 km westlich von Slastjena, lautete es u. a.: „Auf dem Schlachtfeld ließ der Gegner ungeführ 400 Tote zurück. Etwa 80 Mann hatten sich ergeben, die erschossen wurden." Am 30. August schrieb der Führer einer sowjetischen Kompanie, Hauptmann Gadiejew, in einer Meldung. „Drei Stück Minenwerfer, einen Offizier getötet, drei Geschütze P.T., vier Stück M.G., 15 Mann Verwundete erschossen." In der 29. Panzerdivision gab es einen Befehl, nach welchem jeder Rotarmist, der 20 deutsche Soldaten erschießt, einen dreitägigen Heimaturlaub erhält. Und in einem russischen Flugblatt, das im Leningrader und Talininer Gebiet verteilt wurde, konnte man im März 1942 lesen: „Offiziere und Soldaten in den grünen Mänteln sind keine Menschen, sondern wilde Tiere ... vernichtet deutsche Offiziere und Soldaten, wie man tolle Hunde erschlägt."

In keiner Einheit der deutschen Wehrmacht hat es je vergleichbare Befehle, Flugblätter, Anweisungen, Handlungen gegeben, von denen behauptet werden könnte, sie seien der Anlaß für die sowjetischen Kriegsverbrechen gewesen. Wenn Hitler von einem Krieg der Weltanschauungen gesprochen hat, denn tat er es wohl nicht allein: auch die Sowjets führten den Krieg als Weltanschauungskrieg, mit dem Unterschied freilich, daß die Rote Armee nicht an die Bestimmungen der Haager Landkriegsordnung gebunden war ...

Ein junger Offizier der Bundeswehr, der sich gründlicher und unvoreingenommener als mancher Vertreter unserer schreibenden „Kulturelite" mit dem Zweiten Weltkrieg beschäftigt hat, kam aufgrund seines intensiven Studiums zu der Erkenntnis, „beim Einlesen und Nachforschen in ein dunkles und blutiges Kapitel der Geschichte — das Ende des Zweiten Weltkrieges in Italien — wird sehr bald klar, daß es unmöglich ist, mit dem heutigen Wissen, dem heutigen Staatsverständnis, mit dem heutigen Rechtsempfinden aus unserem Blickwinkel heraus in diesen Abgrund zu blicken und dann ‚Recht' zu sprechen, Entscheidungen für oder gegen eine Person, Handlung oder Sache zu fällen. Ohne Verständnis des Zeitgeistes, ohne Eingehen auf Einflüsse von außen, ‚Sachzwänge' (auf Personen und Sachen), wie wir heute sagen würden, ist eine rechtliche, annähernd gerechte Beurteilung von Vorgängen in dieser Zeit nicht möglich.

Es hat sich menschliches Recht und Gesetz geändert — was für uns heute Unrecht ist, was in dieser Zeit vielleicht ‚rechtens'; diesen Aspekt darf man nicht aus den Augen verlieren." Nur Kommunisten und sogenannte Antifa-Kämpfer werfen noch heute der Wehrmacht „Morde" an Partisanen vor. Vor der Grausamkeit und Hinterlist, mit der Partisanen gegen Deutsche und ihre eigenen Landsleute kämpften, sprechen sie nicht. Sie bezeichnen ihre Tätigkeit als „heldenhaften Widerstand gegen die Hitlerbarbaren."

Gefangene mit Genickschuß „erledigen", die Kehle durchschneiden, Glieder abhakken und dann von heldenhaftem Widerstand gegen deutsche Barbaren reden? Dazu gehört wahrhaftig eine merkwürdige Auffassung von heldenhaftem Widerstand. Den Bürgern unserer Gesellschaft und den Angehörigen unserer Nachkriegsgeneration, die dieser Art von Widerstand zubilligen, sie sei moralisch gerechtfertigt, ist wohl nicht mehr zu helfen! ...

Joachim Kannicht (Nr. 9/10—1990)

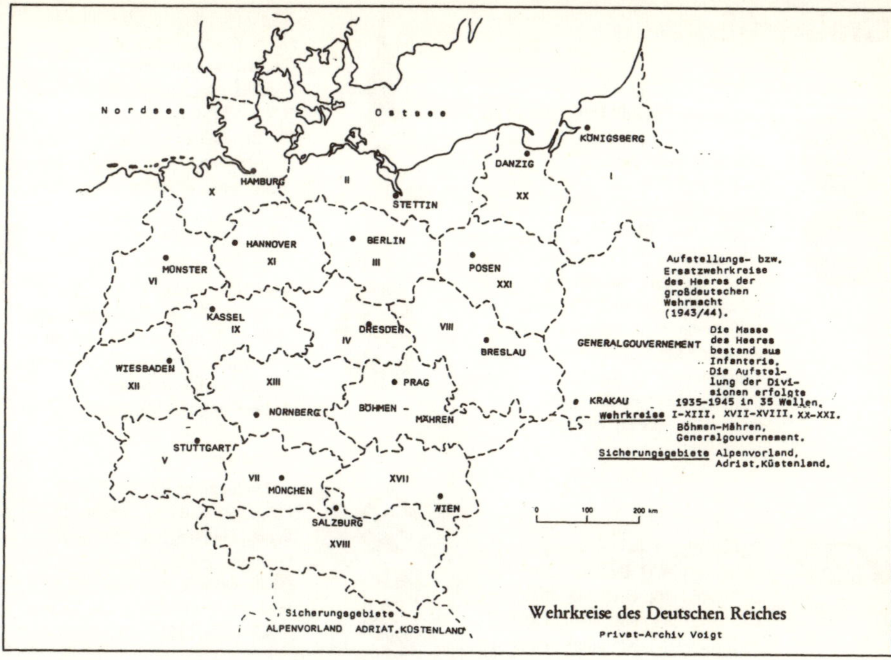


Wehrkreise des Deutschen Reiches

Privat-Archiv Voigt

# Landsmannschaftliche Herkunft — Wehrkreise

| **Wehrkreise** | **Großverbände (Korps, Divisionen, Brigaden)** |
|---|---|
| I (Königsberg) | 21.ID, 61.ID, 161.ID, 206.ID, 291.ID |
| II (Stettin) | 12.PD, 75.ID, 258.ID, 292.ID, 302.ID, 543.VGD |
| III (Berlin) | „GD", PLD, 23.ID, 26.PD, 50.ID, 76.ID, 163.ID |
| IV (Dresden) | 93.ID, 94.ID |
| V (Stuttgart) | 5.JgD, 23.PD, 25.PGD, 35.ID, 78.StD, 79.ID, 101.JgD, 125.ID, 198.ID, 205.ID, 215.ID, 260.ID, 323.ID, 335.ID, 715.ID |
| VI (Münster) | 6.ID, 16.PD, 21.PD, 126.ID, 329.ID, 371.ID |
| VII (München) | 1.GD, 7.ID, 268.ID |
| VIII (Breslau) | 18.PGD, 62.ID, 168.ID, 252.ID |
| IX (Kassel) | 9.ID, 29.PGD, 52.ID, 129.ID |
| X (Hamburg) | 20.PGD, 22.LLID, 30.ID, 58.ID, 110.ID, 225.ID, 269.ID, 272.ID, 290.ID |
| XI (Hannover) | 13.PD, 83.ID, 96.ID, 111.ID, 216.ID |
| XII (Wiesbaden) | 22.PD, 34.ID, 36.ID, 65.ID, 72.ID, 197.ID, 263.ID, 342.ID, 389.ID |
| XIII (Nürnberg) | 4.PD |
| XVII (Wien) | 357.ID |
| XVIII (Salzburg) | |
| XX (Danzig) | PzBrig106 „FHH" |
| XXI (Posen) | 363.ID |
| WSS | 2.PD„DR", 6.GD„N", 33.WGrenD „Ch" |
| Lw/H | 21.FD (L) |
| RAD | zbV 3 „Th.K." |

Die **Verbände** (Regimenter, Bataillone/Abteilungen) und **Einheiten** (Kompanien) sind in den obenstehenden **Großverbänden** (Divisionen) enthalten, mit Ausnahme der **Heerestruppen** (Eisenbahn-PiRgt 68).

# Großverbände

**Großdeutschland“** PzKorps, PGD „GD“ (19.5.43—5.45), III, aus Wachregiment Berlin, Tle InfLehrrgt Döberitz und II./IR (mot) 92: IR(mot) „GD“, ID(mot) „GD“, „Großdeutschland“- und „Brandenburg“-Verbände. Polen-, West-, Balkan-, Ostfeldzüge (Moskau), Rußland, Ukraine, Rumänien, (Umgl.), Ostpreußen, Danzig, Oderfront (Frankfurt/O., Cottbus, Halbe), Sachsen, Schlesien, Mähren (Olmütz), Österreich (Wien), Berlin, Nordwestfront. (S.: 180, 232, 259, 321)

**PzLehrdiv.** (1.44—4.45) III, aus Lehrtruppen d. PzTrSchulen, Tle ILR Döberitz, ILR(mot) 900, Lehrbrig(mot) 900, PGLR 901, AufklLehrabt (Kavallerie-Lehr- u. Versuchsabt). Westfront (Normandie, Lothringen, Ardennen, Niederrhein, Ruhrkessel). (S.: 25)

**1.GD** wurde VGebD (26.8.39—12.3.45), VII, Polen-, West-, Balkan-, Ostfeldzüge, Ukraine, Kaukasus, Griechenland, Balkan, Siebenbürgen, Serbien (Belgrad), Kroatien, Alpenfront (S.: 64)

**2.SS-PD „Das Reich“** (22.10.43—5.45), WSS, vormals SS-Div(mot) „DR“ aus SS-VerfgDiv, PGD. Polen-, Westfeldzüge, Ungarn, Ostfeldzug (Moskau), Rußland, Frankreich, Ukraine, Westfront (Ardennen), Ungarn, Österreich (Wien), Böhmen (Prag). (S.: 249)

**4.PD** (22.8.39—4.45), XIII. Polen-, West-, Balkan-, Ostfeldzüge, Ukraine, Baltikum, Weichselfront (Danzig). (S.: 222)

**5.JgD** (6.7.42), aus Inf-, le.Div (25.8.39—1.12.41), V, Oberrheinfront, West-, Ostfeldzüge, Frankreich (Umgl.), Rußland (Staraja Russa), Weißruthenien, Ukraine (Wolhynien), Weichsel-, Oderfront (Pommern, Brandenburg, Elbe). (S.: 86)

**6.SS-GD „Nord“** (9.42—4.45), WSS, aus TV, SS-Kampfgruppe „Nord“. Lappland, Norwegen, Dänemark, Westfront (Lothringen, Elsaß), Süddeutschland, Alpenfront. (S.: 99, 244)

**6.ID** wurde VGD, VI. (26.8.39—6.6.44), Westwall, West-, Ostfeldzüge, Rußland (Rshew), Weißruthenien (Bobruisk), (Umgl. aus 552.ID), Weichselfront, Schlesien, Sachsen (10.3.45—5.45).

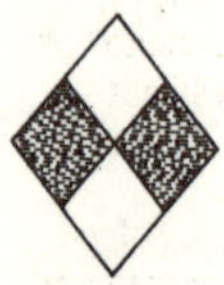

**7.ID,** VII, (26.8.39—4.45) Polen-, West-, Ostfeldzüge (Moskau), Ukraine, Weißruthenien, Weichselfront (Danzig).

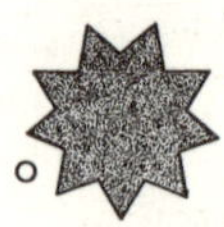

**9.ID** wurde VGD, IX, (26.8.39—8.4), West-, Ostfeldzüge, Ukraine, Kaukasus, Kuban, Rumänien, (Umgl.) Dänemark, Westfront. (S.: 45, 237, 279)

**12.ID,** II, (27.7.39—7.44), Polen-, Westfeldzug (Maginot-Linie), Ostfeldzug (südl. Demjansk, Wiebsk, bei Johannisburg zerschlagen). Als 12.VGD (3.8.44.—10.44) im Westen. (S.: 9, 217, 240, 271, 325)

**12.PD** aus 2.ID(mot) (10.1.41—8.5.45), II, Polen-, West-, Ostfeldzüge, Weißruthenien, Baltikum (Kurland). (S.: 89, 257)

**13.PD** wurde PD „Feldherrnhalle" 2, aus 13.ID(mot) (11.10.40—3.45), XI, Polen-, Westfeldzüge, (Umgl.), Ostfeldzug, Kaukasus, Kuban, Ukraine, Ungarn, Österreich, Mähren. (S.: 18, 71, 255, 264, 297)

**16.PD** (3.43—5.45), VI, als Lehrtruppe in Frankreich aus 6.ID in Rumänien und Bulgarien, Ostfeldzug, Ukraine, Stalingrad (Neuaufstellung in Frankreich), Italien, Ukraine, Weichselfront, Mähren, Böhmen. (S.: 90, 275)

**18.PGD** (23.6.43) aus ID(mot) (24.8.39—1.11.40), VIII, Polen-, Westfeldzüge, (Umgl.), Ostfeldzug (Tichwin), Rußland (Staraja Russa), Weißruthenien (Rollbahnschlacht), (Neuaufstellung in Schlesien), Ostpreußen, Schleswig-Holstein, Oderfront, Berlin. (S.: 124, 183, 219)

**20.PGD** aus ID(mot) (23.7.43—4.45), X, Polen, West-, Balkan, Ostfeldzüge (Tichwin), Rußland (Wolchow), Ukraine (Hube-Kessel), Weichselfront (Baranow), Oderfront, Berlin. (S.: 195)

**21.ID** (21.8.39—5.45), I, Polen-, West-, Ostfeldzüge, Ingermanland, Rußland (Wolchow), Baltikum, Ostpreußen, Schleswig-Holstein. (S.: 287)

**21.PD** vorm. 5.leAfrD(mot) aus Tle 3.PD (1.8.41—5.5.43, in Tunesien vernichtet), VI, Libyen, Tunesien, (Neuaufst.) Westfront (Lothringen) (15.7.43—5.45), Ungarn, Oderfront (Lauban), Spree-Kessel (Halbe). (S.: 185, 294)

**21.FD (L)** — aus Luftwaffe (1.11.43—1.6.44): Gruppe der Lw-Feldregimenter i.d. 16.Armee, LwDiv „General Meindl", 21.Lw-Felddivision d. I.Lw-Feldkorps (XIII. Fliegerkorps), als Felddiv(L) zum Heer. Rußland (Lowatfront, Cholm, Pantherlinie), Baltikum (Kurland). (S.: 104, 161, 323)

**22.LLID (mot, trop)** (29.7.42—1.10.42) aus 22.ID (18.8.39—26.3.45), wurde VGD, X, Polen-, Westfeldzüge (Lufteinsatz Holland), Lehrtruppe in Rumänien, Ostfeldzug, Krim (Sewastopol), Kreta: Kampfgruppe Buhse n. Nordafrika, Triphibisches Unternehmen der Gruppe Müller auf dem Dodekanes, Verlegung auf griech. Festland und Umgliederung, Rückzugskämpfe im Balkan- und Donauraum. (S.: 23)

**22.PD** (25.9.41—4.3.43), XII, Frankreich, Krim, Ukraine. (S.: 229)

**23.ID** (26.8.39—3.7.42), III, Polen-, West-, Ostfeldzüge (Moskau), Flandern und Dänemark Umgliederung in 26.PD, Neuaufstellung als 23.ID (neu, wurde VGD), 23.10.42—4.45, 26.PD in Italien, 23.ID Ingermanland, Rußland, Baltikum (Oesel, Kurland), Ost- und Westpreußen, Weichselfront (Danzig). (S.: 132)

**23.PD** (21.9.41—5.45, aus Dz.Brig.201), V, Ukraine, Kaukasus, Polen, Ungarn (Plattensee), Alpenfront. (S.: 96, 174, 313)

**25.PGD** (23.6.43) aus ID (mot), 26.8.39—15.11.40, V, Polenfeldzug, Westwall, West-, Ostfeldzüge (Moskau), Weißruthenien, West-, Oderfront (Brandenburg, Mecklenburg, Elbe). (S.: 35, 82, 151, 218)

**26.PD** aus (alter) 23.ID (14.9.42—4.45), III, Aufstellung in Flandern, Italien (Kalabrien, Salerno, Rückzugskämpfe zur Venezianischen Küste, Po-Niederung), Alpenfront. (S.: 301)

**29.PGD** aus 29.ID (mot) (23.6.43—4.45), IX, Polen-, West-, Ostfeldzüge (Moskau), Rußland, Ukraine, Stalingrad, Neuaufst. Frankreich, Italien, Alpenfront (wie 26.PD). (S.: 176, 177)

**30.ID** (26.8.39—5.45.), X, Polen-, West-, Ostfeldzüge, Rußland (Demjansk), Baltikum (Kurland). (S.: 73)

**33.Waffen-GrenD d.SS „Charlemagne“ (1. Französische)** (10.2.45—5.45), WSS, aus Französ. Legion: InfBtl 638 (XXXXIV.JgK, Ukraine, Kaukasus, Kuban), Frz.Frw.Rgt. (VIII.AK, Rußland, Weißruthenien), Frz.SS-Freiw.StBrig „Ch.“, Oderfront, Tle Alpenfront (von Gaullisten erschossen), Berlin (Reichskanzlei). (S.: 316)

**34.ID** (26.8.39—5.45), XII, West-, Ostfeldzüge, Ukraine, Abgabe GR105 an 72.ID im Tausch gegen GR253, Italien, Alpenfront.

**35.ID** (26.8.39—5.45), V, Oberrheinfront, West-, Ostfeldzüge (Moskau), Rußland, Weißruthenien, Weichselfront (Danzig). (S.: 34, 188, 223, 265, 317, 336)

**36.ID** (26.8.39—1.11.40) wurde 36.ID (mot), PGD, VGD, XII, Westwall, West-, Ostfeldzüge, Fußland, Weißruthenien, Neuaufst. aus Resten 545.ID, Westfront, Süddeutschland, Alpenfront. (S.: 32)

**50.ID** (26.8.39—5.44 in Sewastopol vernichtet; 3.6.44 neu aufgestellt) aus GrzKdt Küstrin, III, Polen-, West-, Balkanfeldzüge, Rumänien, Ostfeldzug, Krim (Sewastopol), Kaukasus, Kuban, Ukraine, Ostpreußen (Fr.Nehrung). (S.: 100, 257)

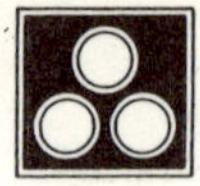

**52.ID** (26.8.39—1.12.43) wurde FAD, 12.4.44 SichDiv, IX, Westwall, West-, Ostfeldzüge, Rußland, Weißruthenien (als Kampfgruppe 152 (Oberstlt Koppenhagen) bei 197.ID bei Witebsk vernichtet). (S.: 218)

**58.ID** (26.8.39—5.45), X, Westwall (Saar), West-, Ostfeldzüge (Oranienbaumer Brückenkopf), Rußland (Wolchow, Landbrücke Demjansk, Newel), Ingermanland, Baltikum (Narwe, Düna), Ostpreußen (Memel, Samland), Weichselfront (Hela). (S.: 114, 271)

**61.ID** (26.8.39—31.3.45), I, Polen-, West-, Ostfeldzüge (Tichwin), Rußland (Wolchow), Baltikum, Ostpreußen (Königsberg). (S.: 106, 189)

**62.ID** (26.8.39—13.3.44, Rest als Div.Gr.62 zur Korpsabt. „F“) wurde VGD aus 583.ID, VIII, Polen-, West-, Ostfeldzüge, Ukraine, Rumänien, (Neuaufst.) Westfront (Ardennen, Ruhrkessel). (S.: 16, 107, 304)

**65.ID** (7.7.42—4.45), XII, 1944 Zuführung bzw. Eingliederung der Masse der Schattendivision „Ostpreußen“ (ohne 1 Rgt), Sicherungseinsatz in den Niederlanden, Italien (Anzio), schwere Rückzugskämpfe, Alpenfront. (S.: 127)

**72.ID** (19.9.39—5.45) aus GrzKdt Trier, XII, Westwall, Westfeldzug, Rumänien, Balkan-, Ostfeldzüge, Ukraine, Krim (Sewastopol), Rußland, Ukraine (Tscherkassy), Weichselfront (Baranow), Oderfront, Sachsen. (Übernahme des GR105 von 34.ID). (S.: 319)

**75.ID** (26.8.39—5.45), II, Westwall, West-, Ostfeldzüge, Ukraine, Weißruthenien. (S.: 31, 227)

**76.ID** (26.8.39—2.43, in Stalingrad vernichtet), III, Westfeldzug, Lehrtruppe in Rumänien, Ostfeldzug, Ukraine, Stalingrad, Neuaufst. in der Bretagne, Italien, Ukraine, Ungarn, Alpenfront. (S.: 138, 325)

**78.ID,** 26.8.39 aufgestellt, V, wurde am 29.12.42 Sturm-Div., im Juli 44 543.Volks-Gren.-Div, am 1.1.45 78.Volks-Sturm-Div., Oberrheinfront, West-, Ostfeldzüge, Rußland, Weißruthenien, Ukraine, Weichselfront, Mähren. (S.: 62, 92, 126, 261)

**79.ID** (26.8.39—8.44, bei Jassy, Rumänien, zerschlagen) wurde VGD aus 586.ID, V, Westwall, West-, Ostfeldzüge, Ukraine, Stalingrad, Neuaufst. aus 543.ID, Kuban, Rumänien, Westfront (Lothringen), Süddeutschland, Alpenfront. (S.: 120, 228)

**83.ID** (1.12.39—4.45, wurde VGD), XI, Westfeldzug, Frankreich (Küstenschutz), Weißruthenien (Welish), Rußland (Welikije Luki), Baltikum (Kurland), Westpreußen (Festung Graudenz), Weichselniederung (Gotenhafen), Ostpreußen (Pillau), Hela, Teile über Bornholm nach Schweden (Internierung) bzw. nach Schleswig-Holstein. (S.: 108, 233)

**93.ID** (17.9.39—5.45), IV, Westwall, West-, Ostfeldzüge, Rußland, Baltikum (Kurland), Ostpreußen (Samland).

**94.ID** (18.9.39—1.43), IV, Westwall, West-, Ostfeldzüge, Ukraine, Stalingrad, Neuaufst. (1.3.43—4.45), Frankreich, Schlesien, Italien, Alpenfront. (S.: 177)

**96.ID** (21.9.39—8.5.45), XI, Oberrheinfront, West-, Ostfeldzüge, Ingermanland, Rußland (Wolchow) — Brigade Köchling I.AK unter Stab IR 287 (Wolchowschlacht) — Ukraine (Wolhynien, Hube-Kessel, Beskiden), Ungarn, Slowakai (Preßburg), Österreich. (S.: 168, 190)

**101.JgD** aus 101.ID u. leD, (6.7.42—5.45), V, Ostfeldzug, Kaukasus, Kuban, Ukraine (Beskiden), Schlesien, Böhmen. (S.: 39, 63, 237)

**PzBrig106** wurde PD „Feldherrnhalle“1 (28.7.44—4.45), XX, Westfront (Lothringen, Ardennen), Ungarn, Slowakei, Mähren. (S.: 202)

**110.ID** (10.12.40—7.44), X, Rußland, Weißruthenien. (S.: 54, 78, 230)

**111.ID** (6.11.40—5.44, in Sewastopol vernichtet), XI, Ostfeldzug, Ukraine, Kaukasus, Krim. (S.: 17, 46, 50)

**125.ID** (16.10.40—2.44), V, Ostfeldzug, Krim, Kaukasus, Kuban, Ukraine (Reste der Div. wurden Div.Gr.125). (S.: 75, 98)

**126.ID** (18.10.40—4.45), VI, Ostfeldzug, Ingermanland, Rußland (Wolchow), Baltikum (Kurland). (S.: 95, 122, 254)

**129.ID** (20.10.40—4.45), IX, Ostfeldzug, Rußland (Twer, Newel), Weißruthenien, Polen. (S.: 45, 220)

**161.ID** (27.7.44—9.44), I, West-, Ostfeldzüge, Rußland (Twer, Rshew), Frankreich, Ukraine (Charkow), Rumänien (Transnistrien, 1944 Auflösung).

**163.ID** (18.11.39—3.45), III, Norwegerfeldzug, Lappland, Oderfront (Pommern, Mecklenburg, Elbe). Div. wurde in die Kriegsmarine überführt u. bildete die 3.Mar.ID. (S.: 310)

**168.ID** (1.12.39—5.45), VIII, West-, Ostfeldzüge, Ukraine (Hube-Kessel), Karpatenfront, Weichselfront (Baranow). (S.: 117, 164)

**197.ID** (1.12.39—22.7.44, Reste bildeten Div.-Gr.197), XII, XXI, Ostfeldzug, Rußland, Weißruthenien (Witebsk), Westfront (Süddeutschland). (S.: 313)

**198.ID** (1.12.39—4.45), V, B-M, Dänemarkfeldzug, West-, Ostfeldzüge, Ukraine, Kaukasus, Kuban, Krim, Transnistrien, Westfront (Elsaß). (S.: 225, 231, 236)

**205.ID** (1.10.40—5.45) aus 14.LandwD, V, Frankreich (BesTr), Weißruthenien (Welish), Rußland (Welikije Luki), Baltikum (Kurland). (S.: 65, 134, 243, 270)

**206.ID.** (26.8.39—3.8.44) vorm. LandwD, I, Polen-, West-, Ostfeldzüge, Rußland, Weißruthenien (Witebsk).

**215.ID** (26.8.39—10.4.45) aus 14.LandwD (wie 205.), V, Westwall, West-, Ostfeldzüge, Rußland (Wolchow), Ingermanland, Baltikum, Ostpreußen, Weichselfront (Hela), DivKdo 215 Führung der RAD-ID zbV 3 „Theodor Körner" im Kampf um Berlin, Elbe. (S.: 150, 210, 266, 302, 318, 328)

**216.ID** (26.8.39—11.43, Reste bildeten Div.Gr.216), XI, Westfeldzug, Frankreich (BesTr), Rußland (Kursk). Reste zur 102.ID, Weichselfront (Fr. Nehrung).

**225.ID** (26.8.39—5.45) aus LandwD, X, Westfeldzug, Rußland (Lowat, Wolchow), Ingermanland (Oranienbaumer Brückenkopf), Baltikum (Narwa, Kurland). (S.: 248, 267, 278)

**252.ID** (26.8.39—4.45), VIII, West-, Ostfeldzüge (Moskau), Rußland, Weißruthenien (Rollbahnschlacht), Baltikum (Klaseinen), Weichselfront (Danzig) Bornholm (S.: 238, 241, 242)

**258.ID** (26.8.39—8.44), II, Westwall, West-, Ostfeldzüge, Rußland, Weißruthenien, Ukraine, Rumänien (bei Jassy vernichtet). (S.: 22)

**260.ID** (26.8.39—7.44) aus ErgTr d. Heeres, V, Ostfeldzug, Rußland, Frankreich, Weißruthenien. (S.: 13, 37, 252)

**263.ID** (26.8.39—4.45), XII, West-, Ostfeldzüge (Moskau), Rußland, Baltikum (Kurland). (S.: 56, 60, 70, 308)

**268.ID** (26.8.39—2.11.43. Reste wurden Div.Gr.268), VII, Westwall, West-, Ostfeldzüge (Moskau), Rußland, Weißruthenien (Beresina), Teile zur 36.ID, Stamm für 362.ID, Italien. (S.: 30, 52, 68)

**269.ID** (26.8.39—5.45), X, Westfeldzug, Dänemark, Ostfeldzug, Ingermanland, Rußland (Wolchow), Norwegen, Westfront (Elsaß), Ostfront (Tle Breslau, Sachsen). (S.: 40)

**272.ID** (17.11.43—29.8.44) wurde VGD aus 575.ID, X, Flandern, Frankreich (Atlantikwall, bzw. Mittelmeerküste), Normandie (Falaise), Westfront. (S.: 11)

**290.ID** (5.2.40—4.45, wurde VGD), X, West-, Ostfeldzüge, Rußland (Demjansk, Newel), Baltikum (Kurland). (S.: 135, 171, 304)

**291.ID** (10.2.40—2.45, in Schlesien zerschlagen), I, Ostfeldzug, Rußland (Wolchow, Welikije Luki), Ukraine, Weichselfront, Schlesien, Reste zur 36.VGD. (S.: 111, 121, 224)

**292.ID** (6.2.40—4.45), II, Frankreich, Ostfeldzug, Weißruthenien, Ostpreußen. (S.: 26, 79, 108, 296)

**302.ID** (10.10.42—8.44, lt. Org. am 10.10.44 aufgelöst), II, Frankreich (Atlantikwall), Urkaine, Rumänien. (S.: 118, 142, 324)

**323.ID** (7.4.42—2.43, Reste als Div.Gr.323 zur 88.ID), V, Frankreich (Atlantikwall), Ukraine. (S.: 85, 221)

**329.ID** (Walküre) (17.12.41—5.45), VI, Rußland (Ilmensee) — Schneeschuhbrigade Mayer — Baltikum (Kurland). (S.: 159, 295)

**335.ID** (10.42—8.44, unter H.Gr.Südukraine vernichtet, lt. Org. am 10.10.44 aufgelöst), V, Bretagne, Frankreich, Ukraine, Rumänien. (S.: 128, 238)

**342.ID** wurde VGD (19.11.40—4.45), XII, Serbien, Rußland (Rshew, Mogilew), Westfront.

**357.ID** vorm. ResD aus Resten 39., 52., 327.ID (11.11.43—5.45), XVII, Polen, Ukraine (Tarnopol, Lemberg), Teile Kampfgruppe Koboldt (GR945) zeitw. in 96.ID., Beskiden (Tukla-Paß), Ungarn (Gran), Slowakai (Hohe Tatra), Österreich, Mähren. (S.: 206)

**362.ID** (15.11.43 aus Resten 268.ID u.a. in Oberitalien -4.45), Italien: Nettuno, Futa-Paß, Belluno-Pontenell Alpi.

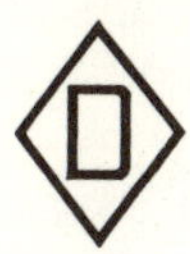

**363.ID** wurde VGD mit 566.ID (28.12.43—8.44, aus 339.ID), XXI, Polen, Dänemark, Westfront (Arnheim, Düren).

**371.ID** (Rheingold) (17.2.43—5.45), VI, Frankreich, Ukraine, Stalingrad, Bretagne, Kroatien, Ostfront (Brody, Ratibor). (S.: 263)

**389.ID** (1.4.43—4.45), XII, Ukraine, Stalingrad, Bretagne, Ukraine (Tscherkassy), Weißruthenien, Baltikum (Kurland). (S.: 126)

**549.VGD** (10.44.—45), II, Ostpreußen (Gumbinnen, Königsberg).

**715.ID** vorm. „bodenständig" (Landesschützen) (8.5.41—5.45), V, Frankreich, (Umgl.), Italien (Anzio, südl. Rom, Adriafront), Alpenfront. (S.: 144, 147)

**RAD-ID zbV 3 „Theodor Körner“,**
RAD, unter DivKdo 215, Kampf um Berlin, Elbe — siehe 215.ID.

**Verbände und Einheiten**

SS-PGR 4 „DF“ — 2.SS-PD „DR“, WSS
GR 18 und GR 58 — 6.ID, VI
GR 65 — 22.LLID (mot, trop), VGD, X
GR 67 — 23.ID, III
PGR 119 — 25.PGD, V
GR 122 und GR 123 — 50.ID, III
GR 308 — 198.ID V, B-M
AR 9 — 9.ID, IX und AR129 — 129.ID, IX
KR10 vorm. RR — IV und KR 18 RR — V (S.: 166, 193, 290)
EisbPiR 68 wurde EisbPiR 3 — HTr (S.: 307)
II./IR 105 wurde GR — 34.ID, mit GR105 an 72.ID, XII
2./NA (mot)18 — 18.PGD, VIII
3./GR 396 — 216.ID, XI
11./GR 468 — 268.ID, VII
Heeres-Flugabwehrtruppe — HTr (S.: 66, 234, 280)

Bei der Tabellierung der Divisionen wurde die Bundeswehr-Terminologie verwendet. Die Abkürzungen sind „NATO-gemäß“, also ohne Punkte und Bindestriche (InfBtl = Inf.-Btl.).
Die Aufstellungsjahre sind nicht bei allen Divisionen berücksichtigt worden; manche InfDivisionen der 1. Welle wurden 1935 aufgestellt, später in eine PzDiv umgegliedert usw.
Die Seitenzahlen in Klammer hinter den Angaben beziehen sich auf Beiträge der betr. Div. in diesem Buch.

Zusammengestellt von Horst Voigt, 96.ID.

# Autoren und Beiträge

| | |
|---|---|
| Archiv (126.ID.) | Das durfte nicht sein! |
| Archiv (29.PGD.) | Endlich die ersehnte Detonation |
| Archiv (29.PGD.) | „Weinfaß-Goliath“ |
| Archiv (23.ID.) | Den eigenen Arm abgeschnitten |
| Archiv (P. L. D.) | Bei Kutschino |
| Archiv (GR 123) | Verwundet: Knie weg |
| Archiv (126.ID.) | Panzerattacken am Ilmensee |
| Archiv (292.ID.) | Verteidigung von Upolosy |
| Balzer, Herbert (290.ID.) | Wegen einer Scheibe Brot: Selbstmord |
| Bannert, Herbert (62.ID.) | Der „potemkinsche“ Briefkasten |
| Bayle, Andre (Gren.-Div. „Charlemagne“) | Ein Soldat für Europa |
| Beck, Hugo, Dr. med. (163.ID.) | In russischer Gefangenschaft: Die Hälfte starb |
| Belke, Fritz (IR 58) | Bis zur Höhe von Olchowatka |
| Beutner, H. (329.ID.) | „Rabota-Kuchnja-Spassiba“ |
| Beutner, Manfred (329.ID.) | Ergli im Nachtangriff genommen |
| Beyer, Josef (371.ID., UVS) | Partisanen-Lazarett |
| Blasius, Anton (IR.105, 72.ID.) | Kampf in der Metaxas-Linie |
| Blessing, Eberhard (181.ID.) | „Dankeschön“ für einen Partisanen-Leutnant |
| Bode, Ernst-August (II./93, 13.PD.) | Arzt und Kamerad |
| br. (GD, Div. Brandenburg) | Martha hieß die Soldatenbraut |
| Brache, Günter (126.ID.) | Sein „Siebenter Sinn“ |
| Brandt, Werner (12./203, 76.ID.) | Bei den Toten von Stalingrad |
| Breuning, Kurt (260.ID.) | Als Zielscheibe im freien Gelände |
| Bühler, Erwin (25.PGD.) | Haubitzen in vorderster Linie |
| Burkhardt, Fritz (168.ID.) | Überfall auf Erkundung |
| Bütow, Wolf. J. (13.PD.) | Vor dieser häßlichen Wand |
| Cl., Dr. (San.-Kp.2/ 252, 252.ID.) | Der General und die Strafsoldaten |
| D.M.C. (110.ID.) | Roter Burgunder |
| Denzel, Egon (21.Lw.-Felddiv.) | Einsatz und Schicksal eines Obergefreiten |
| Dietrich, Ernst (18.PGD.) | Das Kriegsende in Ostpreußen |
| Drews, Martin (4./254, 110.ID.) | „Wer hat noch eine Handgranate?“ |
| Ebert, Walter (12.PD.) | Das Versprechen |
| Effert, Ernst (263.ID.) | Neujahrsmorgen vor Suchomlow |
| Eitner (I./212.GRgt., 79.ID.) | Heiteres vom Kuban-Einsatz |
| Elbracht, Paul (12./IR.58) | Lazarett als Totenkammer |
| Faber, Justus (†) (125.ID.) | Mit der 125.ID. zum Kuban |
| Fangmann, Heinz (IR.226, 79.ID.) | Das Mädchen am Brunnen |
| Felden, W.v.d. (B-Abtlg.6) | Weihnachten 1941 bei Rshew: Minus 49 Grad |
| Fi. (IR 65) | Scheintote mit Handgranaten |
| Förster, R. (1./111, 35.ID.) | „Der muß einfach mit!“ |
| Franke, K. H. (111.ID.) | Keine „kleinen Fische“ |
| Franke, Otto (96.ID.) | Wie sich Obergefreiter Hans Gehrts das Ritterkreuz verdiente |
| Fremdling, Paul (252.ID.) | Der Major und seine „Nähmaschine“ |
| Friedrich, Helmut (13.PD.) | Entlassung auf russisch |
| Friedrich, Horst (225.ID.) | Romanze über die Fronten hinweg |
| Geffers, Walter (13.PD.) | Einer blieb übrig von Sieben |
| Gellrich, B. (62.ID.) | Dieser Schuß ist nicht gefallen |
| Geray, Franz (111.ID.) | Dem Genickschuß entkommen |
| Gerlach, Werner (16.PD.) | Verlassen in der Donsteppe |
| gh (23.PD.) | Das persönliche „Unternehmen Berlin“ |
| Giner, Romed/E.St. (7./151, 61.ID.) | „Gott mit Dir!“ im Kessel von Heiligenbeil |
| Gliesche, Erich (291.ID.) | Handgranatenduell im Graben |
| Groß, Sepp (6.GD.Nord) | Es war der Weihnachtsstern |

| | |
|---|---|
| Grunow, (Schtz.-Rgt.66, 13.PD.) | Eine Gruppe hat ihre Pflicht getan |
| H., R. (35.ID.) | Man ist da ganz allein |
| H., R. (35.ID.) | „...in ein paar Wochen wären wir selbst gekommen“ |
| H., W. (335.ID.) | Der Strohschober brennt nieder |
| Haar, Ulrich (293.ID.) | Der Weg zurück mit gefälschten Papieren |
| Haarhaus, Ernst Günther (GD.) | „Es muß nicht immer nur Krieg sein“ |
| Hackenbeck, H. (65.ID.) | Der „Agent“ war der „Neue“ |
| Hackenberg, Hermann (198.ID.) | Das „Zitat“ war hier unangebracht |
| Hahn, Reinhold (Pi.-Btl.Z.B.V.600 (Taifun)) | Kaum zu glauben — aber wahr! |
| Handelmann, G. (1.GD.) | Mord in Petropawlowka |
| Hefti, Walter H. (6.GD.Nord) | Der Schiebigeich-Bauer Hannes Wilhelm |
| Henneberger, Martin (P.263, 263.ID.) | Anifa-Spitzel und Lagerkoller |
| Hetschel, Karl (715.ID.) | Landekopf Anzio-Nettuno |
| Heyl,Ludwig Frh. v. (RR10) | Das war's denn wohl |
| Hildebrandt, Kurt (4.PD.) | Der Waisenknabe Peter |
| Hockenjos, F. (215.ID.) | „Gottes Macht“ |
| Hofinger, Hans (Stab 358, 205.ID.) | Zahnstation im Bombenhagel |
| Höpfner, Walter (302.ID.) | Niemand weiß mehr wohin |
| Hoppe, Wolfgang (94.ID.) | Das Kreuz von San Martino |
| Hubig (252.ID.) | Das Mädchen hieß Luba |
| Hufschmid, Johannes, Dr. (78.St.D.) | Stille nach zwei Schüssen |
| Isenmann, A. (101.ID.) | In Stücke gerissen |
| Jacobs, Adolf (IR.308, 198.ID.) | Wie meine Mutter |
| Jesser, H. W. (225.ID.) | Von den Russen mit Spaten erschlagen |
| Kahnert (AR.291) | Unsere „Panzerschlacht“ bei Uschomir |
| Kammerer, Fritz (205.ID.) | Alarmbefehl aus erster Hand |
| Kannicht, Joachim S. (13.Pz.-Div. u. 21.Pz.-Div.) | Die Zeit begann zu laufen |
| Karbiner, Georg (205.ID.) | Bittere Pflichten |
| Karow, Wolfgang (357.ID., UVS) | Bei der Verteidigung von Berlin 1945 |
| Kehrwecker, Albert (263.ID.) | Zwei gute alte Kameraden . . . |
| Kieffer, Raymond (21.PD., 25.PGD., 47.VGD) | Frauen und Kinder im Inferno von Rittershofen |
| Kimmich, Hans-Jörg (25.ID u. PGD.) | 35 Tage hinter den russischen Fronten |
| Kirchner, Joachim | Das war ein grausames Ende |
| Koeller (Gren.-Rgt. 468) | Da traf es unseren Kompaniechef |
| Kohler, Wilhelm (78.ID.) | Nachtangriff auf Sherebzowo |
| König, Bernhard (291.ID.) | Wir blieben Menschen |
| Kopiske, Egon (12.PD.) | Opfergang einer Kompanie |
| Kr. J. (21.Lw.-Felddiv.) | Sie feierten miteinander |
| Krämer, Erwin (AR.9 u. 129) | Da kamen ihm die Tränen |
| Krejci, W., Dr., Stabsarzt a.D. (62.ID.) | „Heimliches Rufen“ |
| Krenn, Josef (323.Div.) | Russen-Spähtrupp wird vernichtet |
| Krüger, Heinz (IR.485, 263.ID.) | Koschnjaki — der schwerste Einsatz |
| KTB der 11./468 v. 1941 | Ein schlimmer „Ausklang“ |
| Kujawski, Johannes (76.ID.) | Er hielt seine Stellung |
| Künne, A. (RR18) | Wir rennen direkt in die Falle |
| Lahne, Kurt (83.ID.) | Die Heuernte |
| Leiste, Franz (Inf.-Fla.-Btl.607) | So war unser „Pan“ |
| Leuchtmann, Johann (323.ID.) | Probleme um ein Brautbukett |
| Link, Erich (291.ID.) | Das war ein Partisanenmord |
| M., F. W. (302.ID.) | Der General und der schwäbische Gruß |
| M. D. (110.ID.) | Roter Burgunder |
| Maier, Hermann (23.PD.) | Fünfzehn ermordete Kameraden |
| Malchow, Herbert (549.VGD.) | Von Amis geschnappt |

| | |
|---|---|
| Markert, Karl (260.ID.) | „Ich werde heute fallen!“ |
| Maxeiner, W./E. De. (21.Lw.-Felddiv.) | Der Bunkerteufel |
| Mehrle, Hans, Dr. (215.ID.) | „Ich geh' allein“ |
| Metzler, Alois (125.ID.) | Im Wagenschuppen |
| Möthe, Willy (14.PD.) | „Nickelbrille“ |
| Müller (168.ID.) | Kein Deliquent — Ritterkreuzträger |
| Müller Willi (215.ID.) | „Die Toten sind unser Gewissen“ |
| Müller, Heinz (197.ID.) | Feldpost von der Mutter |
| Neumann, Hans (25.ID u. PGD.) | Die 7./119 an der „Seufzerecke“ |
| Niemietz, Josef (3.Fla.-Btl.611) | Zwei Russen in die Freiheit gesandt |
| Niethammer (215.ID.) | Als „Klinkenputzer“ in Moskau |
| Nitz, Günther (AR.292) | Panzer gehen auf Menschenjagd |
| Norman, Karl W. (RR10) | „Willkommen in Dresden!“ |
| Obermeyer, Richard (50.ID.) | Neues Gren.Rgt.122 am Kuban |
| Oehler, R. (715.ID.) | Die Grüne Linie sollte gehalten werden |
| Paesler, Dr. (268.ID.) | Mehr mitgemacht als im Ersten Weltkrieg |
| Palmer, Robert (9.IR.119) | „Heute nix Arbeit“ |
| Payr, Hans, von (26.PD.) | Glück muß man haben! |
| Pelczyk, Gerhard (1./Pz.Rgt.204, 22.PD.) | Die Mäuseplage in der Donsteppe 1942 |
| Pfl./Archiv (258.ID.) | Ein beinahe tödlicher Zweikampf |
| Pohl, Richard (Pz.Brig.106) | So stirbt ein ganzes Dorf |
| Popp, Willi (15.Fla.-Div.) | Schnee — zum essen oder trinken |
| Pritsching, Gerhard (111.ID.) | Sie wurden einfach erschossen |
| Rademacher, H. (83.ID.) | Die alte Ärztin |
| Reinicke, A. (5.Jg.-Div.) | Auf Partisanenjagd |
| Rh., G. (DF) | Stoßtrupp am Heiligen Abend |
| Roth, Otto (35.ID.) | Weitermarsch bis „Wassadais“ |
| Rüdt, Gotthilf (15.ID.) | Vorahnungen |
| Rühl, Heid (DR) | „Was soll ich dort . . .“ |
| Sauter, Ewald (78.ID.) | Absprung — ohne Fallschirm! |
| Sauter, J. (215.ID./32.ID./ Gr.-Div.„Theodor Körner“) | 1945: Das Ende an der Elbe |
| Schaub, Franz (AR.129) | Die Nacht vor Jasnaja Poljana |
| Schenk, Hans (35.ID.) | Das Schicksal in der Hand gelesen |
| Schlegel, Otto (215.ID.) | Gedanken in der Nacht |
| Schmid, Walter (260.ID.) | Als VB beim Angriff über die Aisne |
| Schmidt, Friedrich Wilhelm (B.-Abt.30) | Wir sollten Ordnung schaffen |
| Schölzke, Kurt (75.ID.) | Begegnung mit Rosa |
| Schöneck, Otto (290.ID.) | „Komm doch rüber zu uns!“ |
| Schuh, Karl (205.ID.) | Sprung auf marsch marsch, Herr Pfarrer! |
| Schwegler, R. (198.ID.) | Eine seltsame Begegnung |
| Seiferheld, W. (78.St.-Div.) | Plötzlich — nur Stille und Dunkelheit |
| Sitzmann, Heinrich (IR.181, 52.ID.) | Französische Freundschaft |
| Spielmann, Erwin (101.ID. u. Jäg.-Div.) | Das Haus und die Matka |
| Steglich, M. (12.ID.) | Verrat gegen „Sold“ |
| Stegmann (12.ID.) | Im englischen Feuerhagel |
| Steinert, Mathias (101.ID.) | Unerkannt hinter der Feindfront |
| Steiniger, Erhard (61.ID.) | Der „Tiger“ |
| Stilcke, Hans-Erich (14.ID.mot.) | Funkprobe am Sonntag |
| Stromenger, Arthur (GD.) | Jungens im Kampf |
| Tams, K.-H. (Pz.-Gren.-Rgt.76, 20.PD.) | Die letzte Schlacht auf den Seelower Höhen |
| Thullen, Anton (389.ID.) | „Auf Horchposten“ |
| Tiepolt (18.PD.) | Elf Mann nach fünf Tagen |
| Tilinski, Martin (292.ID.) | . . . komme, was da wolle! |
| Timm, Hs.-Jürgen (225.ID.) | Marsch in Kriegsgefangenschaft |

| | |
|---|---|
| Turner, Gerhard (269.ID.) | Als Infanterist am Wolchow |
| tz (292.ID.) | „Sie sollen längst tot sein!“ |
| Veuhoff, Josef (IR.398, 272.ID) | Die Einnahme von Thielt |
| Vielwerth, Erich (36.PGD.) | Als Einzige eingebrochen |
| Vierck, Theodor (110.ID.) | Der Junge im Schnee |
| Vogt, Walter (335.ID.) | Gute Wünsche zum Osterfest |
| Voigt, Horst (96.ID.) | Das Ringen an der March |
| Völz, Alfred (75.ID.) | Zwei Deutsche „kassieren“ 60 Russen |
| W. W. (Gren.-Rgt.572, 302.ID.) | Der Gefreite und der Panzer |
| Weber, Karl (1.Pi.-Btl., 12.Lw.-Felddiv.) | Drei Brüder kehren nicht zurück |
| Weidt, Fritz (30.ID.) | Für ihn war alles nur Nervensache |
| Weißbrodt, Philipp (25.ID.mot.) | „Rettet meine Brüder“ |
| Wesselowski, Dr. (GD.) | „Totgeweihte“ und „Hoffnungsträger“ |
| Westerheide, A. (23.Pz.-Div.) | Schneesturm über der Schiwkaja |
| Wilschollek, Paul (8. Eisenb.-Pi.-Rgt.68) | Hunger macht erfinderisch |
| Winkler, Wilhelm (2./NA18 u. Nachr.-Aufkl.Kp.501) | Unvermutete Begegnungen |
| Wittwer, Herbert (†) (21.ID.) | Der Teddy und das Spiegelei |
| Wolf, Thomas (1.Pz.Rgt.2/16.PD.) | Die Höhe 126 wird gehalten |

**Autoren von „Der Zeitgeist und wir“:**

| | |
|---|---|
| Anders, Wilhelm | Zerstörer der Tradition |
| Birnstiel, Fritz | Wozu noch Kriegserinnerungen? |
| Böhmler, Rudolf | Ein Schlag ins Gesicht der Soldaten |
| Joker | Sowjetischer Zeitgeist |
| Kannicht, Joachim | Die Kriegsgeneration und die Umwertung der Werte |
| Karst, Heinz | Der ungeliebte Soldat |
| Karst, Heinz | Traditionswandel in der Bundeswehr? |
| Karst, Heinz | Wider die Selbstzerstörung |
| Keller, Dieter, Dr., | Die „verlorene Generation“ |
| K(rafft). K. | Zu neuem Beginnen |
| K. K. | Historische Chance vertan |
| K. K. | Eine Generation mundtot machen? |
| Ohme, Günther | Endlich weg von der Ideologie |
| pr | „Laßt tausend Blumen blühen“ |
| Schnez, Albert | Tradition — Last, Erbe, Aufgabe |